國家圖書館出版品預行編目資料

新譯國語讀本／易中天注譯;侯迺慧校閱.——二版五刷.——臺北市：三民，2022
面；　公分.——(古籍今注新譯叢書)

ISBN 978-957-14-3937-2（平裝）
1.國語－注釋

621.77　　　　93006525

古籍今注新譯叢書

新譯國語讀本

注譯者｜易中天
校閱者｜侯迺慧

發行人｜劉振強
出版者｜三民書局股份有限公司
地　址｜臺北市復興北路 386 號 (復北門市)
　　　　臺北市重慶南路一段 61 號 (重南門市)
電　話｜(02)25006600
網　址｜三民網路書店 https://www.sanmin.com.tw

出版日期｜初版一刷 1995 年 11 月
　　　　　二版一刷 2004 年 5 月
　　　　　二版五刷 2022 年 5 月
書籍編號｜S030710
I S B N｜978-957-14-3937-2

三民書局

易中天　注譯
侯迺慧　校閱

新譯

國語讀本

三民書局

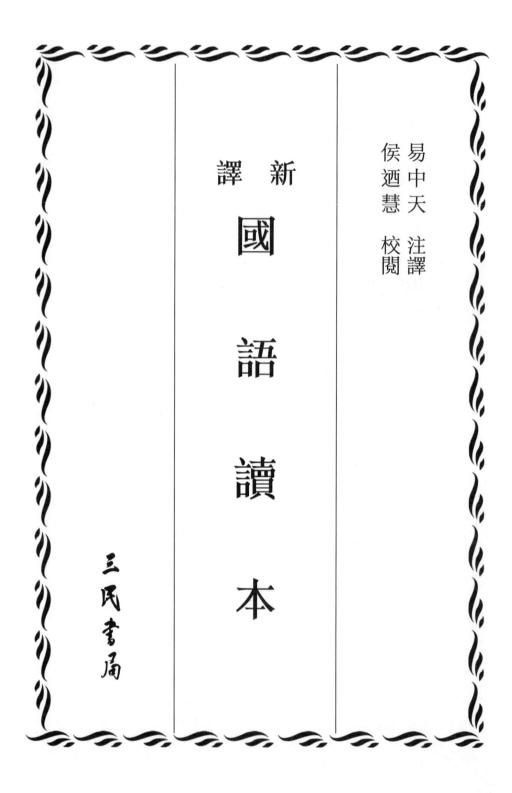

刊印古籍今注新譯叢書緣起

劉振強

人類歷史發展，每至偏執一端，往而不返的關頭，總有一股新興的反本運動繼起，要求回顧過往的源頭，從中汲取新生的創造力量。孔子所謂的述而不作，溫故知新，以及西方文藝復興所強調的再生精神，都體現了創造源頭這股日新不竭的力量。古典之所以重要，古籍之所以不可不讀，正在這層尋本與啟示的意義上。處於現代世界而倡言讀古書，並不是迷信傳統，更不是故步自封；而是當我們愈懂得聆聽來自根源的聲音，我們就愈懂得如何向歷史追問，也就愈能夠清醒正對當世的苦厄。要擴大心量，冥契古今心靈，會通宇宙精神，不能不由學會讀古書這一層根本的工夫做起。

基於這樣的想法，本局自草創以來，即懷著注譯傳統重要典籍的理想，由第一部的四書做起，希望藉由文字障礙的掃除，幫助有心的讀者，打開禁錮於古老話語中的豐沛寶藏。我們工作的原則是「兼取諸家，直注明解」。一方面熔鑄眾說，擇善而從；一方面也力求明白可喻，達到學術普及化的要求。叢書自陸續出刊以來，頗受各界的喜愛，使我們得到很大的鼓勵，也有信心繼續推廣這項工作。隨著海峽兩岸的交流，我們注譯的成員，也由臺灣各大學的教授，擴及大陸各有專長的學者。陣容的充實，使我們有更多的資源，整理更多樣化的古籍。兼採經、史、子、集四部的要典，重拾對通才器識的重視，將是我們進一步工作的目標。

古籍的注譯，固然是一件繁難的工作，但其實也只是整個工作的開端而已，最後的完成與意義的賦予，全賴讀者的閱讀與自得自證。我們期望這項工作能有助於為世界文化的未來匯流，注入一股源頭活水；也希望各界博雅君子不吝指正，讓我們的步伐能夠更堅穩地走下去。

新譯國語讀本　目次

卷二 周語中

卷三 周語下

卷四 魯語上

卷五 魯語下

卷六 齊 語

卷一〇 晉語四

卷一一 晉語五

卷一二　晉語六

卷一三　晉語七

卷一四 晉語八

卷一五 晉語九

卷一九　吳語

卷二〇　越語上

卷二一　越語下

導讀

一 《國語》的年代與性質

《國語》，是中國上古時代的一部「記言」的史書。

我們知道，周代的史官，有左史、右史之分。《禮記・玉藻篇》說：「動則左史書之，言則右史書之。」也就是說左史記事，右史記言。《漢書・藝文志》則說：「左史記言，右史記事，事為《春秋》，言為《尚書》。」說法與《禮記》相反，還有實例證明。另外，黃以周的《禮書通故》認為：左史記言，也就是內史；右史記事，也就是太史。不管怎麼說，周代史官有記言、記事的分工，大概是一個事實。因為周代的史書，確有記言和記事的兩種。如前面說到的《春秋》和左丘明為《春秋》作的「傳」，也就是《左傳》，便是記事的史書；而前面說到的《尚書》和我們現在就要開始讀的這本《國語》，便是記言的史書。當然，記事也好，記言也好，都是相對的。記事的史書也可以記言，如《左傳》中就有許多精采的言論，有的比《國語》說得還好，說得還多；同樣，記言的史書也要記事，因為史書中的「言」實不能脫離「事」而獨立，言事合一，方為「史實」。不過，總的說來，《左傳》偏於記事，但凡歷史上的重大事件，無不記錄在案，有關的言論，則是作為事件的一個組成部分而一併記入的；《國語》則偏於記言，因此與其所記之言無關的事件，就不予記錄，而所記之事，也多半作為「言」的背景材料記入書中，或者證明某某的預言所言不誣，而作一個交代。所以我們可以說，《國語》是一部以記言為主的史書。

《國語》不但是一部記言的史書，而且是一部國別史，這一點也與《左傳》不同。《左傳》是一部編年史，它以年代的先後為序，從魯隱公元年（西元前七二二年）起，到魯哀公二十七年（西元前四六五年）止，記錄了這二百五十七年間魯國和周王室以及諸侯各國的重大歷史事件。作為編年史，《左傳》的結構很簡單，即以魯國自隱公至哀公十二個君主為綱，每一年的史實自成一個章節。《國語》則不同，它是國別史，因此以國別為綱，分別記錄周王室和魯、齊、晉、鄭、楚、吳、越八國之史實，其中也兼及宋、衛、秦等國，但仍以八國之史實為主，每一國之事自成一個系統，與其他各國之事相對獨立。即便記錄了同一歷史事件，如〈周語〉和〈晉語〉都記錄了晉文公稱霸的事，〈魯語〉和〈楚語〉都記錄了楚靈王篡位的事，但立場、角度、詳略都不同。總之，《國語》是一部國別史，既不同於同時代的編年史《春秋》和《左傳》，也不同於後代的紀傳體史書《史記》和《漢書》，而與稍後的《戰國策》相類。

《國語》以國別為序而重在記言，所以叫做《國語》。這正如《戰國策》以國別為序而重在記錄謀臣策士縱橫捭闔的謀議、辭說和策略，所以叫《國策》。除此以外，《國語》還是一部斷代史。《國語》記載史實的時間，上起西周穆王二年（西元前九九〇年），下至東周定王十六年（西元前四五三年），前後共歷時五百三十八年。當然，這僅僅只是就全書前後起止而言，如果單獨看其中的某一國，就沒有那麼長的時間。〈周語〉起於西周穆王二年（西元前九九〇年），止於東周敬王十年（西元前五一〇年），歷時四百八十年；〈魯語〉起於魯莊公十年（西元前六八四年），止於魯哀公十二年（西元前四八三年），歷時二百零一年；〈晉語〉起於魯桓公三年（西元前七〇九年），止於魯悼公十四年（西元前四五三年），歷時二百五十六年；〈楚語〉起於楚莊王在位時（莊王西元前六一三年即位），止於魯哀公十六年（西元前四七九年），歷時約一百三十多年。這都算是時間比較長的。時間短的如〈齊語〉起於桓公即位（西元前六八五年），止於桓公成就霸業，充其量不過三、四十年的時間；〈吳語〉和〈越語〉起於魯哀公元年吳王夫差伐越（西元前四九四年），止於魯哀公二十二年（西元前四七三年），前後不過二十二年；至於〈鄭語〉，亦不過記錄了周之幽、平兩朝之事，其中又主要是幽王太史史伯之言，簡直不好計算時間。顯然，《國語》一書，因為一方面重在記言，於言但求精妙，於事則不求完備；另方面又是各國之言的總匯，其實難以統一，所以即便作為斷代史，各國所「斷」之「代」亦很參差。不過，它的大部分內容，還是集中在「春秋」這一歷史時期。

綜上所述，我們不難看出《國語》作為一部史書的三大特徵，即：記言、別國和斷代。我們不妨這樣說：《國語》，是中國上古時期一部以記言為主的斷代國別史。

二　《國語》的作者

《國語》既是一部以記言為主的斷代國別史，那麼，它的作者又是誰呢？

西漢以來，大多數的人都認為《國語》和《左傳》的作者是同一個人，即魯國的左丘明。司馬遷說：「左丘失明，厥有《國語》。」《漢書・藝文志》列《春秋左氏傳》三十卷、《國語》二十一篇（卷），同為「魯太史左丘明著」；唐代史學家劉知幾更謂：「左丘明既為《春秋內傳》（指《左傳》），又稽逸史，纂別說，分周、魯、齊、晉、鄭、楚、吳、越八國事，起周穆王，終魯悼公，為《春秋外傳》——《國語》。」這就不但認定《國語》與《左傳》都出於同一人之手，而且認定它們都是出於同一目的，即為《春秋》作傳了。這樣一來，《國語》與《左傳》便成了姊妹篇。這種說法，顯然難以成立。因為《春秋》起於西元前七二二年，歷時二百五十七年；《國語》起於西元前九九〇年，比《春秋》記事年代早了二百六十八年。也就是說，《國語》「提前」的部分，比《春秋》全部的年頭還多十一年。如果《國語》

是為《春秋》作傳的話，又哪裡需要這樣大的「提前量」？只要算算這筆賬，劉氏的說法也就不攻自破。

對於《國語》、《左傳》同為左丘明所作的說法，前人早有懷疑。唐代經學家趙匡就曾指出：「《左傳》、《國語》，文體不倫，序事又多乖刺，定非一人所為也。」不過他說《國語》是左氏子弟及門人所作，也還缺少根據。其實，照我看來，《國語》不但很難說是左丘明的作品，而且很難說是哪一個人的作品。它的作者不是一個人，而是很多人。他們就是周王室和魯、齊、晉、鄭、楚、吳、越各國的史官。正是他們，分別記錄了各國之「言」，也就是分別寫成了〈周語〉、〈魯語〉、〈齊語〉、〈晉語〉、〈鄭語〉、〈楚語〉、〈吳語〉和〈越語〉各卷。至少，各卷的基本內容、基本構架包括文字，都已由他們基本完成。但是，他們寫的，只是各國之史，或各國之語。後來，有一個人得到了這些原始材料，便把它們匯集起來，加以編排整理，便成了今天我們看到的《國語》一書。

這個把各國之語編為《國語》一書的人究竟是誰，現在是沒法確切地知道了。我們也不妨把他假定為左丘明。但無論他是誰，他都只是編者而非作者，其作用，大致上相當於我們今天一本集體寫作的文集的主編。不過，那時候還沒有「著作權法」，這位主編大人把各國史官的作品收羅集攏起來以後，自己動手刪刪改改的事，也可能是有的。但照我看來，刪節或者有之，改動卻不會很大，重寫則決不可能。其根據有以下幾點：

第一，《國語》雖為一部國別史，但各個部分即各國之史相互之間，卻很不平衡。時間既不同步，詳略亦差別懸殊。歷時最長的四百八十年，最短的只有二十二年；篇幅最長的〈晉語〉共九卷，字數將近全書的半數（所以有人把《國語》稱為《晉史》），最短的〈鄭語〉，不過兩千五百字左右。很顯然，這是因為各國的史官，原本有的記得多，有的記得少；或者編輯人到手的材料，有的國家多，有的國家少。編輯人既不能無中生有地給材料少的加點什麼，亦不願把材料多的大加刪節，於是便造成了這種不平衡。如果全書係一人所作，便斷然不會這樣地厚此薄彼。

第二，從內容上看，八大部分之間的差異也極為懸殊：〈周語〉自西周穆王至東周敬王，其間之厲、宣、幽、惠、襄、定、簡、靈、景等朝，都有記載，雖然缺了恭、懿、孝、夷、平、桓、莊、僖、頃、匡諸朝，但總算是比較齊備，也比較均勻；而〈齊語〉只記管仲輔佐桓公稱霸一事，〈吳語〉和〈越語〉亦只記夫差與句踐的鬥爭和越滅吳、吳失國一事，這顯然不成比例。更有甚者，〈鄭語〉可以說只記載了史伯論天下興衰的話，簡直不能稱其為「史」。實際上，史伯是周幽王的太史，所以史伯的話，其實是〈周語〉而非〈鄭語〉。大概只因這段話是鄭人所記，或者材料來自鄭國，所以編輯人便讓它獨立成卷而為〈鄭語〉，並不管它與全書的其他部分成不成比例。這也是編者忠實於原著的一個鐵證。

第三，從形式上看，各國之語也風格迴異。前人早已指出：〈周語〉辭勝事，〈晉語〉事勝辭，其間差異，有如左史與右史。事實上，〈周語〉思想性最強，大多討論或闡述重大理論問題，語言也最為典雅古樸，與其他各國之語，區別十分明顯。大概是因為〈周語〉的作者，是天子身邊的史官，文化修養和理論水準終究比諸侯各國的史官要高些，而其他各國之「語」，也就往往只能就事論事，有的竟只是照錄當時某一歷史事件中人物的對話。這也足以證明《國語》一書，斷非出自一人之手，而是將各國史書編輯匯整而已。

使《國語》成書的這位編者，雖然並非就是《國語》的作者，但他的功勞，也還是不可磨滅的。可以肯定，如果沒有他，這些分散地保存於各國的史料，也許就會散失湮沒。而這位編者，不但使這些史料得以保存，而且還把它們編輯成冊，使之成為一部井然有序的、思想內容非常豐富的特殊史書。之所以說它是一部特殊的史書，是因為在《國語》這部書中，不但有歷史，而且有思想。這固然因為《國語》原本是記言的，而一定的言論又總是表現著一定的思想；但是，另一方面，如果這位編者自己不是一個有思想的人，那麼，《國語》一書的思想，就斷然不會那麼統一。作為編者，他雖無篡改歷史的權力，卻有取捨史料的方便。我們甚至可以設想，現在我們看到的這本《國語》，原不過是周、魯、齊、晉、鄭、楚、吳、越八國之「國語」的一個「選本」。正因為它是一個「選本」或帶有「選本」的性質，所以才不像《左傳》那樣是一部「完整」的歷史。同樣，也正因為這個原因，《國語》雖然收錄八國之語且又長短多寡不一，思想特質卻始終如一。這也正是《國語》編者的努力所致。

三　《國語》的內容特點

因此，《國語》這本書，與其說是一本歷史書，不如說是一本文化哲學書。

前面已經說過，《國語》一書，上起西周穆王，下至東周定王，記錄了從西周、東周到春秋這三個歷史時期五百年間許多重要的政治家、軍事家、哲學家和思想家的重要言論。其中如祭公謀父、虢文公、仲山父、伯陽父、史伯、內史過、內史興、單穆公、師曠、醫和、伍舉、觀射父、孔丘等，都是中國古代思想文化史上的重要人物；再如周王室的邵公虎、王孫滿，魯國的曹劌、臧文仲、展禽、季文子、叔孫穆子，齊國的桓公、管仲，晉國的武公、文公、范文子、叔向、趙簡子，楚國的葉公子高，吳國的伍子胥和越國的文種、范蠡，也都是中國古代政治軍事史上的重要人物。雖說名人之言並不一定都是名言，但《國語》畢竟是經過了篩選以後的古代名人言論集。而且事實上，《國語》所載上述名人的言論，也差不多都是研究中國古代文化思想的重要材料。

《國語》涉及的範圍也很廣。從大的方面說，舉凡經濟、政治、軍事、外交、法律、道德、教育、科技、宗教、哲學、藝術、審美，《國語》一書都有涉及；從小的方面說，它幾乎涵蓋了中國古代文化的各個領域，包括飲食、服飾、建築、器用、交通、賦稅、貨幣、兵制、刑律、宗法、禮儀、戶籍、天文、地理、卜筮、音律等等。尤可寶貴的，是其中還有關於周代農耕制度和漁獵制度的記載，前者表現了周人重農的文化傳統，後者則闡述了一種很可寶貴的注重生態平衡的思想，即便今天讀來，也覺新鮮可鑒。總之，《國語》不但是研究中國古代文化史的人不可不讀之書，即使對於一般讀者，也可以提供大量的關於中國古代文化方面的知識，同樣也是很值得一讀的。

《國語》這本書中，不但有很豐富的歷史知識和文化知識，而且有很深刻很寶貴的經濟思想、政治思想、軍事思想、倫理思想、教育思想、哲學思想和美學思想，有些話已成為千古名言，在群眾日常生活中廣泛流傳，被人們一再引用，如邵公說的「防民之口，甚於防川」，虢文公說的「民之大事在農」，伶州鳩說的「眾心成城，眾口鑠金」，趙宣子說的「事君者比而不黨」，醫和說的「上醫醫國，其次疾人」，史伯說的「和實生物，同則不繼」，伍舉說的「夫美也者，上下、內外、小大、遠近皆無害焉，故曰美」，范蠡說的「得時無怠，時不再來，天予不取，反為之災」等，都十分警策。如果不是對問題有深刻的認識，是不可能說出這些精闢的格言的。

《國語》中這些深刻而寶貴的思想，不但在當時有積極的意義，而且至今仍有它的現實意義。例如卷四〈魯語上〉中的〈季文子論妾馬〉。季文子是魯國的兩朝元老，位居正卿，相輔宣公、成公，可是他的妾不穿絲綢，他的馬不吃糧食。有人勸他說：「大人這樣節儉，會被人視為吝嗇，國家也沒有面子。」季文子回答：「我也願意讓我的妾穿絲綢，讓我的馬吃糧食。可是，我看到國中父老，吃粗糧穿破衣的人還多得很，我就不敢那樣了。國人吃粗糧穿破衣，我卻讓自己的妾穿絲綢、馬吃糧食，那我還算是一個好宰相嗎？再說，我只聽說卿相的德政才是國家的榮耀，沒聽說過一個國家是靠美女肥馬來爭面子的。」這實在是難能可貴。季文子清楚地看出國家的榮耀在於廉政、恤民，而非臣子的奢華。這些見解很能給現世的人們，尤其是為政者，一些啟迪。

《國語》中類似這樣的記載還有不少。如〈周語上・祭公諫穆王征犬戎〉和〈晉語四・文公出陽人〉之主張以德服人，反對窮兵黷武以勢壓人；〈周語上・芮良夫論榮夷公專利〉之主張讓利於民，反對壟斷財富、獨占利源；〈晉語五・趙宣子論比與黨〉之主張精誠團結，反對結黨營私、狼狽為奸；〈楚語上・伍舉論臺美而楚殆〉之主張尚德崇儉，反對窮奢極欲、鋪張浪費；又如〈周語中・王孫滿觀秦師〉之論兵驕必敗；〈魯語下・公父文伯之母論勞逸〉之論勞則思善淫則生惡；〈晉語四・郭偃論治國之難易〉之論凡事知難則易；〈晉語八・叔孫穆子論死而不朽〉之論立德立功立言方為不朽；〈晉語九・竇犨論君子哀無人〉之論君子哀無人、無德、名之不令，而不哀無賄、無寵、年之不登等等，都是很能給人以教益的。

《國語》中有些言論和思想，竟然能夠在那個時代提出，實屬難能可貴。如晉厲公被殺，消息傳到魯國，魯成公問：「臣子殺了國君，這是誰的過錯？」大夫里革回答：「是國君的過錯。因為一國之君，是享有最高權威的人。丟掉了權威而至於被殺，那他的過錯一定是太多太多了。人君原本是治理人民並糾正人民錯誤的，結果自己的過失很多，弄得人民都絕望了，這樣的國君還要他做什麼？」（〈魯語上・里革論君之過〉）又如，楚昭王問：「《周書》上說是重、黎二人使天地無法相通的，莫非原來人們都可以上天？」大夫觀射父回答：「不是這個意思。所謂重、黎二人斷絕天地之通，只是講他們將事神之事和事人之事分開來進行管理，從而不相混雜而已。事實上，天地一形成就分開了，哪裡還能交通。」（〈楚語下・觀射父論絕地天通〉）這些實事求是的科學態度，也都是很可貴的。

《國語》中還有一些故事，表現了我們先人的巧智和機智，讀來既有趣味，又深受啟迪。例如，魯僖公二十六年，齊孝公伐魯，魯卿臧文仲要大夫展禽給齊國送厚禮，說好話，請齊國退兵。結果展禽只派乙喜拿一些潤髮油去慰勞齊軍，說：「都是敝國寡德之君沒有侍候好貴國邊境上的官吏，害得貴軍到敝國荒野之上來受風吹日曬之苦，實在不好意思，所以送些潤髮油來犒勞貴軍。」齊孝公問：「魯國害怕了吧？」乙喜說：「敝國的小人害怕了，君子卻毫無恐懼。」齊侯奇怪，就問為什麼，乙喜便說出一段話來。這段話，表面上謙恭卑下，骨子裡大義凜然，終使齊軍不戰而退（〈魯語上・展禽使乙喜以膏沐犒師〉）。又如，有一次晉平公射鴳鳥（一種小鳥）沒有射死，一怒之下就要殺身邊的小臣。叔向知道了以後就去對晉平公說：「一定要殺了他。當年我們先君唐叔射大犀牛，一箭就射中了，所以得封於晉國。如今，君上身邊的小臣連君上射不中的小鳥都捉不住，這不是存心給君上丟臉嗎？」平公聽了不好意思，便把那小臣放了（〈晉語八・叔向諫殺豎襄〉）。這些篇章，都寫得趣味盎然。

總之，《國語》是一本涉及範圍廣，知識內容多，既有思想性，又有趣味性，很值得大家一讀的書。

四 《國語》的主要思想

《國語》作為一本蘊含著豐富的文化哲學思想的記言史書，它的思想特質可以說基本上是儒家的。這些思想主要的內容有：

一、尊王攘夷

《國語》一書的編輯整理者，顯然是維護以周王為天下「共主」、天下諸侯共事周王的這種等級制度，以及周初封建的格局的。這一點首先便可從《國語》一書的編排上看出：排在最前面的是〈周語〉，因為周是天子之國；其次是〈魯語〉和〈齊語〉，因為它們都是公爵之國，又是最早的封國，而且是周公和太公的封國，在諸侯中地位最高；再次是〈晉語〉，因為晉原本是侯爵，後來才升格為公爵；再其次是〈鄭語〉，因為鄭直到宣王時才受封，且實為伯爵；最後是〈楚語〉、〈吳語〉、〈越語〉，此三國國君雖然都自稱為「王」，但在持正統觀念的人眼裡，則仍只是「子」，只能排在後面。其中楚子地位最高，吳子次之，越子又再次，所以儘管吳國終為越國所滅，也仍只能以〈越語〉壓卷。顯然，即使在這個問題上，也表現了一種等級秩序。

《國語》一書中，維護封建等級秩序的篇章還有很多，如〈周語中・襄王拒晉文公請隧〉、〈魯語下・

叔孫穆子諫季武子為三軍〉及〈公父文伯之母論勞逸〉等篇即是。最明顯的是〈周語中・襄王拒殺衛成公〉一篇。衛成公與其臣元咺發生衝突，元咺告到盟主晉文公那裡，晉文公逮捕了衛成公，但襄王卻不同意殺衛成公，而且認為晉文公根本就不應該受理這一訴訟，說：「今元咺雖直，不可聽也。」因為「君臣無獄」，一旦「君臣皆獄」，則「父子將獄，是無上下也」。也就是說，君臣父子之間，根本不能構成訴訟關係。臣、子再有理，君、父再無道，一旦臣、子狀告君、父，則有理也就成了無理，理直也就成了理曲。這顯然是極不公平極不合理的，但卻被作者和編者以肯定的態度記錄下來，收入書中，這是我們在閱讀時應予注意並加以分析的。

《國語》的作者，對於當時中原華夏四周的周邊少數民族，即所謂「夷」、「狄」、「蠻」、「戎」，也表現了一種輕侮蔑視的態度，如〈周語中・富辰諫襄王以狄伐鄭及以狄女為后〉篇就說：「狄，封豕豺狼也，不可猒也。」〈周語中・定王論不用全烝之故〉中也說：「夫戎狄，冒沒輕儳，貪而不讓。其血氣不治，若禽獸焉。」所以如果他們來朝貢，便不用設宴招待，只須派翻譯把整頭牲口扔給他們，讓他們坐在門外去啃。總之，親諸夏而遠四夷，尊天子而小諸侯，是《國語》的思想特質。

二、崇德守禮

「德」，是周人意識中一個重要的內容。天命靡常，唯德是輔，有德者有國，失德者失國，這種觀念，在《國語》一書中反覆地被強調。如〈周語下・單襄公論晉周將得晉國〉、〈晉語二・宰孔論晉侯將死〉、〈鄭語・史伯為桓公論興衰〉、〈晉語八・叔向論憂德不憂貧〉等篇都是。吳、越兩國的興衰，更是證明了這一點。越王句踐剛即位時，不知修德，「出則禽荒，入則酒荒。吾百姓之不圖，唯舟與車」，結果差一點被吳國所滅。幸喜句踐在失敗中覺醒，痛改前非，大修德政，任用賢臣，勤政愛民，帶領全國人民，振興越國，甚至做到「非其身之所種則不食，非其夫人之所織則不衣，十年不收於國」，因此受到國民的衷心擁戴，「越四封之內，親吾君也，猶父母也」，「子而思報父母之仇，臣而思報君之讎」，終於舉國同仇敵愾，一舉滅了吳國。與之相反，吳王夫差被勝利沖昏了頭，好大喜功，避賢拒諫，一再地「背德」、「失德」，甚至在年穀未稔之時，就興兵北征，「亂民功，逆天時，信讒喜優，憎輔遠弼」，弄得民不聊生，民怨沸騰，結果身敗名裂，自盡於姑蘇。這真是「一朝而滅，唯無德也」。

「德」不僅是一個國家興衰的原因，也是一個人成敗的關鍵，而一個人的「德」，又無不通過他的一舉一動、一言一行體現出來。比如晉國公孫談的兒子晉周，就是一個有德的人。他的儀表風度，是「立無跛，視無還，聽無聳，言無遠」，也就是站的時候不斜著身子，看的時候不轉動眼珠，聽的時候不聳起耳朵，說話的時候不高聲大氣。周王的卿士單襄公認為這是「有德」的表現。因為，「立無跛，正也；視無還，端也；聽無聳，成也；言無遠，慎也。夫正，德之道也；端，德之信也；成，德之終也；慎，德之守也。守終純固，道正事信，明令德矣。慎成端正，德之相也。」——「被文相德，非國何取」。所以單襄公斷言晉周必得晉國。果然，晉周回國即位，就是晉悼公。悼公即位時不過十四歲，但一番就職演說就氣魄不凡，寓強於弱，柔中有剛，威震群臣，而他即位後，也果然大修德政，再合諸侯，成為中興晉國的一代明君。

「德」與「禮」是密切聯繫著的。有德必守禮，失德必無禮，失德無禮必失國。晉惠公是一個缺德的人。他流亡在國外時，為了能回國即位，不惜卑躬屈膝，賣國求榮，許諾秦國以「河外列城五」，並稱「晉國其誰非君之群隸臣也」；又許諾當時在晉國最具影響力的大夫里克以「汾陽之田百萬」，許諾大夫丕鄭以「負蔡之田七十萬」。然而他一回國，就殺了里克、丕鄭，又背約不給秦國土地，甚至在秦國遭受饑荒時連糧食都不肯賣給秦國。同樣，他也是一個無禮的人。周襄王派人賜給他命圭，這是天子對即位諸侯的承認，他公然「執玉卑，拜不稽首」，他的兩位輔臣也極為「不敬」。結果即位五年便做了俘虜，最後斷子絕孫，徹底失去了君位。

所以《國語》一再強調禮不可廢。如〈周語上・仲山父諫宣王立戲〉、〈周語中・定王論不用全烝之故〉、〈魯語上・曹劌諫莊公如齊觀社〉、〈魯語下・孔丘謂公父文伯之母知禮〉、〈晉語四・衛文公不禮重耳〉及〈曹共公不禮重耳而觀其駢脅〉、〈鄭文公不禮重耳〉（這三國國君後來都遭到了報復）、〈晉語五・苗棼皇謂郤獻子為不知禮〉、〈晉語八・趙文子為室張老謂應從禮〉、〈楚語下・鄖公辛與弟懷或禮於君或禮於父〉等篇都是。因為重禮，所以《國語》一書中有大量關於各種禮儀的記載，讀者自可查看，這裡不煩一一介紹。值得注意的是，《國語》作者強調守禮，是對每個人的共同要求，任何人都不得以任何理由「背禮」。例如，晉文公平息王子帶之亂，幫助周襄王恢復了王位，是大有功於周室的人。但當他提出要享有天子葬禮的特權時，襄王儘管身處困境，也還是予以拒絕。又如，楚卿屈到愛吃菱角，遺命家祭時「薦芰」，而他的兒子屈建卻不從命，因為那樣做不合「禮」。再如，魯國的宗伯夏父弗忌在祭祀時擅自更改昭穆之常，把僖公的牌位升到閔公的前面，便受到有司的批評，大夫展禽也斷定他必有災難。結果，夏父弗忌死後還未下葬，便棺木起火，煙徹於上。可見，失禮一如失德，都是沒有好下場的。

三、敬天保民

《國語》的作者認為，作為國家的統治者和管理者，國君、卿相、大夫們的「德」，其主要內容就是敬天保民。因為他們的君位、祿位被認為是「天之授命」，而「天心」又總是合於「民心」，所以只有敬天保民，才能守住爵祿。由於這個原因，當他們遭受災難時，便總是說：「上天降禍於某國、某人。」當他們獲得成功時，則又總是說：「上天降福於某國、某人。」由於禍福俱由天定，所以自然界發生的變化，就不能不引起他們的注意和警覺。周幽王二年（西元前七八〇年），涇水、渭水、洛水發生地震，伯陽父便斷言西周將亡。其實，西周的滅亡是由於政治上的原因，與地震並無太大的關係。在這一點上，范蠡的認識顯然要高明一些。魯哀公十二年（西元前四八三年），吳國發生蟹災，蟹把稻穀吃得連種籽都沒有留下，句踐認為吳國要亡了，范蠡卻認為時機未到，因為「人事必將與天地相參，然後乃可以成功」。也就是說，天意的取捨固然重要，人心的向背則更重要。當天意與人心都表現出某種共同的傾向（支持或反對）時，一個國家或一個人的命運也就大致已經被決定了。

所以，《國語》的作者認為，無論國君、卿相或大夫，都必須敬天保民。這也是貫串於《國語》全書中的思想特質。天不可違，民不可欺，天從民意，民為邦本。「惠本而後民歸之志，民和而後神降之福。」（〈魯語上．曹劌問戰〉）《國語》用大量的事實證明了，愛民者必興，害民者必亡。前者如齊桓公、晉文公、晉悼公和越王句踐；後者則有周厲王、楚靈王和吳王夫差。周厲王與民爭利，要獨占天下之利益，芮良夫勸諫他說：「匹夫專利，猶謂之盜，王而行之，其歸鮮矣。」他不聽，結果弄得民怨沸騰，怨聲載道。他又派衛國的巫師去監視國民，凡有批評國政者，一律格殺勿論，邵公勸諫他說：「防民之口，甚於防川。川壅而潰，傷人必多，民亦如之。」他也不聽，最後國民忍無可忍，便把他放逐到彘地去了。楚靈王勞民傷財，建章華之臺，伍舉勸諫說：「臣聞國君服寵以為美，安民以為樂，聽德以為聰，致遠以為明。」「今君為此臺也，國民罷焉，財用盡焉，年穀敗焉，百官煩焉。」「是聚民利以自封而瘠民也，胡美之為？」靈王不聽，結果死於乾谿之亂，而且死無葬身之地。不可否認，《國語》作者的本意，是要維護周王室和各國諸侯的統治，但他們能夠認識到國泰民安是保全統治地位的前提，應該還是值得肯定的，至少也說明他們是頭腦清醒的。

四、貴和尚中

《國語》中有不少頭腦清醒的人，如密康公母、芮良夫、單襄公、單穆公、伶州鳩、公父文伯之母、宰周公、范武子、范文子、叔向、竇犨、范無宇、鬬且等。他們深知世界上沒有一成不變的東西，物極必反，過猶不及。正所謂天命靡常，天道有反，所以君子之澤，往往五世而斬。要想保住既得利益，就必須時時小心謹慎，不可以做「過分」的事情。密康公隨周恭王出遊時，一下子得到了三個美女，他的母親就告訴他萬萬不可據為己有。密康公的母親說：「夫獸三為群，人三為眾，女三為粲。王田不取群，公行下眾，王御不參一族。夫粲，美之物也。眾以美物歸女，而何德以堪之？王猶不堪，況爾小醜乎？小醜備物，終必亡。」密康公不聽她的話，結果一年後就遭了滅國之災。楚國的令尹子常貪得無厭，橫徵暴斂「如餓豺狼焉」，大夫鬬且便斷言其必亡。鬬且說：「夫古者聚貨不妨民衣食之利，聚馬不害民之財用，國馬足以行軍，公馬足以稱賦，不是過也。公貨足以賓獻，家貨足以共用，不是過也。夫貨、馬郵則闕於民，民多闕則有離叛之心，將何以封矣。」果然，一年之後，便有柏舉之戰，子常逃到鄭國，昭王逃到隨國。正因為歷史上像這樣因「過度」而遭致身敗名裂的例子太多，所以才使一部分頭腦清醒的人憂心忡忡，時時保持高度的警惕。楚國的名臣鬬子文，「三舍令尹，無一日之積」，以致弄到朝不保夕，要吃楚王的救濟糧食的程度。楚王要給他加薪，他一而再、再而三地謝絕。楚成王問他：「人生求富，而子逃之，何也？」鬬子文回答：「夫從政者，以庇民也。民多曠者，而我取富焉，是勤民以自封也，死無日矣。我逃死，非逃富也。」這雖然是一個極端的例子，卻也說明在一部分人看來，「防過」是何等地重要。

「防過」的內容很多。除過度地聚斂財富，徵用民力外，其他如過多地使用武力，過多地濫用職權，過大地建設邊邑，過多地享有恩寵，以及驕狂自大，聲威逼人，功高蓋主，乃至越位發言，都在「防過」之列。晉國的郤氏家族，一族而三卿五大夫，權寵過大，又不檢點自己，結果終於被厲公所滅；欒氏家族，也因為勢力過大，遭致國君猜忌，結果也被平公所滅。晉卿范武子意識到了這一點，所以見好就收，功成身退，及早申請退休。他的兒子范文子開始不懂這個道理，在一次外交活動中逞了能，結果被父親打了一頓。范武子說：「爾童子，而三掩人於朝。吾不在晉國，亡無日矣。」後來范文子吸取了教訓，小心謹慎做人，終得善果。防過之重要，由此可見一斑。

防過，也就是有節，而有節也就是尚中。尚中必貴和，也就是中和之道。中是中正，和是平和，它們本身就是「德」。所以有德者必貴和尚中。和不是同，而是多樣的統一。史伯說：「聲一無聽，物一無文，味一無果，物一不講。」它們所導致的結果，必然是「過」而不是「中」。所以史伯說：「夫和實生物，同則不繼。以他平他謂之和，故能豐長而物歸之；若以同裨同，盡乃棄矣。」（〈鄭語‧史伯為桓公論興衰〉）表現在道德上，也就是「比而不黨」、「比而不別」。趙宣子說：「周以舉義，比也；舉以其私，黨也。」（〈晉語五‧趙宣子論比與黨〉）叔向說：「比德以贊事，比也；引黨以封己，利己而忘君，別也。」（〈晉語八‧叔向論比而不別〉）可見貴和尚中，確乎是一個道德問題，而不僅僅只是方法論的問題。

中和不但是道德問題，而且也是藝術問題，即不但是善，同時也是美。西元前五二二年，周景王要鑄一口無射之鐘，鐘其大無比，還要加上大林之罩，便遭到單穆公和伶州鳩的反對。單穆公說：「先王之制鍾也，大不出鈞，重不過石。」伶州鳩也說：「琴瑟尚宮，鍾尚羽，石尚角，匏竹利制，大不踰宮，細不過羽。」顯然，這都是主張防過而尚中。他們認為，音樂之美在於平和。「聲應相保曰和，細大不踰曰平。」平和之音，應天宜人，可使「氣無滯陰，亦無散陽，陰陽序次，風雨時至，嘉生繁祉，人民龢利，物備而樂成，上下不罷」。另一方面，人之耳目，乃「心之樞機」，「故必聽和而視正。聽和則聰，視正則明。聰則言聽，明則德昭。聽言昭德，則能思慮純固。以言德於民，民歆而德之，則歸心焉。上得民心，以殖義方，是以作無不濟，求無不獲，然則能樂。」所以，他們認為，應「道之以中德，詠之以中音，德音不愆，以合神人」（〈周語下‧單穆公諫景王鑄大鍾〉）。總之，聽中音，納和聲，出嘉言，修正德，才是中正之道。

綜上所述，我們不難看出，《國語》的思想，基本上是屬於先秦早期儒家系統的。這一路向，在〈周語〉、〈魯語〉、〈鄭語〉中表現得尤為突出，在〈晉語〉、〈楚語〉中也較明顯。但《國語》既然是各國之

「語」的一個選集或合集，就不會只有一家之言。如〈齊語〉論霸術，與《管子》相始終，近於法家；〈越語下〉篇尚陰柔，持盈定傾，又記范蠡功成身退之事，頗類道家之言。這也再次證明《國語》一書，非出自一人之手，而且大體上保留了各國史料的原始面目。

五　《國語》的文學價值

《國語》不僅是一部重要的史學著作和哲學著作，也是一部重要的文學著作。

我們知道，在先秦時期，文史哲原本是沒有什麼嚴格界限的。史書中常常蘊含寶貴的哲學思想，哲學家常常用史實來作他們理論的證據，而二者都無不注重其文學性。因為「言之無文，行之不遠」，所以雖然老子認為「信言不美，美言不信」，但《老子》一書的語言，卻是極其精美的。大體上可以這麼說，中國先秦時期的哲學著作和史學著作，大都語言精美富於文學性，《國語》也是如此。

作為記言的史書，《國語》的文學性主要表現在它的語言上。《國語》的語言無非兩大類。第一類是史官的，主要用於交代其所記之言的歷史時代背景、描述歷史事件過程和驗證其所記之言正確與否。這類文字的共同特點，是簡明扼要，要言不煩，點到為止，史官的褒貶臧否，往往通過看起來是純客觀的記述，不動聲色不露痕跡地表現出來。如〈周語上・邵公諫厲王弭謗〉寫厲王不聽邵公勸諫，一意孤行、堵塞言路，只用「三年，乃流王於彘」兩句，就把其惡果寫出來了。又如〈晉語九・趙簡子以晉陽為保郭〉記述了尹鐸為趙簡子治理晉陽一事。當時，趙簡子便對他的兒子趙襄子說：「晉國如果發生了禍亂，不要以為尹鐸年輕，也不要嫌晉陽路遠，一定要到那裡避難。」後來趙襄子果然蒙難逃到晉陽，晉國智、韓、魏三家之軍團團圍住晉陽，掘開汾水灌城。但是，儘管淹沒的鍋灶裡都生出了青蛙，晉陽之民也沒有背叛趙襄子的意思。「沉竈生蛙，民無叛意」，僅此八字，就把尹鐸的深謀遠慮和簡子的高瞻遠矚，以及晉陽人民對趙氏的擁戴，甚至連同史官的態度，都寫出來了。諸如此類，不一而足，綜觀全書，莫不如此。

第二類語言是歷史人物的，這是《國語》的主要內容。它們的情況比較複雜，大體上說來，又可以歸納為以下幾種：

第一種是對某些重大的經濟、政治、軍事、宗教、倫理問題的議論。這些議論，往往超出了其所議論的具體事件的範圍，而具有較為普遍的意義，涉及到中國上古時期的各種社會政治制度，如祭祀禮儀、軍隊編制、班位爵祿、宮室規模，以及飲食、服飾、農耕、漁獵、婚嫁、喪葬、戶籍、貨幣、音樂等制度，比較集中而系統地闡述了先秦早期思想家的哲學觀念、宗教觀念、政治觀念和道德觀念，是《國語》一書中最有研究價值的部分。由於這類言論，都是有所為而發，因此特別注重邏輯性和說服力。其主要方法和特點有：一、旁徵博引。如〈楚語上・范無宇論國為大城未有利者〉中的范無宇，為了證明自己的觀點，一口氣列舉了鄭國建京城導致共叔段之亂、建櫟城導致傅瑕之亂，衛國建蒲城、戚城而衛獻公被蒲人、戚人所驅逐，宋國建蕭城、蒙城而宋昭公被殺，魯國建弁城、費城而襄公勢力被削弱，齊國建渠丘而無知被殺，晉國建曲沃而晉國有亂，秦國建徵城、衙城而秦君受到威脅等八件史實為例，有力地證明了自己的論斷——國為大城未有利者。二、追根溯源。如〈周語上・祭公諫穆王征犬戎〉，一直追溯到后稷；〈內史過論神〉，歷數夏、商、周三代興衰之時降神之事；〈周語下・景王問鍾律於伶州鳩〉，把武王伐紂之事說成是七律產生的原因等等，都是這種手法。三、鋪陳排比。如〈周語上・祭公諫穆王征犬戎〉論先王治理天下之制：「邦內甸服，邦外侯服，侯、衛賓服，蠻、夷要服，戎、狄荒服。甸服者祭，侯服者祀，賓服者享，要服者貢，荒服者王。日祭，月祀，時享，歲貢，終王，先王之訓也。有不祭則修意，有不祀則修言，有不享則修文，有不貢則修名，有不王則修德，序成而有不至則修刑。於是乎有刑不祭，伐不祀，征不享，讓不貢，告不王。於是乎有刑罰之辟，有攻伐之兵，有征討之備，有威讓之令，有文告之辭。布令陳辭而又不至，則增修於德而無勤民於遠，是以近無不聽，遠無不服。」又如〈周語下・單襄公論晉周將得晉國〉說：「夫敬，文之恭也；忠，文之實也；信，文之孚也；仁，文之愛也；義，文之制也；智，文之輿也；勇，文之帥也；教，文之施也；孝，文之本也；惠，文之慈也；讓，文之材也。象天能敬，帥意能忠，思身能信，愛人能仁，利制能義，事建能智，帥義能勇，施辯能教，昭神能孝，慈和能惠，推敵能讓。」這些文字，都是精心組織過的語言，讀來深感氣勢磅礴，鏗鏘有力，具有一種雄辯的力量。

第二種是外交辭令，其特點是委婉曲折，富於巧智。如〈魯語上・臧文仲如齊告糴〉和〈展禽使乙喜以膏沐犒師〉、〈魯語下・子服惠伯從季平子如晉〉、〈晉語三・呂甥逆惠公於秦〉、〈晉語八・趙文子請免叔孫穆子〉等篇都是。這些巧妙的辭令，往往使國家避免了災難、自己或他人避免了死亡。例如，晉文公重耳流亡國外時，鄭文公對他無禮，大夫叔詹曾勸他如不能以禮相待，就不如殺了重耳，因為重耳如不死，必得晉國；如得為晉君，必降災鄭國。果然，文公即位後，便帶兵伐鄭，指名道姓要鄭國交出叔詹來贖罪。叔詹挺身而出，站在要烹他的大鼎前，慷慨陳辭，然後抓住鼎耳大聲呼喊：「從今往後，凡是以聰明才智和赤膽忠心來事奉君主的，都和我一樣下場！」結果晉文公不但赦免了叔詹，還贈以厚禮送他回國（〈晉語四・鄭叔詹據鼎耳而疾號〉）。又如，吳王夫差伐越，圍越王句踐於會稽山上，越王句踐派文種大夫去求和，文種對夫差說：「敝國寡德之君句踐無人可以差遣，只好派下臣文種前來貴營，又不敢讓我們卑微的聲音直達天王，只好私下裡稟告天王手下的官員，……如果君上認為越國之罪不可赦免，我們就只好自己焚燒了自己的宗廟，把男女老少、嬌妻幼子都編入軍隊，把金玉寶器都沉入江底。越國既然有五千精兵決心死戰，最後戰死的至少會兩倍於此數吧？這就等於有一萬精兵勇將來事奉君上了，只怕會損傷君上之所愛惜者吧？」這番話，稱得上是軟硬兼施，外柔內剛，吳王夫差不得不認真考慮，最後終於同意了越國的求和。

第三種是對話，情況也很多樣：有問計，有勸諫，有密謀，有策反，也有議論，其共同特點，一是善於辭令，二是富於個性，有的還具有故事性和戲劇性，好像小說和電影裡的對白，如〈晉語二・驪姬譖殺太子申生〉一篇即是。驪姬一心要除掉太子申生，幾番陰謀都已得逞，只是礙於里克、丕鄭等權臣，還不能得到最後的成功，於是便和優施商量。優施說：「要我把里克拉過來，也只是一天的功夫而已。」驪姬便依計讓優施宴請里克，席間，優施為里克表演歌舞，歌中唱道：「想要悠閑快樂，卻又畏畏縮縮，還不如烏鴉麻雀。別人都落到綠葉叢中，自己卻在枯樹枝上站著。」里克笑著問他：「什麼叫綠葉叢？什麼叫枯樹枝？」優施說：「母親是君夫人，兒子將做國君，能不叫綠葉叢嗎？母親早就死了，自己又受誹謗，還不是枯樹枝嗎？那枯樹枝兒只怕還會有意外的禍災呢！」一番話說得里克食不甘味，寢不安眠，半夜三更把優施叫來問個究竟，當優施告訴他君心已定時，里克便說：「要我秉承君命去殺太子，我不忍心；要我再和太子繼續來往，我又不敢。保持中立可以嗎？」優施說：「可以。」第二天早上，里克又把這事告訴丕鄭，問丕鄭有什麼主意。丕鄭說：「我沒有什麼主意。事奉君上的人，只能以君上的主意為主意，主動權不在我這裡。」里克便稱病不朝，三十天後，申生就遇難了。這段對話，很有戲劇性。其實，〈晉語〉前四卷記驪姬之亂及公子夷吾、重耳之事，都有這個特點。幾個主要人物，如獻公、驪姬、優施、申生、里克、丕鄭、荀息、重耳、狐偃、夷吾、冀芮等，個個形象鮮明，栩栩如生，當之無愧地可視為先秦時期的文學名篇。

六　本書注譯依據與原則

今本《國語》凡二十一卷，其中〈周語〉三卷，〈魯語〉二卷，〈齊語〉一卷，〈晉語〉九卷，〈鄭語〉一卷，〈楚語〉二卷，〈吳語〉一卷，〈越語〉二卷，卷數與《漢書・藝文志》所載之數同，大約今日的通行本和漢代的傳本沒有太大的出入。現存刊本有兩種。一種是宋明道二年取天聖七年印本重刊，叫做「天聖明道本」，又簡稱「明道本」。清代嘉慶年間，黃丕烈把這種宋刊本的影寫本刊於《士禮居叢書》內，後來有些印本就是依此翻刻的。一種是宋代宋庠《國語補音》本，宋庠字公序，所以叫「公序本」。明代張一鯤刊本、澤遠堂刊本和清代孔傳鐸（衍聖公）刊本都依據此本。一般說來，明道本要好一些。清人段玉裁認為「國語善本無踰此」。一九七八年，上海古籍出版社出版了新的《國語》校點本，以三國時期韋昭的注為基礎，本書所依據的，就是上海古籍版的《國語》。

《國語》原書，分卷不分篇，各章並無標題。本書為方便讀者計，將各章分出單獨成篇加以注譯，標題則採用上海古籍版目錄中之所擬題。照錄正文之後，新寫「章旨」、「注釋」和「語譯」三部分。「章旨」力求簡明扼要，不煩贅述；「注釋」對字音辭義、歷史背景、文化知識、地理沿革、名物制度和風俗禮儀都做了必要的介紹和解釋，其中歷史背景多參照《左傳》之所記載，務必交代清楚，以免讀者閱讀困難；「語譯」部分，直譯與意譯並用，但求流暢明白，並盡量做到與原文風格相近。《國語》的風格，一是承繼了《尚書》和《春秋》尚實錄、寓褒貶的特色，二是多有鋪陳排比、氣勢磅礡之處，這兩點，譯文都盡可能地反映出來，然是否能夠做到「信、雅、達」，則還要恭請讀者諸君鑒定。

本書的寫作，多承三民書局諸先生敦促，內人李華女士協助，在此一併致謝！至於注譯中的疏漏乖誤，則由本人負責。

易中天

一九九五年八月識於廈門大學敬賢二號樓寓所

卷一　周語上

祭公諫穆王征犬戎

穆王❶將征❷犬戎❸。祭公謀父❹諫曰：「不可。先王耀德不觀兵❺。夫兵戢而時動❻，動則威，觀則玩，玩則無震❼。是故周文公之頌❽曰：『載戢干戈，載櫜弓矢❾。我求懿德，肆于時夏，允王保之❿。』先王之於民也，懋⓫正其德而厚其性，阜⓬其財求而利其器用⓭，明利害之鄉⓮，以文修之。使務利而避害，懷德而畏威，故能保世以滋⓯大。

「昔我先王世后稷⓰，以服事虞、夏。及夏之衰也，棄稷不務⓱，我先王不窋⓲用失其官，而自竄於戎、狄之間。不敢怠業，時序其德，纂修其緒⓳，修其訓典⓴，朝夕恪㉑勤，守以敦篤，奉以忠信，奕世載德，不忝前人㉒。至于武王，昭前之光明，而加之以慈和，事神保民，莫弗欣喜。商王帝辛㉓，大惡於民。庶民不忍，欣戴武王，以致戎于商牧㉔。是先王非務武也，勤恤民隱而除其害也。

「夫先王之制：邦內甸服㉕，邦外侯服㉖，侯、衛賓服㉗，蠻、夷要服㉘，戎、狄荒服㉙。甸服者祭㉚，侯服者祀㉛，賓服者享㉜，要服者貢㉝，荒服者王㉞。日祭，月祀，時享，歲貢，終王㉟，先王之訓也。有不祭則修意㊱，有不祀則修言㊲，有不享則修文㊳，有不貢則修名㊴，有不王則修德㊵，序成而有不至則修刑㊶。於是乎有刑不祭，伐不祀，征不享，讓㊷不貢，告㊸不王。於是乎有刑罰之辟，有攻伐之兵，有征討之備，有威讓之令，有文告之辭。布令陳辭而又不至，則增修於德而無勤民於遠。是以近無不聽，遠無不服。

「今自大畢、伯士㊹之終也，犬戎氏以其職來王。天子曰：『予必以不享征之，且觀之兵。』其無乃廢先王之訓而王幾頓㊺乎？吾聞夫犬戎樹惇㊻，帥㊼舊德而守終純固㊽，其有以禦我矣！」

王不聽，遂征之，得四白狼、四白鹿以歸，自是荒服者不至㊾。

【章旨】《國語》原書各章並無標題，標題是注譯者為方便讀者而加的。本章講周穆王不守先王之制，不講信義，強行征伐犬戎的故事，闡述了不義之戰終將害人害己的道理。

【注釋】❶穆王　西周天子，康王之孫、昭王之子，名滿。❷征　韋昭注：「征，正也，上討下之稱。」❸犬戎　古時西戎的一個部族，因以狗為圖騰，故稱「犬戎」。❹祭公謀父　祭公是封在祭地的公爵，謀父是他的字，他是周公的後代。❺耀德不觀兵　耀就是明，耀德就是明德。觀就是示，觀兵就是示兵。這句話的意思，是說天子應該宣明教化，弘揚德政，以此感化四夷，使之臣服於己，決不可炫耀武力，以強凌弱。❻兵戢而時動　戢當聚講，也就是斂藏的意思。時，適時；合時。古時春夏秋三季務農，冬季農閑，方才講習武事，故曰「兵戢而時動」。❼觀則玩二句　玩就是黷。一味窮兵黷武，大家司空見慣，自然毫無威懾作用，這就叫做「玩則無震」。反之，如果平時聚斂兵力，一旦有大罪惡者，適時而征伐致誅，真乃天兵一怒，雷霆萬鈞，勢不可擋，這就叫做「動則威」。❽周文公之頌　「文」是周公旦死後的謚號。他做的這一篇頌，就是《詩經・周頌》中的〈時邁〉篇，是他在武王伐紂時所作的巡守告祭之樂歌。❾載戢干戈二句　這兩句講天下已定，就聚斂其干戈，韜藏其弓矢，不復使用。載當則字講。櫜，用如「韜」，與「戢」字一樣，都是斂藏的意思。❿我求懿德三句　這句話的意思是說相信武王一定能保全陳布於偉大樂章中的美德。懿，美也。肆，陳也。時，是也。夏，大也。樂章之大者曰夏。允，信也。⓫懋　勉勵的意思。⓬阜　盛大、豐多的意思。⓭器用　器，謂兵甲。用，謂耒耜。⓮鄉　就是方。⓯滋　滋生增益、發展壯大之意。⓰昔我先王世后稷　子孫承繼父祖的官爵叫做世，也就是世襲之意。周的始祖名棄，在堯的時候做農師，舜的時候做后稷，他的子孫世襲這一官位，為掌管稼穡之官。⓱及夏之衰也二句　是說隨著夏的衰敗，就廢了稷的官職，不再理會百姓的農事。⓲不窋　棄的後代。⓳纂修其緒　纂，和「纘」字相通，是繼續的意思。緒就是事。⓴訓典　韋昭注：「訓，教也。典，法也。」㉑恪　敬謹。㉒不忝前人　不辱沒祖先。㉓帝辛　即殷末暴君紂王。㉔以致戎于商牧　致戎就是出兵。商牧，指商郊牧野。在今河南省淇縣南。㉕邦內甸服　邦內，謂天子畿內千里之地，也就是以京城為中心五百里之地。甸就是王田。服，是說天下都為天子的威德所服，各按地域的遠近，有差等地服事天子。從這一句開始，講的就是因地域遠近而服事的差等。邦內離天子最近，故其服事之等級為甸服，意謂服事於王田也。㉖邦外侯服　邦外，即京畿以外方五百里的地方，稱為「侯圻」，離天子遠近僅次於京畿，故其服事等級為侯服。㉗侯衛賓服　侯，指侯圻。衛，指衛圻。從侯圻到衛圻一共五圻，每圻五百里，共兩千五百里，為中國之界。這些地方，應以服貢，賓見於王，所以叫賓服。㉘蠻夷要服　蠻，即蠻圻。在衛圻之外，距離王城三千五百里，為九州之界。夷，即夷圻。距離王城四千里。要，約束。蠻夷距京都較遠，所以只要能夠接受文告教化的約束規範就可以了。㉙戎狄荒服　距離王城四千五百里的叫鎮圻，五千里的叫蕃圻，均在九州之外荒裔的地方，與戎、狄同俗。因為他們荒忽無常，所以其服事叫做荒服。㉚祭　供奉天子每日對祖考的祭祀。㉛祀　供奉天子的月祀。㉜享　供奉四季的享獻。㉝貢　供奉每年的歲貢。㉞王　尊周天子為王，承認其為天下共主並臣服之。㉟日祭五句以上說各地服事的差等：甸服者在邦畿之內，應隨時朝見天子並供奉日祭；侯服者稍遠，除供奉月祀外，一年朝見一回即可；賓服者又遠一些，便只要供奉四季的享獻，分別由二年到五年朝見一次；要服者在中國之外，除歲貢外，每六年朝見一次；荒服者最遠，已在九州之外，謂之藩國，所以只在其新即位時來朝，或周天子新王嗣位時來見，一生朝見一次就可以了，這就叫做「終王」。㊱意　天子志意。因畿內距天子近，故知其志意。㊲言　國家號令。㊳文　國家典法。㊴名　尊卑職貢的名號。㊵德　文教德政。㊶刑　刑誅。㊷讓　譴責。㊸告　用文辭去曉諭。㊹大畢伯士　犬戎族之二君。㊺王幾頓　王，指荒服者王事天子之事。幾，語辭。頓，停頓廢棄之意。㊻樹惇　韋昭注：「樹，立也。言犬戎立性惇樸。」傅庚生注：「樹惇是周穆王時犬戎的君主。」㊼帥　遵循。㊽純固　純，專。固，一。㊾自是荒服者不至　穆王不講信義、黷武非禮的結果。

【語　譯】周穆王準備攻打犬戎，祭公謀父勸阻說：「不可。先王只宣明教化，用德業感化四夷，從不炫耀武力，威脅別人。武力，應該平時斂藏，到適當的時機才動用。一旦動用，就威震四方。如果拿來炫耀，那就是黷武，也就不會有威懾力量。所以周文公的頌詩說：『收起干戈，藏好弓矢。但願那盛美的懿德，陳布於偉大的夏樂之中，誠然能為武王所保全。』先王對於人民，總是勉勵他們端正品德而敦厚情性，總是豐富他們的財求而便利他們的器用，指明利害之方，以典章禮法來教育他們，使他們從事有益的活動而避免受到損害，心存道德而畏懼天威，所以能保全種族，世代相傳，發展壯大。

「當初，我們先王世襲后稷之職，以服事虞、夏兩代。到夏衰之時，廢棄后稷官職，不問百姓農事，我們的先王不窋失去了職位和作用，便自己逃亡藏匿在西接於戎、北近於狄的邠地，不敢稍有懈怠。繼承著先王的盛德，延續著先王的事業，改善先王的教化禮法，朝朝夕夕，敬謹勤勉，恭守篤定，奉行忠信，世代相承，都能完成德業，不辱沒祖先。到了武王，不但發揚光大前代先王的輝煌業績和光榮傳統，而且更加以仁愛和睦，事奉神祇，保全百姓，沒有一人不歡欣鼓舞。商紂王帝辛，遭到人民極大的憎惡仇恨，人民忍無可忍，紛紛投奔周室，擁戴武王，武王這才出兵，克紂於商郊牧野。所以先王絕不是為戰爭而戰爭，只不過是體恤民苦，為民除害罷了。

「當年先王定下的各方服事天子的制度是這樣的：京畿之內為甸服，畿外方五百里為侯服，侯圻到衛圻二千五百里為賓服，中國之外的蠻夷為要服，九州之外荒裔之地的戎狄為荒服。甸服者在天子腳下，應供奉日祭，時常朝見；侯服者稍遠，應供奉月祀，年年朝見；賓服者又稍遠，但尚在中國之內，應供奉四時的享獻，二至五年朝見一次；要服者已出中國，只供奉歲貢，六年一朝；荒服者更遠，已在九州之外，便只要名義上尊周天子為天下共主，自己即位時或周室新王嗣位時朝見一次就可以了。日祭，月祀，時享，歲貢，終王，這是先王的遺訓。京畿之內，如有諸侯不供奉日祭，天子就應首先修整志意，檢討自己；侯圻之中，如有諸侯不供奉月祀，天子就應首先修整國家號令，看是否有不合理的地方；如有賓服者不供奉時享，天子就應首先檢查國家典法，看是否有不合適的情形；如有要服者不供奉歲貢，天子就應首先檢查尊卑職貢的名號，看是否有不妥當的安排；至於如果荒服者不王，那就該檢查自己的教化德政了。如果意、言、文、名、德依次檢查下來，並無不妥之處，而諸侯仍有不按規定前來朝見的，那就可以刑誅了。這才有對不祭者的刑罰，對不祀者的討伐，對不享者的征戰，對不貢者的譴責和對不王者的曉諭；也才有刑罰的律條，攻伐的軍隊，征討的裝備，譴責的號令和曉諭的文辭。發布了號令，告訴了利害，他們還不來朝見，那就應該增修文德，使遠人自來，而不可煩勞人民去遠征。正因為先王們是這樣做的，所以無論內外遠近，沒有不聽命於朝廷、臣服於周室的。

「現在，大畢、伯士逝世了，犬戎新主按照荒服者王的規定前來朝見，就是已經盡了他們的職分，陛下卻要以『不享』這種本不是他們的罪名為藉口去征伐他們，還要炫耀武力，這豈不是廢棄了先王的遺訓，使荒服者王之禮由此中斷嗎？我聽說犬戎新主循先王之舊德，奉其常職，天性專一，終身不移，必有所防備和抵禦啊！」

周穆王不接受他的意見，一意孤行，於是前去征伐犬戎，結果只不過得到四隻白狼，四隻白鹿，而由於他失信於天下，荒服者便從此不再來朝見了。

密康公母論小醜備物終必亡

恭王❶遊於涇上，密康公❷從，有三女奔❸之。其母曰：「必致之於王。夫獸三為群，人三為眾，女三為粲❹。王田❺不取群，公行❻下眾，王御不參一族❼。夫粲，美之物也。眾以美物歸女❽，而❾何德以堪❿之？王猶不堪，況爾小醜⓫乎？小醜備物，終必亡⓬。」康公不獻。一年，王滅密。

【章　旨】本章說人貴有自知之明。貪得無厭，德薄而物厚，只能自取其禍。

【注　釋】❶恭王　穆王之子，名伊扈。❷密康公　密國之君，姬姓。❸奔　不由媒氏。❹粲　美貌。❺田　田獵。❻行　巡狩。❼王御不參一族　御，婦官。參，三。同姓為一族。❽女　通「汝」。❾而　你。❿堪　承受。⓫醜　韋昭注：「類也。」⓬小醜備物二句　言德小而物備，終必以亡。

【語　譯】周恭王遊於涇水之上，密康公隨駕扈從，有三個同姓女子私奔於康公。康公的母親說：「一定得進獻給天子。野獸有三隻就叫做群，人有三個就叫做眾，女子有三人就叫做粲。天子田獵，不取群獸；諸侯出巡，禮讓眾人；冊封婦官，三女必不同族。三女為粲，粲是美物，大家把美物給你，你有何功德，膽敢承受？天子尚且不敢承受，何況像你這樣的小人之類呢？德薄而物厚，必因這非分而過度的占有而招來滅頂之災。」康公不肯獻出這三個女子。一年以後，恭王滅了密國。

邵公諫厲王弭謗

厲王❶虐，國人謗❷王。邵公❸告曰：「民不堪命矣！」王怒，得衛巫，使監謗者❹，以告，則殺之。國人莫敢言，道路以目。王喜，告邵公曰：「吾能弭❺謗矣，乃不敢言。」邵公曰：「是障❻之也。防民之口，甚於防川。川壅而潰❼，傷人必多，民亦如之。是故為❽川者決之使導❾，為民者宣❿之使言。故天子聽政，使公卿至於列士獻詩⓫，瞽獻曲⓬，史獻書⓭，師箴⓮，瞍賦⓯，矇誦⓰，百工諫⓱，庶人傳語⓲，近臣盡規⓳，親戚補察⓴，瞽、史教誨，耆、艾修之，而後王斟酌焉㉑，是以事行而不悖。民之有口，猶土之有山川也，財用於是乎出；猶其有原隰衍沃㉒也，衣食於是乎生。口之宣言也，善敗於是乎興㉓，行善而備㉔敗，其所以阜財用衣食者也。夫民慮之於心而宣之於口，成而行之，胡可㉕壅也？若壅其口，其與能幾何？」王不聽，於是國人莫敢出言，三年，乃流㉖王於彘㉗。

【章　旨】本章說統治者體察民情、傾聽民意的重要性。讓人說話，自己不會失去政權；不讓人說話，終將自取滅亡。

【注　釋】❶厲王　恭王的曾孫、夷王的兒子，名字叫做胡。❷謗　批評；非議；指責。❸邵公　邵康公的孫子，諡穆公，名虎，是厲王的卿士。❹得衛巫二句　衛巫，即衛國的巫師。所謂監謗，實際上是聽憑他用巫術決定誰是謗王的人。❺弭　止息。❻障　用堤去阻水叫做障。障只是堵住，而不是從根本上消除，所以邵公認為不是弭。❼川壅而潰　堵塞叫做壅。從旁邊決口叫做潰。河流是不能堵的，即使堵上了，也會從旁邊決口。❽為　治理。❾導　疏通。❿宣　開放。⓫列士獻詩　周時士有三等：上士、中士、下士，總稱為列士，他們要獻詩諷諫天子。⓬瞽獻曲　瞽是沒有眼睛的人，當時由瞽者任樂太師。曲，樂曲。⓭史獻書　史，周官太史。書，陰陽天時禮法之書。⓮師箴　師，少師。箴，即「正」。正得失之規戒。⓯瞍賦　沒有瞳孔的盲人叫瞍。不歌而誦叫做賦。⓰矇誦　有瞳孔而無視力的人叫矇，矇主弦歌諷誦。⓱百工諫　百工，有技藝者。諫，執藝事以諫諍。如〈魯語上〉匠師慶諫莊公丹楹刻桷即是。⓲庶人傳語　庶人，一般百姓。他們對政令得失的意見只能靠口傳。⓳規　規諫。⓴補察　補，補過。察，察政。㉑瞽史教誨三句　此三句總結前文。韋昭注：「耆、艾，師、傅也。師傅修理瞽史之教，以聞於王也。」㉒原隰衍沃　韋昭注：「廣平曰原，下濕曰隰，下平曰衍，有溉曰沃。」㉓興　起；發。㉔備　防備。㉕胡可　怎可。㉖流　放逐。㉗彘　今山西省霍縣東北有彘城。

【語　譯】厲王暴戾，國人都指責他。邵公把這一情況向他報告並說：「老百姓都活不下去了！」厲王很憤怒，找來一個衛國的巫師，叫他去監視，看誰敢批評王上，一經舉報，立即殺頭。京城內誰也不敢再說話了，在路上見了面，也只敢用眼睛打招呼。厲王高興了，對邵公說：「我能止住批評了，看他們誰還敢胡說八道。」邵公說：「這不過是堵住別人的嘴巴罷了。堵老百姓的嘴巴，比堵住滔滔不絕的河流還難。河流堵住了，必然在別的地方決出口子，傷人一定很多，老百姓議論朝政的事也是這樣。所以治理江河，應該疏通河道，讓河水暢通無阻；治理人民，也應該開放言禁，讓他們暢所欲言。因此天子執政，要讓公卿列士獻詩，瞽者樂師獻曲，周官太史獻書，少師箴刺規戒王政的得失，讓瞍來賦誦他們所獻的詩，讓矇來弦歌那些箴諫的話，讓工匠們分別就他們所從事的技藝來勸諫；下民的意見要傳達到朝廷，近臣要知無不言，言無不盡，親戚們則要補其過失，察其是非；前有瞽、史依據歷史的教誨，後有師、傅根據現實的修正，然後天子再反覆斟酌，這樣做起事來就不會不順利了。人民有口，就像大地有山川原野，財用衣食都從那裡產生。同樣，政治的善惡成敗，也可以說是來自於民眾的批評。人民贊成的，就實行它；人民反對的，就防備它，不是也可以增加我們的衣食財用嗎？人民對於朝政，心裡有看法，嘴上就要說出來，我們只能盡量地鼓勵和採用，哪裡能夠去堵他們的嘴巴呢？如果像你這樣去堵，又能堵多久呢？」厲王不肯接受這個意見，而國人也不敢再發表什麼看法，三年以後，終於把厲王放逐到彘地去了。

芮良夫論榮夷公專利

厲王說❶榮夷公❷，芮良夫❸曰：「王室其將卑❹乎！夫榮公好專利❺而不知大難。夫利，百物之所生也，天地之所載也，而或專之，其害多矣。天地百物，皆將取焉，胡可專也？所怒甚多，而不備大難，以是教王，王能久乎？夫王人者❻，將導利而布之上下者也，使神人百物無不得其極，猶日怵惕，懼怨之來也。故〈頌〉❼曰：『思文❽后稷，克❾配彼天，立我蒸民❿，莫匪爾極⓫。』〈大雅〉⓬曰：『陳錫⓭載周。』是不布利而懼難乎⓮？故能載周，以至于今。今王學專利，其可乎？匹夫專利，猶謂之盜，王而行之，其歸鮮矣。榮公若用，周必敗。」既，榮公為卿士⓯，諸侯不享，王流于彘。

【章旨】本章說統治者應造福於民，讓利於民，不可與民爭利，更不可擅專天下之利。

【注釋】❶說　通「悅」。❷榮夷公　榮是其采邑名，夷是其諡號。❸芮良夫　周朝的大夫，姬姓伯爵，名良夫，食采於芮，即今山西省芮城縣。❹卑　微也。沒落勢微的意思。❺專利　意近壟斷利益。專，即擅據。❻王人者　即為人民之王者。

王，動詞，君臨的意思。❼頌　指《詩・周頌・思文》。❽文　經緯天地曰文。❾克　能。❿立我蒸民　立，粒也。使食粒食。蒸，眾也。⓫莫匪爾極　匪，非也。極，中也。⓬大雅　指《詩・大雅・文王》。⓭陳錫　陳，布。錫，賜。⓮是不布利而懼難乎　言后稷、文王既布利，又懼難。⓯卿士　六卿中之執政者。

【語　譯】厲王喜歡榮夷公。芮良夫說：「周王朝大概快不行了吧！那個榮公，一心只想獨占民利而又不知如何解救國難。利，是百物所生，天地所成，如果壟斷，對國家就危害甚多了。天地生成百物，普天下人民都要取用，怎麼可以由一個人或朝廷獨占呢？得罪的民眾甚多，又不知做好大難臨頭的準備，用這一套去教天子，這天下還坐得久嗎？君臨天下、為人民之王上者，應該開發天下的利源，上布散於神祇，下布散於民眾，使上下神人無不各得其最大的利，各得其所。即使這樣，那些聖明的天子也還要整天提心吊膽，深怕招致怨恨。所以〈周頌〉說：『思念文德昭明的先祖后稷，他的功德可以與天相比。教民稼穡，播殖百穀，立我眾民之道，無非是他的功勛。』〈大雅〉也說：『布賜百姓，施惠於人，才能載成周道，世代為王。』這不正是既能布利又知懼難嗎？所以才能載成周道，以至今天。現在天子卻去學習怎樣壟斷獨占民利，難道可以嗎？百姓奪取他人財物，還要叫做『盜』，做天子的人竟然去幹這種事，肯歸順他的人一定不會多。如果起用榮公，周室必敗。」之後，厲王果然任命榮公為執政的卿士，諸侯們便紛紛不來享獻，而厲王自己也終於被流放到彘去了。

邵公以其子代宣王死

彘之亂，宣王❶在邵公之宮，國人圍之。邵公曰：「昔吾驟諫王，王不從，是以及此難。今殺王子，王其以我為懟❷而怒乎！夫事君者險而不懟❸，怨而不怒，況事王乎？」乃以其子代宣王，宣王長而立之。

【章旨】本章說為臣事君之道。

【注釋】❶宣王　厲王之子，名叫靖。❷懟　怨恨。❸險而不懟　韋昭注：「在危險之中不當懟。」

【語譯】彘地暴亂，厲王之子靖避難於邵公之宮，國人將邵公之宮團團圍住。邵公說：「過去我曾多次勸諫君王，君王不肯聽從，這才招來此難。今天如果讓國人殺死王子，君王大概會認為我心存怨恨而遷怒於王子了！要知道，事奉諸侯的人，即使遇到危險也不能怨恨，即使心存怨恨也不能遷怒，何況事奉天子呢？」於是就用自己的兒子代替王子靖去死，靖成人以後，又立他為宣王。

虢文公諫宣王不籍千畝

宣王即位，不籍千畝❶。虢文公❷諫曰：「不可。夫民之大事在于農：上帝之粢盛❸於是乎出，民之蕃庶❹於是乎生，事之供給❺於是乎在，和協輯睦❻於是乎興，財用蕃殖於是乎始，敦庬純固❼於是乎成，是故稷為大官。古者，太史順時覛❽土，陽癉憤盈❾，土氣震發❿，農祥晨正⓫，日月底于天廟⓬，土乃脈發⓭。

「先時⓮九日，太史告稷曰：『自今至于初吉⓯，陽氣俱蒸，土膏其動⓰。弗震弗渝，脈其滿眚⓱，穀乃不殖。』稷以告王曰：『史帥陽官以命我司事⓲曰：

「距今九日，土其俱動，王其祗祓⑲，監農不易⑳。」』王乃使司徒咸戒公卿、百吏、庶民㉑，司空除壇于籍㉒，命農大夫咸戒農用㉓。

「先時㉔五日，瞽告有協風㉕至，王即齋宮㉖，百官御事，各即其齋三日。王乃淳濯饗醴㉗，及期，鬱人薦鬯㉘，犧人㉙薦醴，王祼鬯，饗醴乃行㉚，百吏、庶民畢從。及籍，后稷監之，膳夫、農正㉛陳籍禮，太史贊㉜王，王敬從之。王耕一墢㉝，班三之㉞，庶民終于千畝。其后稷省㉟功，太史監之；司徒省民，太師監之；畢，宰夫陳饗，膳宰監之。膳夫贊王，王歆㊱太牢，班嘗之，庶人終食。

「是日也，瞽帥、音官以風土㊲。廩于籍東南，鍾而藏之㊳，而時布之于農。稷則徧誡百姓，紀農協功，曰：『陰陽分布，震雷出滯㊴。』土不備墾，辟㊵在司寇。乃命其旅曰：『徇㊶，農師一之，農正再之，后稷三之，司空四之，司徒五之，太保六之，太師七之，太史八之，宗伯九之，王則大徇㊷。耨穫亦如之。』民用莫不震動，恪恭于農，修其疆畔，日服其鎛㊸，不解于時，財用不乏，民用和同。

「是時也，王事唯農是務，無有求利㊹於其官，以干農功，三時務農而一時講武㊺，故征則有威，守則有財。若是，乃能媚於神，而和於民矣，則享祀時至而布施優裕也。

「今天子欲修先王之緒而棄其大功，匱神之祀而困民之財，將何以求福用民？」

王不聽。三十九年，戰于千畝，王師敗績于姜氏之戎。

【章　旨】本章講農事的重要和籍禮不可廢的道理。

【注　釋】❶籍千畝　上古時，天子、諸侯徵用民力耕種的田稱為「籍田」，亦稱「藉田」。相傳天子籍田千畝，諸侯百畝，每逢耕時，由天子或諸侯親持耒耜在籍田上三推或一墢，稱為「籍禮」。厲王流於彘之後，籍田之禮即廢；宣王即位，亦不遵古制，所以虢文公要勸諫他。籍，借也。❷虢文公　周文王母弟虢仲的後代，周宣王的卿士。❸粢盛　古代盛在祭器內以供祭祀的穀物。粢是穀類的總稱，六粢即六穀，亦即：黍、稷、稻、粱、麥、苽。❹蕃庶　蕃，繁殖。庶，眾多。❺供給　韋昭注：「供，具也。給，足也。」❻和協輯睦　指民族的凝聚。協，合。輯，聚。睦，親。❼敦庬純固　敦，厚。庬，大。純固，見〈祭公諫穆王征犬戎〉注㊽。❽覛　察視也。❾陽癉憤盈　指熱氣盛。憤盈，積聚；充滿。❿震發　震，動也。發，起也。⓫農祥晨正　農祥，即房星。立春之日，房星晨正，是農事之候，所以叫做農祥。⓬日月底于天廟　底，至。天廟，營室。孟春之月，日月皆在營室也。⓭土乃脉發　《農書》曰：「春土長冒橛，陳根可拔，耕者急發。」⓮先時　先於立春之日。⓯初吉　二月初一。⓰土膏其動　潤澤欲行。⓱眚　災。⓲司事　主農事也。⓳祗祓　祗，敬。祓，齋戒祓除。⓴不易　即不易物土之宜。㉑庶民　耕耘籍田之民。㉒司空除壇于籍　司空，主管土木建築的官員。除，修治。壇，是一種土築的高臺，古時主要用於祭祀及朝會盟誓等大事。㉓農大夫咸戒農用　農大夫，即田畯，是周代掌管田地並監督耕種的農官。農用，田器。㉔先時　先於耕時。㉕瞽告有協風　瞽者司樂，是所謂「知風氣者」，所以由他報告和風的到來。協風，和風。㉖即齋宮　即，就；往就。齋宮，所齋之宮。㉗淳濯饗醴　淳濯，沐浴。饗，飲。醴，醴酒，是一種薄甜酒，用麥芽和黍米釀製，只經一宿而成故酒味較淡。㉘鬯　古代祭祀神祇用的一種高級酒，始見於商代，用鬯草（即鬱金草）與秬（黑黍）釀製而成，所以掌管這種酒及祭儀的官員就叫「鬯人」，又叫「鬱人」。㉙犧人　即司樽者。其樽為犧牛狀，其人曰「犧人」。㉚王祼鬯二句　祼，灌祭。灌祭是以鬱鬯之酒獻尸，尸受祭而灌於地。灌鬯和飲醴都是為了自香潔。㉛膳夫農正　膳夫是掌管王宮飲食膳饈的官。農正是主管敷陳籍禮並祭祀其神的官。㉜贊　引導。㉝一墢　用耜或耦（二耜為耦）耕一下，一尺深，一尺寬左右。㉞班三之　依次三倍於前。即王一墢，公三墢，卿九墢，大夫二十七墢。㉟省　察看；檢查。㊱歆　饗也。謂祭祀時神靈先享其氣。㊲風土　以音律省土風。㊳鍾　聚也。㊴滯　蟄蟲。㊵辟　罪也。㊶徇　行也。㊷大徇　天子率公、卿、大夫親行農事。㊸鎛　鋤田去草的農具。㊹求利　謂變易其職責使役。㊺三時務農而一時講武　見〈祭公諫穆王征犬戎〉注❻。

【語　譯】宣王即位以後，不恢復因厲王被逐而中斷的籍禮。虢文公勸諫說：「這是不可以的。國計民生的大事正在於農業——祭祀天神上帝的犧牲貢品要從這裡出，人民的生殖繁衍要從這裡生，國事的各種需求要靠它，民族的團結和睦要靠它，經濟增長要靠它，厚大專一要靠它，所以掌管農事的稷是重要的職務。古時，太史到一定時候就要去觀察土壤，看到陽氣積聚，大地蒸騰，房星高懸天庭，日月皆在營室，就知道春耕的時候到了。

「立春前九天，太史便告訴稷：『從現在到二月初一日，陽氣俱蒸，大地潤澤，當抓緊時機，適時播種，否則脈滿氣結，更為災疫，穀乃不殖也。』稷把太史的話告訴天子說：『太史率春官讓我主農事，說：「從現在起九天之內，大地上一切生命都將萌動，王上宜齋戒祓除，監督農事，不違其時。」』於是，天子就命司徒一一告誡公卿、百吏、庶民，命司空在籍田建立祭壇，命田畯備好農具。

「春耕前五天，瞽樂師報告和風已到，天子立即移駕齋宮，百官御事，也各齋戒三日。於是天子便以香湯沐浴，飲醴酒。到春耕開始那天，鬱人獻上鬯酒，犧人獻上醴酒，天子灌鬯飲醴，然後出發，百吏庶民，全部跟從。到了籍田，由后稷監察，膳夫農正敷陳籍禮，太史在前面引路，天子很虔誠恭敬地跟著。天子耕一下，以後依次為公、卿、大夫，每下一級耕地次數均三倍於前，最後由庶民耕完全部籍田。這項工作，由后稷檢查功效，太史監察；司徒檢查庶民，太師監察。耕完籍田，宰夫敷陳牛羊豕三牲俱全的太牢，膳宰監察，膳夫引導天子請上帝神靈先祖享其氣，然後公、卿、大夫、百吏依次嘗之，最後庶民吃完。

「這一天，瞽率各樂官以音律考察土風。在籍田東南方建立御廩神倉，聚而藏之，屆時用於農事。稷則告誡全體百姓，綜理農事，協同工作，說：『晝夜已經一樣長了，春雷已把蟄蟲震動了。』這時，如果還未做好春耕的準備工作，就要由司寇來治罪了。於是便對大家說：『走吧！農師先行，農正隨後，后稷第三，司空第四，司徒第五，太保第六，太師第七，太史第八，宗伯第九，王上率公卿大夫親行農事。夏耘、秋收時也照這樣做。』這樣一來，百姓沒有一個不感到震動的，於是就會盡心盡責於農事，修整田地，治理農具，不懈怠於農時，這樣國家的財用才不會匱乏，人民也才會和睦團結，同心同德。

「這個時候，天子要做的就是農事，切不可變易官吏的職責，以干擾農功。一年四季，三季務農，唯冬季農閑時才講習武事，所以征則有威，守則有財。如果能這樣，那麼，就一定能得到神靈的庇祐而得到人民的擁護，享祀會按時送來，布施也會十分充裕。

「現在，王上想繼承先王的事業，卻捨去了他們最重要的功德，其結果必然導致祭祀之物的匱乏和人民財產的減少，又將憑什麼造福於人民呢？」

宣王不接受這個意見。三十九年，西戎入侵，王師迎戰於京畿，大敗。

仲山父諫宣王立戲

魯武公❶以括與戲❷見王，王立戲，樊仲山父❸諫曰：「不可立也！不順必犯，犯王命必誅，故出令不可不順也。令之不行，政之不立，行而不順，民將棄上。夫下事上，少事長，所以為順也。今天子立諸侯而建其少，是教逆也。若魯從之而諸侯效之，王命將有所壅，若不從而誅之，是自誅王命也。是事也，誅亦失，不誅亦失，天子其圖之！」王卒立之。魯侯歸而卒，及魯人殺懿公，而立伯御。

【章　旨】本章論立長之禮不可廢。

【注　釋】❶魯武公　伯禽的玄孫、獻公的兒子，名叫敖。❷括與戲　括，即魯武公的長子伯御。戲，即括的弟弟懿公。❸樊仲山父　宣王的卿士，食采於樊。

【語　譯】魯武公帶著括和戲兩個兒子去見宣王，宣王立次子戲為武公的繼承人，樊仲山父勸諫說：「不可這樣立儲呀！王出政令如果不順，諸侯必然抗命不從，而違抗王命者必加討伐，所以天子出令不可不順。令之不行，政之不立，行而不順，則人民必將拋棄君上。下服事上，少服事長，這才是順。現在，王上立諸侯卻廢長立少，這是教大家倒行逆施呀！如果魯國遵從王命而諸侯都紛紛效法，先王立長之命就將壅塞不行；若魯國不從而王上討伐他們，則等於是討伐先王之命，是自己討伐自己啊！對這件事，您討伐也不是，不討伐也不是，所以還是請您再考慮考慮！」宣王還是堅持立戲。魯侯回國後死了，結果魯人殺死了懿公，仍然立括為國君。

穆仲論魯侯孝

三十二年春，宣王伐魯，立孝公❶，諸侯從是而不睦。宣王欲得國子之能導訓諸侯者，樊穆仲❷曰：「魯侯孝。」王曰：「何以知之？」對曰：「肅恭明神而敬事耇❸老，賦事行刑，必問於遺訓而咨於故實，不干所問，不犯所咨。」王曰：「然則能訓治其民矣。」乃命魯孝公於夷宮❹。

【章　旨】本章論何謂嗣君之孝。

【注　釋】❶孝公　懿公的弟弟，名字叫做稱。❷樊穆仲　穆仲是仲山父的謚號。❸耇　長壽。❹夷宮　宣王祖父夷王之廟。古代爵命必於祖廟。

【語　譯】三十二年春，宣王伐魯，立孝公為魯國國君，而諸侯也從此不再親睦於王。宣王想在姬姓王室子弟中找一個能訓導諸侯的人。穆仲說：「魯侯就可以，因為他孝。」宣王問：「你怎麼知道的？」穆仲回答說：「魯侯崇拜神明尊敬老人，無論是徵收賦稅還是處決犯人，一定要問問在這個問題上，先王有什麼遺訓，過去遇到同等情況又是怎麼做的，決不與所問到的遺訓相違背，也決不與所聽到的前例相牴觸。」宣王說：「若是這樣，當然能訓治其民啦！」於是就在祖廟夷宮任命魯孝公為侯伯。

仲山父諫宣王料民

宣王既喪南國之師，乃料民❶於太原。仲山父諫曰：「民不可料也！夫古者不料民而知其少多：司民協孤終❷，司商協民姓❸，司徒協旅❹，司寇協姦❺，牧協職❻，工協革❼，場協入❽，廩協出❾，是則少多、死生、出入、往來者皆可知也。於是乎又審之以事❿，王治農於籍，蒐于農隙⓫，耨穫亦於籍，獮於既烝⓬，狩於畢時⓭，是皆習民數者也，又何料焉？不謂其少而大料之，是示少而惡事也。

臨政示少，諸侯避之；治民惡事，無以賦令。且無故而料民，天之所惡也，害於政而妨於後嗣。」王卒料之，及幽王⑭乃廢滅。

【章　旨】本章講為人君者勤政愛民之道。

【注　釋】❶料民　清點人民之數。猶今之清查戶口。料，數也。❷司民協孤終　司民是掌登萬民之數的官。協，合也。無父者叫做孤。死亡者叫做終。❸司商協民姓　司商是掌管賜族受姓之官。❹司徒協旅　司徒是治理民事、掌握戶口、徵發徒役和收斂財賦的官。旅，軍隊。❺司寇協姦　司寇是刑官，主管刑法獄訟。姦，罪犯。❻牧協職　牧是治民之官。職，賦稅。❼工協革　工是百工之官。革，兵革武器。❽場協入　場是掌管場圃之官。入，收入。❾廩協出　廩是掌管米倉之官。出，支出。❿事　天子籍田蒐狩之事。⓫蒐于農隙　蒐，打獵。農隙，指仲春既耕之後。⓬獮於既烝　秋季的田獵叫做獮。既烝，既升。指仲秋。⓭狩於畢時　冬季的田獵叫做狩。畢時，仲冬。以上四句，說的是天子一年四季，都在籍田之內，農忙務農，農閑狩獵，即如《左傳·隱公五年》所言：「春蒐、夏苗、秋獮、冬狩，皆于農隙以講事也。」⓮幽王　宣王之子，名宮湦。

【語　譯】宣王大敗於姜戎，丟掉了南國之師，便在太原清查起戶口來。仲山父勸阻說：「老百姓是不可以像數牲口一樣一個一個去點數的。過去，先王並不清查戶口，卻清楚地知道人民的數目。為什麼呢？這是因為：司民統計著生老病死的數目，司商統計著賜族受姓的數目，司徒統計著應徵入伍的數目，司寇統計著犯罪判刑的數目，牧統計賦稅，工統計兵革，場人統計收入，廩人統計支出，這樣一來，百姓的多少、死生，國庫的出入往來，也就都可以弄得清清楚楚的了。在此基礎之上，再參考以天子自己親歷之事。天子在自己的籍田之中，農忙務農，農閑田獵，春蒐，夏苗，秋獮，冬狩，都是接近民眾、熟悉民數的機會，又哪裡用得著去查什麼戶口呢？不以自己子民為少還大張旗鼓地去清點，這不是明確地顯示自己的弱小寡少和厭惡政事嗎？君臨天下，卻顯示寡弱，諸侯肯定會避遠王室，不相親附；治理百姓，卻厭惡政事，又憑什麼發布政令呢？而且無故料民，天必厭惡，既有害於政事，又遺害於後代。」宣王終於還是堅持要查戶口，到了幽王時，西周就被毀滅了。

伯陽父論周將亡

幽王二年，西周三川皆震❶。伯陽父❷曰：「周將亡矣！夫天地之氣，不失其序❸；若過其序，民亂之也❹。陽伏而不能出，陰迫而不能蒸，於是有地震。今三川實震，是陽失其所而鎮陰也。陽失而在陰，川源必塞；源塞，國必亡。夫水土演❺而民用也。水土無所演，民乏財用，不亡何待？昔伊、洛竭而夏亡，河竭而商亡。今周德若二代之季❻矣，其川源又塞，塞必竭。夫國必依山川，山崩川竭，亡之徵也。川竭，山必崩。若國亡不過十年，數之紀❼也。夫天之所棄，不過其紀。」是歲也，三川竭，岐山崩。十一年，幽王乃滅，周乃東遷。

【章　旨】本章講天人相應之理。

【注　釋】❶西周三川皆震　西周，指幽王所在之鎬京。三川，指涇、渭、洛三水，三水皆出於岐山。震，地震。❷伯陽父　周大夫。❸序　次序。❹民亂之也　實為王亂之。❺演　潤濕。❻二代之季　即桀、紂也。❼數之紀　數起於一，終於十，十則更，故曰紀。

【語　譯】周幽王二年，涇、渭、洛三水地區都發生了地震。伯陽父說：「周王朝要亡了！天地之氣，不能亂了次序；如果亂了次序，那就是人造成的。陽氣在下，陰氣迫之，陽氣不能升騰，那就會發生地震。現在三川都真的地震了，這是陽氣失其所在而被鎮於陰。陰盛陽衰，川源必塞；川源一塞，國家必亡。因為國依山川，民眾財用，全靠水滋土潤。一旦源塞川竭，水土無所滋潤，人民失去生存依據，不亡還等什麼？當年，伊水、洛水枯竭而夏亡，黃河枯竭而商亡。現在周王朝之德，已經和夏桀、殷紂差不多了，所依之川，又因地震而源塞，源塞則川竭。要知道，國之所依，在於山川，山崩川塞，國將不國。川既竭，山必崩。如果國亡不過十年，也就是一紀之數。天所要拋棄的，不會超過十年。」這一年，涇、渭、洛三水枯竭，岐山山崩。周幽王十一年，西周終於滅亡，周室東遷，是為東周。

鄭厲公與虢叔殺子頹納惠王

惠王❶三年，邊伯、石速、蔿國出王而立子頹❷。王處於鄭三年。王子頹飲三大夫酒，子國為客❸，樂及偏舞❹。鄭厲公見虢叔❺，曰：「吾聞之，司寇行戮，君為之不舉❻，而況敢樂禍乎！今吾聞子頹歌舞不息，樂禍也。夫出王而代其位，禍孰大焉！臨禍忘憂，是謂樂禍。禍必及之，盍納王乎？」虢叔許諾。鄭伯將王自圉門❼入，虢叔自北門入，殺子頹及三大夫，王乃入也。

【章　旨】本章說明了這樣一個道理：樂（音樂）也就是樂，樂非其時，甚至以禍為樂，就會反樂為禍。

【注　釋】❶惠王　周莊王之孫、釐王之子，名叫涼。❷邊伯石速蔿國出王而立子頹　邊伯、石速、蔿國，周大夫。子頹，莊王之少子王姚之子。王姚受寵於莊王，而蔿國是子頹之師。惠王即位後，取蔿國之圃、邊伯之宮，收石速之秩，所以他們三人驅逐了惠王而立子頹為王。❸子國為客　子國，蔿國。客，上客。❹偏舞　偏，遍。偏舞，將六代之樂舞——黃帝的「雲門」、堯的「咸池」、舜的「簫韶」、禹的「大夏」、殷的「大濩」、周的「大武」都表演一遍，極盡僭越奢華之能事。❺鄭厲公見虢叔　鄭厲公，鄭莊公之子，名突。虢叔，即虢公林父，是周王的卿士。❻不舉　即不舉樂舞。❼圉門　南門。

【語譯】周惠王三年，邊伯、石速和蔿國三位大夫驅逐了惠王，而立子頹為王。惠王流亡在鄭國三年。子頹請三位大夫飲酒，蔿國為上客，享樂之及，遍於六代樂舞。鄭厲公便去見虢叔說：「我聽說，司寇行刑，處決死囚的時候，國君就不聽音樂不看舞蹈了，更何況是自己的禍事呢？還敢幸災樂禍嗎？現在，我聽說子頹歌舞不息，這是以自己的災禍為樂呀！想想看吧，驅逐天子而自代其位，還有比這更大的禍事嗎？臨禍忘憂，叫做樂禍，禍必及之，何不納惠王復位呢？」虢叔答應了。於是，鄭伯擁惠王從南門入，虢叔從北門入，殺子頹及三位大夫，惠王重登王位。

內史過論神

十五年，有神降於莘❶，王問於內史過❷，曰：「是何故？固有之乎？」對曰：「有之。國之將興，其君齊明、衷正、精潔、惠和，其德足以昭其馨香，其惠足以同其民人。神饗而民聽，民神無怨，故明神降之，觀其政德而均布福焉。國之將亡，其君貪冒❸、辟邪、淫佚、荒怠、麤穢、暴虐；其政腥臊，馨香不登；其刑矯誣❹，百姓攜貳❺。明神不蠲❻，而民有遠志，民神怨痛，無所依懷，故神亦往焉，觀其苛慝❼而降之禍。是以或見❽神以興，亦或以亡。昔夏之興也，融降于崇山❾；其亡也，回祿信於聆隧❿。商之興也，檮杌次於丕山⓫；其亡也，夷羊在牧[12]。周之興也，鸑鷟鳴於岐山[13]；其衰也，杜伯射王於鄗[14]。是皆明神之志[15]者也。」

王曰：「今是何神也？」對曰：「昔昭王娶於房，曰房后[16]，實有爽德，協於丹朱[17]，丹朱憑身以儀之，生穆王焉。是實臨照周之子孫而禍福之。夫神壹不遠徙遷，若由是觀之，其丹朱之神乎？」王曰：「其誰受之？」對曰：「在虢土。」王曰：「然則何為？」對曰：「臣聞之：道而得神，是謂逢福；淫而得神，是謂貪禍。今虢少荒，其亡乎？」王曰：「吾其若之何？」對曰：「使太宰以祝史、帥狸姓[18]，奉犧牲、粢盛、玉帛往獻焉，無有祈也[19]。」

王曰：「虢其幾何？」對曰：「昔堯臨民以五[20]，今其胄見[21]，神之見也，不過其物。若由是觀之，不過五年。」王使太宰忌父[22]帥傅氏[23]及祝、史奉犧牲、玉鬯往獻焉。內史過從至虢，虢公亦使祝、史請土焉。內史過歸，以告王曰：「虢必亡矣，不禋[24]於神而求福焉，神必禍之；不親於民而求用焉，人必違之。精意以享，禋也；慈保庶民，親也。今虢公動匱百姓以逞其違，離民怒神而求利焉，不亦難乎？」十九年，晉取虢。

【章　旨】本章名為論神，實為論人，闡述的是周人「以德配天，敬天保民」的觀點，強調為人君者必須賢明仁德，敬神愛民，如果貪婪暴戾，弄得天怒人怨，終將自取滅亡。

【注　釋】❶莘　在虢國境內。❷內史過　是周大夫，掌爵祿廢置及策命諸侯、孤、卿、大夫之職，過是他的名字。❸冒貪。《左傳・文公十八年》：「貪于飲食，冒于貨賄。」❹矯誣　以詐用法曰矯。加誅無罪曰誣。❺攜貳　親附的人漸生背離之心。❻蠲　明；顯。❼苛慝　苛，苛刻；繁細。慝，邪惡；惡念。❽見　得也。❾融降于崇山　融，即祝融，火神，亦古赤帝。崇山，在夏之陽城附近。❿回祿信於聆隧　回祿，火神。再宿為信。聆隧，地名。⓫檮杌次於丕山　檮杌，即鮌，亦即鯀，為堯時崇伯，奉命治水，九年無功，被舜殺死在羽山，其神化作黃熊。丕山在河東。⓬夷羊在牧　夷羊是神獸。牧，商郊牧野。⓭鸑鷟鳴於岐山　鸑，鳳也。鷟，凰也。鸑鷟即鳳凰之別稱。岐山在今陝西省岐山縣，為周人發祥地。⓮杜伯射王於鄗　杜伯，杜國之君，伯爵，陶唐氏之後。鄗，即鎬京。據《周春秋》，杜伯無辜被周宣王所殺，三年後，宣王會諸侯田獵於圃，杜伯忽然從道旁出現，穿紅衣，戴紅帽，操紅弓，用紅箭射死宣王。⓯志　記。言上述諸事，都記錄在史冊之中。⓰昔昭王娶於房曰房后　昭王是周成王之孫、周康王之子，名叫瑕；房即房國；昭王娶房國之女，故曰房后。⓱實有爽德協於丹朱　爽，明也。丹朱，堯之子，死後成為神。⓲使太宰以祝史帥狸姓　太宰是輔佐帝王治理國家，並掌管祭祀儀式的官員，為天官之長、宰相之任、百官之首。祝即太祝，掌祈福祥。史即太史，掌次主位。狸姓，丹朱之後。因神不歆非類，所以必須有丹朱之後參加這一儀式。⓳無有祈也　只是表示崇敬禮貌，不要有所請求。⓴堯臨民以五　堯帝每五年巡守一次。㉑其胄見　胄即後代，這裡指丹朱之神。見，現。㉒太宰忌父　即周公忌父。㉓傅氏　即狸姓，其在周為傅氏。㉔禋　升煙以祭曰禋。

【語　譯】周惠王十五年，有神在虢國境內的莘地出現，惠王問內史過說：「這是什麼原因呢？以前有過這種事嗎？」內史過回答說：「有的。一個國家，如果將要興盛起來了，那麼，它的國君，就一定智慮敏捷、天縱聰明、公正執中、心明氣潔、仁愛祥和。他的美德嘉名有如馨香，飛升輕揚，上達天庭；他的仁愛慈和，足以團結人民，同德同心。神祇享用著他的貢奉，人民放心地讓他治理，神祇與人民都無怨恨，所以就會有神靈降於其國，考察他的政績功德並廣泛地降福施惠於他的國度。相反，一個國家，如果將要衰敗滅亡，那麼，它的國君，就一定貪婪邪惡、驕奢淫佚、荒疏怠懈、粗穢暴戾。他的政事行事，腥臊血汙臭不可聞，根本不可能有馨香上達天庭；他的獄訟刑罰，不是以詐用法，就是加誅無罪；他的百姓都離心離德，祖先神靈也晦暗不明，都準備離他而去。總之，百姓也好，神祇也好，無不心懷怨痛，無所依歸。所以神靈也會降臨其國，查明他的苛政劣跡並降禍懲罰。由此可見，神靈降臨，可能是因為這個國家將要興盛，也可能是因為這個國家將要衰亡。當年，夏王朝將要興盛時，祝融便顯靈於崇山；將要滅亡時，回祿便再現於聆隧。商王朝將要興盛時，檮杌便顯靈於丕山；將要滅亡時，夷羊便出現於牧野。周王朝將要興盛時，鳳凰便高鳴於岐山；將要衰敗時，杜伯便射王於鎬京。所有這些，都是記載於史冊的事實啊！」

惠王問：「這次顯靈的是哪一位神呢？」內史過回答說：「當初，昭王娶親於房國，就是房后。房后之德行，很像丹朱，丹朱憑依房后之身匹配昭王，生了穆王，這是他臨照周之子孫而或賜福或降禍的表現。我們知道，神對於人，是專一而不轉移的。這樣看來，這次顯靈的，大概是丹朱之神吧？」惠王問：「那麼將由誰來承受其所降之禍福呢？」內史過回答說：「由虢國來承受。」惠王問：「那麼，神打算怎樣對待虢國呢？」內史過答道：「臣聽說，因有道而得神就叫做迎福，因荒淫而得神就叫做貪禍。現在，虢國國君少不更事而又荒淫怠懈，大概要亡了吧？」惠王又問：「那麼我該怎麼辦呢？」內史過回答說：「派太宰和太祝、太史，率丹朱之後代，奉犧牲、粢盛、玉帛前往獻祭，但不要有所請求。」

惠王問：「虢國大概還能存在幾年？」內史過回答說：「當年堯帝每五年巡守一次，現在他的兒子顯靈，神的顯示，不會超過他自己的成數，照這樣看來，虢國之亡，不會在五年之後。」惠王派太宰忌父率領傅氏及太祝、太史奉犧牲、玉鬯前往獻祭，內史過隨同前往虢國，看到虢國國君也讓他自己的祝、史向神請求土地。內史過回來後，把這一情況告訴了惠王，並說：「虢是必亡無疑的了。對神不禮拜致敬卻向神求福，神必然降禍；對民不親近仁愛卻取民財用，民必然背離。誠心誠意地供奉祭品叫做禋，是對神應有的態度；熱愛並保養百姓叫做親，是對民應有的態度。現在，虢公盤剝百姓以滿足自己的邪欲，背離人民，觸怒神靈，還想得到好處，不是太難了嗎？」惠王十九年，晉國吞併了虢國。

內史過論晉惠公必無後

襄王使邵公過及內史過賜晉惠公命❶，呂甥、郤芮❷相晉侯不敬，晉侯執玉卑❸，拜不稽首❹。

內史過歸，以告王曰：「晉不亡，其君必無後，且呂、郤將不免。」王曰：「何故？」對曰：「《夏書》有之曰：『眾非元后，何戴？后非眾，無與守邦❺。』在〈湯誓〉曰：『余一人有罪，無以萬夫；萬夫有罪，在余一人。』在〈盤庚〉曰：『國之臧❻，則惟女眾。國之不臧，則惟余一人，是有逸罰。』如是則長眾使民，不可不慎也。民之所急在大事❼，先王知大事之必以眾濟也，是故祓除其心，以和惠民。考中度衷以涖之❽，昭明物則以訓之❾，制義庶孚以行之❿。祓除其心，精⓫也；考中度衷，忠⓬也；昭明物則，禮也；制義庶孚，信也。然則長眾使民之道，非精不和，非忠不立，非禮不順，非信不行。今晉侯即位而背外內之賂⓭，虐其處者⓮，棄其信也；不敬王命，棄其禮也；施其所惡，棄其忠也⓯；以惡實心，棄其精也。四者皆棄，則遠不至而近不和矣，將何以守國？

「古者，先王既有天下，又崇立上帝、明神⑯而敬事之，於是乎有朝日、夕月⑰以教民事君。諸侯春秋受職於王以臨其民，大夫、士日恪位著⑱以儆其官，庶人、工、商各守其業以共⑲其上。猶恐其有隊失也，故為車服、旗章以旌之⑳，為贄幣、瑞節以鎮之㉑，為班爵、貴賤以列之㉒，為令聞、嘉譽以聲之㉓。猶有散、遷、懈慢而著在刑辟、流在裔土，於是乎有蠻、夷之國，有斧鉞、刀墨㉔之民，而況可以淫縱其身乎？

「夫晉侯非嗣也，而得其位，亹亹怵惕㉕，保任㉖戒懼，猶曰未也。若將廣其心㉗而遠其鄰㉘，陵其民㉙而卑其上㉚，將何以固守？

「夫執玉卑，替㉛其贄也；拜不稽首，誣㉜其王也。替贄無鎮㉝，誣王無民。夫天事恆象，任重享大者必速及。故晉侯誣王，人亦將誣之；欲替其鎮，人亦將替之。大臣㉞享其祿，弗諫而阿之，亦必及焉。」

襄王三年而立晉侯㉟，八年而隕於韓㊱，十六年而晉人殺懷公㊲。懷公無胄。秦人殺子金、子公㊳。

【章旨】本章講為君為臣為人之道，在於安其位而守其禮，切不可失道背德，罔上欺下，弄得眾叛親離。

【注 釋】❶襄王使邵公過及內史過賜晉惠公命　襄王，即周襄王，是周僖王之孫、周惠王之子，名叫鄭。邵公過，即邵武公，是邵穆公的後代。晉惠公，晉獻公之庶子，名叫夷吾。獻公有四個兒子，即申生、重耳、夷吾、奚齊。世子申生被奚齊之母驪姬設計害死，重耳、夷吾出逃。獻公死後，晉大夫里克殺奚齊，迎立夷吾，是為惠公。命，即瑞命。諸侯即位時，天子要賜他命圭，以為瑞節。❷呂甥郤芮　追隨夷吾的晉大夫。❸執玉卑　玉，即諸侯所執之信圭，長七寸。卑，下。按照禮儀，諸侯「執天子器則尚衡」，即執中，而夷吾執下，顯然是失禮不恭的行為。❹稽首　以頭著地之禮拜。❺眾非元后四句　語出《書・大禹謨》。后，君也。元后，即元首、人君。此四句說君臣相依之理。❻臧　善也。❼大事　指祭祀和戰爭。❽考中度衷以涖之　考中，體察自己的心思。度衷，推測他人之衷腸。涖，對待。也就是設身處地、推己及人的意思。❾昭明物則以訓之　物，事。則，法。訓，教誨；開導。❿制義庶孚以行之　義，宜也。孚，信也。此句講當制立事宜，為眾所信而行之。⓫精　潔也。⓬忠　恕也。⓭今晉侯即位而背外內之賂　夷吾當上晉君，全憑秦國和里克、丕鄭等人之力，然而他即位以後，卻殺了里克，又與秦國翻臉，丕鄭也只因其時在秦而幸免於死，所以說他是背外內之賂。⓮虐其處者　殺里克、丕鄭的黨羽。⓯施其所惡二句　忠恕之道，在於「己所不欲，勿施於人」，今夷吾將其所惡皆施於人，故曰「棄其忠也」。⓰上帝明神　上帝，即天。明神，即日月。⓱朝日夕月　皆祭祀之禮。依禮，天子春分朝日，秋分夕月，拜日於東門之外，夕月在西門之外也。⓲位著　中廷之左右曰位。門屏之間曰著。⓳共　供也。⓴為車服旗章以旌之　旌，表也。車服旗章皆上下有等，可以區別貴賤。㉑為贄幣瑞節以鎮之　贄，六贄。即孤執皮帛，卿執羔，大夫執鴈，士執雉，庶人執鶩，工商執雞。幣，六幣。即圭以馬，璋以皮，璧以帛，琮以錦，琥以繡，璜以黼。瑞，六瑞。即王執鎮圭，長一尺二寸；公執桓圭，長九寸；侯執信圭，長七寸；伯執躬圭，也是七寸；子執穀璧，男執蒲璧，都是五寸。節，六節。山國用虎節，土國用人節，澤國用龍節，都是銅的；道路用旌節，門關用符節，都鄙用管節，都是竹的。鎮，重也。㉒為班爵貴賤以列之　班，次也。爵，位也。列，序也。㉓為令聞嘉譽以聲之　令聞，美好的名聲。聲，聲張；弘揚。㉔斧鉞刀墨　斧鉞，大刑。刀墨，以刀刻其額而墨涅之，為罪人之標記。㉕亹亹怵惕　亹亹，同「娓娓」，勤勉貌。怵惕，戒懼貌。㉖保任　保，守也。任，所任之職也。㉗廣其心　放縱情欲。㉘遠其鄰　背叛盟國。㉙陵其民　屠殺臣民。㉚卑其上　不敬王命。㉛替　廢也。㉜誣　罔也。㉝鎮　自重也。㉞大臣　指呂甥、郤芮。㉟襄王三年而立晉侯　賜瑞命在襄王四年（即魯僖公十二年，西元前六四八年）。㊱八年而隕於韓　夷吾曾許諾與里克、丕鄭田，賂秦以河外五城，結果都沒有兌現。晉國鬧饑荒時，秦輸之粟；秦鬧饑荒時，晉卻不肯賣糧與秦。如此背信棄義，終於激怒秦人，遂舉兵伐晉，戰於韓原，俘虜了晉惠公。㊲十六年而晉人殺懷公　周襄王十六年（即魯僖公二十四年），晉惠公夷吾卒，其子子圉嗣立，是為懷公，亦被刺於高粱，秦國派軍隊護送晉獻公之子重耳回國即位，是為晉文公。㊳秦人殺子金子公　子金即呂甥，子公即郤芮，二人皆為惠公舊臣。文公即位後，二人密謀焚宮弒君，被寺人披告發。文公潛會秦伯於王城。呂甥、郤芮二人焚宮，不見文公，於是來到河上，遂被秦人誘而殺之。

【語譯】周襄王派邵公過和內史過賜給晉惠公命圭以為瑞節，晉大夫呂甥、郤芮詔相禮儀，怠慢不恭，惠公接過玉圭拿在下面，禮拜時也不稽首，態度十分傲慢。

內史過回來後，把情況告訴襄王，並說：「晉要是不亡國，它的國君也一定無後，而且呂甥、郤芮二人也難免於禍。」襄王問：「為什麼？」內史過回答說：「《夏書》上說：『民眾如果沒有君主，他們擁戴誰呢？君主如果沒有民眾，又靠誰來保衛邦國呢？』〈湯誓〉篇說：『我一個人有過錯，不要怪人民；人民如果有了過錯，也只是我一人之罪。』〈盤庚〉篇說：『國家治理得好，是大家的功勞；國家治理得不好，只是我一個人的責任，罪罰當在我一人。』由此可見，統率民眾，管理人民，不可不謹慎。國民所急，無非祭祀、戰爭等大事。先王知道國家大事必須依靠民眾才能完成，所以正心誠意，潔淨其心，以團結人民，仁愛人民；設身處地，推己及人地對待他們；明辨事理法則，來教育開導他們；制立事宜並為眾所信，然後在他們之中實行。正心誠意，潔淨其心，就是精；設身處地，推己及人，就是恕；明辨事理，確立法則，就是禮；制立事宜，取信於民，就是信。顯然，統率民眾，管理人民之道，沒有精誠就不能團結，沒有忠恕就不能成立，沒有禮法就不能和順，而沒有信義也就不能實行。現在晉侯剛一即位就翻臉不認人，背叛盟約，殺戮功臣，這是背棄了『信』；不敬王命，慢待天使，這是背棄了『禮』；己之所惡，盡施於人，這是背棄了『忠』；邪念惡欲，充塞其心，這是背棄了『精』。精、忠、禮、信，四者皆棄，勢必與盟國反目為仇，人民離心離德，他又將如何保住自己的國家和君位呢？

「上古時候，先王得到天下，又尊立上帝明神之祀而恭敬地事奉著，因此有朝日、夕月的禮儀，以教育人民服事君主。諸侯春秋兩季受命於天子而治理其人民，大夫和士每天都謹守其位而監督其下屬，庶人、工、商各守其業以供奉其上。即便這樣，也還怕有所失誤，所以才制定車服旗章以表身分，規定贄幣瑞節以立權威，劃定班爵貴賤以列次序，樹立美名榮譽以明聲望宏揚其德。即便這樣，也還有人因散漫、游移、懈怠，玩忽職守，而不得不對他們加之以刑辟，放之以裔土，所以才有流放罪人的蠻夷之國，有被處死和黥墨之人。國君小心謹慎，嚴於治國，尚且如此，更何況還能像晉侯這樣帶頭放縱自己嗎？

「要說這位晉惠公夷吾，並非嫡嗣，而得君位，本來就名不正言不順。即便勤勉戒懼，謹守其位，也都還不夠，如果反倒放縱情欲，背叛盟國，屠殺臣民，不敬王命，又靠什麼守住他這來路不明的君位呢？

「執取玉圭時拿在下面，也就是廢棄贄禮；拜不稽首，也就是目無君上。廢棄贄禮，從此無威望；目無君上，從此無民心。天事有常象，所任者過重、所享者過大的，一定很快遭禍。所以，晉侯眼裡沒有天子，別人眼裡也不會有他；他想廢棄贄禮，別人就會先廢了他。至於那兩位大臣，食君之祿而不為君謀，不勸諫反倒附和，也一定會遭禍。」

夷吾是周襄王三年立為晉侯的，襄王四年受瑞命，襄王八年就在韓原被秦軍俘虜，襄王十六年，繼位的懷公被晉人殺死。懷公沒有子嗣。呂甥、郤芮也被秦人誘殺。

內史興論晉文公必霸

襄王使太宰文公❶及內史興❷賜晉文公❸命，上卿逆❹於境，晉侯郊勞，館諸宗廟❺，饋九牢❻，設庭燎❼。及期，命于武宮❽，設桑主❾，布几筵，太宰莅之，晉侯端委❿以入。太宰以王命命冕服⓫，內史贊之，三命而後即冕服。既畢，賓⓬、饗⓭、贈⓮、餞⓯如公命侯伯之禮⓰，而加之以宴好。內史興歸，以告王曰：「晉，不可不善也。其君必霸，逆王命敬，奉禮義成。敬王命，順之道也；成禮義，德之則也。則德以導諸侯，諸侯必歸之。且禮所以觀忠、信、仁、義也。忠所以分也⑰，仁所以行也⑱，信所以守也⑲，義所以節也⑳。忠分則均，仁行則報，信守則固，義節則度。分均無怨，行報無匱，守固不偷㉑，節度不攜㉒。若民不怨而財不匱，令不偷而動不攜，其何事不濟！中能應外，忠也；施三服義，仁也；守節不淫，信也；行禮不疚，義也。臣入晉境，四者不失，臣故曰：『晉侯其能禮矣，王其善之！』樹於有禮，艾㉓人必豐。」

王從之，使於晉者，道相逮㉔也。及惠后之難，王出在鄭，晉侯納之㉕。

襄王十六年，立晉文公。二十一年，以諸侯朝王于衡雍，且獻楚捷，遂為踐土之盟，於是乎始霸㉖。

【章　旨】本章與前章事相反而意相同。惠公失道無禮，故隕；文公得道守禮，故霸。禮之於人，真是何其重要乃爾！

【注　釋】❶太宰文公　周襄王卿士，王子虎。❷內史興　周內史，叔興父。❸晉文公　晉獻公之子、惠公夷吾之異母兄重耳。❹逆　迎接。❺館諸宗廟　留宿在宗廟，以表示對天子之命的尊敬。❻饋九牢　這是晉文公對天子使者所行的「饔餼」之禮。依禮，天子或別國國君的使臣到達賓館以後，主國應按照來使國君爵位的高下，先派宰夫送去糧食、肉類和柴草，謂之「飧」；正式行禮時，再派卿送去較多的糧食、肉類和柴草，另外還有整頭的牲口。其中已殺的叫「饔」，活的牲口叫「餼」，無論已做熟的（飪），已殺而未做熟的（腥），還是活的，一頭牲口叫做一牢（也有認為牛羊豕三牲為一牢的）。九牢是牛羊豕各三頭，分別組成飪、腥、餼三組，是接待使臣的最高規格。❼庭燎　照明的火炬，樹於門外的叫大燭；設於門內的叫庭燎。❽武宮　文公之祖廟，武公之宮。❾設桑主　主，死者之牌位。死後十三個月的祭祀叫練祭，用栗木做此牌位，謂之「練主」；既葬而還祭於殯宮叫虞祭，虞者娛也，有娛樂安神之意，所用牌位，由桑木做成，謂之「桑主」。晉文公設桑主，也就是設獻公之牌位，表明自己作為獻公之子惠公之兄，所受之命，直接繼承獻公，而非承接惠、懷。❿端委　此處指未受爵命的諸侯之子所穿戴的士服。端，禮服。委，禮帽。⓫冕服　此處指諸侯的衣帽。冕，大冠。服，鷩衣。⓬賓　接待賓客、饋贈饔餼之禮。⓭饗　宴請之禮。⓮贈　致贈之禮。⓯餞　郊送飲酒餞別之禮。⓰如公命侯伯之禮　如公受王命，以侯伯待之之禮。⓱忠所以分也　以忠恕之心而分，則不偏也。忠，忠恕。分，分配。⓲仁所以行也　以仁愛之心主行，行則有恩。⓳信所以守也　守約全憑信義，守信則不貳。⓴義所以節也　以義節制自己，不踰規矩。㉑偷　苟且。㉒攜　離也。㉓艾　養育。㉔逮　及也。㉕及惠后之難三句　惠后，周惠王之后、襄王之繼母陳嬀（一說為生母）。惠后寵少子帶，以致惠王有廢太子之意，只是由於齊桓公在惠王二十二年（魯僖公五年）發起首止之會，尊王太子鄭（即後來的襄王）等原因，才未如願。襄王即位後，子帶叛亂未遂，逃到齊國，十年後被襄王召回，又與襄王之后隗氏（狄人之女，故又稱狄后）私通。襄王廢黜了狄后，子帶便與周大夫頹叔、桃子等人謀反，並引狄軍來攻打周室，襄王只好逃到鄭國，住在汜地。襄王十七年（即魯僖公二十五年），亦即晉文公即位後第二年，晉軍勤王，殺子帶，將襄王送回王城。㉖以諸侯朝王于衡雍四句　周襄王二十一年（即魯僖公二十九年），晉文公率師大敗楚軍於城濮（衛地，在今山東省濮縣南七十里），然後移師衡雍（鄭地，在今河南省原陽縣西），作王宮於踐土（衡雍西南），天子臨之，晉獻楚俘——駟介（由四匹被甲馬挽引的戰車）百乘，徒兵千人。襄王命尹氏及王子虎、內史興策命晉侯為侯伯，也就是各路諸侯之長。晉文公趁機召開諸侯大會，訂立盟約，成為霸主。

【語　譯】周襄王派太宰文公和內史興賜晉文公命服，文公派上卿到邊境迎接，自己親自到郊外慰勞，請他們下榻於宗廟，以九牢為饔餼，設庭燎於館中。到了規定的日子，受命於武宮，設立獻公的牌位，布置几筵，太宰先到，然後文公穿著士子的衣冠進入。太宰根據王命請文公換上諸侯的冕服，內史表示同意，禮讓三次以後才換。禮畢，接待、宴請、饋贈、餞行，都按照對待受了王命的諸侯之長那樣，待之以最高規格，而且還再三表示通情結好。內史興回來後，把情況告訴襄王，並說：「晉國是不可不善待的呀！它的國君一定會成為霸主。您看，他迎接王命是那麼恭敬，奉行禮義是那麼成功。尊敬王命，是順民之道；完成禮義，是有德之徵。作為有德之君來統領諸侯，諸侯必然歸順。而且，禮是可以據以觀察考查一個人忠、信、仁、義諸方面的。忠恕是分配的原則，仁愛是行為的原則，誠信是守約的原則，義理是節制的原則。以忠恕之心來分配就必然公平而無偏私，以仁愛之心待人就會得到愛的回報，以誠信之心守約就不會有背叛，以義理之心節制欲望就有規矩尺度。分配公正就無怨無尤。行仁有報則不匱乏，守約以誠則不苟且，節制有度就無背離。如果人民無怨，財用不匱，執令不苟且，行動無離散，還有什麼事辦不成！以適中的禮節處理外事活動，這就是忠；三讓冕服以合義宜，這就是仁；固守節度而無過分之處，這就是信；行禮如儀毫無弊病，這就是義。臣進入晉國境內，發現他們忠信仁義一無所失。所以臣以為：『晉文公是有道守禮之君，請陛下善待之！』扶植有禮之君，育人必定豐厚。」

襄王接受了這個建議，派到晉國的使臣，一個接著一個。到王子帶引狄軍攻周，襄王避難到鄭國時，就是晉文公出兵勤王，把襄王送回王城的。

晉文公在襄王十六年即位，二十一年大敗楚軍，讓諸侯在衡雍朝見襄王，被策命為諸侯之長，又與諸侯訂立踐土之盟，從此開始稱霸。

卷二 周語中

富辰諫襄王以狄伐鄭及以狄女為后

襄王十三年❶，鄭人伐滑❷。王使游孫伯請滑❸，鄭人執之❹。王怒，將以狄伐鄭。富辰諫曰：「不可。古人有言曰：『兄弟讒鬩❺，侮人百里❻。』周文公之詩曰：『兄弟鬩于墻，外禦其侮。』❼若是則鬩乃內侮，而雖鬩不敗親也。鄭在天子，兄弟也❽。鄭武、莊有大勳力于平、桓❾；我周之東遷，晉、鄭是依❿；子頹之亂，又鄭之繇定⓫。今以小忿棄之，是以小怨置⓬大德也，無乃不可乎！且夫兄弟之怨，不徵⓭於他，徵於他，利乃外矣。章⓮怨外利，不義；棄親即狄，不祥；以怨報德，不仁。夫義所以生利也，祥所以事神也，仁所以保民也。不義則利不阜⓯，不祥則福不降，不仁則民不至。古之明王不失此三德者，故能光⓰有天下，而和寧百姓，令聞不忘。王其不可棄之。」王不聽。十七年，王降⓱狄師以伐鄭。

王德狄人，將以其女為后，富辰諫曰：「不可。夫婚姻，禍福之階[18]也。由之利內則福，利外則取禍。今王外利矣，其無乃階禍乎？昔摯、疇之國也由大任[19]，杞、繒由大姒[20]，齊、許、申、呂由大姜[21]，陳由大姬[22]，是皆能內利親親者也。昔鄢之亡也由仲任[23]，密須由伯姞[24]，鄶由叔妘[25]，聃由鄭姬[26]，息由陳嬀[27]，鄧由楚曼[28]，羅由季姬[29]，盧由荊嬀[30]，是皆外利離親者也。」

王曰：「利何如而內，何如而外？」對曰：「尊貴、明賢、庸勳[31]、長老、愛親、禮新、親舊。然則民莫不審固其心力以役上令，官不易方[32]，而財不匱竭，求無不至，動無不濟。百姓兆民[33]，夫人[34]奉利而歸諸上，是利之內也。若七德離判[35]，民乃攜貳，各以利退，上求不暨[36]，是其外利也。夫狄無列於王室，鄭伯南[37]也，王而卑之，是不尊貴也。狄，豺狼之德也，鄭未失周典，王而蔑之，是不明賢也。平、桓、莊、惠皆受鄭勞[38]，王而棄之，是不庸勳也。鄭伯捷[39]之齒長矣，王而弱之，是不長老也。狄，隗姓也，鄭出自宣王[40]，王而虐之，是不愛親也。夫禮，新不間[41]舊，王以狄女間姜、任，非禮且棄舊也[42]。王一舉而棄七德，臣故曰利外矣。《書》有之曰：『必有忍也，若能有濟也。』王不忍小忿而棄鄭，又登叔隗以階43狄。狄，封44豕豺狼也，不可猒45也。」王不聽。

十八年，王黜狄后。狄人來誅殺譚伯46。富辰曰：「昔吾驟諫王，王弗從，以及此難。若我不出，王其以我為懟乎？」乃以其屬死之。

初，惠后欲立王子帶，故以其黨啟狄人。狄人遂入，周王乃出居于鄭，晉文公納之。

【章旨】本章說華夷、內外、親疏之別，及尊尊親親之理。

【注釋】❶襄王十三年　即魯僖公之二十一年。❷鄭人伐滑　滑，姬姓小國，搖擺於鄭、衛兩國之間。襄王十三年，鄭伐滑，滑人聽命於鄭。鄭軍還師後，滑人又背叛鄭國而倒向衛國，所以襄王十七年（魯僖公二十五年），鄭公子士、洩堵寇率軍再次伐滑。以下所說，均為第二次伐滑之事。❸游孫伯請滑　游孫伯，周大夫。請滑，為滑國請命，勸鄭不伐。❹鄭人執之　鄭人，即鄭文公，名捷。魯莊公二十一年，鄭文公之父鄭厲公與虢公林父殺王子頹而納惠王（事見本書〈周語上・鄭厲公與虢叔殺子頹納惠王〉）。事後，惠王在酒宴上給虢公爵（爵，一解為酒器，一解為爵祿）而不給厲公，文公認為這是小看他的父親而心存怨恨。這次，又認為襄王偏袒衛、滑兩國，因此，不聽王命，而且還扣押了大使。❺鬩　爭吵。❻百里　喻遠也。❼周文公之詩曰三句　周文公，即周公旦。詩，即〈小雅・棠棣〉。本文所引二句在第四章。❽鄭在天子二句　鄭始封之祖桓公友，是周厲王之子、周宣王之弟。❾鄭武莊有大勳力于平桓　武，即鄭桓公之子鄭武公，名叫滑突。莊，即武公之子莊公，名叫寤生。平，即周幽王之子周平王，名叫宜臼。桓，即平王之孫、太子泄父之子周桓王，名叫林。周幽王既滅，鄭武公作為周之卿士，極力輔佐周室。平王東遷雒邑，桓王即位，鄭莊公又為之卿士。❿我周之東遷二句　周平王東遷雒邑，是晉文侯（名仇）與鄭武公同心戮力，夾輔平王。依，依靠；憑藉。⓫子頹之亂二句　事見本書〈周語上・鄭厲公與虢叔殺子頹納惠王〉，此則鄭厲公之功。⓬置　廢也。⓭徵　召也。⓮章　明也。⓯阜　厚也。⓰光　大也。⓱降　下也。⓲階　梯也。⓳摯疇之國也由大任　摯、疇二國都姓任，是奚仲、仲虺之後、大任之家。大任，是王季之妃、文王之母。⓴杞繒由大姒杞、繒二國都姓姒，是夏禹之後、大姒之家。大姒，是文王之妃、武王之母。㉑齊許申呂由大姜　齊、許、申、呂四國都姓姜，是四岳之後、大姜之家。大姜，是太王之妃、王季之母。㉒陳由大姬　陳國姓嬀，是舜的後代。大姬，是武王的長女、成王的姐姐。武王以長女大姬配虞胡公而封之於陳，遂為陳國。㉓鄢之亡也由仲任　鄢國姓妘，娶仲任氏之女為鄢夫人，亡於鄭武公。二者之間並無必然聯繫，這是富辰的附會牽連。㉔密須由伯姞　密須，姞姓之國。伯姞是密須之女，與密須之亡無關。㉕鄶由叔妘　鄶是妘姓之國，以同姓之女為鄶夫人，遂為鄭武公所滅。《公羊傳》說鄭伯通於叔妘而取其國。㉖耼由鄭姬　耼，同「聃」。耼國姬姓，是文王之子耼季之國。鄭國亦姬姓，同姓相娶，所以滅亡。㉗息由陳嬀　息，姬姓之國。陳嬀，陳國之女而為息侯夫人，其貌甚美。她出嫁時路過蔡國，蔡哀侯見到她，有輕佻失禮之舉。息侯得知後，大怒，請楚國出兵討伐蔡國，俘虜了蔡哀侯。蔡哀侯便對楚文王說息嬀之美，導致楚國滅息，虜息夫人。最後，楚又以蔡侯滅息為藉口，滅了蔡國。㉘鄧由楚曼　鄧國姓曼，楚曼即鄧女，為楚武王夫人，生文王，文王滅鄧國。其實楚之滅鄧，是其自身利益和政治野心決定的，與武王娶於鄧並無關係。㉙羅由季姬　羅，熊姓之國。季姬，姬氏之女。羅由姬氏而亡，不知何故。㉚盧由荊嬀　盧，嬀姓之國。荊，楚也。荊嬀，盧女而為楚夫人者。㉛庸勳　庸，用也。勳，功也。㉜方　道也。㉝百姓兆民　百姓，百官，官有世功而被賜予姓氏的貴族。兆民，平民，猶今之老百姓、人民。㉞夫人　韋昭注：「猶人人也。」㉟判　分也。㊱暨　至也。㊲鄭伯南　鄭之於王城，在畿內，是所謂「甸服」（請參看本書〈周語上・祭公諫穆王征犬戎〉）之君，與王室最近，地位也最高。㊳平桓莊惠皆受鄭勞　平王東遷，依鄭武公；桓王即位，鄭莊公佐之，事見前注。莊，即莊王，是桓王之子，名佗。惠，即惠王，是莊王之孫、僖王之子，名涼。鄭厲公納惠王事見前注。㊴鄭伯捷　捷是鄭文公的名字。㊵鄭出自宣王　鄭國之封出於宣王，始受封者鄭桓公是宣王的同母弟，名友。㊶閒　代也。㊷王以狄女閒姜任二句　姜氏、任氏之女，世代皆為周王妃嬪，今以狄女代之，所以是棄舊。㊸階　階梯。這裡指為狄人的進入提供階梯、道路、方便、門徑等意。㊹封　大也。㊺猒　同「饜」。飽；足。㊻狄人來誅殺譚伯　譚伯，即周大夫原伯。《左傳・僖公二十四年》稱：「秋，頹叔、桃子奉大叔以狄師伐周，大敗周師，獲周公忌父、原伯、毛伯、富辰。」

【語　譯】襄王十三年，鄭人伐滑。十七年，鄭國再次討伐滑國。襄王派游孫伯到鄭國為滑請命，勸鄭不要攻伐滑國，結果被鄭文公扣了起來。襄王大怒，決定請狄人出兵討伐鄭國。富辰勸阻說：「這可不行。古人有這麼一句話：『兄弟們雖因讒言而爭吵，可是仍然一起抵禦外來的侵侮者。』周文公的詩也說：『兄弟在家裡吵架，一起在外面打仗。』照這樣說，爭吵是內部衝突，雖然爭吵，卻不傷害血親之間的天然聯繫。鄭文公對於陛下來說，正如同兄弟。鄭武公、鄭莊公曾對平王、桓王有大的功勳；我周室東遷時，是晉文侯和鄭武公追隨並輔佐平王；王子頹叛亂時，又是鄭厲公重新確立了惠王的王位。現在，如果我們因這麼一點小小的不愉快而與鄭君翻臉，那就是因小怨而廢大德了，恐怕不可以吧？而且家醜不可外揚，兄弟之間的爭端，是不能讓外人介入的；外人一旦介入，便宜就讓外人佔去了。暴露內部衝突而利於外人，是不義；拋棄宗親而聯合異族，是不祥；以怨報德，是不仁。要知道，義是生利之源，祥是事神之據，仁是保民之本。不義則利不豐厚，不祥則福不降臨，不仁則民不歸順。古代的聖王明君不失此三德，所以能富有天下，而和寧百姓，美名盛譽，萬古流芳。陛下可不能捨棄它們啊！」襄王不聽從勸告，下令狄軍攻打鄭國。

襄王感激狄人，要娶其女為后，富辰又勸阻說：「不可以呀！婚姻，是招禍也是致福的媒介。由婚姻而利內就是福，利外就是禍。現在陛下是在利外，只怕是要自取其禍了吧？當年，摯、疇之立國是因為大任，杞、繒之立國是因為大姒，齊、許、申、呂之立國是因為大姜，陳之立國是因為大姬，這都是能通過婚姻而利於內、親於親的榜樣啊！當年，鄢國之亡是因為仲任，密國之亡是因為伯姞，鄶國之亡是因為叔妘，聃國之亡是因為鄭姬，息國之亡是因為陳媯，鄧國之亡是因為楚曼，羅國之亡是因為季姬，盧國之亡是因為荊媯，這都是由於不合適的婚姻而導致利於外、疏於親的先例啊！」

襄王問：「利怎樣就在於內，怎樣就會流於外呢？」富辰回答說：「尊崇高貴者，彰明賢慧者，重用功勳卓著者，敬重年長者，仁愛宗親，禮待新進，親近故舊。如果能這樣的話，那麼，人民就會無不盡心竭力地執行王上的命令，官員不改其道，而財用也不會匱乏，需求的沒有要不到的，想做的沒有不完成的。無論百官還是民眾，人人都奉上利益而歸於王上，這就是利之內啊！如果背離上述七德，人民各懷二心，都只考慮自己的私利而背離君王，退身而去，君上所求，無一能至，這就叫做『外利』了。狄是荒服之君，在我周王室諸侯之中根本沒有名次地位；而鄭伯是邦內甸服之君，地位最高。陛下尊狄卑鄭，這就是不尊崇高貴者了。狄之德行，有如豺狼；鄭伯執禮，不違背周典。陛下重狄輕鄭，這就是不彰明賢慧者了。平、桓、莊、惠諸先王都受惠於鄭，陛下卻要拋棄他，這就是不重用功勳卓著者了。鄭文公捷年紀比您大，陛下卻視為小輩，這就是不敬重年長者了。狄是外姓異族，鄭是本家宗親，陛下卻愛狄而虐鄭，這就是不仁愛宗親了。依禮，新進不可替代故舊，陛下放棄以姜氏、任氏為后的傳統而迎娶狄女，這就既非禮待新進，又疏遠故舊了。陛下只做這一件事，就一下子喪失了七德，因此臣以為是『利外』了。《逸書》說：『必有所忍，才有所成。』陛下不能忍小忿而棄鄭，又娶狄女以引狼入室。狄，是如同野豬豺狼一樣野心勃勃沒有滿足的。」襄王不肯接受這個意見，還是娶狄女為后。

襄王十八年，襄王廢黜了狄后，狄軍進京要捉拿誅殺原伯等人。富辰說：「當初，我竭力勸阻王上，王上不從，才有今日之難。如果我不出面，吾王大概會以為我心存怨恨吧？」於是，便帶領部下迎敵，死於狄軍之手。

當初，惠后曾想立王子帶為嗣君，所以王子帶以頹叔、桃子為黨羽，開啟城門迎接狄人。狄人攻進王城，襄王避難到鄭，後來靠晉文公出兵才重新回京。

襄王拒晉文公請隧

晉文公既定襄王于郟❶，王勞之以地❷，辭，請隧❸焉。王不許，曰：「昔我先王之有天下也，規❹方千里以為甸服❺，以供上帝山川百神❻之祀，以備百姓兆民之用，以待不庭不虞❼之患。其餘以均分公侯伯子男❽，使各有寧宇❾，以順及天地❿，無逢其災害⓫，先王豈有賴⓬焉？內官不過九御⓭，外官不過九品⓮，足以供給神祇而已⑮，豈敢厭縱其耳目心腹⑯以亂百度？亦唯是死生之服物采章⑰，以臨長百姓而輕重布之⑱，王何異之有⑲？今天降禍災於周室，余一人僅亦守府⑳，又不佞以勤叔父㉑，而班先王之大物以賞私德㉒，其叔父實應且憎㉓，以非余一人，余一人豈敢有愛？先民有言曰：『改玉改行㉔。』叔父若能光裕大德，更姓改物㉕，以創制天下，自顯庸也，而縮取備物㉖以鎮撫百姓，余一人其流辟旅㉗於裔土㉘，何辭之有與？若由是姬姓也，尚將列為公侯，以復先王之職，大物其未可改也。叔父其懋昭明德，物將自至，余何敢以私勞變前之大章，以忝㉙天下，其若先王與百姓何？何政令之為也？若不然，叔父有地而隧焉，余安能知之？」文公遂不敢請，受地而還。

【章　旨】本章言君臣之禮不可僭越。

【注　釋】❶郟　雒邑王城之地。❷勞之以地　勞，酬勞。所賞之地，據《左傳・僖公二十五年》，為陽樊、溫、原、欑茅之田；據本書〈晉語四・文公出陽人〉，為南陽、陽樊、溫、原、州、陘、絺、組、攢茅之田。❸請隧　隧是天子的葬禮。周之葬禮，唯天子有隧，諸侯以下則只有羨。隧和羨都是墓前的地道，只不過隧道之上有覆土，是真正的地道（暗道）；羨道雖然挖在地下，上面卻沒有覆土，因此是暴露著的地道（明道）。隧、羨兩道，不僅修建方式不同，長短、大小、深淺以及裝飾和陪葬之物也不同。更重要的是，它標誌著天子與諸侯的名分等級。晉文公請隧，也就是公然要求享受天子的禮遇，所以被襄王斷然拒絕。❹規　規劃而有之。❺甸服　參看本書〈周語上・祭公諫穆王征犬戎〉。❻上帝山川百神　上帝，天神五帝。山川，五岳河海。百神，丘陵墳衍之神也。❼不庭不虞　不庭，不由直道。不虞，不曾意想到。庭，直也。虞，度也；

思慮。❽其餘以均分公侯伯子男　《周禮》規定，公爵之地方圓五百里，侯爵四百里，伯爵三百里，子爵二百里，男爵一百里。這句話的意思是，周王室除甸服之地以外，全部都按等級分給諸侯，並不私有。❾寧宇　寧，安寧。宇，居所。❿以順及天地　合於天尊地卑之義。⓫無逢其災害　諸侯應各守其位，各守其地，不得僭越與侵犯，否則便有災害。無，即「毋」。⓬賴　利也。均分諸侯，則無私利。⓭九御　九嬪。御，妃嬪。⓮九品　即九卿：少師、少傅、少保、冢宰、司徒、宗伯、司馬、司寇、司空。⓯足以供給神祇而已　言嬪與卿主祭祀。九嬪負責粢盛、祭服，九卿負責禮典、儀式。⓰耳目心腹　耳目，聲色之娛。心腹，口腹之樂。⓱采章　彩色、圖紋。⓲輕重布之　謂貴賤有等。⓳王何異之有　謂帝王皆然。⓴府　先王之府藏。㉑叔父　天子稱同姓諸侯曰伯父或叔父，稱異姓諸侯為伯舅。㉒班先王之大物以賞私德　班，分也。大物，隧也。私德，私情也。指晉文公納襄王之恩情。㉓實應且憎　實，確實。應，應該。指應該得到賞賜。憎，憎恨。指因請求不得而憎恨。㉔改玉改行　玉，佩玉。行，行步。佩玉是用來節制步伐的。君臣尊卑不一，步行也遲速有別，這就靠佩玉來節制。玉改了，步也就改了。所以，服飾也好，葬禮也好，必須符合身分，不能隨意更改。㉕更姓改物　更姓，也就是改變姓氏。改物，也就是更易服色。㉖縮取備物　縮，收也。備物，指隧之屬。㉗流辟旅　流放；放逐。㉘裔土　邊土；荒裔之地。㉙忝辱；有愧。

【語　譯】晉文公出兵護送襄王回到王城，襄王酬勞他以陽樊、溫、原、欑茅等地，晉文公辭而不受，只請求天子允許他死後得以隧道之禮葬之。襄王不允許，說：「過去，我先王得天下之後，畫出方圓一千里的地方，作為畿內甸服之地，以供奉天地五岳河海百神的祭祀，以備百官萬民之用，以防意外不測之災。其餘的土地，則按照公侯伯子男的等級，全部分給諸侯，使他們各有安居樂業之所，以合乎天尊地卑之義，毋使其僭越紛爭，至於先王自己，哪有什麼私有之利呢？內官不過九嬪，外官不過九卿，也僅僅只是保證供給神祇之需要而已，哪敢放縱聲色口腹之欲而紊亂綱紀制度禮法呢？也僅僅只是死生大典所用之服飾器皿紋彩圖章有所不同，其目的在於君臨天下、統率萬民，以示尊卑貴賤有等而已，除此之外，天子又有什麼特殊？現在，天降禍災於我周室，我一人僅守先王府藏，又無才失德，煩勞叔父勤王，如果再為了這一己之私情，公然將先王大物分給叔父，恐怕連叔父也要受此連累遭人憎惡了。叔父確實應當得到私賞，也可以因請求不得而產生憎恨，因為『隧』並不是我一人的。我一人豈敢有所私愛？先民有言：『變更佩玉，就改了步伐。』叔父如果能弘揚大德，更姓氏而易服色，為天下創造制度，自顯用於天下，然後取天子之物，以鎮撫百姓，我一人即使放逐到邊疆荒野，也在所不辭。如果還是保住我姬姓天下，仍然位列公侯，恢復先王所定之職，那麼，天子之大物，是不可以隨便更改其制度的。叔父如果光大聖德而得天下，您所想要的東西，自己就會到您那裡，我可不敢因為一己之私情私恩，就公然改變祖宗成法，而有辱於天下。如果那樣做了，將把先王諸侯百姓置於何地？又何以君臨百姓而為政令？如果不是因為這些道理，叔父反正自己有領地，自己修建隧道就是了，我又哪裡能知道呢？」晉文公聽了這番道理，便不敢再請隧，接受賜地回國去了。

陽人不服晉侯

王至自鄭❶，以陽樊❷賜晉文公。陽人不服，晉侯圍之。

倉葛❸呼曰：「王以晉君為能德❹，故勞之以陽樊，陽樊懷我王德，是以未從於晉。謂君其何德之布以懷柔❺之，使無有遠志❻？今將大泯其宗祊❼，而蔑殺其民人，宜吾不敢服也。夫三軍之所尋❽，將蠻、夷、戎、狄之驕逸不虔，於是乎致武。此羸❾者陽也，未狎❿君政，故未承命。君若惠及之，唯官是徵，其敢逆命，何足以辱師⓫？君之武震⓬，無乃玩而頓⓭乎！臣聞之曰：『武不可覿⓮，文不可匿⓯，覿武無烈⓰，匿文不昭⓱。』陽不承獲甸⓲，而祇以覿武，臣是以懼⓳。

不然，其敢自愛也⑳？且夫陽，豈有裔民㉑哉？夫亦皆天子之父兄甥舅㉒也，若之何其虐之也？」晉侯聞之曰：「是君子之言也。」乃出陽民㉓。

【章　旨】本章之章旨有三：一說華夷之別——文德懷於華夏，刀兵加之四夷，這是褊狹的民族意識；二說文武之別——武力不可輕易炫耀，文化應該昭明弘揚，這是有道理的；三說要人服，必須心服，不能靠武力壓迫，用武力壓迫，只會激起反抗，這也是很有道理的。

【注　釋】❶王至自鄭　本章之事，緊接前章。❷陽樊　王畿之內的兩個城邑。❸倉葛　陽邑的人。❹能德　能行仁德。❺懷柔　來而安之。輯撫之意。懷，來也。柔，安也。❻遠志　叛離之心。❼大泯其宗祊　泯，滅也。宗，宗廟。祊，廟門內設祭之處。❽三軍之所尋　周制：天子六軍，諸侯三軍。尋，討伐之意。❾羸　弱也。❿狎　習也。⓫何足以辱師　哪裡足以辱沒了你的軍隊。即不必勞你興師動眾。⓬震　威也。⓭頓　弊也。⓮覿　見；相見。⓯匿　隱也。⓰烈　威也。⓱昭　明也。⓲甸　甸服。⓳祇以覿武二句　言陽人懼晉不惠恤其民，而僅以陽邑為其炫耀武力的地方。⓴其敢自愛也　意即豈敢不服從於晉。㉑裔民　流放在荒裔之地的凶民。㉒亦皆天子之父兄甥舅　本書〈晉語四・文公出陽人〉：「陽人有夏、商之嗣典，有周室之師旅，樊仲之官守焉，其非官守，則皆王之父兄甥舅也。」㉓乃出陽民　放出陽民。可能有兩種意思：一是指解圍，二是指令陽民離去，但取其地而已。

【語　譯】襄王從鄭國回到了王城，便將陽邑、樊邑等地賜給晉文公以為酬謝。陽人不肯臣服於晉，晉文公就派兵把陽邑圍了起來。

陽邑之內一個名叫倉葛的人大聲高叫說：「天子因為晉君能行仁德，才把陽樊兩邑獎賞給晉侯；陽樊眷戀天子的仁德，因此不肯離開天子、臣服於晉。請問晉君，您給了我們陽人什麼恩德，使我們得到撫慰，安心歸順，不生叛離之心呢？現在，您又大兵壓境，要毀滅我們的宗廟，屠殺我們的人民，我們當然不敢臣服了。要知道，諸侯三軍之所征討者，只應該是蠻、夷、戎、狄中驕橫不羈、目無天子的那些野人，因其不肯接受禮樂教化，不敬奉天下共主，這才加以刀兵。現在您面對的，是弱小的陽邑，它還不熟悉您的政治，所以尚未接受您的命令。您要是肯施惠於陽邑，只消派個官吏來徵召大家服從命令就行了，誰還敢抗命不從，哪裡用得著煩勞您的大軍受此遠征之辱呢？您這樣耀武揚威，只怕因太隨便、太濫用武力而造成疲弊不堪吧！臣聽說有這樣的名言：『武器軍隊不可隨便拿來給人看，禮樂文章則不可隱而不見，炫耀武力必無威望，隱匿禮樂便不昭明仁德。』我陽邑不幸，不能承奉王室，得為邦內甸服之地，而只能充當您炫耀武力的對象，因此臣等心懷畏懼。如果不是這些原因，誰又敢那麼矜持自重呢？再說，我們陽邑之中，難道有什麼放逐到邊裔荒野去的凶惡頑民嗎？都是天子的父兄甥舅嘛！為什麼要這樣虐待他們呢？」晉文公聽了這些話，說：「這是君子之言啊！」便下令解圍。

襄王拒殺衛成公

溫之會，晉人執衛成公歸之于周❶。晉侯請殺之，王曰：「不可。夫政自上下者也❷，上作政，而下行之不逆，故上下無怨。今叔父作政而不行❸，無乃不可乎？夫君臣無獄❹，今元咺雖直，不可聽也。君臣皆獄，父子將獄，是無上下也。而叔父聽之，一逆矣。又為臣殺君，其安庸刑？布刑而不庸，再逆矣。一合諸侯，而有再逆政，余懼其無後❺。不然，余何私於衛侯❻？」晉人乃歸衛侯❼。

【章　旨】本章之旨，仍是維護君尊臣卑的封建倫常和等級制度。

【注　釋】❶溫之會二句　晉文公重耳與衛侯本有仇怨。當年，重耳落難，流亡到衛時，受到衛文公傲慢無禮的對待，後來又在衛之五鹿地方受辱於「野人」。對於晉文公的稱霸事業，衛成公依仗著有楚國作後盾，公然採取不合作態度。魯僖公二十八年春，晉文公伐曹，向衛國借路，成公不許。晉軍繞道攻曹，又拿下衛之五鹿，逼得衛成公逃出國都，出居於襄牛。同年，晉楚城濮之戰，楚軍大敗，衛成公聞訊恐懼，又從襄牛逃到楚國，最後又躲到陳國，而派大夫元咺輔佐叔武（成公弟，謚夷）攝政，與晉文公等諸侯會盟於踐土。這時有人誣告元咺說：「元咺立叔武為君了。」成公聽信讒言，便殺了跟隨自己在外的元咺之子元角。以後，又背信棄義，殺了攝政的叔武，迫使元咺逃往晉國。所以，同年冬，晉文公會諸侯於溫時，元咺便對衛成公提出訴訟，晉文公當然判衛成公敗訴，並將其扣押，送交周天子懲處。溫，晉地河陽。衛成公，衛文公之子，名鄭。

❷政自上下者也　政令自上而下，當從天子出。❸行　順也。這句意思是說，晉文公接受元咺的控訴，是支持「下」訴「上」，因此是不順。❹君臣無獄　君臣之間，沒有是非曲直，因此訴訟不能成立。這是一種極不平等的君尊臣卑觀念。按照這種觀念，君上永遠是對的，即使君上委屈了臣下，臣下也不能抗爭和控訴。❺無後　無以復合諸侯也。❻余何私於衛侯　其實襄王是偏袒衛侯的。當然，其目的更主要還是遏制晉文公，以免他尾大不掉，淩駕於周王之上。❼晉人乃歸衛侯　其實並非如此。事實上，晉文公仍扣押著衛成公，又企圖毒死他。直到魯僖公三十年，由魯僖公出面說情，又送給周天子與晉文公璧玉各十雙，才放了衛成公。請參看本書〈魯語上·臧文仲說僖公請免衛成公〉。

【語　譯】 諸侯大會於溫，晉文公扣押了衛成公，並將其解送王城，請周襄王批准殺了他。襄王說：「這是不可以的。政自上而下，君上發布政令而臣下行之不逆，所以才上下和順皆無怨恨。現在叔父您的政令，卻是以臣下之訴訟而誅殺君上，恐怕不可以吧？要知道，君臣之間，是不存在訴訟關係的，所以元咺雖然有理，卻不可受理他的告訴。一旦受理，君臣之間居然打起官司來，那麼父子之間也可以打官司，還有什麼上下尊卑之分呢？而叔父您竟然受理了，這是您主政不順之一。又因為臣下的控訴而殺他的君主，請問又將按照哪條律令用何種刑法呢？頒布了衛侯的罪狀，又沒有對應的刑法，無從用刑，這是不順之二了。您一合諸侯而行政不順有二，我恐怕您大會諸侯充當領袖的事，有了這回就沒有下回了。如果不是這樣，我對於衛侯，又有什麼偏私呢？」於是，晉文公就釋放了衛成公。

王孫滿觀秦師

二十四年❶，秦師將襲鄭，過周北門❷。左右皆免冑而下拜❸，超乘❹者三百乘。王孫滿❺觀之，言於王曰：「秦師必有讁❻。」王曰：「何故？」對曰：「師輕而驕❼。輕則寡謀，驕則無禮。無禮則脫❽，寡謀自陷❾。入險而脫，能無敗乎？秦師無讁，是道廢也。」

是行也，秦師還❿，晉人敗諸崤⓫，獲其三帥丙、術、視⓬。

【章　旨】本章說軍風軍威軍紀的重要性及驕兵必敗的道理。

【注　釋】❶二十四年　襄王二十四年，即魯僖公三十二年。❷秦師將襲鄭二句　秦師，秦大夫孟明視所率之師。襲，乘人不備時而攻之。周北門，王城北門，名乾祭。❸左右皆免冑而下拜　一般兵車中，御者（駕車的人）在中，射者在左，戈盾勇力之士在右。依禮，諸侯的兵車過天子之城時，應該左右下車，去甲束兵，以示敬重天子。秦師僅僅脫去頭盔，並不去其甲，也未必束其兵器，是無禮的表現。再者，依禮，「介冑之士不拜」，他們既拜，又不解甲，也是輕率的。左右，指兵車中，車左車右之人。❹超乘　就是跳躍上車。也是無威儀、無紀律的舉動。❺王孫滿　周定王時的大夫，在襄王時尚幼。❻讁　咎；罪罰。❼師輕而驕　指前免冑而拜及超乘。❽脫　簡脫；隨隨便便地。❾自陷　自己陷沒於失敗的境地。❿秦師還　秦兵本想偷襲鄭國，走到滑國時，正碰上鄭國商人弦高。弦高假充受了鄭伯的命令去犒勞秦師，秦軍以為鄭國已有戒備，便滅滑而還。⓫崤　即崤山，在晉國境內。⓬丙術視　即白乙丙、西乞術、孟明視。

【語　譯】周襄王二十四年，秦軍企圖偷襲鄭國。經過周王都城的北門時，戰車左右兩邊的將士只是脫去頭盔就馬馬虎虎地下拜，跳著上車的竟有三百乘之多。小小年紀的王孫滿看見了，就對周襄王說：「秦軍肯定要受到懲罰。」襄王問：「為什麼呢？」王孫滿答道：「秦軍既輕狂又傲慢。輕狂就缺少計謀，傲慢就必定無禮。無禮就隨隨便便，缺少計謀就自陷險境。從秦入鄭，一路險要，進入險地還隨隨便便地，能不失敗嗎？秦軍要是不受罰，那自古傳下來的道理就將廢棄而不可信了。」

果然，秦軍這次軍事行動不得不半途而廢，回來的路上又被晉軍在崤山打敗，三員大將白乙丙、西乞術和孟明視被俘。

定王論不用全烝之故

晉侯❶使隨會聘于周❷，定王❸享之餚烝❹，原公相禮❺。范子❻私於原公曰：「吾聞王室之禮無毀折，今此何禮也？」王見其語，召原公而問之，原公以告。

王召士季❼，曰：「子弗聞乎？禘郊❽之事，則有全烝❾；王公立飫❿，則有房烝⓫；親戚宴饗，則有餚烝。今女非他⓬也，而叔父使士季實來修舊德，以獎⓭王室。唯是先王之宴禮，欲以貽⓮女。余一人敢設飫禘⓯焉，忠非親禮⓰，而干舊職⓱，以亂前好？且唯戎、狄則有體薦⓲。夫戎狄，冒沒輕儳⓳，貪而不讓。其血氣不治，若禽獸焉。其適來班⓴貢，不俟㉑馨香嘉味，故坐諸門外，而使舌人體委與之㉒。女今我王室之一二兄弟，以時㉓相見，將和協典禮，以示民訓則，無亦擇其柔嘉㉔，選其馨香，潔其酒醴，品其百籩㉕，修其簠簋㉖，奉其犧象㉗，出其樽彝㉘，陳其鼎俎㉙，淨其巾冪㉚，敬其祓除㉛，體解節折而共飲食之。於是乎有折俎加豆㉜，酬幣宴貨㉝，以示容合好，胡有孑然㉞其郊戎、狄也？

「夫王公諸侯之有飫也，將以講事成章，建大德、昭大物也，故立成禮烝㉟而已。飫以顯物㊱，宴以合好，故歲飫不倦，時宴不淫，月會㊲、旬修㊳，日完㊴不忘。服物昭庸㊵，采飾顯明，文章比象㊶，周旋序順㊷，容貌有崇㊸，威儀有則㊹，五味實氣㊺，五色精心㊻，五聲昭德㊼，五義紀宜㊽，飲食可饗，和同㊾可觀，財用可嘉，則㊿順而德建。古之善禮者，將焉用全烝？」

武子(51)遂不敢對而退。歸乃講聚三代(52)之典禮，於是乎修執秩(53)以為晉法。

【章旨】本章講古代宴饗之禮。不同的場合要用不同的禮，而禮的目的，最終還是要正確地處理人際關係。

【注釋】❶晉侯　指晉文公之孫、晉成公之子景公，名叫據。❷隨會聘于周　晉侯派隨會為使訪問周天子。隨會，晉正卿。聘，古時國與國之間遣使訪問，包括諸侯對諸侯、諸侯對天子、天子對諸侯三種。❸定王　周襄王之孫、頃王之子，名叫瑜。❹餚烝　即升上體解節折之俎，又叫折俎，也就是把肉切成大塊放在俎裡。意即奉上食品（相當於今言「上菜」）。烝，升。❺原公相禮　原公，周王卿士原襄公。相，輔佐。這裡指陪侍。❻范子　即隨會，因其采邑在隨、范，所以又叫隨會、范會。❼士季　范子的字。❽禘郊　天子的宗廟之大祭。❾全烝　整頭犧牲放入祭祀的禮器。❿王公立飫　王，天子。公，諸侯。

飫，站著舉行的宴會。⓫房烝　半隻牲體放入大俎之中。⓬他　外人。⓭獎　輔助。⓮貽　遺；給。⓯飫禘　飫，半牲之禮。禘，全牲之禮。⓰忠非親禮　忠，表示忠誠之禮。親，表示親近之禮。⓱舊職　老規矩。⓲體薦　體，整體。薦，給予。⓳冒沒輕儳　冒沒，冒失；冒昧；魯莽。儳，進退上下無序、不整齊。⓴班　賦也。㉑俟　等待。㉒使舌人體委與之　意謂讓翻譯把整頭的牛羊扔給他們。舌人，翻譯。體，整體。委，給予。㉓時　按王室宗親相見之時。㉔柔嘉　柔嫩鮮美。㉕籩　竹器，容量四升，用來放棗栗糗餌之類。糗是炒熟的米麥，有的搗成粉，有的不搗成粉。餌即糕餅。㉖簠簋　都是盛黍、稷、稻、粱之器，其中方形的叫簠，圓形的叫簋。㉗犧象　飾以犧牛或象骨之樽。㉘樽彝　都是受酒之器。㉙陳其鼎俎　俎設於左，牛豕為一列，魚臘腸胃為一列。㉚巾冪　覆蓋禮器之巾。㉛祓除　即掃除不潔。㉜豆　盛食物的禮器，形似高足盤。這裡指正餐既食之後所加之豆，所盛為芹菹、兔醢之類。㉝酬幣宴貨　聘有束帛之禮以酬賓。其宴束帛為好，即宴貨。㉞子然　全體之貌。㉟立成禮烝　立成，站立不坐以執行禮儀。禮烝，即禮升。將半牲獻上之意。㊱顯物　顯示禮物之備。㊲月會　統計一月之經用。㊳旬修　十日之內所成之事。㊴日完　當天完成的事情。㊵服物昭庸　服物，即冕服、旗章、五彩文飾。庸，功績。㊶文章比象　文章，禮服上所繡繪之花紋。比象，比文以象山、龍、華蟲之類。㊷周旋序順　周旋，行禮時的進退容止。序，次。順，順於禮。㊸崇　尊崇。㊹則　法也。㊺五味實氣　五味，酸、苦、甘、辛、鹹，這裡指餚烝之美味。五味充實著血氣，血氣充實著意志。㊻五色精心　五色，青、赤、黃、白、黑，這裡指禮器、禮服上的文章黼黻。五色之章，區分開貴賤賢愚，因此可以精誠其心。㊼五聲昭德　五聲，宮、商、角、徵、羽，這裡指餚宴時所奏之禮樂。凡政平者，其樂必和，所以聞其樂便可知其德。㊽五義紀宜　五義，父仁、母慈、兄友、弟恭、子孝。宜，義理。㊾和同　和，也就是「和諧」。一心不二曰同，也就是「認同」。所以，這裡說的「和同」，也就是「友情」。㊿則　法也。(51)武子　即隨會，謚號曰武。(52)三代　夏、商、周。(53)執秩　春秋時晉國制定的管理爵祿的法令，晉文公作，靈公以來，闕而不用，故范武子重新修訂之。

【語　譯】晉景公派正卿隨會去朝見周王，周定王用切成大塊的魚肉款待他，周王卿士原襄公陪侍。隨會私下裡對原公說：「我聽說，依照王室之禮，牲體是不肢解切割就烹調的，今天這是什麼禮節呢？」定王看見隨會和原公說悄悄話，就把原公叫過來詢問，原公便把隨會的話告訴了定王。

定王叫來隨會，說：「先生沒有聽說過嗎？只有在天子舉行宗廟大典，也就是『禘』的時候，才獻上全牲；如果是天子諸侯站著舉行宴會，也就是『飫』的時候，則獻上半牲；至於招待親戚的家宴，用的就是切塊的魚肉了。今天你又不是外人，而是叔父派來表示友愛和輔佐王室的。因此之故，便用先王的家宴之禮來招待你。區區寡人，豈敢設祭祖之禘和議事之飫，用表示忠誠而不是表示親近之禮來破壞老規矩，違背先王定下的制度呢？再說，只有招待那些戎狄蠻野之人，才會拿出整頭的牲畜來。戎狄之人，冒昧、魯莽、輕率、不修邊幅，貪吃又不懂禮讓。他們的血氣沒有經過調理，就像禽獸一樣。他們來獻貢賦時，用不著什麼馨香美味，只要讓他們坐在門外，派翻譯把整頭整頭的牛羊扔給他們就行啦！你們晉國是王室的兄弟之一，按照兄弟間的禮節，時常都會見面，就要用和睦的常規禮儀，給人民做出好的榜樣，當然就要選擇美嫩的魚肉，馨香的菜肴，甘甜的美酒，竹器中放好棗栗炒麵糕餅，簠簋中盛滿黍稷稻粱等物，酒杯上裝飾著犧牛和象骨，擺設好樽彝，陳列著鼎俎，上面覆蓋著潔淨的巾幕，打掃得乾乾淨淨地，把牲畜分門別類地切開來精心烹調，然後大家在一起盡情享用。這才有了宴飲之後再增加的用豆盛著的芹菹兔醢，以及在宴會上酬答賓客的禮物，用所有這些來表示親近友好，哪能像對待戎狄那樣把整頭整頭的牲畜端出來呢？

「天子諸侯之所以有用半牲的『飫』，是要研究軍旅大事，制定章程，建立大功勳，表彰大事業，所以站著執行禮節，僅僅把半牲盛在大俎中獻上來而已。顯然，飫禮是為了表示莊重，家宴則是為了表示友好。所以一年舉行一次立飫也不厭倦，時時舉行家宴也不過分，每月的統計、每旬的工作、每天的事情都不會忘記。而且，在家宴上，冕服旗章昭示著功績，色彩紋飾顯示著德行，雕像圖形比擬著物象，進退容止表明著順序，容貌有尊嚴，威儀有法則，美味佳肴充實著氣志，色彩文章淨化著心靈，音聲樂曲彰明著德政，舉止行為體現著義理，酒肉可口，友情可觀，酬禮可嘉，法則和順而功德建成。古代善於執禮的，哪裡須用全牲呢？」

隨會不敢回答就退了下來。回國以後，便研究夏商周三代的禮制，並據此修訂了晉文公傳下的執秩之法以為晉國之法。

單襄公論陳必亡

定王使單襄公❶聘❷於宋，遂假道於陳，以聘於楚❸。火朝覿矣❹，道茀❺不可行，侯不在疆❻，司空❼不視塗，澤不陂❽，川不梁❾，野有庾積❿，場功未畢，道無列樹，墾田若蓺，膳宰不致餼，司里不授館，國無寄寓，縣無施舍⓫，民將築臺於夏氏⓬。及陳，陳靈公⓭與孔寧、儀行父⓮南冠⓯以如夏氏⓰，留賓不見。

單子歸，告王曰：「陳侯不有大咎，國必亡。」王曰：「何故？」對曰：「夫辰角見而雨畢⓱，天根見而水涸⓲，本⓳見而草木節解，駟⓴見而隕霜，火㉑見而清風戒寒。故先王教之曰：『雨畢而除道，水涸而成梁，草木節解而備藏，隕霜而冬裘具，清風至而修城郭宮室。』故夏令㉒曰：『九月除道，十月成梁。』其時儆曰：『收而㉓場功，偫而畚梮㉔，營室之中，土功其始㉕。火之初見，期于司里。』此先王所以不用財賄，而廣施德於天下者也。今陳國火朝覿矣，而道路若塞，野場若棄，澤不陂障，川無舟梁，是廢先王之教也。

「周制有之曰：『列樹以表㉖道，立鄙食㉗以守路。國有郊牧㉘，疆有寓望㉙，藪有圃草[30]，囿有林池[31]，所以禦災也。其餘無非穀土，民無懸耜，野無奧[32]草，不奪民時，不蔑[33]民功。有優[34]無匱，有逸無罷[35]。國有班[36]事，縣有序民[37]。』今陳國道路不可知，田在草間，功成而不收，民罷於逸樂，是棄先王之法制也。

「周之《秩官》[38]有之曰：『敵國[39]賓至，關尹[40]以告，行理以節逆之[41]，候人為導，卿出郊勞，門尹除門[42]，宗祝[43]執祀，司里授館，司徒具徒[44]，司空視塗，司寇詰姦，虞人[45]入材，甸人[46]積薪，火師監燎[47]，水師監濯，膳宰致饔，廩人獻餼，司馬陳芻[48]，工人展[49]車，百官以物[50]至，賓入如歸。是故小大莫不懷愛。其貴國之賓至，則以班加一等，益虔。至於王吏，則皆官正莅事，上卿監之。若王巡守，則君親監之。』今雖朝[51]也不才，有分族[52]於周，承王命以為過賓於陳，而司事莫至，是蔑先王之官也。

「先王之令有之曰：『天道賞善而罰淫，故凡我造國，無從非彝[53]，無即慆淫[54]，各守爾典[55]，以承天休[56]。』今陳侯不念胤續之常，棄其伉儷妃嬪，而帥其卿佐以淫於夏氏，不亦嬻[57]姓矣乎？陳，我大姬之後[58]也，棄袞冕[59]而南冠以出，不亦簡彝乎？是又犯先王之令也。

「昔先王之教，懋帥[60]其德也，猶恐殞越。若廢其教而棄其制，蔑其官而犯其令，將何以守國？居大國之間，而無此四者㉑，其能久乎？」

六年，單子如楚。八年，陳侯殺於夏氏(62)。九年，楚子入陳(63)。

【章旨】本章說一國的執政者，如果荒淫懈怠，玩忽職守，多行不義，必然會落得國破身亡的下場。

【注釋】❶單襄公　周定王的卿士，名叫朝，又稱單子。❷聘　國與國之間互派使節以示友好。這裡指周天子撫慰諸侯國。❸假道於陳二句　自宋至楚經過陳，當時周王室已衰微，所以要像諸侯一樣借路。❹火朝覿矣　火，即心星。覿，即「現」。心星出現在早晨，即夏正十月。❺茀　野草塞路。❻侯不在疆　侯，即侯人，負責迎送賓客的小官。疆，國境。❼司空　掌管土木建築、水利工程和道路修建的官。❽陂　澤旁堤障。❾梁　橋。❿庾積　露天堆積的糧食。⓫施舍　旅館。⓬夏氏　陳國大夫夏徵舒。⓭陳靈公　陳恭公之子，名叫平國。⓮孔寧儀行父　陳國之二卿。⓯南冠　楚國的帽子。按照周禮，楚之地位在陳之下，陳國國君戴楚國的帽子，是一種作賤自己的失禮行為。⓰如夏氏　陳公君臣三人到夏徵舒家去是與夏姬通姦。⓱辰角見而雨畢　角宿現於晨，則雨季結束。角，即角宿。⓲天根見而水涸　天根，星名，在亢、氐之間，在寒露節後五日出現，從此之後，河水開始乾涸。⓳本　即氐宿。⓴駟　即房宿。㉑火　即心星。㉒夏令　夏代的月令。㉓而　你。㉔偫而畚梮　偫，備辦。畚，畚箕。梮，擡東西的工具。㉕營室之中二句　古人認為，當定星運行到天空正中時，便可營建房屋了。營室，即定星。㉖表　識別。㉗鄙食　在郊外路旁供應飲食的廬舍。㉘郊牧　郊外放牧之地。㉙寓望　寄寓之舍，候望之人。㉚藪有圃草　藪，無水之澤。圃，大。㉛囿有林池　囿，苑。林，積木。池，積水。㉜奧　深也。㉝蔑　無視。㉞優　充足；富裕。㉟罷　疲。㊱班　次。㊲序民　人民輪番服役或休息。㊳秩官　書名。㊴敵國　大小貴賤相匹敵的諸侯國。㊵關尹　門官。㊶行理以節逆之　行理，迎賓之官。節，瑞節。逆，迎。㊷除門　掃除門庭。㊸宗祝　宗伯太祝，主管祭祀祈禱。㊹具徒　派修路的人。㊺虞人　管山澤的官。㊻甸人　管柴火的官。㊼燎　庭燎。㊽芻　牧草。㊾展　察看。㊿物　事。(51)朝　單襄公。(52)分族　周王室之分支。(53)彝　常。(54)慆淫　怠惰縱樂。(55)典　常。(56)天休　天賜福運。(57)瀆　汙辱。(58)大姬之後　周武王之女，嫁給陳的始祖虞胡公。(59)袞冕　指公侯的正式服飾。袞，袞龍之衣。冕，大冠。(60)懋帥　懋，勤勉。帥，遵循。(61)四者　即教、制、官、令。(62)陳侯殺於夏氏　魯宣公十年，陳靈公與孔寧、儀行父在夏徵舒家飲酒，因徵舒之母夏姬與靈公及二卿均私通，所以靈公開玩笑地對儀行父說：「徵舒像你啊！」行父說：「也像您呀！」徵舒聽見後，既怨恨又害怕這話傳了出去，便把靈公殺了。(63)楚子入陳　徵舒殺了靈公，孔寧、儀行父逃往楚國。楚莊王以討伐夏氏弒君之罪為名出兵入陳，滅陳之後又復而封之，所以叫做「入」。

【語　譯】周定王派單襄公出使宋國，然後又向陳國借路，出使楚國。已經是心星出現於早晨的季節了，陳國的道路還是雜草叢生，負責迎送賓客的官員不在邊境迎候，負責工程建築的官員不來察看道路是否能夠通行，湖澤旁不修堤岸，河流上不架橋梁，田野裡堆積著露天存放的糧食，穀場工程還沒完工，路旁沒有排列有序的樹木，晚秋作物稀稀落落就像荒草一樣，廚師不供應飯食，管房子的不安排住處，國都內沒有旅館，郊縣也沒有客舍，民眾都在給夏大夫家修看臺。單襄公到了陳國，陳靈公和孔寧、儀行父兩位大臣戴著楚國的帽子跑到夏氏家去淫樂，居然扔下貴賓不見。

單襄公回到王城，報告定王說：「陳侯不是遭大禍，就是會亡國。」定王問：「為什麼呢？」單襄公回答說：「角星出現在早晨，雨季就過去了；天根星一出現，河水慢慢地就要乾了；氐星早晨出現時，草木就開始凋零；房星一出現，就要下霜了；心星一出現，冷風就要吹來，就該準備冬裝了。所以先王教導我們說：『雨季過了就修整道路，河水乾了就架設橋梁，草木凋零了就儲備冬藏，寒霜下降了就縫製冬衣，寒風一到就要修築城郭宮室。』所以，月令上說：『九月修路，十月架橋。』先王還時時告誡說：『修好糧場，備好土筐，定星出現在天空正中，土木工程就要開始。火星一出現，就要集合到管房子的官員那裡去。』這就是先王之所以不必多費財物，卻能廣施恩德於天下的原因。現在，心星早已出現了，而陳國的道路還好像被堵塞著一樣，田野裡的莊稼好像被丟棄一樣，湖澤旁不修堤岸，河流上沒有橋也沒有船，這就是廢棄了先王的教導啊！

「我周朝制度有規定：『路旁要整齊地植樹以為標誌，還要在郊外路旁設立供應食宿的廬舍以守衛道路。京郊要有牧場，邊境要有寄寓之所、候望之人，大澤裡要有茂盛的水草，苑圃裡要有林木和水池，這是用來救災防難的啊！其他的地方，無不是種植五穀的。農民沒有閑掛著的農具，田野裡沒有深草。決不耽誤農時，決不無視田裡的勞作。人民富足而無困乏，百姓安樂而不疲勞。國都裡的勞役都次第安排，郊縣裡的民工輪流服役。』現在，陳國的道路沒有標記，農田都埋在草中，莊稼熟了也不收割，百姓為國君的奢侈淫樂而疲於奔命，這就是拋棄了先王的法制啊！

「周《秩官》一書說：『同等地位諸侯國的賓客來到，守關官員要向國君報告，迎賓官要執瑞節去迎接，嚮導官帶路，卿士出郊慰勞，門官打掃庭院，宗伯太祝負責祭禮，司里安排住宿，司徒派遣差役，司空察看路面，司寇盤查可疑分子，虞人送木材，甸人送柴禾，火師監督設置庭燎，水師監督安排盥洗，膳宰送來酒飯，廩人送來糧食，司馬送來草料，工匠檢修車輛，各部官員均到職視事，客人來了，就如同回到了自己的家中。所以大大小小的賓客都無不感到友愛。如果是較高等級諸侯國的客人到了，接待的禮節就要依次提高一等，更加熱忱恭敬。至於天使駕到，那麼，上述各項工作就均須各部主官親自辦理，由上卿監察；如果是天子巡守，御駕親臨，就要由國君親自監察。』現在，我單朝雖不才，畢竟是王室宗親，秉承王命借路過陳，而各部主管官吏都不露面，這是輕視天子的大臣啊！

「先王的法令說：『上天獎勵行善之人，懲罰淫亂之徒，所以大凡治國者，切不可違背天常，也不可遷就懈怠淫樂之人，必須各守常規，以承受天賜之福。』如今陳侯不念歷代相續之法統，拋棄元配夫人妃嬪，領著僚屬與夏姬通姦，這不是亂倫汙辱本姓嗎？陳，是大姬的後代，王室宗親，丟掉天子所賜袞服大冠，卻戴著南蠻的帽子出門，豈不是太簡慢常規了嗎？這又是違犯了先王的法令。

「對於先王的教導，我們即使努力領會，用心去做，也還恐怕要出問題。倘若廢棄先王教導，拋棄先王法制，蔑視先王大臣，違犯先王法令，又憑什麼守住家國君位？處在幾個大國之間，卻失去上述四項，那還長久得了嗎？」

周定王六年，單襄公到了楚國。定王八年，陳侯在夏氏家被殺。定王九年，楚莊王攻進陳國。

劉康公論魯大夫儉與侈

定王八年，使劉康公❶聘於魯，發幣❷於大夫。季文子、孟獻子❸皆儉，叔孫宣子、東門子家❹皆侈。

歸，王問魯大夫孰賢。對曰：「季、孟其長處魯乎！叔孫、東門其亡乎！若家不亡，身必不免。」王問：「何故？」對曰：「臣聞之：為臣必臣，為君必君。寬肅宣惠❺，君也；敬恪恭儉❻，臣也。寬所以保本❼也，肅所以濟時❽也，宣所以教❾施也，惠所以和民也。本有保則必固，時動而濟則無敗功，教施而宣則徧，惠以和民則阜。若本固而功成，施徧而民阜，乃可以長保民矣，其何事不徹❿？敬所以承命也，恪所以守業也，恭所以給事也，儉所以足用也。以敬承命則不違，以恪守業則不懈，以恭給事則寬⓫於死，以儉足用則遠於憂。若承命不違，守業不懈，寬於死而遠於憂，則可以上下無隙矣，其何任不堪？上任事而徹，下能堪其任，所以為今聞長世⓬也。今夫二子者儉，其能足用矣，用足則族可以庇⓭。二子者侈，侈則不恤匱⓮，匱而不恤，憂必及之，若是則必廣其身⓯。且夫人臣而侈，國家弗堪，亡之道也。」王曰：「幾何？」對曰：「東門之位不若叔孫，而泰侈焉，不可以事二君。叔孫之位不若季、孟，而亦泰侈焉，不可以事三君。若皆蚤世⓰猶可，若登年以載其毒，必亡⓱。」

十六年，魯宣公⓲卒。赴者未及，東門氏來告亂，子家奔齊⓳。簡王⓴十一年，魯叔孫宣伯亦奔齊，成公未歿二年㉑。

【章　旨】本章說生於憂患，死於安樂，儉能持家，奢侈必敗之理。

【注　釋】❶劉康公　定王的卿士。劉是康公的采邑，在今河南省偃師縣西南，東周京畿之內。❷發幣　發，致送。幣，聘問時所贈之禮物，如玉、馬、皮、圭、璧、帛之屬。❸季文子孟獻子　魯國上卿。❹叔孫宣子東門子家　叔孫是魯國下卿。東門是大夫。❺寬肅宣惠　寬，寬和。肅，嚴肅。宣，周遍。惠，惠愛。❻敬恪恭儉　敬，忠敬。恪，謹慎。恭，謙恭。儉，節儉。❼保本　即守住君位。❽濟時　有兩解：一謂匡時救世，一謂依時而成。❾教　示也。❿徹　通達也。⓫寬　遠。⓬令聞長世　令聞，嘉聲美譽。長世，多歷年所。⓭族可以庇　宗族可以得到庇蔭。⓮恤匱　拯救照顧匱乏貧困之人。⓯廣其身　侵漁百姓以自肥。⓰蚤世　早亡也。本人早亡，作惡尚少，則其家族尚可免禍。⓱若登年以載其毒二句　謂如若再多年行毒行惡，全家必亡，連世襲的官爵也要丟了。登，加多。載，施行。毒，禍害。⓲魯宣公　魯文公之子，名俀。⓳赴者未及三句　魯宣公十八年，東門子家出使到晉國，企圖藉外力去「三桓」（孟孫、叔孫、季孫）權勢，事情還未辦成，宣公就死了。三桓便驅逐了東門氏。結果，魯國告喪的人還沒有到定王那裡，東門氏家族中告亂的人反倒先到了，東門子家只好逃亡到齊國。赴，又叫「訃」。告喪。⓴簡王　定王之子，名夷。㉑叔孫宣伯亦奔齊二句　叔孫宣伯，即叔孫宣子，亦即叔孫僑如。他與宣公夫人穆姜私通，並想排除孟孫、季孫，結果被逐。宣子被逐後兩年，成公才死，正好說明他「不可以事三君」。

【語　譯】周定王八年，劉康公奉王命出使魯國，把禮物分贈給魯國的卿大夫。他看到季文子和孟獻子很節儉，叔孫宣子和東門子家則很奢侈。

回到王城以後，定王問魯國的卿大夫哪一位賢德。劉康公回答說：「季文子、孟獻子大概會長久地在魯國做官吧！叔孫宣子、東門子家大概會敗亡吧！如果其家不敗，他們自身也一定難免其禍。」定王問：「為什麼呢？」劉康公回答說：「我聽說，做人臣的要有做人臣的規矩，做國君的要有做國君的樣子。寬和、嚴肅、周到、惠愛，是為君之道；忠敬、謹慎、謙恭、節儉，是為臣之禮。寬和是用來鞏固政權的，嚴肅是用來匡世濟時的，周到是用來布德施惠的，惠愛是用來團結人民的。政權有保障就鞏固，依時而動就成功，布施周到就普遍，以惠愛治民就豐厚。如果政權鞏固，功業有成，施恩周遍，人民豐足，就可以長久地保有境內之民，還有什麼事辦不成的？忠敬是用來承受君命的，謹慎是用來守住功業的，謙恭是用來處理事務的，節儉是用來保證財用豐足的。以忠敬之心承受君命就不會違禮，以謹慎之心就職守業便不會懈怠，謙恭處事就不會遭禍，勤儉持家就無憂愁。如承受王命而不違，就職守業而不懈，避免災禍而遠離憂愁，那麼上上下下便都沒有嫌隙了，還有什麼做不長久的官呢？君上做事通達，臣下又堪任其職，這就是能獲得嘉聲美譽並能多歷年所的原因。現在，季、孟二卿節儉，他們將能保證財用豐足，其宗族也就能得到庇蔭。叔孫、東門兩家奢侈，奢侈就一定不體恤窮人，憂患也就一定加之於身，像這樣的一定是侵漁百姓而自肥的人。再說，人臣奢侈，國家人民都不堪負擔，這是滅亡之路。」定王問：「那麼，他們還能維持多久呢？」劉康公回答說：「東門子家的地位不如叔孫宣子，卻太奢侈了，事奉不到兩代君王就該完蛋。叔孫之位在季、孟之下，也太奢侈了，事奉不了三代君王。如果他們死得早還好說，如果再多幾年作惡，連他們的家族也要跟著滅亡。」

周定王十六年，魯宣公去世。報喪的人還沒到，東門家告亂的人卻先到了，子家只好逃往齊國。周簡王十一年，叔孫宣子也被逐而逃到齊國，這是在魯成公去世前兩年。

王孫說請勿賜叔孫僑如

簡王八年，魯成公來朝❶，使叔孫僑如❷先聘且告。見王孫說❸，與之語。說言於王曰：「魯叔孫之來也，必有異焉。其享覲❹之幣薄而言諂❺，殆❻請之也；若請之，必欲賜也。魯執政唯強❼，故不歡焉而後遣之。且其狀方上而銳下，宜觸冒人。王其勿賜。若貪陵之人來而盈其願，是不賞善也，且財不給。故聖人之施舍❽也議之，其喜怒取與亦議之。是以不主寬惠，亦不主猛毅，主德義而已。」王曰：「諾。」使私問諸魯，請之也。王遂不賜，禮如行人❾。及魯侯至，仲孫蔑為介❿，王孫說與之語，說讓⓫。說以語王，王厚賄之。

【章旨】本章說賞罰應以德義為原則，揚善懲惡，賞有功、有德，罰不仁、不義。

【注釋】❶魯成公來朝　魯成公是宣公之子，名叫黑肱。魯欲與晉同伐秦，故先朝周天子，但周王室並未出兵。❷叔孫僑如　即前文中的叔孫宣子。❸王孫說　周大夫。《漢書‧古今人表》作「王孫閱」。❹覲　人臣北面而朝見天子。❺諂　逢迎取媚之謂也。❻殆　或然之詞。❼強　有兩義：一謂強梁，一謂強求。❽施舍　施，給予。舍，不予。❾行人　擔任朝覲使節之人。❿仲孫蔑為介　仲孫蔑，即孟獻子。介，副手；助手。⓫說讓　說，通「悅」。讓，謙讓；禮讓。

【語譯】周簡王八年，魯成公要來朝見天子，先派叔孫僑如來送聘禮並報告此事。叔孫僑如見了周大夫王孫說，和他談了話。王孫說對簡王說：「魯國叔孫這次來，肯定有特殊的原因。他朝見的禮品微薄而言詞諂媚，說不定是他自己要來的。如果是自己要求來的，一定是想要賞賜。魯國的執政者不敢得罪豪強，又禁不住他再三強求，所以心裡雖然不高興，也只好派遣他來。再說，此人面相，上方下尖，最愛觸犯別人。請大王不要賞賜他。這種貪婪而又好侵犯他人的人來了，如果滿足他的願望，那就不是賞善了，況且給得再多，也滿足不了他的貪婪之心。所以古代的聖人，在給與不給的問題上是要考慮計議的，喜怒取與也是要考慮計議的。所以不主張太寬惠，也不主張太嚴厲，而主張以德義為原則。」簡王說：「好吧！」派人到魯國暗中一打聽，果然是他自己要來的。於是簡王就不賞賜，待之以一般使節之禮。等到魯成公親自來的時候，仲孫蔑當副手，王孫說和他交談，他很謙讓。王孫說把情況告訴了簡王，簡王便贈送了許多財帛。

單襄公論郤至佻天之功

晉既克楚于鄢❶，使郤至❷告慶于周。未將事，王叔簡公❸飲之酒，交酬好貨❹皆厚，飲酒宴語相說也。

明日，王叔子譽諸朝。郤至見邵桓公❺，與之語。邵公以告單襄公曰：「王叔子譽溫季，以為必相晉國。相晉國，必大得諸侯，勸二三君子必先導焉，可以樹❻。今夫子❼見我，以晉國之克也，為己實謀之，曰：『微❽我，晉不戰矣！楚有五敗，晉不知乘❾，我則強❿之。背宋之盟⓫，一也；德薄而以地賂諸侯⓬，二也；棄壯之良而用幼弱⓭，三也；建立卿士⓮而不用其言，四也；夷、鄭從之，三陳而不整⑮，五也。罪不由晉⑯，晉得其民，四軍之帥⑰，旅⑱力方剛；卒伍治整，諸侯與之。是有五勝也：有辭⑲，一也；得民，二也；軍帥強禦，三也；行列治整，四也；諸侯輯睦，五也。有一勝猶足用也，有五勝以伐五敗，而避之者，非人也。不可以不戰。欒、范不欲，我則強之。戰而勝，是吾力也。且夫戰也微謀，吾有三伐⑳：勇而有禮，反之以仁。吾三逐楚君之卒，勇也；見其君必下而趨，禮也；能獲鄭伯而赦之，仁也。若是而知晉國之政，楚、越必朝。』

「吾曰：『子則賢矣。抑㉑晉國之舉也，不失其次，吾懼政之未及子㉒也。』謂我曰：『夫何次之有？昔先大夫荀伯自下軍之佐以政㉓，趙宣子未有軍行而以政㉔，今欒伯自下軍往㉕。是三子也，吾又過於四㉖之無不及。若佐新軍而升為政，不亦可乎？將必求之。』是其言也，君以為奚若？」

襄公曰：「人有言曰：『兵在其頸。』其郤至之謂乎？君子不自稱也，非以讓也，惡其蓋人也。夫人性，陵㉗上者也，不可蓋也。求蓋人，其抑下滋甚㉘，故聖人貴讓。且諺曰：『獸惡其網，民惡其上。』《書》曰：『民可近也，而不可上也。』《詩》曰：『愷悌㉙君子，求福不回㉚。』在禮，敵必三讓，是則聖人知民之不可加㉛也。故王天下者必先諸民，然後庇㉜焉，則能長利。今郤至在七人之下而欲上之，是求蓋七人也，其亦有七怨。怨在小醜，猶不可堪，而況在侈卿乎？其何以待之？

「晉之克也，天有惡於楚也，故儆之以晉。而郤至佻㉝天之功以為己力，不亦難乎？佻天不祥，乘人不義。不祥則天棄之，不義則民叛之。且郤至何三伐之有？夫仁、禮、勇，皆民之為也。以義死用㉞謂之勇，奉義順則㉟謂之禮，畜義豐功㊱謂之仁。姦仁為佻㊲，姦禮為羞㊳，姦勇為賊㊴。夫戰，盡敵為上，守和同㊵順義為上。故制戎以果毅㊶，制朝以序㊷成。叛戰而擅舍鄭君，賊也；棄毅行容㊸，羞也；叛國即讎，佻也。有三姦以求替其上，遠於得政矣。以吾觀之，兵在其頸，不可久也。雖吾王叔，未能違難。在〈太誓〉曰：『民之所欲，天必從之。』王叔欲郤至，能勿從乎？」

郤至歸，明年死難㊹。及伯輿之獄，王叔陳生奔晉㊺。

【章旨】本章說為人為臣之道，在於謙和禮讓，不可盛氣凌人，居功傲物，更不可貪天之功以為己有。

【注釋】❶晉既克楚于鄢　魯成公十六年，晉厲公伐鄭，楚人救之，與晉軍大戰於鄢陵，晉軍勝。鄢，今河南省鄢陵縣北。❷郤至　晉卿，又名溫季。❸王叔簡公　周大夫王叔陳生。❹好貨　宴飲時所贈之結好幣物。❺邵桓公　周王卿士。❻樹　樹立同黨，遙為聲援。❼夫子　指郤至。❽微　無。❾乘　利用。❿強　逼之使行。⓫背宋之盟　魯成公十二年，晉楚兩國在宋國華元的斡旋下結盟，今楚救鄭攻晉，所以是背宋之盟。⓬德薄而以地賂諸侯　楚國要拉攏鄭國而又德薄，便以汝陰之田相賄賂，於是鄭國背晉從楚。⑬棄壯之良而用幼弱　壯良，指申叔時。幼弱，指司馬子反。⑭卿士　指子囊。他反對背晉，楚王不聽。⑮夷鄭從之二句　夷、鄭、楚三軍各自為陣，不成整體。夷，即楚東之夷。三陳，三陣。⑯罪不由晉　鄭、楚背盟故也。⑰四軍之帥　晉立四軍，以八卿為帥：欒書將中軍，士燮佐之；郤錡將上軍，荀偃佐之；韓厥將下軍，智罃佐之；趙旃將新軍，郤至佐之。⑱旅　眾。⑲有辭　楚背盟，所以晉理直氣壯，師出有名。⑳伐　功。㉑抑　但。㉒政之未及子　郤至位在七人之下，所以恐政之未及。㉓荀伯自下軍之佐以政　荀伯即荀林父，曾以第六卿之位的下軍之佐升為正卿，執晉國之政。㉔趙宣子未有軍行而以政　趙宣子即趙盾，為中軍之佐，第二卿，未有軍行，非主帥，也升為正卿，執晉國之政。㉕今欒伯自下軍往　欒伯即欒書，原來將下軍，是第五卿，現在也升為正卿了。㉖四　當為「三」之誤，指以上三人。㉗陵　侵侮。㉘抑下滋甚　企圖陵上的人，壓迫下人也更厲害，而同理，下面的人對他的反抗也同樣更激烈。㉙愷悌　平易近人。㉚回　邪也。㉛加　壓迫。㉜先諸民二句　先安定民心，然後再從這安定之中去求自己的庇蔭。㉝佻　偷竊；盜取。㉞以義死用　因大義而為國家利益而死。㉟奉義順則　奉守正義，隨順法則。㊱畜義豐功　蓄積恩義，豐大功烈。㊲姦仁為佻　指郤至為了姦仁而放走鄭伯。姦，偽。用偽詐手段行仁就叫做佻。㊳姦禮為羞　指郤至一面逐殺楚軍，一面又向楚王表示敬意。㊴姦勇為賊　指郤至三逐楚軍，實偽詐以行勇。㊵守和同　不好戰而能平和修好。㊶果毅　殺敵為果。致果為毅。㊷序　敘官的順序。㊸容　容儀。㊹明年死難　魯成公十七年，郤至被厲公所殺，死於非命。㊺及伯輿之獄二句　魯襄公十年，王叔陳生和周大夫伯輿爭權，周王偏袒伯輿，王叔鬥他不過，只好逃往晉國。

【語　譯】晉軍在鄢陵打敗了楚軍，派郤至到周王那裡去報捷。在舉行告捷禮之前，王叔簡公請郤至飲酒，互相贈送的禮物都很豐厚，酒宴交談也十分投機。

第二天，王叔簡公向滿朝文武盛贊郤至。郤至見到邵桓公，又與桓公交談。邵桓公把聽到的告訴單襄公說：「王叔誇獎郤至，認為他肯定能當晉國首輔，一旦他主輔晉君，肯定能大大地得到諸侯們的擁戴。所以王叔勸我們開導晉侯提拔郤至，便可以在晉國建立盟友黨羽，遙為聲援了。今天郤至見到我，說起這次晉國的勝利，其實是他的功勞。他說：『要不是我，晉國就打不了這一仗啦！楚國有五大敗象，晉國不知利用，是我強烈要求他們利用的。楚國背叛與晉、宋兩國所立之盟約，此其一；德薄無望便以地行賄，此其二；棄擲精明強壯之將而起用幼稚軟弱之人，此其三；設立言官又不採用他們正確的意見，此其四；東夷和鄭國跟著來打仗，三軍各自為陣不成整體，此其五。發動戰爭的罪責不在晉國，晉國得民心，又有精兵強將，人多勢眾，軍陣嚴整，諸侯都站在晉國一方，這就有五條必勝的理由：師出有名，理直氣壯，此其一；大得民心，君臣協力，此其二；主帥精悍，將士驃勇，此其三；陣列嚴整，步調一致，此其四；諸侯擁戴，得道多助，此其五。有其中一點，就已經足夠了。有五條必勝之理可以討伐有五項必敗之象者，卻竟然要躲開，這不是常人所為。這一仗，不可不打。可是欒書和范士燮卻不想打，我就強迫他們打。結果一打就勝利了，這是我的功勞。況且，即使打仗，他們也缺少謀略，我卻有三大功績：勇敢、有禮，再加上仁德。我三次追逐楚軍士卒，這就是勇；打仗時，如果見到楚君就一定下車疾行以示敬重，這就是禮；能夠俘獲鄭君卻釋放了他，這就是仁。如果讓我這樣的人主執晉國政事，楚、越諸國一定會來朝拜稱臣。』

「我說：『您確實很能幹。不過，晉國提拔官員，有一定的位次，您現在排在第八位，我擔心首輔的位子輪不到您。』郤至聽了對我說：『哪裡有什麼位次？想當年，先大夫荀伯從下軍副帥第六位升到正卿執掌國政；趙宣子不是主帥，又沒有軍功，也升為正卿，執掌國政；現在的欒伯也是由下軍主帥第五位直升正卿。這三個人，我都可以遠遠超過他們，沒有什麼比不上的。即使從新軍副帥升為正卿，不也是可以的嗎？我一定要求得到這個官位。』這就是他的一席話，您認為如何呢？」

單襄公說：「人們有句俗話：『刀架在脖子上了。』說的就是郤至吧？君子是不吹噓自己的，不是因為謙讓，而是不願意壓倒掩蓋別人。人的本性都是喜歡犯上的，所以不可蓋過別人啊！想蓋過別人，壓迫下面的人便越是厲害，所以聖人以謙讓為貴。諺語說：『野獸最恨捕牠的網，百姓最恨欺壓他們的人。』《書》上也說：『人民只可親近，而不可欺壓。』《詩》也說：『平易謙和的君子，求福不靠邪惡。』就禮法而言，對於地位相當的人一定要再三地謙讓，這正是因為聖人知道任何人都是不可凌駕於其上的道理啊！所以君臨天下者，一定要先安定民心，然後再從中得到庇蔭，這才可能長久地得到好處。如今，郤至位在七人之下，卻想凌駕於七人之上，這是想壓倒蓋過七個人呀，他豈不是就有了七個政敵了嗎？政敵若是小人物，尚且不堪抵擋，何況是七個赫赫有名的高官貴族呢？郤至怎麼對付得了呢？

「晉國這次勝利，是上天憎惡楚國，所以才借晉國之手儆戒楚人。而郤至偷天之功，以為己力，不也太危險了嗎？偷天之功不祥，淩駕他人不義。不祥則上天拋棄，不義則民眾背離。何況，郤至何三功之有？所謂仁禮勇，都是民眾的功勞、士卒的功勞。大義凜然，為國捐軀就叫做勇；奉守正義，遵循原則就叫做禮；蓄積恩義，豐大功烈就叫做仁。用欺詐的手段行仁是盜竊，用欺詐的手段盡禮是恥辱，用欺詐的手段示勇是國賊。戰爭嘛，全殲敵軍是最高原則，不戰而勝也是最高原則。所以克敵致勝靠的是果毅，制定朝綱要的是次序。背叛戰爭的目的擅自放走鄭君，這就是國賊；拋棄果毅去虛偽地履行禮儀，這就是恥辱；背叛國家去接近仇敵，這就是盜竊。有這樣三條大罪還想取代上面的卿士，這種人離執掌國政還遠著哪！依我看，刀已經架在他脖子上了，長久不了啦！就是咱們的王叔，也逃脫不了災難。〈太誓〉篇說：『人民想要的，上天一定遵從。』王叔要巴結郤至，還能不跟著一塊兒倒楣嗎？」

郤至回到晉國，第二年就死於非命。到與伯輿爭權之時，鬥敗了的王叔陳生最終只得逃到晉國去了。

卷三 周語下

單襄公論晉將有亂

柯陵之會❶，單襄公見晉厲公❷視遠步高。晉郤錡❸見，其語犯❹。郤犨❺見，其語迂❻。郤至❼見，其語伐❽。齊國佐❾見，其語盡❿。魯成公⓫見，言及晉難及郤犨之譖⓬。

單子曰：「君何患焉？晉將有亂，其君與三郤其當之乎！」魯侯曰：「寡人懼不免於晉，今君曰『將有亂』，敢問天道乎，抑人故也？」對曰：「吾非瞽、史，焉知天道？吾見晉君之容，而聽三郤之語矣，殆必禍者也。夫君子目以定體，足以從之，是以觀其容而知其心矣。目以處義⓭，足以步目。今晉侯視遠而足高，目不在體⓮，而足不步目，其心必異矣。目體不相從，何以能久？夫合諸侯，民之大事也，於是乎觀存亡。故國將無咎，其君在會，步言視聽，必皆無謫，則可以知德矣。視遠，曰絕其義；足高，曰棄其德；言爽⑮，曰反其信；聽淫⑯，曰離其名⑰。夫目以處義，足以踐德，口以庇信，耳以聽名者也，故不可不慎也。偏喪有咎，既喪則國從之。晉侯爽二，吾是以云。

「夫郤氏，晉之寵人也，三卿而五大夫，可以戒懼矣。高位寔疾顛⑱，厚味寔腊毒⑲。今郤伯之語犯，叔迂，季伐，犯則陵人，迂則誣人，伐則掩人。有是寵也，而益之以三怨，其誰能忍之！雖齊國子亦將與焉。立於淫亂之國，而好盡言，以招人過，怨之本也。唯善人能受盡言，齊其有乎？吾聞之，國德而鄰於不修，必受其福。今君偪⑳於晉，而鄰於齊，齊晉有禍，可以取伯㉑，無德之患，何憂於晉？且夫長翟之人㉒利而不義，其利淫矣，流之若何？」

魯侯歸，乃逐叔孫僑如。簡王十一年，諸侯會于柯陵。十二年，晉殺三郤。十三年，晉侯弒㉓，於翼東門葬，以車一乘㉔。齊人殺國武子㉕。

【章旨】本章說一個人的品德修養，以及由這品德修養決定著的家國興亡，都可以通過他的舉止言行觀察出來。

【注釋】❶柯陵之會　魯成公十六年，魯、晉、齊、邾在此集會，商議共同出兵伐鄭。柯陵，鄭國西部邊界上的地名。❷晉厲公　晉成公之孫、景公之子，名州蒲。❸郤錡　即駒伯，晉卿郤克之子。❹犯　陵犯；冒犯。❺郤犨　郤錡之族父苦成叔也。❻迂　誇誕而遠於事實真相，不切實際。❼郤至　郤犨之族子溫季。郤錡駒伯、郤犨苦成叔、郤至溫季，又稱伯、叔、季，都是晉卿。❽伐　自誇己功。❾齊國佐　即齊卿國武子。❿盡　盡其心意。善惡褒貶，毫無顧忌。⓫魯成公　宣公之子，名黑肱。⓬晉難及郤犨之譖　原來上次晉國伐鄭時，魯成公曾答應出兵相助，只因叔孫僑如與成公之母穆姜私通，唆使穆姜在送行時提出要驅逐季文子、孟獻子二卿，糾纏不休，結果魯軍晚到了。郤犨受叔孫僑如之賄，在晉厲公面前誣告魯成公，說：「魯侯是在那裡坐山觀虎鬥呢！」因此晉侯一怒之下，便不和魯侯見面。成公害怕晉國找他的麻煩，就來找單襄公幫忙。單襄公告訴他，晉國必有大亂，而且建議他驅逐叔孫僑如。這就是本章所說之事。譖，捏造事實，誣妄他人。⓭義　宜也。⓮目不在體　眼睛不在身上。即心不在焉之意。⓯爽　差錯。⓰淫　惑亂；不辨是非。⓱名　名分；道理。⓲寔疾顛　寔，實。疾，速。顛，墜落；垮臺。⓳腊毒　極毒。⓴偪　迫近。㉑伯　霸也。㉒長翟之人　叔孫僑如的父親得臣，曾戰勝狄人，俘獲了長翟僑如，就把自己的兒子取名僑如，因此單襄公稱叔孫僑如為長翟之人。長翟，北方民族。翟，通「狄」。㉓晉侯弒　晉三郤被厲公殺死後，欒書、中行偃害怕自己落得個同樣的下場，就把厲公囚禁起來殺了。㉔於翼東門葬二句　葬於翼東門，即是說不能和他的先君同葬。依禮，葬諸侯應遣車七乘。以車一乘，也就是不成諸侯的葬禮。翼，晉國別都，在今山西省翼城縣東南。一車四馬曰乘。㉕齊人殺國武子　同年（魯成公十八年），齊靈公使掌刑官華免用戈將國武子殺死在內宮前堂。至此，單襄公的預言已全部兌現。

【語　譯】柯陵之會，單襄公看到晉厲公眼睛看得遠遠的，腳步擡得高高的。晉國的郤錡與襄公見面，說話盛氣凌人；郤犨與襄公見面，說話不著邊際；郤至與襄公見面，說話自吹自擂。齊國的卿國武子見到襄公，說話毫無顧忌。魯成公見到襄公，則說起晉國要找他的麻煩以及郤犨對他的誣陷。

單襄公就對魯成公說：「您擔心什麼呢？晉國將有禍亂，它的國君和郤氏三卿大概都會大難臨頭吧！」魯侯說：「我正害怕躲不過晉國的發難，而您卻說晉國將有禍亂，請允許我冒昧地問一句：您是從天道上得知的，還是從人事上推斷的呢？」襄公回答說：「我不是樂師和太史，哪裡懂得天道？我不過觀察晉國國君之容貌舉止，又聽三郤之言語，才推測他們大概一定會遭災禍。君子的行止，是以視線定體位，再繼之以腳步，所以觀其容，便可以知其心了。目光決定著行止之適宜與否，步履要緊隨著目光。現在，晉侯的目光茫然地看著遠處，腳步高高地隨便亂走，眼睛好像不長在自己身上，腳步也不緊隨視線，肯定是心不在焉，視線和身體不相統一，怎麼能持久呢？要知道，會合諸侯，乃是國家大事，由此可以觀察出某國的興衰存亡。所以，如果一個國家沒有災禍，他們的國君在諸侯的大會上，步伐、言論、目光、聽覺，一定都不會有毛病，這樣也就可以知道他的德行了。亂看遠處，就會一天天地隔絕義理；高擡腳步，就會一天天地違棄道德；言語錯亂，就會一天天地背叛信義；耳聽淫聲，就會一天天地忘掉名分。要知道，目光是用來保證行為適宜的，四肢是用來實踐道德修養的，言語是用來維護信用聲譽的，雙耳是用來辨聽萬物名分的，所以不可不謹慎呀！步言視聽，有部分差錯就會遭禍，全部喪失就要亡國。晉侯視、步兩項失誤，所以我說他會有禍。

「至於郤氏，是晉國最有權勢的人，一個家族之中，就出了三位卿士五位大夫，早該謹慎畏懼了！高高在上實際上容易迅速垮臺，美味佳肴往往是傷生劇毒。如今，駒伯言談盛氣凌人，苦成叔言談不著邊際，溫季言談自吹自擂。盛氣凌人就會欺侮別人，不著邊際就會誣陷別人，自吹自擂就會壓倒別人。有著這樣的權勢，再加上欺人、誣人、壓人，誰還受得了！便是齊國的國武子，也將和他們一樣倒楣。他處在淫亂之國是非之地，卻喜歡信口開河揭人短處，這是招來怨恨的根源啊！只有真正的善良之人才能接受任意的批評，齊國可有這樣的人嗎？我聽說，本國修德而與無德之國相鄰，一定會得福。現在，您的國家靠近晉國，又與齊國相鄰，齊晉兩國有禍，您就能稱霸了。只要考慮自己有無德政就行，擔心晉國幹什麼呢？況且，叔孫僑如那種人，好利又不仁義，專做淫亂之事，驅逐流放了他，又怎麼樣呢？」

魯侯一回國，就放逐了叔孫僑如。簡王十一年，諸侯會盟於柯陵。十二年，晉厲公殺了郤錡、郤犨、郤至。十三年，晉厲公自己也被殺，被埋在翼，不和先君葬在一起，送葬的車子也只有一輛。同一年，齊侯殺了國武子。

單襄公論晉周將得晉國

晉孫談之子周[1]適周，事單襄公[2]。立無跛[3]，視無還[4]，聽無聳[5]，言無遠[6]。言敬[7]必及天，言忠必及意，言信必及身，言仁必及人，言義必及利，言智必及事，言勇必及制，言教必及辨，言孝必及神，言惠必及和，言讓必及敵；晉國有憂未嘗不戚，有慶未嘗不怡[8]。

襄公有疾，召頃公[9]而告之，曰：「必善晉周，將得晉國。其行也文[10]，能文則得天地。天地所胙[11]，小而後國。夫敬，文之恭也；忠，文之實也；信，文之孚也；仁，文之愛也；義，文之制也；智，文之輿也；勇，文之帥也；教，文之施也；孝，文之本也；惠，文之慈也；讓，文之材也。象天能敬，帥意能忠，思身能信，愛人能仁，利制能義，事建[12]能智，帥義[13]能勇，施辯能教，昭神能孝，慈和能惠，推敵[14]能讓。此十一者，夫子皆有焉。

「天六地五[15]，數之常也。經之以天，緯之以地。經緯不爽，文之象也。文王質文，故天胙之以天下。夫子被[16]之矣，其昭穆[17]又近，可以得國。且夫立無跛，正也；視無還，端也；聽無聳，成也；言無遠，慎也。夫正，德之道也；端，德之信也；成，德之終也；慎，德之守也。守終純固，道正事信，明令德矣。慎成端正，德之相⑱也。為晉休戚⑲，不背本也。被文相德，非國何取！

「成公之歸⑳也，吾聞晉之筮㉑也，遇乾之否，曰：『配而不終，君三出焉。』㉒一既往矣，後之不知，其次必此。且吾聞成公之生也，其母夢神規㉓其臀以墨，曰：『使有晉國，三而畀驩之孫㉔。』故名之曰『黑臀』，於今再矣㉕。襄公曰驩，此其孫也。而今德孝恭，非此其誰？且其夢曰：『必驩之孫，實有晉國。』其卦曰：『必三取君於周。』其德又可以君國，三襲㉖焉。吾聞之〈大誓〉，故曰：『朕夢協朕卜，襲于休祥㉗，戎商㉘必克。』以三襲也㉙。晉仍無道而鮮胄㉚，其將失之矣。必早善晉子，其當之也。」

頃公許諾。及厲公之亂㉛，召周子而立之，是為悼公。

【章　旨】本章說得君位者，應上合天命，而自有美德。其美德必現於平時之一言一行。

【注　釋】❶晉孫談之子周　談，晉襄公之孫惠伯，名談。周，談的兒子，即後來的晉悼公。❷事單襄公　晉國自從晉獻公聽信驪姬的讒言，驅逐群公子之後，國內一直不留公子，所以孫周到周王室事奉單襄公。❸跛　一隻腳做重心地站著。❹還　眼珠轉圈子。❺聳　豎起耳朵。❻遠　讓遠處聽見。❼敬　嚴肅；敬畏。❽怡　悅也。❾頃公　單襄公之子。❿文　經天緯地曰文。⓫胙　福佑。⓬事建　能處理各類事務。⓭帥義　遵循義理。⓮推敵　把好處推讓給與自己相匹敵之人。⓯天六地

五　天有六氣，即陰、陽、風、雨、晦、明。地有五行，即金、木、水、火、土。⑯被　承受。⑰昭穆　宗廟在左曰昭，在右曰穆，昭穆相承，則父為昭，子為穆，孫又為昭，曾孫又為穆。昭穆也就是王室和諸侯的承繼統續。⑱相　輔助。⑲休戚　休，喜。戚，悲。⑳成公之歸　成公，即晉文公之庶子黑臀。魯宣公二年，趙穿殺死晉靈公，正卿趙盾把公子黑臀從周王室接回，立為國君，就是晉成公。㉑筮　用蓍草卜卦。㉒遇乾之否四句　乾之否，「乾」卦變為「否」卦。「乾」是「乾」下「乾」上，即䷀；「否」是「坤」下「乾」上，即䷋。「乾」上「乾」下，均為天象君象，所以說「配」，即配先君，證明黑臀可以繼承君位。「乾」下變「坤」下，即君象變而為臣象，所以說「不終」。「乾」變為「否」，乃初九、九二、九三三爻之變，所以說「君三出」。「否」由「乾」變，「乾」為君為天，所以晉君「三出於周」。㉓規　畫也。㉔三而畀驩之孫　三世為晉君，然後給予驩之孫。畀，給予也。驩，即晉襄公。㉕於今再矣　成公黑臀之後是景公據，景公之後是厲公壽曼，已傳兩世，應傳給「驩之孫」了。㉖三襲　德夢卦三者皆合。襲，合也。㉗休祥　休，美也。祥，福之先見者。㉘戎商　以兵伐商。㉙以三襲也　說武王夢、卜、祥三合，所以得天下。㉚晉仍無道而鮮胄　晉厲公數行無道，晉公族又後代寡少。仍，多次。鮮，缺少。胄，帝王和貴族的後代。㉛厲公之亂　魯成公十八年，晉厲公被弒，事見前章注㉓。

【語　譯】晉孫談的兒子周到周王室事奉單襄公。他站立的時候，從不以一隻腳為重心地斜立；看東西的時候，從不眼珠轉圈子；聽人說話時，從不聳起耳朵；自己說話時，從不高聲大氣地弄得遠處也能聽到。言語中充滿敬意時，一定是談到了天道天命天象；言語中充滿忠恕時，一定發自內心；說信用，必首先實現於自身；說仁愛，必首先實現於他人；說義理，一定利人利物；說智慧，一定善理事務；說勇敢，必合於法度；說教化，必明辨是非；說到孝道，必昭明鬼神；說到惠愛，必和睦眾人；說到禮讓，必及於地位相當的對手。晉國有憂患，他從來不會不悲戚；有喜慶，他也從來不會不高興。

襄公病倒了，叫來兒子頃公並告訴他說：「一定要好好地對待晉周，他將要得到晉國。他的德行經天緯地可以稱得上是『文』，能夠『文』就能得天地之福佑。天地保佑的，大可得天下，小可得諸國。敬意，是文德的恭順；忠恕，是文德的實誠；信用，是文德的誠信；仁愛，是文德的愛心；義理，是文德的法度；智慧，是文德的載體；勇敢，是文德的率行；教化，是文德的布施；孝悌，是文德的根本；惠愛，是文德的慈和；

禮讓，是文德的應用。效法天地，因此能恭敬；遵循實誠，因此能忠恕；反躬自省，因此有信用；推己及人，因此有仁愛；利人利物，因此有義理；善於處事，因此有智慧；遵守法度，因此有勇敢；明辨是非，因此能施教；昭明鬼神，因此能孝悌；慈祥和睦，因此能惠愛；把好處推給對手，因此能禮讓。這十一種美德，晉周都有。

「天有六氣，地有五行，這是定數常理。以天之六氣為經，地之五行為緯，天經地緯，毫無差錯，這就是文德的表象。文王素質有文德，所以上天把整個天下賜給了他。晉周承受了文王的美德，從昭穆位次上說又最近，所以能得到晉國。再說，站立時不單腳斜倚，是正直的象徵；看東西不左顧右盼，是端莊的表現；聽話不聳起耳朵，是成熟的標誌；說話不高聲大氣，是謹慎的作風。正直，是文德的根本；端莊，是文德的起點；成熟，是文德的修成；審慎，是文德的守護。自始至終，守護善德而純淨心靈，取道正，做事誠，這就是明於美德了。審慎、成熟、端莊、正直，是文德的輔助；而和晉國休戚與共，是不忘本啊！晉周承受文德，又輔之以慎成端正，不得晉國，還得什麼！

「當年，成公從周王室回國時，晉國有人為他用蓍草占卜，遇到乾卦變為否卦，說的是：『可以接配先君，但不能子孫皆得國，晉國國君中有三個要出居於周。』第一個成公已經從周至晉為君了，最後一個不知是誰，第二個一定是晉周。而且，我聽說，成公出生的時候，他的母親夢見神用墨在他臀部畫畫，說：『讓他得到晉國，三世為君，然後將君位傳給驩的孫子。』所以成公名叫『黑臀』，到如今已傳位兩代了。襄公名驩，晉周是他的孫子，而且有美德，又孝敬，又謙恭，繼位之人，不是他又是誰？而且，夢說：『一定是驩的孫子得到晉國。』卦說：『一定三次從周王室迎取國君。』而晉周之德又足以為君，夢、卦、德三者相合。我從〈大誓〉上得知，武王說：『我的夢和我的卜相合，又合於吉祥的預兆，以兵伐商，必獲全勝。』這也是卜、夢、祥三者相合啊！晉厲公數行無道，又少公族之後，恐怕快要失國了。一定要盡早好好地對待晉周，他將會得到晉國。」

頃公心悅誠服地答應了。到厲公被殺時，晉人果然來請周子回國為君，這就是悼公。

太子晉諫靈王壅穀水

靈王❶二十二年，穀、洛鬭，將毀王宮。王欲壅之，太子晉諫曰：「不可。晉聞古之長民者，不墮❷山，不崇❸藪，不防❹川，不竇❺澤。夫山，土之聚也；藪，物之歸也；川，氣之導也；澤，水之鍾也。夫天地成而聚於高，歸物於下。疏為山谷，以導其氣；陂塘汙庳❻，以鍾其美。是故聚不阤崩❼，而物有所歸；氣不沉滯，而亦不散越。是以民生有財用，而死有所葬。然則無夭、昏、札、瘥❽之憂，而無飢、寒、乏、匱之患，故上下能相固，以待不虞，古之聖王唯此之慎。

「昔共工棄此道也，虞于湛樂❾，淫失其身，欲壅防百川，墮高堙庳❿，以害天下。皇天弗福，庶民弗助，禍亂並興，共工用滅。其在有虞⓫，有崇伯鮌⓬，播其淫心，稱遂共工之過，堯用殛之于羽山。其後伯禹念前之非度⓭，釐改制量⓮，象物天地，比類百則，儀⓯之于民，而度之于群生。共之從孫四嶽⓰佐之，高高下下⓱，疏川導滯，鍾水豐物，封崇九山，決汨九川，陂鄣九澤，豐殖九藪，汨越九原，宅居九隩⓲，合通四海。故天無伏陰⓳，地無散陽⓴，水無沉氣㉑，火無災燀㉒，神無閒行㉓，民無淫心，時無逆數㉔，物無害生。帥㉕象禹之功，度之于軌儀，莫非嘉績，克厭帝心㉖。皇天嘉之，祚以天下，賜姓曰『姒』，氏曰『有夏』，謂其能以嘉祉殷富生物㉗也。祚四嶽國，命以侯伯，賜姓曰『姜』㉘，氏曰『有呂』，謂其能為禹股肱心膂，以養物豐民人也。

「此一王四伯㉙，豈繄㉚多寵？皆亡王㉛之後也。唯能釐舉嘉義，以有胤㉜在下，守祀不替其典。有夏雖衰，杞、鄫猶在；申呂雖衰，齊、許猶在。唯有嘉功，以命姓受祀㉝，迄于天下。及其失之也，必有慆淫之心間之㉞。故亡其氏姓，踣㉟斃不振；絕後無主，湮替隸圉㊱。夫亡者豈繄無寵？皆黃、炎之後㊲也。唯不帥天地之度，不順四時之序，不度民神之義㊳，不儀生物之則，以殄㊴滅無胤，至于今不祀。及其得之也，必有忠信之心間之。度於天地而順於時動，和於民神而儀於物則，故高朗令終，顯融昭明，命姓受氏，而附之以令名。若啟先王之遺訓，省其典圖刑法，而觀其廢興者，皆可知也。其興者，必有夏、呂之功焉；其廢者，必有共、鮌之敗焉。今吾執政無乃實有所避㊵，而滑㊶夫二川之神，使至於爭明，以妨王宮，王而飾之，無乃不可乎！

「人有言曰：『無過亂人㊷之門。』又曰：『佐饔㊸者嘗焉，佐鬭者傷焉。』

又曰：『禍不好[44]，不能為禍。』《詩》曰：『四牡騤騤[45]，旟旐[46]有翩，亂生不夷[47]，靡國不泯[48]。』又曰：『民之貪亂，寧為荼毒。』夫見亂而不惕[49]，所殘必多，其飾彌章[50]。民有怨亂，猶不可遏，而況神乎？王將防鬬川以飾宮，是飾亂而佐鬬也，其無乃章禍且遇傷乎？自我先王厲、宣、幽、平而貪天禍，至于今未弭[51]。我又章之，懼長及子孫，王室其愈卑[52]乎？其若之何？

「自后稷以來寧亂，及文、武、成、康而僅克安民。自后稷之始基靖民，十五王而文始平之，十八王而康克安之，其難也如是。厲始革典，十四王矣。基德十五而始平，基禍十五其不濟乎！吾朝夕儆懼，曰：『其何德之修，而少光王室，以逆天休？』王又章輔禍亂，將何以堪之？王無亦鑒于黎、苗之王[53]，下及夏、商之季[54]，上不象天，而下不儀地，中不和民，而方不順時，不共神祇，而蔑棄五則。是以人夷其宗廟，而火焚其彝器，子孫為隸，下夷於民，而亦未觀夫前哲令德之則。則此五者而受天之豐福，饗民之勳力，子孫豐厚，令聞不忘，是皆天子之所知也。

「天所崇之子孫，或在畎畝[55]，由欲亂民也。畎畝之人，或在社稷，由欲靖民也。無有異焉。《詩》云：『殷鑒不遠，在夏后之世。』將焉用飾宮？其以徼亂也。度之天神，則非祥也；比之地物，則非義也；類之民則，則非仁也；方之時動，則非順也；咨之前訓，則非正也。觀之《詩》《書》，與民之憲言，則皆亡王之為也。上下議之，無所比度，王其圖之！夫事大不從象(56)，小不從文(57)。上非天刑，下非地德，中非民則，方非時動而作之者，必不節矣。作又不節，害之道也。」

王卒壅之。及景王多寵人(58)，亂於是乎始生。景王崩，王室大亂(59)。及定王(60)，王室遂卑。

【章　旨】本章論證治理國家的人，要順應自然規律和人民意志，不可一意孤行的道理。

【注　釋】❶靈王　周簡王之子，名大心。❷墮　毀。❸崇　高。❹防　障。❺竇　決。❻汙庳　低窪之處。❼阤崩　崩頹；塌下。大塌叫崩，小塌叫阤。❽夭昏札瘥　早死叫做夭。未滿三月尚未命名即死叫做昏。因遭瘟疫而早死叫做札。小疫病叫做瘥。❾虞于湛樂　虞，安也。湛，淫也。❿墮高堙庳　墮，毀也。高，山陵也。堙，塞也。庳，池澤也。⓫有虞　舜帝，其時舜為堯臣。⓬崇伯鮌　崇，國名。伯，爵名。鮌，大禹的父親。⓭度　法也。⓮釐改制量　釐，治理。量，度也。⓯儀　準則。⓰共之從孫四嶽　共，共工。四嶽，官名，主管四嶽之祭，為諸侯之長。⓱高高下下　使應該高的（如山陵）更高，應該低的（如江河池澤）更低。⓲隩　可居住的土地。⓳伏陰　盛夏時出現的寒氣。⓴散陽　嚴冬時出現的暖流。以上兩句是說氣候不反常。㉑沉氣　伏積之氣。㉒燀　火花飛迸延燒之狀。㉓閒行　姦神淫厲之類。㉔逆數　四時寒暑反逆之事。㉕帥　循也。㉖克厭帝心　克，能夠。厭，符合。帝，天也。㉗能以嘉祉殷富生物　祉，福也。殷，盛也。這句話是說：能以善福，殷富天下，生育萬物，所以賜姓曰「姒」，氏曰「有夏」。姒，猶「祉」也。夏，大也。㉘姜　炎帝之姓。㉙一王四伯　一王，即禹。四伯，即四嶽。㉚緊　是也。㉛亡王　鮌與共工。㉜胤　後代。㉝受祀　封國受命，祀社稷、山川也。㉞必有慆淫之

心間之　謂以慆淫之心代其嘉功。慆，怠惰。淫，縱欲。間，代。㉟踣　跌倒。㊱湮替隸圉　湮，埋沒。替，廢棄。隸，奴役。圉，養馬的人。㊲黃炎之後　鮌為黃帝之後，共工為炎帝之後。㊳義　宜也。㊴殄　滅絕。㊵避　違也。㊶滑　亂也。㊷亂人　狂悖怨亂之人。㊸饍　烹煎之官。㊹好　指好財好色。㊺駓駓　馬跑不停之狀。㊻旟旐　旟，畫有鳥隼的旗，用於進兵。旐，畫有龜蛇的旗，用於開路。㊼夷　平也。㊽泯　滅也。㊾惕　恐懼。㊿章　明顯。(51)弭　止也。(52)卑　衰落。(53)黎苗之王　黎，九黎。苗，三苗。據說，上古少皞氏衰落時，九黎暴亂，被顓頊鎮壓；高辛氏衰落時，三苗暴亂，被堯帝鎮壓。(54)夏商之季　指夏桀、商紂無道，被商湯、周武所滅。(55)畎畝　畎，田中之溝。畝，田中之壟。(56)象　天象。(57)文　《詩》《書》。(58)景王多寵人　景王，周靈王之子、太子晉之弟，名貴。寵人，指王子朝及其師傅賓孟。(59)景王崩二句　景王無嫡長子，遂立王子猛為太子，但私下又答應立王子朝，還沒來得及，景王就死了。單子、劉子立王子猛為王，殺了賓孟，王子朝則依仗舊官和百工中丟掉官職的人和靈王、景王的族人發動叛亂，周王室於是大亂。(60)定王　周頃王之子、靈王的祖父。說因靈王壅穀水而導致定王時王室衰微，肯定不對。這裡的「定王」可能是「貞王」之誤。貞王是敬王之子，名介，其時大臣專權，諸侯無伯，天下大亂，王室卑微。所以譯文中改為貞王。

【語譯】周靈王二十二年，穀水與洛河爭流，將要毀壞王宮，靈王因此想把穀水堵起來。太子晉勸諫說：「不可。我聽說，古代統領人民的人，不毀高山，不填池澤，不堵截河流，不開決湖泊。高山，是聚土之處；池澤，是歸物之處；河流，是導氣之處；湖泊，是蓄水之處。天地形成之後，聚物而成山陵，歸物而成藪澤。高處開出山谷，以疏通天地之氣；低處築起堤壩，以聚積天地之美。所以，山不崩塌，澤不枯竭，物有所歸，而天地之氣也既不沉積凝滯，又不會流散。因此人民活著的時候有財用，死了也有葬身之地。如果這樣，就會既無夭折、早死、瘟疫、病痛之憂慮，又無饑餓、寒冷、困乏、貧窮之苦難了，所以能上下一體君臣一心，來應付意外之災。唯其如此，古代的聖王在這方面就特別地審慎。

「當年，共工曾拋棄這治國之道，沉迷於享樂，以至於淫亂喪生。他想堵塞天下所有的河流，毀掉高山來填平湖澤，以危害天下。上天不賜福予他，民眾也不幫助他，結果禍與亂一起發生，共工也就因此滅亡。在大舜輔佐堯帝時，有個崇國伯爵叫做鮌的，放縱自己的淫蕩之心，犯了和共工一樣的錯誤，堯便在羽山將他處以極刑。他的兒子伯禹，考慮到先前做法的失誤，修改制定了新的法度，效法天地之象，比照百物之形，以為人民生活的準則，並推而及之萬類生靈。共工的從孫四嶽輔佐他，讓該高的更高，該低的更低，疏通河道，開決淤積，聚水保土，豐長萬物。他們治理好九州的山陵，開通了九州的河流，圍防好九湖的池澤，繁殖了九州的湖泊，平治了九州的土地，安頓好九州的住宅，聯合溝通了四海。所以，天上沒有盛夏突如其來的寒流，地上也沒有寒冬不該出現的熱風，水中沒有沉鬱之氣，火中沒有延燒之災，神靈沒有怪異之行，民眾沒有淫亂之心，四季沒有倒逆之變，物類沒有害生之舉。以天道法規來逐一考察大禹的工作，沒有一件不是豐功偉績，都能符合天帝之心願。所以皇天上帝嘉獎禹王，把整個天下賜給他，還賜給他姓叫『姒』，氏叫『有夏』，意思是說他能以其美德善福，殷富天下，化生萬物。又賜國予四嶽，讓他當諸侯之長，賜給他姓叫『姜』，氏叫『有呂』，意思是說他們有能力做禹王的助手，養育萬物，豐富生民。

「這禹王和四嶽，難道是受寵甚多嗎？他們都是罪人的後代啊！僅僅因為能走正道用好方法，才後繼有人，世代保住祭祀而不廢替其常典。夏朝雖然衰亡了，杞、鄫兩國還在；申呂二氏雖然衰亡了，齊、許兩國還在。只因他們有豐功偉績，這才受命得姓，建祀立國，乃至得到天下。及至衰亡失國之時，一定是其後代有了怠惰縱欲之心，所以丟掉了世襲的高貴姓氏，從此一蹶不振，以至絕後無君，被湮沒廢棄，子孫淪為奴隸。那些衰亡者難道是因為無寵嗎？要知道他們也都是黃帝、炎帝的後代啊！只因為不遵循天地的法度，不順應四時的次序，不考慮民神的需要，不符合生存的規律，以至於滅亡無後，至今仍不能祭祀祖先。及至得國得民之時，一定是其後代有了忠實誠信之心，效法天地而順應四時，和合人神而遵循萬物生存的法則，所以能尊貴、完滿、顯赫、榮耀，受姓受氏，美譽美聲。如果我們重溫先王之遺訓，學習審視先王的禮制法令，並據此而縱觀歷代興衰，便一切都會十分明瞭：那些興旺發達的，一定有禹王、四嶽那樣的功勳；那些衰亡廢滅的，一定有共工、鮌伯那樣的敗績。如今，我們執政的辦法恐怕確有違背先王禮制法度之處，如果再驚動了洛、穀二水之神靈，致使他們爭流相激，妨害王宮，您再想堵截掩飾，大概不可以吧！

「人們都說：『不要經過精神狂亂者的家門。』又說：『幫助做飯的嘗甜頭，幫著打架的挨拳頭。』又說：『不惹禍，禍不來。』《詩》云：『戰馬飛馳，戰旗飄揚，戰亂不止，何國不亡。』又說：『人民遭此戰亂，是誰種下禍殃。』見到禍亂而不畏懼，受到的殘害一定很多，而且越掩飾越厲害。人民有了怨恨而致動亂，尚且不可遏止，何況是神呢？父王打算堵河止鬥，以掩飾王宮，其實是掩飾禍亂，幫助了鬥爭，這豈不是表彰災禍而自傷其身嗎？自從我們的先王厲王、宣王、幽王、平王遭到天降之禍，至今也還沒有停止。我們又要彰明禍亂，只怕要危及子孫，使王室更趨衰落吧？那可如何是好啊？

「自從我先祖后稷平定禍亂以來，到我文王、武王、成王、康王，也才僅僅能夠安定萬民。從后稷開始安民，經歷十五王至文王時才開始安定，經歷十八王到康王時才能夠安定，其艱難程度也就可想而知。從厲王開始改變祖宗成法，到現在十四世王了。開始行德政要經歷十五世才安定，開始遭禍亂如果有了十五世那還得了！我朝朝暮暮心驚膽戰，說：『究竟要修立何種功德，才能稍稍光大王室，以承受天賜之福呢？』現在父王又要彰明加劇禍亂，這可怎麼受得了啊！父王也應該借鑒一下當年九黎、三苗叛亂和夏桀、商紂滅亡的教訓。他們上不以天為法度，下不以地為準則，中不和睦人民，而且不順乎時令，不供奉神祇，蔑視背棄這五項原則，終致被夷平宗廟，被火焚祭器，子孫淪為奴隸，子民跟著遭殃，至死也沒有看到先王前賢美德之原則。遵循這些原則，就會受到上天的福佑，得到人民的支持，子子孫孫延綿不絕，美名嘉譽世代相傳，這都是天子所知道的。

「得天命者的子孫，也有淪落為農夫的，是因為他們要亂民。田間草民，也有進入朝廷的，是因為他們要安民。這也沒有什麼可奇怪的。《詩》云：『殷朝可借鑒的教訓並不遙遠，就在夏朝末年。』哪還用得著掩飾王宮？這樣做是求取禍亂罷了。這樣做，站在天神的角度看，是不祥；比照萬物的規律看，是不義；按照人民的需求看，是不仁；參照時令的運作看，是不順；如果用先王的遺訓來衡量，則是不正。看看《詩》、《書》，聽聽民諺，就曉得這都是亡國之君的作為。上上下下比照一下，沒有這樣的尺度，父王可要再考慮一下呀！這件事，大不從於天象，小不從於《詩》、《書》，上不合於天之所垂典範，下不合於地之所有性能，中不合於民之所求準則，四方不按時令運作，這就肯定沒有節制法度了。運作而無節度，這是致害之道啊！」

周靈王還是把穀水堵了。到景王時，寵臣甚多，禍亂由此開始。景王死後，宮中大亂。到貞王時，王室就衰敗了。

晉羊舌肸聘周論單靖公敬儉讓咨

晉羊舌肸❶聘于周，發幣於大夫及❷單靖公❸。靖公享❹之，儉而敬；賓禮贈餞❺，視其上而從之❻；燕無私❼，送不過郊❽；語說〈昊天有成命〉❾。

單之老❿送叔向，叔向告之曰：「異哉！吾聞之曰：『一姓不再興。』今周其興乎！其有單子也。昔史佚⓫有言曰：『動莫若敬，居莫若儉，德莫若讓，事莫若咨。』單子之貺⓬我也，禮也，皆有焉。夫宮室不崇⓭，器無形鏤，儉也；身聳⓮除潔，外內齊給⓯，敬也；宴好享賜，不踰其上，讓也；賓之禮事，放⓰上而動，咨也。如是，而加之以無私，重之以不殽⓱，能避怨矣。居儉動敬，德讓事咨，而能避怨，以為卿佐，其有不興乎？

「且其語說〈昊天有成命〉，頌之盛德也。其詩曰：『昊天有成命，二后⓲受之，成王不敢康。夙夜基命宥密⓳，於⓴，緝熙㉑！亶厥心肆其靖之㉒。』是道成王㉓之德也。成王能明文昭，能定武烈者也。夫道成命者，而稱昊天，翼㉔其上也。二后受之，讓㉕於德也。成王不敢康，敬百姓㉖也。夙夜，恭也；基，始也；命，信也；宥，寬也；密，寧也；緝，明也；熙，廣也；亶，厚也；肆，固也；靖，龢也。其始也，翼上德讓，而敬百姓；其中也，恭儉信寬，帥歸於寧；其終也，廣厚其心，以固龢之。始於德讓，中於信寬，終於固和，故曰成。單子儉敬讓咨，以應成德。單若不興，子孫必蕃，後世不忘。

「《詩》曰：『其類㉗維何？室家之壼㉘。君子萬年，永錫祚胤。』類也者，不忝前哲之謂也。壼也者，廣裕民人之謂也。萬年也者，令聞不忘之謂也。胤也者，子孫蕃育之謂也。單子朝夕不忘成王之德，可謂不忝前哲矣。膺保㉙明德，以佐王室，可謂廣裕民人矣。若能類善物㉚，以混厚㉛民人者，必有章㉜譽蕃育之祚，則單子必當之矣。單若有闕，必茲君之子孫實續之，不出於他矣。」

【章旨】本章講卿大夫若能修其身而齊其家，便一定能治其國而平天下，乃至使衰微之王室再度振興的道理。

【注釋】❶羊舌肸　晉國大夫，羊舌職之子，名肸，字叔向。❷及　依位次而及。❸單靖公　周王卿士，單襄公之孫、單頃公之子。❹享　饗也。❺贈餞　送東西叫贈。送酒食叫餞。❻視其上而從之　照著地位在自己之上的人所做的去做，是不敢僭越的意思。❼燕無私　燕無私有兩種解釋：一說是宴會上無私加之食品，一說是沒有私宴。燕，即「宴」。❽送不過郊　是說送到郭外即返，一是嚴格地遵守禮節，二是表示並無私交。外城曰郭，郭之外曰郊。❾昊天有成命　是《詩經》中〈周頌〉篇名。❿老　家臣室老；卿大夫的貴臣。⓫史佚　周文王和周武王時的太史尹佚。⓬貺　贈送。⓭崇　高大。⓮聳　通「竦」。敬也。⓯外內齊給　外，朝綱。內，家政。齊，整。給，備。⓰放　依。⓱殽　混雜。⓲二后　這裡指周文王和周武王。后，君王。⓳夙夜基命宥密　夙夜，早晚；朝夕。基，開始。命，信命。宥，寬也。密，寧也。⓴於　感歎詞。㉑緝熙　緝，明也。熙，光也。㉒亶厥心肆其靖之　亶，一說厚也，一說盡也，一說誠然、信然也。厥，其也。肆，固也。靖，安定；平定。㉓成王　有兩解：一說指周成王誦，一說謂成就王業。本書採用後一種說法。㉔翼　敬也。㉕讓　不居功曰讓。㉖百姓　百官族姓也。㉗類　族也。㉘壼　廣大。㉙膺保　膺，胸懷。保，持久。㉚物　事也。㉛混厚　混，同也。厚，富也。㉜章　彰。

【語　譯】晉國大夫叔向到周王室聘問，向周王的卿大夫們一一贈送禮品，按照位次也贈給了單靖公。靖公依禮設宴招待叔向，筵席儉樸但態度恭敬；一應禮儀及禮品食物，不超過地位高於自己的大臣；國宴上，不私加籩豆；分別時，送行不超過郊外；交談時，說的是〈昊天有成命〉這首頌詩。

單靖公的家臣送叔向，叔向對他說：「怪呀！我聽說，一姓一族一國一朝，沒有兩次勃興的，如今周王室怕是要中興了吧！因為它有靖公這樣的卿士呀！當年，太史尹佚有句名言說：『行動的原則沒有比恭敬更要緊的，持家的方針沒有比節儉更高明的，德行的科目沒有比禮讓更重要的，辦事的方法沒有比多問更有效的。』靖公招待我時，這些禮啊，他都是有的。他的宮室不高大宏偉，器皿不描紅刻花，這就是節儉；他謙虛謹慎，潔身自好，朝綱家政，無不齊整，這就是恭敬；宴會禮儀，贈送禮品，絕不超過地位在他之上的，這就是禮讓；款待送行，一應禮節事務，請示以後才動，這就是多問。像這樣，再加上既無私心，又無雜念，就不會招來怨恨了。持家節儉，行動恭敬，修德禮讓，辦事多問，又能避開怨恨，用這樣的人做卿士，還有不興盛的嗎？

「不但如此，靖公還解釋了〈昊天有成命〉這首詩，這是頌詩中最有盛德者之一呀！這首詩說：『皇天上帝早有定命，文王武王承受於身，成就了王業也仍不敢懈怠安樂，朝朝夕夕，始行天命，寬仁寧靜。啊！光輝燦爛啊！純厚之心，造就萬世太平。』這是歌頌文王和武王成就王業的功德呀！成就王業的，是能夠昭明文治、奠定武功的人。但是，卻說是天定成命而稱舉皇天上帝，這就是敬上啊！說文武二王承受上天成命，這就是不居功啊！成就了王業也仍不敢懈怠安樂，這就是尊重百官啊！詩中說『夙夜』，是表示恭；說『基』，是表示始；說『命』，是表示信；說『宥』，是表示寬；說『密』，是表示寧；說『緝』，是表示明；說『熙』，是表示廣；說『亶』，是表示厚；說『肆』，是表示固；說『靖』，是表示和。開始說先王敬上讓德，尊重百官；中間說先王謙恭、節儉、誠信、寬厚，循而行之，歸於安民，結尾說先王廣厚其心，美其教化，而鞏固和平。全詩以『讓德』開始，以『信寬』居中，以『固和』結尾，所以叫做『成』。單子節儉、恭敬、禮讓、多問，上應先王成就王業之德。單子如果不能使周復興，他的子孫也一定能使周興盛，後世永遠不會忘記。

「《詩》云：『家族如何？由家致國。君子長壽，永遠賜福於後。』說『類』，是要求不辱前賢；說『壼』，是要求廣裕民人；說『萬年』，是要求美名永傳；說『胤』，是要求子孫繁衍。單子時時不忘成就王業之德，可以說是不辱前賢了。胸懷明德，來輔佐王室，可以說是廣裕民人了。如果能把好事推廣給同類，讓人民共同富裕，就肯定有顯赫的聲名和子孫昌盛的福分，單子就一定能這樣。即便單子因故有缺，也一定是他的子孫繼承他的事業，不會出自別的家族。」

單穆公諫景王鑄大錢

景王❶二十一年，將鑄大錢❷。單穆公❸曰：「不可。古者，天災降戾❹，於是乎量資幣❺，權❻輕重，以振救民。民患輕，則作重幣以行之，於是乎有母權子而行，民皆得焉。若不堪重，則多作輕而行之，亦不廢重，於是乎有子權母而行，小大利之。

「今王廢輕而作重，民失其資❼，能無匱乎？若匱，王用將有所乏，乏則將厚取於民。民不給，將有遠志，是離民也。且夫備有未至而設之❽，有至而後救之，是不相入❾也。可先而不備，謂之怠；可後而先之，謂之召災。周固羸國也，天未厭禍焉，而又離民以佐災，無乃不可乎？將❿民之與處而離之，將災是備禦而召之，則何以經國⓫？國無經⓬，何以出令？令之不從，上之患也，故聖人樹德於民以除之。

「《夏書》有之曰：『關石和鈞，王府則有⓭。』《詩》亦有之曰：『瞻彼旱麓，榛楛濟濟⓮。愷悌君子，干祿愷悌⓯。』夫旱麓之榛楛殖，故君子得以易樂干祿焉。若夫山林匱竭，林麓散亡，藪澤肆既⓰，民力彫盡，田疇荒蕪，資用乏匱，君子將險哀⓱之不暇，而何易樂之有焉？

「且絕民用以實王府，猶塞川原而為潢汙⓲也，其竭也無日矣。若民離而財匱，災至而備亡，王其若之何？吾周官⓳之於災備也，其所怠棄者多矣，而又奪之資，以益其災，是去其藏而翳⓴其人也。王其圖之！」

王弗聽，卒鑄大錢。

【章　旨】本章說國家朝廷的資用實來自人民，民富則國強。因此賦稅徵斂，必須適度。如果絕民用以實王府，則無異於殺雞取卵、竭澤捕魚，最終只是斷了自己的財源。

【注　釋】❶景王　周靈王之子、太子晉之弟，名貴。因太子晉早卒，所以由他繼位。❷大錢　錢即金屬做的錢幣，古時叫泉。錢有大小輕重，輕的叫小錢，重的叫大錢。景王時正通用小錢。景王要加重聚斂盤剝，所以要鑄大錢。❸單穆公　周王卿士，單靖公之後。❹降戾　降，下也。戾，至也。❺量資幣　量，度量。資，資財。指米穀布帛等物資。❻權　權衡比較。❼民失其資　廢輕錢，作重錢，人民手中輕錢皆成廢物，朝廷又要求以重錢交賦納稅，則人民只有破產。❽備有未至而設之　備，國備也。未至而設之，防患於未然也。❾不相入　不能互相替代。❿將　應該。⓫經國　治國。君以善政為經，臣奉而成之為緯。⓬經　有二義：一、君之善政為經；二、常道曰經。此處兩義皆有，意思是指君王制定的、穩定恆久的政策法令和治國方略。⓭關石和鈞二句　這兩句話有兩種解釋：一種說權衡制度是與民立信的典則，王府也應當有同樣的法度，不能任意改動；一種說只有徵賦納稅，王室才會有財用。關石和鈞，也就是稱斤論兩的意思。關，衡。和，平。三十斤為一鈞，四鈞為一石。⓮瞻彼旱麓二句　瞻，望。旱，山名。麓，山腳。榛，落葉灌木。楛，木名，其形似荊而赤莖似蓍。濟濟，眾多茂盛的樣子。⓯干祿愷悌　干，求也。愷悌，歡樂平易。⓰肆既　肆，極也。既，盡也。⓱險哀　憂念危亡。⓲潢汙　積水叫做潢，停水叫做汙，總之是停聚不流的水池。潢大，汙小。⓳周官　即周官六卿：家宰、司徒、宗伯、司馬、司寇、司空。⓴翳　隱蔽摒棄。

【語　譯】周景王二十一年，將要製造重的大錢。單穆公說：「不可以的。古時候，天災降臨，這時就度量國庫，權衡輕重，決定用輕錢還是重錢，目的是拯救人民。民眾認為錢太輕了，就製造出重的來流通，這時重錢就平衡了輕錢，重幣輕幣同時使用，人民從兩方面都能得到好處。如果民眾認為錢太重了，就多多製造一些輕的來流通，同時也不廢除重的，這時輕錢就平衡了重錢，所以無論是大錢還是小錢，都於人民有利。

「現在，王上要廢掉輕錢，另作重幣，人民一下子丟了許多資財，能不貧困嗎？人民貧困，王室也會沒有財用。王室缺乏財用，就會拼命搜括人民。人民供應不了，就想逃到遠處去，這就是離散人民哪！況且，國庫所備，是災禍未到即設，災禍到了方用，互不相混淆。可以先作準備而沒有作，叫做懈怠；應該在受災以後才做的卻先做了，叫做召災。我周室本來已經衰弱了，上天又連連降災，而今又要離散人民，助長災禍，恐怕不可以吧？應該團結人民卻去離散他，應該防備災禍卻去招惹它，還怎麼治國？國家沒有一個長治久安的根本方略，法令從何而出？令不行，禁不止，這是當權者最憂慮的，所以聖人要施恩立德於民，以消除這一隱患。

「《夏書》上說：『一斤一斤地稱，一斗一斗地量，王室才有庫藏。』《詩》也說道：『看看那旱山腳下吧，榛樹楛樹長得多麼茂密。歡樂平易的君主貴戚，干求福祿也歡樂平易。』正因為旱山腳下林木茂盛，君王貴族們才得以歡樂平易，祿厚福長呀！要是山荒了，樹倒了，湖泊池澤空了，民力耗盡了，田園荒蕪了，國庫虧空了，君王貴族們憂慮危亡還來不及，哪還有什麼平易歡樂呢？

「況且，用盡奪民財的辦法來充實王室府藏，就好比用堵塞河源的辦法去修建池塘，水積起來雖然快，但乾起來也不需幾天的工夫。如果人民離散，財用匱乏，災禍降臨，而防災救難之物卻一無所有，請問陛下又打算怎麼辦呢？想我周室六卿百官，對於救災防難之戒備，實在是懈怠遺漏者甚多，如今又要奪取民財，來助長那災禍，這實際上是減少我們的庫藏而又同時摒棄了我們的人民啊！大王，您考慮考慮吧！」

景王不聽，還是鑄造了重幣。

單穆公諫景王鑄大鍾

二十三年，王將鑄無射❶，而為之大林❷。單穆公曰：「不可。作重幣以絕民資，又鑄大鍾以鮮❸其繼。若積聚既喪，又鮮其繼，生何以殖？且夫鍾不過以動聲，若無射有林，耳弗及也。夫鍾聲以為耳也，耳所不及，非鍾聲也。猶目所不見，不可以為目也。夫目之察度也，不過步武❹尺寸之間；其察色也，不過墨丈尋常❺之間。耳之察和也，在清濁❻之間；其察清濁也，不過一人之所勝。是故先王之制鍾也，大不出鈞❼，重不過石❽。律度量衡於是乎生❾，小大器用❿於是乎出，故聖人慎之。今王作鍾也，聽之弗及，比之不度，鍾聲不可以知和，制度不可以出節，無益於樂，而鮮民財，將焉用之？

「夫樂不過以聽耳，而美不過以觀目。若聽樂而震，觀美而眩，患莫甚焉。夫耳目，心之樞機⓫也，故必聽和而視正。聽和則聰，視正則明。聰則言聽，明則德昭。聽言昭德，則能思慮純固。以言德於民，民歆而德之，則歸心焉。上得民心，以殖義方⓬，是以作無不濟，求無不獲，然則能樂。夫耳內⓭和聲，而口出美言，以為憲令，而布諸民，正之以度量，民以心力，從之不倦，成事不貳，樂之至也。口內味而耳內聲，聲味生氣。氣在口為言，在目為明。言以信名⓮，明以時動。名以成政，動以殖生。政成生殖，樂之至也。若視聽不和，而有震眩⓯，則味入不精，不精則氣佚，氣佚則不和。於是乎有狂悖之言，有眩惑之明，有轉易之名，有過慝⓰之度。出令不信，刑政放紛，動不順時，民無據依，不知所力，各有離心。上失其民，作則不濟，求則不獲，其何以能樂？三年之中，而有離民之器二⑰焉，國其危哉！」

王弗聽，問之伶州鳩⑱。對曰：「臣之守官弗及也。臣聞之，琴瑟尚宮⑲，鍾尚羽⑳，石尚角㉑，匏竹利制㉒，大不踰宮，細不過羽。夫宮，音之主也，第以及羽。聖人保樂而愛財，財以備器，樂以殖財㉓。故樂器重者從細，輕者從大。是以金尚羽，石尚角，瓦絲㉔尚宮，匏竹尚議㉕，革木一聲㉖。

「夫政象樂，樂從和，和從平㉗。聲以和樂，律以平聲。金石以動之，絲竹以行之，詩以道之，歌以詠之，匏以宣之，瓦以贊之，革木以節之。物得其常曰樂極㉘，極之所集㉙曰聲，聲應相保曰和，細大不踰曰平。如是，而鑄之金，磨之石，繫之絲木，越之匏竹，節之鼓而行之，以遂八風㉚。於是乎氣無滯陰，亦無散陽，陰陽序次，風雨時至，嘉生繁祉，人民龢利，物備而樂成，上下不罷㉛，故曰『樂正』。今細過其主妨於正，用物過度妨於財，正害財匱妨於樂。細抑大陵㉜，不容於耳，非和也。聽聲越遠，非平也。妨正匱財，聲不和平，非宗官之所司也。

「夫有和平之聲，則有蕃殖之財。於是乎道之以中德，詠之以中音，德音不愆㉝，以合神人，神是以寧，民是以聽。若夫匱財用，罷民力，以逞淫心，聽之不和，比之不度，無益於教，而離民怒神，非臣之所聞也。」

王不聽，卒鑄大鍾。二十四年，鍾成，伶人告和。王謂伶州鳩曰：「鍾果和矣。」對曰：「未可知也。」王曰：「何故？」對曰：「上作器，民備樂之，則為和。今財亡民罷，莫不怨恨，臣不知其和也。且民所曹㉞好，鮮其不濟也。其所曹惡，鮮其不廢也。故諺曰：『眾心成城，眾口鑠金。』三年之中，而害金㉟再興焉，懼一之廢也㊱。」王曰：「爾老耄矣！何知？」二十五年，王崩，鍾不和。

【章　旨】本章緊接前章，除前章所言愛民之理外，還再次說明凡事必須適度，以及樂通政教倫理，應聽和視正、以樂和民之理。

【注　釋】❶無射　景王所鑄之鍾名，因為鍾音合於古樂十二律中之無射之律，所以叫它為「無射」。❷大林　加在無射鍾上的罩子，其律合於十二律中的林鍾之律。無射，是陽聲中之細者；林鍾，是陰聲中之大者。鑄一口無射之鍾而加之以林鍾之罩，陰陽相克，小大不均，發出的聲音，根本不能聽。❸鮮　寡也。❹步武　六尺為步。半步為武。❺墨丈尋常　五尺為墨，兩墨一丈。八尺為尋，兩尋一常。❻清濁　律呂之變，如黃鍾為宮則濁，大呂為角則清。❼鈞　鈞音之法，用七尺長之木繫絲以為鈞法。❽石　一百二十斤。❾律度量衡於是乎生　律，音律。度，尺寸。量，斗斛。衡，斤兩。也就是高低、長短、大小、輕重的測量標準。黃鍾之管容秬黍千二百粒。一百粒為一銖，是一兩的二十四分之一，其體積則正好是一龠，兩龠為一合，十合一升，十升一斗，十斗則為一斛。所以說「律、度、量、衡於是乎生」。❿小大器用　指錙（六銖為一錙）、銖、分、寸、斤、石等等大大小小的度量標準以及器具。⓫樞機　樞紐機關。此處猶言發動機。⓬以殖義方　殖，立也。方，道也。⓭內　通「納」。⓮信名　信，誠也。名，號令也。⓯震眩　耳震目眩。⓰慝　惡也。⓱離民之器二　指大錢、大鍾。

⑱伶州鳩　伶，司樂官。州鳩是他的名字。⑲琴瑟尚宮　琴瑟皆為撥弦樂器。尚，匹配。宮，古代五音之一。⑳鍾尚羽　鍾，青銅鑄製之打擊樂器，掛於架上，以槌叩之而鳴。羽，古代五音之一。㉑石尚角　石，八音之一，指磬和編磬，用美石或玉雕成，掛在架上，以物擊之而鳴，也是一種打擊樂器。角，古代五音之一。㉒匏竹利制　匏，八音之一，指笙、竽之類簧樂器。竹，八音之一，指簫、管之類管樂器。利制，以聲音調利為制，無所尚也。㉓樂以殖財　古時，以樂器、音樂考察土風，而記農事，故云。請參看本書〈周語上・虢文公諫宣王不籍千畝〉。㉔瓦絲　瓦，指瓦缶，瓦質打擊樂器。絲，八音之一，指琴、瑟之類弦樂器。㉕議　從其調利也。㉖革木一聲　革，八音之一，指鼓、鼗（同「鞀」）之類中空而蒙皮革的打擊樂器。木，八音之一，指柷、敔之類木製的打擊樂器，其中柷用於雅樂開始，敔用於雅樂結束之時。一聲，無清濁之變也。㉗政象樂三句　樂和則諧，政和則平。和，八音克諧也。平，細大不踰也。㉘樂極　極，中也。至於中和，是音樂之極致。㉙極之所集　中和之所會集。㉚以遂八風　遂，順。八音配八風，即：金，正西閶闔風；石，西北不周風；革，正北廣莫風；匏，東北融風；竹，正東明庶風；木，東南清明風；絲，正南景風；瓦（土），西南涼風。㉛罷　疲勞。㉜細抑大陵　細，指無射。無射是陽聲之細者。大，指大林。大林律中林鍾，是陰聲之大者。大林加於林鍾之上，也就是以大聲陵之，使細聲抑而不聞。㉝愆　失誤；喪失。㉞曹　群也。㉟害金　害人之金器。指大錢和大鍾。㊱一之廢也　二金之中，其一必廢也。

【語　譯】周景王二十三年，景王要鑄一口音律為無射的大鍾，上面還要加一個音律為林鍾的大罩。單穆公說：「不可以。上次造重幣，已耗盡人民資財；這次又要鑄大鍾，斷了百姓的財路。如果積儲盡喪，又斷了財路，還怎麼活下去？再說，鍾嘛，不過是用來發出聲音的，如果無射之上再加大林，耳朵就聽不見了。鍾聲是訴諸聽覺的，聽不見的就不是鍾聲。這正如眼睛看不見的，就不能說是訴諸視覺或者說以視看為目的的。目光所能識別、辨認和欣賞的，其範圍不過數尺，色彩不過丈餘。耳朵識別、辨認和欣賞和聲，在於律呂清濁之變化，而分辨這種變化，也不過在一個人的聽力範圍之內。所以先王鑄鍾，音大不出鈞，體重不過石。因為音律、尺度、容積、重量的標準都從這裡產生，大大小小的計量器具都要依照它來制定，所以聖人特別慎重。如今，王上要鑄造的這口大鍾，作樂器吧，聲音聽不見，作量具吧，尺度不標準，既不能聽其聲而知和諧，又不能依其形而定制度，既無益於音樂，又耗費了民財，請問能在哪裡用它？

「音樂不過是用來悅耳的，美物不過是用來悅目的。如果聽音樂而震耳，觀美物而眩目，可就沒有比這更糟的了。耳目，是心靈的感應器和發動機。耳有所聞，目有所視，則心有所動。所以必須耳聽和聲而眼觀正色。聽和聲則耳聰，觀正色則目明。耳聰不惑，就能聽善言；目明不眩，就能觀美德。善言入耳而美德昭明，則思想純正而穩定。以此純正穩定之心靈，用善言發布美德施教於民，民眾心悅誠服而得此教化，則歸心於君上。君上得民心，樹之以義理，那就事無不成，求無不得，這樣就能和樂。耳納和聲，口出美言，以此作為憲法政令，公布於民，用度、量來端正民風，人民盡心盡力，遵照執行，無所倦怠，欲成之事，全無變異，這是快樂之至，也是音樂之至啊！口是接納滋味的，耳是接納聲音的，滋味和聲音進入體內就產生氣。氣表現於口就是言，表現於目就是明。言以誠信為號令，明因時機而動作。號令成就政教，勞動產生資財。政教成而資財生，這是快樂之至，也是音樂之至啊！如果視聽不和諧，而有耳震目眩的現象，那麼滋味入口便不能產生精氣，氣不精則會散失，元氣散佚，則四體不安五官不和。這時，語言便會狂亂悖理，目光便會昏惑暈眩，政策便會朝令夕改，法制便會善惡失度。政令無誠信，刑法亂紛紛，勞作不順時，民眾無依據，大家不知如何出力，便各人心懷背離之意。君上失去民眾，想做的做不成，想要的得不到，哪裡還能樂得起來？三年之中，離散人民的東西就造了兩件，國家可就危險了！」

景王不聽勸告，又去問樂官州鳩。州鳩回答說：「這不是我職權範圍內的事。臣聽說，琴瑟以宮調為上，金鍾以羽調為上，石磬以角調為上，竽笙簫管適於配合，聲音大的不超過宮調，細的不越過羽調。宮，是五音中之主音，以下依次為商、角、徵，最後是羽。聖人保護音樂又珍惜資財，用資財來完備樂器，又用音樂來增加財富。所以樂器重的奏出細聲，輕的奏出大聲。因此，金鍾以羽調為上，石磬以角調為上，瓦缶琴瑟以宮調為上，竽笙簫管以便宜調節為上，鼗鼓柷敔無清濁之變。

「政教以音樂為象徵，音樂以和諧為極致，和諧則追求寧靜。樂音的作用是使音樂和諧，律呂的作用是使樂音寧靜。金鍾石磬使樂曲開始演奏，琴瑟簫管使樂曲得以進行，詩辭道出心志，歌曲吟詠詩辭，竽笙抒發它，瓦缶贊助它，鼗鼓柷敔節制它。事物得其常道，就進入中和的最高境界，中和之所會集就叫做正聲，正聲相安互補就叫做和諧，正聲不相踰越就叫做寧靜。按照這樣的原則，熔鑄青銅以為金鍾，磨礪美玉以為石磬，繫絲刻木以為琴瑟柷敔，鑽孔打眼以為竽笙簫管，節其短長以為鼗鼓，用這些樂器來演奏音樂，以此金、石、革、匏、竹、木、絲、瓦八音，順應配合正西、西北、正北、東北、正東、東南、正南、西南之八面來風。於是乎，天地之間，便既無盛夏滯鬱之陰氣，又無寒冬流散之陽氣。陰陽依次而行，風雨應時而至，萬物欣欣向榮，人民和睦富裕，萬事齊備，大樂告成，上上下下，莫不安樂，所以叫『樂正』。如今，王上所鑄之鍾，細聲超過正聲而有害於主，耗費超過限度而有害於財，正聲被妨、資財被耗有害於樂。本音被抑制，又加以它音，這種樂器演奏出來的聲音，絕非人耳所能接受，這不是和諧；無射之聲為大林所陵，聽之微細迂遠，這不是寧靜。妨害正聲，耗費資財，聲不和諧，音不寧靜，這種所謂『音樂』，可不是臣下所負責的工作。

「只要有和諧寧靜的音樂，就會有不斷增長的財富。因此，要以中庸之德為指導，要用中和之音來歌唱，德政和音樂都無差錯，就可以以此來交通神人，而神靈也因此而寧靜，人民也因此而順從。如果像這樣浪費資財，耗費民力，勞民傷財以滿足一己之痛快，而結果又聽起來不和諧，量起來不標準，對政治教化有害無益，而只能離散人民、觸怒神靈，這種鑄鍾之法，不是臣下所曾聽說過的。」

景王還是不聽勸阻，硬是按照自己的想法鑄造了那樣的大鍾。二十四年，大鍾鑄成，樂人向景王報告說鍾聲和諧。景王對州鳩說道：「鍾聲果然和諧啊！」州鳩回答說：「和諧不和諧，還不知道呢！」景王問：「為什麼？」州鳩回答說：「君上製造樂器，而人民全都感到快樂，這才是和諧。如今，國庫財力耗盡，人民疲弊不堪，無不怨聲載道，臣不知有什麼和諧。再說，民眾都認為好的，很少有不成功的；民眾都憎惡的，也很少有不被廢棄的。所以民諺說：『萬眾一心，堅固如城；眾口一詞，化鐵銷金。』三年之中，害民之金器有二，恐怕至少有一件要被廢棄吧！」景王說：「你老糊塗了，懂得什麼？」二十五年，景王駕崩，大鍾之聲果然不和諧。

景王問鍾律於伶州鳩

王將鑄無射❶，問律於伶州鳩。對曰：「律❷所以立均❸出度也。古之神瞽❹考❺中聲而量之以制❻，度律均鍾，百官軌儀❼。紀之以三❽，平之以六❾，成於十二❿，天之道也⓫。夫六，中之色也，故名之曰黃鍾⓬，所以宣養六氣、九德⓭也。由是第之⓮：二曰太蔟⓯，所以金奏贊陽出滯⓰也。三曰姑洗⓱，所以修潔百物，考神納賓也。四曰蕤賓⓲，所以安靖神人，獻酬交酢也。五曰夷則⓳，所以詠歌九則，平民無貳也。六曰無射⓴，所以宣布哲人之令德，示民軌儀也。為之六間，以揚沉伏，而黜散越㉑也。元間大呂㉒，助宣物也。二間夾鍾㉓，出四隙之細㉔也。三間仲呂㉕，宣中氣也。四間林鍾㉖，和展百事，俾莫不任肅純恪㉗也。五間南呂㉘，贊陽秀㉙也。六間應鍾㉚，均利器用，俾應復也。

「律呂不易㉛，無姦物也。細鈞有鍾無鎛㉜，昭其大也。大鈞有鎛無鍾，甚大無鎛㉝，鳴其細也。大昭小鳴，和之道也。和平則久，久固則純㉞，純明則終，終復則樂，所以成政也，故先王貴之。」

王曰：「七律者何[35]？」對曰：「昔武王伐殷，歲在鶉火[36]，月在天駟[37]，日在析木之津[38]，辰在斗柄[39]，星在天黿[40]。星與日辰之位，皆在北維[41]。顓頊[42]之所建也，帝嚳[43]受之。我姬氏出自天黿[44]，及析木者，有建星及牽牛焉[45]。則我皇妣大姜之姪伯陵之後，逄公之所憑神也[46]。歲之所在，則我有周之分野也[47]。月之所在，辰馬農祥[48]也，我太祖后稷之所經緯也。王欲合是五位三所[49]而用之。自鶉及駟七列也[50]。南北之揆七同也[51]。凡人神以數合之，以聲昭之。數合聲和，然後可同也。故以七同其數，而以律和其聲，於是乎有七律。

「王以二月癸亥夜陳[52]，未畢而雨。以夷則之上宮[53]畢，當辰。辰在戌上[54]，故長夷則之上宮，名之曰羽[55]，所以藩屏民則也。王以黃鍾之下宮，布戎于牧之野，故謂之厲，所以厲六師[56]也。以太蔟之下宮，布令于商，昭顯文德，底[57]紂之多罪，故謂之宣，所以宣三王之德也。反及嬴內[58]，以無射之上宮，布憲施舍於百姓，故謂之嬴亂[59]，所以優柔容民也。」

【章　旨】本章所言，實為古代音樂理論，其核心，是論述音樂、天象與政治軍事等人事之關係，闡明人、神、數、聲相應之說。

【注　釋】❶王將鑄無射　事見前篇。❷律　即律呂。即用三分損益法把一個八度分為十二個不完全相等的半音，即十二個律。這十二個律從低到高依次為：黃鍾、大呂、太蔟、夾鍾、姑洗、仲呂、蕤賓、林鍾、夷則、南呂、無射、應鍾。其中單數的六個律，簡稱「陽律」或「律」；與之相對的六個雙數的律，簡稱「陰呂」或「呂」，也稱為「六同」，又因其處於六個「陽律」之間，還稱為「六間」。❸均　由十二律各律為宮建立的音階，詳後。❹神瞽　上古樂正，是能以樂而知天道者，死後尊為樂祖。❺考　合也。❻制　制樂。❼軌儀　軌，道也。儀，法也。❽紀之以三　上古紀聲合樂，以舞天神、地祇、人鬼（祖宗之神靈）。三，即天、地、人。❾平之以六　平，調和、節制而致於寧靜平和。六，六律。❿成於十二　十二，律呂。六律陽，六呂陰，陰陽相扶，上下相生，故曰成。⓫天之道也　天時十二個月，十二律正與之相配，故云。⓬黃鍾　十一月之律，在「易」則為「乾」卦初九。天有六氣，降生五味；天有六甲，地有五子。天六地五，合為十一，正是黃鍾之數。十一個數中，六是正當中的一個；而五色之中，也是黃色居中。所以說「夫六，中之色也」。以中色之黃命名中數之六，所以叫「黃鍾」。黃鍾是六律之首。⓭六氣九德　六氣，陰、陽、風、雨、晦、明。九德，九功之德：水、火、金、木、土、穀、正德、利用、厚生。⓮由是第之　從黃鍾開始依次之陽律，也就是從十一月開始依次之奇數月。⓯太蔟　正月之律，在「易」為「乾」卦九二。「黃鍾」的「鍾」和「太蔟」的「蔟」都有積聚之意，但黃鍾在十一月，陽氣聚而伏於下；太蔟在正月，所以陽氣聚而達於上。蔟，亦寫作「簇」。⓰金奏贊陽出滯　太蔟的正聲為商，商音在五行中對應著金，所以叫金奏，它的作用是佐陽發、出滯伏。⓱姑洗　三月之律，在「易」為「乾」卦九三。姑，潔也。洗，濯也。姑洗的正聲為角，角在五行中對應著木，樹木在三月，改柯易葉，枯枝落盡，新芽發生，正好像大自然洗垢除塵。⓲蕤賓　五月之律，在「易」為「乾」卦九四。蕤賓的意思，是說委蕤謙恭，以待賓客，故可用之宗廟、賓客。蕤，草木花朵下垂貌。⓳夷則　七月之律，在「易」為「乾」卦九五。夷，平也。則，法也。所以夷則之聲，可以詠歌九則，平民無貳。⓴無射　九月之律，在「易」為「乾」卦上九。九月陽氣上升，陰氣收藏，萬物無射見者，因此可以遍布前賢之美德也。㉑為之六間三句　六間，即六呂，因其在陽律之間而稱為間。陰呂在兩陽律之間，與兩陽律為半音關係，而律與律、呂與呂之間則為全音關係，因此被認為能發揚滯伏之氣，而去其散越者。㉒元間大呂　元，首也。大呂，六間之首，十二月之呂，在「易」為「坤」卦六四。呂，旅。旅助黃鍾之意。㉓夾鍾　二月之呂，在「易」為「坤」卦六五。夾鍾即陰陽相夾而聚者。㉔四隙之細　四時之間氣微細者。早春二月，陰陽交替，萬物始生，四時之微氣發，因此要以夾鍾之聲出之。㉕仲呂　四月之呂，在「易」為「坤」卦上六，又稱「中呂」、「小呂」。其時萬物盡旅，因此可以宣散中氣。㉖林鍾　六月之呂，在「易」為「坤」卦初六。林，眾多；繁茂。鍾，聚集。林鍾正聲為徵，在五行中對應著火，所以能和展百事。㉗任肅純恪　肅，速也。純，大也。恪，敬也。㉘南呂　八月之呂，在「易」為「坤」卦六二。㉙贊陽秀　贊，佐也。秀，榮而不實也。㉚應鍾　十月之呂，在「易」為「坤」卦六三，「含章可貞」。言陰應陽用事，萬物鍾聚。㉛易　變也。㉜細鈞有鍾無鎛　細，細聲，指角、徵、羽。鈞，調也。細鈞，就是角調、徵調、羽調樂曲。鎛，青銅製打擊樂器，由鍾發展而來，形似鍾而口緣平。依韋昭注和本篇文義，鎛比鍾小。但《周禮・春官・宗伯》說：「鎛，如鍾而大。」如果鎛比鍾大，則本文應訂正為「細鈞有鎛無鍾」，下同。㉝甚大無鎛　指同尚宮商大聲，則連小鍾也去掉，只剩下絲竹草木。㉞純　純善；精好。㉟七律者何　景王所問，即宗周七音之律，以黃鍾為宮，太蔟為商，姑洗為角，林鍾為徵，南呂為羽，應鍾為變宮，蕤賓為變徵。㊱歲在鶉火　就是說當時歲星在鶉火位次。歲，歲星，也就是木星。古人認為歲星每十二年（實際上是十一・八六年）運行一周天，因此自西向東把周天分成十二等分，用以表示歲星每年所在的位置，並據此以紀年，這就叫「十二次」。「十二次」的名稱依次是：星紀、玄枵、娵訾、降婁、大梁、實沉、鶉首、鶉火、鶉尾、壽星、大火、析木，它們與西方的「黃道十二宮」大體相當而起訖界限略有差異。鶉火，十二次之一，大體上相當於西方所謂「獅子宮」。㊲天駟　房星。㊳析木之津　析木是十二次之一，其間為天河之津。津，渡口也。㊴辰在斗柄　辰，日月交會點，即夏曆一年十二個月的月朔時，太陽所在的位置。斗柄，即北斗星座中，玉衡、開陽、搖光三星之處，又稱為「杓」。㊵星在天黿　星，辰星，也就是水星。天黿，玄枵，也是十二次之一。㊶北維　北方水位。辰星在玄枵，日在析木，辰在斗柄，所以說都在北維。㊷顓頊　傳說中古代部落首領，號高陽氏。㊸帝嚳　傳說中的古代部落首領，號高辛氏，是后稷的父親、周人的先祖。顓頊是北方水德之王，被東方木德之王帝嚳所取代。現在周也是木德，理當取代水德之殷商，所以這裡要提到顓頊和帝嚳。㊹我姬氏出自天黿　天黿，玄枵，在地對應著齊地。姬氏，周之姓。周之皇妣王季之母大姜，是齊女，所以說姬氏出自於天黿。㊺及析木者二句　從天黿到析木，中間有建星和牽牛星，都是水宿。㊻逢公之所憑神也　大姜之祖逢伯陵之後，原為殷之諸侯，封於齊地，齊地屬天黿，所以說是逢公之所憑神。逢公，大姜之姪。㊼歲之所在二句　古人把天上的星宿或十二次與地域對應起來，說某星是某國的分星，某宿或某次是某國的分野。依照這種說法，鶉火是周的分野，也正是武王出兵時歲星所在的位置。歲星本是木星，周王又是木德之王，木星在木德之王的分野，當然就被認為是預示著周人的勝利。㊽辰馬農祥　月在天駟，駟是馬，所以叫辰馬。天駟即房星，房星在立春之日，晨中於午，這時一年的農事就開始了，所以又叫農祥。農事是周人先祖后稷主管的工作，因此月在辰馬農祥，也是吉利的預兆。㊾五位三所　五位，歲星、日、月、辰星、日月交會之辰。三所，逢公所憑神，周分野所在，后稷之所經緯。㊿自鶉及駟七列也　鶉火這一位次跨三個星宿，即柳、星、張，而武王伐殷時，歲星在張，從張宿到房宿（天駟），其間一共七宿，即：張、翼、軫、角、亢、氐、房。[51]南北之揆七同也　古代除將周天均分為十二次外，也將地平圈分為十二等分，謂之十二辰，以十二地支子、丑、寅、卯、辰、巳、午、未、申、酉、戌、亥來表示，而且與十二次和二十八宿也有對應關係。據此，則天黿即玄枵為子，鶉火為午，從子到午，剛好七度。揆，度也。[52]陳　陳兵布陣。[53]以夷則之上宮　這就是所謂「旋宮」。中國古代以七音配十二律，每一律都可以當調首（宮音），也就是十二律可以輪流轉為宮聲一次，這就叫「旋相為宮」，簡稱「旋宮」。十二律輪流為宮，就構成五聲、六聲或七聲音階的十二個調，這十二個調就叫「均」。前文所說「立均」，就是這個意思。均名以律名命名，如以黃鍾為宮的音階就叫「黃鍾均」。以夷則之上宮，就是以夷則為宮聲，構成「夷則均」，以此演奏樂曲。由於這是一種轉調，所以叫「之」。下文「以黃鍾之下宮」、「以太蔟之下宮」、「以無射之上宮」，都是這個意思。[54]辰在戌上　辰即日月交會點，戌即十二辰之戌，對應十二次之降婁，這是武王陳兵牧野時斗柄所在之處。[55]羽　羽翼其眾之意。[56]六師即六軍。古時以一萬二千五百人為一軍，並規定王六軍，大國三軍，次國二軍，小國一軍，所以六軍也就是天子之軍。[57]底致也。[58]嬴內　地名也。[59]亂　治也。上古時，治亂是一個字。

【語　譯】景王打算鑄造一口音律為無射的大鍾，便向樂官州鳩詢問音律。州鳩回答說：「律呂是用來產生音階和制定法度的。上古時，神瞽考合中和之樂音，度量律管，然後制定樂理，以此度量音律，核準鍾磬，並作為百官行禮作樂的規矩法度。律呂的產生，是用象徵著天地人三才的『三分損益法』，平均、調和、節制而得出六律，然後再間之以六呂，終於形成十二律呂，這十二，正是一年之中月份的數字，是天之道啊！天六地五合為十一，十一之中為六，六是中，中色黃，所以把十一月之律，也就是六律之首叫做黃鍾，以此來宣養天之六氣和地之九德。從黃鍾開始，其他五個陽律依序是：第二叫太蔟，用來贊助陽氣出滯。第三叫姑洗，用來洗潔萬物，迎神接賓。第四叫蕤賓，用來寧神安人，邦交酬答。第五叫夷則，用來詠歌九功之則，使民不懷貳心。第六叫無射，用來弘揚宣傳前賢之美德，為民眾樹榜樣，立規矩。又在六律之間設立六呂，用來發揚沉伏之氣，去除散越者：第一叫大呂，是幫助黃鍾宣散物氣的。第二叫夾鍾，是排出四時之間細微之氣的。第三叫仲呂，是宣散中氣的。第四叫林鍾，是審和百官，使之各敬其職，速成大功的。第五叫南呂，是贊助陽氣，使草木之花結實的。第六叫應鍾，是使百器備具，皆應其禮，復其常規的。

「這六律六呂如果純正不變，各順其時，那麼，就神無姦行，物無害生。鈞調細聲時，用鍾不用鎛，也就是以大平細的意思。鈞調大聲時，用鎛不用鍾，如果同尚大聲，那就連鎛也不用，也就是以小平大的意思。大平小，小平大，這就是中和之音的樂理。和諧寧靜就能持久，持久就純正，純正精明就善終，有善終就有歡樂，也就得以完成政業，所以先王很重視音律。」

景王問：「七律又是怎麼一回事呢？」州鳩回答說：「當年武王伐殷時，歲星在鶉火，月在天駟，日在析木位次中的天河之津，日月交會點在北斗之柄，辰星在天黿即玄枵的位次。辰星、日，以及日月交會點都在北方水位。北方水位是高陽氏顓頊建國之處，後來被我先祖高辛氏帝嚳以木德取而代之。我姬氏出自天黿位次，從天黿到析木，中間有建星和牽牛星，則是我先皇祖母大姜之姪，也就是伯陵的後裔逄公神靈之所依憑。而歲星的位置，正是我有周的分野。月的位置，是農祥之星天駟，又正是我太祖當年經緯之職。武王想把這些有利的條件綜合起來加以利用。恰好，從鶉火到天駟，天上剛巧七座星宿；從鶉火午到天黿子，地上正是七度分野。舉凡人神之間，以數相合，就要再以音聲相彰明，如果不但其數相合，而且其聲相和，那就可以認同了。所以，就用『七』來同其數，並以相應的音律來和其聲，這樣一來，就有了『七律』。

「武王在二月四日之夜陳兵布陣，還沒有布完就下雨了。於是，武王就以夷則為宮聲而奏樂，布陣完畢，正是日月交會之時。交會點在斗柄之前，降婁戌的位置，所以先用『平民無貳』的夷則為宮，定樂名為『羽』，用以保護人民，為民立則。武王又以表示『中之色』的黃鍾為宮聲而奏樂，陳布正義之師於殷之牧野，定樂名為『厲』，也就是用黃鍾之聲宣養氣德，以勉勵六軍。進入商都之後，又用『贊陽出滯』的太蔟為宮奏樂，發號施令，以昭明文王之德，控訴紂王罪行，所以定樂名叫『宣』，用以宣揚大王、王季、文王這三王之德。回到嬴內之後，又用可以『宣布哲人之令德，示民軌儀』的無射為宮奏樂，向百官發布憲令，施惠舍罪，因此稱為嬴治，平和寬容。」

賓孟見雄雞自斷其尾

景王既殺下門子❶。賓孟❷適郊，見雄雞自斷其尾，問之，侍者曰：「憚其犧也❸。」遽歸告王，曰：「吾見雄雞自斷其尾，而人曰『憚其犧也』，吾以為信畜❹矣。人犧實難，己犧何害❺？抑其惡為人用也乎，則可也。人異於是❻。犧者，實用人❼也。」王弗應。田于鞏❽，使公卿皆從，將殺單子❾，未克❿而崩。

【章　旨】本章活靈活現地描繪出一個野心家、陰謀家急於攫取最高政治權力的心態。

【注　釋】❶下門子　周大夫，景王之子王子猛的師傅。景王沒有嫡子，便依禮立王子猛為太子，後來又想廢子猛而立子朝，所以就先殺了下門子。❷賓孟　即賓起，是王子朝的師傅，受寵於周景王。❸憚其犧也　憚，害怕。犧，犧牲。古時祭祀時所用的牲畜。毛色純正叫「犧」，身體完整叫「牲」。犧牲供奉於廟堂之上，雖然顯赫榮耀，地位很高，卻同時意味著失去性命。雄雞害怕喪命，就自斷其尾，使毛不純體不完，做不成犧牲。❹信畜　信，誠也。畜，六畜動物之情。❺人犧實難二句　替別人作犧牲確實很難，給自己作犧牲有什麼關係。也可以解釋為：別人要他作犧牲難，自願作犧牲不難。這裡是以雞喻人。為人君者，冠冕袞服於宗廟之上，也和犧牲一樣。❻人異於是　人君不同於犧牲。犧牲因其美入廟堂而失其性命，人君因其美人廟堂而君臨天下，統治人民。❼用人　治人。❽田于鞏　田，打獵。鞏，北山，在今河南省鞏縣。❾單子　單穆公。❿克　能也。

【語　譯】周景王已經殺了下門子。下門子的政敵、王子朝的師傅賓孟有一天來到城郊，看見一隻公雞自己弄斷了自己的尾巴，就問是什麼緣故。侍者說：「是害怕進入廟堂去做祭祀時的犧牲。」賓孟立即飛快地跑回去告訴景王，說：「我看見一隻公雞自己弄斷了自己的尾巴，有人說這是牠害怕去做犧牲，我認為這確實是禽畜的想法。被人強迫去為別人做犧牲的確很難，自願給自己做犧牲又有什麼害處呢？公雞討厭被別人所利用，自斷其尾也就很正常。人就不一樣。人做犧牲，實際上是統治別人。」景王聽了不做聲。四月份，景王到北山打獵，命令公卿大夫都隨駕扈從，打算趁機殺掉單穆公。可是，還沒來得及下手，景王自己就心臟病發死了。

劉文公與萇弘欲城周

敬王❶十年，劉文公❷與萇弘欲城周，為之告晉❸。魏獻子❹為政，說萇弘❺而與之，將合諸侯。

衛彪傒❻適周，見單穆公曰：「萇、劉其不歿❼乎？周詩有之曰：『天之所支❽，不可壞也。其所壞，亦不可支也。』昔武王克殷，而作此詩也，以為飫歌❾，名之曰『支』，以遺後之人，使永監❿焉。夫禮之立成者為飫，昭明大節而已，少典⓫與焉。是以為之日惕，其欲教民戒也。然則夫『支』之所道者，必盡知天地之為也。不然，不足以遺後之人。今萇、劉欲支天之所壞，不亦難乎？自幽王而天奪之明，使迷亂棄德，而即慆淫，以亡其百姓，其壞之也久矣。而又將補之，殆不可矣！水火之所犯⓬，猶不可救，而況天乎？諺曰：『從善如登，從惡如崩。』

昔孔甲亂夏⑬，四世而隕；玄王勤商，十有四而興⑭。帝甲亂之，七世而隕⑮；后稷勤周，十有五世而興⑯。幽王亂之，十有四世矣。守府之謂多，胡可興也？夫周，高山、廣川、大藪也，故能生是良材，而幽王蕩以為魁陵、糞土、溝瀆，其有悛乎？」

單子曰：「其咎孰多？」曰：「萇叔必速及，將天以道補⑰者也。夫天道導⑱可而省⑲否，萇叔反是，以誑⑳劉子，必有三殃：違天，一也；反道，二也；誑人，三也。周若無咎，萇叔必為戮。雖晉魏子，亦將及焉。若得天福，其當身㉑乎？若劉氏，則必子孫實有禍。夫子而棄常法，以從其私欲，用巧變以崇天災，勤百姓以為己名，其殃大矣。」

是歲也，魏獻子合諸侯之大夫於狄泉㉒，遂田于大陸㉓，焚而死。及范、中行之難㉔，萇弘與之，晉人以為討，二十八年，殺萇弘。及定王，劉氏亡。

【章旨】本章論述天道與人事的關係，說天有定命，則人不可違，未必正確。但說不可以投機取巧的辦法來對抗必然趨勢，不可為了自己立功成名而加重人民負擔，卻有一定的道理。

【注釋】❶敬王　景王之子、悼王之弟，名匄。❷劉文公　敬王卿士，劉摯之子，名卷。❸欲城周二句　周，即成周。城周，以成周為都城。成周在瀍水東，王城在瀍水西。當初，王子朝叛亂時，打入王城，敬王出奔，直到魯昭公二十六年才因晉國的援助而回到成周。王子朝本人雖逃到楚國，卻仍有許多黨羽留在王城。敬王害怕他們，就想仿照平王東遷的辦法，建成周為都城。又因敬王是依靠晉國的力量才回到成周的，所以要首先通告晉國，求得援助。❹魏獻子　晉正卿，魏絳之子，名舒。❺說萇弘　說，喜悅；欣賞。萇弘，即萇叔，周大夫。❻彪傒　衛國大夫。❼不歿　不得好死。❽支　支持。❾飫歌　行飫禮時所演奏演唱的歌。飫禮，參見本書〈周語中・定王論不用全烝之故〉。❿監　鑒也。⓫少典　章典威儀簡約也。⓬犯　害也。⓭孔甲亂夏　孔甲，夏禹後十四世。亂夏，亂禹之法。⓮玄王勤商十有四而興　玄王，商的先祖契。舜時作司徒，封於商。自契至湯，凡十四世，方得以興旺商族，代夏而有天下。⓯帝甲亂之二句　帝甲，祖甲。湯至帝甲凡二十四世，帝甲至紂七世而亡，可見「其亡也忽焉」。⓰后稷勤周二句　后稷至武王，凡十五世，方代殷而有天下。⓱將天以道補　將，持。道補，引而補之。道，導。⓲導　達也。⓳省　去也。⓴誑　欺瞞迷惑。㉑當身　自己一身受難而不危及子孫。㉒狄泉　又名翟泉。成周之城，周墓所在地。㉓田于大陸　田，田獵。大陸，晉國之澤。這次田獵是火田，即用火焚燒草木，趁野獸四出逃避時打獵，而魏獻子竟被燒死。㉔及范中行之難　晉國的范氏和周王室的劉氏兩家世為婚姻，萇弘既與劉文公合作，也就與范氏要好。范氏、中行氏在晉國叛亂，趙鞅因此討伐萇弘，責問周室，周敬王就把萇弘殺了。

【語　譯】周敬王十年，劉文公和萇弘想大規模擴建成周作為周的都城，為此，特地通告晉國，以求援助。晉國當時正是魏獻子主持國政，他很欣賞萇弘，就答應了他，並打算會合諸侯，一起把成周建成都城。

衛國大夫彪傒正好到周王室辦事，聽到這件事，便謁見單穆公說：「萇弘和劉文公大概會不得好死吧？周詩中有這樣的歌辭：『上天要支持的，誰也毀壞不了；上天要毀滅的，誰也支持不住。』當年武王擊敗殷紂，就作了這首詩，用來作為飫禮之歌，給它起名叫『支』，把它留給後人，以為永遠之借鑒。饗禮中，站著完成的叫『飫』，只不過是彰明大概的節略而已，所以章典威儀都很簡略。聽著這歌曲，天天都恐懼戒慎著，大概武王作此詩歌就是要教導人民警戒自重吧！既然如此，則此『支』詩中所說的，一定是完全領會了上天的意圖了。要不然，絕不足以遺教於後人。如今，萇弘、劉文公要支撐上天所要毀壞的，不也太困難了嗎？自從幽王被上天奪去聰明，變得迷亂昏惑，棄義悖德，驕奢淫逸，以至喪失了百官萬民以來，周王朝衰敗毀壞已很久了。現在來補救它，只怕不可以了！水火要毀壞的，尚且不可救援，何況是天要毀滅的呢？民諺說過：『從善而興，難如登山；從惡而亡，快如滑坡。』當年孔甲亂禹王之成法，四世而夏亡；商契勤身修德以治國，經過十四世的努力才得以興起。帝甲又亂商之綱紀，只過了七世，商就亡了；后稷勤身修德以治周，經過十五世的努力才告成功。自從幽王亂我周朝，已經過了十四世了。如能僥倖保住國家府藏，已是上天賜福甚多，哪裡還能再次興盛？周，曾經有高山、長河、大澤，所以能產生這麼多棟梁之材，可是，幽王卻把它變成了小丘、糞土、水溝，這樣垮下去，還止得住嗎？」

單穆公問：「萇叔和文公，誰的災禍會更多一些呢？」彪傒說：「萇叔一定會很快就倒楣，因為他想奉持天道以引補人事。可是，天道一向是支持可行的而排斥不可行的，萇叔卻背道而馳，還以此來欺瞞迷惑劉文公，因此，犯了三條必然導致災禍的錯誤：違抗天意，此其一；背反導向，此其二；欺瞞他人，此其三。周要是不亡，萇叔一定被周王所殺。即便是魏獻子，也要遭殃。如果上天保佑，只是他自己倒楣而不禍及子孫，那就算是福氣了。至於劉文公，子孫肯定遭禍。他們這幾位先生，拋棄常法，想做什麼就做什麼，居然想用投機取巧的辦法躲過天譴，靠煩勞百姓來為自己沽名釣譽，災禍大得很哪！」

這年，魏獻子會合各諸侯國的大夫，先在狄泉集合，然後又到大陸去放火燒荒打獵，結果自己被火燒死了。到范氏、中行氏在晉國叛亂時，因萇弘參與其事，遭到晉國征討，周敬王就在二十八年把他殺了。到周定王時，劉氏家族也終於敗亡。

卷四 魯語上

曹劌問戰

長勺之役❶，曹劌❷問所以戰於莊公❸。

公曰：「余不愛❹衣食於民，不愛牲玉❺於神。」對曰：「夫惠本❻而後民歸之志，民和而後神降之福。若布德于民而平均❼其政事，君子務治而小人務力；動不違時❽，財不過用；財用不匱，莫不能使共❾祀。是以用民無不聽，求福無不豐。今將惠以小賜❿，祀以獨恭⓫。小賜不咸⓬，獨恭不優⓭。不咸，民不歸也；不優，神弗福也。將何以戰？夫民求不匱於財，而神求優裕於享者也，故不可以不本。」公曰：「余聽獄雖不能察⓮，必以情⓯斷之。」對曰：「是則可矣。知夫？苟中心圖民，智雖弗及，必將至焉。」

【章旨】本章說愛民為治國之本，真誠為愛民之本。真心愛民，不但民歸之，而且神佑之。

【注釋】❶長勺之役　魯莊公十年，齊桓公因去年魯國派兵護送公子糾回國與他爭奪君位之事，而起兵攻魯，兩國交戰於魯地長勺。❷曹劌　魯國人。❸莊公　魯桓公之子，名同。❹愛　吝惜；吝嗇。❺牲玉　犧牲和玉帛，供神用也。❻惠本　從根本上施惠於民。❼平均　公平；合理；均衡。❽動不違時　動，徭役徵調。時，農時。❾共　共同。❿小賜　臨戰之前才給予的小惠。⓫獨恭　國君一人向神致敬。⓬咸　都；普遍。⓭優　充裕。⓮察　明察秋毫。⓯情　真情實際。

【語譯】長勺那次戰役前，曹劌問莊公憑什麼條件和齊國作戰。

莊公說：「對於人民，我不吝惜衣物和食品；對於神靈，也不吝惜犧牲和玉帛。」曹劌回答說：「從根本上施德施惠，人民才從內心深處歸附朝廷；人民團結一心，神靈才降福於國家。如果普遍地施恩布德於民，而且公正平等地處理政事，讓官吏盡心於政務，小民盡力於勞作，徭役徵調不違農時，國事公務不肆奢靡，保證人民有足夠的開銷，因而能共同參加對神靈的祭祀，這樣的話，調用民眾便沒有不聽從的，求神保佑也沒有不降福的。如今，您卻只打算在臨戰前給人民一點小恩小惠，向神靈致敬也只有君上一人。小施恩惠就不會普遍，一人敬神就不會充裕。不普遍，人民就不歸附；不充裕，神靈就不降福。請問，又憑什麼去打仗呢？要知道，人民是要求財用不缺，神靈是要求祭品豐盛的啊！所以不能不從根本上做起。」莊公說：「我審理刑事、民事訴訟，雖不敢說能明察秋毫，但一定實事求是地按照真情實際去斷案。」曹劌回答說：「這就可以了。知道嗎？如果真心實意地為人民謀幸福，只要有這顆愛心，哪怕智力不及，也一定能夠達到目的。」

曹劌諫莊公如齊觀社

莊公如齊觀社❶。曹劌諫曰：「不可。夫禮，所以正民也。是故先王制諸侯，使五年四王、一相朝❷。終則講於會❸，以正班爵之義，帥長幼之序，訓上下之則，制材用之節，其間無由荒怠。夫齊棄太公❹之法而觀民於社，君為是舉而往觀之，非故業❺也，何以訓民？土發❻而社，助時也；收攟而蒸，納要也❼。今齊社而往觀旅❽，非先王之訓也。天子祀上帝，諸侯會之受命焉。諸侯祀先王先公❾，卿大夫佐之受事焉。臣不聞諸侯相會祀也，祀又不法❿。君舉必書⓫，書而不法，後嗣何觀？」

公不聽，遂如齊。

【章旨】本章講禮不可違、法不可背的道理。

【注釋】❶社　祭祀土地神的節日。❷五年四王一相朝　王，即派使臣向天子聘問。相朝，即國君親自朝見天子，因為天子五年一巡守，所以諸侯五年一相朝。❸終則講於會　終，結束；完畢。講，講習禮儀。❹太公　齊先祖姜太公望。❺故業　故事；成規；老規矩。❻土發　春分。❼收攟而蒸二句　攟，拾也。蒸，冬祭也。納要，獻納五穀。❽旅　眾也。❾先王先公　各諸侯國國君的先祖，有的是王，如宋國之祖是帝乙，鄭國之祖是厲王；有的則是公，如齊國之祖是太公。❿不法　不合禮法法度。⓫君舉必書　國君的行動，一定要由左史記錄在案。

【語譯】魯莊公要到齊國去看社祭。曹劌勸阻說：「不可以呀！禮，是用來端正民風、為民楷模的。所以先王制約諸侯，規定五年之中，要派使臣聘問四次，國君親自朝見天子一次。朝見之禮畢，還要在會上講習禮儀，用以再次確立爵位班次的義理，遵循長幼尊卑的秩序，訓示上下貴賤的原則，制定財用開銷的節度。朝會期間，不允許荒疏怠慢，無故缺席。現在，齊國背棄先祖太公之法制，而將社祭向民眾開放，任其圍觀，您則專為此事趕去觀看，這不是成規，還怎麼訓導小民？春分時舉行社祭，是為了贊助時令祈福農事；收割後舉行蒸祭，是為了貢納五穀以酬土神。如今齊國舉行社祭而觀者甚眾，這是違背先王遺訓的。天子祭天時，諸侯去助祭，同時接受政命；諸侯祭祖時，卿大夫助祭，同時接受職事。臣從來沒有聽說諸侯之間互相觀看祭祀的，何況這次祭祀又不合法度。國君出行，史書一定要記載，記載下不合法度的事，讓子孫們怎麼看？」

莊公不聽勸，還是到齊國去了。

匠師慶諫莊公丹楹刻桷

莊公丹桓宮之楹❶，而刻其桷❷。匠師慶❸言於公曰：「臣聞聖王公之先封者❹，遺後人之法，使無陷於惡。其為後世昭前之令聞也，使長監於世，故能攝固不解❺以久。今先君儉而君侈，令德替❻矣。」公曰：「吾屬❼欲美之。」對曰：「無益於君，而替前之令德，臣故曰：庶可已矣。」公弗聽❽。

【章　旨】本章之意，在提倡儉約，反對奢侈。

【注　釋】❶丹桓宮之楹　丹，用紅漆塗飾。桓宮，莊公父親桓公之廟。楹，柱子。❷桷　方的屋椽。❸匠師慶　匠師，即掌管工匠的大夫，慶為其名，亦即禦孫。❹聖王公之先封者　指商湯、周武、周公、太公等人。❺攝固不解　攝，引持。解，懈也。❻替　廢。❼吾屬　我輩。一說指下屬。❽公弗聽　原來這時莊公正要迎娶齊女哀姜，迎娶時一定要拜見宗廟，所以莊公才要修飾桓宮，丹楹刻桷，藉此向哀姜誇耀一番，所謂「美化先王之廟」，不過是藉口罷了，他當然決不會接受匠師慶的意見。

【語　譯】莊公要把他父親桓公的廟大大修飾一番，把柱子都用紅漆漆過，椽子上全都刻上花紋。主管工匠的大夫慶對莊公說：「臣聽說，聖哲的帝王、國公之中，那些創基立業的先祖們，給後人留下了法規，使後人不致於陷於罪惡。其目的，是為了使後代能昭明前賢的美譽盛名，長久地為世代的成敗做借鑒，從而能夠保持住鞏固的基業，絲毫也不懈怠，以此而傳世久長。如今，先君節儉而您奢侈，這樣的話美德就要廢掉了。」莊公說：「我們只是想美化美化先祖之廟。」匠師慶回答說：「這不但對您沒有好處，而且反倒會廢棄先君的美德，所以我說：還是算了吧！」莊公不聽。

夏父展諫宗婦覿哀姜用幣

哀姜❶至，公使大夫、宗婦覿用幣❷。宗人夏父展❸曰：「非故❹也。」公曰：「君作故。」對曰：「君作而順❺則故之，逆則亦書其逆也。臣從有司，懼逆之書於後也，故不敢不告。夫婦贄不過棗、栗❻，以告虔也。男則玉、帛、禽、鳥，以章物❼。今婦執幣，是男女無別也。男女之別，國之大節也，不可無也。」公弗聽。

【章　旨】仍是說祖宗成法不可廢，男女之別不可無。

【注　釋】❶哀姜　魯莊公夫人。姜是齊國之姓，哀是她的諡號。她是齊襄公的女兒。後來她與莊公之弟慶父私通，在莊公死後為亂魯國，所以說「慶父不死，魯難未已」。❷公使大夫宗婦覿用幣　依禮，大夫（男）與宗婦（女）所持之晉見禮不同，而莊公要他們都持幣去見哀姜，是背禮的。宗婦，是和魯君同宗的大夫們的妻子。覿，意為拿禮物相見。幣，晉見時所持的禮物，如玉、馬、皮、圭、璧、帛之類。❸宗人夏父展　宗人，官名。宗人有兩種，一種是都宗人，掌管都宗祀之禮；一種是家宗人，掌管家祭祀之禮。夏父是這位宗人的姓，展是他的名。❹故　即故事。也就是前例；成規。❺順　順於禮。❻夫婦贄不過棗栗　夫，發語詞，不是丈夫的意思。婦，婦人。贄，見面禮。棗，諧音「早」，象徵早起。栗，諧音「慄」，象徵敬慎戰慄。婦人用此二物作為見面禮，是表示她們應該有早起之勤勞和戰慄之虔敬，所以下文說「以告虔也」。❼章物　也就是用不同的禮物來表示地位的尊卑。章，彰也。

【語　譯】哀姜到了，莊公命令大夫、宗婦都用玉、帛之類為見面禮去拜見哀姜夫人。宗人夏父展說：「沒這種規矩。」莊公說：「規矩都是國君定的。」夏父展回答說：「國君的創制如果順乎禮義，那就可以成為成規；如果違背禮義，那就要在史書上記載它違禮。臣既然忝為宗人之官，就不能不懼怕這違禮之舉不幸載入史冊傳之後人，所以不敢不告。依禮，婦人的見面禮，只不過是些棗子、栗子一類的東西，用以表示勤勉敬畏之婦道。男子的見面禮，才可以使用玉、帛、禽、鳥，用以表示尊卑貴賤的不同身分和地位。如今，您讓宗婦也拿玉帛去晉見，這就沒有男女之別了。男女之別，是國家禮治的大節，不可廢除啊！」

莊公不聽他的勸諫。

臧文仲如齊告糴

魯饑❶，臧文仲❷言於莊公曰：「夫為四鄰之援，結諸侯之信，重❸之以婚姻，申❹之以盟約，固國之艱急是為❺。鑄名器❻，藏寶財❼，固民之殄病❽是待。今國病矣，君盍❾以名器請糴❿于齊？」公曰：「誰使？」對曰：「國有饑饉，卿出告糴，古之制也。辰⓫也備卿，辰請如齊。」公使往。

從者曰：「君不命吾子⓬，吾子請之，其為選事⓭乎？」文仲曰：「賢者急病而讓夷⑭，居官者當事不避難，在位者恤民之患，是以國家無違⑮。今我不如齊，非急病也。在上不恤下，居官而惰，非事君也。」

文仲以鬯圭與玉磬⑯如齊告糴，曰：「天災流行，戾于弊邑⑰，饑饉荐降⑱，民羸幾卒⑲，大懼乏周公、太公之命祀⑳，職貢業事之不共而獲戾㉑。不腆㉒先君之敝器，敢告滯積，以紓執事㉓，以救弊邑，使能共職。豈唯寡君與二三臣實受君賜，其周公、太公及百辟神祇㉔實永饗而賴之！」齊人歸其玉而予之糴。

【章旨】本章熱情歌頌了國難當頭之時，敢於挺身而出，為國分憂，為民立命的精神。

【注釋】❶饑　古時，五穀不熟叫饑。菜蔬不熟叫饉。魯國鬧饑荒，是在莊公二十八年。❷臧文仲　魯國的卿，臧哀伯之孫，伯氏瓶之子，臧孫辰也。❸重　重疊加多之意。❹申　與上面那個「重」字互文見義。❺為　去做。❻名器　鐘鼎之類。❼寶財　玉帛之類。❽殄病　殄，滅絕；斷絕。病，困乏。❾盍　何不的意思。❿糴　買進糧食。糧食買賣，買進叫糴，賣出叫糶。⓫辰　臧文仲的名。古人自稱名，是表示謙恭；稱對方的字，是表示尊敬。⓬吾子　子是古時男子的美稱，因說話人是臧文仲的隨從官員，所以稱臧文仲為「吾子」。⓭選事　自選職事。⓮急病而讓夷　急，搶先。病，危難。讓，退讓。夷，平常。⓯無違　即一切順善，無所違恨。違，乖離。⓰鬯圭與玉磬　鬯圭，又叫做祼圭、瑒圭，有瓚（玉杓），長一尺二寸，是以圭為柄的灌酒器，用於灌祭（祼）。玉磬，直角形的樂石，用玉做成，與後世銅磬形狀不同。⓱戾于弊邑　戾，來到之意。弊邑，應為「敝邑」。謙稱自己的城邑。⓲荐降　荐，重也。降，下也。⓳民羸幾卒　羸，羸弱。幾，近於將要。卒，盡也。⓴大懼乏周公太公之命祀　恐怕少了對周公、太公的祭祀。周公旦是魯國先祖，太公望是齊國先祖，魯國祭祀周公是分內的事，並舉太公，是為了表示尊敬齊國。㉑職貢業事之不共而獲戾　職貢業事，當指諸侯對周天子所應盡的職責貢奉。共，供。戾，罪過。㉒不腆　類似今天說「不好意思」。腆，通「靦」。厚也。厚著臉皮。㉓敢告滯積以紓執事　告，請求。滯積，指齊國倉庫裡的陳穀。滯，滯久。紓，緩也。執事，指齊國管糧倉的管理人員。糧食久儲易壞，如賣給魯國，就可緩解執事的憂慮。㉔百辟神祇　百辟，百君卿士。辟，君。神，天神。祇，地祇。

【語　譯】魯國發生了饑荒，臧文仲向莊公建議說：「與四面八方鄰近之國建立互相援助的外交關係，締結諸侯之間的信義盟約，還要再加上通婚結親的血緣關係，再重申結盟時的誓言，全都本是為了解救國家的危難。鑄造名貴的器物，收藏玉帛財寶，也本是為了解除人民的困苦。現在，國家已遭受危難，人民已遭受痛苦，您何不用這些名器寶物，去請求齊國賣些糧食給我們呢？」莊公說：「那麼派誰作使臣呢？」臧文仲回答說：「國家發生饑荒，卿士外出買糧，這是自古以來的制度。我既然忝列卿位，就請派我到齊國去吧！」莊公就派他擔任赴齊購糧的專使。

臧文仲的隨員說：「君上並沒有指派大人，大人卻自己主動請求做這件事，是不是有自謀差使的嫌疑呢？」臧文仲說：「賢德之人，遇到緊急危難的事就搶在前面，遇到平易好做的事就讓給別人。為職官者不避危難，身居高位者體恤民情，這樣的話，國事才會順順當當的。現在，我如果不去齊國，就不能說是急國家之所急；身居高位而不恤下民，忝為職官而惰於任事，就不是事奉君王者所應該的。」

臧文仲以鬯圭、玉磬等名貴寶物作為見面禮，到齊國去請求買糧。他對齊國國君說：「天災流行，降臨敝國，連年饑荒，民不聊生，魯國國民，已所剩無幾了！我們十分害怕，如此下去，恐怕會缺失了對周公和太公的祭祀，會不能盡守諸侯對天子的職分貢獻，從而加重我們的罪孽。因此，很不好意思，帶來了一些先君留下的小玩意兒，只請貴國把吃不完的積壓餘糧賣一點點給我們，以緩解貴國管糧官員因糧食太多而產生的憂慮，從而解救敝國之危難，使敝國能向天子盡自己的職分。如蒙恩准，則不但敝國寡德之君與兩、三個小臣能蒙受貴國的恩惠，就連周公、太公、歷代君侯、天神地祇之永受祭祀供奉，也都仰仗君上您的這一善舉呢！」齊國國君歸還了臧文仲獻上的鬯圭玉磬，並同意賣糧給魯國。

展禽使乙喜以膏沐犒師

齊孝公❶來伐魯❷，臧文仲欲以辭告❸，病焉❹，問於展禽❺。對曰：「獲聞之，處大教小，處小事大，所以禦亂也，不聞以辭。若為小而崇❻以怒大國，使加己亂，亂在前矣，辭其何益？」文仲曰：「國急矣！百物唯其可者，將無不趨也。願以子之辭行賂焉❼，其可賂乎？」

展禽使乙喜❽以膏沐犒師❾，曰：「寡君不佞❿，不能事疆埸之司⓫，使君盛怒，以暴露於敝⓬邑之野，敢犒輿⓭師。」齊侯見使者曰：「魯國恐乎？」對曰：「小人恐矣，君子則否。」公曰：「室如懸磬，野無青草，何恃而不恐？」對曰：「恃二先君之所職業⓮。昔者成王命我先君周公及齊先君太公曰：『女⓯股肱⓰周室，以夾輔⓱先王。賜女土地，質之以犧牲⓲，世世子孫無相害也。』君今來討敝邑之罪，其亦使聽從而釋之，必不泯其社稷，豈其貪壤地，而棄先王之命？其何以鎮撫諸侯？恃此以不恐。」

齊侯乃許為平⓳而還。

【章　旨】這又是外交上成功的一例，它說明戰勝困難，說退強敵，既不能靠花言巧語，也不能靠重貨寶物，而只能靠正義和道理。

【注　釋】❶齊孝公　齊桓公之子，名昭。❷伐魯　魯僖公背叛齊國，與衛國、莒國盟於洮，又盟於向，所以孝公領兵伐魯，討此二盟，事在僖公二十六年。❸以辭告　告饒謝罪。用好話和辭令請齊國退兵。❹病焉　因說辭難擬而傷腦筋。❺展禽即柳下惠，姓展，名獲，字禽，魯國大夫展無駭的後代。❻崇　自高自大。❼以子之辭行賂焉　送人財貨叫賂，也叫賄。行賄也要有說辭，所以臧文仲讓展禽想出辭來。❽乙喜　即魯國大夫展喜，姓展，名喜，字乙。❾以膏沐犒師　膏沐，潤髮用的油膏。犒，犒勞。❿佞　才也。⓫不能事疆埸之司　因齊魯兩國交界，所以魯國使臣說這次兩國之間發生摩擦，是自己的國君沒有事奉好對方管邊界的官吏，得罪了他們。疆埸，國家的邊界。司，指齊國主管邊界的官吏。⓬弊　應為「敝」。⓭輿眾也。⓮二先君之所職業　二先君，指齊先君太公望和魯先君周公旦。所職業，所職之業；所盡之責。周初，周公為太宰，太公為太師，都掌命諸侯之國所當祭祀。⓯女　通「汝」。指周公和太公。⓰股肱　從胯到膝叫股，從肘到腕叫肱。⓱夾輔即一左一右地輔佐。⓲質之以犧牲　這是講二先君曾以犧牲為盟。質，盟約信守，可徵以取信。⓳平　和平；媾和。

【語　譯】齊孝公率領大軍來討伐魯國，臧文仲想用動聽的辭令說服齊侯退兵，卻又苦於想不出什麼適當的話來，就去請教展禽。展禽回答說：「我聽說，大的應該教育訓導小的，小的應該尊敬事奉大的，只有這樣才能消災免禍，沒聽說可以用花言巧語的。如果是小國，卻又自高自大，因而惹怒了大國，使之加禍於自己，那麼，禍亂早在大國發怒之前就已經有了，再說好話又有什麼用？」臧文仲說：「國家已經大難臨頭危急萬分了！不論什麼東西，只要能夠讓齊國退兵，都可以送出去，希望憑著您的能言善辯把禮物送給齊國，就不知道人家肯不肯收下？」

展禽就派乙喜拿著潤髮油去犒勞齊軍，並說：「敝國寡德之君不才，沒好好事奉貴國邊境上的大官，惹起貴國雷霆之怒，害得貴軍來到敝國的荒郊野地，餐風露宿，日曬雨淋，非常過意不去，因此很冒昧地送些洗髮膏來，以示慰問。」齊侯召見使者問：「魯國害怕了吧？」乙喜回答說：「小人們害怕了，君子們卻一點也不害怕。」齊孝公說：「你們的國庫空得像吊起來的磬，你們的田野光得連一根綠顏色的草都不長，憑什麼不害怕？」乙喜回答：「憑著貴我兩國先君的職守功業。當年，成王策命我先君周公和齊先君太公時說：『你們是周室手足，一左一右地輔佐先王。現在，賜給你們魯地和齊地，並命令你們用犧牲祭祀天地，以此作為質信，宣誓世世代代子子孫孫都不互相傷害。』如今，貴國來討伐敝國，其用意，也不過只是希望我們聽命服從就罷了吧？肯定不會滅魯國之社稷啊！難道會因為貪圖我們這一點點土地，就置先王成命於不顧嗎？那樣還怎麼充當霸主、鎮撫諸侯呢？我們就是憑著這一點才不害怕。」

於是，齊侯同意媾和，並領兵回國。

臧文仲說僖公請免衛成公

溫之會，晉人執衛成公歸之于周❶，使醫鴆之❷，不死，醫亦不誅。臧文仲言於僖公❸曰：「夫衛君殆❹無罪矣。刑五而已，無有隱者，隱乃諱也。大刑用甲兵❺，其次用斧鉞❻；中刑用刀鋸❼，其次用鑽笮❽；薄刑用鞭扑，以威民也。故大者陳之原野，小者致之市朝❾，五刑三次❿，是無隱也。今晉人鴆衛侯不死，亦不討使者，諱而惡殺之也。有諸侯之請，必免之。臣聞之：班相恤也，故能有親。夫諸侯之患，諸侯恤之，所以訓民也⓫。君盍請衛君以示親於諸侯，且以動⓬晉？夫晉新得諸侯，使亦曰：『魯不棄其親，其亦不可以惡⓭。』」公說⓮，行⓯玉二十瑴，乃免衛侯。

自是晉聘於魯，加於諸侯一等，爵同，厚其好貨⑯。衛侯聞其臧文仲之為也，使納賂焉。辭曰：「外臣之言不越境，不敢及君。」

【章　旨】本章之旨有二：一、行刑要公正，要公開，反對私刑、暗殺；二、同爵位的諸侯要互相關照，人與人之間要互相幫助。

【注　釋】❶溫之會二句　事見本書〈周語中・襄王拒殺衛成公〉。❷使醫鴆之　晉文公將衛成公逮捕，要周襄王處死他，襄王不同意，文公只好派醫衍下毒暗殺，負責給衛侯送衣食的甯俞買通醫衍，減輕了毒藥的分量，所以衛侯沒死。鴆，鳥名。雄的叫運日，雌的叫陰諧，喜食蛇，羽毛紫綠色，放在酒中，能使人飲後中毒立死，因此常用「鴆」或「酖」作為毒酒的代名詞。❸僖公　魯莊公之子，名申。❹殆　大概。❺大刑用甲兵　臣有大逆當死，由身被鎧甲手持武器的軍隊圍而殺之。❻斧鉞　古代軍法用來殺人的斧子。❼刀鋸　刀，用於劓刑，即割去鼻子。鋸，用於剕刑，又稱刖刑，即斷足鋸腿。❽鑽笮　鑽，用於臏刑，即剔去膝蓋骨。笮，通「鑿」。用於黥刑，又稱墨刑，即在犯人的額、頰、手臂等處刺字，然後塗上墨。❾市朝　市，即街市。朝，即官府大堂。❿次　處也。⓫所以訓民也　以諸侯之間的相互救援為榜樣，教育人民相互援助。⓬動　感動。⓭惡　交惡。⓮說　通「悅」。⓯行　賄賂。⓰好貨　表示友好的禮物。

【語　譯】諸侯會盟於溫，晉文公逮捕了衛成公，把他送到周天子那裡，請求天子處死他。周襄王不同意，於是，晉文公又派醫衍去下毒，衛成公沒有被毒死，派去下毒的醫生也沒有受到追究和懲罰。

臧文仲聽說後，就對僖公說：「衛君大概沒事了！用刑之法，五種而已，沒有一種是祕密進行的，祕密進行就是暗殺。大刑使用甲兵，也就是用全副武裝的官兵圍殺人犯，象徵著正義之師圍剿不服王命的叛逆；次一點的用斧鉞，也就是砍頭，象徵著軍法從事；中刑用刀鋸，也就是割鼻子、鋸腿；次一點的中刑用鑽鑿，也就是剔去膝蓋骨，或者在額頭、臉上和手上刺字塗墨；最輕的刑是用鞭子抽，用來威懾小民，以警效尤。因此，大刑要陳屍於原野，中刑、薄刑要施刑於街頭鬧市或者刑部大堂。五種刑法，三處行刑之地，沒有一樣是祕密進行的。這次，晉人之所以暗中下毒，衛侯不死也不責怪下毒之人，就因為這是見不得人的事。這時，如果有諸侯出面說情，衛侯一定會被赦免。臣聽說，爵位相同的諸侯，應該互相體恤，這樣才能有親密的關係。一個諸侯有了患難，另一個諸侯就來救援，這樣才能教育人民互相幫助。您何不替衛侯說情，以此在諸侯中表示跟他親近，並以此感動晉侯呢？晉國剛剛當上諸侯的領袖，他的使臣也會說：『魯國不拋棄自己的親鄰，因此也不可以和魯國交惡。』」僖公聽了很高興，就拿出二十對白玉獻給天子和晉侯，他們也就赦免了衛成公。

從此以後，晉國派使節到魯國聘問，各種規格都比其他諸侯國高一等，所贈送的禮物，比和魯國爵位相同的多得多。衛成公聽說自己被釋放，多虧臧文仲從中斡旋，便派人給臧文仲送去禮物。臧文仲推辭說：「外臣的話，不出自己的國境，不敢讓您聽到。」

臧文仲請賞重館人

晉文公解曹地以分諸侯[1]，僖公使臧文仲往，宿於重館[2]，重館人告曰：「晉始伯而欲固[3]諸侯，故解有罪之地以分諸侯。諸侯莫不望分而欲親晉，皆將爭先。晉不以固班[4]，亦必親先者，吾子不可以不速行。魯之班長[5]而又先，諸侯其誰望之？若少安，恐無及也。」從之，獲地於諸侯為多。反[6]，既復命[7]，為之請曰：「地之多也，重館人之力也。臣聞之曰：『善有章[8]，雖賤[9]賞也；惡有釁[10]，雖貴[11]罰也。』今一言而辟[12]境，其章大矣，請賞之。」乃出而爵之[13]。

【章　旨】本章闡明了一個相當正確的思想觀點：賞罰的依據唯有功過。地位再低，有功勞也應表彰獎賞；地位再高，有罪惡也應懲罰制裁。

【注　釋】❶晉文公解曹地以分諸侯　晉文公，晉獻公的兒子公子重耳。重耳在外流亡時，曾到過曹國。曹共公聽人說重耳是駢脅（肋骨長成一塊），就在重耳洗澡時偷看他的裸體。這是非常無禮的行為。所以重耳當上了晉國國君並稱霸中原後，便出兵討伐曹國，於魯僖公二十八年入曹，活捉曹君；又於魯僖公三十一年，分割曹國土地，分給諸侯。其實，晉文公此舉完全是為了收買人心，鞏固他霸主的地位。所謂伐無禮討不服，不過是藉口罷了。❷重館　重，魯國地名，後名重鄉，在今山東省魚臺縣西北十里。館，候館。周制，國野之道，十里有廬，三十里有宿，五十里有市，市有候館，館內有室供住宿，又有高樓供候望。❸固　安定。❹固班　固，通「故」。班，爵位高低尊卑的次序。❺班長　魯國公爵，先祖是周公旦，所以在諸侯中地位最高。長，尊長之意。❻反　通「返」。回到魯國。❼既復命　既，表示已完成。復命，完成任務後的報告。❽章彰也。❾賤　卑賤。❿釁　徵兆。⓫貴　高貴。⓬辟　開闢。⓭出而爵之　出，從差隸之中提拔出來。爵，封大夫之爵位。

【語　譯】晉文公削減了曹國的疆域，並宣布將這些土地分給諸侯各國。魯僖公派臧文仲去辦理這件事，途中住在重鄉館驛。重鄉候館的看守人告訴臧文仲說：「晉國剛當上諸侯領袖，很想堅定各國對它的信服歸順，所以分割有罪之國的領地給各國。諸侯各國，沒有不盼望分到土地的，又想趁機巴結晉國，所以都會爭先恐後地趕去。而晉文公分配土地時，決不會以當年周初封建時的班爵次序為次序，而一定會首先優待先到的，所以大人不可以不走得快一點。魯國在諸侯中爵位班次最高，如果又最先趕到，其他各國還有什麼話說？如果稍稍安歇一會，只怕就來不及了！」臧文仲聽從了他的意見，結果在諸侯中得到土地最多。臧文仲回國以後，向僖公報告了情況回復了君命，並為那個館人請功說：「土地分得如此之多，是重鄉館人的功勞啊！臣聽說：『功勳彰明較著，雖然地位卑賤也應該獎勵；罪行無可抵賴，即使身分高貴也必須懲罰。』這次，重鄉館人一句話就擴大了我國的疆域，功勞大得很哪！請予以表彰獎賞。」於是，僖公就把重館看守人從差隸之中提拔出來，封給他大夫的爵位。

展禽論祭爰居非政之宜

海鳥曰「爰居」，止於魯東門之外三日，臧文仲使國人祭之。展禽曰：「越❶哉，臧孫之為政也！夫祀，國之大節❷也；而節，政之所成也。故慎制祀以為國典。今無故而加典，非政之宜也。

「夫聖王之制祀也，法施於民則祀之，以死勤事則祀之，以勞定國則祀之，能禦大災則祀之，能扞❸大患則祀之，非是族❹也，不在祀典。昔烈山氏❺之有天下也，其子曰柱，能殖百穀百蔬；夏之興也，周棄繼之，故祀以為稷❻。共工氏之伯九有❼也，其子曰后土，能平九土❽，故祀以為社❾。黃帝能成命百物，以明民共財，顓頊能修之。帝嚳能序三辰❿以固民，堯⓫能單均刑法以儀民，舜⓬勤民事而野死，鯀鄣洪水而殛死，禹能以德修鯀之功，契為司徒而民輯，冥⓭勤其官而水死，湯以寬治民而除其邪，稷勤百穀而山死，文王以文昭，武王去民之穢。故有虞氏禘黃帝而祖顓頊，郊堯而宗舜⓮；夏后氏禘黃帝而祖顓頊，郊鯀而宗禹⓯；商人禘舜而祖契，郊冥而宗湯⓰；周人禘嚳而郊稷，祖文王而宗武王⓱；

幕⑱，能帥顓頊者也，有虞氏報⑲焉；杼⑳，能帥禹者也，夏后氏報焉；上甲微㉑，能帥契者也，商人報焉；高圉、大王㉒，能帥稷者也，周人報焉。凡禘、郊、祖、宗、報，此五者國之典祀也。

「加之以社稷山川之神，皆有功烈於民者也；及前哲令德之人，所以為明質㉓也；及天之三辰，民所以瞻仰也；及地之五行，所以生殖也；及九州名山川澤，所以出財用也。非是不在祀典。

「今海鳥至，己不知而祀之，以為國典，難以為仁智矣。夫仁者講功，而智者處物㉔。無功而祀之，非仁也；不知而不能問，非智也。今茲海其有災乎？夫廣川之鳥獸，恆知避其災也。」

是歲也，海多大風，冬煖。文仲聞柳下季㉕之言，曰：「信吾過也，季子之言不可不法也。」使書以為三筴㉖。

【章旨】本章論祭祀的原則。祭祀，是國之大典，因此宜少而不宜濫，只有大有功德於民的人和物，才在祭祀之列。

【注釋】❶越　迂闊。❷節　制度。❸扞　同「捍」。❹族　類。❺烈山氏　炎帝之號，又稱厲山氏。❻稷　五穀之神。所謂「祀以為稷」，是配祀穀神或當作穀神祭祀之意，下同。❼九有　九州。❽其子曰后土二句　其子，共工之裔子句龍，佐黃帝為土官，所以叫「后土」。后，君。九土，九州的土地。❾社　土地神。❿三辰　日、月、星。⓫堯　傳說中我國父系氏族社會後期部落聯盟領袖，名放勛，號陶唐氏。⓬舜　傳說中我國父系氏族社會後期部落聯盟領袖，姚姓，名重華，號有虞氏。⓭冥　契後六世孫、根圉之子，夏水官。⓮有虞氏禘黃帝而祖顓頊二句　有虞氏，舜的後代，居於蒲阪（今山西省永濟縣西蒲州鎮）。禘、郊、祖、宗，都是祖先崇拜的形式，即在祭祀天地時，同時祭祀祖先神靈。在古代帝王世系中，始祖稱祖，繼祖者稱宗，祭祖宗在明堂，配祭於五帝。為了追遠尊先，不但祭祖，還要追尋始祖所出之帝而追祀之，這就是禘，禘祭在圜丘，五年一次，是祭祀昊天的大祭。次於禘祭的是郊祭，在南郊進行，一年一次，祭上帝。有虞氏是舜之後，舜為顓頊之後，所以祖顓頊；顓頊為黃帝之孫，所以禘黃帝；舜王位受禪於堯，所以郊堯。⓯夏后氏禘黃帝而祖顓頊二句　夏后氏，即禹之子所建立的朝代夏朝。虞、夏皆黃帝、顓頊之後，所以禘、祖之禮同。啟為禹子，禹為鯀子，所以郊鯀而宗禹。⓰商人禘舜而祖契二句　商人，商朝歷代帝王。商朝開國君王是湯，而先祖是契，契的父親是帝嚳，契的六世孫是冥，所以這句話應為「商人禘嚳而郊冥（或郊契），祖契（或冥）而宗湯」。⓱周人禘嚳而郊稷二句　周人，周朝歷代帝王。周朝開國君王是武王，但武王繼承的是文王的事業，所以祖文王而宗武王。周人始祖是稷，稷為帝嚳之子，所以禘嚳而郊稷。⓲幕　舜之後虞思也，為夏代的諸侯。⓳報　報德。為報恩德而舉行的祭祀。⓴杼　禹後七世、少康之子季杼。㉑上甲微　契後八世，湯之祖先。㉒高圉大王　高圉，為后稷十世。大王，即高圉之曾孫古公亶父。㉓質　信也。㉔仁者講功二句　仁者心平，故可論功。智者心敏，故可名物。講，論也。㉕柳下季　即展禽。展禽封邑柳下，字季。㉖筴　即「策」。

【語　譯】有一隻名叫「爰居」的海鳥，停在魯國都城東門之外已經三天了，臧文仲便要都城裡的人去祭祀牠。展禽說：「臧文仲也太迂闊了，居然這樣處理政事。祭祀，是國家最重要的典章制度，而國政是要靠典章制度來進行和完成的。所以，要慎重地制定祭祀之典，把它作為國家的根本大法。現在，無緣無故地增加祭祀節目，這不是處理政事的正確做法。

「聖王是這樣制定祭祀節目的：只有那些或為民立法，或以身殉職，或以勞定國，或抵禦大災，或平息禍亂的人，才能享受祭祀。凡此之外，均不得在祭祀之列。當年，炎帝治理天下時，他的兒子叫柱，能種植穀物菜蔬；夏代興起時，周人先祖棄繼承了柱的事業，為農業發展作出了貢獻，所以後人把他們作為五穀之神來祭祀。共工稱霸中原時，他的兒子叫后土，能治理九州的土地，所以被當作土地之神來祭祀。黃帝能給萬物命名，教育人民供奉君主，顓頊能發展他的事業。帝嚳能按照日月星辰的運行規律安撫人民，堯帝能制定刑法治理人民，舜帝勤於民事而死在蒼梧，伯鯀治理洪水而死在羽山，大禹能以仁德改進治水之法，契做司徒使人民安居樂業，冥勤於職事而被淹死，湯寬厚治民並為民除害，稷播種百穀而累死在山上，文王昭明文德，武王建立武功。所以，有虞氏禘祭黃帝，祖祭顓頊，郊祭堯帝，宗祭舜帝；夏后氏禘祭黃帝，祖祭顓頊，郊祭伯鮌，宗祭大禹；商人禘祭帝嚳，祖祭后契，郊祭伯冥，宗祭成湯；周人禘祭帝嚳，郊祭后稷，祖祭文王，宗祭武王。虞思能繼承顓頊，有虞氏就報祭他；季杼能繼承大禹，夏后氏就報祭他；上甲微能繼承后契，商人就報祭他；高圉、古公亶父能繼承后稷，周人就報祭他。總而言之，禘祭、郊祭、祖祭、宗祭、報祭，這五種祭祀都是國家的祭祀大典。

「再加上土神、穀神、山神、河神，都是對人民有恩德的；還有前輩智哲仁德之人，是可以作為人民信仰對象的；還有天上日月星三辰，是人民日夜瞻仰的；還有地上金木水火土五行，是人民賴以生存的；還有九州之內的名山大川，是出產財物用品的。如果不屬於上述各類，就不在祭祀之列。

「現在，一隻海鳥飛來了，還沒有弄清是怎麼回事就匆匆忙忙地去祭祀牠，還列為國家的法典，這就很難說是仁，也很難說是智。仁者論功，智者辨物。沒有功勞卻去祭祀，這不是仁；不知何物而不詢問，這不是智。我看，海上或許是發生天災了吧？這隻海鳥只怕是來避難的，因為大海中的鳥獸，都知道天災何時降臨並預先避難。」

這一年，海上常有大風，冬天特別暖和。臧文仲聽說了展禽的議論，便說：「這確實是我的錯誤，柳下季的話，不可不以為法言。」就讓人把展禽的話寫成三份簡策。

文公欲弛孟文子與郈敬子之宅

文公❶欲弛❷孟文子❸之宅，使謂之曰：「吾欲利子於外之寬者。」對曰：「夫位，政之建也；署，位之表也；車服，表之章也；宅，章之次❹也；祿，次之食也。君議五者以建政，為不易之故也。今有司來命易臣之署與其車服，而曰：『將易而次，為寬利也。』夫署，所以朝夕虔君命也。臣立先臣❺之署，服其車服，為利故而易其次，是辱君命也，不敢聞命。若罪也，則請納祿與車服而違❻署，唯里人❼所命次。」公弗取。臧文仲聞之曰：「孟孫❽善守矣，其可以蓋穆伯❾而守其後於魯乎！」

公欲弛郈敬子❿之宅，亦如之。對曰：「先臣惠伯以命於司里，嘗、禘、蒸、享之所致君胙者有數⓫矣。出入⓬受事之幣以致君命者，亦有數矣。今命臣更次於外，為有司之以班命事也，無乃違乎！請從司徒以班徙次。」公亦不取。

【章旨】本章記錄了魯文公為了擴建自己的宮廷，要拆遷大夫們的住宅，而遭到拒絕的故事。

【注釋】❶文公　魯僖公之子，名興。❷弛　毀也。❸孟文子　魯大夫，公孫敖之子伯穀。❹次　有兩義：一為次第；等級。一為次舍；居留。❺先臣　春秋時，大夫也是世襲的，所以先臣也就是父祖。❻違　去也。❼里人　里宰。有罪去位，則由里宰指定住處。❽孟孫　即孟文子。❾穆伯　孟文子之父公孫敖。❿郈敬子　魯大夫，名同（一說名回），郈惠伯之玄孫。⓫嘗禘蒸享之所致君胙者有數　天子諸侯宗廟之祭，春曰享、夏曰禘、秋曰嘗、冬曰蒸。胙，祭祀用的肉。數，世數也。⓬出入　出國入境，從事外交活動。

【語　譯】魯文公想拆毀孟文子的官邸，以便為自己擴建宮廷，便派人去跟孟文子說：「我打算讓您得到外面寬敞宅地的好處。」孟文子回答說：「爵位，是政權建立的依據；官署，是爵位的表徵；車服，是表徵的彰明；府邸，是彰明的等級；俸祿，是等級的物質待遇。有其位，則治其官、服其章、居其宅、食其祿。國君議定位、署、服、宅、祿，以此建立政權，這是不容更改的成規。今天，管事的來命令我改變官署、車服，還說什麼『要你搬家，是為了讓你住得更寬敞一些』。要知道，官署，是用來時時刻刻執行國君使命的。臣世襲祖上的爵位、官署、車服，如果為了一點小利就搬家，那就是褻瀆君命，所以我可不敢聽您剛才的話。如果我有罪，那就請收回我的俸祿、車服，撤銷我的官署，隨便由里宰打發我住在哪兒好了！」文公便沒有取用他的宅地。臧文仲聽說後，評論說：「孟孫善於守職，一定可以超過他的父親，並在魯國保住後嗣吧！」

文公又想去拆郈敬子的官邸，也派人去說了同樣的話。郈敬子回答說：「先父臣惠伯受命於司里，定居在此。在這裡，接受國君四季祭祀時所賜之胙肉，已經好幾代了；在這裡，受命出訪他國、奉聘禮以致君命，也已經好幾代了。現在要臣搬到外面去，如果有關方面按照爵位班次來找我辦事，豈不是找不著了嗎？請允許我由司徒按照爵位序列安排搬家。」結果，文公也只好不收取郈敬子的宅地。

夏父弗忌改昭穆之常

夏父弗忌為宗❶，蒸將躋僖公❷。宗有司❸曰：「非昭穆也。」曰：「我為宗伯，明者為昭，其次為穆，何常之有！」有司曰：「夫宗廟之有昭穆也，以次世之長幼，而等胄之親疏也。夫祀，昭孝也。各致齊❹敬於其皇祖，昭孝之至也。故工史書世❺，宗祝❻書昭穆，猶恐其踰也。今將先明而後祖，自玄王以及主癸❼莫若湯，自稷以及王季莫若文、武，商、周之蒸也，未嘗躋湯與文、武，為不踰也。魯未若商、周而改其常，無乃不可乎？」弗聽，遂躋之。

展禽曰：「夏父弗忌必有殃。夫宗有司之言順矣，僖又未有明焉。犯順不祥，以逆訓民亦不祥，易神之班亦不祥，不明而躋之亦不祥，犯鬼道二，犯人道二，能無殃乎？」侍者曰：「若有殃焉在？抑刑戮也，其夭札❽也？」曰：「未可知也。若血氣強固，將壽寵得沒，雖壽而沒，不為無殃。」既其葬也，焚，煙徹❾于上。

【章旨】本章言禮、言孝、言長幼先後，以示昭穆之序不可改也。

【注釋】❶夏父弗忌為宗　夏父弗忌，魯國大夫，複姓夏父，名弗忌，夏父展之後。宗，即宗伯，主掌國家祭祀之禮。❷蒸將躋僖公　蒸，蒸祭，是冬祭，也是常備之祭，所以這次事在八月而用蒸禮。躋，升也。這裡指改變昭穆次序，將僖公升於閔公之上。古代帝王之廟，始祖居中，左昭右穆，先左後右，一左一右地依次排列，不能亂。僖公和閔公都是莊公的兒子，僖公年長為兄，閔公年幼為弟，但是閔公即位在前，僖公即位在後，而且僖公所承繼者，實為閔公，所以在宗廟中，排起昭穆次序來，仍應該是先閔公後僖公。夏父弗忌尊崇僖公，說他看見「新鬼大，故鬼小」。僖公是兄，死時年長，在位三十三年，所以大；閔公是弟，死時不到十歲，在位不到兩年，所以小。依照「先大後小」的原則，夏父弗忌要改變昭穆次序，把僖公放到閔公前面。當時在位的文公是僖公的兒子，大概也沒有反對，甚至默許了這種做法。❸宗有司　宗官司事之臣。❹齊同「齋」。肅敬也。❺工史書世　工頌其德，史書其言。工，瞽師。史，太史。世，世次。❻宗祝　宗伯、太祝。❼主癸　湯父。❽札　疫死。❾徹　達。

【語　譯】夏父弗忌當宗伯，在蒸祭時要把僖公的牌位升到閔公之前。宗官司事之臣說：「這不合昭穆次序。」弗忌說：「我是宗伯，我說了算！有明德的就是昭，不如他的就是穆，哪有什麼一定的次序！」宗官司事之臣說：「帝王國君宗廟之中，之所以要有左昭右穆、先昭後穆的次序，就是為了以此排列世襲的先後和貴冑的親疏。祭祀，是昭明孝道的大事。在祭祀時，每人各自向皇天后土列祖列宗獻上敬意，這是昭明孝道的最高禮儀。所以，瞽師和太史記世系，宗伯和太祝記昭穆，唯恐亂了前後次序。現在，您卻提出先考慮明德、後考慮輩分。從契到主癸，論明德沒有比得上湯的；從稷到王季，論明德沒有比得上文王、武王的，可是商人、周人的祭祀，卻從來沒有把湯王或文王、武王提到哪個前面去的，就因為昭穆之序不可踰越啊！魯國根本不可和商、周相比，倒帶頭改起老規矩來了，只怕不可以的吧？」夏父弗忌不聽，還是把僖公提到前面去了。

展禽說：「夏父弗忌必有災禍。他手下的那個辦事官員的話是順乎禮義的，而僖公其實倒並沒有什麼明德。違背禮義不吉祥，拿違禮之事去訓導人民也不吉祥，更改祖宗神靈牌位次序也不吉祥，沒有明德卻擠上前去也是不吉祥的。違反鬼神之道的有兩點，違背人事之道的也有兩點，還能不遭殃嗎？」展禽左右的人問：「如有災禍，是哪方面的呢？是受刑被殺，還是得病早死？」展禽說：「這倒不知道。如果他身體好，血氣盛，也許會恩寵有加壽終正寢。不過，即使得盡天年，也不等於就沒有災禍了。」後來，夏父弗忌死時，已經入棺停葬了，棺材卻突然起火，黑煙一直升到天上。

里革更書逐莒太子僕

莒太子僕弒紀公❶，以其寶來奔❷。宣公❸使僕人❹以書命季文子❺曰：「夫莒太子不憚以吾故殺其君，而以其寶來，其愛我甚矣。為我予之邑，今日必授，無逆命矣。」里革❻遇之而更其書曰：「夫莒太子殺其君而竊其寶來，不識窮固❼又求自邇❽，為我流之於夷❾，今日必通❿，無逆命矣。」明日，有司⓫復命，公詰之，僕人以里革對。公執之，曰：「違君命者，女亦聞之乎？」對曰：「臣以死奮⓬筆，奚啻⓭其聞之也！臣聞之曰：『毀則者為賊，掩賊者為藏，竊寶者為宄⓮，用宄之財者為姦。』使君為藏姦者，不可不去也。臣違君命者，亦不可不殺也。」公曰：「寡人實貪，非子之罪。」乃舍之。

【章　旨】本章刻畫了一個為了義理連死都不怕的直臣形象。

【注　釋】❶莒太子僕弒紀公　莒紀公生了太子僕，又生了季佗，喜歡季佗而廢黜太子僕，又在國內辦了許多不合禮儀的事，太子僕就把紀公殺了。❷以其寶來奔　帶著莒國的寶物來投奔魯國。❸宣公　文公之子，名倭。❹僕人　官名。❺季文子　魯國正卿季孫行父。❻里革　魯國太史，名剋。❼窮固　窮兇極惡。❽邇　近。❾夷　東夷化外之地。❿通　辦到。⓫有司　負責驅逐莒太子僕的人，即魯國司寇。⓬奮　舉。⓭奚啻　豈止。⓮宄　奸細。

【語　譯】莒國太子僕殺了他的父親莒國國君紀公，帶著莒國的國寶來投奔魯國。宣公派僕人官帶著他下達的公文去命令季文子說：「那個莒國太子為了我而毫無忌憚地殺了自己的君父，還帶著他們的國寶來我國，他真是太愛我了！替我授給他城邑，今天就要授給，不得違抗命令！」太史里革遇到了送信的僕人官，就把公文更改了，說：「那個莒國太子殺害該國君主，盜竊該國寶器，不知自己窮兇極惡，居然來和寡人親近，替我趕出去，趕到化外蠻夷之地去，今天就要辦到，不得有誤！」第二天，負責驅逐莒太子僕的官員來回覆宣公的命令，宣公追問是怎麼一回事，僕人就把里革更改公文的事說了。宣公派人把里革抓了起來，問他：「違抗國君命令的人，該怎麼處置，你大概也聽說過吧？」里革回答說：「臣提筆改信時，是打算以死為代價的，豈止只是聽說而已！不過臣還聽說過這樣的話：『毀壞國家法規的人叫國賊，隱匿掩藏賊子的人叫窩主，盜竊寶物的人叫內奸，享用贓物的人叫姦人。』讓君上成為窩主姦人的人，不可不驅逐；臣下是違抗國君命令的人，也不可不殺。」宣公說：「是我太貪心了，不是你的罪過。」就放了里革。

里革斷宣公罟而棄之

宣公夏濫於泗淵❶，里革斷其罟❷而棄之，曰：「古者大寒降，土蟄發❸，水虞❹於是乎講罛罶❺，取名魚❻，登川禽❼，而嘗之寢廟，行諸國，助宣氣也。鳥獸孕，水蟲成，獸虞❽於是乎禁罝羅❾，矠❿魚鱉以為夏犒⓫，助生阜也。鳥獸成，水蟲孕，水虞於是禁罝罜麗⓬，設穽鄂⓭，以實廟庖，畜功用也。且夫山不槎蘖⓮，澤不伐夭⓯，魚禁鯤鮞⓰，獸長麑麇⓱，鳥翼鷇卵⓲，蟲舍蚳蝝⓳，蕃庶物也，古之訓也。今魚方別孕，不教魚長，又行網罟，貪無藝⓴也。」

公聞之曰：「吾過而里革匡㉑我，不亦善乎？是良罟也，為我得法。使有司藏之，使吾無忘諗㉒。」師存㉓侍，曰：「藏罟不如寘里革於側之不忘也。」

【章旨】本章闡述了我國古代保護自然資源和生態平衡的漁獵制度。

【注釋】❶濫於泗淵　濫，沉浸。泗，泗水，在魯國都城北。淵，深也。❷罟　魚網。❸蟄發　蟄，伏也。謂動物冬眠狀態。發，發動；開始活動也。❹水虞　管湖澤的官。❺講罛罶　講，習也。罛，大魚網。罶，捕魚之竹簍。❻名魚　大魚。❼川禽　鱉蜃，即甲魚、大蛤。❽獸虞　管鳥獸的官。❾罝羅　罝，捕獸用的網。羅，捕鳥用的網。❿矠　用矛刺取物。⓫槁　肉乾。⓬罝罜麗　罝，應為「罛」。罜麗，小魚網。⓭穽鄂　穽，即「阱」。為防禦或獵取野獸而設的陷坑。鄂，捕獸器。⓮槎蘖　槎，斜砍。蘖，樹木的嫩芽，亦指樹木被砍伐後所生的新芽。⓯夭　初生草木。⓰鯤鮞　鯤，魚子。鮞，魚卵。⓱麑麌　麑，幼鹿。麌，幼獐。⓲鷇卵　鷇，待母哺食的雛鳥。卵，蛋。⓳蚳蝝　蚳，蟻卵，可以為醢（肉醬也）。蝝，未長翅的蝗子。⓴藝　限度。㉑匡　正。㉒諗　規諫。㉓師存　樂師，名存。

【語譯】宣公夏天在泗水深處下網捕魚，里革把魚網撕破扔了，說：「古時，大寒之後立春之時，土中蟄伏之蟲萌動了，負責川澤的官員才開始講習魚網、竹簍，捕大魚，捉大蛤，拿到寢廟中祭祀祖宗，然後行之於國中，以幫助宣發地下的陽氣。到鳥獸懷胎、魚蝦長成之時，負責鳥獸的官員便下令禁止使用捕獸之網和捕鳥之網，而只准用矛刺捕魚捉鱉，做成夏季食用的肉乾，這是為了有助於鳥獸的生長。等到小鳥小獸長大了，而水中的動物產卵育生時，負責川澤的官員又要下令禁止使用大小魚網，設立陷阱獸夾捕捉鳥獸，以供應宗廟和廚房，這是為了水族繁衍，以備功用。總之，在山上不得砍伐小樹，在湖邊不得割取嫩草，捕魚時禁捕魚子魚卵，捕獸時留下幼鹿幼獐，捕鳥時保護雛鳥鳥蛋，捕蟲時不取蟻卵幼蝗，保證萬物繁衍生長，這是古人的遺訓。現在，魚正在產卵育生，不讓小魚長大，還要用網去撈，貪心也沒個限度了！」

宣公聽到這些話，說：「我有過錯，里革就來糾正，不也很好嗎？這真是一張好網啊！它讓我懂得了治理天下的方法。得讓管事的把這張網收藏起來，使我永遠不忘今天的教訓和規勸。」一位名叫存的樂師正好在旁邊侍候，便心直口快地插嘴說：「與其保存這張網，還不如把里革永遠安排在身旁，那就真是永遠也不會忘記教訓和規勸了。」

子叔聲伯辭邑

子叔聲伯如晉謝季文子❶，郤犨❷欲予之邑，弗受也。歸，鮑國❸謂之曰：「子何辭苦成叔之邑？欲信讓耶，抑知其不可乎？」對曰：「吾聞之，不厚其棟，不能任重。重莫如國，棟莫如德。夫苦成叔家欲任兩國而無大德，其不存也，亡無日矣。譬之如疾，余恐易❹焉。苦成氏有三亡：少德而多寵，位下而欲上政，無大功而欲大祿，皆怨府❺也。其君驕而多私❻，勝敵而歸❼，必立新家❽。立新家，不因民❾不能去舊；因民，非多怨民無所始❿。為怨三府，可謂多矣。其身之不能定，焉能予人之邑！」鮑國曰：「我信不若子！若鮑氏有釁⓫，吾不圖矣。今子圖遠以讓邑，必常立矣。」

【章旨】本章通過對郤犨必敗和不能受邑原因的分析，表現了子叔聲伯的深謀遠慮。

【注釋】❶子叔聲伯如晉謝季文子　子叔聲伯，即公孫嬰齊，是宣公同母弟叔肸之子。如，往。謝，以辭相告。季文子，即季孫行父，是魯國的上卿。魯國的下卿叔孫僑如嫉恨他，向晉國誣告季文子反晉，晉國就把季文子抓起來了，魯成公只好派子叔聲伯到晉國去，請求晉人釋放季文子。❷郤犨　即晉卿苦成叔，他的妻子是子叔聲伯同母異父之妹。❸鮑國　即鮑文子，鮑叔牙的曾孫或玄孫。❹易　傳染。❺怨府　怨恨之所聚。府，聚集之地。❻其君驕而多私　其君，晉厲公。多私，有很多嬖幸之臣。❼勝敵而歸　厲公剛打敗了楚國。❽家　大夫稱家。❾因民　憑藉國民的力量。❿始　最先被廢的大夫。⓫釁　徵兆。這裡指禍患的預兆。

【語　譯】子叔聲伯到晉國去，請求晉人放回季文子，郤犨憑著自己在晉國的權勢，要替聲伯向魯成公請求封邑，聲伯謝絕了。回國以後，鮑文子對他說：「您為什麼要辭謝苦成叔為您所請之封邑呢？是為了表現謙讓之德，還是心裡明白不可接受呢？」聲伯回答說：「我聽說，不加大棟梁，就不能擔負重任。要說任務之重，沒有比得上國事的；要說棟梁之粗，沒有比得上德行的。如今，苦成叔以一個卿大夫的資格，就想干預晉魯兩國的政事，卻又無大德，恐怕生存都會有問題，亡家也沒有幾天了。他就像一個重病之人，我只怕被他所傳染。苦成叔有三條必定敗亡的因素：德政甚少而受寵甚多，身居下位卻老想管上頭的事，沒有大功卻想得到高官厚祿，都是招來並聚集怨恨的事。他的國君十分驕橫，身邊又有許多得寵的小人，這次打了勝仗回國，一定要新封大夫。封新的大夫，就要廢掉舊的大夫，以便空出名額來；要廢掉舊的大夫，就必須借助國民的力量；要借助國民的力量，就要挑選那民憤最大的首先開刀。招怨之事有三件，可以算得上是民憤很大了。苦成叔連自己的身家性命都保不住，哪裡還能給別人請求封邑！」鮑文子說：「我確實不如您！如果我們家族出現了遭災有禍的預兆，我就不能預先作出安排。現在，您深謀遠慮而辭讓封邑，一定能永久地立於不敗之地。」

里革論君之過

晉人殺厲公❶，邊人❷以告，成公在朝。公曰：「臣殺其君，誰之過也？」

大夫莫對。里革曰：「君之過也。夫君人者，其威大矣。失威而至於殺，其過多矣。且夫君也者，將牧民而正其邪者也，若君縱私回❸而棄民事，民旁有慝❹無由省❺之，益邪多矣。若以邪臨民，陷而不振，用善不肯專，則不能使，至於殄滅而莫之恤也，將安用之？桀奔南巢❻，紂踣❼于京，厲流于彘，幽滅于戲，皆是術也。夫君也者，民之川澤也，行而從之。美惡皆君之由，民何能為焉？」

【章旨】本章說明了一個道理：一個人得到什麼樣的結局，都是這個人自己的行為決定的，國君如此，其他人其實也如此。

【注釋】❶晉人殺厲公　事見本書〈周語下·單襄公論晉將有亂〉㉓。❷邊人　邊疆官員。❸回　邪。❹慝　惡。❺省　察。❻南巢　巢伯之國，在今安徽省巢縣。❼踣　斃也。

【語譯】晉國人殺了晉厲公，魯國邊境官員得到消息後，便把情況報告給成公，報告時成公正在上朝，便問滿朝文武：「臣子殺死了國君，這是誰的過錯？」大夫們沒有一個人回答。太史里革出班奏道：「是國君的過錯。統治人民的人，權威大得很！如果失掉了這一權威而且落到被人所殺的下場，那麼可以肯定，他的過錯也大得很！況且，作為君王，本來是應該治理人民、糾正人民的邪惡的，如果他反倒放縱自己的邪惡，放棄治理人民的責任，人民中產生了邪惡，也一無所知，無從考察，那麼，邪惡也就會越積越多。如果用邪惡的辦法來君臨民眾，那就會陷於淫邪而無可救藥。任用賢臣不能專一，運用法則不能實施，人民到了絕望的地步也不能撫恤，這樣還要君王做什麼呢？夏桀逃到南巢，商紂死於京師，厲王被流放到彘地，幽王被殺死在戲山，都是以邪治民的緣故啊！所謂君，好比是大河大湖，而民眾好比是魚，水往哪裡流，魚就往哪裡游。美好也好，醜惡也好，都是國君自己決定的，民眾又能把他怎麼樣呢？」

季文子論妾馬

季文子相宣、成❶，無衣帛之妾，無食粟之馬。仲孫它❷諫曰：「子為魯上卿，相二君矣，妾不衣帛，馬不食粟，人其以子為愛❸，且不華國乎！」文子曰：「吾亦願之。然吾觀國人，其父兄之食麤❹而衣惡者猶多矣，吾是以不敢。人之父兄食麤衣惡，而我美妾與馬，無乃非相人乎？且吾聞以德榮為國華，不聞以妾與馬。」

文子以告孟獻子，獻子囚之七日。自是，子服之妾衣不過七升之布❺，馬餼不過稂莠。文子聞之，曰：「過而能改者，民之上也。」使為上大夫。

【章旨】本章所論有三：廉潔奉公、與民同甘共苦者，可以為政；嚴於教子者，可以為政；知錯必改者，可以為政。

【注釋】❶宣成　魯宣公、魯成公。❷仲孫它　即子服它，孟獻子之子。❸愛　吝嗇。❹麤　粗。❺七升之布　古時八十縷為一升，而布寬二尺二寸，所以升數越多，布越細。朝服十五升，即二尺二寸幅內含一千二百縷，故為細布。七升之布，二尺二寸幅內僅五百六十縷，故為粗布。

【語譯】季文子宣成兩世為相，但他的侍妾從不穿絲綢，他的馬匹也從不吃糧食。仲孫它勸諫說：「大人是魯國的上卿，輔佐兩代君王，卻不讓侍妾穿絲綢，不讓馬匹吃糧食，別人還以為大人小氣呢！再說也有損於國家的形象。」文子說：「我其實也想像你說的那樣去做。可是，我看到我國國民，他們的父母兄弟長年累月吃粗糧、穿破衣，這種情況還多得很哪！因為這個原因，我就不敢了！別人的父母兄弟吃粗糧、穿破衣，而我卻打扮侍妾、嬌養馬匹，這恐怕不是輔佐國君、領導民眾的人應該做的吧？再說，我只聽說國家的榮譽聲望來自卿相的德政，從來沒有聽說過靠花枝招展的女人和膘肥體壯的馬給國家爭面子的。」

文子把這次談話的內容和經過告訴了仲孫它的父親孟獻子，獻子就把兒子禁閉了七天。從此之後，仲孫它的侍妾穿衣只穿粗布，餵馬只用莠草和稗子。季文子聽說後，說：「有錯能改的人，就是民眾的好官員。」就提拔仲孫它做了上大夫。

卷五 魯語下

叔孫穆子聘於晉

叔孫穆子❶聘於晉，晉悼公❷饗之，樂及〈鹿鳴〉之三❸，而後拜樂三。晉侯使行人❹問焉，曰：「子以君命鎮撫弊邑，不腆先君之禮，以辱從者，不腆之樂以節之。吾子舍其大而加禮於其細，敢問何禮也？」

對曰：「寡君使豹來繼先君之好，君以諸侯之故，貺❺使臣以大禮。夫先樂金奏〈肆夏樊〉、〈遏〉、〈渠〉，天子所以饗元侯❻也；夫歌〈文王〉、〈大明〉、〈緜〉，則兩君相見之樂❼也。皆昭令德以合好也，皆非使臣之所敢聞也。臣以為肄業❽及之，故不敢拜。今伶簫詠歌及〈鹿鳴〉之三，君之所以貺使臣，臣敢不拜貺？夫〈鹿鳴〉，君之所以嘉先君之好也，敢不拜嘉❾？〈四牡〉，君之所以章使臣之勤也，敢不拜章❿？〈皇皇者華〉，君教使臣曰『每懷靡及』，諏、謀、度、詢，必咨於周，敢不拜教⓫？臣聞之曰：『懷和為每懷，咨才為諏，咨事為謀，咨義為度，咨親為詢，忠信為周。』君既使臣以大禮，重之以六德，敢不重拜？」

【章　旨】本章論樂與禮之關係。

【注　釋】❶叔孫穆子　魯卿，叔孫得臣之子，名豹。❷晉悼公　即本書〈周語下‧單襄公論晉周將得晉國〉中之晉襄公曾孫周。❸鹿鳴之三　即〈小雅〉前三篇。❹行人　外交官。掌迎送賓客之禮。❺貺　賜也。❻天子所以饗元侯　元侯，諸侯之長。前面提到的三支曲子，〈樊〉即〈肆夏〉，〈遏〉即〈韶夏〉，〈渠〉即〈納夏〉，為古代三夏曲，屬於頌詩一類，在饗禮中演奏，規格最高。❼兩君相見之樂　上述三章，是〈大雅〉前三篇，都是贊美文王、武王之有聖德的詩章，故用於諸侯相見之禮。❽肄業　出於職業習慣而進行的練習。肄，習也。❾敢不拜嘉　〈鹿鳴〉以野鹿食草歡鳴、呼喚同類起興，表現主人在宴會上對賓客的歡迎，以及盼望永遠友好下去的心情，所以叔孫穆子說悼公讓樂隊演奏歌唱〈鹿鳴〉，是為了贊美兩國先君的友好，必須拜謝。❿敢不拜章　〈四牡〉這首詩在當時被看作是「勞使臣之來也」、「君所以勞使臣」的詩，所以叔孫穆子要拜謝悼公對他的表彰。⓫敢不拜教　〈皇皇者華〉寫一位使臣，不畏勞苦，奔波在路上，常常想到還沒有完成任務（每懷靡及），而他的任務，是要「周爰咨諏」、「周爰咨謀」、「周爰咨度」、「周爰咨詢」。所以叔孫穆子要拜謝悼公的教誨。

【語　譯】叔孫穆子到晉國聘問，晉悼公設宴奏樂款待他。當樂曲演奏到〈鹿鳴〉三章的時候，穆子才起身拜謝了三次。晉悼公派外交禮賓官向穆子詢問：「閣下奉貴國國君之命來鎮定安撫敝國，敝國寡德之君無以為報，謹用先君留下的菲薄之禮，來委屈您的隨員，並以小小的樂章來助興。可是，閣下捨棄那些重大的樂曲，卻特別垂愛加禮於那些次要的樂章，因此想大膽地請問一句：這是什麼禮節呢？」

叔孫穆子回答說：「敝國寡德之君派鄙人來，是為了繼承和發展貴我兩國先君開創的友誼。貴國國君以卑職是諸侯所派之使臣的緣故，賜給臣下以極高的禮遇。先以金鍾高奏〈肆夏樊〉、〈韶夏遏〉、〈納夏渠〉三大夏曲，這是天子款待諸侯領袖的樂曲；其後，又歌唱〈文王〉、〈大明〉、〈緜〉三首歌詩，則是兩國國君相見之禮樂。這都是昭明美德、敦厚邦交的樂曲，也都是作為臣下的我所不敢聽的。臣以為這不過是樂人練習所及，並非正式演奏，所以不敢拜謝。現在，樂人吹簫詠唱〈鹿鳴〉等三曲，這才是貴國國君賜給敝國使臣我的，我怎敢不拜謝這恩賜呢？〈鹿鳴〉，是貴國國君贊美貴我兩國先君之友好的，微臣怎敢不拜謝這贊美？〈四牡〉，是貴國國君表彰使臣之勤勉的，微臣怎敢不拜謝這表彰？〈皇皇者華〉，是貴國國君教導微臣『常常想到任務還沒有完成』，教導微臣無論出使的任務是諏、是謀、是度、是詢，都一定要求教於忠信之人，微臣怎敢不拜謝這教導？臣聽說：『心懷和惠就叫做常常想到，咨問取才之道就叫做諏，咨問政事之道就叫做謀，咨問義理之道就叫做度，咨問親親之道就叫做詢，忠實誠信就叫做周。』貴國國君賜給使臣我以大禮的禮遇，又加之以上述六種美德的教誨，我怎敢不再三拜謝呢？」

叔孫穆子諫季武子為三軍

季武子為三軍❶，叔孫穆子曰：「不可。天子作師，公帥之，以征不德。元侯作師，卿帥之，以承天子。諸侯有卿無軍，帥教衛❷以贊元侯。自伯、子、男有大夫無卿❸，帥賦❹以從諸侯。是以上能征下，下無姦慝。今我小侯也，處大國之間，繕❺貢賦以共從者，猶懼有討。若為元侯之所❻，以怒大國，無乃不可乎？」弗從。遂作中軍。自是齊、楚代❼討於魯，襄、昭皆如❽楚。

【章　旨】本章介紹了周代等級分明的國際關係和軍隊編制。

【注　釋】❶季武子為三軍　季武子，魯國的卿，季文子之子季孫夙也。依周禮，天子六軍，大國三軍，次國二軍，小國一軍。魯國是周公之子伯禽之封，本應有三軍，但這時國勢已衰，淪為次國，只有上下二軍，皆屬於魯國國君。如有戰事，則由三卿輪流出任元帥，率軍作戰。季武子想加強自己的勢力，便提出改二軍為三軍，由季氏、孟氏、叔孫氏三家各掌握一軍。❷教衛　所教武衛之士。❸無卿　無王命之卿也。周代禮制規定：大國三卿，皆受命於天子；次國二卿，其一受命於天子，另一受命於國君；小國二卿，都受命於國君。❹賦　兵賦。❺繕　整治。❻元侯之所　謂元侯之所作為也。❼代　互相替代。❽如　朝事。

【語譯】季武子要建立三軍，叔孫穆子反對說：「不可。周王天子建立六軍，由公爵一級的王室上卿或諸侯統帥，用以征討失道無德之君。諸侯之長建立三軍，由天子任命的三卿統帥，用以追隨王師討伐不義之人。大國諸侯有天子任命的卿士一人，但沒有三軍，便由命卿率領他所訓練的武衛之士出征，以贊助諸侯之長的軍事行動。自伯爵、子爵、男爵以下的小國，連命卿也沒有，只有大夫，便由大夫率領臨時徵集來的兵車甲士，跟在諸侯的軍隊後面。因為有這樣等級森嚴的制度，所以只有上級才能征討下級，而下級決不敢犯上作亂。如今，我國早已淪為弱小諸侯，夾在兩個大國中間，整治好貢品兵賦，隨時準備為他們效勞，還怕不小心得罪了他們而挨打。如果膽敢做諸侯之長才有資格做的事，以此去激怒大國，恐怕是不可以的吧？」季武子不聽叔孫穆子的勸告，還是一意孤行地設置了三軍建制。從此之後，齊國和楚國便輪流來討伐魯國，襄公和昭公兩世國君都不得不朝事楚國。

諸侯伐秦魯人以莒人先濟

諸侯伐秦❶，及涇莫濟。晉叔向❷見叔孫穆子曰：「諸侯謂秦不恭而討之，及涇而止，於秦何益？」穆子曰：「豹之業，及〈匏有苦葉〉矣，不知其他。」叔向退，召舟虞❸與司馬❹，曰：「夫苦匏不材於人，共❺濟而已。魯叔孫賦〈匏有苦葉〉，必將涉矣❻。具舟除隧，不共有法。」是行也，魯人以莒人先濟，諸侯從之。

【章　旨】本章記敘了行軍中的一件小事。

【注　釋】❶諸侯伐秦　魯襄公十一年，晉悼公伐鄭，秦人伐晉以救鄭。因此，魯襄公十四年，晉悼公便派六卿帥各國大夫伐秦，以為報復。❷晉叔向　即本書〈周語下・晉羊舌肸聘周論單靖公敬儉讓咨〉中的晉大夫羊舌肸。❸舟虞　管舟船的官員。❹司馬　管軍政的官員。❺共　供也。❻必將涉矣　叔孫穆子朗誦的是《詩・邶風》中的〈匏有苦葉〉這首詩。所謂匏，即一種有苦味的葫蘆，不能食用，只能繫在腰間用作浮筒以渡河。而且這首詩一開頭就說：「葫蘆長著枯葉，河水深淺不一。水深就游過去，水淺就蹚過去。」所以叔向一聽便知，穆子肯定有辦法渡河。

【語　譯】晉國六卿統帥諸侯各國大夫討伐秦國，走到涇水時，誰也不肯過河。晉大夫叔向便去見魯國的叔孫穆子，說：「諸侯們認為秦國對天子不恭而討伐他，走到涇河邊就不往前走了，這對伐秦之事又有什麼好處呢？」叔孫穆子說：「鄙人的工作，不過是朗誦〈匏有苦葉〉這首詩而已，不知道還有什麼別的。」叔向回到軍營，找來舟虞和司馬，說：「苦葫蘆對人沒什麼用，唯一的用處就是渡河。魯國的叔孫穆子朗誦〈匏有苦葉〉，肯定能夠過河了。趕快去準備船隻，清除道路，違者軍法從事。」這次行動，魯人命令莒國士兵在前面開路，各國大夫都跟著過了河。

襄公如楚

襄公如楚❶，及漢❷，聞康王❸卒，欲還。叔仲昭伯❹曰：「君之來也，非為一人❺也，為其名與其眾❻也。今王死，其名未改，其眾未敗，何為還？」諸大夫欲還。子服惠伯❼曰：「不知所為，姑從君乎！」叔仲曰：「子之來也，非欲安身也，為國家之利也，故不憚勤遠而聽於楚；非義楚❽也，畏其名與眾也。夫義人者，固慶其喜而弔其憂，況畏而服焉？聞畏而往，聞喪而還？苟芈姓實嗣❾，其誰代之任喪❿？王太子又長矣，執政⓫未改，予為先君來，死而去之，其誰曰不如先君？將為喪舉，聞喪而還，其誰曰非侮⓬也？事其君而任其政，其誰由己貳⓭？求說⓮其侮，而亟於前之人，其讎不滋大乎？說侮不懦⓯，執政不貳，帥大讎以憚小國，其誰云待之？若從君而走患，則不如違君以避難。且夫君子計成而後行，二三子計乎？有禦楚之術而有守國之備，則可也；若未有，不如往也。」乃遂行。

反⓰，及方城⓱，聞季武子襲卞⓲，公欲還，出楚師以伐魯。榮成伯⓳曰：「不可。君之於臣，其威大矣。不能令於國，而恃諸侯，諸侯其誰暱之？若得楚師以伐魯，魯既不違夙⓴之取卞也，必用命焉，守必固矣。若楚之克魯，諸姬不獲闚㉑焉，而況君乎？彼無亦置其同類㉒以服東夷，而大攘諸夏，將天下是王，而何德於君，其予君也？若不克魯，君以蠻、夷伐之，而又求入焉，必不獲矣。不如予之，夙之事君也，不敢不悛㉓。醉而怒，醒而喜，庸何傷？君其入也。」乃歸。

【章　旨】本章記錄了魯襄公的鼠目寸光、懦弱無能和兩位大夫的深謀遠慮、機智果敢。

【注　釋】❶襄公如楚　襄公，魯成公之子，名午。魯襄公二十七年，諸侯盟於宋，楚國主盟。二十八年十一月，為宋之盟故，襄公及宋公、陳侯、鄭伯、許男朝楚。這幾位諸侯，除許國男爵外，爵位都比楚國高（楚國子爵），卻要朝楚，楚國之強大可知。❷漢　漢水。❸康王　楚恭王之子，名昭。❹叔仲昭伯　即仲帶，叔仲惠伯之孫，魯國大夫。❺一人　指康王。❻為其名與其眾　其名，指楚國盟主之名。其眾，指楚國疆域遼闊，兵甲眾多。❼子服惠伯　即子服椒，是仲孫它（子服它）之子，魯國大夫。❽義楚　以楚有義而往之。❾芈姓實嗣　芈，楚國祖先的族姓。嗣，嗣世。❿其誰代之任喪　誰會代替他當喪為主呢。言外之意，一定是他自己承擔起來。⓫執政　指令尹和司馬。⓬侮　侮辱楚國。⓭由己貳　由，從也。貳，背叛也。⓮說　猶「除」也。⓯懦　軟弱。⓰反　通「返」。⓱方城　在楚國北面。⓲卞　魯國之邑，在今山東省泗水縣東五十里。⓳榮成伯　魯國大夫，子叔聲伯（公孫嬰齊）之子，名欒。⓴夙　季武子之名。㉑不獲闚　即不能染指。闚，同「窺」。㉒同類　同族。㉓悛　改過。

【語　譯】魯襄公到楚國去朝拜盟主，走到漢水，聽到了楚康王駕崩的消息，就想掉頭回去。叔仲昭伯說：「君上來楚國，不是為康王一個人而來，而是為了楚國盟主的地位名聲和它遼闊的疆土、眾多的軍隊。現在，康王雖然死了，可是楚國盟主的地位並沒有變，國土沒有減少，軍隊也沒有解散，為什麼要回國去呢？」眾位大夫也要回去。子服惠伯說：「既然大家都不知怎麼辦才好，那就姑且聽從國君的決定吧！」叔仲對大夫們說：「你們這次到楚國來，並不是為自己找一個安身的地方，而是為了國家的利益，這才不遠萬里，來表示聽命於楚；我們聽命於楚，也不是因為楚國有多麼仁義，而只不過是畏懼其霸主地位和國富兵強罷了。一個仁義寬容厚道的人，我們尚且要慶賀他的喜事哀悼他的喪事，何況對待讓我們害怕而且臣服的人呢？聽說他很可怕就湊上前去，聽說他死了就掉頭回家？如果姓芈的確有繼位之人，那麼誰會代替他主持喪事呢？康王的太子早已長大成人，令尹司馬等執政官員依然如舊，他們誰會說自己不如先君、不值得我們朝拜呢？如果我們還在國內，聽到楚國的事，還免不了要去弔喪，現在已在路上，聽到消息卻掉頭回去，他們誰會說這不是侮辱楚國呢？事奉國君、主持國政的人，又有誰願意在自己執政期間有諸侯背叛盟約呢？楚國君臣之急於洗刷這一恥辱，一定超過他們以前的任何人，兩國之間的仇豈不越結越大了嗎？要求洗刷恥辱，一定來勢洶洶；執掌盟主國政，決不容忍叛逆。楚國懷著深仇大恨來對付我們，請問誰說可以等著他來好了？與其遵從國君而走向禍患，不如違抗國君而避開災難。況且，君子考慮成熟後才行動，你們都認真考慮過嗎？有抵禦楚國的辦法、保衛國家的準備，就可以回國；如果沒有，就不如繼續前進。」於是這一行人又繼續前進了。

從楚國回來走到方城山時，聽說季武子襲取了卞邑，襄公又想退回楚國，請楚國出兵伐魯。榮成伯說：「不行。君對於臣，權威大得很。不能管住自己的臣下，要靠外國來管，這樣的國君有哪個諸侯會來親近他？即便請動楚軍，以討伐魯國，魯國國人既然不反對季武子襲取卞邑，也就一定會死心塌地地服從他的命令，而卞邑之防守，也一定固若金湯。如果楚國打敗了季武子，姬姓諸侯大國只怕連偷看一眼都不行，何況您呢？他們一定會安排芈姓同族鎮守卞邑，以平服東夷，驅逐華夏，稱王稱霸於天下，又有何恩德，要把卞邑還給您呢？如果楚軍攻不下卞邑，您借楚蠻子的兵討伐了季武子，而後又要求回魯國去，一定得不到允許。依臣下愚見，您還不如把卞邑封給季武子算了。季武子畢竟是您的臣下，他不敢不就此改過。喝醉了就發脾氣，酒醒了又高興，這又有什麼關係呢？君上還是回國去吧！」於是就回國。

季冶致祿

襄公在楚，季武子取卞，使季冶逆❶。追而予之璽書❷，以告曰：「卞人將畔❸，臣討之，既得之矣。」公未言，榮成子❹曰：「子❺股肱魯國，社稷之事，子實制之，唯子所利❻，何必卞❼？卞有罪而子征之，子之隸也，又何謁❽焉？」子治歸，致祿❾而不出，曰：「使予欺君，謂予能❿也；能而欺其君，敢享其祿而立其朝乎？」

【章　旨】本章事接前章，寫季武子的奸詐狡猾、榮成子的機警善言和季治的忠厚自重。

【注　釋】❶季治逆　季治，魯大夫。逆，迎接。這裡指迎接襄公回國。❷追而予之璽書　季武子先派季治去迎接襄公，而後又派人追上季治，交給他這封信。季治並不知道信的內容，結果被季武子所欺騙而充當了季武子欺君的幫兇。璽書，加蓋了印章的書信。漢代以前，大夫之印也稱作璽，漢以後則專指天子之印。❸畔　通「叛」。季武子說卞人要叛亂，完全是謊言。❹榮成子　即榮成伯。他怕襄公聽了季武子的謊言忍不住發火，便搶先代替襄公回答。❺子　這裡是回答季武子書信裡的話，所以這個「子」指的是季武子，而不是季治。下面的話，也都是要季治轉告季武子的。❻利　方便。❼何必卞　言外之意是說，凡魯國境內之邑，任你選擇。❽謁　請示報告。❾致祿　交還俸祿采邑。也就是辭官不做。❿能　賢能有才。

【語　譯】魯襄公在楚國的時候，季武子乘機襲取占有了卞邑，並派季治去迎接襄公。季治出發後，季武子又派人追上他，給他一封加蓋了印章的書信，信上稟告襄公說：「卞城人要謀反，臣便討伐並征服了它。」襄公還沒有說話，榮成子便搶先代替襄公回答季武子說：「閣下是魯國棟梁，國家大事，一任閣下裁奪；國內之邑，也一任閣下選擇。只要閣下覺得方便就行，也不一定就是卞邑吧？卞邑有罪，閣下去征討，這是閣下分內的事，哪裡需要請示報告呢？」季治回去後，便交還了食邑俸祿，再也不肯出仕。他說：「季武子讓我去欺騙國君，是說我賢德能幹；賢德能幹，卻欺騙自己的國君，還敢公然享受國君所賜的俸祿並堂而皇之地站在朝廷上嗎？」

叔孫穆子知楚公子圍有篡國之心

虢之會❶，楚公子圍❷二人執戈先焉。蔡公孫歸生❸與鄭罕虎❹見叔孫穆子，穆子曰：「楚公子甚美❺，不大夫矣，抑君也。」鄭子皮曰：「有執戈之前，吾惑之❻。」蔡子家曰：「楚，大國也；公子圍，其令尹也。有執戈之前，不亦可乎？」穆子曰：「不然。天子有虎賁❼，習武訓也；諸侯有旅賁❽，禦災害也；大夫有貳車❾，備承事也；士有陪乘❿，告奔走也。今大夫而設諸侯之服，有其心矣。若無其心，而敢設服以見諸侯之大夫乎？將不入矣⓫。夫服，心之文也。如龜焉，灼其中，必文⓬於外。若楚公子不為君，必死，不合諸侯矣。」公子圍反，殺郟敖⓭而代之。

【章旨】本章論服飾儀仗之等級，及此等級之不可廢。

【注釋】❶虢之會　魯昭公元年，魯國的卿叔孫豹（叔孫穆子）和晉卿趙武、楚公子圍及齊、宋、衛、陳、蔡、鄭、許、曹各國大夫在虢聚會，重溫宋國之盟。❷楚公子圍　恭王的庶子，後來的靈王，名熊虔，虢之會時是楚國令尹。❸公孫歸生　蔡國大師子朝之子，字子家。❹罕虎　鄭國大夫，子罕之孫、子展之子，字子皮。❺美　指服飾之盛美。❻有執戈之前二句　古禮，只有國君出行，才能有兩個執戈的做前導。惑，疑惑。❼虎賁　王宮中衛戍部隊的將領。❽旅賁　諸侯出行時護車的勇士。❾貳車　副車或副車手。❿陪乘　即車右。車上負責保衛的力士。⓫將不入矣　不是野心敗露被殺，便是野心得逞為君，反正是再也不會加入大夫的行列了。⓬文　裂紋。⓭郟敖　即楚康王之子麇。魯襄公二十八年，楚康王卒；二十九年，康王之子熊麇即位，王子圍為令尹。魯昭公元年，熊麇病，圍藉口探病，入宮將態麇縊死，葬於郟，無謚號。楚人稱沒有謚號的貴族為敖，所以叫他郟敖。

【語　譯】在虢地那次盟會上，楚公子圍讓兩個衛士執戈為其先導。蔡國公孫歸生子家和鄭國大夫罕虎子皮去見叔孫穆子，穆子說：「楚公子的服飾華麗得很，不像個大夫，倒像個國君。」鄭國的子皮說：「有兩個執戈之人站在他前面，我也正為此事而心存疑惑。」蔡國的子家說：「楚國是大國，公子圍是它的令尹，有兩個執戈之人為前導，不也是可以的嗎？」穆子說：「不對！天子有虎賁，是用來弘揚武教的；諸侯有旅賁，是用來抵禦災難的；大夫有貳車，是用來備用應急的；士有陪乘，是用來跑腿送信的。如今，公子圍還只是大夫，卻公然使用諸侯國君的服制，這就是有當國君的野心了。如果沒有這種野心，怎麼敢使用國君的服飾儀仗來會見各國的大夫呢？他是再也不會加入大夫們的行列了！服制，是內心世界的外部表徵。這正好比是龜甲，在裡頭燒烤它，外面就一定會出現裂紋。如果楚公子圍不篡位為君，就肯定會死，反正是不會再以大夫的身分來會合諸侯了。」楚公子圍果然謀反，殺了繼承康王王位的熊麇並取而代之，是為靈王。

叔孫穆子不以貨私免

虢之會，諸侯之大夫尋盟未退。季武子伐莒取鄆❶，莒人告于會，楚人將以叔孫穆子為戮❷。晉樂王鮒❸求貨於穆子，曰：「吾為子請於楚。」穆子不予。梁其踁❹謂穆子曰：「有貨，以衛身也。出貨而可以免，子何愛焉？」穆子曰：「非女所知也。承君命以會大事，而國有罪，我以貨私免，是我會吾私也。苟如是，則又可以出貨而成私欲乎？雖可以免，吾其若諸侯之事何？夫必將或循之，曰：『諸侯之卿有然者故也❺。』則我求安身而為諸侯法❻矣。君子是以患作。作而不衷，將或道之，是昭其不衷也。余非愛貨，惡不衷也。且罪非我之由，為戮何害？」楚人乃赦之。

穆子歸，武子勞之，日中不出。其人曰：「可以出矣。」穆子曰：「吾不難為戮，養吾棟❼也。夫棟折而榱❽崩，吾懼壓焉。故曰雖死在外，而庇宗於內，可也。今既免大恥，而不忍小忿，可以為能乎？」乃出見之。

【章　旨】本章贊揚大公無私的精神。

【注　釋】❶鄆　莒國之邑。❷楚人將以叔孫穆子為戮　季武子伐莒取鄆，莒人告到會上，其實就是告到楚人那裡。恰好這次盟會的主題是「弭兵」。於是楚人就對另一大國晉國的代表說：「盟會還沒散，魯國就進攻莒國，這還得了！簡直是褻瀆盟約！請同意將魯國代表殺了，以示懲戒！」❸樂王鮒　即晉國大夫樂桓子。❹梁其踁　穆子家臣。❺有然者故也　有這樣的老規矩。❻法　行賄免禍的法規。❼吾棟　指季武子。❽榱　屋椽屋桷的總稱。

【語　譯】虢地之會，各國大夫在此重溫宋國之盟還沒散會時，季武子攻打莒國並占取了鄆邑。莒國告到會上，楚國代表便要求處死魯國代表叔孫穆子。晉國代表樂桓子要穆子拿出些財物來，說：「我替你去向楚國求情。」穆子不給他。穆子家臣梁其踁對穆子說：「錢財這東西就是用來保護自己的。出些錢就可免禍，大人何必吝惜呢？」穆子說：「這不是你能懂得的。奉君命來參加盟會，研究諸侯國之間的大事，而自己的國家出了事，我就花錢去私下了結它，這就變成我是到會上來會晤我自己了。如果真的可以這樣做，那麼，也可以出錢以滿足自己的私欲了囉？雖說花錢可以為自己免禍，但這樣一來，我又將把諸侯的事怎麼樣？肯定今後會有人照此辦理，說：『諸侯的卿就有這麼做的。』那麼，我本意不過但求保命，結果卻開創了行賄免禍的先例。正是由於這個原因，君子決不輕易開創先例。怕的就是做了不合初衷，不合中正之道，以後被人議論，便反倒成了張揚不衷了。我不是吝惜財物，而是厭惡不衷。況且，壞事又不是我做的，把我殺了又有什麼用？」於是，楚人就赦免了穆子。

穆子回國後，季武子去慰問他，直到中午他也不肯出門。一位家臣說：「可以出去了。」穆子說：「我不以被殺為難，就是為了維護我們國家的棟梁。棟梁一倒，椽子就分崩離析，我可害怕被壓倒了。所以說，雖然死在外面，但是保住了國內，值得呀！如今，既然連當眾被戮的奇恥大辱都能避免，如果反倒不能容忍小小的怨恨，那還能叫做賢德有才幹嗎？」於是，便出門見季武子。

子服惠伯從季平子如晉

平丘之會，晉昭公使叔向辭昭公，弗與盟❶。子服惠伯曰：「晉信蠻、夷❷而棄兄弟，其執政貳❸也。貳心必失諸侯，豈唯魯然？夫失其政❹者，必毒於人，魯懼及焉，不可以不恭。必使上卿從之。」季平子❺曰：「然則意如乎？若我往，晉必患我，誰為之貳❻？」子服惠伯曰：「椒既言之矣，敢逃難乎？椒請從。」

晉人執平子。子服惠伯見韓宣子❼曰：「夫盟，信之要也。晉為盟主，是主信也。若盟而棄魯侯，信抑闕矣。昔欒氏之亂，齊人間晉之禍，伐取朝歌❽。我先君襄公不敢寧處，使叔孫豹悉帥敝賦❾，踦跂❿畢行，無有處人，以從軍吏，次於雍渝⓫，與邯鄲勝⓬擊齊之左，掎止晏萊⓭，齊師退而後敢還。非以求遠也，以魯之密邇於齊，而又小國也。齊朝駕則夕極於魯國。不敢憚其患，而與晉共其憂，亦曰：『庶幾有益於魯國乎！』今信蠻、夷而棄之，夫諸侯之勉於君者，將安勸矣？若棄魯而苟固諸侯，群臣敢憚戮乎？諸侯之事晉者，魯為勉矣，若以蠻、夷之故棄之，其無乃得蠻、夷而失諸侯之信乎？子計其利者，小國共命⓮。」宣子說，乃歸平子。

【章旨】藉子服惠伯如晉的故事證明：動之以情，曉之以理，就能說服別人。

【注釋】❶平丘之會三句　魯昭公十年，魯上卿季平子伐莒，奪取了莒國之郠（在今山東省沂水縣界內）。莒人和邾人告到晉國那裡，說：「魯朝夕伐我，我們快亡國了，不能再向晉國進貢了。」於是，晉國就在魯昭公十三年大會諸侯於平丘，並特別通知不要魯昭公參加，實際上是要開會討論伐魯之事。平丘，在今河南省商丘縣附近。晉昭公，晉平公之子，名叫夷。昭公，即魯昭公，名裯。❷蠻夷　指莒人、邾人。❸貳　有二心。❹政　正也。❺季平子　季武子之孫、悼子之子，名意如，時為魯國上卿。❻貳　副手。❼韓宣子　晉國正卿，韓獻子之子，名起。❽昔欒氏之亂三句　魯襄公二十一年，欒盈（懷子）被人誣告而獲罪於宣子，被迫逃亡到楚國。魯襄公二十二年，又自楚適齊。二十三年，欒盈打回晉國，晉國大亂，齊國趁機出兵伐晉，攻占了晉邑朝歌（今河南省淇縣）。欒氏，晉國大夫欒盈，是欒桓子（黶）與范宣子（士匄）之女的兒子。❾賦　兵賦。依周代禮制，有戰事，伯、子、男等小國便派大夫「帥賦」跟隨諸侯。魯國公爵，而自稱其軍曰「賦」，是表示謙遜。❿踦跂　指殘疾之人。踦，一隻腳。跂，歧生的腳趾。⓫雍渝　晉地。⓬邯鄲勝　晉大夫，即趙旃之子須子勝，食采邯鄲。⓭掎止晏萊　掎止，牽控制止。掎，牽制。晏萊，齊大夫。⓮共命　敬從其命。

【語　譯】平丘的那次盟會，晉昭公派叔向以辭令謝絕魯昭公，不讓他參加盟會。子服惠伯說：「晉國輕信蠻、夷而拋棄兄弟，他們的執政者心術不正啊！心術不正，必然失信於諸侯，豈止於魯國而已？失去為政之正者，必然加害於人，我們不能不有所防範，也就不能不表示謙恭。因此一定得派上卿去盟會上表示順從。」季平子說：「如此說來，此行便非我莫屬了吧？如果我去了，晉國必定加害於我，請問誰為我當副手呢？」子服惠伯說：「既然是我提出的建議，我還敢逃避責任嗎？我請求擔任隨員。」

晉人果然拘捕了季平子。子服惠伯便去拜見晉國正卿韓宣子，說：「盟會，是締結信義的主要方式。晉國擔任盟主，也就是擔負主持信義的主要責任。如果諸侯結盟卻拋棄魯國，那麼，信義只怕就會有所欠缺了。當年，欒氏在晉國作亂時，齊國趁機攻打晉國，占取了朝歌。敝國先君襄公不敢袖手旁觀，派叔孫豹率領敝國全部人馬，連跛腳駢指之人都全部參軍，沒有一個人待在家裡，跟隨貴軍，出師抵達雍渝，與貴國大夫邯鄲勝通力合作，夾擊齊國左軍，牽制齊國晏萊之師，迫使齊國退兵後，才敢回國。我說這些，不是要表白過去的功勞，只是說明，魯國離齊國最近，又是小國。齊人如果乘車而來，早上從齊國出發，晚上就可以到達魯國的最遠處。即便如此，魯國仍然置自己的安危於不顧，也要堅定地站在晉國這一邊，與貴國同生死、共患難，同時也想：『這樣或者對魯國多少有點好處吧！』可是，現在貴國偏偏聽信於蠻、夷之人，而拋棄生死與共的兄弟之邦，這又將怎樣勉勵那些對貴國盡心盡力的其他諸侯呢？如果拋棄魯國便可以進一步鞏固諸侯間的團結合作，我們幾個小臣又哪裡敢怕死呢？諸侯當中，事奉貴國的，要算敝國最盡心盡力了，如果因為那一兩個蠻、夷小國的緣故就要拋棄我們，那豈不是得到了蠻、夷而失信於諸侯嗎？恭請閣下認真考慮利害得失，我們小國謹唯貴國之命是從。」韓宣子聽了這些話很高興，便放季平子回國去了。

季桓子穿井獲羊

季桓子❶穿井，獲土缶❷，其中有羊焉。使問之仲尼曰：「吾穿井而獲狗，何也？」對曰：「以丘之所聞，羊也。丘聞之：木石之怪曰夔❸、蝄蜽❹，水之怪曰龍、罔象❺，土之怪曰羵羊❻。」

【章旨】本章記孔子之博學多聞。

【注釋】❶季桓子　魯國正卿，季平子之子，名斯。❷缶　盛酒漿之瓦器。❸夔　古代傳說中的一種異獸，形狀如牛，但沒有角，一隻腳；也有人說是人面猴身的獨腳怪物，又叫山繅。❹蝄蜽　同「罔兩」。古代傳說中的一種山中精怪，能仿傚人聲。❺罔象　又名沐腫。古代傳說中的水怪，吃人。❻羵羊　又名墳羊。雌雄不分的一種土中怪羊。

【語譯】季桓子家打井，挖到一個瓦罐，裡面有一隻羊一樣的怪東西。桓子便派人去請教孔子，說：「我家打井，挖到一隻狗，這是怎麼一回事呢？」孔子回答說：「據我所知，那是羊。丘聽說過：山中之怪叫夔、叫蝄蜽，水中之怪叫龍、叫罔象，土中之怪叫羵羊。」

公父文伯之母對季康子問

季康子❶問於公父文伯之母❷曰：「主❸亦有以語肥也？」對曰：「吾能老而已，何以語子！」康子曰：「雖然，肥願有聞於主。」對曰：「吾聞之先姑❹曰：

『君子能勞，後世有繼。』」子夏❺聞之曰：「善哉！商聞之曰：『古之嫁者，不及❻舅姑，謂之不幸。』夫❼婦，學於舅姑者也。」

【章旨】本章告誡居官者以勤。

【注釋】❶季康子　魯國正卿，季悼子的曾孫、季平子之孫、季桓子之子，名肥。❷公父文伯之母　公父文伯是魯國大夫，季悼子之孫、公父穆伯之子，名歜。他的母親，就是穆伯的妻子敬姜。穆伯既為悼子之子，則敬姜當是康子祖母一輩的人。❸主　古時大夫稱主，其妻也稱主。❹先姑　婦人稱丈夫之父為舅，稱丈夫之母為姑，稱丈夫已去世之母為先姑。敬姜的先姑即季悼子之妻，亦即季康子的曾祖母。❺子夏　孔子的學生，姓卜，名商，字子夏。❻不及　沒趕上。意謂公婆已過世。❼夫　發語詞。

【語譯】季康子向敬姜求教，說：「您老人家有告誡教導我的話吧？」敬姜回答說：「我不過多活了幾年而已，能說什麼有用的話呢！」康子說：「儘管您自己這麼說，我還是想從您這裡得到教導。」敬姜回答說：「我從婆母，也就是你的曾祖母那裡聽過這樣一句話：『君子勤勤懇懇，子孫世代為官。』」子夏聽到後說：「講得好啊！我聽說：『古時候，姑娘出嫁時公婆已經過世的叫做不幸。』看來，兒媳是要向公婆學習的。」

公父文伯飲南宮敬叔酒

公父文伯飲南宮敬叔❶酒，以露睹父❷為客。羞❸鼈焉，小。睹父怒，相延❹食鼈，辭曰：「將使鼈長而後食之。」遂出。文伯之母聞之，怒曰：「吾聞之先子❺曰：『祭養尸❻，饗養上賓。』鼈於何有❼？而使夫人怒也！」遂逐之。五日，魯大夫辭❽而復之。

【章旨】本章記敬姜教子之嚴。

【注釋】❶南宮敬叔　即南宮說，是孟僖子之子、懿子之弟，魯國大夫。❷露睹父　魯國大夫。❸羞　進。❹延　進也。❺先子　指季悼子。❻養尸　養，供奉。以下奉上就叫做養。尸，祭祀時代死者受祭之人，他在祭祀時要受到特別的尊敬。❼鼈於何有　此句有兩種解釋：一是「根據何禮而要有鼈呢？」二是「對於鼈來說又有什麼呢？」❽辭　請也。請求；說情。

【語譯】公父文伯請南宮敬叔喝酒，以露睹父為上賓。進獻給睹父的鼈小一些，睹父就生氣了，便在大家吃鼈的時候告辭說：「還是讓這隻鼈長大以後再吃牠吧！」就出去了。文伯的母親聽說以後，生氣地對兒子說：「我聽你爺爺講：『祭祀時要最敬尸主，宴會上要最敬上賓。』究竟是什麼禮儀有吃鼈這回事？竟弄得那個人生那麼大的氣！」便把文伯趕出家門。直到五天以後，大夫們說情，才讓他回家。

公父文伯之母論內朝與外朝

公父文伯之母如季氏，康子在其朝❶，與之言，弗應。從之及寢門，弗應而入。康子辭於朝而入見，曰：「肥也不得聞命❷，無乃罪乎？」曰：「子弗聞乎？天子及諸侯合民事於外朝，合神事於內朝；自卿以下，合官職於外朝，合家事於內朝；寢門之內，婦人治其業焉。上下同之。夫外朝，子將業君之官職焉；內朝，子將庀❸季氏之政焉，皆非吾所敢言也。」

【章旨】本章論內外朝之別與男女之別。

【注釋】❶朝　古代卿大夫官署的格局，前面是辦公的外朝，往裡走是研究家政的內朝，再往裡走是室家。❷命　教誨。❸庀　整治。

【語譯】公父文伯之母敬姜到季氏家去，季康子正在大堂，和她打招呼，敬姜沒回應。康子跟著她走到室家門口，敬姜也不答應一聲就進去了。康子放下工作，離開廳堂，進入內室去見敬姜，說：「我剛才沒聽到您的教誨，是不是得罪您老人家了？」敬姜說：「你沒聽說過嗎？天子和諸侯研究人事在外廷，研究神事在內廷；從卿以下，研究公事在外堂，研究家事在內堂；而寢門之內，則是婦人做活的地方。上上下下都是同一個規矩。外堂，你要辦理國君交給的公務；內堂，你要處理季氏家族的事務，都不是我這婦道人家敢說話的地方啊！」

公父文伯之母論勞逸

公父文伯退朝，朝其母，其母方績。文伯曰：「以歜之家而主猶績，懼忓❶季孫之怨也，其以歜為不能事主乎！」

其母歎曰：「魯其亡乎！使僮子備官而未之聞耶？居❷，吾語女❸！昔聖王之處民也，擇瘠土而處之，勞其民而用之，故長王天下。夫民勞則思❹，思則善心生；逸則淫❺，淫則忘善，忘善則惡心生。沃土之民不材❻，逸也；瘠土之民莫不嚮義，勞也。是故天子大采朝日❼，與三公、九卿祖識地德❽；日中考政，與百官之政事，師尹維旅、牧、相⑨，宣序⑩民事；少采夕月⑪，與大史、司載糾虔天刑⑫；日入監九御⑬，使潔奉禘、郊之粢盛⑭，而後即安。諸侯朝修天子之業命，晝考其國職，夕省其典刑，夜儆百工，使無慆淫，而後即安。卿大夫朝考其職，晝講其庶政⑮，夕序其業，夜庀其家事，而後即安。士朝受業，晝而講貫⑯，夕而習復，夜而計過無憾，而後即安。自庶人以下，明而動，晦而休，無日以怠。

「王后親織玄紞⑰，公侯之夫人加之以紘、綖⑱，卿之內子為大帶⑲，命婦成祭服⑳，列士之妻加之以朝服㉑，自庶士以下㉒，皆衣其夫。社㉓而賦事，蒸㉔而獻功，男女效績，愆則有辟㉕，古之制也。君子勞心，小人勞力，先王之訓也。自上以下，誰敢淫心舍力？今我，寡也，爾又在下位，朝夕處事，猶恐忘先人之業；況有怠惰，其何以避辟！吾冀㉖而朝夕修我曰：『必無廢先人。』爾今曰：『胡不自安。』以是承君之官，余懼穆伯之絕嗣㉗也。」仲尼聞之曰：「弟子志㉘之，季氏之婦不淫矣。」

【章　旨】本章論勤勉為興家立國之本。

【注　釋】❶忓　擾也。❷居　坐下。❸女　汝。❹思　思儉約。❺淫　惑亂邪侈。❻不材　器能少也。❼大采朝日　天子在每年春分時著五彩袞服朝拜日神。大采，五彩。❽與三公九卿祖識地德　三公，朝廷的最高長官，即太師、太傅、太保。

九卿，朝廷直屬各部門的長官，即冢宰、司徒、宗伯、司馬、司寇、司空、少師、少傅、少保。祖，習。識，知。地德，指地上生長有德於人的五穀百物。❾師尹維旅牧相　師尹，大夫；長官。維，陳也。旅，眾士。牧，地方長官。相，諸侯國相。❿宣序　宣，遍也。序，次也。⓫少采夕月　天子每年秋分時著三彩袞服祭祀月神。少采，三彩。⓬與大史司載糾虔天刑　大史，太史。司載，管天文的官。糾，恭也。虔，敬也。刑，法也。⓭九御　九嬪。⓮粢盛　盛在祭器內供祭祀之穀物。⓯庶政　一般的例行公事。⓰講貫　講解學習。⓱玄紞　王冠兩旁懸掛玉瑱的黑色絲繩。⓲紘綖　紘，繫王冠的帶子。綖，王冠的上蓋。⓳大帶　黑帛做的腰帶。⓴命婦成祭服　命婦，大夫之妻。祭服，即祭祀時所著之玄衣、纁裳。玄為帶赤之黑色，纁為絳色。玄衣無紋，纁裳刺黻。㉑列士之妻加之以朝服　周代的士分三等，即元士、中士、下士，列士即元士。朝服，天子之士皮弁素積，諸侯之士玄端委帽。㉒庶士以下　即庶人。庶士，下士。㉓社　春祭。㉔蒸　冬祭。㉕愆則有辟　愆，差失。辟，罪過。㉖冀　希望。㉗穆伯之絕嗣　這裡指文伯將遭殺身之禍。穆伯，文伯之父。絕嗣，斷後，也就是斷子絕孫的意思。嗣，後也。㉘志　記也。

【語　譯】公父文伯退朝回家，向母親大人請安，他的母親敬姜正在紡麻。文伯說：「像我們這樣的家族，媽媽還要紡麻，只怕會惹怒正卿季康子，說我不能很好地事奉母親呀！」

敬姜歎了一口氣說：「魯國大概是要滅亡了吧！讓你這樣不懂事的孩子去做官，又不讓你懂得為官之道嗎？坐下，我來告訴你！當年聖王安置人民，總是選擇貧瘠的土地，安排繁重的勞動，所以能長治久安，世代君臨天下。因為人民勞苦就會想到勤儉，勤儉則生善心；安逸就會放蕩，放蕩就忘善，忘善則生邪念。沃土上的民眾不成材器，就因為他們太安逸了；窮困地區的民眾無不嚮往正義，也就因為他們勤勞。所以，天子每年春分都要著五彩袞服朝拜日神，與三公、九卿一起熟悉了解五穀百物的生長情況和規律；中午要檢查朝政，與百官一起處理政務，大夫和各部長官率領眾士、地方官和諸侯國的輔佐，普遍地依次料理民事；每年秋分都要著三彩袞服祭祀月神，與太史、司載一起恭敬虔誠地觀察天象所示之法則；太陽下山後要監督九嬪，讓她們把禘祭和郊祭的祭品洗淨備齊，這才能去就寢。諸侯在早晨要處理天子交辦的事情和命令，白天料理本國的各項事務，傍晚檢查法令執行情況，夜間監督百工，使他們不敢懈怠放蕩，然後才去就寢。卿大夫早晨檢查本職工作，白天處理一般政事，傍晚料理經辦公務，夜間整治家族封邑之事，然後才去就寢。士人早晨接受任務，白天講解學習，傍晚反覆練習，夜間把一天的工作反省檢討一遍，認為並無缺憾之處，這才能夠去睡覺。自庶人以下，都是天一亮就勞動，天黑了才休息，沒有一天怠惰。

「王后要親自織玄紞，君夫人還要再加上紘、綖，卿的內子要織大帶，大夫命婦要縫製祭服，元士之妻還要加上朝服，自下士到庶人，他們的妻子，都要給自己的丈夫做衣服。春祭後參加農耕桑植，冬祭時獻上五穀布帛，男男女女，各盡其職，如有差失，定當懲治，這是自古以來的制度。君子勞心，小人勞力，這是先王的教導。從上到下，誰敢放蕩其心而不用其力呢？如今，我是一個寡婦，你又是個下大夫，早起晚睡地辦事，還怕丟失了先人之業；如果有了怠惰，哪還能逃得過懲罰呢？我希望你時時刻刻提醒我：『一定不要荒廢了祖宗的業績。』沒想到你剛才卻說：『怎麼不自求安逸？』用這種思想去做國君的臣僚，我只怕你亡父的祭祀要斷絕了！」孔子聽到以後說：「學生們記住，季氏這位婦人是不貪圖安逸的。」

公父文伯之母別於男女之禮

公父文伯之母，季康子之從祖叔母也。康子往焉，䦢❶門與之言，皆不踰閾❷。祭悼子，康子與焉，酢❸不受，徹俎不宴。宗不具不繹❹，繹不盡飫則退。仲尼聞之，以為別於男女之禮矣。

【章旨】本章說男女有別之禮。

【注釋】❶䦢 開門。❷閾 門檻。❸酢 祭肉。❹宗不具不繹 宗，即宗臣，主祭祀之禮。具，在。繹，第二天又祭。

【語　譯】公父文伯的母親敬姜，是季康子的叔祖母。康子到她家去的時候，她開著門和康子說話，彼此都不跨過門檻。祭祀悼子時，她不親手接康子獻的祭肉，也不參加撤除祭器後的宴飲。如果宗臣不在，就不再祭；再祭之後，飫禮未畢就先告退。孔子聽說以後，認為敬姜是懂得男女有別之禮的。

公父文伯之母欲室文伯

公父文伯之母欲室文伯❶，饗其宗老❷，而為賦〈綠衣〉之三章❸。老請守龜❹卜室之族。師亥❺聞之曰：「善哉！男女之饗，不及宗臣；宗室之謀，不過宗人。謀而不犯，微而昭矣。詩所以合意，歌所以詠詩也。今詩以合室，歌以詠之，度於法矣。」

【章　旨】本章言婚配之禮。

【注　釋】❶室文伯　為文伯娶妻。❷宗老　宗，宗人，主管禮樂。老，家臣。❸賦綠衣之三章　賦，吟誦。〈綠衣〉為《詩經・邶風》之詩，其第三章曰：「綠兮絲兮，女所治兮，我思古人，俾無訧兮。」是丈夫懷念賢妻之詩。❹守龜　卜人。❺師亥　魯國當時一位最有名的樂師。

【語　譯】公父文伯的母親要給文伯娶妻，便宴請主管禮樂的宗人、家臣。宗人為主母吟誦了〈綠衣〉的第三章，家臣請卜人為文伯用龜占選擇了女方的家族。師亥聽說之後說道：「處理得好啊！男女共赴宴會，就不能請主持祭祀的宗臣；娶親擇偶之事，只需要麻煩主管禮樂的宗人。商議選擇不違禮，詩句雖少但意旨分明。詩句本是用來表達志意的，歌聲本來就是吟唱詩句的。現在詩句正合娶親之意，歌聲又吟唱了詩句，完全合於法度。」

公父文伯卒其母戒其妾

公父文伯卒，其母戒其妾曰：「吾聞之：好內，女死之；好外，士死之。今吾子夭死，吾惡其以好內聞也。二三婦之辱❶共先者祀，請無瘠色❷，無洵涕❸，無掐膺❹，無憂容，有降服❺，無加服❻。從禮而靜❼，是昭吾子也。」仲尼聞之曰：「女知❽莫若婦，男❾知莫若夫。公父氏之婦智也夫！欲明其子之令德。」

【章　旨】公父文伯之母是一個很有政治頭腦的婦人，本章記錄她在大悲痛時的鎮定自若和遠見卓識。

【注　釋】❶辱　屈辱；委屈。❷瘠色　容貌毀損。❸洵涕　默默無聲地流淚。❹掐膺　捶胸。❺降服　喪服輕於禮。❻加服　喪服加於禮。❼從禮而靜　依照禮節，靜默守喪。❽女知　女，指未婚女子。知，即知識；智慧；見識。❾男　未婚男子。

【語　譯】公父文伯去世了，他的母親告誡他的妻妾們說：「我聽說：寵愛妻妾的人，因為女人而死；關心國事的人，作為國士而死。如今，我兒子不幸早死，我可不願意別人把他看作是寵愛妻妾的人。所以，你們幾個供奉祭禮時要委屈一下，請不要損毀容貌，不要吞聲飲泣，不要捶胸頓足，不要愁雲滿面，喪服的規格等級，只可減，不可加，遵從禮儀，靜穆致哀，這就是表彰我兒子了！」孔子聽到這件事後說：「少女智識不如婦人，童男智識不如丈夫。公父家的婦人真明智啊！她這樣做，是要昭明她兒子的美德。」

孔丘謂公父文伯之母知禮

公父文伯之母朝哭穆伯，而暮哭文伯。仲尼聞之曰：「季氏之婦可謂知禮矣。愛而無私❶，上下有章。」

【章　旨】本章言上下之別。

【注　釋】❶愛而無私　敬姜所哭，均為最親之人，說她無私，是指她哭的時候，不是想到誰就哭誰，而是依照公認的禮節來哭，也就是能控制自己的情緒。

【語　譯】公父文伯的母親早上哭丈夫，晚上哭兒子。孔子聽到後說：「季氏的這位婦人稱得上是懂得禮的人了！她即使是在表達自己對至親之人的愛時，也能不隨心所欲，而是使上下之序彰著昭明。」

孔丘論大骨

吳伐越，墮會稽❶，獲骨焉，節專車❷。吳子❸使來好聘，且問之仲尼❹，曰：「無以吾命。」賓發幣於大夫，及仲尼，仲尼爵之❺。既徹俎而宴，客執骨而問曰：「敢問骨何為大？」仲尼曰：「丘聞之：昔禹致群神於會稽之山，防風氏❻後至，禹殺而戮❼之，其骨節專車。此為大矣。」客曰：「敢問誰守為神？」仲尼曰：「山川之靈，足以紀綱天下者，其守為神；社稷之守者，為公侯。皆屬於王者。」客曰：「防風何守也？」仲尼曰：「汪芒氏之君也，守封、嵎之山者也，為漆姓。在虞、夏、商為汪芒氏，於周為長狄，今為大人。」客曰：「人長之極幾何？」仲尼曰：「僬僥氏長三尺❽，短之至也。長者不過十之，數之極也。」

【章　旨】本章記孔子之博學與吳國使臣之機敏。

【注　釋】❶吳伐越二句　事在魯哀公元年。墮，壞也。會稽，越國境內之山名。❷節專車　節，指一節骨頭。專，獨占；占滿。❸吳子　吳王夫差，子爵。❹問之仲尼　吳王要使臣去問孔子。❺爵之　敬一杯酒。❻防風氏　傳說中的夏代諸侯。相傳今浙江省武康縣是古防風氏之國。❼戮　陳屍。❽僬僥氏　古代傳說中的矮人。《列子．湯問》說他們身長一尺五寸。

【語　譯】吳國征伐越國，毀了會稽山，挖出一節大骨頭，足有一輛車那麼長。吳王夫差派使臣到魯國重溫以前的友好關係，並要他向孔子打聽一下這件事，但又交代：「不要說是我要你問的。」歡迎儀式上，吳國使臣依次向魯國大夫分送禮品，送到孔子面前時，孔子向他敬了一杯酒。等到撤去祭祀的禮器，開始宴飲時，吳使順手拿起一塊骨頭問道：「請問什麼骨頭最大？」孔子說：「我聽說：當年禹王招集群神到會稽山，防風氏遲到，禹王就把他殺了並陳屍於野，他的骨頭一節就能獨占一輛車，這是最大的。」使臣又問：「那麼，請問把守什麼就叫神？」孔子說：「山川的精靈，能興雲致雨以利天下的，他們守住哪座山、哪條河，就是該山該河之神；如果守社稷江山，那就是一國之神了。這都屬於王者。」吳使又問：「那麼防風守何處？」孔子說：「他是汪芒氏之君，所守為封山、嵎山，姓漆。在虞、夏、商三代叫汪芒氏，在周代叫長狄，如今叫大人。」吳使問：「最高的人有多高？」孔子說：「僬僥氏長三尺，這是最矮的人。最高的人不過十倍於僬僥氏，這已到極點了。」

孔丘論楛矢

仲尼在陳❶，有隼集❷于陳侯之庭而死，楛矢❸貫之，石砮❹其長尺有咫❺。陳惠公使人以隼如仲尼之館問之。仲尼曰：「隼之來也遠矣！此肅慎氏之矢也❻。昔武王克商，通道于九夷、百蠻❼，使各以其方賄❽來貢，使無忘職業。於是肅慎氏貢楛矢、石砮，其長尺有咫。先王欲昭其令德之致遠也，以示後人，使永監焉，故銘其栝曰『肅慎氏之貢矢』，以分大姬❾，配虞胡公❿而封諸陳。古者，分同姓以珍玉，展⓫親也；分異姓以遠方之職貢，使無忘服也⓬。故分陳以肅慎氏之貢。君若使有司求諸故府，其可得也。」使求，得之金櫝⓭，如之。

【章旨】本章記孔子之博學多聞。

【注釋】❶陳　國名，嬀姓，都宛丘（今河南淮陽）。❷隼集　隼，一種兇猛的鳥。集，鳥棲於樹。❸楛矢　楛，木名。矢，箭也。❹砮　即「鏃」。箭頭，有通叉。❺咫　八寸。❻隼之來也遠矣二句　肅慎氏是北方種族，所以說這隻隼來得很遠。❼九夷百蠻　南北各方少數民族。❽方賄　地方特產。❾大姬　武王長女。❿虞胡公　舜的後代，虞遏父之子，名滿。⓫展　示也。⓬使無忘服也　一看見賞賜給他的遠方職貢，就會想起自己也該有所貢奉。⓭金櫝　即金匱。國家貴重縝密的東西都藏於此。

【語譯】孔子在陳國時，有一隻隼落在陳侯庭院中的樹上死了，楛木做的箭穿過隼身，石製箭頭長一尺八寸。

陳惠公派人拿著這隻中了箭的隼到孔子住的賓館裡去求教。孔子說：「這隻隼來得遠哪！這是肅慎氏的箭。當年武王滅商，開通了與九夷、百蠻的交往，命令各國以自己的特產為貢品，使其不忘本分。於是肅慎氏便進貢了楛矢、石砮，石砮長一尺八寸。先王為了昭明自己的美德能使遠方民族歸順，以示後人，讓他們永遠銘記，便在箭末扣弦的地方刻下『肅慎氏之貢矢』一行字，把它賜給長女大姬，又把大姬嫁給虞胡公，封他們在陳。古時候，把珍珠寶玉賜給同姓諸侯，是表示親近；把遠方貢品賜給異姓諸侯，是提醒他們別忘了自己的職責。所以賜給陳國以肅慎氏的貢品。君上如果派管事的人到貴國舊府中去找一找，大概就能找到。」陳惠公派人去找，果然在金櫝中找到了，情況和孔子說的一樣。

閔馬父笑子服景伯

齊閭丘來盟❶，子服景伯❷戒宰人❸曰：「陷❹而入於恭。」閔馬父❺笑，景伯問之，對曰：「笑吾子之大也。昔正考父❻校商之名頌❼十二篇於周太師❽，以〈那〉為首，其輯之亂❾曰：『自古在昔，先民有作。溫恭朝夕，執事有恪。』先聖王之傳恭，猶不敢專，稱曰『自古』，古曰『在昔』，昔曰『先民』。今吾子之戒吏人曰『陷而入於恭』，其滿之甚也。周恭王能庇昭、穆之闕而為『恭』❿，楚恭王能知其過而為『恭』⓫。今吾子之教官僚曰『陷而後恭』，道將何為？」

【章　旨】本章論「恭」。

【注釋】❶齊閭丘來盟　閭丘，即齊國大夫閭丘明，其來盟在魯哀公八年。❷子服景伯　即魯國大夫子服何，子服惠伯之孫、昭伯之子。❸宰人　官名。❹陷　過失。❺閔馬父　魯國大夫。❻正考父　宋國大夫，孔子之先也。❼名頌　頌之美者也。❽太師　樂官之長，掌教詩、樂。❾其輯之亂　輯，成也。亂，樂曲末尾最後一章。❿周恭王能庇昭穆之闕而為恭　周恭王，周昭王之孫、穆王之子，名繄扈。昭王南征而不反，穆王欲肆其心，皆有闕失，而恭王為之遮掩補過，所以謚曰「恭」。⓫楚恭王能知其過而為恭　楚恭王，楚莊王之子，名審。他臨終之前，懺悔自己一生，要求謚以惡謚，而大夫們在他死後卻據此態度謚為「恭」。事見本書〈楚語上・子囊議恭王之謚〉。

【語譯】齊國的閭丘明來結盟，子服景伯告誡參與此事的官員們說：「如果有了差失就表現出恭敬的樣子。」閔馬父聽到後笑了，景伯問他笑什麼，閔馬父回答說：「笑你老先生的自高自大。當年，正考父從周太師那裡得到商之名頌共十二篇，第一篇就是〈那〉，它的結尾說：『在上古，在遠古，先民便已作此樂舞。朝朝夕夕，溫柔恭敬；獻祭薦饌，謙恭敬謹。』古代聖王教導我們要恭敬，尚且不敢說這是自己的主張，而要說恭是『自古』，古是『在昔』，昔是『先民』。現在，閣下卻告誡手下人：『出了差錯就做恭敬狀』，驕傲自滿也太過分了吧？周恭王能補先王之過所以謚曰『恭』，楚恭王能識自身之過所以也謚曰『恭』。如今，閣下教導官員『有了過失才恭敬』，那麼沒有過失又該怎麼樣呢？」

孔丘非難季康子以田賦

季康子欲以田賦❶，使冉有❷訪諸仲尼。仲尼不對，私於冉有曰：「求來！女不聞乎？先王制土，籍田以力，而砥其遠邇❸；賦里❹以入，而量其有無；任力以夫，而議其老幼。於是乎有鰥、寡、孤、疾❺，有軍旅之出則徵之，無則已❻。

其歲，收田一井，出稯禾❼、秉芻❽、缶米❾，不是過也。先王以為足。若子季孫欲其法也，則有周公之籍矣；若欲犯法，則苟而賦，又何訪焉❿？」

【章旨】本章論上古田賦制度不可改。

【注釋】❶以田賦　即按田畝徵收軍賦，這是一種進一步承認土地私有的賦稅制度改革措施。❷冉有　孔子的學生，名求，是季康子的家臣。❸籍田以力二句　周初的賦稅制度是公田制，即籍田制，田是國家的，由國家依照農時徵用民力耕作，收成歸國家，實際上歸領主（王、諸侯、采邑主），領主也要象徵性地參加農業勞動（參看本書〈周語上・虢文公諫宣王不籍千畝〉）。這實際上是以勞力為單位徵賦，而季康子要改為以田畝為單位徵賦，孔子認為不仁。因為如下文所述，以勞力為單位徵賦（籍田以力），會考慮到許多個人的具體情況；而以田畝為單位徵賦（以田賦），就認田不認人了。籍田，即藉民力以耕公田。砥，平也。邇，近也。❹里　商賈所居住的區域。這裡指商稅。❺鰥寡孤疾　喪婦之人曰鰥。喪夫之人曰寡。年幼喪父或父母皆亡之孩童曰孤。殘病之人曰疾。❻已　免也。❼稯禾　稯，計算穀物的單位，相當於六百四十斛（一斛十斗）。禾，粟。❽秉芻　二百四十斗為一秉。芻，餵牲口的草。一秉芻，大概是可以打二百四十斗糧的秸桿之類。❾缶米　一瓦罐米。❿又何訪焉　事實上，季康子根本就不聽孔子的意見，終於在魯哀公十二年春實行田賦制，而孔子的學生、康子的家臣冉有，大概是一個積極的推行者，所以孔子說：「非吾徒也！小子鳴鼓而攻之，可也。」

【語譯】季康子想以田畝為單位來徵收賦稅，派冉有去向孔子諮詢。孔子不回答季康子提出的問題，只是私下裡對冉有說：「求，你過來！你難道沒聽說過嗎？先王制定土地法，藉民力耕種公田，以勞力為單位徵派，但同時平衡他們居住的遠近，並不平均攤派；向商賈徵收稅款，以收入為單位，但同時度量他們財產的多少，也不平均攤派；為國事徵召徭役，以男丁為單位，但同時考慮他們的年齡，也不是平均攤派的。所以，對於那些鰥夫、寡婦、孤兒、殘疾人，有戰爭就徵一點賦稅，沒有戰爭也就免了。打仗的這一年，每收割一井之田的莊稼，就交一稯粟、一秉草、一缶米，不超過這個數目。先王認為這就足夠了。如果季康子要行法，有周公制定的籍田法在那裡放著；如果想犯法，就隨便收稅好了，又何必要來問我呢？」

卷六　齊語

管仲對桓公以霸術

桓公自莒反於齊❶，使鮑叔為宰❷，辭曰：「臣，君之庸臣也。君加惠於臣，使不凍餒，則是君之賜也。若必治國家者，則非臣之所能也。若必治國家者，則其管夷吾乎！臣之所不若夷吾者五：寬惠柔民，弗若也；治國家不失其柄，弗若也；忠信可結於百姓，弗若也；制禮義可法於四方，弗若也；執枹鼓❸立於軍門，使百姓皆加勇焉，弗若也。」桓公曰：「夫管夷吾射寡人中鉤，是以濱❹於死。」鮑叔對曰：「夫為其君動❺也。君若宥❻而反之，夫猶是也。」桓公曰：「若何？」鮑子對曰：「請諸魯。」桓公曰：「施伯❼，魯君之謀臣也。夫知吾將用之，必不予我矣。若之何？」鮑子對曰：「使人請諸魯，曰：『寡君有不令之臣在君之國，欲以戮之於群臣，故請之。』則予我矣。」桓公使請諸魯，如鮑叔之言。

莊公❽以問施伯，施伯對曰：「此非欲戮之也，欲用其政也。夫管子，天下之才也，所在之國，則必得志於天下。今彼在齊，則必長為魯國憂矣。」莊公曰：「若何？」施伯對曰：「殺而以其屍授之。」莊公將殺管仲，齊使者請曰：「寡君欲親以為戮，若不生得以戮於群臣，猶未得請也。請生之。」於是莊公使束縛以予齊使，齊使受之而退。

比至，三釁❾、三浴之。桓公親逆之于郊，而與之坐而問焉，曰：「昔吾先君襄公築臺以為高位，田、狩、罼、弋❿，不聽國政，卑聖侮士，而唯女是崇。九妃六嬪，陳妾數百，食必粱肉，衣必文繡。戎士凍餒，戎車待遊車之裂⓫，戎士待陳妾之餘。優笑在前，賢材在後。是以國家不日引，不月長。恐宗廟之不掃除，社稷之不血食，敢問為此若何？」管子對曰：「昔吾先王昭王、穆王，世法文、武遠績以成名，合群叟，比校民之有道者，設象⓬以為民紀，式權⓭以相應，比綴以度⓮，竱本肇末⓯，勸之以賞賜，糾之以刑罰，班序顛毛⓰，以為民紀統⓱。」桓公曰：「為之若何？」管子對曰：「昔者，聖王之治天下也，參其國而伍其鄙⓲，定民之居，成民之事，陵為之終⓳，而慎用其六柄⓴焉。」

桓公曰：「成民之事若何？」管子對曰：「四民㉑者，勿使雜處，雜處則其言哤[22]，其事易[23]。」公曰：「處士農工商若何？」管子曰：「昔聖王之處士也，使就閒燕[24]；處工，就官府；處商，就市井；處農，就田野。今夫士，群萃而州處[25]，閒燕則父與父言義，子與子言孝，其事君者言敬，其幼者言弟。少而習焉，其心安焉，不見異物而遷焉。是故其父兄之教不肅而成，其子弟之學不勞而能。夫是，故士之子恆為士。今夫工，群萃而州處，審其四時，辨其功苦，權節其用，論比協材[26]，旦暮從事，施於四方，以飭[27]其子弟，相語以事，相示以巧，相陳以功。少而習焉，其心安焉，不見異物而遷焉。是故其父兄之教不肅而成，其子弟之學不勞而能。夫是，故工之子恆為工。今夫商，群萃而州處，察其四時，而監其鄉之資，以知其市之賈[28]，負任擔荷[29]，服牛軺馬[30]，以周四方，以其所有，易其所無，市賤鬻貴，旦暮從事於此，以飭其子弟，相語以利，相示以賴[31]，相陳以知賈。少而習焉，其心安焉，不見異物而遷焉。是故其父兄之教不肅而成，其子弟之學不勞而能。夫是，故商之子恆為商。今夫農，群萃而州處，察其四時，權節其用，耒耜耞芟[32]，及寒，擊菒[33]除田，以待時耕；及耕，深耕而疾耰[34]之，以待時雨；時雨既至，挾其槍刈耨鎛[35]，以旦暮從事於田野。脫衣就功，首戴茅蒲[36]，身衣襏襫[37]，霑體塗足，暴其髮膚，盡其四支之敏，以從事於田野。少而習焉，其心安焉，不見異物而遷焉。是故其父兄之教不肅而成，其子弟之學不勞而能。夫是，故農之子恆為農，野處而不暱㊳。其秀民之能為士者，必足賴也。有司見而不以告，其罪五㊴。有司已於事而竣㊵。」

桓公曰：「定民之居若何？」管子對曰：「制國以為二十一鄉㊶。」桓公曰：「善。」管子於是制國以為二十一鄉：工商之鄉六㊷；士鄉十五㊸，公帥五鄉焉，國子帥五鄉焉，高子帥五鄉焉㊹。參國起案㊺，以為三官，臣立三宰㊻，工立三族㊼，市立三鄉，澤立三虞，山立三衡㊽。

桓公曰：「吾欲從事於諸侯，其可乎？」管子對曰：「未可。國未安。」桓公曰：「安國若何？」管子對曰：「修舊法，擇其善者而業㊾用之；遂滋㊿民，與無財，而敬百姓，則國安矣。」桓公曰：「諾。」遂修舊法，擇其善者而業用之；遂滋民，與無財，而敬百姓。國既安矣，桓公曰：「國安矣，其可乎？」管子對曰：「未可。君若正卒伍，修甲兵，則大國亦將正卒伍，修甲兵，則難以速得志矣。君有攻伐之器，小國諸侯有守禦之備，則難以速得志矣。君若欲速得志於天下諸侯，則事可以隱令，可以寄政。」桓公曰：「為之若何？」管子對曰：「作內政而寄軍令焉。」桓公曰：「善。」

管子於是制國：「五家為軌，軌為之長；十軌為里，里有司；四里為連，連為之長；十連為鄉，鄉有良人(51)焉。以為軍令(52)：五家為軌，故五人為伍，軌長帥之；十軌為里，故五十人為小戎(53)，里有司帥之；四里為連，故二百人為卒，連長帥之；十連為鄉，故二千人為旅，鄉良人帥之；五鄉一帥，故萬人為一軍，五鄉之帥帥之。三軍，故有中軍之鼓，有國子之鼓，有高子之鼓。春以蒐(54)振旅，秋以獮(55)治兵。是故卒伍整於里，軍旅整於郊。內教既成，令勿使遷徙。伍之人祭祀同福，死喪同恤，禍災共之。人與人相疇，家與家相疇，世同居，少同遊。故夜戰聲相聞，足以不乖；晝戰目相見，足以相識。其歡欣足以相死(56)。居同樂，行同和，死同哀。是故守則同固，戰則同彊。君有此士也三萬人，以方行(57)於天下，以誅無道，以屏周室，天下大國之君莫之能禦。」

【章　旨】本章記載管仲治國安民之策，和他「分民定居」、「寓軍令於政令」的方略。

【注　釋】❶桓公自莒反於齊　桓公，齊僖公之子、襄公之弟，名小白。當初，襄公亂政，鮑叔牙預知齊國將有禍亂，就和小白一起逃往莒國。其後，公孫無知殺了襄公，自立為君，管仲和邵忽便奉公子糾逃往魯國。齊人殺了公孫無知，公子小白由莒國返齊，魯莊公也派兵護送公子糾回國，並派管仲帶兵堵截小白。管仲射小白，中其帶鉤，小白佯裝中箭而死，卻偷偷地先回到齊國，做了齊君，並派兵打敗了魯國。❷使鮑叔為宰　鮑叔，即鮑叔牙。宰，即太宰，卿。❸枹鼓　枹，鼓槌。枹鼓為戰時所用者。❹濱　同「瀕」。迫近之意。❺動　勤也。❻宥　寬赦。❼施伯　魯大夫，惠公之孫、施父之子。❽莊公魯桓公之子，名同。❾釁　薰香。❿田狩罼弋　田，畋獵。狩，圍獵。罼，同「畢」。即捕鳥的網。弋，繳射。即在箭上繫繩去射鳥。⓫褻　裂也。⓬象　即象魏。古時懸布法令的闕門。⓭式權　式，用也。權，平也。⓮比綴以度　綴，連結。度，法度。⓯竱本肇末　竱，等。肇，正。⓰班序顛毛　班，班次。序，序列。顛，頭頂。毛，頭髮。以頭髮的情況為序，也就是長幼有別的意思。⓱紀統　綱領。⓲參其國而伍其鄙　三分國都，五分鄙野。參，三。國，國都之內。伍，五。鄙，國都之外。⓳陵為之終　使死有所葬。陵，墳墓。⓴六柄　即生、殺、貧、富、貴、賤這六種治民之本。㉑四民　士、農、工、商。㉒哤　言語雜亂之意。㉓易　改變。㉔閒燕　清淨。㉕群萃而州處　萃，集也。州，聚也。㉖論比協材　選擇器材要比較精粗，協和剛柔。論，同「掄」。選擇。㉗飭　教導。㉘賈　價。㉙負任擔荷　背曰負。抱曰任。肩曰擔。揭（扛也）曰荷。㉚服牛軺馬　服，駕。軺，小馬車。㉛賴　利潤。㉜耒耜耞芟　耒，掘土工具。耜由耒改進而來。耒由兩根木棒做成，耜則加上了石、骨或金屬的尖板，均用於翻土耕地。耞，連耞，脫粒工具。芟，割草用的大鐮刀。㉝菒　即「藁」。枯草之類。㉞耰　播種後用土把種子蓋上。㉟槍刈耨鎛　槍，長柄的掘土農具。刈，鐮刀。耨，小手鋤。鎛，鋤田去草的農具。㊱茅蒲　草笠。㊲襏襫　雨衣。蓑衣之類的東西。㊳暱　慝也。㊴其罪五　罪在五刑。㊵竣　退伏。㊶制國以為二十一鄉　國，國都。鄉，區域。以二千家為一鄉。因為是國都的區劃，所以只安排士、工、商，不包括農民。㊷工商之鄉六　工商各三鄉，均不服兵役。㊸士鄉十五　士，軍士。十五鄉凡三萬人，正是三軍之數。㊹公帥五鄉焉三句　國君親自統帥五鄉之士為中軍，上卿國子、高子各帥五鄉為左軍、右軍。㊺參國起案　就是以三為界，來安排國事。參，三。案，界。㊻三宰　三卿，掌管群臣。㊼三族　三部分。㊽三衡　衡，平。前文的「虞」即「度」。三虞三衡為掌度川澤和權衡山林的官。㊾業　創也。㊿遂滋　遂，育也。滋，長也。51良人　鄉大夫。52以為軍令　以政令為軍令。53小戎　兵車也。有司所乘，故曰小戎。54蒐　春獵。55獮　秋獵。56相死　以死相救。57方行　橫行。

【語　譯】 桓公從莒國返回齊國當了國君，要鮑叔牙當太宰，鮑叔辭謝說：「我只是主公的一個平庸的臣子。主公加恩惠於我，使我不致挨餓受凍，這已經是君上莫大的恩典了。如果要治理國家，那就不是臣之所能了，而非管夷吾不可啊！臣不如管夷吾的地方有五處：寬厚惠愛以安撫人民，我不如他；治理國家而不失根本，我不如他；忠實誠信以團結百官，我不如他；制定禮義以規範四方，我不如他；手執鼓槌，立於軍門，使將士兵勇，倍加英武，我也不如他。」桓公說：「那管夷吾射中寡人衣鉤，差一點就讓寡人喪生。」鮑叔回答說：「那是為他自己的主公效勞啊！如果主公寬赦他，把他接回國來，他也會像忠於公子糾那樣忠於您的。」桓公說：「那怎麼辦呢？」鮑叔回答說：「請魯國放他回來。」桓公說：「施伯是魯君的謀臣，他要是知道我將重用管仲，一定不會還給我，那又怎麼辦呢？」鮑叔回答說：「派人到魯國去，就說：『敝國國君有個違命之臣在貴國，我們想當著群臣的面殺了他，所以請求把他交給我們。』這樣魯國就會把管仲交給我們了。」桓公便派人到魯國去，照鮑叔設計的說法，要求引渡管仲。

魯莊公便問施伯怎麼處理這件事。施伯回答說：「齊國不是要殺管仲，而是要用管仲治國。這個管仲，是才冠天下之奇人。他所治理的國家，一定會得志於天下。讓他在齊國，就一定會成為我國永久的憂患。」莊公問：「那怎麼辦？」施伯回答說：「殺了管仲，把屍體交給齊國。」莊公便準備殺死管仲。齊國使臣請求說：「敝國寡德之君恨不能親手殺了他，如果不能將活著的管仲正法於群臣之前，那就等於沒有得到我們所要請求的。還是請貴國將活著的管仲交給我們。」於是莊公便讓人把管仲捆起來交給齊國使臣，齊使接收了管仲，告辭了莊公回國。

等管仲回到齊國時，就請他薰香三次，沐浴三次。桓公親自到城郊迎接，回宮後又請他坐下來交談。桓公說：「過去，我們先君襄公高築樓臺以示尊榮，終年騎射田獵，不受理國政，輕視聖賢，侮辱士人，只好女色。九妃六嬪，侍妾數百，吃的是精米魚肉，穿的是綾羅綢緞。軍士們挨餓受凍，要等旅遊的車子壞了才用來做兵車，要等侍妾的衣料剩下了才用來做軍服。俳優弄臣位列於前，賢能之士排擠在後。因此國家不能天天進步月月發展，恐怕這樣下去連宗廟都沒人打掃，社稷之神都享受不到祭祀了。請問，寡人面對如此境況，應如何才好？」管仲回答說：「當年，我大周先王昭王、穆王，兩世效法文王、武王的古制成法而成就功名，他們成功的經驗是：會合國中所有的長老，以及民眾中之得道之人，制定出法令，作為治民的綱紀；治理政事，役使人民，務必要平均相應，勞逸相等；比較人丁，連結戶口，都按照法度辦事；凡事都先衡量其本，再端正其末；用賞賜作為鼓勵的辦法，用刑罰作為糾正的手段，以頭髮的黑白作為排列位次的依據，以此作為治民的綱領。」桓公問：「怎樣實施呢？」管仲回答說：「當年，聖王治理天下的做法，是三分國都而五分鄙野，固定民眾的居處，成就民眾的事業，並以陵墓為葬，使老有所終，並慎用生殺貧富貴賤之權柄。」

桓公問：「怎樣安排成就民業之事呢？」管仲回答說：「士、農、工、商，不要讓他們雜居在一起。雜居一處，就會使他們言語嘈雜紊亂，做事見異思遷。」桓公問：「怎樣安排士、農、工、商？」管仲回答說：「當年聖王是這樣安排的：讓士人住在清淨的地方，讓工人住在官府作坊，讓商人住在市井，讓農人住在田野。要讓那些士人聚集在一起，環境清潔安靜，父輩與父輩談論義，兒輩與兒輩談論孝，事奉君主的講求恭敬，年紀還小的則講求友愛。從小就熟習士人的生活，安心於士人的職業，不見異而思遷。所以他們父兄的教導即使不甚嚴肅也能成功，他們子弟的學習即使不甚辛勞也有效果。這樣，士人的子弟便永遠是士人。要讓那些工人聚集在一起，明審四時之所宜，分辨做工的華美與粗惡，衡量器材的用途，選用器材時比較其精粗，協和其剛柔，早晚從事勞作，工作遍於四方，並以此教導其子弟，以職事相講授，以技巧相示範，以功效相陳列，使他們從小就熟習工人的生活，安心於工人的職業，不見異而思遷。所以他們父兄的教導即使不甚嚴肅也能成功，他們子弟的學習即使不甚辛勞也有效果。這樣，工人的子弟便永遠是工人。要讓那些商人聚集在一起，明察四季的需求，熟悉本鄉的貨源，掌握市場的價格，然後肩挑背扛，牛拉馬運，以遍於四方，以其所有，換其所無，低價買進，高價賣出，朝朝暮暮從事於此，並以此教導其子弟，以利潤相講授，以營利相示範，以懂得價格相陳示，使他們從小就熟習商人的生活，安心於商人的職業，不見異而思遷。所以他們父兄的教導即使不甚嚴肅也能成功，他們子弟的學習即使不甚辛勞也有效果。這樣，商人的子弟便永遠是商人。要讓那些農人聚集在一起，明察四季時令，衡量各種農具，分清犁鋤鐮耞。在大寒時，就除草肥田，以待耕種；到了耕種時，就深耕土地，迅速下種，及時整平，以等待時雨；時雨降臨，就挾起鋤頭、鐮刀，起早睡晚地在田裡工作。脫掉衣服，赤膊上陣，下雨了就頭戴斗笠，身披蓑衣，身上霑滿雨水，腳上霑滿泥巴，光著腦袋，露著身子，盡其四肢之力，在田野中辛勤勞動，使他們從小就熟習農人的生活，安心於農人的職業，不見異而思遷。所以他們父兄的教導即使不甚嚴肅也能成功，他們子弟的學習即使不甚辛勞也有效果。這樣，農人的子弟便永遠是農人，雖然遠居郊野，也不會有姦慝。農人當中最優秀而能成為士人的，一定值得信賴。主管官員如果發現了這樣的人才而不報告，就算犯了瀆職罪。主管官員一定要完成了自己的職事才能休息。」

桓公問：「怎樣安排人民定居呢？」管仲回答說：「把國都分成二十一個鄉。」桓公同意說：「好的。」於是管仲便把國都分成二十一個鄉：工商之鄉共六個，士鄉共十五個。十五個軍士之鄉由國君桓公親自統帥五個，上卿國子統帥五個，上卿高子統帥五個。又以三為界，安排國事，各設三位主管：設立三卿管群臣，設立三族管工匠，設立三鄉管商賈，設立三虞管川澤，設立三衡管山林。

桓公說：「我想對諸侯用兵，可以嗎？」管仲說：「不行，國家還不安定。」桓公問：「怎樣才能使國家安定呢？」管仲說：「修定舊法，選擇其中正確有益的加以創造性地應用；長育繁衍人口，救濟扶植貧民，尊重百官使之守職盡忠，則國家便可以安定了。」桓公說：「好的。」於是便修定舊法，選擇其中正確有益的加以創造性地應用；長育繁衍人口，救濟扶植貧民，尊重百官使之守職盡忠。國家安定以後，桓公又問：「現在國家安定了，可以用兵了吧？」管仲回答說：「還不行。您如果整編軍隊，修治武器，那麼別的大國也會跟著整編軍隊，修治武器，這就很難迅速實現我們的目的。您有進攻的武器，小國諸侯有防禦的設施，也很難迅速地實現我們的目的。君上如想迅速地征服天下的諸侯，可以祕密地發布軍令，將軍事隱括在政治之中。」桓公問：「那怎麼辦呢？」管仲回答說：「寓軍令於政令。」桓公說：「好！」

於是管仲便制定國家的政令：「五家為一軌，每軌設一軌長；十軌為一里，每里設一有司；四里為一連，每連設一連長；十連為一鄉，每鄉設一大夫。把這個行政建制變成軍事編制就是：五家為一軌，每家出一丁，五丁為一伍，由軌長率領；十軌為一里，所以五十人便是一個小兵車的編制，由里有司率領；四里為一連，所以二百人為一卒，由連長率領；十連為一鄉，所以二千人為一旅，由鄉大夫率領；五鄉為一帥，所以一萬人為一軍，由五鄉之帥也就是卿率領。軍士之鄉十五，正好編為三個軍，所以有中軍的旗鼓，有國子的旗鼓，有高子的旗鼓。春季以春獵的名義練兵，秋季以秋獵的名義習武。所以卒、伍一級的小軍隊在里中便可整頓，軍、旅一級的大部隊在城郊便可整頓。內部訓練完畢，一律不許遷徙。一伍之內的軍士，有祭祀則同祈其福，有死喪則同分其憂，共同承受禍災。人與人相伴，家與家相依，世代同居，從小同遊。所以夜戰之時，聽見聲音就不會弄錯；晝戰之時，看見面目就一定認識，而且相互之間的友愛，會使他們以死相救。平時同歡樂，戰時齊步調，有死亡時共悲傷。所以防守則同其固，征戰則同其強。君上有這樣的軍士三萬，憑此而橫行天下，征討無道，保衛周室，普天之下的大國諸侯，哪個還能與之抗衡！」

管仲佐桓公為政

正月之朝，鄉長復事，君親問焉，曰：「於子之鄉，有居處為義好學、慈孝於父母、聰慧質仁、發聞於鄉里者，有則以告。有而不以告，謂之蔽明，其罪五。」有司已於事而竣。桓公又問焉，曰：「於子之鄉，有拳勇股肱之力秀出於眾者，有則以告。有而不以告，謂之蔽賢，其罪五。」有司已於事而竣。桓公又問焉，曰：「於子之鄉，有不慈孝於父母、不長悌於鄉里、驕躁淫暴、不用上令者，有則以告。有而不以告，謂之下比❶，其罪五。」有司已於事而竣。是故鄉長退而修德進賢，桓公親見之，遂使役❷官。

桓公令官長期而書伐❸，以告且選，選其官之賢者而復之，曰：「有人居我官，有功休德，惟慎端愨❹以待時，使民以勸，綏謗言，足以補官之不善政。」

桓公召而與之語，訾❺相其質，足以比❻成事，誠可立而授之。設之以國家之患而不疚❼，退而問之其鄉，以觀其所能而無大厲❽，升以為上卿之贊❾。謂之三選❿。國子、高子退而修鄉，鄉退而修連，連退而修里，里退而修軌，軌退而修伍，伍退而修家。是故匹夫有善，可得而舉也；匹夫有不善，可得而誅也。政既成，鄉不越長⓫，朝不越爵，罷⓬士無伍，罷女無家。夫是，故民皆勉為善。與其為善於鄉也，不如為善於里；與其為善於里也，不如為善於家。是故士莫敢言一朝之便，皆有終歲之計；莫敢以終歲之議，皆有終身之功。

桓公曰：「伍鄙若何？」管子對曰：「相地而衰征，則民不移；政不旅舊，則民不偷；山澤各致其時，則民不苟；陸、阜、陵、墐、井、田、疇⓭均，則民不憾；無奪民時，則百姓富；犧牲不略，則牛羊遂。」

桓公曰：「定民之居若何？」管子對曰：「制鄙。三十家為邑，邑有司；十邑為卒，卒有卒帥；十卒為鄉，鄉有鄉帥；三鄉為縣，縣有縣帥；十縣為屬，屬有大夫。五屬，故立五大夫，各使治一屬焉；立五正⓮，各使聽一屬焉。是故正之政聽屬，牧⓯政聽縣，下⓰政聽鄉。」桓公曰：「各保治爾所，無或淫怠而不聽治者！」

【章　旨】本章述及桓公治國的成效，要旨有三：人才之選拔、官吏之考核、鄉村行政區域之建制。

【注　釋】❶比　相互勾結。❷役　為。❸期而書伐　期，周年。伐，功也。❹慤　樸實；謹慎。❺訾　估量。❻比　輔佐。❼設之以國家之患而不疚　這裡是說，假設一些國家的憂患疑難去問他，卻難不住，問不倒。設，假設。疚，病也；困難；困乏。❽厲　惡也。❾贊　佐助。❿三選　鄉長推薦，官長選拔，國君面試。⓫長　長幼之別。⓬罷　通「疲」。病也。這裡指無德行。⓭陸阜陵墐井田疇　陸，陸地。阜，土山。陵，大土山。墐，溝上的路。井，公田。田，穀地。疇，麻地。⓮五正　五長。正，即「長」。⓯牧　指五屬大夫。⓰下　縣帥。

【語　譯】正月之吉日，鄉大夫朝見國君並報告政事，桓公親自諮問說：「在你的鄉裡，如果有奉行義理、謙恭好學、孝敬父母、天資聰慧、秉性仁愛，在鄉里中比較突出有名的人，就要向我報告。如果有這樣的人又不報告，就叫做遮蔽賢明，其罪在五刑。」主管這方面事務的人報告之後就退下。桓公又問：「在你的鄉裡，如果有勇猛強悍、優秀出眾的人，就要向我報告。如果有這樣的人又不報告，就叫做埋沒人才，其罪在五刑。」主管這方面事務的人報告之後就退下。桓公便又問道：「在你的鄉裡，如果有不孝敬父母、不友愛鄰里、驕橫粗暴、不敬君命的人，就要向我報告。如果有這樣的人又不報告，就叫做包庇壞人，其罪在五刑。」主管這方面事務的人報告之後就退下。因此，鄉大夫回去以後，就修養品德，推舉賢能。桓公親自接見推舉上來的人，讓他擔任職務。

桓公命令各部門長官每年考核吏員一次，記下他們的政績，以便上報推選。長官們選擇賢能的官員向上推舉，說：「我這裡的官員，有功高德美、嚴謹正派、辦事謹慎、能抓住時機，能用鼓勵的方法治理人民並嚴禁誹謗性言論的，足可替補不稱職的官員。」桓公就召見被推薦的人，和他談話，觀察他的素質，看他是否可以輔助政事，確實可以的話就授以各種職務。又假設一些國家患難方面的問題去考問他，如果問不倒，就退而問一些鄉里的問題，用以考察他的能力，如果沒有什麼大的毛病，就升他做上卿的副手。這就叫做三選。國子、高子退朝之後就修整建設其所帥之鄉，鄉大夫退而修整建設其連，連長退而修整建設其里，里有司退而修整建設其軌，軌長退而修整其伍，伍丁退而建設自己的家。由於層層都聯繫下面，所以平民中有表現好的，可以得到推舉；有表現不好的，也會受到責罰。政令既已發布，則鄉里不違背長幼次序，朝中不僭越爵位等級，沒有德行的男子不得入伍，沒有德行的女人找不到婆家。這樣，民眾也就都努力向善。與其在鄉裡做好事，不如在里裡做好事；與其在里裡做好事，不如在家裡做好事。所以士人都不敢只圖一時的便利，而都有一年的計畫；也都不敢只顧一年的考慮，而都有終身的立功打算。

桓公問：「伍鄙怎麼編制？」管仲回答：「考察土地的好壞，視其產量而決定徵賦的差等，農民就不會遷移了；不用君王的故舊為師旅，農民就不敢苟且了；管理山林和川澤的官員依照季節時令發布漁獵命令，農民就不會偷獵了；平川、山地、井田等等，都平均搭配，農民就沒有怨恨了；不侵占農忙時間，百姓就都會富裕起來了；供奉祭禮不影響生育，牛羊就會繁殖起來了。」

桓公問：「怎樣安排郊野之民？」管仲答道：「建立邊邑。三十家為一邑，設一有司；十邑為一卒，設一卒帥；十卒為一鄉，設一鄉帥；三鄉為一縣，設一縣帥；十縣為一屬，設一大夫。全國一共五屬，所以設立五位大夫，讓他們各自管理一屬；又設立五位正長，讓他們各自監察一屬之事。所以正長的任務就是監察屬政，屬大夫的任務就是監察縣政，縣帥的任務就是監察鄉政。」桓公說：「各自全面管理你們所治之所，不得有放任懈怠或不服從治理的！」

桓公為政既成

正月之朝，五屬大夫復事，桓公擇是寡功者而謫[1]之，曰：「制地、分民如一，何故獨寡功？教不善則政不治，一再則宥，三則不赦。」桓公又親問焉，曰：「於子之屬，有居處為義好學、慈孝於父母、聰慧質仁、發聞於鄉里者，有則以告。有而不以告，謂之蔽明，其罪五。」有司已於事而竣。桓公又問焉，曰：「於子之屬，有拳勇股肱之力秀出於眾者，有則以告。有而不以告，謂之蔽賢，其罪五。」有司已於事而竣。桓公又問焉，曰：「於子之屬，有不慈孝於父母、不長悌於鄉里、驕躁淫暴、不用上令者，有則以告。有而不以告，謂之下比，其罪五。」有司已於事而竣。五屬大夫於是退而修屬，屬退而修縣，縣退而修鄉，鄉退而修卒，卒退而修邑，邑退而修家。是故匹夫有善，可得而舉也；匹夫有不善，可得而誅也。政既成矣，以守則固，以征則彊。

【章旨】論邊邑各屬之治理。

【注釋】❶讁　譴責。

【語譯】正月吉日，五屬大夫朝見桓公報告工作。桓公挑選出那些政績平平無所作為的予以飭斥，說：「分配的土地和子民都是一樣的，為什麼單單你沒做出什麼成績？教育不善則為政不治，一次兩次這樣也就寬赦了，第三次決不原諒！」桓公又親自詢問，說：「在你的『屬』裡，如果有奉行義理、謙恭好學、孝敬父母、天資聰慧、秉性仁愛，在鄉里中比較突出有名的人，就要向我報告。如果有這樣的人又不報告，就叫做遮蔽賢明，其罪在五刑。」主管這方面事務的人報告之後就退下。桓公又問：「在你的『屬』裡，如果有勇猛強悍、優秀出眾的人，就要向我報告。如果有這樣的人又不報告，就叫做埋沒人才，其罪在五刑。」主管這方面事務的人報告之後就退下。桓公便又問道：「在你的『屬』裡，如果有不孝敬父母、不友愛鄉里、驕橫粗暴、不敬君命的人呢？有，就要向我報告。如果有這樣的人又不報告，就叫做包庇壞人，其罪在五刑。」主管這方面事務的人報告之後就退下。於是，五屬大夫退朝回去以後就修整建設其屬，治完其屬便退而整治其下屬之縣，縣帥退而治其鄉，鄉帥退而治其卒，卒帥退而治其邑，邑有司退而治其家。所以平民中有行善的，可以得到舉薦；有作惡的，也逃脫不了懲罰。政令既成，以此守國，固若金湯；以此征伐，攻無不克。

管仲教桓公親鄰國

桓公曰：「吾欲從事於諸侯，其可乎？」管子對曰：「未可。鄰國未吾親也。君欲從事於天下諸侯，則親鄰國。」桓公曰：「若何？」管子對曰：「審吾疆場，而反其侵地；正其封疆，無受其資；而重為之皮幣❶，以驟聘眺❷於諸侯，以安四鄰，則四鄰之國親我矣。為遊士八十人❸，奉之以車馬、衣裘，多其資幣，使周遊於四方，以號召天下之賢士。皮幣玩好，使民鬻之四方，以監❹其上下之所好，擇其淫亂者而先征之。」

【章　旨】本章記管仲為齊桓公稱霸中原而制定的外交方針。

【注　釋】❶皮幣　狐貉縑帛之類，古時為饋贈禮品。❷以驟聘眺　驟，車馬往來。眺，通「覜」。諸侯各國互派大夫聘問，人少時叫聘，多時叫覜。❸為遊士八十人　天下九州，齊居一州，故派遣遊士八十人，分赴其餘八州，每州十人。❹監　查看。

【語　譯】桓公問：「我想對諸侯用兵，可以嗎？」管仲回答說：「還不可以，因為鄰國還不親近我們。君上如果要成為天下諸侯的領袖，就必須親近鄰國。」桓公問：「怎樣去親近呢？」管仲回答說：「審核邊界，歸還我國侵占的土地；保證他們占有當年所封之疆域，卻不接受任何好處；還要多多準備厚禮，車馬往返，頻繁地聘問各國諸侯，以安定四鄰。這樣一來，四鄰之國就親近我國了。又再安排八十名遊說之士，帶著車馬、衣裘，多備厚禮，讓他們周遊列國，以號召天下之賢士。至於那些皮毛、布帛、古玩之類，則讓臣民們拿到四方八面去販賣，藉此觀察各國朝野上下的愛好追求，然後挑選其中最淫亂的首先予以征討。」

管仲教桓公足甲兵

桓公問曰：「夫軍令則寄諸內政矣，齊國寡甲兵，為之若何？」管子對曰：「輕過而移諸甲兵。」桓公曰：「為之若何？」管子對曰：「制重罪贖以犀甲一戟❶，輕罪贖以鞼盾一戟❷，小罪❸讁以金分，宥閒罪❹。索訟者三禁❺而不可上下，坐成以束矢❻。美金❼以鑄劍戟，試諸狗馬；惡金以鑄鉏、夷、斤、斸❽，試諸壤土。」甲兵大足。

【章旨】本章記管仲提出的用繳納甲兵以贖罪的辦法。這個辦法，挽救了罪人，抒解了官民衝突，充實了兵備，又節省了國家軍費開支，的確妙不可言。

【注釋】❶重罪贖以犀甲一戟　重罪，死刑之罪。犀甲，犀牛皮所製之鎧甲。戟，古代兵器，合戈、矛為一體，既能直刺，又可橫擊者。❷輕罪贖以鞼盾一戟　輕罪，劓刑、刖刑之類。鞼盾，飾以繡革的盾牌。❸小罪　鞭刑及不入五刑者。❹閒罪　嫌疑犯。❺索訟者三禁　索，求也。三禁，禁閉三日。全句表示考察其所訴訟是否真實。❻坐成以束矢　坐成，獄訟之坐已成。束矢，十二支箭。矢，箭。取其往而不返之意。全句表示提出訴訟者決不反悔翻案。❼美金　上等金屬，精銅。❽惡金以鑄鉏夷斤斸　惡金，粗鐵。鉏，鋤。夷，也是一種鋤。斤，斧。斸，大鋤。

【語　譯】桓公問：「軍令已經寄寓在政令之中了，只是齊國還缺少鎧甲和兵器，該怎麼辦呢？」管仲回答說：「減輕對罪犯的懲罰，而代之以繳納鎧甲兵器。」桓公問：「具體地說怎麼做呢？」管仲回答說：「規定重罪犯用犀甲一副加戟一枝贖罪，輕罪犯用鞼盾一副加戟一枝贖罪，犯小過失的處以罰款，釋放嫌疑犯。提出訴訟的，先禁閉三天，如果訟辭並無變更游移，就令其繳納一束箭然後受理。精銅用來鑄劍造戟，試其鋒芒於狗馬；粗鐵用來做農具，試其利刃於土壤。」結果甲兵真的豐足了。

桓公帥諸侯而朝天子

桓公曰：「吾欲南伐，何主❶？」管子對曰：「以魯為主。反其侵地棠、潛❷，使海❸於有蔽，渠弭❹於有渚❺，環山於有牢❻。」桓公曰：「吾欲西伐，何主？」管子對曰：「以衛為主。反其侵地臺、原、姑與漆里❼，使海於有蔽，渠弭於有渚，環山於有牢。」桓公曰：「吾欲北伐，何主？」管子對曰：「以燕為主。反其侵地柴夫、吠狗❽，使海於有蔽，渠弭於有渚，環山於有牢。」四鄰大親。既反侵地，正封疆，地南至於岱陰❾，西至于濟❿，北至于河⓫，東至于紀酅⓬，有革車八百乘，擇天下之甚淫亂者而先征之。

即位數年，東南多有淫亂者，萊⑬、莒⑭、徐夷⑮、吳、越，一戰帥服三十一國。遂南征伐楚，濟汝⑯，踰方城⑰，望汶山⑱，使貢絲於周而反。荊州諸侯莫敢不來服。遂北伐山戎⑲，刜令支⑳、斬孤竹㉑而南歸。海濱諸侯莫敢不來服。與諸侯飾牲為載㉒，以約誓于上下庶神，與諸侯戮力同心。西征攘白狄㉓之地，至於西河，方舟設泭㉔，乘桴濟河，至于石枕㉕。懸車束馬，踰太行與辟耳之谿拘夏，西服流沙、西吳。南城於周㉖，反胙于絳㉗。嶽㉘濱諸侯莫敢不來服。而大朝諸侯㉙於陽穀㉚。兵車之屬㉛六，乘車之會三，諸侯甲不解纍㉜，兵不解翳㉝，弢㉞無弓，服㉟無矢。隱武事，行文道，帥諸侯而朝天子。

【章　旨】本章記齊桓公在管仲的協助下，大動干戈，炫耀武力，南征北戰，東伐西討，威鎮諸侯，稱霸於天下之事。

【注　釋】❶何主　就是向哪個國家借路。主，道主。齊桓公欲四方征戰，必假道於他國，謂之主。❷棠潛　魯國二邑。❸海大湖。❹渠弭　小海。❺渚　水中可居的小塊陸地。❻牢　牛羊豬。❼臺原姑與漆里　均為衛國之邑。❽柴夫吠狗　燕國二邑。❾䬢陰　在齊國南方邊界。❿濟　水名，古代四瀆之一。⓫河　黃河。⓬紀酅　紀，古國名。酅，紀國之城。⓭萊　古國，在今山東省黃縣東南萊子城。⓮莒　古國名，開國時建都介根（今山東省膠縣西南），春秋初年遷都於莒（今山東省莒縣）。⓯徐夷　徐州之夷。⓰汝　古水名。⓱方城　楚國之山。⓲汶山　在方城山南。⓳山戎　即鮮卑。⓴刜令支　刜，打擊。令支，在今遼西。㉑孤竹　古國，在今河北盧龍。㉒飾牲為載　為盟而加之於牲上，不歃血。載，盟書。㉓白狄　狄的一支。㉔方舟設泭　方舟，併船。泭，筏子。㉕石枕　在晉國境內。㉖南城於周　魯僖公十三年，周襄王庶弟王子帶作亂，桓公使仲孫湫徵諸侯戍周之王城。㉗反胙于絳　這裡指齊桓公立晉公子夷吾為惠公事，事在魯僖公九年。胙，君位。人君即位，謂之踐胙。絳，晉國國都。㉘嶽　指北嶽。㉙大朝諸侯　本指天子大會諸侯群臣，這裡指齊桓公以霸主身分大會諸侯。㉚陽穀　在今山東省陽穀縣。㉛屬　集會。㉜纍　裝鎧甲的器具。㉝翳　裝弓矢的器具。㉞弢　裝弓的袋子。㉟服　裝箭的袋子。

【語　譯】桓公問：「如果我要南征，以何國為道主好？」管仲回答說：「以魯國為道主最好。歸還我們侵占的棠、潛二邑，讓我們的軍隊在大湖之濱有藏身之地，在小湖之中有宿營之地，在群山環抱之中有肉食基地。」桓公又問：「如果我要西討，以何國為道主好？」管仲回答說：「以衛國為道主最好。歸還我們侵占的臺、原、姑、漆里等地，讓我們的軍隊在大湖之濱有藏身之地，在小湖之中有宿營之地，在群山環抱之中有肉食基地。」桓公又問：「如果我要北伐，以何國為道主好？」管仲回答說：「以燕國為道主最好。歸還我們侵占的柴夫、吠狗二邑，讓我們的軍隊在大湖之濱有藏身之地，在小湖之中有宿營之地，在群山環抱之中有肉食基地。」於是四鄰之國與齊國非常親近。齊國既已歸還侵占之地，便糾正了疆界，國土南至餉陰，西至濟水，北至黃河，東至紀酅，擁有兵車八百乘，然後選擇天下最淫亂的國家首先予以征討。

齊桓公即位之初，東南方有許多淫亂的國家，如萊、莒、徐夷、吳、越等。齊國一戰便征服了三十一國。於是又南征伐楚，渡汝水，越方城，望汶山，迫使楚國向周天子貢絲，然後班師回國。荊州一帶的諸侯沒有膽敢不來表示臣服的。於是又北伐山戎，擊令支、伐孤竹然後南歸。海濱一帶的諸侯沒有膽敢不來表示臣服的。又與諸侯簽訂盟約，加盟書於牲牛之上，向神靈宣誓，永遠與諸侯同心戮力。又西征占領白狄之地，至於西河，併船造筏，乘船渡過黃河，到達石枕。吊起車，勒住馬，越過太行，跨過辟耳的峽谿拘夏，向西征服流沙、西吳。在周勤王，使亂黨不能得逞；在晉討亂，讓晉君回到絳都。北嶽一帶的諸侯沒有膽敢不來表示臣服的。齊桓公在陽穀大會諸侯。閱兵式的盟會六次，乘車式的盟會三次，諸侯們鎧甲不離纍，兵器不離翳，弓袋裡沒有弓，箭袋裡沒有箭。隱匿武事，推行文治，齊桓公便率領諸侯朝見天子。

葵丘之會天子致胙於桓公

葵丘之會，天子❶使宰孔❷致胙於桓公曰：「余一人之命有事於文、武，使孔致胙。」且有後命曰：「以爾自卑勞，實謂爾伯舅，無下拜。」桓公召管子而謀，管子對曰：「為君不君，為臣不臣，亂之本也。」桓公懼，出見客，曰：「天威不違顏咫尺，小白余敢承天子之命曰『爾無下拜』？恐隕越❸於下，以為天子羞。」遂下拜，升受命。賞服大輅❹，龍旗九旒❺，渠門赤旂❻，諸侯稱順焉。

【章　旨】本章記齊桓公之敬天子。

【注　釋】❶天子　周襄王。❷宰孔　周之公。❸隕越　顛墜。❹大輅　諸侯朝服之車。❺旒　旌旗下懸掛的飾物。❻渠門赤旂　渠門，兩旗所建之軍門。旂，交龍之旗。

【語　譯】葵丘盟會上，天子派宰孔把祭肉送給桓公，說：「寡人剛剛祭祀了文王武王，現在讓宰孔把祭肉送給你。」緊接著又頒布旨意道：「因為你謙卑辛勞，實際上寡人應稱你為伯舅，就不必下拜受賜了。」桓公立即把管仲找來商量，管仲說：「為君不守君禮，為臣不盡臣節，便正是天下大亂的根本原因。」桓公很惶恐，便出門接見宰孔說：「天子龍顏神威近在咫尺，小白我怎敢接受聖上令臣『不必下拜』的旨意？我唯恐損害了臣下的禮節，給聖上帶來恥辱。」於是，便下階拜謝，然後升堂受賜。天子便又賜給他諸侯朝服所用之金輅大車、九旒龍旗和渠門所用之交龍赤旗，諸侯們都稱贊桓公的言行舉止順乎禮義。

桓公霸諸侯

桓公憂天下諸侯。魯有夫人、慶父之亂，二君弒死，國絕無嗣❶。桓公聞之，使高子存之❷。

狄人攻邢❸，桓公築夷儀❹以封之，男女不淫❺，牛馬選具❻。狄人攻衛❼，衛人出廬于曹❽，桓公城楚丘❾以封之。其畜散而無育，桓公與之繫馬❿三百。天下諸侯稱仁焉。於是天下諸侯知桓公之非為己動也，是故諸侯歸之。

桓公知諸侯之歸己也，故使輕其幣而重其禮⓫。故天下諸侯罷馬⓬以為幣，縷綦以為奉⓭，鹿皮四个⓮。諸侯之使垂橐⓯而入，稛⓰載而歸。故拘之以利，結之以信，示之以武，故天下小國諸侯既許桓公，莫之敢背，就其利而信其仁、畏其武。桓公知天下諸侯多與⓱己也，故又大施忠焉。可為動者為之動，可為謀者為之謀，軍譚、遂⓲而不有也，諸侯稱寬焉。通齊國之魚鹽于東萊⓳，使關市幾而不征⓴，以為諸侯利，諸侯稱廣焉。築葵茲、晏、負夏、領釜丘㉑，以禦戎、狄之地，所以禁暴於諸侯也；築五鹿、中牟、蓋與、牡丘㉒，以衛諸夏之地，所以示權於中國也。教大成，定三革，隱五刃㉓，朝服以濟河而無怵惕焉，文事勝矣。是故大國慚愧，小國附協。唯能用管夷吾、甯戚、隰朋、賓胥無、鮑叔牙之屬而伯功立。

【章旨】本章記齊桓公的文治武功及霸業所成。

【注釋】❶魯有夫人慶父之亂三句　夫人，魯莊公夫人哀姜。慶父，莊公之弟共仲。二人私通亂政，既殺太子，又弒閔公，魯國大亂。❷使高子存之　高子，齊國上卿高奚敬仲。存之，即立魯僖公而保全魯國。❸狄人攻邢　狄，北方種族。邢，姬姓之國，周公的後代。魯莊公三十二年，狄人攻邢，管仲對齊桓公說：「戎狄豺狼，不可厭也；諸夏親暱，不可棄也。」於是齊人救邢。❹夷儀　邢國之邑，在今山東省聊城縣西十二里。❺淫　侵擾掠奪。❻選具　按需要分配。❼狄人攻衛　魯閔公二年冬十二月，狄人攻衛。衛懿公喜歡鶴，鶴有享受卿大夫的待遇，乘坐軒車備受寵愛。所以一打起仗來，軍士們就說：「讓鶴去打仗吧！鶴是有祿位的，我們哪能作戰。」結果衛國大敗。❽衛人出廬于曹　狄人攻入衛國國都，懿公被殺，國人出走，齊桓公迎之於黃河，立衛國遺民公孫申為君，即衛戴公，寄居於曹。廬，寄居之所。曹，衛國之邑，即今河南省滑縣西南之白馬故城。❾楚丘　衛地，在今河南省滑縣東。❿繫馬　繫在馬廄裡的良馬。⓫輕其幣而重其禮　幣，來聘之國的見面禮。禮，齊國回贈酬答之物。⓬罷馬　劣馬。⓭縷綦以為奉　縷綦，麻織的綺文。奉是襯在玉下面的東西，本應用絲，此處用麻，乃極言幣之輕。⓮个　杖。⓯橐　口袋。⓰稛　綑束。⓱與　聽從。⓲軍譚遂　軍，即以軍滅之。譚，古國，在今山東省濟南市東南。遂，古國，嬀姓，舜的後裔，地在今山東省寧陽縣西北與肥城縣接界。當年，齊桓公奔莒時，路過譚國，譚子無禮；桓公即位，譚子又不來賀。魯莊公十四年春，桓公會諸侯以平宋亂，遂國不至。所以桓公分別於魯莊公十年和十三年，派兵滅譚、遂兩國。⓳東萊　古國，在今山東省蓬萊縣附近，北臨渤海。⓴關市幾而不征　關市，稅務機關，猶今之海關。幾，同「譏」。察問之意。征，徵稅。㉑葵茲晏負夏領釜丘　葵茲，即蔡，在今河南新蔡。晏，鄢陵，亦在河南省。負夏，在今河南省濬縣附近。領釜丘，即靈父丘，或即靈丘城，在今山東省滕縣。㉒五鹿中牟蓋與牡丘　五鹿，在今河北濮陽。中牟，即今河南中牟。蓋與，在今山西和順。牡丘，在今山東茌平。㉓定三革二句　三革，皮革所製之甲、冑、盾。五刃，刀、劍、矛、戟、矢。

【語 譯】齊桓公關心憂慮天下的諸侯。魯國有哀姜和慶父挑起的禍亂，太子和閔公相繼被害，國失其君。桓公聽說後，派高子去立僖公為君，使魯國得以保存。

狄人攻打邢國，齊桓公率領諸侯修築夷儀城邑，把邢國遷到那裡，人民不再受到姦淫掠奪，牛馬也能按需要分配。狄人進攻衛國，衛人出走，寄居在曹，桓公在楚丘築城，把衛國封在那裡。衛國的牲畜流散亡失不得繁殖，桓公便贈送給衛國良馬三百匹。於是天下諸侯都稱贊桓公仁德。於是天下諸侯都知道桓公的行動不是為了自己，所以諸侯們都歸順桓公。

桓公知道諸侯都歸順自己，便在諸侯來聘問時，只讓他們帶來微薄的聘禮，卻重重地予以酬謝。所以諸侯們的聘禮不過是些劣馬，玉下面的墊子也是麻的，鹿皮也不過四張。諸侯們的使節空著袋子來，一綑綑的東西裝在車上滿載而歸。齊桓公以利益拘束諸侯，以誠信結交諸侯，以武力威懾諸侯，所以天下的小國諸侯如果已經許諾桓公什麼，就決不敢食言，因為他們垂涎齊國的好處，相信齊國的仁義，又害怕齊國的武力。桓公知道天下的諸侯大多已順從自己，便大加施恩布德。可以幫助行動的就幫他行動，可以幫助謀劃的就幫他謀劃，滅了譚國和遂國也不據為己有，而是分給諸侯，於是諸侯們都稱贊他寬厚。又開放齊國與東萊的魚鹽貿易，設立海關，但只稽查而不徵稅，以便利於諸侯，於是諸侯們都稱贊他能廣施恩惠。齊國修築葵茲、晏、負夏、領釜丘四個要塞，來防禦戎、狄，禁止他們強暴地掠奪各國諸侯；又修築了五鹿、中牟、蓋與、牡丘四個要塞，用以保衛中原各國，來顯示自己的權威。教化大功告成，便安放好盾甲，收藏起武器，穿著朝服渡過黃河而無所畏懼，這就是文治的勝利。所以大國慚愧，小國歸附。正因為重用了管夷吾、甯戚、隰朋、賓胥無、鮑叔牙五位賢臣，齊桓公終於成就了霸業。

卷七 晉語一

武公伐翼止欒共子無死

武公伐翼，殺哀侯❶，止欒共子❷曰：「苟無死，吾以子見天子，令子為上卿，制晉國之政。」辭曰：「成聞之：『民生於三，事之如一。』父生之，師教之，君食之。非父不生，非食不長，非教不知生之族❸也，故壹事之。唯其所在，則致死焉。報生以死，報賜以力，人之道也。臣敢以私利廢人之道，君何以訓矣？且君知成之從也，未知其待於曲沃也。從君而貳，君焉用之？」遂鬬而死。

【章　旨】本章言為臣忠君之道。

【注　釋】❶武公伐翼二句　武公，曲沃桓叔之孫、嚴伯之子，名稱。翼，晉國之國都。晉國先祖是周武王之子叔虞，叔虞始封於唐，即今之山西省太原市；唐叔之子燮父改唐為晉；四世至成侯，南徙曲沃，即今山西省聞喜縣；又五世至穆侯，復遷於絳，絳即翼，在今山西省翼城縣東南二十里，離曲沃一百多里。魯惠公二十四年，晉昭侯封其父文侯之弟成師於曲沃，號為桓叔。曲沃是故都，又比翼強大，這就種下了禍根。此後，曲沃多次伐翼，屢弒其君，曲沃武公此次伐翼，事在魯桓公三年。❷欒共子　即共叔成，晉哀侯大夫。當初，共叔成之父欒賓曾輔佐武公的祖父桓叔為曲沃伯，所以武公勸阻共叔成不要去死。❸生之族　指家族；宗族；氏族；民族。族，類也。古代貴族子弟成人後，由師傅授之以本族歷史等一應有關知識，以便將來承擔本族之義務。欒共子是大夫，有治國職責，故本書譯為「民族的歷史」。

【語　譯】武公攻打翼都，殺了哀侯，並勸阻哀侯的大夫欒共子共叔成說：「如果你不為晉侯盡忠而死，我就帶你去見天子，請天子任命你為上卿，執掌晉國國政。」共叔成辭謝說：「我聽說：『人生於三，事之如一。』父母生育我們，師長教導我們，君主養活我們。沒有父母就不可能生於人世，沒有食祿就不可能立於人世，沒有教誨就不會懂得民族的歷史，所以要始終如一地事奉他們。只要是君父師之所在，都要以死相報。以死報答生育之恩，以力報答賞賜之惠，這是做人的道理。臣如果敢為了區區一己之私利，而廢棄為人之大道追隨您，您將來又用什麼去訓導人民呢？況且，您只知道勸我不要追隨先君而死，卻不知道我如果留在曲沃事奉您就是違背了為臣之道。事奉君王卻藏有二心，君王要這種臣子又有什麼用？」於是便決鬥而死。

史蘇論獻公伐驪戎勝而不吉

獻公❶卜伐驪戎❷，史蘇❸占之，曰：「勝而不吉。」公曰：「何謂也？」對曰：「遇兆，挾以銜骨，齒牙為猾❹，戎、夏交捽❺。交捽，是交勝也，臣故云。且懼有口，攜民❻，國移心焉。」公曰：「何口之有！口在寡人，寡人弗受，誰敢興之？」對曰：「苟可以攜，其入也甘受，逞而不知，胡可壅也？」公弗聽，遂伐驪戎，克之，獲驪姬以歸。有寵，立以為夫人。公飲大夫酒，令司正實爵❼

與史蘇曰：「飲而無肴。夫驪戎之役，女曰『勝而不吉』，故賞女以爵，罰女以無肴。克國得妃，其有吉孰大焉？」史蘇卒❽爵，再拜稽首曰：「兆有之，臣不敢蔽。蔽兆之紀，失臣之官，有二罪❾焉，何以事君？大罰將及，不唯無肴。抑君亦樂其吉而備其凶，凶之無有，備之何害？若其有凶，備之為瘳❿。臣之不信⓫，國之福也，何敢憚罰？」

飲酒出，史蘇告大夫曰：「有男戎必有女戎⓬。若晉以男戎勝戎⓭，而戎⓮亦必以女戎勝晉，其若之何？」里克⓯曰：「何如？」史蘇曰：「昔夏桀伐有施⓰，有施人以妹喜⓱女焉。妹喜有寵，於是乎與伊尹比⓲而亡夏。殷辛伐有蘇⓳，有蘇氏以妲己⓴女焉。妲己有寵，於是乎與膠鬲㉑比而亡殷。周幽王伐有褒㉒，褒人以褒姒㉓女焉。褒姒有寵，生伯服㉔，於是乎與虢石甫㉕比，逐太子宜臼㉖，而立伯服。太子出奔申㉗，申人、鄫㉘人召西戎以伐周，周於是乎亡㉙。今晉寡德而安俘女，又增其寵，雖當三季之王㉚，不亦可乎？且其兆云：『挾以銜骨，齒牙為猾。』我卜伐驪，龜往離散以應我。夫若是，賊㉛之兆也，非吾宅㉜也，離則有之。不跨㉝其國，可謂挾乎？不得其君，能銜骨乎？若跨其國而得其君，雖逢齒牙，以猾其中，誰云不從？諸夏從戎，非敗而何？從政者不可以不戒，亡無日矣。」

郭偃[34]曰：「夫三季王之亡也宜。民之主也，縱惑不疚，肆侈不違，流志而行，無所不疚，是以及亡而不獲追鑒。今晉國之方，偏侯[35]也，其土又小，大國在側，雖欲縱惑，未獲專也。大家、鄰國將師保之，多而驟立，不其集亡。雖驟立，不過五矣。且夫口，三五[36]之門也。是以讒口之亂，不過三五[37]。且夫挾，小鯁也。可以小戕[38]，而不能喪國。當之者[39]戕焉，於晉何害？雖謂之挾，而猾以齒牙，口弗堪也，其與幾何？晉國懼則甚矣，亡猶未也。商之衰也，其銘有之曰：『嗛嗛[40]之德，不足就也，不可以矜，而祗取憂也。嗛嗛之食，不足狃[41]也，不能為膏，而祗罹咎也。』雖驪之亂，其罹咎而已，其何能服？吾聞以亂得聚者，非謀不卒時[42]，非人不免難，非禮不終年，非義不盡齒，非德不及世[43]，非天不離數[44]。今不據其安，不可謂能謀；行之以齒牙，不可謂得人；廢國而向己，不可謂禮；不度而迂[45]求，不可謂義；以寵賈[46]怨，不可謂德；少族而多敵，不可謂天。德義不行，禮義不則，棄人失謀，天亦不贊。吾觀君夫人也，若為亂，其猶隸農也。雖獲沃田而勤易之，將不克饗，為人而已。」

士蔿[47]曰：「誡莫如豫[48]，豫而後給[49]。夫子[50]誡之，抑二大夫[51]之言其皆有焉。」

既，驪姬不克，晉正於秦(52)，五立(53)而後平。

【章旨】本章記史蘇與郭偃對晉國前途的預測。史蘇唯重卜象，而郭偃兼及人事，所以郭偃的分析更有道理。

【注釋】❶獻公　晉武公之子，名詭諸。❷驪戎　西戎之一種，居驪山，其君男爵，姬姓。❸史蘇　晉大夫，管占卜的史官。❹猾　弄也。❺捽　牴觸；衝突。❻攜民　離散人民。❼司正實爵　司正，主管賓主之禮儀的官員。實，滿。爵，酒杯。❽卒　盡也。❾二罪　蔽兆、失官。❿瘳　減少。⓫不信　卜不中。⓬戎　兵。⓭戎　驪戎。⓮戎　同⓭。⓯里克　即里季子，晉國大夫。⓰夏桀伐有施　夏桀，夏朝末代君王，即夏癸。有施，喜姓古國。⓱妺喜　有施君主之女，夏桀之寵妃。⓲與伊尹比　伊尹，即伊摯，商湯國相。比，比功。伊尹亡夏，妺喜禍國，其功同比。⓳殷辛伐有蘇　殷辛，商紂王辛。有蘇，己姓古國。⓴妲己　有蘇美女，紂王寵妃。㉑膠鬲　商之賢臣，離殷事周，幫助周武王滅紂。㉒有褒　姒姓古國，在今陝西省勉縣東南。㉓褒姒　有褒美女，幽王之后。㉔伯服　幽王與褒姒之子。㉕石甫　虢公。㉖宜臼　申后之子，後來的周平王。㉗申　古國，姜姓，傳為伯夷之後，居今陝西、山西之間，周宣王時部分東遷，分封於謝（今河南省唐河縣南），建立申國。申國是太子宜臼母后的娘家。㉘鄫　古國，其地在今山東省棗莊市舊嶧縣東。㉙周於是乎亡　西戎伐周，殺幽王於戲山，於是西周亡。㉚三季之王　即夏桀、殷紂、周幽。季，末世。㉛賊　敗國。㉜宅　安居。㉝跨　入據。㉞郭偃　即卜偃，晉大夫，卜官。㉟偏侯　甸內偏方小諸侯。㊱三五　三辰五行。㊲三五　少則三君，多則五君。㊳戕　內傷；殘害。㊴當之者　值骨鯁傷者。㊵嗛嗛　小小。㊶狃　貪。㊷時　三個月。㊸世　嗣也。㊹離數　即經歷數世。亦即代代相傳，歷世久長。離，歷。數，數世。㊺迂　邪也。㊻賈　購買。㊼士蔿　即子輿，劉累之後，隰叔之子，晉大夫。㊽豫　備也。㊾給　及也。㊿夫子　郭偃。(51)二大夫　史蘇、郭偃。(52)正於秦　為秦所輔正。(53)五立　魯僖公九年，晉獻公病死，臨終前托孤於大夫荀息，讓他輔佐奚齊繼位為君，但奚齊被里克殺於居喪的茅屋；荀息又立公子卓，十一月，里克又在朝廷上殺了公子卓，荀息也殉職自殺；公子夷吾依靠秦國的力量回國即位，殺了里克，又背叛秦國，弄得天怒人怨；夷吾即惠公，在位十五年後去世，其子子圉即位，是為懷公；懷公被晉人刺殺於高梁，公子重耳遂依靠秦人之力回國即位，是為文公，而晉國自此始得安定。

【語　譯】晉獻公占卜征伐驪戎的事，史官蘇占卜後說：「勝利而不吉利。」獻公問：「什麼意思？」史蘇說：「看兆象，是兩相挾持，口中有骨，牙齒咬弄，象徵著驪戎和我國相衝突。交互牴觸，便是交相勝利，所以臣這樣解說。再說，卜象最怕涉及到口，有口，則民離心、國離德。」獻公說：「有什麼口不口的！口在於寡人，寡人不接受，誰敢亂說？」史蘇回答說：「如果離心離德，那就只聽得見好話，甘言入耳，心以為快，不知其惡，哪裡還能堵塞提防？」獻公不聽他的，仍然攻伐驪戎，獲勝並俘獲了驪姬回國。驪姬為獻公所寵愛，被立為夫人。獻公就請大夫們喝酒，命令司儀官給史蘇斟滿酒杯，說：「只讓你喝酒，不許你吃菜。這次伐驪之戰，你事先說什麼『勝利而不吉利』。所以賞你喝酒，罰你無菜。戰勝敵國，又得愛妃，還有比這更大的吉利嗎？」史蘇喝光了爵中之酒，再次拜謝叩首說：「兆象上有的，臣決不敢隱瞞。隱瞞卜象所示，是臣失職，若有此兩罪，還怎麼事君？那就要大禍臨頭，不僅僅是沒有菜吃了。再說，君上喜歡吉兆而防備凶兆，凶象最後不出現，防備一下又有什麼害處？如果真是凶象，有了防備就能減輕。臣的占卜不靈，實在是國家的大福，我怎敢害怕受罰？」

喝完酒出來，史蘇告訴大夫們說：「有男兵必有女兵。如果晉國用男人戰勝了驪戎，驪戎一定會用女人戰勝晉國，該怎麼辦呢？」大夫里克問：「此話怎講？」史蘇說：「當年，夏桀攻打有施，有施國的人便把美女妹喜嫁進夏王宮。妹喜得寵，便和伊尹比賽著把夏弄滅亡了。殷紂攻打有蘇，有蘇國的人便把美女妲己嫁進殷王宮。妲己得寵，便和膠鬲比賽著把殷商弄滅亡了。周幽王攻打有褒，有褒國的人便將褒姒嫁進周王宮。褒姒得寵，生下伯服，於是便和虢公石甫一起搗亂，驅逐太子宜臼，立伯服為嗣。太子出奔到申國，和申國、鄫國一起召來西戎攻打周王室，西周便滅亡了。現在，我晉國之君，少仁寡德又為一個女俘所迷惑，還晉升她為君夫人，說他相當於那三個末代君王，不也差不多嗎？再說，兆象上講：『兩相挾持，口中有骨，牙齒咬弄。』我占卜伐驪軍事，龜象卻用離散之狀來回答我。像這樣，就是敗國的先兆了。這裡已不再是我們的安居之地，離散而去的事一定會有。想想看吧：不入據於其國，可以叫做『挾持』嗎？不得寵於其君，可以叫做『銜骨』嗎？如果入據於其國而又得寵於其君，即便碰到牙齒咬弄骨頭，誰能說不聽從呢？我華夏諸侯服從戎狄，不是失敗又是什麼？從政的人不能不警戒，亡國只怕沒有多少天了！」

卜官郭偃說：「想那三位末代君王，亡國也是理所當然。身為萬民之主，卻縱其淫惑而不以為病，極其奢侈而無所避諱，放任心志而為所欲為，所言所行無一處不以為害，所以直到亡國也不得追鑒前世善敗以為警戒。如今，我晉國不過只是甸內偏侯，國土又小，兩個大國就在身旁，即便想放縱惑亂，也不得專擅。天子上卿和鄰國諸侯都會教導保護他，只不過會多次廢立，還不至於到滅亡的程度。而且，即便多次廢立，也不會超過五次。因為口是三辰五行之門。所以讒口之亂，少則三世，多則五君。再說，骨挾於口，不過小小的鯁刺。可能造成小的傷害，卻不能喪國。也不過只是傷害當事人罷了，對於晉國，又何害之有？雖然說是挾持，但也不過是牙齒咬弄而已，口承受不了，又能維持多久呢？晉國恐懼是會相當恐懼的，亡國卻不至於。商王朝衰亡時，其銘文上有這樣的話：『小小的德行，不值得趨就，不可以自誇，而只能招來憂患。少量的吃食，不值得貪占，它既不可以肥己，而且只能招來禍災。』即便驪姬要挑起禍亂，也不過自己給自己招來禍災而已，哪能讓人信服？我聽說，以禍亂聚財的人，沒有謀略就不能長久，沒有人和就不能免難，沒有禮法就不能保身，沒有義理就不能善終，沒有仁德就不能傳世，沒有天佑就不能歷世久長。如今，驪姬不據其安而據其危，不能說是會謀劃；以咬牙切齒之法行事，不能說是得人和；廢棄國家利益，一心只為自己，不能說是守禮法；不遵法度而以邪門歪道謀求私利，不能說是有義理；以寵幸去換取怨恨，不能說是施仁德；盟友少而政敵多，不能說是受天佑。不行仁德，不守禮義，拋棄人民，失去謀劃，天也不會贊助。我看這位君夫人，如果謀反作亂，大概就會像那些農奴一樣，雖然得到一塊沃土，又辛勤耕作，卻還是沒有飯吃，只不過為他人辛勞罷了。」

大夫士蔿說：「告誡不如防備，有防備然後及事。您的告誡，還有您二位大夫的話，都是有道理的呀！」

後來，驪姬果然沒有得逞，晉國由秦國輔正，立了五位君王後才安定。

史蘇論驪姬必亂晉

獻公伐驪戎，克之，滅驪子❶。獲驪姬以歸，立以為夫人，生奚齊。其娣❷生卓子。驪姬請使申生❸主曲沃❹以速懸❺，重耳處蒲城❻，夷吾處屈❼，奚齊處絳❽，以儆無辱之故。公許之。

史蘇朝❾，告大夫曰：「二三大夫其戒之乎！亂本生矣！日❿，君以驪姬為夫人，民之疾心固皆至矣⓫。昔者之伐⓬也，興百姓以為百姓也，是以民能欣之，故莫不盡忠極勞以致死也。今君起百姓以自封⓭也，民外不得其利，而內惡其貪，則上下既有判⓮矣。然而又生男，其天道⓯也？天彊其毒，民疾其態，其亂生矣！吾聞君之好好而惡惡，樂樂而安安，是以能有常⓰。伐木不自其本，必復生；塞水不自其源，必復流；滅禍不自其基，必復亂。今君滅其父而畜其子，禍之基也。畜其子，又從其欲，子思報父之恥而信⓱其欲，雖好色⓲，必惡心⓳，不可謂好。好其色，必授之情。彼得其情以厚其欲，從其惡心，必敗國且深亂。亂必自女戎，三代⓴皆然。」驪姬果作難，殺太子而逐二公子。君子曰：「知難本矣。」

【章旨】本章論晉國驪姬之亂的原因。

【注釋】❶驪子　驪之君，男爵，非子爵也。❷娣　妹。❸申生　晉國太子，齊姜所生。❹曲沃　曲沃是獻公始祖桓叔之封，晉國宗廟所在之邑。❺懸　絕也。❻重耳處蒲城　重耳，申生的異母弟，大戎狐姬所生。蒲城，在今山西省永濟縣北。❼夷吾處屈　夷吾，申生的異母弟，小戎子所生。屈，有北屈、南屈，北屈在今山西省吉縣東北，南屈在其南。❽絳　晉之國都。❾朝　君臣謀國事之處。❿日　昔日。⓫至矣　到極點；到頂點了。⓬伐　征伐外族。⓭自封　自厚；自肥。⓮判　離也。⓯天道　天意。⓰常　常道；常規。⓱信　古「申」字。伸也。放縱；擴展。⓲好色　美麗的容貌。⓳惡心　歹毒的心腸。⓴三代　夏、商、周。

【語譯】晉獻公征伐驪戎，打敗了他們，殺了驪戎國君，俘虜其女驪姬，帶回國來，立為夫人，生了奚齊，她妹妹生了卓子。驪姬請求獻公派太子申生去鎮守曲沃，以便盡快斷絕其父子之情。又請求安排公子重耳鎮守蒲城，公子夷吾鎮守屈邑，公子奚齊鎮守絳都，說這樣就可以儆備戎狄，使無辱於國。獻公答應了她的請求。

史蘇上朝時對大夫們說：「諸位可要戒備啊！禍亂的根本已經產生了！昔日，君上冊封驪姬為夫人，人民疾恨的心情就已經到了頂點。過去聖王征伐外族，發動百官萬民是為了百官萬民，所以民眾欣然從軍，無不盡忠竭力，以死相報。這次君上起用百官萬民，卻是為了滿足自己的淫欲，人民在外征伐不得其利，在內服役痛惡其貪，上下朝野已離心離德了。而且驪姬又生了男孩，只怕是天意要滅我晉國了吧！天意加強這種毒害，人民痛恨這種狀態，禍亂就要發生了！我聽說，一個君王，如果愛好那些好的，憎惡那些壞的，樂於可樂，安於可安，就有常道常規。砍樹不伐根，一定會再長新芽；堵水不塞源，一定會再流水來；消滅禍亂不動根本，一定會再起禍亂。如今，我們國君殺了人家的父親，卻又娶人家的女兒，這就是禍亂的根本。娶人家的女兒，又縱容她的欲望，女兒想報殺父之仇並放縱自己的欲望，雖有美貌，卻必有惡心，這不能叫做美好。喜歡她的美色，就一定滿足她的要求。她的要求既能得到滿足，欲望也就會進一步膨脹，並放縱其歹毒之心，這就一定會敗亡國家，造成更深重的災難。災難一定因女人而起，夏、商、周三代之亡都是這樣。」

後來驪姬果然發難，殺了太子，驅逐了兩位公子。有見識的人說：「史蘇認識到了災難的本源啊！」

獻公將黜太子申生而立奚齊

驪姬生奚齊，其娣生卓子。公將黜太子申生而立奚齊。里克、丕鄭、荀息❶相見，里克曰：「夫史蘇之言將及矣！其若之何？」荀息曰：「吾聞事君者，竭力以役事，不聞違命。君立臣從，何貳之有？」丕鄭曰：「吾聞事君者，從其義，不阿❷其惑。惑則誤民，民誤失德，是棄民也。民之有君，以治義也。義以生利，利以豐民，若之何其民之與處而棄之也？必立太子。」里克曰：「我不佞❸，雖不識義，亦不阿惑，吾其靜也。」三大夫乃別。

蒸于武公，公稱疾不與，使奚齊莅事。猛足❹乃言於太子曰：「伯氏❺不出，奚齊在廟，子盍圖乎？」太子曰：「吾聞之羊舌大夫❻曰：『事君以敬，事父以孝。』受命不遷為敬，敬順所安為孝。棄命不敬，作令不孝，又何圖焉？且夫閒❼父之愛而嘉其貺，有不忠焉；廢人以自成，有不貞焉。孝、敬、忠、貞，君父之所安❽也。棄安而圖，遠於孝矣，吾其止也。」

【章旨】本章記晉國三位大夫和太子申生面對廢立大事的不同態度。

【注釋】❶里克丕鄭荀息　均為晉大夫。里克，即里季。荀息，即荀叔。❷阿　隨。❸佞　才。❹猛足　太子之臣。❺伯氏　指太子。❻羊舌大夫　名突，為羊舌職之父、叔向之祖。❼閒　離。❽安　善。

【語譯】驪姬生了奚齊，她妹妹生了卓子。獻公打算廢黜太子申生而立奚齊為儲君。里克、丕鄭、荀息三人見面時，里克說：「史蘇的預言就要兌現了，怎麼辦呢？」荀息說：「我聽說事奉君王的人，只能竭盡全力為君王辦事，沒聽說過可以違抗命令的。君上要立誰，我們就擁戴誰，還能有什麼二心嗎？」丕鄭則說：「我聽說事奉君王的人，只順從君王的義舉，不附和君王的惑亂。惑亂就會貽誤人民，貽誤人民就會失去仁德，失去仁德也就是背棄人民。人民之所以要有君王，就是為了實行禮義。禮義產生利益，利益富裕人民。既如此，怎麼可以生活在人民之中又拋棄人民呢？一定要確保申生的太子地位才行。」里克說：「鄙人不才，既不懂得禮義，也不附和惑亂，還是靜觀其變吧！」三位大夫就分手了。

冬天祭祀先祖武公時，獻公稱病不去，卻讓奚齊主持祭典。猛足對太子申生說：「長子不出面，幼子卻在廟中，您怎麼不考慮一下自安之道呢？」太子說：「我聽羊舌大夫說過：『事奉君王要恭敬，事奉父親要孝順。』身心不移地接受君命就是敬，恭恭敬敬地順從父意就是孝。違抗君命就是不敬，自作主張就是不孝，我又能考慮什麼呢？再說，背離父愛卻又享受他的賞賜，這是不忠；廢掉別人以成全自己，這是不貞。孝、敬、忠、貞，這是君父所要求和贊許的。拋棄這些而別有所圖，離孝道遠得很啦！我還是就這樣吧！」

獻公伐翟柤

獻公田，見翟柤之氛❶，歸寢不寐。郤叔虎❷朝，公語之。對曰：「牀笫之不安邪？抑驪姬之不存側邪？」公辭焉。出遇士蔿，曰：「今夕君寢不寐，必為翟柤也。夫翟柤之君，好專利而不忌，其臣競諂以求媚，其進者壅塞，其退者拒違❸。其上貪以忍，其下偷以幸，有縱君而無諫臣，有冒上而無忠下。君臣上下各饜其私，以縱其回，民各有心而無所據依。以是處國，不亦難乎？君若伐之，可克也。吾不言，子必言之。」士蔿以告，公悅，乃伐翟柤。郤叔虎將乘❹城，其徒曰：「棄政而役，非其任也。」郤叔虎曰：「既無老謀，而又無壯事，何以事君？」被羽先升，遂克之。

【章　旨】本章論腐敗者必亡其國。

【注　釋】❶翟柤之氛　翟柤，當是北狄某部落之國。翟，通「狄」。北方之種族。氛，祲氛。凶象也。凡雲氣，吉曰祥，凶曰氛。❷郤叔虎　即郤豹，晉大夫，郤芮之父。❸拒違　離去。❹乘　登。

【語　譯】晉獻公田獵時，看見翟柤國的上空有凶氣，回來後就睡不著覺。第二天，郤叔虎朝見獻公時，獻公就把夜不安眠的事告訴了他。郤叔虎說：「是床席不安穩呢？還是因為夫人不在身邊呢？」獻公就要他退下。郤叔虎出來後遇見士蔿，便對他說：「昨晚君上夜不能寐，一定是因為翟柤國的原因。我看那翟柤之君，喜歡獨占利益而毫無顧忌，而其臣下爭相進諂以求寵媚，爭進諂媚的奸臣把接近君王的路都堵塞了，潔身自好的賢良只好離去。這個國家，上層貪婪而殘忍，下層苟且而偷安，只有放縱淫欲的君主，沒有忠心進諫的良臣；只有貪婪奢侈的君上，沒有忠誠耿直的臣下。君臣上下，都各自只求滿足私欲，以便放縱邪念，民眾各懷離散之心，只是苦於找不到依託之處。這樣治國，要想治好，不也太難了嗎？君上如果討伐他，是可以打勝的。這些話我不能說，你一定要去說。」士蔿便把這些話告訴了獻公，獻公非常高興，便出兵討伐翟柤。郤叔虎準備率先登上城牆，他的部屬說：「放棄政務來參加戰鬥，不是大人的職責。」郤叔虎說：「如果我既沒有老年人的謀略，又沒有青年人的戰績，憑什麼事奉君王呢？」於是，便身披羽翼，率先登城，一舉戰勝翟柤。

優施教驪姬遠太子

公之優❶曰施，通於驪姬。驪姬問焉，曰：「吾欲作大事，而難三公子之徒如何？」對曰：「早處之，使知其極。夫人知極，鮮有慢心；雖其慢，乃易殘也。」驪姬曰：「吾欲為難，安始而可？」優施曰：「必於申生。其為人也，小心精潔，而大志重，又不忍人。精潔易辱，重僨❷可疾，不忍人，必自忍也。辱之近行。」驪姬曰：「重，無乃難遷乎？」優施曰：「知辱可辱，可辱遷重；若不知辱，亦必不知固秉常矣。今子內固而外寵，且善否莫不信。若外殫❸善而內辱之，無不遷矣。且吾聞之：甚精必愚。精為易辱，愚不知避難。雖欲無遷，其得之乎？」是故先施讒於申生。

驪姬賂二五❹，使言於公曰：「夫曲沃，君之宗也；蒲與二屈，君之疆也，不可以無主。宗邑無主，則民不威❺；疆埸無主，則啟戎心。戎之生心，民慢其政，國之患也。若使太子主曲沃，而二公子主蒲與屈，乃可以威民而懼戎，且旌君伐❻。」使俱曰：「狄之廣莫，於晉為都❼。晉之啟土，不亦宜乎？」公說，乃城曲沃，太子處焉；又城蒲，公子重耳處焉；又城二屈，公子夷吾處焉。驪姬既遠太子，乃生之言❽，太子由是得罪。

【章　旨】本章記優施與驪姬譖害太子及二公子之事。

【注　釋】❶優　俳優；倡優。以樂舞戲謔為業的藝人。❷僨　僵斃。❸殫　盡也。❹二五　獻公之嬖臣梁五、東關五。❺威　畏也。❻伐　功也。❼都　都邑也。❽言　譖言也。

【語　譯】獻公養了一個戲子，名叫施，與驪姬私通。驪姬問他，說：「我要辦大事，難就難在三個公子及其黨羽，該怎麼辦？」優施回答說：「盡早打發他們，分以城而位以卿，使他們自知其位之所極致。一個人如果知道了自己地位的極致，就很少有產生怠慢之心的；如果他怠慢，要加害也就容易了。」驪姬問：「如果我要發難，先從誰下手為好？」優施回答：「一定要先從申生下手。他這個人，小心謹慎，精誠純潔，老成持重，又不忍心害人。純潔者易汙，僵持者易倒，不忍心害人者就只能忍心害己。可以用身邊的平凡小事去玷汙、羞辱他。」驪姬說：「持重，就難以使他改變想法吧？」優施回答：「知道羞辱才可以去羞辱，羞辱就可以改變他的持重；如果不知恥辱，就一定不懂固守常規了。如今，夫人您內得君心而外示寵幸，而且無論表揚誰、批評誰，君上都沒有不信的。如果您在外極力對申生表示友善，暗地裡卻設法羞辱他，他不可能不動搖的。況且，我聽說：太精純便迂腐。精純容易汙辱，迂腐不知避難。即使想不改變繼續當太子的念頭，能辦到嗎？」所以，便首先對申生進行造謠誣陷。

驪姬買通了獻公寵幸的兩個嬖臣梁五和東關五，讓他們對獻公說：「曲沃，是國君宗廟所在；蒲城、二屈，是國家邊疆要塞。這幾個重要的城邑，不能沒有重要人物主持鎮守。宗廟之邑無主，則民眾不畏天威；邊疆要塞無主，則戎狄易生野心。戎狄之野心一開啟，而民眾之政事怠慢，這是國家的大患。如果讓太子主持鎮守曲沃，兩位公子主持鎮守蒲與屈，便可以使民眾敬畏而戎狄戒懼，並能弘揚君上的武功。」又讓這兩個嬖臣一齊對獻公說：「把狄人廣袤的沙漠，變成晉的一個都邑，開闢晉國疆域，豈不是很合適嗎？」獻公聽了很高興，就在曲沃築城，讓太子住在那裡；又在蒲築城，讓公子重耳住在那裡；又在屈築城，讓公子夷吾住在那裡。驪姬既然已趕走太子，便又進一步編造讒言，從此，太子申生便開始得罪獻公。

獻公作二軍以伐霍

十六年，公作二軍❶，公將上軍，太子申生將下軍以伐霍❷。師未出，士蔿言於諸大夫曰：「夫太子，君之貳❸也，恭以俟嗣，何官之有？今君分之土而官之，是左❹之也。吾將諫以觀之。」乃言於公曰：「夫太子，君之貳也，而帥下軍，無乃不可乎？」公曰：「下軍，上軍之貳也。寡人在上，申生在下，不亦可乎？」士蔿對曰：「下不可以貳上。」公曰：「何故？」對曰：「貳若體焉，上下左右，以相心目，用而不倦，身之利也。上貳代舉，下貳代履，周旋變動，以役心目，故能治事，以制百物。若下攝上，與上攝下，周旋不動，以違心目，其反為物用也，何事能治？故古之為軍也，軍有左右，闕從補之，成而不知，是以寡敗。若以下貳上，闕而不變，敗弗能補也。變非聲章❺，弗能移也。聲章過數則有釁❻，有釁則敵入。敵入而凶，救敗不暇，誰能退敵？敵之如志，國之憂也。可以陵小，難以征國❼。君其圖之！」公曰：「寡人有子而制焉，非子之憂也。」對曰：「太子，國之棟也。棟成乃制之，不亦危乎？」公曰：「輕其所任，雖危何害？」

士蔿出語人曰：「太子不得立矣。改其制而不患其難，輕其任而不憂其危，君有異心，又焉得立？行之克也，將以害之；若其不克，其因以罪之。雖克與否，無以避罪。與其勤而不入❽，不如逃之。君得其欲，太子遠死，且有令名，為吳太伯❾，不亦可乎？」太子聞之，曰：「子輿❿之為我謀，忠矣。然吾聞之：為人子者，患不從，不患無名；為人臣者，患不勤，不患無祿。今我不才而得勤與從，又何求焉？焉能及吳太伯乎？」太子遂行，克霍而反，讒言彌興。

【章　旨】本章記獻公令太子將下軍之事，及士蔿的勸諫。

【注　釋】❶公作二軍　魯莊公十六年，晉曲沃武公完全吞併晉國，周王室不得不策命武公為晉侯，建一軍。魯閔公元年，晉獻公又擴大為二軍。❷霍　姬姓古國，周文王之子叔武所封，故城在今山西省霍城縣西南十六里。❸貳　副。❹左　外也。❺聲章　聲，金鼓也。章，旌旗也。❻釁　隙也。❼國　指大國。❽入　入君意。❾吳太伯　周文王的伯父，本為太子，但為了讓位給弟弟季歷，出走到吳，被周武王追封為吳伯，所以稱為吳太伯。❿子輿　士蔿的字。

【語　譯】獻公十六年，晉建立上、下兩軍，獻公親自統帥上軍，令太子申生統帥下軍，征伐霍國。軍隊出發之前，士蔿對大夫們說：「太子是國君之副，恭候繼承君位，哪有什麼官職可以授予？如今，君上分給他采邑，授給他官職，這是沒把他當太子看。我打算去勸諫君上，藉此試探試探君上的想法。」於是便對獻公說：「太子是國君之副，讓他統帥下軍，恐怕不可以吧？」獻公說：「下軍就是上軍之副。寡人統帥上軍，申生統帥下軍，不也是可以的嗎？」士蔿回答說：「下不可以作上之副。」獻公問：「為什麼？」士蔿說：「副就像人體，上下左右，都輔佐心與目，這樣使用起來才不疲勞，並有利於身體。上身之副也就是雙手，交替舉用；下身之副也就是雙腳，交替踩地，這樣循環變動，來幫助心與目，因此能夠治理百事，駕馭萬物。如果下肢引持上肢，或上肢引持下肢，不能循環變動，違背心目，那就反被事物所牽制，還能做什麼事情呢？所以古代建立軍隊，有左軍有右軍，缺了就補上，列成陣勢而敵軍不知，因此很少有失敗的。如果用下軍代替上軍之副，缺失了也不能改變，失敗了也不能補救。因為這種陣勢的變動沒有相應的旗鼓，所以無法隨機應變。旗鼓超過定數，必有漏洞。有漏洞，敵軍就會趁虛而入。敵軍趁虛而入必凶，挽救敗局尚且忙不過來，哪裡還能打退敵軍？敵人得逞，就是國家的憂患。這種軍隊建制，欺凌一下小國還勉強可以，卻決然難以對付大國。請君上三思！」獻公說：「寡人有兒子，就要為他建制軍隊，這不是需要你來憂慮的事！」士蔿回答說：「太子是國家的棟梁。棟梁已成，卻抽出去打仗，不危險嗎？」獻公說：「把他的責任減輕一點，即便有些危險，又有什麼害處呢？」

士蔿出來後對別人說：「太子不可能再當太子了！改變他的體制卻不擔心他的困難，減輕他的責任卻不憂慮他的危險，君上這是別有用心，太子又怎麼可能再當儲君呢？太子這次出征，如果打了勝仗，就會因其得眾而加害於他；如果打了敗仗，則會因其失誤而加罪於他。不管打勝打敗，太子都罪在難逃。與其辛辛苦苦地去得罪君上，還不如逃之夭夭。這樣，君上稱心如意，太子死在遠方，也會得到美名，做一個吳太伯式的人物，不也很好嗎？」太子聽到這些話以後說：「子輿替我考慮，夠忠心的了。但是，我聽說：做兒子的，只擔心不從父命，不擔心沒有美名；做臣子的，只擔心不盡心力，不擔心沒有俸祿。如今，我雖不才，卻榮獲盡力從命的機會，又要求什麼呢？我又哪能比得上吳太伯呢？」太子終於出征，打敗了霍人歸國，而對他的讒言誣陷，也果然更加多了起來。

優施教驪姬譖申生

優施教驪姬夜半而泣謂公曰：「吾聞申生甚好仁而彊，甚寬惠而慈於民，皆有所❶行之。今謂君惑於我，必亂國，無乃以國故而行彊於君？君未終命而不歿，君其若之何？盍殺我，無以一妾亂百姓。」公曰：「夫豈惠其民而不惠於其父乎？」驪姬曰：「妾亦懼矣。吾聞之外人之言曰：為仁與為國不同。為仁者，愛親之謂仁；為國者，利國之謂仁。故長民者無親，眾以為親。苟利眾而百姓和，豈能憚❷君？以眾故不敢愛親，眾況❸厚之，彼將惡始而美終，以晚蓋者也。凡民利是生，殺君而厚利眾，眾孰沮之？殺親無惡於人，人孰去之？苟交利而得寵，志行而眾悅，欲其甚矣，孰不惑焉？雖欲愛君，惑不釋也。今夫以君為紂，若紂有良子，而先喪紂，無章其惡而厚其敗。鈞❹之死也，無必假手於武王，而其世不廢，祀至于今，吾豈知紂之善否哉？君欲勿恤❺，其可乎？若大難至而恤之，其何及矣？」公懼曰：「若何而可？」驪姬曰：「君盍老❻而授之政。彼得政而行其欲，得其所索，乃釋其君。且君其圖之，自桓叔以來，孰能愛親？唯無親，故能兼翼❼。」公曰：「不可與政。我以武與威，是以臨諸侯。未歿而亡政，不可謂武；有子而弗勝，不可謂威。我授之政，諸侯必絕；能絕於我，必能害我。失政而害國，不可忍也。爾勿憂，吾將圖之。」

驪姬曰：「以皋落狄之朝夕苛我邊鄙❽，使無日以牧田野，君之倉廩固不實，又恐削封疆。君盍使之伐狄，以觀其果於眾也，與眾之信輯睦❾焉。若不勝狄，雖濟❿其罪，可也；若勝狄，則善用眾矣，求必益廣，乃可厚圖⓫也。且夫勝狄，諸侯驚懼，吾邊鄙不儆⓬，倉廩盈，四鄰服，封疆信⓭，君得其賴⓮，又知可否，其利多矣。君其圖之！」公說⓯，是故使申生伐東山⓰，衣之偏裻之衣⓱，佩之以金玦⓲。僕人贊⓳聞之曰：「太子殆⓴哉！君賜之奇，奇生怪，怪生無常，無常不立。使之出征，先以觀之，故告之以離心，而示之以堅忍之權㉑，則必惡其心而害其身矣。惡其心，必內險之；害其身，必外危之。危自中起，難哉！且是衣也，狂夫阻之衣㉒也。其言曰：『盡敵而反。』雖盡敵，其若內讒何？」申生勝狄而反，讒言作於中。君子曰：「知微。」

【章　旨】本章記驪姬進讒誣陷太子，及獻公聽信讒言加害太子之事。

【注　釋】❶有所　有所圖；有所為；有目的。❷憚　憚弒其君。❸況　益也；更加也。❹鈞　同。❺恤　憂。❻老　自稱年老；告老。❼唯無親二句　獻公祖上是曲沃桓叔，為晉昭侯之叔父。昭侯居晉都翼，封桓叔於曲沃，曲沃一支，屢屢伐翼。最先是桓叔伐翼，晉人潘父弒昭侯而納桓叔，未果。晉人立昭侯之子孝侯為君，桓叔之子莊伯（嚴伯）又伐翼，殺孝侯。晉人又立孝侯之弟鄂侯，鄂侯生哀侯，莊伯之子武公又伐翼，殺哀侯，兼併翼城，自立為晉君。所以說：「唯無親，故能兼翼。」❽皋落狄之朝夕苛我邊鄙　皋落狄，東山皋落氏，赤狄之別種。今山西省垣曲縣東南有皋落鎮，當是其故地；山西省昔陽縣東南七十里亦有皋落鎮，也有人認為這就是當年皋落狄所在地。苛，擾也。邊鄙，邊境之地。❾信輯睦　信，誠也。輯睦，和睦也。❿濟　成；渡。⓫厚圖　進一步想辦法。⓬不儆　沒有兵儆的威脅。⓭信　審也。⓮賴　利。⓯說　悅。⓰東山　即皋落狄。⓱偏裻之衣　衣縫偏在一邊的衣服。裻，衣服後面的中縫。⓲金玦　一種佩物，如環而缺，一般以玉為之。⓳僕人贊　僕人是官名。贊是人名。⓴殆　危險。㉑告之以離心二句　偏裻之衣，衣縫偏在一邊，也就是偏離中心的意思，所以說是「離心」。玦，別也，而金的光澤寒而不潤，象徵著堅忍，所以說金玦是「堅忍之權」。㉒狂夫阻之衣　狂夫，即方相氏。周官名，掌管索寶驅疫之職事。阻，即「詛」。這種衣服，穿之前要請方相氏詛咒。

【語　譯】優施教驪姬半夜三更哭著對獻公說：「我聽說申生仁愛而又強硬，對待下民，非常寬惠慈和，這都是有所圖謀才這樣做的。現在，他聲稱君上被我所惑，必亂晉國，恐怕會為了國家的緣故而對君上採取強硬的態度吧？君上未終王命而又健在，您打算怎麼辦呢？何不把我殺了，免得為一個賤女子而亂了貴族百姓。」獻公說：「他難道對子民仁慈而不對君父仁慈？」驪姬說：「我也害怕呀！我聽別人說：以仁道為目的和以國事為目的不同。以仁道為目的的人，把愛於親人叫做仁；以國事為目的的人，把利於國家叫做仁。所以，統治人民的人是沒有親人的，因為他把民眾當作了親人。如果能利於民眾，團結百官，他還不敢弒君嗎？為了民眾而不敢偏愛私親，民眾也就越發歸附擁戴他，他就將以惡名開始而以美名告終，這是後來的善舉可以掩蓋從前的惡行的緣故。舉凡下民，無不仰賴上頭恩賜的利益而生存，如果殺了君王卻能多多賜利於民眾，民眾還會有誰去阻止他？殺死父親卻並不加惡於他人，又會有誰去背離他？如果互利而得寵，稱心如意而民眾愉悅，這將是申生最大的願望，誰還會不被這樣的好事所迷惑呢？即便想愛戴君王您，也無法擺脫他的迷惑呀！現在，假設您是紂王，如果紂王有個好兒子，先把紂王殺了，就不至於像後來那樣彰明了紂王的罪惡，加重了紂王的失敗。同樣是死，但不必借武王之手，而且殷商世系不廢，祭祀延續至今，果真如此，我們還能弄得清紂王究竟是善還是惡嗎？這種事，您想不憂慮，行嗎？如果大難臨頭之時再來憂慮，還來得及嗎？」獻公害怕了，問：「怎麼辦才行呢？」驪姬說：「您何不告老退位，把政事交給他。他得到國政，便可以行自己欲行之事，求自己欲求之物，也就會放過他的君父了。您再想想，自桓叔以來，誰能做到愛親？唯其無視親親之愛，所以才能兼併翼城而得晉國。」獻公說：「不可以把國政交給他。我是憑藉武力和威嚴，才得以統領諸侯的。還沒有死就丟了政權，不能算是武；有了兒子卻不能制服，不能算是威。我把政權交出去，諸侯一定會與我絕交；能與我絕交，也就能加害於我。喪失政權而又危害國家，豈能容忍！你不要著急，我會設法對付的。」

驪姬說：「皋落狄每天都侵略騷擾我國邊疆地區，使得我們沒有一天可以到田野放牧，而且會使君上的倉庫不充實，又怕削減了封疆。君上何不派申生去討伐皋落狄，以此觀察他和民眾到底是一種什麼關係，看一看民眾和他是否果真和睦。如果他未能戰勝狄人，那就已經構成罪名，可以整治他了；如果他打敗了皋落狄，那就證明他善於用眾，一定會加大野心，這就要進一步想辦法了。再說，戰勝狄國，諸侯震驚，我國邊疆再無兵儆之威脅，倉庫充實，四鄰歸服，邊界確定，您得到實惠，又知道了可不可以除掉申生，有利之處可多了！請您考慮考慮！」獻公聽了以後很高興，便派太子申生討伐東山皋落狄，賜他穿偏裻之衣，佩金玦。僕人贊聽說以後說：「太子危險了！君王賜給他奇裝異服，奇就產生怪，怪產生無常，無常就不確立，不立也就不能承繼君位。派他出征，先以此考察觀察他，所以，用偏裻暗示離心，用金玦暗示冷落，如此，就一定是討厭他而且要加害於他了。討厭他，就會在心中盤算如何陷他於險境；加害他，就會在外面設法讓他面臨危難。危險從內心內部生起，就難有救了！況且這種偏裻之衣，是狂夫詛咒之衣。詛辭說：『消滅全部敵人以後回國。』太子雖能全殲敵人，但又能對內部的讒言怎麼樣？」申生戰勝狄人回國，讒言從宮中興起。

君子說：「贊這個人深知幽微之理。」

申生伐東山

十七年冬，公使太子伐東山。里克諫曰：「臣聞皋落氏將戰，君其釋❶申生也！」公曰：「行也！」里克對曰：「非故❷也。君行，太子居，以監國也；君行，太子從，以撫軍也。今君居，太子行，未有此也。」公曰：「非子之所知也。寡人聞之，立太子之道三：身鈞以年，年同以愛，愛疑決之以卜、筮❸。子無謀吾父子之間，吾以此觀之。」公不說❹。

里克退，見太子。太子曰：「君賜我以偏衣、金玦，何也？」里克曰：「孺子懼乎？衣躬之偏，而握金玦，令不偷❺矣。孺子何懼？夫為人子者，懼不孝，不懼不得❻。且吾聞之曰：『敬賢於請❼。』孺子勉之乎！」君子曰：「善處父子之間矣。」

太子遂行。狐突御戎❽，先友為右❾，衣偏衣而佩金玦。出而告先友曰：「君與我此，何也？」先友曰：「中分而金玦之權，在此行也。孺子勉之乎！」狐突歎曰：「以庬衣純❿，而玦之以金銑⓫者，寒之甚矣，胡可恃也？雖勉之，狄可盡乎？」先友曰：「衣躬之偏，握兵之要，在此行也，勉之而已矣。偏躬無慝⑫，兵要遠災⑬，親以無災，又何患焉？」至于稷桑⑭，狄人出逆，申生欲戰。狐突諫曰：「不可。突聞之：國君好艾，大夫殆⑮；好內，適子⑯殆，社稷危。若惠⑰於父而遠於死，惠於眾而利社稷，其可以圖之乎？況其危身於狄以起讒於內也？」申生曰：「不可。君之使我，非歡⑱也，抑欲測吾心也。是故賜我奇服，而告我權。又有甘言⑲焉。言之大甘，其中必苦。譖在中矣，君故生心⑳。雖蝎譖㉑，焉避之？不若戰也。不戰而反，我罪滋厚；我戰死，猶有令名焉。」果敗狄於稷桑而反。讒言益起，狐突杜門不出。君子曰：「善深謀也。」

【章旨】本章記申生伐東山之事，以及里克、狐突、先友三人對獻公所賜偏衣、金玦的不同態度和看法。

【注釋】❶釋　捨也。本意是放棄派太子伐東山的命令，言外之意是要獻公放過太子，不要加害於他。❷故　成例；老規矩。❸卜筮　卜，用龜甲占卜。筮，用筮草占卜。❹說　悅。❺偷　薄也。❻得　得君父之心而得立為太子。❼敬賢於請　意思是說「恭敬比請求好」。賢，好。❽狐突御戎　狐突，狐偃之父，晉的同姓，唐叔的後代。御戎，駕馭戎車。❾先友為右　先友，晉大夫，先丹木之族。右，車右，亦曰戎右。手執兵器居戎車之右。中生在戎車的中間，狐突御車，在申生的左邊，先友在右邊。❿以庬衣純　庬，通「尨」。雜亂之意。純，純一不雜。太子本來應該穿著純一不雜的衣服。⓫玦之以金銑　銑，有灑意。灑灑然即寒貌。佩玦本來應該用玉，取其溫潤；現在用金，光澤雖甚，卻無溫潤之象，所以下文要說「寒之甚矣」。⓬慝　惡也。⓭兵要遠災　金玦是用來圖事決計的，所以是兵要，亦即兵權。掌有兵權，便能遠於災禍。⓮稷桑　皋落狄境內之地。⑮國君好艾二句　韋昭注：「『艾』當為『外』，聲相似誤也。好外，多嬖臣也。嬖臣害正，故大夫殆。殆，危也。」⑯適子　即嫡子。⑰惠　順從。⑱歡　愛。⑲甘言　臨行時獻公的美言。⑳生心　多心。㉑蝎譖　譖從中起，如蝎從木中食木。蝎，木中之蟲。

【語　譯】晉獻公十七年冬，獻公派太子申生征伐東山皋落狄。大夫里克進諫說：「臣聽說皋落狄要和太子決一死戰，您還是不要讓太子去吧！」獻公說：「讓他去吧！」里克說：「這不合規矩。依照規矩，國君出征，太子留在國內，這是為了監國；國君出征，太子跟從國君，這是為了撫軍。如今，國君在國內，卻讓太子出征，向無此例啊！」獻公說：「這就不是你知道的事了！寡人聽說，立太子的規矩有三條：品德相同就看誰年長，年齡相同就看誰更為國君所愛，如果寵愛的程度也相同而難以抉擇，就訴諸卜筮。你不要在我們父子之間用心思打主意，我要藉此機會考察申生。」獻公很不高興。

里克退下，又去見太子。太子問：「君上賜給我偏衣、金玦，是什麼意思呢？」里克說：「太子害怕了嗎？賜給您偏衣，是把君上身體的一半分給了您；賜給您金玦，是把決策的權力交給了您。君上待您不薄啊！太子害怕什麼呢？做人子的，只怕不孝，不怕不能得到寵愛。況且，我聽說：『恭敬比請求更好。』太子努力孝敬父王吧！」君子評論里克說：「善於處理父子關係。」

於是太子就出發了。狐突駕御戎車，先友居右護衛，太子身著偏衣，身佩金玦。出了國都之後，太子告訴先友說：「君父賜給我這些東西，是什麼意思呢？」先友說：「分到一半君權，憑著金玦決策，就在此一行了。太子努力事君吧！」狐突歎息說：「用雜色取代純正，以冷光取代溫潤，寒心得很哪！還有什麼可依賴仰仗的呢？即便努力作戰，能把敵人消滅光嗎？」先友說：「分得君躬，把握兵權，在此一戰，努力就是了！分得君上身體的一半，就不會有惡意；掌握了兵權，就能遠於災禍。君上以此無災之物賜給您以示親愛，又有什麼可憂慮的呢？」到了稷桑，狄人迎戰，申生要打。狐突進諫說：「不可。我聽說：國君如果寵信嬖臣，卿大夫們就危險了；如果寵信嬖妾，嫡長子就危險了，國家也就危險了。如果順從君父就可以免於一死，如果順從民眾就能夠利於國家，請您在這兩條出路中選擇一下吧？何況您現在的處境，是以陷身於狄軍之危險來換取宮中之讒言呢？」申生說：「不行啊！君父派我出來打仗，不是因為喜歡我，而很可能是為了測度我的心。唯其如此，才賜以奇服，授以兵權，並說了許多好話。言語太甜，裡面肯定很苦。讒言起於宮中了，君父才起了異心。既然讒言就像蠹蟲咬樹一樣從中而起，又哪裡躲得掉呢？不如一戰。不戰而返，我的罪過更大；我作戰而死，至少還可留得美名。」果然打敗狄軍於稷桑，凱旋回國。讒言也果然更加厲害，狐突便從此閉門不出。君子評論說：「這是善於深謀遠慮。」

卷八　晉語二

驪姬譖殺太子申生

反自稷桑，處五年，驪姬謂公曰：「吾聞申生之謀愈深。日❶，吾固告君曰得眾，眾不利，焉能勝狄？今矜狄之善，其志益廣。狐突不順，故不出。吾聞之，申生甚好信❷而彊，又失言❸於眾矣，雖欲有退，眾將責焉。言不可食，眾不可弭❹，是以深謀。君若不圖，難將至矣！」公曰：「吾不忘也，抑未有以致罪焉。」

驪姬告優施曰：「君既許我殺太子而立奚齊矣。吾難里克，奈何？」優施曰：「吾來❺里克，一日而已。子為我具特羊❻之饗，吾以從之飲酒。我優也，言無郵❼。」驪姬許諾，乃具，使優施飲里克酒。中飲，優施起舞，謂里克妻曰：「主孟啗我❽，我教茲暇豫事君。」乃歌曰：「暇豫之吾吾❾，不如鳥烏。人皆集於苑❿，己獨集於枯。」里克笑曰：「何謂苑？何謂枯？」優施曰：「其母為夫人，其子為君，可不謂苑乎？其母既死，其子又有謗，可不謂枯乎？枯且⑪有傷。」

優施出，里克辟奠⑫，不飧而寢。夜半，召優施，曰：「曩而言戲乎？抑有所聞之乎？」曰：「然。君既許驪姬殺太子而立奚齊，謀既成矣。」里克曰：「吾秉君以殺太子，吾不忍。通復故交，吾不敢。中立其免乎？」優施曰：「免。」

旦而里克見丕鄭，曰：「夫史蘇之言將及矣！優施告我，君謀成矣，將立奚齊。」丕鄭曰：「子謂何？」曰：「吾對以中立。」丕鄭曰：「惜也！不如曰不信以疏⑬之，亦固太子以攜⑭之，多為之故⑮，以變其志，志少疏，乃可間⑯也。今子曰中立，況固其謀也，彼有成矣，難以得間。」里克曰：「往言不可及也，且人⑰中心唯無忌之，何可敗也？子將何如？」丕鄭曰：「我無心⑱。是故事君者，君為我心，制不在我。」里克曰：「弒君以為廉⑲，長廉以驕心，因驕以制人家，吾不敢。抑撓志⑳以從君，為廢人㉑以自利也，利方以求成人㉒，吾不能。將伏㉓也！」明日，稱疾不朝。三旬，難乃成。

驪姬以君命命申生曰：「今夕君夢齊姜，必速祠而歸福㉔。」申生許諾，乃祭于曲沃，歸福于絳。公田，驪姬受福，乃寘鴆于酒，寘堇㉕于肉。公至，召申生獻，公祭之地，地墳㉖。申生恐而出。驪姬與犬肉，犬斃；飲小臣酒，亦斃。

公命殺杜原款[27]。申生奔新城[28]。

杜原款將死，使小臣圉[29]告于申生，曰：「款也不才，寡智不敏，不能教導，以至于死。不能深知君之心度[30]，棄寵求廣土而竄[31]伏焉；小心狷介[32]，不敢行也。是以言至而無所訟[33]之也，故陷於大難，乃逮于讒。然款也不敢愛死，唯與讒人鈞[34]是惡也。吾聞君子不去情，不反讒，讒行身死可也，猶有令名焉。死不遷情，彊也；守情說父，孝也；殺身以成志，仁也；死不忘君，敬也。孺子勉之！死必遺愛，死民之思，不亦可乎？」申生許諾。

人謂申生曰：「非子之罪，何不去乎？」申生曰：「不可。去而罪釋，必歸於君，是怨君也。章父之惡，取笑諸侯，吾誰鄉[35]而入？內困於父母，外困於諸侯，是重困也。棄君去罪，是逃死也。吾聞之：『仁不怨君，智不重困，勇不逃死。』若罪不釋，去而必重。去而罪重，不智。逃死而怨君，不仁。有罪不死，無勇。去而厚怨。惡不可重，死不可避，吾將伏以俟命。」

驪姬見申生而哭之，曰：「有父忍之，況國人乎？忍父而求好人，人孰好之？殺父以求利人，人孰利之？皆民之所惡也，難以長生！」驪姬退，申生乃雉經[36]于新城之廟。將死，乃使猛足[37]言於狐突曰：「申生有罪，不聽伯氏[38]，以至于死。申生不敢愛其死，雖然，吾君老矣，國家多難，伯氏不出，奈吾君何？伯氏苟出而圖吾君，申生受賜以至于死，雖死何悔！」是以諡為共君㊴。

驪姬既殺太子申生，又譖二公子曰：「重耳、夷吾與知共君之事。」公令閹楚㊵刺重耳，重耳逃于狄㊶；令賈華㊷刺夷吾，夷吾逃于梁㊸。盡逐群公子㊹，乃立奚齊焉。始為令，國無公族焉。

【章旨】本章記驪姬譖殺太子申生之事。

【注釋】❶日 當初。❷信 言必行之曰信。❸失言 透露過要謀取君位的話。❹弭 止。❺來 招致；招安。❻特羊 一隻全羊。牲一為特，二為牢。❼郵 過也。❽主孟啗我 主孟，大夫和大夫之妻都可以稱主，這裡指里克之妻，字孟。啗我，賞給我一些吃的。啗，吃。❾吾吾 不敢主動親近的樣子。❿苑 林木茂盛貌或茂盛的林木。⓫且 將。⓬辟奠 罷酒不飲。⓭疏 沖淡。⓮攜 牽制。⓯故 障礙。⓰間 離。⓱人 指驪姬。⓲心 主意。⓳廉 廉直。⓴撓志 違背自己的意志。㉑人 指太子申生。㉒人 指奚齊。㉓伏 隱藏。㉔福 祚肉。㉕堇 一名烏頭，又名雞毒，也是毒藥。㉖地墳 地隆起，酒中有毒之故。㉗杜原款 申生的師傅。㉘新城 因封申生於曲沃而新築的城。㉙小臣圉 太子的小臣，名叫圉。㉚心度 心理。㉛竄 逃。㉜狷介 拘謹獨善。㉝訟 辯解。㉞鈞 同。㉟鄉 向。㊱雉經 自縊。㊲猛足 申生之臣。㊳伯氏 狐突字伯行，尊之曰伯氏。㊴共君 共，通「恭」。諡法，既過能改曰恭。㊵閹楚 即寺人披。閹，閹人；寺人；宦官。楚是他的字。㊶狄 北狄，隗姓。㊷賈華 晉大夫。㊸梁 古國，嬴姓，伯爵，在今陝西省韓城縣南。㊹群公子 獻公的其他兒子。

【語譯】太子申生從稷桑班師回國，又過了五年，驪姬便對獻公說：「我聽說申生的陰謀越來越險惡了。當初，我就告訴您說他是很得人心的，如果不是討好民眾，怎麼能打敗狄人？如今他自吹自擂地說攻打狄人時如何如何善於用兵，他的野心是越來越大了。狐突因為不順從他，所以才閉門不出。我聽說，申生很講信用而又強硬，又曾洩露了謀反的口風，即便想退卻，大家也不會答應他。說出去的話是不可收回的，眾人的意願是不可遏止的，所以一定會想最陰險的主意。您要是再不想辦法對付他，可就要大難臨頭了！」獻公說：「我沒忘記這件事，只是一時還沒有治罪的理由。」

驪姬便告訴優施說：「君上已答應我殺太子而立奚齊了。可是我感到里克難纏，怎麼辦？」優施說：「我要招安里克，只用一天的工夫也就夠了。您給我準備一桌全羊席，我拿去和他一起喝酒。我是個戲子，隨便說話都不會有什麼過錯。」驪姬答應了，就備好酒菜，讓優施請里克喝酒。酒喝到一半的時候，優施站起來跳舞，對里克的妻子說：「您要是賞給我一點吃的，我就教這位大夫怎麼悠閑安逸地事奉君王。」於是就唱起來：「想要悠閑快樂，卻又畏畏縮縮，還不如烏鴉麻雀。別人都落到綠葉叢中，自己卻在枯樹枝上站著。」里克笑著問他：「什麼叫綠葉叢？什麼叫枯樹枝？」優施說：「母親是君夫人，兒子將做國君，能不叫綠葉叢嗎？母親早就死了，自己又受誹謗，還不是枯樹枝嗎？那枯樹枝兒只怕還會有意外的禍災呢！」

優施走後，里克便撤了酒宴，也不吃東西就躺下了。到了半夜，里克悄悄地把優施找了來，問他：「白天你說的話是鬧著玩的呢？還是聽到了什麼風聲？」優施說：「真有這回事。君上已經答應驪姬要殺太子而立奚齊，主意已經打定了。」里克說：「要我秉承君命去殺太子，我不忍心。要我再和太子保持來往，我又不敢。保持中立大概可以免禍吧？」優施說：「可以免禍的。」

第二天早上里克去見丕鄭，說：「那位史蘇大夫預言的事就要發生了！優施告訴我，君上主意已定，要立奚齊為太子。」丕鄭問：「你說什麼呢？」里克說：「我告訴他嚴守中立。」丕鄭說：「可惜呀！你不如說不相信這事，以便沖淡他們的興頭，也可以保全太子以牽制他們，再多多地設置一些障礙，讓他們改變想法，只要他們思想上漸漸疏忽，就可以離間他們了。現在你說嚴守中立，就會堅定他們已有的想法，他們決心一定，就難辦了。」里克說：「說出去的話收不回，再說那人心中早就肆無忌憚，哪裡可以挫敗？你打算怎麼辦呢？」丕鄭說：「我沒有什麼主意。所以說事奉君王的人，只能以君王的主意為主意，主控權不在我這裡。」里克說：「弒君以為廉直正義，誇大這種正義感以助長驕狂的心理，再憑著這驕狂的心理去制裁人家父子，我不敢這麼做。違心地順從君上，廢申生而讓自己得好處，或為了自己得利而立奚齊，我也不能。我只有躲起來！」第二天，里克便自稱有病不再上朝。三十天後，驪姬一手策劃的變亂就爆發了。

驪姬假傳獻公的命令給申生說：「昨天晚上君上夢見了你母親，你必須盡快祭祀她，再把胙肉帶回來。」申生答應了，就到曲沃的祖廟去祭祀，然後把祭肉帶回絳都。獻公正好打獵去了，驪姬便收下了祭品，暗地裡把鴆毒放進酒裡，把雞毒放進肉裡。獻公到了，召申生獻上祭品。獻公將酒澆地以祭，地上立刻隆起一塊。申生嚇得掉頭就跑。驪姬把肉丟給狗吃，狗立刻就死了；讓小臣喝那酒，小臣也馬上就死了。獻公便下令處死申生的師傅杜原款，申生自己逃到曲沃新城。

杜原款臨死之前，要一個名叫圉的小臣轉告申生，說：「我沒有才能，少智謀，不聰敏，未能很好地教導你，以至於落得死路一條。我沒能看透君上的心思，讓你放棄太子的寵位而逃離晉國找個好地方躲起來；我過於小心謹慎，不敢行動。因此聽到讒言也不申辯，害得你陷於大難，遭受讒言。但我並不敢吝惜自己的生命，只是與那讒人共同承擔了這罪惡的責任罷了。我聽說，君子是永遠不拋棄忠愛的感情的，也不反駁讒言，即便蒙受讒言而死，也還有美名長留人間。君子死也不改變情操，這是堅強；守住情愛以取悅君父，這是孝順；捨身赴義以成就志向，這是仁德；至死也不忘君父，這是恭敬。年輕人啊，好自為之吧！死後一定要留下仁愛，死在人民的懷念之中，不也可以嗎？」申生答應了。

有人勸申生說：「又不是你的罪過，為什麼不離開晉國呢？」申生說：「不可。我一走，自己雖然可以得到開釋，罪名可就落到君父頭上去了，這是怨恨君父啊！張揚君父的醜惡而取笑於諸侯，我又能投奔到哪裡去呢？在內受困於父母，在外受困於諸侯，這是兩重受困啊！背棄君上，逃脫罪責，這是逃避死亡啊！我聽說：『仁愛的人不怨恨君父，聰明的人不雙重受困，勇敢的人不逃避死亡。』如果罪名不得開釋，逃走反倒使罪名更重。逃走而使罪名更重，這是不智。逃避死亡而怨恨君父，這是不仁。有了罪過而不敢去死，這是無勇。逃離晉國，只會加重仇怨。一錯不可再錯，死亡不可逃避，我將在此俯首帖耳，以待君命。」

驪姬跑到曲沃去見申生，哭著說：「有君父卻忍心去謀殺他，何況對國人呢？忍心謀害君父卻想與他人友好，又有誰會和他友好呢？用殺死君父的辦法來與他人互利，又有誰會給他利益呢？這都是人民最憎惡的，這樣的人無法長生不老啊！」驪姬走後，申生就在曲沃新城的祖廟裡上吊自盡了。臨死之前，申生讓下臣猛足轉告狐突說：「申生有罪，不聽您的話，以至於落到屈死的下場。申生並不貪生怕死，只是想到，我們的國君老了，國家又多災難，您老不肯出仕，讓我們的國君怎麼辦？您老如果出來輔佐我們國君，那就等於是申生受您的恩賜才去死，雖然死了，又有什麼後悔呢！」因此他的諡號叫「恭君」。

驪姬既已害死太子申生，又誣陷兩位公子說：「重耳和夷吾也參與了恭君的事。」獻公就命令寺人披刺殺重耳，重耳逃到狄國；命令大夫賈華刺殺夷吾，夷吾逃到梁國。趕跑所有的公子後，就立奚齊為太子。並從此頒布法令，不許公子留在國內。

公子重耳夷吾出奔

二十二年，公子重耳出亡，及柏谷❶，卜適齊、楚。狐偃❷曰：「無卜焉。夫齊、楚道遠而望大❸，不可以困❹往。道遠難通，望大難走，困往多悔。困且多悔，不可以走望。若以偃之慮，其狄乎！夫狄近晉而不通，愚陋而多怨，走之易達。不通可以竄❺惡，多怨可與共憂。今若休憂於狄，以觀晉國，且以監諸侯之為，其無不成。」乃遂之狄。

處一年，公子夷吾亦出奔，曰：「盍從吾兄竄於狄乎？」冀芮❻曰：「不可。

後出同走，不免於罪。且夫偕出偕入難，聚居異情惡，不若走梁。梁近於秦，秦親吾君。吾君老矣，子往，驪姬懼，必援於秦。以吾存也，且必告悔，是吾免也。」乃遂之梁。居二年，驪姬使奄楚以環❼釋言。四年，復為君。

【章　旨】本章記晉公子重耳、夷吾出奔之事，以及他們對選擇避難之所的不同考慮。

【注　釋】❶柏谷　晉國地名。❷狐偃　重耳的舅舅、狐突的兒子，字子犯。❸望大　望諸侯朝貢，不恤亡公子。❹困　困窘；沒有出路。❺竄　隱匿。❻冀芮　晉國大夫，冀缺之父。❼環　諧音「還」，有回歸意。

【語　譯】晉獻公二十二年，公子重耳流亡出國，走到柏谷時，占卜是逃往齊國，還是逃往楚國。狐偃說：「用不著占卜。那齊國和楚國道路遙遠而又奢望甚大，不可以因困窘而前往。道路遙遠就難以到達，奢望甚大就難以投奔，困窘而往就會有悔恨。困窘而多悔恨，就不可前去投奔。依鄙人之愚見，還是狄國吧！那狄國臨近晉國卻無交往，愚昧鄙陋又結怨甚多，投奔它容易到達。與晉無交便易於躲藏，結怨甚多便可與共憂。現在，我們如果能與狄國共患難，憑藉它觀察晉國形勢，並藉以監視諸侯之所作為，就沒有不成功的。」於是就去了狄國。

一年以後，公子夷吾也逃了出來。他說：「何不追隨我哥哥也躲到狄國去呢？」冀芮說：「不可。後出逃卻逃向同一國家，就有同謀的嫌疑，難免於罪。再說，兄弟倆要同出同進，是很困難的；住在一起而又性情不合，便難免會交惡。不如逃到梁國去。梁國與秦國相臨，秦君又是我們國君的女婿。我們國君老了，您去了梁國，驪姬一定會害怕，肯定會向秦國求援。因為我們在梁國，她也必定會表示追悔，這樣一來，我們就可以免於一難了。」於是便去了梁國。在梁國住了兩年後，驪姬便派奄楚送去暗示回國的玉環。在梁國住了四年後，夷吾就回國當了國君。

虢將亡舟之僑以其族適晉

虢公❶夢在廟，有神人面白毛虎爪，執鉞立於西阿❷，公懼而走。神曰：「無走！帝命曰：『使晉襲於爾門。』」公拜稽首，覺，召史嚚❸占之，對曰：「如君之言，則蓐收❹也，天之刑神也，天事官成。」公使囚之，且使國人賀夢。舟之僑❺告諸其族，曰：「眾謂虢亡不久，吾乃今知之，君不度而賀大國之襲，於己也何瘳❻？吾聞之曰：『大國道，小國襲焉曰服。小國傲，大國襲焉曰誅。』民疾君之侈也，是以遂於逆命。今嘉其夢侈必展，是天奪之鑒而益其疾也。民疾其態，天又誑之；大國來誅，出令而逆；宗國既卑，諸侯遠己；內外無親，其誰云救之？吾不忍俟也！」將行，以其族適晉。六年，虢乃亡❼。

【章　旨】本章說不聽忠言、文過飾非者必亡之理。

【注　釋】❶虢公　周文王弟虢仲的後代，名醜。❷西阿　西邊的屋翼。❸史嚚　虢國太史。❹蓐收　神名。❺舟之僑　虢國大夫。❻瘳　減少。❼虢乃亡　魯僖公五年，晉滅虢，虢公醜出逃。

【語　譯】虢公夢見自己在宗廟裡，有一個神，臉上長著白毛，有老虎一樣的爪子，手執大斧，站在西邊的屋翼上，虢公嚇得掉頭就跑。那個神說：「別跑！天帝命令：『讓晉國進入你的門。』」虢公連忙下拜磕頭。醒來後，招太史嚚占卜這個夢。史嚚回答說：「要是像您說的情況，這個神就是蓐收，是西方主管刑殺之神，天上的事都由各位神官分管。」虢公就派人把史嚚囚禁起來，並且要國人祝賀他這個夢。大夫舟之僑告訴他的族人說：「大家都說虢國不久就要滅亡，我今天可懂得這個原因了。君上不考慮神的意旨，卻祝賀大國的進入，對於他自己將要遭受的災禍，可以減少點什麼呢？我聽說過：『大國得道，小國進入大國叫臣服；小國傲慢，大國進入小國就叫誅伐。』民眾憎惡君王的邪惡，所以違抗他的命令。如今，作了惡夢還沾沾自喜，就會更加怙惡不悛了，這是上天奪去其明鑒而加重其弊病啊！人民憎惡他的醜態，上天又使他迷惑於自己的聰明；大國要來征討，命令又被違抗；宗族早已衰敗，諸侯又疏遠自己；國內國外都沒有人和他親近，又有誰敢說還能拯救他呢？我不忍心等著看他滅亡。」舟之僑便帶著族人到晉國去，六年後虢亡。

宮之奇知虞將亡

伐虢之役，師出於虞，宮之奇諫而不聽❶。出，謂其子曰：「虞將亡矣！唯忠信者能留外寇而不害。除闇❷以應外謂之忠，定身以行事謂之信。今君施其所惡❸於人，闇不除矣；以賄滅親❹，身不定矣。夫國非忠不立，非信不固。既不忠信，而留外寇，寇知其釁❺而歸圖焉。己自拔其本矣，何以能久？吾不去，懼及焉。」以其孥❻適西山❼，三月，虞乃亡❽。

【章旨】本章論不忠不信而留外寇者必亡之理。

【注釋】❶伐虢之役三句　魯僖公五年，晉獻公第二次伐虢。晉都於絳，在今山西翼城，虞在今山西平陸，虢在今河南省陝縣，晉要伐虢，虞隔在中間，所以要向虞借路。宮之奇是虞國大夫，上一次晉國來借路時，宮之奇就勸諫過虞公，不聽。這一次，宮之奇又曉之以「唇亡齒寒」之理，又不聽。❷除闇　即清除內心的蔽障，做到己所不欲，勿施於人。闇，同「暗」。蔽也。❸施其所惡　指自己不願被征討，卻把這自己所惡之事加於他人。❹以賄滅親　虞是太王之後，虢是王季之胄，都是姬姓之國。現在，虞竟為了晉國所送良馬美玉而同意晉假道滅虢，所以說是「以賄滅親」。❺釁　瑕隙。指虞的不忠不信，立國不固。❻孥　妻子。❼西山　在晉邊境。❽虞乃亡　晉滅虢後，班師回國又路過虞國，乘其餘威就把虞滅了。

【語　譯】晉獻公討伐虢國那次戰役，軍隊借路經過虞國，宮之奇勸虞公不要答應借路，虞公不聽。宮之奇出來後，對自己的兒子說：「虞國要滅亡了！只有忠信之人，才能留駐外國軍隊而不受傷害。清除內心蔽障以應付外國就叫做忠，安定立身之本以處理事務就叫做信。如今，君上把自己所不願意的事加在別人身上，這就是內心蔽障沒有清除了；為了區區不義之財去助人滅親，這就是立身之本沒有安定了。國家沒有忠就無以立，沒有信就不能固。既然不忠不信，卻又留駐外國軍隊，外國軍隊從這不忠不信中看出破綻，回來時可就要打我國的主意了。這是自己把自己的根拔了，怎麼能長久？我們要是不離開，只怕要趕上災禍了。」便帶領自己的妻兒躲到西山。三個月以後，虞國就滅亡了。

獻公問卜偃攻虢何月

獻公問於卜偃❶曰：「攻虢何月也？」對曰：「童謠有之曰：『丙之晨，龍尾伏辰❷，均服振振❸，取虢之旂。鶉之賁賁❹，天策焞焞❺，火中❻成軍，虢公其奔。』火中而旦，其九月十月之交乎？」

【章　旨】本章記郭偃為獻公卜攻虢時間。

【注釋】❶卜偃　即晉國的掌卜大夫郭偃。❷丙之晨二句　丙，丙子日。龍尾，尾星，二十八宿之一。伏，隱。辰，日月交會之處。❸均服振振　均服，即袀服，亦即戎服。振振，威武強盛的樣子。❹鶉之賁賁　鶉，鶉火，亦即二十八宿中的柳宿。賁賁，鄭玄注為「爭鬥惡貌」。❺天策焞焞　天策，鶉尾之上的星名。焞焞，星光暗弱貌。❻火中　指鶉火出現在南方。

【語　譯】獻公問掌卜大夫郭偃說：「攻打虢國以哪個月份為好？」郭偃回答：「童謠裡有這樣的話：『丙子那天早晨，龍尾隱伏於辰。軍服何等威武，去奪虢國旗鼓。鶉火如同鬥鳥，天策沒有光耀，鶉火在南方，星光下人歡馬叫，虢公拔腿就跑。』鶉火出現在南方早晨，大概是九月十月之交吧！」

宰周公論齊侯好示

葵丘之會❶，獻公將如會，遇宰周公❷，曰：「君可無會也。夫齊侯好示，務施與力而不務德，故輕致諸侯而重遣之，使至者勸而叛者慕。懷❸之以典言，薄其要結而厚德❹之，以示之信。三屬諸侯，存亡國三，以示之施。是以北伐山戎，南伐楚，西為此會也。譬之如室，既鎮其甍❺矣，又何加焉？吾聞之，惠難徧也，施難報也。不徧不報，卒於怨讎。夫齊侯將施惠如出責❻，是之不果奉❼，而暇晉是皇❽？雖後之會，將在東矣。君無懼矣，其有勤也！」公乃還。

【章　旨】本章說施小惠如放債終將獲怨的道理。

【注　釋】❶葵丘之會　魯僖公九年秋，齊桓公盟諸侯於葵丘。❷宰周公　周王卿士宰孔。❸懷　安。❹德　得。❺甍　屋脊。❻責　同「債」。❼果奉　果，克。奉，行也。❽皇　通「匡」。

【語　譯】齊桓公在葵丘盟會諸侯，晉獻公打算去參加，路上碰到宰周公，宰周公說：「您可以不去參加這次盟會。那個齊侯喜歡炫耀自己，只致力於布施恩惠和顯示武力，而不致力於修建德政。所以讓諸侯們空手而來，滿載而歸，以便讓到會的人受到鼓勵，而讓背叛他的人心中羨慕。說些安定人心的老話，馬馬虎虎地舉行些儀式，多多地讓諸侯得些好處，以顯示他的誠信。舉行三次乘車之會，保存三個將亡之國，以顯示他的恩德。所以向北攻打山戎，往南攻打楚國，在西邊舉行了這次盟會。比方說蓋房子吧，屋脊已架上了，還能再加上什麼呢？我聽說，恩惠難以普遍，布施難以報答，難以普遍又難以報答，最後只能以結怨結仇告終。那齊侯把布施恩惠看作是放債，是不會有好結果的，哪裡又有工夫來對付晉國？下次再開會，就會在東邊了！您別害怕，有您辛苦的時候。」獻公就回去了。

宰孔論晉侯將死

宰孔謂其御❶曰：「晉侯將死矣！景霍❷以為城，而汾、河、涑、澮以為渠❸，戎、狄之民實環之。汪❹是土也，苟違其違，誰能懼之！今晉侯不量齊德之豐否，不度諸侯之勢，釋其閉修，而輕於行道，失其心矣。君子失心，鮮不夭昏❺。」是歲也，獻公卒。八年，為淮之會❻。桓公在殯，宋人伐之❼。

【章　旨】本章記宰孔論晉獻公將死之理。

【注　釋】❶御　駕車的人。❷景霍　晉國山名。景，大也。景霍即大霍。❸渠　護城河。❹汪　深廣貌。❺夭昏　早死；

狂疾。❻為淮之會　事在魯僖公十六年。❼桓公在殯二句　魯僖公十七年，齊桓公卒，五公子爭立，太子奔宋，宋襄公伐齊，送太子昭回國為君，是為孝公。

【語譯】宰孔對自己的車夫說：「晉侯要死了！晉國拿景霍山做城牆，拿汾河、黃河、涑水、澮水做護城河，讓戎、狄的人民環繞在周圍。如此空闊廣大的國土，如果違背正道，誰還怕它！現在，晉侯不估量齊國之德大不大，也不分析諸侯之勢強不強，就放棄關守而不治理，又輕視修德行道，這就失去心守了。君子失其心守，很少有不早死的。」這年晉獻公果然死了。八年之後開了淮地盟會。齊桓公死後還未出殯，宋國就討伐齊國。

里克殺奚齊而秦立惠公

二十六年，獻公卒。里克將殺奚齊，先告荀息❶曰：「三公子❷之徒將殺孺子，子將如何？」荀息曰：「死吾君而殺其孤，吾有死而已，吾蔑❸從之矣！」里克曰：「子死，孺子立，不亦可乎？子死，孺子廢，焉用死？」荀息曰：「昔君問臣事君於我，我對以忠貞。君曰：『何謂也？』我對曰：『可以利公室，力有所能，無不為，忠也。葬死者，養生者，死人復生不悔，生人不媿❹，貞也。』吾言既往矣，豈能欲行吾言而又愛吾身乎？雖死，焉避之？」

里克告丕鄭曰：「三公子之徒將殺孺子，子將何如？」丕鄭曰：「荀息謂何？」「荀息曰：『死之。』」丕鄭曰：「子勉之。夫二國士之所圖，無不遂也。我為子行之。子帥七輿大夫❺以待我。我使狄以動之，援秦以搖之。立其薄者可以得重賂，厚者可使無入。國，誰之國也！」里克曰：「不可。克聞之，夫義者，利之足也；貪者，怨之本也。廢義則利不立，厚貪則怨生。夫孺子豈獲罪於民？將以驪姬之惑蠱君而誣國人，讒群公子而奪之利，使君迷亂，信而亡之，殺無罪❻以為諸侯笑，使百姓莫不有藏惡於其心中，恐其如壅大川，潰而不可救禦也。是故將殺奚齊而立公子之在外者，以定民弭憂，於諸侯且為援，庶幾曰諸侯義而撫之，百姓欣而奉之，國可以固。今殺君而賴其富，貪且反義。貪則民怨，反義則富不為賴。賴富而民怨，亂國而身殆，懼為諸侯載❼，不可常也。」丕鄭許諾。於是殺奚齊、卓子及驪姬，而請君于秦。

既殺奚齊，荀息將死之。人曰：「不如立其弟而輔之。」荀息立卓子。里克又殺卓子，荀息死之。君子曰：「不食其言矣。」

既殺奚齊、卓子，里克及丕鄭使屠岸夷❽告公子重耳於狄，曰：「國亂民擾。得國在亂，治民在擾，子盍入乎？吾請為子鉥❾。」重耳告舅犯❿曰：「里克欲納我。」舅犯曰：「不可。夫堅樹在始，始不固本，終必槁落。夫長國者，唯知哀樂喜怒之節，是以導民。不哀喪而求國，難；因亂以入，殆。以喪得國，則必樂喪；樂喪必哀生。因亂以入，則必喜亂；喜亂必怠德。是哀樂喜怒之節易⑪也，何以導民？民不我導，誰長？」重耳曰：「非喪誰代？非亂誰納我？」舅犯曰：「偃也聞之：喪亂有小大。大喪大亂之剡⑫也，不可犯也。父母死為大喪，讒在兄弟為大亂。今適當之，是故難。」公子重耳出見使者，曰：「子惠顧亡人重耳，父生不得供備洒掃之臣，死又不敢涖喪以重其罪，且辱大夫，敢辭。夫固國者，在親眾而善鄰，在因民而順之。苟眾所利，鄰國所立，大夫其從之，重耳不敢違。」

呂甥及郤稱亦使蒲城午⑬告公子夷吾于梁，曰：「子厚賂秦人以求入，吾主子。」夷吾告冀芮曰：「呂甥欲納我。」冀芮曰：「子勉之。國亂民擾，大夫無常，不可失也。非亂何入？非危何安？幸苟君之子，唯其索之也。方亂以擾，孰適禦我？大夫無常，苟眾所置，孰能勿從？子盍盡國以賂外內，無愛虛以求入，既入而後圖聚。」公子夷吾出見使者，再拜稽首許諾。

呂甥出告大夫曰：「君死自立則不敢，久則恐諸侯之謀，徑召君於外也，則民各有心，恐厚亂，盍請君于秦乎？」大夫許諾。乃使梁由靡告于秦穆公⑭曰：「天降禍于晉國，讒言繁興，延及寡君之紹續昆裔⑮，隱悼播越⑯，託在草莽，未有所依。又重之以寡君之不祿[17]，喪亂并臻。以君之靈，鬼神降衷[18]，罪人[19]克伏其辜，群臣莫敢寧處，將待君命。君若惠顧社稷，不忘先君之好，辱收其逋遷裔胄[20]而建立之，以主其祭祀，且鎮撫其國家及其民人，雖四鄰諸侯之聞之也，其誰不儆懼於君之威，而欣喜於君之德？終君之重愛，受君之重貺[21]，而群臣受其大德，晉國其誰非君之群隸臣也？」

秦穆公許諾。反[22]使者，乃召大夫子明及公孫枝[23]，曰：「夫晉國之亂，吾誰使先，若夫二公子而立之，以為朝夕之急？」大夫子明曰：「君使縶[24]也。縶敏且知禮，敬以知微。敏能竄謀，知禮可使，敬不墜命，微知可否。君其使之。」

乃使公子縶弔公子重耳于狄，曰：「寡君使縶弔公子之憂，又重之以喪。寡人聞之，得國常於喪，失國常於喪。時不可失，喪不可久，公子其圖之！」重耳告舅犯。舅犯曰：「不可。亡人無親，信仁以為親，是故置[25]之者不殆。父死在堂而求利，人孰仁我？人實有之，我以徼倖，人孰信我？不仁不信，將何以長利？」公子重耳出見使者，曰：「君惠弔亡臣，又重有命[26]。重耳身亡，父死不得與於哭泣之位，又何敢有他志以辱君義？」再拜不稽首，起而哭，退而不私[27]。

公子縶退，弔公子夷吾于梁，如弔公子重耳之命。夷吾告冀芮曰：「秦人勤[28]

我矣！」冀芮曰：「公子勉之。亡人無狷潔㉙，狷潔不行。重賂配德，公子盡之，無愛財。人實有之，我以徼倖，不亦可乎？」公子夷吾出見使者，再拜稽首，起而不哭，退而私於公子縶曰：「中大夫里克與我矣，吾命之以汾陽㉚之田百萬。丕鄭與我矣，吾命之以負蔡㉛之田七十萬。君苟輔我，蔑天命矣㉜！亡人苟入掃宗廟，定社稷，亡人何國之與有？君實有郡縣，且入河外列城五㉝。豈謂君無有？亦為君之東游津梁之上，無有難急也。亡人之所懷挾纓纕㉞，以望君之塵垢者。黃金四十鎰㉟，白玉之珩㊱六雙，不敢當公子，請納之左右。」

公子縶反，致命穆公。穆公曰：「吾與公子重耳。重耳仁。再拜不稽首，不沒㊲為後也。起而哭，愛其父也。退而不私，不沒於利也。」公子縶曰：「君之言過矣。君若求置晉君而載㊳之，置仁不亦可乎？君若求置晉君以成名於天下，則不如置不仁以猾㊴其中，且可以進退㊵。臣聞之曰：『仁有置，武有置。仁置德，武置服。』」是故先置公子夷吾，寔為惠公。

【章旨】本章記述了晉獻公死後，圍繞繼承君位問題的一些政治謀劃，以及其中幾個主要人物的不同心態、思想和言論。

【注釋】❶荀息　奚齊的師傅。❷三公子　申生、重耳、夷吾。❸蔑　無。❹媿　愧。❺七輿大夫　申生統帥的下軍大夫，即左行共華、右行賈華、叔堅、騅歂、纍虎、特宮、山祁，一共七人。❻無罪　指太子申生。❼載　載入史冊。❽屠岸夷　晉國大夫。❾鍼　即針。針有前導意。❿舅犯　即狐偃，字子犯而為重耳舅，故曰舅犯。⓫易　改變。⓬剡　鋒也。⓭呂甥及郤稱亦使蒲城午　呂甥、郤稱是夷吾黨羽，蒲城午是晉大夫。⓮梁由靡告于秦穆公　梁由靡，晉大夫。秦穆公，伯益之後、德公之子，名任好。⓯紹續昆裔　紹，繼也。續，嗣也。昆，後也。裔，末也。⓰隱悼播越　隱，憂也。悼，懼也。播，散也。越，遠也。⓱不祿　士死了叫「不祿」，這裡說本國國君之死也用「不祿」一辭，是表示謙遜。⓲衷　善也。⓳罪人　指驪姬。⓴逋遷裔胄　逋，亡也。遷，徙也。胄，後也。㉑貺　賜也。㉒反　遣返。㉓子明及公孫枝　子明，即百里孟明視。公孫枝，即公孫子桑。㉔縶　公子子顯。㉕置　立也。㉖有命　有支持其人為晉軍之命。㉗不私　不私訪。㉘勤　助也。㉙狷潔　潔身自守。㉚汾陽　晉地。㉛負蔡　晉地。㉜蔑天命矣　沒有天命了，唯在秦而已。㉝河外列城五　黃河以東晉國的五座城邑。㉞纓纕　馬纓和馬腹帶。㉟鎰　二十兩。㊱珩　佩上玉飾，似磬而小。㊲沒　貪心。㊳載　成也。㊴猾　亂也。㊵進退　變更。

【語譯】晉獻公二十六年，獻公死了。里克要殺掉奚齊，先告訴荀息說：「申生、重耳和夷吾三位公子的黨徒要殺那個小孩子了，您打算怎麼辦？」荀息說：「我們國君剛剛去世就殺他的遺孤，我也只有跟著去死而已，絕沒有附從這種行為的可能！」里克說：「您死了而能讓那小孩子立為國君，不也可以嗎？如果您去死而他還是要被廢掉，又何必去死呢？」荀息說：「過去，君上曾問我，臣應該怎樣事奉君王，我用忠貞二字來回答他。君上問：『什麼叫忠貞？』我回答說：『對於公室有利而又力所能及的事，沒有不盡心盡力去做的，就叫做忠。安葬逝去的，奉養活著的，死者活過來也不後悔生前所託，而生者則心無慚愧，就叫做貞。』我的話已說出口了，豈能既想實踐諾言又吝惜生命？即便是死，又豈能躲避？」

里克又告訴丕鄭：「三位公子的黨徒要殺那小孩子了，您打算怎麼辦？」丕鄭問：「荀息說什麼？」里克回答說：「荀息說：『為此而死。』」丕鄭說：「您努力吧！您二位國士要做的，沒有做不到的。我幫助您行動。您率領七輿大夫等著我。我去狄國說服他們動搖奚齊的地位，再拉上秦國一起來動搖。至於繼位之人嘛，立一位條件差的，我們就能多得好處；那條件好的，就別讓他進來。晉國，誰的國家啊！」里克說：「不可。我聽說，義理，是福利的依據；貪婪，是怨恨的禍根。廢棄義理，福利就不成立；加重貪婪，怨恨就會滋生。那個小孩子又何曾得罪過國民？只是因為驪姬迷惑引誘君上，欺騙國人，誣陷群公子並奪去了他們的利益，使君上迷惑輕信，驅逐了諸位公子，又殺害無辜之人，為諸侯所恥笑，使百姓心中沒有不心懷憎恨的，這恐怕就像堵塞大河一樣，潰決了就無法挽救。正是由於這個原因，我才要殺掉奚齊而立流亡在外的公子為君，以安定民心，消除憂患，並求得諸侯的援助，差不多可以說是諸侯以為正義而撫助，人民歡欣鼓舞而尊奉，國家也就可以得到鞏固了。現在，如果弒殺君王而藉此謀利，那就是貪婪而違背義理了。貪婪則人民怨恨，違背義理則即便有財富也不成為利益。貪財而招來民怨，亂國而導致身危，恐怕會被諸侯載入史冊，不可以這樣做的。」丕鄭答應了。於是便殺奚齊、卓子和驪姬，並到秦國請求幫助立君。

殺死奚齊之後，荀息便要以身相殉。有人說：「不如立奚齊之弟為君而輔佐他。」荀息就立了卓子。里克又殺卓子，荀息就殉難自盡了。君子說：「荀息履行了諾言。」

殺了奚齊、卓子之後，里克和丕鄭便派大夫屠岸夷到狄國向公子重耳報告，說：「國遭禍亂而民受困擾。獲得君位要在國遭禍亂之日，治理民眾要在民受困擾之時，您何不回國去？我們願為您穿針引線。」重耳告訴舅父狐偃子犯說：「里克想接納我。」狐偃說：「不可。把樹栽牢，關鍵在於開始，開始時不使根部牢固，最後一定會枯槁。做國君的，必須懂得哀樂喜怒之禮節，並以此訓導人民。不哀父喪而想得國，得國也難；趁著國亂而奪君位，君位也險。因國喪而得君位，就一定以國喪為樂；以國喪為樂，就一定樂極生悲。趁國亂而入主國政，就一定以國亂為喜；以國亂為喜，就一定懈怠修德。這就改變了哀樂喜怒之禮節，又憑什麼訓導人民呢？人民不能由我訓導，我又豈能君臨？」重耳說：「不是國喪誰能承繼君位？沒有國亂誰肯接納我們？」狐偃說：「我也聽說過：喪亂有大有小。大喪大亂的鋒芒就不可迎了上去。父母死亡是大喪，兄弟相讒害是大亂。現在恰好是這種情況，所以難。」公子重耳便出來見使者，說：「十分感謝閣下惠顧我這流亡在外之人！可憐我重耳，父親在世時不能充當灑掃庭除之臣，去世了又不敢哭祭於靈前，真是罪上加罪，又辱沒各位大夫垂愛於我，只好大膽地辭謝各位的好意！鞏固國家的人，要能親睦士眾而友善鄰國，依靠百官而順應民心。如果民眾擁戴，鄰國擁立，一般卿大夫都將遵從，重耳我也不敢違抗他。」

呂甥和郤稱也派大夫蒲城午到梁國去報告公子夷吾，說：「請您多多賄賂秦國，讓他們送您回國為君，我們做您的內應。」夷吾告訴冀芮說：「呂甥要接納我。」冀芮說：「您努力吧！國遭禍亂，民受困擾，大夫們也心神不定，良機斷不可失！不是遇到國亂您怎麼進得去？不是遇到危難您怎能去安民？只要是國君之子，這時誰都可以回國去繼承君位，幸虧他們來找您了！正在國內這等擾亂的時候，誰還會在這時來抵禦我們？大夫們心神不定，只要是大家擁立的，誰還會不服從？您何不把晉國所有的一切都豁出去，罄其所有去收買國內大夫和國外諸侯，但求入為國君，等到入而為君以後，再想辦法去聚斂財富。」公子夷吾便出來見使者，跪拜磕頭著答應了。

呂甥便站出來對大夫們說：「國君死了，我們自己隨便擁立一個，誰也不敢，時間拖久了，又怕諸侯各國逕自在外面找一個流亡的公子送回來，則國人所愛不同，恐怕會加重了禍亂，何不請秦國來為我們立君呢？」大夫們同意了。於是便派大夫梁由靡出使秦國，告於秦穆公說：「上天把災禍降到敝國，讒言四起，波及敝國寡君之繼嗣後裔，害得他們憂懼逃亡，寄身於草莽之中，無所依託。現在又重加敝國寡君故去之不幸，國喪國亂，禍不單行。所幸仰仗君上您的神靈保佑，鬼神降下善心，罪人伏法，群臣誰也不敢安寧地待著，都在等待著君上您的命令。君上若能惠顧敝國社稷，不忘兩國先君結下的友好，就恭請君上屈尊為敝國選擇一位流亡在外的公子立為國君，以便主持宗廟的祭祀，並鎮撫其國家與人民，即便四方鄰國得知這一信息，又有誰不敬畏君上的武威、敬愛君上的仁德呢？故君一再受您之愛，新君一再受您之賜，群臣一再受您大德，晉國還有誰不是您忠實的奴僕和恭順的臣子呢？」

秦穆公答應了。打發使者回國後，就召來大夫百里孟明視和公孫枝，說：「晉國大亂，我應該在兩個公子中，優先選擇哪一個送回國去立為國君，以解決晉國的當務之急呢？」大夫孟明視說：「君上派公子縶去吧！縶敏捷而知禮，恭敬而知微。敏捷就善於謀劃，知禮就可為使臣，恭敬就不違君命，知微就善於判斷。君上派他去處理此事吧！」

於是就派公子縶到狄國去慰問公子重耳，說：「敝國寡德之君派鄙人來慰問您流亡之憂和弔唁貴國國喪。寡君聽說，得到君位往往在國喪之時，失去君位也往往在國喪之時。時機不可錯過，喪期不可太久，請公子考慮一下這件事情。」重耳告訴狐偃，狐偃說：「不行。流亡之人無親，只能以信義仁愛為親，這樣即便立為國君也不會有危險。父親剛死，靈柩還停在堂上，就追求私利，誰會認為我們是仁愛之人？每個人都有的機會，我們以徼倖得之，誰會認為我們是信義之人？不仁不信，又憑什麼長久地保住君位？」公子重耳便出來見使者說：「承蒙貴國君上惠顧，派閣下來弔慰我這流亡之臣，又有支持我入為晉君之命。重耳逃亡在外，君父去世而不得忝列哭喪之位，哪裡還敢有非分之想，辱沒貴國君上的義舉呢？」再次拜謝而不磕頭，起身哭泣，退下去後也不再私訪秦公子縶。

公子縶離開重耳，又到梁國慰問公子夷吾，和慰問公子重耳一樣。夷吾告訴冀芮：「秦國要幫助我了！」冀芮說：「公子努力吧！流亡在外的人不能清高，清高就永無出頭之日。盡量用厚重的謝禮去酬勞人家的恩德，您要盡其所有，不要吝惜財物。人人都有分的事，我們以徼倖得之，不也可以嗎？」公子夷吾便出來見使者，再次拜謝，又跪下去磕頭，起身不哭，退下去後又私訪於公子縶，說：「中大夫里克如果贊同我，我就賜給他汾陽之田一百萬畝。丕鄭如果贊同我，我就賜給他負蔡之田七十萬畝。貴國君上如果幫我一把，我就不需要天命了！我這流亡之人如果能得以回國灑掃宗廟，安定社稷，還要什麼國土呢？整個晉國都不過是貴國的郡縣，首先就可以將河東五邑列入貴國版圖。我豈敢說貴國缺少這區區五城之地？只不過是為了貴國國君到河東橋梁之上遊玩時，不用著急罷了。那時，我這流亡之人也要懷抱馬纓馬帶，恭候貴國君上車馬之揚塵。這裡有黃銅八百兩，白玉之珩六雙，不敢奉獻給您，請隨便賞賜給左右吧！」

公子縶回國，向穆公復命。穆公說：「我贊成公子重耳。重耳仁德。拜謝而不磕頭，是不貪圖做君位的繼承者。起身而哭，是愛他的君父。退下而不私訪，是不貪圖利益。」公子縶說：「君上的話可就說錯了！君上要是打算選擇一位公子為晉君而成全晉國，那麼，選擇一位仁德的人不也可以嗎？如果君上選擇安置晉君是為了成就我秦國的威名於天下，那就不如選一個不仁德的，以便擾亂晉國，而且將來也可以隨便廢立。

臣聽說過：『有為了行仁而代人立君的，有為了示武而代人立君的。為了行仁就立有德的，為了示武就立臣服的。』」所以就先立公子夷吾，這就是晉惠公。

冀芮答秦穆公問

穆公問冀芮曰：「公子❶誰恃於晉？」對曰：「臣聞之，亡人無黨，有黨必有讎。夷吾之少也，不好弄戲，不過所復，怒不及色，及其長也弗改。故出亡無怨於國，而眾安之。不然，夷吾不佞，其誰能恃乎？」君子曰：「善以微勸也。」

【章　旨】本章記冀芮如何不動聲色地吹捧公子夷吾。

【注　釋】❶公子　指夷吾。

【語　譯】秦穆公問冀芮：「公子夷吾在晉國依靠誰？」冀芮回答說：「臣聽說，逃亡在外的人在國內不會有黨羽，有黨羽就一定會有仇敵。夷吾小時候就不愛玩，不過分報復，也不怒形於色，長大了也還是這樣。所以他雖逃亡在外，在國內卻沒有仇怨，大家都以他為安。如果不是這樣，夷吾又沒有什麼才能，誰又能支持幫助他呢？」君子評論說：「冀芮可真是善於微妙地說服別人哪！」

卷九　晉語三

惠公入而背外內之賂

惠公入而背外內之賂❶。輿人❷誦之曰：「佞之見佞❸，果喪其田；詐之見詐❹，果喪其賂。得國而狃❺，終逢其咎。喪田不懲，禍亂其興。」既里、丕❻死，禍，公隕於韓❼。郭偃曰：「善哉！夫眾口禍福之門。是以君子省眾而動，監戒而謀，謀度而行，故無不濟。內謀外度，考省不倦，日考而習，戒備畢矣。」

【章　旨】本章說通過民眾的輿論可以考察禍福之理。

【注　釋】❶外內之賂　即指惠公即位前向秦國和里克、丕鄭所作的許諾。❷輿人　眾人。❸佞之見佞　偽善曰佞。里克、丕鄭接受惠公的賄賂而接納他，是佞；惠公違背當初的諾言，也是佞。❹詐之見詐　秦置服而不置德，是詐；惠公入而見背，也是詐。❺狃　貪也。❻里丕　里克、丕鄭。❼公隕於韓　魯僖公十五年，秦伐晉，戰於韓，晉惠公被俘。

【語　譯】公子夷吾回國當上了國君之後，便背棄了當初向秦國和里克、丕鄭所許下的賄賂的諾言。人們諷誦說：「誑騙的人被誑騙，終於丟了田；欺詐的人被欺詐，終於丟了地。騙取君位又貪得無厭，大禍就要臨頭。

丟了田地不懲治騙子，大亂就會興起。」後來里克和丕鄭一死，禍亂就起，惠公在韓地被俘。郭偃說：「好啊！眾人的嘴巴，禍福的門窗。所以君子眼觀眾意而行動，耳聽輿情而圖謀，謀劃考慮後才進行，因此沒有做不成的事情。謀劃於內，估量於外，觀察省視，毫不倦怠，天天考察，日日練習，警戒防備之道，也就全都掌握在手了！」

惠公改葬共世子

惠公即位，出共世子❶而改葬之，臭達於外。國人誦之曰：「貞❷之無報也。孰是人斯❸，而有是臭也？貞為不聽，信為不誠。國斯無刑，偷居❹倖生。不更厥❺貞，大命其傾。威❻兮懷兮，各聚爾有，以待所歸兮。猗❼兮違兮，心之哀兮。歲之二七，其❽靡有徵兮。若狄公子，吾是之依兮。鎮撫國家，為王妃❾兮。」郭偃曰：「甚哉，善之難也！君改葬共君以為榮也，而惡滋章。夫人美於中，必播於外，而越於民，民實戴之。惡亦如之。故行不可不慎也。必或知之，十四年，君之冢嗣❿其替乎？其數⓫告於民矣。公子重耳其入乎？其魄兆⓬於民矣。若入，必伯諸侯以見天子，其光耿⓭於民矣。數，言之紀也；魄，意之術⓮也；光，明之曜也。紀言以敘之，述意以導之，明曜以昭之，不至何待？欲先導者行乎，將至矣！」

【章　旨】本章記叓吾之不得人心和重耳為人心所向。

【注　釋】❶共世子　即申生。因諡號叫做「共」，所以又稱共世子，也寫作「恭世子」。❷貞　正也。指正禮。申生死後葬不如禮，惠公為了獲取政治利益，便依正禮改葬申生。❸孰是人斯　孰，誰也。斯，這樣。是誰害得這個人這樣發臭呢。言外之意是指惠公所為。❹居　居君位。❺厥　其。❻威　畏也。❼猗　感歎之詞。❽其　指惠公的太子子圉。❾為王妃　說重耳為君，必伯諸侯，猶王妃之事天子也。❿冢嗣　太子。⓫數　成數。指前面說的「歲之二七」。⓬魄兆　魄，形跡；形象。兆，現也。⓭耿　昭明。⓮術　道。導也。

【語　譯】惠公即位以後，打開恭君申生的墳墓，要重新按照正禮安葬他，臭氣便透過棺槨一直傳到外面。國人諷誦道：「正禮卻不得好報啊！是誰害得這個人這樣，而有這樣的奇臭呢？想行正禮卻不得認可，要立誠信卻不見真誠。國家為什麼這樣沒有法度，盜竊君位的人居然僥倖活著。不改變他的政令，國家就要傾覆。又有畏懼，又有懷念，聚集起你們各人所有，等待我們所要歸附的人吧！啊哈！離開這裡吧！故土難離心中哀痛啊！十四年之後，你的太子也要失去君位了。要說在狄國的那位公子，才是我們的依託啊！他將要鎮撫國家，像王妃一樣事奉天子。」郭偃說：「為善之難，難得很哪！君上想用改葬共君的辦法來獲取榮譽，沒想到反而彰明了罪惡。一個人，如果內心美好，那就一定會表現到外表，傳揚到人民之中，人民也會真心實意地愛戴他。一個人內心醜惡也和這一樣。所以行為不可不謹慎。一定有人預感到了，十四年後，君上的嗣位者也要被廢棄吧？成數已告訴人民了。公子重耳大概會回國為君吧？形跡已顯現於人民了。如果回國，肯定會稱霸諸侯，朝見天子，因為他的光輝已照耀著人民了。成數，是預言的記錄；形跡，是民意的先導；光輝，是明德的閃耀。用記錄預言來敘述，用表達民意來開導，用閃耀光輝來昭明，他再不來還等到什麼時候？想為他做先導的人行動起來吧！他馬上就要來到了！」

惠公悔殺里克

惠公既殺里克❶而悔之，曰：「芮❷也，使寡人過❸殺我社稷之鎮。」郭偃聞之，曰：「不謀而諫者，冀芮也；不圖而殺者，君也。不謀而諫，不忠；不圖而殺，不祥。不忠，受君之罰；不祥，罹天之禍。受君之罰，死戮；罹天之禍，無後。志道者勿忘，將及矣！」及文公❹入，秦人殺冀芮而施之❺。

【章　旨】本章記郭偃對惠公誅殺里克一事的評論和預言。

【注　釋】❶惠公既殺里克　魯僖公十年，夷吾回國繼位為惠公，對里克說：「沒有你，我也當不上國君。不過，你一個人就殺了兩位國君一位大夫，要當你的國君，不也是太難了嗎？」里克回答：「不廢掉前面兩位，您又怎能上臺？要給人加上罪名，還怕沒有言辭嗎？」便伏劍而死。❷芮　冀芮。❸過　錯。❹文公　即公子重耳。❺秦人殺冀芮而施之　重耳入為文公，冀芮謀反，秦伯誘而殺之。施，陳屍。

【語　譯】惠公殺了里克又後悔，說：「冀芮呀，害得寡人錯殺了國家棟梁之臣。」郭偃聽到後說：「不謀劃就進諫的，是冀芮；不考慮就殺人的，是吾君。不謀劃就進諫，叫做不忠；不考慮就殺人，叫做不祥。不忠，就會受國君懲罰；不祥，就會受上天降禍。國君之罰是死而有辱；天降之禍是斷子絕孫。有志於道的人不要忘記，災禍就要降臨了！」等到晉文公回國時，秦穆公就殺了冀芮，並陳屍示眾。

惠公殺丕鄭

惠公既即位，乃背秦賂。使丕鄭聘於秦，且謝之。而殺里克，曰：「子殺二君與一大夫❶，為子君者，不亦難乎？」

丕鄭如秦謝緩賂，乃謂穆公曰：「君厚問以召呂甥、郤稱、冀芮而止之，以師奉公子重耳，臣之屬內作，晉君必出。」穆公使泠至報問❷，且召三大夫。鄭也與客❸將行事，冀芮曰：「鄭之使薄而報厚，其言我於秦也，必使誘我。弗殺，必作難。」是故殺丕鄭及七輿大夫：共華、賈華、叔堅、騅歂、纍虎、特宮、山祁，皆里、丕之黨也。丕豹❹出奔秦。

丕鄭之自秦反也，聞里克死，見共華曰：「可以入乎？」共華曰：「二三子皆在而不及❺，子使於秦，可哉！」丕鄭入，君殺之。共賜❻謂共華曰：「子行乎！其及也！」共華曰：「夫子之入，吾謀也，將待也。」賜曰：「孰知之？」共華曰：「不可。知而背之不信，謀而困人不智，困而不死無勇。任❼大惡三，行將安入？子其行矣，我姑待死。」

丕鄭之子曰豹，出奔秦，謂穆公曰：「晉君大失其眾，背君賂，殺里克，而忌處者❽，眾固不說❾。今又殺臣之父及七輿大夫，此其黨半國矣。君若伐之，其君必出。」穆公曰：「失眾安能殺人？且夫禍唯無斃，足❿者不處，處者不足，勝敗若化⓫。以禍為違⓬，孰能出君？爾俟我！」

【章旨】本章記惠公殺丕鄭一事。

【注釋】❶二君與一大夫　二君，指奚齊和卓子。一大夫，指荀息。❷泠至報問　泠至，秦國大夫。報問，回報晉國的聘問。❸客　指泠至。❹丕豹　丕鄭之子。❺及　及禍。❻共賜　晉大夫，共華同族。❼任　負荷。❽處者　國內的大夫。❾說　悅也。❿足　足夠。這裡指罪足以死。⓫化　變化。⓬以禍為違　凡是估計自己有殺身之禍的人都已經逃出去了，當然不會有人拼死反對惠公。違，離去。

【語譯】惠公即位之後，就違背信約，不給秦國河東五城。他派丕鄭出使秦國，表示聘問並致歉意，又在國內殺了里克，說：「你殺了兩個國君一個大夫，要做你的國君，不也太難了嗎？」

丕鄭奉命到秦國為惠公延緩割地一事表示歉意，於是便對穆公說：「您用厚禮回聘晉國，把呂甥、郤稱、冀芮召來再軟禁起來，然後派兵送公子重耳回國，我們在國內作內應，晉國國君一定出逃。」穆公就派泠至到晉國回報其聘問，同時邀請呂甥、郤稱、冀芮三位大夫到秦國去。丕鄭和泠至也準備按計畫行事。冀芮說：「丕鄭出使秦國時聘禮很薄，秦國回聘的禮物卻很豐厚，一定是丕鄭在秦國說了什麼，這才用厚禮來引誘我們。不殺丕鄭，他就一定會作亂。」所以就殺了丕鄭和七輿大夫，即：共華、賈華、叔堅、騅歂、纍虎、特宮、山祁，都是里克、丕鄭的黨羽。丕鄭的兒子丕豹逃到秦國。

當初丕鄭從秦國回來時，聽說里克被殺，便先去見共華，問：「可以回國嗎？」共華回答說：「我們在國內的都沒有事，你出使秦國在外，當然可以回來！」丕鄭回國，惠公便把他殺了。共賜對共華說：「您快走吧，大難就要臨頭了！」共華說：「丕鄭回國，是我的主意，我得等著遭此大難。」共賜說：「又有誰知道是您的主意呢？」共華說：「不可。心裡明白卻違背良知是不信，替人謀劃卻使人遭難是不智，害了別人卻自己怕死是不勇。背上這樣三條大罪名，又能逃到哪裡去？您走吧，我就在這裡等死。」

丕鄭的兒子名叫豹，出逃到秦國，對秦穆公說：「晉國國君大失民心。他背信棄義，不兌現對您的許諾，還殺了里克，又忌恨留在國內的人，大家早就對他不滿了。現在，他又殺害了臣的父親和七輿大夫，而這一派在國內是大多數。您要是起兵伐晉，晉君一定出逃。」穆公說：「大失民心的人能這樣殺人嗎？再說，只要不至於死，一點委屈大家還是能忍受的。所以，估計自己會被殺的都逃出了晉國，留在國內的則都是些不會被殺的，勝敗本來就變化無常。有殺身之禍的又都逃出了晉國，又有誰能把晉君趕出去呢？您還是等我慢慢想辦法吧！」

秦薦晉饑晉不予秦糴

晉饑❶，乞糴於秦。丕豹曰：「晉君無禮於君，眾莫不知。往年有難❷，今又薦饑❸。已失人，又失天，其有殃也多矣。君其伐之，勿予糴！」公曰：「寡人其君是惡，其民何罪？天殃流行，國家代❹有。補乏薦饑，道也，不可以廢道於天下。」謂公孫枝❺曰：「予之乎？」公孫枝曰：「君有施於晉君，晉君無施於其眾。今旱而聽於君，其天道也。君若弗予，而天予之。苟眾不說其君之不報也，則有辭矣。不若予之，以說其眾。眾說，必咎於其君。其君不聽，然後誅焉。雖欲禦我，誰與？」是故氾❻舟於河，歸❼糴於晉。

秦饑，公令河上❽輸之粟。虢射❾曰：「弗予賂地而予之糴，無損於怨而厚於寇，不若勿予。」公曰：「然。」慶鄭❿曰：「不可。已賴其地，而又愛其實，忘善而背德，雖我必擊之。弗予，必擊我。」公曰：「非鄭之所知也。」遂不予。

【章　旨】本章記秦晉兩國在對方受災之時的不同態度。

【注　釋】❶晉饑　事在魯僖公十三年。❷往年有難　指殺里克、丕鄭等人時，國家有難。❸薦饑　連遭荒年。❹代　更替。❺公孫枝　秦國大夫，字子桑。❻氾　泛；浮。❼歸　通「饋」。贈也。❽河上　即曾經許諾給秦國的河東五城。❾虢射　晉大夫。❿慶鄭　晉大夫。

【語　譯】晉國鬧饑荒，到秦國請求買糧。丕豹說：「晉君對您無禮，大家沒有誰不曉得。往年有國難，今年又鬧饑荒。既已失盡了人心，現在又失去了天佑，那人將是災難重重。您去討伐他吧，不要賣給他糧食。」穆公說：「寡人憎惡的只是晉國的國君，晉國的國民又何罪之有？天災流行，說不定就會輪到哪個國家的頭上。各國之間補助困乏、薦救饑荒，是正義之道，不可以在天下廢棄正道。」又問公孫枝：「給不給他們糧食呢？」公孫枝說：「君上有恩德施於晉君，晉君卻沒有恩德施於其國民。如今遭受旱災而不得不聽命於君上，這大概是天意吧？既然是天意，那麼，即便君上不救助他，上天也會救助他。結果反倒使他對民眾因他不報君恩而引起的不滿找到了推卸責任的藉口。不如給他糧食，以取悅於他的民眾。民眾感謝我們，就會更加痛恨他們的國君。如果他們的國君再不聽命於君上，那就可以征討誅伐了。那時，就算他想抵抗，又有誰會跟他走呢？」於是就在黃河之上擺開船隊，把糧食送到晉國。

秦國發生了饑荒，惠公命令把河東五城的糧食運到秦國。虢射說：「不給他土地卻給他這些土地上的糧食，這不但不能減少他們的怨恨，反倒會加強他們奪取這五城的決心，不如不給。」惠公說：「是的。」慶鄭說：「不可以這樣。已經賴下了這五城之地，又吝嗇這些地上的糧食，忘卻善心而背棄恩德，即便是我們遇到這種情況也會要出擊的。不給糧食，秦國一定會來攻打我們。」惠公說：「這不是你慶鄭懂得的事。」於是不給秦國糧食。

秦侵晉止惠公於秦

六年❶，秦歲定❷，帥師侵晉，至於韓❸。公謂慶鄭曰：「秦寇深矣，奈何？」慶鄭曰：「君深其怨，能淺其寇乎？非鄭之所知也，君其訊射❹也。」公曰：「舅所病❺也。」卜右❻，慶鄭吉。公曰：「鄭也不遜。」以家僕徒❼為右，步揚❽御戎，梁由靡御韓簡❾，虢射為右❿，以承⓫公。

公御秦師，令韓簡視師，曰：「師少於我，鬭士眾。」公曰：「何故？」簡曰：「以君之出也處己⓬，入也煩己，饑食其糴，三施而無報，故來。今又擊之，秦莫不慍⓭，晉莫不怠⓮，鬭士是故眾。」公曰：「然。今我不擊，歸必狃⓯。一夫不可狃，而況國乎？」公令韓簡挑戰，曰：「昔君之惠也，寡人未之敢忘。寡人有眾，能合之弗能離也。君若還，寡人之願也；君若不還，寡人將無所避。」

穆公衡[16]彫戈出見使者，曰：「昔君之未入，寡人之憂也；君入而列[17]未成，寡人未敢忘。今君既定而列成，君其整列，寡人將親見[18]。」

客還，公孫枝進諫曰：「昔君之不納公子重耳而納晉君，是君之不置德而置服也。置而不遂，擊而不勝，其若為諸侯笑何？君盍待之乎？」穆公曰：「然。昔吾之不納公子重耳而納晉君，是吾不置德而置服也。然公子重耳實不肯，吾又奚言哉？殺其內主[19]，背其外賂，彼塞我施，若無天乎？若有天，吾必勝之。」君揖大夫就車，君鼓而進之。晉師潰，戎馬濘[20]而止。公號慶鄭曰：「載我！」慶鄭曰：「忘善而背德，又廢吉卜，何我之載？鄭之車不足以辱君避也！」梁由靡御韓簡，輅[21]秦公，將止[22]之，慶鄭曰：「釋來救君！」亦不克救，遂止于秦。

穆公歸，至于王城[23]，合大夫而謀曰：「殺晉君與逐出之，與以歸之，與復之，孰利？」公子縶曰：「殺之利。逐之恐搆[24]諸侯，以歸則國家多慝[25]，復之則君臣合作，恐為君憂，不若殺之。」公孫枝曰：「不可。恥大國之士於中原，又殺其君以重之，子思報父之仇，臣思報君之讎，雖微[26]秦國，天下孰弗患？」公子縶曰：「吾豈將徒殺之？吾將以公子重耳代之。晉君之無道莫不聞，公子重耳之仁莫不知。戰勝大國，武也。殺無道而立有道，仁也。勝無後害，智也。」

公孫枝曰：「恥一國之士，又曰余納有道以臨女，無乃不可乎？若不可，必為諸侯笑。戰而取笑諸侯，不可謂武。殺其弟而立其兄，兄德我而忘其親，不可謂仁。若弗忘，是再施不遂也，不可謂智。」君曰：「然則若何？」公孫枝曰：「不若以歸，以要㉗晉國之成，復其君而質㉘其適子，使子代父處秦，國可以無害。」是故歸惠公而質子圉㉙，秦始知河東之政。

【章　旨】本章記秦晉韓原之戰。

【注　釋】❶六年　晉惠公六年，亦即魯僖公十五年。❷歲定　歲，一年的農事收成。定，成。❸韓　晉地韓原，在今陝西省韓城縣西南。❹射　指虢射。❺舅所病　諸侯稱外姓大夫為舅。病，短處。❻卜右　占卜車右的人選。❼家僕徒　晉大夫。❽步揚　晉大夫。❾梁由靡御韓簡　梁由靡是晉大夫，韓簡是晉卿。❿右　指韓簡的車右。⓫承　次也。⓬己　指秦。這幾句話是站在秦人立場上推想他們的心思。⓭慍　憤怒。⓮怠　怠惰。⓯狃　習慣。⓰衡　橫也。⓱列　位也。⓲見　朝見也。⓳內主　指里克、丕鄭一黨。⓴濘　深泥。㉑輅　迎也。㉒止　俘獲。㉓王城　秦地，在今陝西省大荔縣東。㉔搆　搆怨。㉕慝　惡也。㉖微　無。㉗要　結也。㉘質　以某某為人質。㉙子圉　惠公嫡子，後來的懷公。

【語　譯】晉惠公六年，秦國大豐收，秦穆公率兵攻打晉國，一直打到韓原。惠公對慶鄭說：「秦軍已經深入，怎麼辦呀？」慶鄭說：「君上不停地加深秦國的怨恨，又怎麼能使他們的入侵不深入呢？這不是我懂得的事，君上還是去問虢射吧。」惠公說：「這方面正是虢射的短處呀！」又占卜車右的人選，卜象顯示以慶鄭為車右大吉。惠公說：「慶鄭太不謙遜柔順了。」便以家僕徒為車右，步揚駕馭惠公的戰車，梁由靡駕馭韓簡的戰車，虢射為其車右，跟在惠公的車後。

惠公迎戰秦軍，令韓簡察看兩軍陣勢，韓簡說：「秦軍人數比我軍少，鬥志昂揚的勇士卻比我們多。」

惠公問：「為什麼？」韓簡回答說：「因為君上流亡時依靠他們，回國時煩勞他們，有了饑荒吃他們的糧食，三次施恩而無報答，所以才打了進來。現在又迎擊他們，所以秦軍沒有一人不憤怒，晉軍沒有一人不怠惰，所以秦軍的勇鬥之士就比我們多。」惠公說：「你說得對。但是，如果我不反擊，他們就會養成入侵我國的習慣了。一個人尚且不可讓他養成壞習慣，更何況一個國家呢？」惠公便命令韓簡挑戰，說：「往日的恩惠，寡人一點也不敢忘記。不過寡人的軍士太多，集合起來就不容易解散。君上如果回國，便正是寡人的願望；君上如果不回去，寡人也沒有地方可以躲避。」秦穆公橫握雕花的戰戟出來見使者，說：「當年君上沒有回國，寡人深以為憂；君上回國後一切尚未就緒時，寡人也不敢忘記。如今君上位已定而列已成，那就請整頓好陣列，寡人正要親自謁見呢！」

使者回去後，公孫枝進諫說：「當初不立公子重耳而立了現在這位晉君，這是您的所謂『不立仁德之人而立臣服之人』的做法。立他而他又不臣服，打他而又不能把他打敗，豈不會落得諸侯恥笑？君上何不等一等他呢？」穆公說：「是啊！當初我不立公子重耳而立了現在這位晉君，的確是想不立仁德之人而立臣服之人。然而公子重耳堅決不肯繼承君位，我又能說甚麼呢？現在這位晉君，在內屠殺大臣，對外背棄信約，他們一貫地自絕於人，我們一貫地施惠於人，難道就沒有天理了嗎？如果天理尚存、正義還在，我就一定能戰勝他。」穆公便集合大夫上車，親自擂鼓進軍。晉軍潰敗，兵車戰馬陷入泥濘不能前進。惠公號叫著呼喚慶鄭：「快用車來救我！」慶鄭說：「忘卻善道，背棄恩德，又廢掉吉卜，為甚麼還要搭我的車？我這輛破車可不值得您屈尊來避難！」梁由靡駕馭韓簡的戰車，迎上了秦穆公，正要俘獲時，慶鄭說：「放了他來救國君！」結果也沒能救下，晉惠公終於被秦軍俘虜。

穆公班師回到王城，召集大夫們合議說：「殺死晉君，或者放逐他，或者帶回去，或者恢復他的君位，這四種方案，哪一種對我們最為有利？」公子縶說：「殺了他最有利。放逐他恐怕會結怨於諸侯，帶回去國家就多了個禍害，恢復他的君位，他們君臣合作，恐怕成為君上您的憂患，不如殺了他。」公孫枝說：「不可。在中原戰場羞辱了大國的將士，又殺他們的國君來加重這種侮辱，弄得兒子要報殺父之仇，臣子要報殺君之仇，不光是秦國，天下諸侯誰不引為憂患？」公子縶說：「我又難道只是殺了他就完事？我還要用公子重耳去取而代之。晉君的無道是天下聞名的，公子重耳的仁德也是天下聞名的。戰勝了大國，這就是武。殺無道之人，立有道之人，這就是仁。勝利而不留後患，這就是智。」公孫枝說：「羞辱了一國的文臣武士，又說甚麼我給你們找個有道德的人來統治你們，恐怕不可以吧？如果不可以，就一定會被諸侯們所恥笑。打了一仗卻被諸侯恥笑，不能叫做武。殺死弟弟而立他哥哥為君，哥哥要是感謝我們就必定忘記血親之愛，不能叫做仁。如果哥哥不肯忘記手足之情而忌恨於我們，就是重蹈了『立而不遂』的覆轍，這不能叫做智。」穆公問：「既然如此，你說怎麼辦？」公孫枝說：「不如把他帶回國去，以此促使晉國來求和，然後恢復他的君位而用他的嫡長子作人質，讓他們倆交換著留在秦國，國家就可以無害了。」因此放回惠公，而以太子子圉為人質，秦國也開始管理河東五城的政務。

呂甥逆惠公於秦

公在秦三月，聞秦將成❶，乃使郤乞告呂甥❷。呂甥教之言，令國人於朝曰：「君使乞告二三子曰：『秦將歸寡人，寡人不足以辱社稷，二三子其改置以代圉❸也。』」且賞以悅眾，眾皆哭，焉作轅田❹。

呂甥致眾而告之曰：「吾君慚❺焉其亡之不卹❻，而群臣是憂，不亦惠乎？君猶在外，若何？」眾曰：「何為而可？」呂甥曰：「以韓之病，兵甲盡矣。若征繕以輔孺子❼，以為君援，雖四鄰之聞之也，喪君有君，群臣輯睦，兵甲益多，好我者勸，惡我者懼，庶有益乎？」眾皆說，焉作州兵❽。

呂甥逆君於秦，穆公訊❾之曰：「晉國和乎？」對曰：「不和。」公曰：「何故？」對曰：「其小人不念其君之罪，而悼其父兄子弟之死喪者，不憚征繕以立孺子，曰：『必報讎，吾寧事齊、楚，齊、楚又交輔之。』其君子思其君，且知其罪，曰：『必事秦，有死無他。』故不和。比❿其和之而來，故久。」公曰：「而⓫無來，吾固將歸君。國謂君何？」對曰：「小人曰不免，君子則否。」公曰：「何故？」對曰：「小人忌而不思，願從其君而與報秦，是故云。其君子則否，曰：『吾君之入也，君之惠也。能納之，能執之，則能釋之。德莫厚焉，惠莫大焉。納而不遂，廢而不起，以德為怨，君其不然？』」秦君曰：「然。」乃改館⓬晉君，饋七牢⓭焉。

【章　旨】本章記呂甥自秦迎回惠公之計謀及花言巧語。

【注　釋】❶成　准許晉國求和。❷使郤乞告呂甥　郤乞，晉大夫。呂甥，晉大夫瑕呂飴甥。❸改置以代圉　以其他公子代替子圉，是表示惠公父子兩人都要讓位了。圉，晉太子子圉。❹焉作轅田　焉，於是。轅田，爰田。古代一種輪流休耕的土地分配法。❺慼　悲痛。❻卹　憂慮。❼征繕以輔孺子　征，徵收賦稅。繕，繕治甲兵。孺子，即子圉。❽州兵　當時二千五百家為一州，州有州長，各率本州甲兵。❾訊　問也。❿比　等待。⓫而　爾；你。⓬改館　惠公原來被囚禁在靈臺，現在要被釋放了，秦穆公便改讓其住賓館。⓭饋七牢　牛羊豕三牲曰一牢，饋餉七牢，是侯伯之禮。

【語　譯】惠公被囚禁在秦國三個月，聽說秦國打算准許晉國講和，便要郤乞回國去告訴呂甥。呂甥便教給郤乞一番話，讓都城的人都到朝廷門口來，然後郤乞說：「君上要我郤乞告訴諸位：『秦國就要釋放寡人了，但是寡人不配再待在國君位子上以羞辱社稷，連寡人的兒子子圉也不配，請諸位另外找人取代子圉來治理國家。』」同時又大量賞賜以取悅眾人，眾人都哭了，於是便去開墾爰田。

呂甥召集眾大夫並對他們說：「君上不為自己的流亡而憂慮，反倒憂慮群臣，不也是很慈惠嗎？現在君上還在國外，如何是好呢？」眾人問：「您說怎麼辦才行呢？」呂甥說：「由於韓原這次戰敗，我國武器裝備已損失殆盡。如果我們徵收賦稅，繕治甲兵，共同輔佐太子攝政，以此作為君上的外援，那麼，即便四鄰之國聽說了，也只會說我們失去了國君卻和有國君一樣，群臣和睦團結，兵甲日益增多，愛護我們的便勉勵我們，仇恨我們的也會害怕我們，說不定會有好處吧？」大家都很高興，於是便去建制州兵。

呂甥自己則到秦國去迎接國君，秦穆公問他：「晉國國內和睦嗎？」呂甥回答：「不和睦。」穆公問：「為什麼？」呂甥回答：「那些小人不想想自己的國君有多大的罪過，卻一心地只知道悼念自己戰死的父兄子弟，竟然膽敢徵稅修武以擁立子圉，還說：『一定要報仇，我們寧可事奉齊國楚國，何況齊國楚國又爭著幫助我們。』那些君子思念自己國君，同時也知道國君的罪過，都說：『一定要事奉秦國，直到死也不變心。』所以不和睦。一直等到說和了大家，才來迎接敝國寡德之君，所以拖了很久。」穆公說：「你就是不來，我也會把你們國君放回去。你們國內認為他在這裡將會怎麼樣？」呂甥回答：「小人都說他難免於難，君子則認為不會。」穆公問：「為什麼呢？」呂甥回答：「小人只知道忌恨不知道反省，一心要跟著子圉和秦國對抗，所以才這樣說。君子則不然，說：『敝國寡君之所以能回國繼承君位，完全仰仗君上您的恩惠。君上既能立他為君，又能執他為囚，當然也就能放他回國，沒有比這更厚的仁德了，也沒有比這更大的恩惠了。立了他又不成全他，廢了他而不起用他，只能使恩德變成怨恨，君上大概不會這麼做吧？』」秦穆公說：「是啊！」於是就改讓晉惠公住在賓館裡，並按侯伯的禮節贈送食物禮品。

惠公斬慶鄭

惠公未至，蛾析❶謂慶鄭曰：「君之止，子之罪也。今君將來，子何俟？」慶鄭曰：「鄭也聞之曰：『軍敗，死之；將止，死之。』二者不行，又重之以誤人❷而喪其君，有大罪三，將安適？君若來，將待刑以快君志；君若不來，將獨伐秦。不得君，必死之。此所以待也。臣得其志，而使君瞢❸，是犯❹也。君行犯，猶失其國，而況臣乎？」

公至于絳郊，聞慶鄭止，使家僕徒召之，曰：「鄭也有罪，猶在乎？」慶鄭曰：「臣怨君入而報德，不降❺；降而聽諫，不戰；戰而用良，不敗。既敗而誅，又失有罪，不可以封國❻。臣是以待即刑，以成君政。」君曰：「刑之！」慶鄭曰：「下有直言，臣之行❼也；上有直刑，君之明也。臣行君明，國之利也。君雖弗刑，必自殺也。」蛾析曰：「臣聞：『奔刑❽之臣，不若赦之以報讎❾。』君盍赦之，以報于秦？」梁由靡曰：「不可。我能行之，秦豈不能？且戰不勝，而報之以賊，不武；出戰不克，入處不安，不智；成而反之，不信；失刑亂政，不威。出不能用，入不能治，敗國且殺孺子⑩，不若刑之。」君曰：「斬鄭，無使自殺！」家僕徒曰：「有君不忌⑪，有臣死刑⑫，其聞賢於刑之⑬。」梁由靡曰：「夫君政刑，是以治民。不聞命而擅進退，犯政也；快意而喪君，犯刑也。鄭也賊而亂國，不可失也！且戰而自退，退而自殺；臣得其志，君失其刑，後不可用也。」君令司馬說⑭刑之。司馬說進三軍之士而數⑮慶鄭曰：「夫韓之誓曰：失次⑯犯令，死；將止不面夷⑰，死；偽言誤眾，死。今鄭失次犯令，而罪一也；鄭擅進退，而罪二也；女誤梁由靡，使失秦公，而罪三也；君親止，女不面夷，而罪四也。鄭也就刑！」慶鄭曰：「說！三軍之士皆在⑱，有人能坐待刑，而不能面夷？趣⑲行事乎！」丁丑，斬慶鄭，乃入絳。

十五年，惠公卒，懷公⑳立，秦乃召重耳於楚而納之。晉人殺懷公於高梁㉑，而授重耳，實為文公。

【章　旨】本章記晉國君臣圍繞如何處分慶鄭一事的爭論及慶鄭本人的態度。

【注　釋】❶蛾析　晉國大夫。❷誤人　耽誤了梁由靡，放走了秦穆公，而救惠公也未能成功。❸瞢　慚恨煩悶。❹犯　逆也。❺降　國勢下降。❻封國　諸侯守住自己的封疆。❼行　道也。分內應做之事。❽奔刑　即趨刑，猶今說「自首」。❾赦之以報讎　赦免其罪，而用他去做刺客，對仇敵進行偷襲或行刺。❿敗國且殺孺子　這時子圉在秦國做人質，如果慶鄭去行刺，既對國家不利，秦國也一定會把子圉殺了。孺子，指子圉。⓫忌　怨恨。⓬死刑　不逃亡而甘願死於極刑而守法。⓭其

聞賢於刑之　意思是說，君不忌而臣死刑，這種名聲比殺大臣要好。聞，名聲。賢，好。⓮司馬說　司馬是官名。說是人名。⓯數　數其罪。⓰次　行列。⓱面夷　即用刀割破自己的臉頰。古時作戰，如主將被俘，部下就要面夷，表示記下恥辱，準備隨時報仇。如不這樣，就是犯罪。⓲三軍之士皆在　三軍之士當時都在戰場。意思是說，當時是怎麼回事，我為什麼不滿國君，大家心裡都很清楚。⓳趣　速。⓴懷公　子圉。㉑晉人殺懷公於高梁　事見本書〈周語上・內史過論晉惠公必無後〉注㊲。

【語譯】晉惠公還沒有回到晉國時，蛾析就對慶鄭說：「國君被俘，罪在於您。如今國君就要回來了，您還留在國內等什麼？」慶鄭說：「我聽說：『軍隊潰敗，應當自殺；主將被俘，應當拼死。』這兩條我都沒有實行，又加上貽誤戰機，致使國君被俘，有這樣大的三條罪行，還能逃到哪裡去？國君要是能夠回來，我就等著他來殺我洩恨；國君要是回不來，我就一個人帶兵去攻打秦國。救不出國君，我就自殺。這就是我之所以要等待的原因。讓臣下得意而使君上氣悶，這就是忤逆。諸侯忤逆尚且要失其封國，更何況做臣子的呢？」

惠公回到絳都郊外，聽說慶鄭沒有逃跑，就命令家僕徒把慶鄭找來，說：「慶鄭你是有罪的，還待在國內不走嗎？」慶鄭說：「臣下怨恨的是：當初回國以後就履行諾言，報恩報德，國勢便不會下降；國勢下降以後，如果能接受勸諫、採納嘉言，戰爭就不會爆發；戰爭爆發之後，如果起用良將良臣，韓原之戰也不至於失敗。既然已經戰敗，那就該誅罪人以謝天下，如果再把罪臣放跑了，那可真是沒法守住君上您的封國了。因此臣特地等在這裡讓您誅殺，以便成全君上的政令。」惠公說：「殺了他！」慶鄭說：「臣下據理直言進諫，是為臣的正道；君上依法直刑治罪，是為君的聖明。臣行正道，君有聖明，於國有利。君上就是不殺臣，臣也要自殺。」蛾析說：「臣聽說：『處置自首的罪臣，與其殺了他，不如放了他，而讓他去為國報仇。』君上何不赦免了慶鄭，以便報秦國之仇呢？」梁由靡說：「不可。我們能做到的，秦國難道就不能做？再說，戰而不勝，就用罪臣去行刺，這是不武；在外面已經打了敗仗，回國來又不安分，還想挑起事端，這是不智；已經講和，卻又背盟，這是不信；失去刑法，紊亂國政，這是不威。你的辦法，對外不能勝敵，對內不能治國，敗壞國家，還會害了太子性命，不如殺了慶鄭。」惠公說：「快砍了慶鄭的腦袋，不能讓他自殺！」家僕徒說：「君上有不記前仇的聲譽，臣下有主動就刑的美名，這樣的消息傳出去，要比殺了慶鄭好聽得多。」梁由靡說：「君上的政令和刑法，是用來治理人民的。不得命令，便擅自進退，是違犯了政令；幸災樂禍，丟了君主，是違犯了刑法。慶鄭背政犯刑，害君亂國，決不可放過他！再說，打仗時由著他擅自撤退，退回來又由著他隨便自殺；這是讓臣下得意，使君上失法，此例一開，政令刑法便不可再使用了！」惠公命令司馬說執刑。司馬說率領執刑的三軍將士進前，歷數慶鄭罪狀：「韓原之戰的誓辭說：丟失行列、違背軍令者，死罪；將帥被俘而不割面者，死罪；造謠惑眾、貽誤戰機者，死罪。這次，你慶鄭丟失行列、違背軍令，這是你犯下的第一條當死之罪；不聽主帥指揮，擅自進攻撤退，這是你犯下的第二條當死之罪；貽誤梁由靡，使得他失去了活捉秦國國君的機會，這是你犯下的第三條當死之罪；國君親自做了俘虜，你不割面，這是你犯下的第四條當死之罪。慶鄭，你就刑吧！」慶鄭說：「司馬說！韓原之戰是怎麼回事，三軍之士當時都在場嘛！難道有敢於坐等殺頭，卻不敢割面之人嗎？快動手吧！」丁丑日，惠公殺了慶鄭，才進入絳都。

晉惠公十五年，惠公去世，懷公即位。秦國便從楚國找來重耳並送他回國為君。晉國人在高梁這個地方殺了懷公，而把君位授給了重耳，這就是晉文公。

卷一〇 晉語四

重耳自狄適齊

文公在狄十二年❶，狐偃❷曰：「日❸，吾來此也，非以狄為榮❹，可以成事❺也。吾曰：『奔而易達，困而有資，休以擇利，可以戾❻也。』今戾久矣，戾久將底❼。底著滯淫❽，誰能興之？盍速行乎！吾不適齊、楚，避其遠也。蓄力一紀❾，可以遠矣。齊侯長矣，而欲親晉。管仲歿矣，多讒在側。謀而無正❿，衷而思始⓫。夫必追擇前言⓬，求善以終，饜邇逐遠，遠人入服，不為郵⓭矣。會其季年⓮可也，茲可以親。」皆以為然。

乃行，過五鹿⓯，乞食於野人。野人舉塊以與之，公子怒，將鞭之。子犯曰：「天賜也。民以土服，又何求焉！天事必象⓰，十有二年，必獲此土。二三子志之。歲在壽星及鶉尾⓱，其有此土乎！天以命矣，復於壽星，必獲諸侯⓲。天之道也，由是始之。有此，其以戊申⑲乎！所以申土⑳也。」再拜稽首，受而載之。遂適齊。

【章旨】本章記敘晉公子重耳由狄國前往齊國，途中接受一農夫贈送土塊之事。

【注釋】❶文公在狄十二年　文公，晉獻公庶子重耳。他為避驪姬之難，魯僖公五年，自蒲奔往狄國，到十六年，共計十二年。事見本書〈晉語二．公子重耳夷吾出奔〉。❷狐偃　文公的舅父子犯。❸日　往日；當初。❹榮　安樂。❺成事　成就返國大事。❻戾　安定。❼底　停止；停滯。❽底著滯淫　著，附著之意。滯，廢也。淫，久也。❾紀　十二年為一紀。❿謀而無正　謀，謀劃。無正，無正當的道理。⓫衷而思始　衷，內心。思始，思念創業初時。⓬前言　指管仲的話。⓭郵　通「尤」。過失。⓮季年　晚年。季，末也。⓯五鹿　衛國的地名。一說在今河北省大名縣東，一說在今河南省濮陽縣南三十里。⓰象　顯象；預兆。⓱歲在壽星及鶉尾　歲，歲星的簡稱，即木星。我國古代認為木星十二年運行一周天，春秋時，並用以紀年，古人劃分一周天為十二次，木星每年行經一次，都有特定的名稱，分別為：星紀、玄枵、娵訾、降婁、大梁、實沉、鶉首、鶉火、鶉尾、壽星、大火、析木。這種紀年法叫「歲星紀年」。歲在壽星，謂得塊之歲，周曆正月，為夏曆十一月，故歲在鶉尾，亦得塊之歲。⓲復於壽星二句　魯僖公二十八年，晉文公攻打衛國，正月六日戊申奪取五鹿。這年四月，又擊敗楚師於城濮，合諸侯於踐土。五月，王冊命文公為侯伯，故得諸侯。⓳戊申　戊，土地。申，同「伸」。伸展、擴張之意。⓴申土　伸廣土地。

【語譯】晉文公重耳在狄國已居留了十二年，狐偃說：「當初，我們來到這兒，並不是因為在狄國可以得到安樂，而是因為在這裡可以成就返回晉國的大事。我當時說：『逃往狄國容易到達，困頓時可以得到資助，休息一段時間以利於選擇時機，可以暫時安定下來。』現在安定得太久了，安定太久將會停滯。而停滯將帶來長久的荒廢，誰還會讓你再興起呢？何不趕快行動呢！我們不到齊國、楚國，是嫌它們離得太遠。現在積蓄力量已十二年了，可以遠行了。桓公年紀已是高壽，現在他想和晉國締結友好。管仲已死，桓公左右盡是一些進讒言的小人。出謀策劃講不出正當道理，桓公心中在思念即位初時的境況。他一定會追憶管仲從前的良言，想求得一個圓滿完善的結局，滿足近前的，追求長遠的，讓遠方的人都來服從他，這也稱不上什麼過失。現在正值桓公晚年，這是一良好時機，應該馬上去向齊國表示親近友好。」大家都認為狐偃的意見很對。

於是公子一行就出發了，經過五鹿的時候，向一位農夫乞討食物。農夫舉起一塊土塊送給重耳，公子非常憤怒，舉鞭要打他。子犯說：「這是上天的賜與呀。黎民奉上土地表示順服，你還希求什麼呢！凡上天的旨意必定事先有某種預兆，再過十二年，你一定會得到這塊土地。諸位請記住這件事情。歲星再運行到壽星和鶉尾的時候，公子一定會得到五鹿這塊地方！上天已經預示了，歲星再到壽星的位置時，公子肯定會得到諸侯的擁戴。歲星運行的周天，就從現在接受農夫贈送土塊之日開始。得到五鹿的那一天，大概是戊申日吧！因為戊申就是擴展土地的意思。」重耳感謝上天的恩賜，莊嚴地行了叩頭大禮，接過土塊裝到車上，就啟程前往齊國。

齊姜勸重耳勿懷安

齊侯妻之❶，甚善焉。有馬二十乘❷，將死於齊而已矣。曰：「民生安樂，誰知其他？」

桓公卒❸，孝公❹即位。諸侯叛齊。子犯知齊之不可以動❺，而知文公之安齊而有終焉之志也，欲行，而患❻之，與從者謀於桑下。蠶妾在焉，莫知其在也。妾告姜氏，姜氏殺之❼，而言於公子曰：「從者將以子行，其聞之者吾以除之矣。子必從之，不可以貳❽，貳無成命❾。《詩》云：『上帝臨女，無貳爾心❿。』先王其知之矣，貳將可乎？子去晉難而極於此⑪。自子之行，晉無寧歲，民無成君⑫。天未喪晉，無異公子⑬，有晉國者，非子而誰？子其勉之！上帝臨子，貳必有咎。」

公子曰：「吾不動矣，必死於此。」姜曰：「不然。〈周詩〉曰：『莘莘征夫，每懷靡及⑭。』夙夜征行，不遑啟處，猶懼無及⑮。況其順身縱欲懷安，將何及矣！人不求及，其能及乎⑯？日月不處，人誰獲安？西方之書有之曰：『懷與安，實疚大事⑰。』〈鄭詩〉⑱云：『仲⑲可懷也，人之多言，亦可畏也。』昔管敬仲有言，小妾聞之曰：『畏威如疾，民之上也⑳。從懷如流，民之下也㉑。見懷思威，民之中也。畏威如疾，乃能威民。威在民上，弗畏有刑。從懷如流，去威遠矣，故謂之下。其在辟㉒也，吾從中㉓也。〈鄭詩〉之言，吾其從之。』此大夫管仲之所以紀綱齊國，裨輔先君㉔而成霸者也。子而棄之，不亦難乎？齊國之政敗矣，晉之無道久矣，從者之謀忠矣，時日及矣，公子幾㉕矣。君國可以濟百姓，而釋之者，非人也。敗不可處㉖，時不可失，忠不可棄，懷不可從，子必速行。吾聞晉之始封㉗也，歲在大火，閼伯之星也，實紀商人㉘。商之饗國三十一王㉙。瞽史㉚之紀曰：『唐叔之世，將如商數㉛。』今未半㉜也。亂不長世，公子唯子，子必有晉，若何懷安？」公子弗聽。

【章　旨】本章記敘重耳之妻齊姜力誡重耳勿縱欲懷安，應速歸晉國以建功立業。

【注　釋】❶齊侯妻之　齊桓公把女兒姜氏許配重耳為妻。❷乘　四匹馬叫做一乘，二十乘為八十匹。❸桓公卒　重耳到齊國一年後桓公死。❹孝公　桓公之子昭，魯僖公十八年即位。❺動　指讓重耳返回晉國。❻患　憂慮；耽心。❼姜氏殺之　姜氏同意子犯等讓重耳走的意見，怕侍女把消息傳開，故而殺她以滅口。❽貳　懷疑；背叛；有二心。❾成命　達成天命。❿上帝臨女二句　出自《詩經・大雅・大明》裡面的兩句。意謂上天降臨來保佑你，一定能夠戰勝殷紂，不要疑心。上帝，上天。女，同「汝」。指周武王。⓫極於此　極，到。於此，指齊國。⓬民無成君　晉民沒有一個位置穩定的國君。指奚齊、卓子都被殺死，惠公雖立為君，但國內國外都反對他，君位也難保持。成，定也。⓭無異公子　獻公共生九子，此時，除惠公和公子重耳外，已無其他公子在世。⓮莘莘征夫二句　出自《詩經・小雅・皇皇者華》。意謂使臣急急忙忙行進在途中，時時惟恐來不及完成使命。莘莘，亦作「駪駪」。眾多疾行之貌。征夫，使臣。懷，思。靡及，不及；來不及完成。⓯夙夜征行三句　意謂早晚奔忙，無暇休息還惟恐來不及。夙，早。遑，暇。啟，跪；起身。處，居；坐。⓰人不求及二句　人不去追求及時，又怎麼能及時呢。及，及時。⓱西方之書有之曰三句　西方之書即《周書》。懷，思。此處指留戀妻室。安，貪圖安逸。疚，病。⓲鄭詩　《詩經・鄭風・將仲子》。⓳仲　祭仲。鄭國大夫。⓴民之上也　最好的國民。㉑民之下也　最壞的國民。㉒辟　刑法。㉓從中　中，即「民之中」。管仲治國、掌刑，是以「民之中」為主要對象。㉔裨輔先君　裨，補。輔，佐。先君，指桓公。㉕公子幾　是說重耳成為晉君的日子不遠了。幾，近。㉖敗不可處　齊國政敗，不可久居。處，居。㉗晉之始封　武王之子叔虞封於唐，也稱做唐叔，後為晉。㉘歲在大火三句　大火，星名。閼伯，唐堯時為火正，居於商丘，所以商主大火，吉凶也就以商為準。這是古時卜筮的說法：因為晉始封之年，歲在大火，由此聯繫到閼伯、商丘、殷商，遂說晉享有國祚的世代一定也同於商。㉙商之饗國三十一王　商代從湯到紂共三十一個君王。饗，通「享」。饗國，指帝王在位。㉚瞽史　掌陰陽天時禮法之書，知天道者。㉛將如商數　晉也要和商一樣傳三十一君。㉜未半　由唐叔虞到惠公只有十四世，還不足三十一代的半數。

【語　譯】齊桓公把女兒姜氏許配重耳為妻，待公子很好。他已有了馬八十匹了，重耳感到很滿足，以為就這樣在齊國生活下來，養老送終算了。他說：「人生在世，只求安樂，哪管其他呢？」

桓公死了，孝公即位。諸侯均背叛了齊國。子犯知道齊國是不會把重耳送回晉國為君了，並且知道重耳有打算安居齊國在這裡送終的念頭，想要離開齊國，又怕重耳不願走，便與幾個隨從人員在桑樹下密謀。一個養蠶女在樹上採桑葉，他們沒有發現。這個侍女把偷聽到的話告訴了姜氏，姜氏把她殺了，然後對公子說：「你的隨從們將要你和他們一起離開齊國，那個聽到此話的人我已把她殺了。你一定要跟他們一起走，不能遲疑，遲疑就不會達成天命。《詩經》中說：『上天保佑著你，不要懷疑。』周武王就知道天命是不可以懷疑的，懷疑怎麼能夠得到天下呢？你是避離晉國之難而來到這兒的。自從你走後，晉國再沒有安寧的時日，晉民再也沒有一個定位不移的國君。上天並不想讓晉國滅亡，現在除了你，再沒有別的公子了，能夠得到晉國的，不是你又是誰呢？你可要勉勵自己啊！上天保佑你，如再遲疑，必定會帶來罪戾的。」

公子說：「我不走了，這一生就結束在這兒了。」姜氏說：「不能這樣。〈周詩〉中說：『急急忙忙趕路的使者，時時惟恐來不及完成使命。』早晚奔忙，無暇休息，還深怕來不及。更何況那些由著自己，放縱欲望，懷戀安逸的人，又怎麼來得及呢！人不求及時，又怎麼能達到自己的目的呢？太陽月亮尚且不停留在一個位置，人又怎麼能只去追求安逸呢？《周書》中說：『懷戀妻室，貪求安逸，實在敗壞大事。』〈鄭詩〉說：『祭仲是很值得懷念的，但很多人都在說他的閒話，也是可怕的。』從前管敬仲有過一段話，我聽說是這樣的：『害怕國家政令的威嚴，像害怕疾病一樣的，是最好的國民。不畏威，放縱自己的欲望，像流水一樣任意流淌的，是最壞的國民。看見了自己所想的東西，卻想到政令的威嚴，而不敢妄動的，是中等的國民。庶民畏懼政令之威猶如疾病，在上者才能以威臨民。這是對那些「民之上」者所說。對於「民之中」者，只有在他們頭上顯示出政令的威嚴，讓他們知道如果不懼怕政令之威，會受到刑罰，他們也會漸漸成為「民之上」的。而對於那些放縱自己的欲望如流水的「民之下」者，他們距離政令之威太遠了，所以稱他們為最壞的國民。「民之中」懼刑罰之威，所以我治理國家，執掌刑法，以他們為主要對象。〈鄭詩〉中所說的見可懷則思可畏，我正是遵行了這一點。』這就是管仲之所以能治理齊國，輔佐桓公成就霸業的原因。你如果背棄了這些，不是會很艱難嗎？齊國的國政已經衰敗了，晉國沒有正道也已很久了，隨從們的計謀完全出於對你的忠心，時間還來得及，公子重返晉國成為國君的日子已很近了。治理國家可以造福百姓，而放棄這個機會，不是常人所為。目前，齊國政敗已不可久居，時機不可錯過，忠良不可背棄，貪圖安逸的欲念不可以放縱，你必須要迅速行動了。我聽說晉國唐叔始封那年，歲星在大火的位次，也就是閼伯的星位，實際上主紀殷商的吉凶。商代享有君國的有三十一位君王。知天道者說：『晉享有國祚的世代將要和商一樣也為三十一。』現在還不足這個數目的一半。亂世總會有平治的時候，公子中只有你了，你一定會得到晉國的，為什麼要迷戀安逸呢？」公子不聽勸告。

齊姜與子犯謀遣重耳

姜與子犯謀，醉而載之以行。醒，以戈逐子犯，曰：「若無所濟，吾食舅氏之肉，其知饜乎！」舅犯走，且對曰：「若無所濟，余未知死所，誰能與豺狼爭食？若克有成，公子無亦❶晉之柔嘉❷，是以甘食。偃之肉腥臊，將焉用之？」遂行。

【章　旨】本章記齊姜謀同子犯把重耳灌醉送他回國之事。

【注　釋】❶無亦　不亦。❷柔嘉　柔，脆。嘉，美。

【語　譯】姜氏與子犯合謀，把重耳灌醉後用車載著他離開齊國。重耳酒醒後，拿著戈追趕子犯，說：「此去如果不能成功，我便是吃了你的肉，也滿足不了我！」子犯跑開，回答他說：「倘若不能成功，我將不知戰死何方，誰還能與豺狼來爭食我的肉呢？如果能夠成功，你就能品嚐到晉國的美味佳餚，這都是些美好的食物。我的肉又腥又臊，你怎麼能吃呢？」於是又繼續往前走。

衛文公不禮重耳

過衛，衛文公❶有邢、狄之虞❷，不能禮焉。甯莊子❸言於公曰：「夫禮，國之紀也；親，民之結❹也；善，德之建❺也。國無紀不可以終，民無結不可以固，德無建不可以立。此三者，君之所慎也。今君棄之，無乃不可乎！晉公子善人也，而衛親也❻，君不禮焉，棄三德❼矣。臣故云君其圖之。康叔，文之昭也；唐叔，武之穆也❽。周之大功在武❾，天祚❿將在武族⓫，苟姬未絕周室，而俾守天聚⓬者，必武族也。武族唯晉實昌，晉胤公子實德。晉仍無道，天祚有德，晉之守祀，必公子也。若復而修其德，鎮撫其民，必獲諸侯，以討無禮。君弗蚤⓭圖，衛而在討。小人是懼，敢不盡心。」公弗聽。

【章　旨】本章記甯莊子勸諫衛文公，應以禮相待重耳之言論。

【注　釋】❶衛文公　衛宣公的孫子、昭伯頑的兒子，名叫燬。❷虞　臆度；料想。❸甯莊子　衛國的正卿，穆仲靜的兒子甯速。❹結　聯結；編織或結成之物。此處指聯結人民的紐帶。❺建　立。❻而衛親也　晉國始祖唐叔，是武王的兒子，衛國始祖康叔，是文王的兒子，所以他們是親戚。❼三德　指禮賓、親親、善善。❽康叔四句　宗廟輩次的排列，始祖居中，左邊稱昭，右邊稱穆，父為昭，兒子為穆。文，指文王。武，指武王。❾周之大功在武　大功，指伐紂定天下之功勞。武，指周武王。❿祚　賜福。⓫族　嗣；子孫。⓬俾守天聚　俾，使。聚，資財；民眾。⓭蚤　通「早」。

【語　譯】重耳經過衛國時，衛文公因耽心邢人、狄人前來攻擊，正設師防備，沒能以禮接待他。甯莊子對衛文公說：「以禮接待賓客，是國家的綱紀法度；向親人表示親近，是團結人民的紐帶；友好地對待善良的人，是建立道德、聲望的根本。國家沒有法制不可能維持長久；人民沒有維繫友誼的紐帶，團結不可能牢固；道德、聲望平時不從一點點善事做起，也不可能建立。這三點，是君王所謹慎對待的。現在君王拋棄了它，恐怕不行吧！晉公子是個好人，而且是衛國的親戚，君王不能以禮相待，是拋棄了上面所說的三種德行啊！所以我勸君王認真考慮一下這件事。康叔，是文王的兒子；唐叔，是武王的兒子。周朝建立統一大業的是武王，上天賜福將會給武王的後代，如果姬姓周王室永不滅絕，那麼上天派來守護財產和民眾的，一定會是武王的後代。武王的後代中只有晉最昌盛，晉的後代中只有重耳最有德行。兩代晉君都無道，天將賜福給有道德的人，晉國能夠守住祭祀的人，肯定是公子重耳。如果他回去後能夠努力提高自己的道德修養，鎮撫晉國的人民，那麼他必定能當諸侯之長，然後就會討伐曾經對他無禮的國家。君王如果不早做打算，衛國就將是被討伐的對象。我很害怕會有這樣的局面，怎敢不對您盡心。」衛文公不聽勸告。

曹共公不禮重耳而觀其駢脅

自衛過曹，曹共公❶亦不禮焉，聞其駢脅❷，欲觀其狀，止其舍，諜❸其將浴，設微薄❹而觀之。僖負羈❺之妻言於負羈曰：「吾觀晉公子賢人也，其從者皆國相❻也，以相一人，必得晉國。得晉國而討無禮，曹其首誅❼也。子盍蚤自貳焉❽？」僖負羈饋飧，寘璧焉❾。公子受飧反璧。

負羈言於曹伯曰：「夫晉公子在此，君之匹❿也，不亦禮焉？」曹伯曰：「諸侯之亡公子其多矣，誰不過此！亡者皆無禮者也，余焉能盡禮焉！」對曰：「臣聞之：愛親明賢，政之幹⓫也。禮賓矜窮⓬，禮之宗⓭也。禮以紀政，國之常⓮也。失常不立，君所知也。國君無親，以國為親。先君叔振⓯，出自文王，晉祖唐叔，出自武王，文、武之功，實建諸姬⓰。故二王之嗣，世不廢親。今君棄之，是不愛親也。晉公子生十七年而亡⓱，卿材三人從之⓲，可謂賢矣，而君蔑之，是不明賢也。謂晉公子之亡，不可不憐也。比之賓客，不可不禮也。失此二者，是不禮賓、不憐窮也。守天之聚⓳，將施於宜⓴。宜而不施，聚必有闕㉑。玉帛酒食，猶糞土也，愛糞土以毀三常㉒，失位而闕聚，是之不難，無乃不可乎？君其圖之。」公弗聽。

【章　旨】本章記敘重耳逃亡到曹國，曹共公不以禮相待，僖負羈良言相勸之事。

【注　釋】❶曹共公　曹昭公之子曹伯襄。❷骿脅　肋骨並連成一片，不分凸凹。骿，同「駢」。並。脅，肋。❸諜　偵探。❹薄　即簾。❺僖負羈　曹國的大夫。❻國相　有相國之才。❼曹其首誅　觀看人的裸體，最為無禮，所以重耳回到晉國後，一定會首先攻打曹國。❽子盍蚤自貳焉　全句表示你何不早些表示你和曹國裡的其他人不一樣呢。蚤，同「早」。貳，區別；不一樣。❾寘璧焉　寘，同「置」。在食物下面放著璧玉，表示友好之意。❿匹　相當的意思。⓫政之幹　國政的楨幹；行政的根本。⓬禮賓矜窮　禮賓，以禮接待賓客。矜，通「憐」。憐憫窮困的人們。⓭禮之宗　禮儀的根本。宗，本。⓮常常綱。⓯叔振　即曹叔振鐸，文王的第六個兒子。武王時，封於曹，為曹的先祖。⓰文武之功二句　周是姬姓之國，由於文王、武王的功勞，分封了諸位姬姓做諸侯。⓱晉公子生十七年而亡　重耳十七歲就逃亡在外。⓲卿材三人從之　有卿相之材的三個人跟隨著他。指狐偃、趙衰、賈佗。⓳守天之聚　守著上天賜與的萬民、資財。即守著上天賜與的國家之意。⓴將施於宜　施行什麼事情都要恰當。宜，合適；得當。㉑聚必有闕　國家必定會遭受損失。闕，同「缺」。㉒三常　指政之幹、禮之宗、國之常。

【語　譯】重耳一行人離開衛國後，又行經曹國，曹共公也不歡迎他。聽說重耳的肋骨是相連成一片的，曹共公想看看是什麼樣子，就留重耳住下，探聽到他要洗澡了，就設置了一個薄竹簾，躲在後面偷看。僖負羈的妻子對負羈說：「我看晉公子是一位賢德的人，跟隨他的幾個人也都具有相國之才，有他們輔佐重耳，必定會得到晉國。當重耳得到晉國後討伐曾經對他無禮的國家時，曹國將會是被討伐的第一個。你何不早一點去向重耳表示你和別人的態度不一樣呢？」僖負羈就饋贈給重耳美味佳肴，在食物下面暗放了一塊璧玉。公子重耳接受了食物，退回了璧玉。

負羈對曹伯說：「晉公子來到我們這兒，他與您的地位相當，我們不應以禮相待嗎？」曹伯說：「諸侯國中逃亡在外的公子多了，誰不經過這兒！逃亡的人都是些不講禮儀的人，我哪能對他們都盡禮儀呢！」負羈說：「我聽說：友愛親朋明識賢人，是國家政事的根本。禮待賓客憐憫窮人，是禮儀的根本。以禮來治理政事，是國家的綱常。失去綱常，國政將無從立起，這是國君所了解的。國君是沒有私親的，要以國家為親。先君叔振，是文王的兒子，晉國的始祖唐叔，是武王的兒子，由於文王、武王的功勞，分封了諸位姬姓做諸侯。所以文王和武王的後嗣，世世代代都沒有廢棄親戚關係。現在君王拋棄了這些，這就是不友愛親朋。晉公子只有十七歲就逃亡在外，有卿相之材的三個人跟隨，可以稱得上是賢人了，而君王卻蔑視他，這是不能明識賢人呀！我認為晉公子逃亡在外，不可不憐憫他。把他比做賓客，不能不以禮相待。做不到這兩點，就是不禮賓、不憐窮。守著上天賜給的國土，施行任何事情都要適宜。適宜做的而不去做，國家必定會遭受損失。玉帛酒食，猶如糞土，吝惜糞土而毀了立國的三種常法，失去了身分地位並使國家遭受損失，卻不把這看做災難臨頭，恐怕不行吧？君王請慎重考慮。」曹共公不聽勸告。

宋襄公贈重耳以馬二十乘

公子過宋❶，與司馬公孫固相善❷，公孫固言於襄公❸曰：「晉公子亡，長幼❹矣，而好善不厭。父事狐偃，師事趙衰❺，而長事賈佗❻。狐偃其舅也，而惠以有謀。趙衰其先君之戎御趙夙之弟❼也，而文以忠貞。賈佗公族也，而多識以恭敬❽。此三人者，實左右之。公子居則下之❾，動則諮焉❿，成幼而不倦⓫，殆有禮矣。樹⓬於有禮，必有艾⓭。〈商頌〉曰：『湯降不遲，聖敬日躋⓮。』降，有禮之謂也。君其圖之。」襄公從之，贈以馬二十乘。

【章　旨】本章記宋襄公聽從公孫固的勸諫，以禮相待重耳之事。

【注　釋】❶公子過宋　晉公子重耳由曹國來到宋國。宋，國名。❷與司馬公孫固相善　司馬，官名。公孫，複姓。固，人名。宋莊公的孫子。相善，相悅好。❸襄公　宋桓公的兒子茲父。❹長幼　由幼而長。晉公子在外逃亡十多年，已經長大了。❺趙衰　晉卿公明的小兒子，也稱趙成子。❻賈佗　狐偃的兒子射姑、太師賈季，公族，姬姓，食邑於賈，字季佗。另一說賈佗是晉的公族，姬姓，與賈季實乃兩人，非狐偃之子。❼趙衰其先君之戎御趙夙之弟　先君，晉獻公。戎御，駕御戎車。趙夙，晉卿公明的兒子，趙衰的哥哥。❽多識以恭敬　知識廣博又能恭敬待人。❾居則下之　居，處。與下文的「動」相對應。下，謙下。平常時日，重耳總以謙下的態度尊事這三人。❿動則諮焉　動，行動。諮，詢諮。⓫成幼而不倦　成幼，自年幼到成人。不倦，不懈怠。⓬樹　種。⓭艾　報。⓮湯降不遲二句　出自《詩經・商頌・長發》裡的詩句。商湯禮賢下士從不貽誤，所以他的聖敬之道一天天升高。降，下。躋，升。

【語譯】公子重耳由曹國來到宋國，他與宋國的司馬公孫固關係很友好，公孫固對襄公說：「晉公子逃亡在外多年，已經長大了，但並沒有停止努力培養自己美好的道德品行。他尊事狐偃如父，尊事趙衰如師，尊事賈佗猶如自己的兄長。狐偃是他的舅舅，聰慧而又多謀。趙衰是先君獻公的戎御趙夙的弟弟，富有文采，善於辭令，而又辨事忠貞。賈佗是他同一公族的人，知識廣博而又待人謙恭。這三個人，如同左右臂似地輔佐著重耳。重耳平時總以謙下的態度對待他們，一遇有行動則向他們諮詢，從年幼直到成人，從不懈怠，恐怕是很有禮的了。種下有禮的因，一定會得到善報的果。〈商頌〉中說：『商湯禮賢下士從不貽誤，所以他的聖敬之道一天天升高。』禮賢下士就是有禮。望您考慮一下。」襄公聽從了公孫固的勸告，贈送重耳八十匹馬。

鄭文公不禮重耳

公子過鄭，鄭文公❶亦不禮焉。叔詹❷諫曰：「臣聞之：親有天❸，用前訓❹，禮兄弟，資❺窮困，天所福也。今晉公子有三祚焉，天將啟❻之。同姓不婚，惡不殖❼也。狐氏出自唐叔❽，狐姬，伯行之子❾也，實生重耳。成而雋才❿，離違而得所⓫，久約而無釁⓬，一也。同出九人，唯重耳在，離外之患，而晉國不靖⓭，二也。晉侯日載其怨，外內棄之；重耳日載其德，狐、趙謀之，三也。在〈周頌〉曰：『天作高山，大王荒之⓮。』荒，大之也。大天所做，可謂親有天矣。晉鄭兄弟也，吾先君武公與晉文侯戮力一心⓯，股肱⓰周室，夾輔平王⓱，平王勞而德之，而賜之盟質⑱，曰：『世相起⑲也。』若親有天，獲三祚者，可謂大天。若用前訓，文侯之功，武公之業，可謂前訓。若禮兄弟，晉、鄭之親，王之遺命⑳，可謂兄弟。若資窮困，亡在長幼，還軫諸侯，可謂窮困㉑。棄此四者，以徼㉒天禍，無乃不可乎？君其圖之。」弗聽。

叔詹曰：「若不禮焉，則請殺之。諺曰：『黍稷無成㉓，不能為榮㉔。黍不為黍，不能蕃廡㉕。稷不為稷，不能蕃殖㉖。所生不疑，唯德之基㉗。』」公弗聽。

【章旨】本章記敘叔詹規勸鄭文公，應以禮相待處於困境中的重耳之事。

【注釋】❶鄭文公　鄭厲公的兒子捷。❷叔詹　鄭國大夫。❸親有天　親近有上天給予啟示的人。❹用前訓　用，施行。前訓，先君的教導。❺資　資助；給予糧食。❻啟　啟發；啟示。❼惡不殖　惡，憎恨；厭惡。殖，繁殖；孳生。❽狐氏出自唐叔　狐氏，重耳的外祖父。唐叔，晉的始祖。狐氏是唐叔的後裔。❾伯行之子　伯行，狐氏的字。子，女兒。❿成而雋才　成，長大成人。雋，才學豐厚。⓫離違而得所　違，去。得所，言行得體。⓬久約而無釁　約，約束；拘束。釁，瑕。⓭靖　治的意思。⓮天作高山二句　見於《詩經．周頌．天作》。作，生。高山，指歧山。大王，周文王的祖父古公亶父。荒，大。這裡有擴大之意。⓯吾先君武公與晉文侯戮力一心　武公，鄭桓公的兒子滑突。晉文侯，晉穆侯的兒子仇。戮力，合力。⓰股肱　此處比喻帝王左右輔助得力的臣子，亦做輔助之意。股，大腿。肱，手臂從肘到腕的部分。⓱平王　周平王。⓲盟質　盟約。此處指信。⓳起　扶持。⓴王之遺命　指周平王的信。㉑還軫諸侯二句　乘車周歷諸侯國，流離失所，稱得上是很窮困的了。軫，車後的橫木。㉒徼　要也。㉓無成　即死。㉔榮　結穗。㉕蕃廡　茂盛。㉖蕃殖　繁殖。㉗所生不疑二句　所生不疑，即種什麼得什麼，種黍得黍，種稷得稷，這是不容懷疑的。唯德之基，對待重耳也是一樣，或者除掉，或者厚待，不容置疑，這是立德的基礎。

【語　譯】公子重耳途經鄭國，鄭文公也不以禮相待。叔詹向鄭文公進諫道：「我聽說過這樣一句話：親近上天所啟，遵循先君之教，禮待兄弟之邦，資助危困之人，上天一定會賜福。如今，晉公子有三大福祚，上天必將贊助予他。同姓本不可通婚，怕的是子孫不昌盛。可是狐氏是唐叔的後代，狐姬是狐氏的女兒，生了重耳。重耳不但長大成人，而且才華出眾，雖然離禍去國卻舉動得所，久處窮困卻並無瑕疵，此其一也。同胞兄弟九人，只有重耳還在，他在外面流浪，晉國便一直不安定，此其二也。晉侯天天都在積累怨恨，國內國外都拋棄他；重耳天天都在積累仁德，狐偃、趙衰都輔佐他，此其三也。在〈周頌〉上有這樣說的話：『天作高山，大王荒之。』荒，就是擴大發展的意思。擴大天所作的，可以算得上是親近上天了。晉，是我鄭國的兄弟之邦，我先君武公和晉文侯同心協力，輔佐周室，擁立平王，平王感激和酬勞他們，賜給他們盟信，說：『世世代代相互扶持。』如果說要親近上天，那麼，獲得天賜三福的人，可以稱得上是『大天』了。如果說要遵循古訓，那麼，文侯的功德，武公的業績，可以稱得上是『前訓』了。如果說要禮待兄弟，那麼，晉、鄭兩國的血緣，平王的遺命，可以稱得上是『兄弟』了。如果說要資助危困，那麼，從小到大一直流亡在外，乘車周旋於諸侯之間，可以稱得上是『窮困』了。拋棄親上天、用古訓、禮兄弟、資窮困這四德，而去招惹天降災禍，只怕是不可以的吧？請君上多多考慮！」鄭文公不聽從他的勸告。

叔詹說：「如果不能以禮相待，那麼，就請殺了他。民諺說：『糜子呀，穀子呀，長不大，就不開花。糜子長不成糜子，不能結實。穀子長不成穀子，不能繁殖。種什麼就會得什麼，不必懷疑，只要打下德的根基。』」鄭文公還是不聽勸告。

楚成王以周禮享重耳

遂如楚。楚成王❶以周禮享之，九獻❷，庭實旅百❸。公子欲辭，子犯曰：「天命也，君其饗之。亡人而國薦❹之，非敵而君設之，非天，誰啟之心？」既饗，楚子問於公子曰：「子若克復晉國，何以報我？」公子再拜稽首對曰：「子女玉帛，則君有之。羽旄齒革❺，則君地生焉。其波及晉國者，君之餘也，又何以報？」王曰：「雖然，不穀❻願聞之。」對曰：「若以君之靈，得復晉國，晉、楚治兵，會于中原，其避君三舍❼。若不獲命❽，其左執鞭弭❾，右屬櫜鞬❿，以與君周旋。」

令尹子玉⓫曰：「請殺晉公子。弗殺，而反晉國，必懼楚師。」王曰：「不可。楚師之懼，我不修也。我之不德，殺之何為！天之祚楚，誰能懼之？楚不可祚，冀州之土⓬，其無令君⓭乎？且晉公子敏而有文，約而不諂，三材⓮侍之，天祚之矣。天之所與，誰能廢之？」子玉曰：「然則請止狐偃。」王曰：「不可。〈曹詩〉⓯曰：『彼己之子，不遂其媾⓰。』郵⓱之也。夫郵而效之，郵又甚焉。效郵，非禮也。」於是懷公自秦逃歸⓲。秦伯⓳召公子於楚，楚子厚幣以送公子于秦。

【章旨】本章記晉公子重耳逃亡到楚國與楚王的對話，以及楚國君臣對重耳來楚一事的不同態度。

【注釋】❶楚成王　楚武王之孫、文王之子，名熊頵。❷九獻　獻酒九次。這是宴請上公的禮節。❸庭實旅百　周禮。諸侯國之間互相訪問，把禮物放在中庭，稱為庭實。旅，眾多。百，指各類禮物都以百計。極言其多。❹薦　獻也。❺羽旄齒

革　羽，即鳥羽，主要指翡翠鳥、孔雀的羽毛。旄，即旄牛尾。齒，即象牙。革，即犀牛皮。❻不穀　君王自謙之辭。穀，善也。❼舍　古時軍隊開拔，走了三十里就要駐紮，叫做舍。❽命　楚國退兵之命。❾弭　弓的一種。❿櫜鞬　櫜，盛箭的袋子。鞬，裝弓的袋子。⓫令尹子玉　令尹，官名。子玉，楚若敖之曾孫成得臣。⓬冀州之土　今山西、河北一帶，此處指晉國。⓭令君　賢明之君。⓮三材　三位有卿相之才的人，指狐偃、趙衰、賈佗。⓯曹詩　此處所引為《詩・曹風・侯人》。⓰不遂其媾　遂，終也。媾，原也。或謂：遂，成就。媾，婚媾。⓱郵　過也。⓲懷公自秦逃歸　懷公，即子圉，惠公之子。當時在秦國做人質，魯僖公二十二年逃回晉國。⓳秦伯　秦穆公。

【語　譯】於是公子重耳一行便來到楚國。楚成王按照周禮中招待上公的享禮來款待他，獻酒九次，中庭陳設的酒肴禮器豐盛到極點。公子想辭謝，子犯說：「這是天意，主公還是接受了吧！流亡之人卻享受國賓待遇，地位不等卻被當作同等地位的國君來接待，如果不是天意，又是誰啟發楚王這樣做呢？」宴會結束後，楚王問公子重耳：「公子如果能回到晉國，怎麼報答我呢？」重耳再次跪拜叩頭答道：「美女、玉帛，君上多得很。孔雀毛、旄牛尾、大象牙、犀牛皮，正是貴國所產。那些流散到敝國的，只不過是您多餘不要的東西，又有什麼可以報答您的恩德呢？」楚王說：「話是這麼說，可是寡人還是想聽聽公子打算怎麼來報答我。」重耳回答說：「如果托君上的福，能夠回到晉國，那麼，貴我兩國將來要是動了兵，相會於中原，鄙人將下令退兵九十里。如果還不能得到貴軍退兵的命令，大概就會左手拿著馬鞭和弓箭，右邊掛著箭袋和弓袋，和君上您轉幾個圈兒啦！」

令尹子玉說：「請殺掉晉公子。不殺他，回到晉國，一定會使楚軍恐懼。」楚成王說：「不可。楚軍如果恐懼，那一定是我不修德。我們自己不德，殺晉公子做什麼！上天如果賜福楚國，又有誰能使我們恐懼？如果楚國不配得到天賜之福，那麼，即便我們殺了重耳，難道那冀州之地，就不再產生賢明之君了嗎？況且，晉公子敏捷而有文采，窮困而不諂媚，三位卿士之材輔佐著他，這是上天保佑啊！上天要興起的，誰又能廢了他呢？」子玉說：「那就請把狐偃扣押起來。」成王說：「不可。〈曹詩〉說：『那個人終究不能成婚。』這是指責他的過失啊！明知是錯的，卻又仿效它，那就是錯上加錯。學習錯誤，不是禮。」這時，正好子圉從秦國逃回了晉國。秦穆公派人到楚國來召納重耳，楚成王就用厚禮，把公子重耳一行送到了秦國。

重耳婚媾懷嬴

秦伯歸❶女五人，懷嬴❷與焉。公子使奉匜沃盥❸，既而揮之。嬴怒曰：「秦晉匹也，何以卑我？」公子懼，降服囚命❹。秦伯見公子曰：「寡人之適❺，此為才。子圉之辱❻，備嬪嬙❼焉。欲以成婚，而懼離❽其惡名。非此，則無故。不敢以禮致之，懽❾之故也。公子有辱，寡人之罪也。唯命是聽。」

公子欲辭，司空季子❿曰：「同姓為兄弟⓫。黃帝之子二十五人，其同姓者二人而已，唯青陽與夷鼓⓬皆為己姓。青陽，方雷氏⓭之甥也；夷鼓，彤魚氏⓮之甥也。其同生而異姓者，四母之子別為十二姓。凡黃帝之子，二十五宗，其得姓者⓯十四人為十二姓，姬、酉、祁、己、滕、箴、任、荀、僖、姞、儇、依是也。唯青陽與蒼林氏同⓰于黃帝，故皆為姬姓。同德之難也如是。昔少典娶于有蟜氏⓱，生黃帝、炎帝。黃帝以姬水成，炎帝以姜水成。成而異德，故黃帝為姬，炎帝為姜，二帝用師以相濟⓲也，異德之故也。異姓則異德，異德則異類。異類雖近，男女相及，以生民也。同姓則同德，同德則同心，同心則同志。同志雖遠，男女不相及，畏黷敬也。黷則生怨，怨亂毓⑲災，災毓滅姓。是故娶妻避其同姓，畏亂災也。故異德合姓，同德合義。義以導利，利以阜姓。姓利相更，成而不遷。乃能攝⑳固，保其土房。今子於子圉，道路之人也，取其所棄，以濟大事，不亦可乎？」

公子謂子犯曰：「何如？」對曰：「將奪其國，何有於妻？唯秦所命從也。」謂子餘㉑曰：「何如？」對曰：「〈禮志〉有之曰：『將有請於人，必先有入焉；欲人之愛己也，必先愛人；欲人之從己也，必先從人。無德於人，而求用於人，罪也。』今將婚媾㉒以從秦，受好以愛之，聽從以德之，懼其未可也，又何疑焉？」乃歸女而納幣，且逆之。

【章旨】本章記重耳君臣對婚媾懷嬴一事的看法。

【注釋】❶歸　同「饋」。贈也。❷懷嬴　子圉的前妻，嬴姓，因子圉逃回晉國而立為懷公，故曰「懷嬴」。❸奉匜沃盥　奉，捧。匜，盥具，盥洗時與盤合用。沃，澆水。盥，洗手。❹降服囚命　降服，解衣去冠以示謝罪。囚命，自囚以聽命。❺適　嫁女子。❻子圉之辱　指子圉到秦國做人質。❼嬪嬙　宮中女官。❽離　遭。❾懽　喜愛。❿司空季子　晉大夫胥臣臼季，後為司空。⓫同姓為兄弟　同父所生而又德性相同的，才是兄弟。⓬青陽與夷鼓　皆為黃帝之子，其中青陽即金天氏帝少皞。⓭方雷氏　黃帝時西陵國之姓。黃帝娶於西陵氏之子，曰嫘祖，生青陽。⓮彤魚氏　古國名。⓯得姓者　古時居官之人才有姓。⓰同　德相同。⓱少典娶于有蟜氏　少典，黃帝之父。有蟜氏，國名。⓲濟　當為「擠」。⓳毓　產生。⓴攝　持。㉑子餘　趙衰的字。㉒媾　重婚。

【語 譯】秦穆公贈給重耳五個女子，懷嬴也在其中。重耳讓她捧匜澆水給自己洗手，洗完後，重耳揮手叫她退下，水灑了懷嬴一身。懷嬴憤怒地說：「秦晉兩國，地位相等，憑什麼輕視我？」重耳害怕了，解衣去冠，把自己囚禁起來，等待穆公發落。穆公便來會見重耳說：「寡人送給公子的這幾個女子中，就數她最有才。子圉來敝國受委屈時，她也在女官之中。寡人本想讓她與公子成婚，卻又擔心因她已婚而遭惡名。就是這一點顧慮，再也沒有別的什麼了。不敢用婚姻正禮，卻又把她送給公子，是因為太喜愛她的緣故。公子降服自囚，是寡人的罪過。聽憑公子發落好了，寡人是無不從命的。」

重耳想辭掉懷嬴，司空季子說：「只有姓相同的才算兄弟。當年，黃帝有二十五個兒子，其中同姓的只不過兩個人而已，也就是只有青陽和夷鼓都是己姓。青陽，是方雷氏的外甥；夷鼓，是彤魚氏的外甥。那些同父而不同姓的，是四個母親所生，卻姓了十二個姓。總共黃帝的兒子二十五人中，十四人有姓的共十二個性，即姬、酉、祁、己、滕、箴、任、荀、僖、姞、儇、依。只有青陽和蒼林氏與黃帝同德，所以都姓姬。同德之難，一至於此。當年，少典娶有蟜氏之女為妻，生下黃帝和炎帝。黃帝依靠姬水而得以成立，炎帝依靠姜水而得以成立。成立之後，德性相異，所以黃帝姓姬，炎帝姓姜，黃帝和炎帝，各率軍隊，刀兵相見，這就是德性不同的緣故。姓不同，德就不同；德不同，類也不同。只要不同類，即便血緣相近，男女之間也可通婚，以便生兒育女。姓相同，德就相同；德相同，心就相同；心相同，志向也就相同。只要心志相同，即便血緣很遠，男女之間也不可相交，這是害怕褻瀆了敬畏之情。褻瀆就會產生怨恨，怨恨就會產生災難，災難就會滅絕族姓。因此，娶妻要避免同姓，就是害怕怨亂和災難。所以異德者便通婚合姓，同德者便會盟合義。義產生利，利豐厚姓，姓與利相互更替發生作用，成就事業永不變遷，於是便能保持穩固，守住安身立命之地。如今，公子與子圉，不過是過路人的關係，獲取他所遺棄的，不也可以嗎？」

公子又問子犯：「怎麼辦？」子犯答道：「連他的國君之位都要奪過來，娶他的妻子又有什麼呢？秦君怎麼說，我們就怎麼做吧！」又問子餘：「怎麼辦？」子餘回答：「〈禮志〉上有這樣的話：『有求於人，一定得先有贈於人；想要別人愛自己，一定得先愛別人；想要別人聽從自己，一定得先聽從別人。對別人沒有任何恩德，卻要求使用別人，就是罪過。』現在，要做的正是通過婚媾來表示聽從秦國，接受他們的好意而使他們更愛我們，順從他們的旨意而使他們贊賞我們，怕的只是他們不答應，咱們自己還有什麼可猶疑的呢？」於是，便訂婚約，納聘禮，並且由公子親去迎娶。

秦伯享重耳以國君之禮

他日，秦伯將享公子，公子使子犯從。子犯曰：「吾不如衰之文也，請使衰從。」乃使子餘從。秦伯享公子如享國君之禮，子餘相如賓❶。卒事，秦伯謂其大夫曰：「為禮而不終，恥也。中❷不勝貌，恥也。華而不實，恥也。不度❸而施，恥也。施而不濟，恥也。恥門不閉，不可以封❹。非此，則用師無所矣。二三子敬乎！」

明日，秦伯賦〈采菽〉❺，子餘使公子降拜❻，秦伯降辭。子餘曰：「君以天子之命服命重耳，重耳敢有安志❼，敢不降拜？」成拜卒登，子餘使公子賦〈黍苗〉❽。子餘曰：「重耳之仰君也，若黍苗之仰陰雨也。若君實庇廕膏澤之，使能成嘉穀，薦在宗廟，君之力也。君若昭先君❾之榮，東行濟河，整師以復彊周室，重耳之望也。重耳若獲集德而歸載❿，使主晉民，成封國，其何實不從⓫？

君若恣志以用重耳，四方諸侯，其誰不惕惕以從命？」秦伯嘆曰：「是子將有焉，豈專在寡人乎？」秦伯賦〈鳩飛〉⑫，公子賦〈河水〉⑬，秦伯賦〈六月〉⑭，子餘使公子降拜，秦伯降辭。子餘曰：「君稱所以佐天子匡王國者以命重耳，重耳敢有惰心，敢不從德？」

【章　旨】本章記重耳在秦穆公舉行的宴會上所開展的外交活動，以及宴會上兩國君臣的外交辭令。

【注　釋】❶子餘相如賓　子餘，即趙衰。相，為儐相。賓，賓禮。❷中　內心情感。❸度　估量。❹封　封疆立國。❺采菽　《詩‧小雅》篇名，原是天子賜諸侯命服（表示爵位等級的官服）時的詩樂。秦穆公賦詩見志，表示願意幫助重耳回國為君。❻降拜　下堂拜謝。❼安志　苟安之志。❽黍苗　《詩‧小雅》篇名。❾先君　指秦襄公。當年討伐西戎有功，被周天子封為伯爵。❿集德而歸載　指成君之德而歸祀宗廟。集，成也。載，祀也。⓫其何實不從　意謂實必相從。⓬鳩飛　《詩‧小雅‧小宛》之首章：「宛彼鳴鳩，翰飛戾天。我心憂傷，念昔先人。明發不寐，有懷二人。」秦穆公賦此詩，一面表示懷念先君，一面也表示將援助重耳。⓭河水　河，當作「沔」。〈沔水〉，是《詩‧小雅》篇名，首云：「沔彼流水，朝宗於海。」公子重耳賦此詩，表示回晉國為君之後，一定要朝事秦國。⓮六月　《詩‧小雅》篇名，首章之末云：「王于出征，以匡王國。」此詩係稱道尹吉甫輔佐周宣王，征討四夷，復文、武之業。秦穆公賦此詩，是勉勵重耳。

【語　譯】有一天，秦穆公要宴請重耳，重耳要子犯隨行。子犯說：「我不如趙衰那樣善於辭令，請派趙衰隨駕。」於是便讓趙衰隨行。秦穆公用招待國君的禮節來招待重耳，子餘作為重耳的儐相，也完全按國賓之禮行事。享宴完畢，秦伯對他的大夫們說：「宴請之禮如果不能善始善終，是可恥的。內情之敬與外貌之恭不符，是可恥的。外表富麗堂皇而內容空洞無物，是可恥的。不估量自己的能力就想施恩於人，是可恥的。施恩於人卻不能成功，也是可恥的。這些恥辱之門若不堵住，就不能封疆立國。不這樣做，軍隊再強大，也沒有用武之地。請諸位務必敬慎！」

第二天，又繼續宴飲。秦穆公朗誦了〈采菽〉這首詩，子餘便讓重耳下堂拜謝，秦穆公也下堂辭謝。子餘說：「君上用天子的命服相許，重耳豈敢有苟且偷安之志，又豈敢不下堂拜謝？」賓主相拜之後，又再升堂，子餘要重耳朗誦〈黍苗〉。子餘說：「重耳之仰仗君上，一如黍苗之仰仗雨露。如果承蒙君上施恩庇護，滋潤養育，讓它長成優良的穀粒，得以進獻於晉國宗廟之中，這就是君上的神力啊！君上如果要弘揚先君的榮耀，東行渡過黃河，整頓軍隊以強盛周室，這是重耳的夙願啊！重耳如能成君之德而歸祀宗廟，主宰晉地之民，守成封疆之國，還有什麼不聽從您的？君上如果放手重用重耳，四方的諸侯，又有誰不小心謹慎地唯命是從呢？」秦穆公歎息說：「這位公子自己就該得到君位，哪裡又在於寡人呢？」秦穆公朗誦〈鳩飛〉，重耳朗誦〈沔水〉，秦伯又朗誦〈六月〉，子餘又讓重耳下堂拜謝，穆公又下堂辭謝。子餘說：「君上用輔佐天子、匡正晉國的重大使命來教導重耳，重耳還敢有怠惰之心，還敢不服從命令嗎？」

重耳親筮得晉國

公子親筮❶之，曰：「尚❷有晉國。」得貞屯、悔豫❸，皆八❹也。筮史占之，皆曰：「不吉。閉而不通❺，爻無為也。」司空季子曰：「吉。是在《周易》，皆利建侯❻。不有晉國，以輔王室，安能建侯？我命筮曰『尚有晉國』，筮告我曰『利建侯』，得國之務❼也，吉孰大焉？震，車也；坎，水也；坤，土也；屯，厚也；豫，樂也。車班外內，順以訓之❽，泉原以資之❾，土厚而樂其寶。不有晉國，何以當⑩之？震，雷也，車也。坎，勞也，水也，眾也。主⑪雷與車，而尚水與眾⑫。車有震，武也⑬。眾而順，文也⑭。文武具，厚之至也。故曰『屯』。其繇⑮曰：『元亨利貞，勿用有攸往，利建侯⑯。』主震雷，長也，故曰元⑰。眾而順，嘉也，故曰亨⑱。內有震雷，故曰利貞⑲。車上水下，必伯⑳。小事不濟，壅也。故曰『勿用有攸往』，一夫之行也。眾順而有武威，故曰『利建侯』。坤，母也；震，長男也。母老子彊，故曰『豫』。其繇曰：『利建侯行師。』居樂出威㉑之謂也。是二者，得國之卦也。」

【章旨】本章記胥臣臼季（司空季子）釋卦之辭。

【注釋】❶筮　用蓍草占卦。❷尚　上也。這是命筮之辭。❸貞屯悔豫　貞，內卦。悔，外卦。內卦又叫本卦、成卦，由揲數蓍策直接求得。外卦又叫之卦、變卦，由本卦經過爻變而來。❹皆八　屯卦震下坎上，豫卦坤下震上，兩卦之中都有震，震是少陰之上再加一陰爻而成，少陰在四營之中為「八」，也就是九為太陽，八為少陰，七為少陽，六為太陰。所以說「皆八」。而上述四營之中，九、六為可變之爻，八、七為不變之爻，皆八也就是內卦外卦都不動。❺閉而不通　屯卦是震下坎上，震為動，坎為阻，震遇坎，所以叫做「閉而不通」。❻利建侯　利於建國封侯。❼務　趨也。❽車班外內二句　車，震也。班，遍也。內卦屯中有震，外卦豫中也有震，所以說是車聲遍於內外。順，坤也。內卦屯中二與四為坤，外卦豫內也為坤。坤為順，君臨子民訓之導之也是順，所以此卦意即可以訓導人民。❾泉原以資之　資，助也。屯卦三至五爻合為艮象，豫卦二至四爻亦為艮象，艮，山也。豫卦三至五爻為坎象，坎，水也。坎在艮上，即水在山上，自然是以為泉源，長流不竭。❿當　應也。⓫主　內卦（本卦、成卦）為主。⓬尚水與眾　尚，上也。屯卦中坎在震上，豫卦中坎（三至五爻）在艮（二至四爻）上，而坎又為水與眾，所以說「尚水與眾」。⓭車有震二句　車聲隆隆，象有威武。⓮眾而順二句　眾望所歸，象有文德。⓯繇卦辭也。⑯元亨利貞三句　亨，通也。貞，正也。攸，所也。往，之也。勿用有攸往，指小人。利建侯，指君子。⑰主震雷三句　內為主，震為長、為雷、為男、為諸侯，故曰元。⑱眾而順三句　嘉，善。眾順服善，當然是亨通。⑲內有震雷二句　震以動之便有利，侯以正國便是貞。⑳車上水下二句　伯，霸。車動而上，威也。水動而下，順也。有武威而眾順從，當然可以霸諸侯。㉑居樂出威　坤為母，震為男。豫卦坤下震上，也就是貞坤悔震、內坤外震（重卦時，下卦為貞、為內，上卦為悔、為外）。母在內，所以居樂。男在外，所以出威。居樂，所以利建侯。出威，所以利行師。

【語　譯】公子重耳親自用蓍草占卦，說：「以得到晉國為上。」結果得到內卦為屯，外卦為豫，都是不變之八。筮人和史官來占卦，都說：「不吉利。閉塞而不亨通，爻為八，無所作為。」司空季子說：「吉利。這兩卦，在《周易》中，都是利於建國封侯的。如果公子不能得到晉國，不能以國君身分輔佐王室，又怎麼能建國封侯？我們的命筮之辭說『以得到晉國為上』，而筮占卦象顯示為『利於建國封侯』，這就是得到晉國的趨向啊！還有比這更大的吉利嗎？震，象徵著車；坎，象徵著水；坤，象徵著土。屯，象徵著豐厚；豫，象徵著歡樂。內卦屯是震下坎上，外卦豫是坤下震上，兩卦之中都有震，這就是車聲如雷，遍於內外。震在上，坤在下，坤為順，這就是順序以教化訓導。坎為水在上，艮為山在下，這就是資源不竭，廣生財富。坤為土，屯為厚，土厚也就樂，為豫，也就是樂其大寶——國君之神器。如果公子不能得到晉國，又有什麼可以對應？震，是雷，是車。坎，是勞，是水，是眾。卦中皆有震，這是以雷與車為主；坎象皆在上，這是以水與眾為尚。車聲如雷，象有威武；眾人歸順，象有文德。文德與武威齊備，這就是豐厚之至，所以叫『屯』。屯卦的繇辭說：『元亨利貞，勿用有攸往，利建侯。』內主震雷，是長男，所以說『元』。眾人歸順，是嘉善，所以說『亨』。內中有震雷，雷動有利，雷震正國，所以說『利貞』。車動而上，水順而下，必成霸業。小人之事則不能成功，這就是壅。所以說『勿用有攸往』，這是指一個小人的行為而言。民眾歸順而有武威，所以說『利建侯』。坤是老母；震是長男。母老而子強，所以叫做『豫』。豫卦的繇辭說：『利於建國封侯，利於征戰出兵。』這就是說居國則樂，出師則威。這內屯外豫兩卦，都是獲得君位之卦。」

秦伯納重耳於晉

十月❶，惠公❷卒。十二月，秦伯納公子。及河，子犯授公子載璧❸，曰：「臣從君還軫❹，巡於天下，怨其多矣！臣猶知之，而況君乎？不忍其死，請由此亡。」公子曰：「所不與舅氏同心者，有如河水。」沉璧以質。

董因❺迎公於河，公問焉，曰：「吾其濟乎？」對曰：「歲在大梁，將集天行。元年始受，實沉之星也❻。實沉之墟，晉人是居，所以興也。今君當之，無不濟矣。君之行也，歲在大火❼，大火，閼伯之星❽也，是謂大辰。辰以成善，后稷是相，唐叔以封❾。瞽史❿記曰：『嗣續其祖，如穀之滋，必有晉國。』臣筮之，得泰之八⓫。曰：『是謂天地配亨⓬，小往大來。』⓭今及之矣，何不濟之有？且以辰出而以參入⓮，皆晉祥也，而天之大紀⓯也。濟且秉⓰成，必霸諸侯。子孫賴之，君無懼矣。」

公子濟河，召令狐、臼衰、桑泉⓱，皆降。晉人懼，懷公奔高梁⓲。呂甥、冀芮帥師，甲午，軍于盧柳⓳。秦伯使公子縶如師，師退，次于郇⓴。辛丑，狐偃及秦、晉大夫盟于郇。壬寅，公入于晉師。甲辰，秦伯還。丙午，入于曲沃㉑。丁未，入絳㉒，即位于武宮㉓。戊申，刺懷公于高梁。

【章　旨】本章記重耳在秦國的支持下回國登基之事。

【注　釋】❶十月　魯僖公二十三年九月。❷惠公　晉惠公夷吾。❸授公子載璧　授，還。載璧，祭祀用的璧玉。❹還軫　乘車周回。軫，車後的橫木。❺董因　晉國大夫，周太史辛有之後。辛有二子，其一到了晉國，為晉史官，稱為董史，董因即其後代。❻歲在大梁四句　歲，歲星。魯僖公二十三年，歲星在大梁之次，二十四年在實沈之次。集，成。行，道。實沈是晉國之星次。因為高辛氏的小兒子名叫實沈，遷於大夏，主祀參星，為唐人始祖。周成王滅唐而封叔虞，改國名曰晉，所以參星為晉星，實沈為晉星次。❼歲在大火　魯僖公五年，重耳出奔，當時歲在大火。❽閼伯之星　閼伯是高辛氏之子，遷於商丘，主祀大火，所以說大火是閼伯之星。❾辰以成善三句　大火為辰，辰為農祥，后稷視農祥以成善道，唐叔受封時歲星也正在大火。❿瞽史　樂官與史官。⓫得泰之八　泰卦，乾下坤上，陰爻不動，其數皆八，所以說「得泰之八」，與重耳親筮得貞屯悔豫皆八之義同。⓬天地配亨　乾為天，坤為地，陽下陰升，故曰配亨。⓭小往大來　陰在外為小往，陽在內為大來。子圉小，重耳大，所以這一卦暗示著重耳將取代子圉。⓮以辰出而以參入　辰在大火，參在實沈。重耳出奔時，歲星在大火，所以說「以辰出」。魯僖公二十四年即位，歲星在實沈，所以說「以參入」。⓯天之大紀　大紀天時。⓰秉　持也。⓱令狐臼衰桑泉　皆晉地。令狐，在今山西省臨猗縣西。臼衰，在今山西省解州鎮之西北。桑泉，在今山西省臨猗縣臨晉鎮東北。⓲高梁　晉邑，在今山西省臨汾市東北。⓳廬柳　在今山西省臨猗縣北。⓴郇　在今山西省臨猗縣西南。㉑曲沃　晉宗廟所在。㉒絳　晉都。㉓即位于武宮　武宮，重耳之祖武公之廟，在曲沃。武公之後，晉侯即位，都在曲沃武宮。重耳即位之後，即為文公。

【語　譯】魯僖公二十三年十月，晉惠公去世。十二月，秦穆公送公子重耳回國。來到黃河邊時，子犯把祭祀之璧還給重耳，說：「臣追隨主公乘車周旋於諸侯之間，巡行於天下之國，惹您怨恨的地方一定很多！臣自己尚且知道這一點，何況主公呢？臣不願因此而死，因此請允許我就此逃亡。」重耳說：「我如果不和舅父同心同德，那就讓我像河水現在看到的一樣。」說著，就把玉璧投入河中，來表示自己的誠意。

董因到黃河邊來迎接公子，公子問：「我能過河嗎？」董因回答說：「歲星在大梁，將要成就天道。主公受命之年，歲星正在實沉。實沉對應之處，正是晉人生存之區，所以必然興盛。如今，主公正好應合這些，沒有不能成功的。主公離開那年，歲星正在大火，大火是閼伯之星，所以叫大辰星。辰為農祥，辰以成善，后稷靠它以成善道，唐叔因它而得封國。瞽師和史官都記載著：『後人繼承先祖，就像穀物繁育生長，一定會得到晉國。』臣也用蓍草占卜過了，得到的是泰卦之八，卦辭說：『天地相配亨通，小的去大的來。』現在正碰上了，還有什麼不能過河的？再說，歲在大火時出，歲在實沉時入，都是晉國祥瑞之星，並且是天之大數之年。不但能過河，而且能成功，而且肯定能稱霸諸侯。子子孫孫都將仰賴於您，請不必有所顧慮了！」

公子重耳便渡過了黃河，召集令狐、臼衰和桑泉三地地方長官，他們都投降了重耳。晉室的人害怕了，懷公逃到了高梁。呂甥和冀芮率領軍隊，在甲午這天進軍廬柳。秦穆公派公子縶到晉軍中表示了自己的意見，晉軍便退師於郇邑。辛丑日，狐偃和秦、晉兩國的大夫在郇邑會盟擁立重耳。壬寅日，重耳進入晉軍。甲辰日，秦穆公回國。丙午日，重耳回到了曲沃。丁未日，進入絳都，在武宮即位，是為文公。戊申日，在高梁刺殺了懷公。

寺人勃鞮求見文公

初，獻公使寺人勃鞮❶伐公於蒲城，文公踰垣，勃鞮斬其袪❷。及入，勃鞮求見，公辭焉，曰：「驪姬之讒，爾射余於屏❸內，困余於蒲城，斬余衣袪。又為惠公從余於渭濱❹，命曰三日，若宿❺而至。若干❻二命，以求殺余。余於伯楚❼

屢困，何舊怨也？退而思之，異日見我。」對曰：「吾以君為已知❽之矣，故入❾；猶未知之也，又將出矣。事君不貳是謂臣，好惡不易❿是謂君。君君臣臣，是謂明訓。明訓能終，民之主也。二君之世，蒲人、狄人，余何有焉？除君之惡，唯力所及，何貳之有？今君即位，其無蒲、狄乎？伊尹放太甲⓫而卒以為明王，管仲賊桓公⓬而卒以為侯伯。乾時之役，申孫之矢集于桓鉤⓭，鉤近於祛，而無怨言，佐相以終，克成令名。今君之德宇，何不寬裕也？惡其所好，其能久矣？君實不能明訓，而棄民主。余，罪戾之人也，又何患焉？且不見我，君其無悔乎！」

於是呂甥、冀芮畏偪⓮，悔納文公，謀作亂，將以己丑焚公宮，公出救火而遂殺之。伯楚知之，故求見公。公遽出見之⓯，曰：「豈不如女言？然是吾惡心⓰也，吾請去之。」伯楚以呂、郤⓱之謀告公。公懼，乘馹自下⓲，脫⓳會秦伯于王城⓴，告之亂故。及己丑，公宮火，二子求公不獲，遂如河上，秦伯誘而殺之。

【章旨】本章記寺人披論君臣之道的言論和晉文公因寬宏大量而免禍的史實。

【注釋】❶寺人勃鞮　寺人，閹官。勃鞮，寺人披，字伯楚，曾奉獻公之命伐蒲，迫使重耳出逃。❷祛　袖口。❸屏　當門的小牆，又稱塞門。❹又為惠公從余於渭濱　重耳奔狄，從狄君在渭水之濱打獵，寺人披又奉惠公之命來追殺重耳。❺宿　一夜。❻干　求。❼伯楚　寺人披的字。❽知　知為君為臣的道理。❾入　入為晉君。❿易　相反。⓫伊尹放太甲　太甲是商湯之孫、太丁之子，因他為君不明，伊尹便把他放逐在湯的葬地——桐宮，要他思過。三年之後，太甲改過，伊尹又迎立他為君，並成為明王。⑫管仲賊桓公　事見本書〈齊語・管仲對桓公以霸術〉。⑬乾時之役二句　乾時，即時水，今曰烏河，在今山東省境內。桓公（公子小白）與公子糾爭奪君位時戰於此，小白被管仲射中帶鉤，裝死逃去，先回齊國為君。申孫，箭名。⑭偪　通「逼」。⑮公遽出見之　文公聽了寺人披的一番話，知道其中有文章，所以趕緊出來見他。⑯惡心　心情怨惡。⑰呂郤　即呂甥、冀芮。冀芮本名郤芮，因食邑於冀，故又稱冀芮。⑱乘馹自下　馹，驛傳。下，下道。即上路。⑲脫　微服輕出。⑳王城　秦地，在今陝西省大荔縣東。

【語　譯】當初，寺人披曾奉獻公之命到蒲城去殺文公，文公跳牆逃走，寺人披砍下了他的衣袖。文公回國後，寺人披求見，文公不見他，派人對他說：「驪姬讒言害我之時，你在塞門用箭射我，在蒲城企圖殺我，砍下了我的衣袖。後來，又奉惠公之命，到渭水之濱來追殺我。惠公給你三天期限，你只用一個晚上就趕到了。你兩次請得君命，只為殺我一人。我被你屢次三番追殺，倍受困陷，你我之間，究竟有什麼舊恨新仇呢？回去好好想想吧，改天再來見我好了！」寺人披回答說：「我以為君上已經明白為君為臣的道理了，所以才能夠回國為君；現在看來，君上還不明白這個道理，只怕又要出逃了。忠於君主，沒有貳心，這就是為臣之道；贊賞良臣，憎惡奸佞，這就是為君之道。君守君道，臣盡臣節，這就是教化聖明。教化聖明，善始善終，這才是民之主宰。獻公惠公兩位先君在世之時，您不過是一個普通的蒲人和狄人，與我又有什麼相干？除掉君王憎惡的人，只要力所能及，還會有什麼三心二意嗎？如今，君上繼位為國君，難道就不會再有您所憎惡的蒲人、狄人了嗎？伊尹放逐太甲而太甲成為聖明君王，管仲傷害桓公而桓公成為諸侯之伯。乾時那次戰鬥，管仲射出的申孫之箭正中桓公的腰帶衣鉤，射中腰鉤比砍下衣袖要危險多了吧？可是桓公卻並無怨言，還讓管仲擔任首輔大臣，一直到死，終於成就千古美名。如今，君上恩德所及，為什麼就不能更寬大更廣闊一些呢？憎惡自己本應賞識的人，還能夠長治久安嗎？君上確實不能教化聖明，又放棄了為民作主的道理。我勃鞮是個閹官，本是受了宮刑的有罪之人，又有什麼可憂慮的？再說，君上不見我，大概不會後悔吧！」

當時，呂甥和冀芮害怕文公相逼，後悔不該接納文公，便陰謀犯上作亂，打算在己丑日放火焚燒文公的宮殿，趁文公出來救火時殺了他。寺人披知道這件事，所以來求見文公。文公聽了寺人披剛才那番話，便趕緊出來見他，說：「為君為臣之道，哪裡不是像你說的這樣呢？只怪我心胸狹窄，氣量太小！請允許我改過。」寺人披便報告了呂甥、冀芮的陰謀。文公害怕了，乘坐驛車，獨自上路，輕裝簡從，到王城去見秦穆公，把晉國將有禍亂的事告訴了穆公。到了己丑日，文公的宮中果然發生了火災，呂甥和冀芮兩位大夫找不到文公，便跑到黃河邊上，被秦穆公設計誘殺。

文公遽見豎頭須

文公之出也，豎頭須❶，守藏者也，不從。公入，乃求見。公辭焉以沐。謂謁者曰：「沐則心覆，心覆則圖反，宜吾不得見也。從者為羈紲❷之僕，居者為社稷之守，何必罪居者？國君而讎匹夫，懼者眾矣。」謁者以告，公遽見之。

【章　旨】本章記晉文公知錯即改，立即接見豎頭須之事。

【注　釋】❶豎頭須　豎，童僕小臣，年在十五以上十九以下者。頭須，又名里鳧須，為重耳守府藏。重耳出逃時，他沒有跟去（也有說是半路逃跑的），把府裡的財物都偷出來，四處行賄，幫助重耳回國。❷羈紲　羈是用來牽馬的。紲是用來拉狗的。

【語　譯】文公出逃時，守府庫的小臣里鳧須沒有跟去。文公回國了，他又來求見。文公推辭說自己在洗頭。里鳧須對傳話的人說道：「洗頭時要俯身低頭，心就上下顛倒了，心顛倒了，考慮問題也就與常理相反，難怪我不能被接見。跟著逃亡的是牽馬拉狗的僕人，留在國內的是鎮守社稷的重臣，何必怪罪留在國內的人呢？身為國君，卻記恨於一芥草民，害怕的人一定會多得很了！」傳話人又把這些話告訴文公，文公立即出來接見了里鳧須。

文公修內政納襄王

元年春，公及夫人嬴氏❶至自王城。秦伯納衛❷三千人，實紀綱之僕❸。公屬❹百官，賦職任功。棄責薄斂，施舍分寡。救乏振滯，匡困資無。輕關❺易道，通商寬農。懋穡勸分❻，省用足財。利器明德，以厚民性。舉善援❼能，官方❽定物，正名育類❾。昭舊族❿，愛親戚，明賢良，尊貴寵，賞功勞，事耇老，禮賓旅，友故舊。胥、籍、狐、箕、欒、郤、柏、先、羊舌、董、韓，寔掌近官⓫。諸姬之良，掌其中官⓬。異姓之能，掌其遠官⓭。公食貢，大夫食邑，士食田⓮，庶人食力，工商食官，皁隸食職，官宰食加⓯。政平民阜，財用不匱。

冬，襄王避昭叔之難，居于鄭地氾⓰，使來告難，亦使告于秦⓱。子犯曰：「民親而未知義也，君盍納王以教之義？若不納，秦將納之，則失周矣，何以求諸侯？不能修身而又不能宗⓲人，人將焉依？繼文⓳之業，定武⓴之功，啟土安疆，於此乎在矣，君其務之。」公說，乃行賂于草中之戎與麗土之狄㉑，以啟東道。

【章　旨】本章記晉文公修理國政及輔佐周室之事。

【注　釋】❶嬴氏　秦穆公之女文嬴。❷衛　衛士。❸紀綱之僕　統領僕隸之人。紀綱有管理治理之意。❹屬　聚會。❺關　關稅。❻懋穡勸分　懋，鼓勵。穡，農事。勸，也是鼓勵。分，有分予無。❼援　提拔。❽方　常也。❾類　善也。❿舊族　舊臣有功之族。⓫近官　朝廷之官。⓬中官　宮中內官。⓭遠官　邊邑之官。⓮田　公田。⓯官宰食加　官宰，家臣。加，大夫的加田。⓰襄王避昭叔之難　事見本書〈周語中・富辰諫襄王以狄伐鄭及以狄女為后〉。⓱使來告難二句　襄王派簡師父告晉，派左鄢父告秦。⓲宗　尊也。⓳文　晉文侯，名仇，曾輔佐周平王東遷。⓴武　晉武公，名稱，重耳之祖，吞併晉國者。㉑草中之戎與麗土之狄　晉國東邊的兩個少數民族國家。

【語　譯】晉文公元年春，文公和夫人文嬴自王城歸來。秦穆公送給他三千名衛士，都是十分得力的僕人。文公召集百官，安排職務，任用功臣。廢棄舊債，減輕賦稅，遍施恩惠，接濟窮人。救助貧乏，振興停滯，匡扶危困，資助匱乏。減輕關稅，清理道路，溝通商貿，寬待農夫。獎掖農事，鼓勵均分，節省開支，豐足財用。利器用，明德教，以敦厚民性。舉薦良善，提拔賢能，建立常官，安定百事，端正名分，培育善德。昭明舊族，友愛親戚，重用賢良，尊崇貴族，獎賞功臣，事奉老者，禮待賓朋，友善故舊。胥、籍、狐、箕、欒、郤、柏、先、羊舌、董、韓這十一族，都是晉國舊姓，均擔任朝廷要職。姬姓子弟中之優秀人才，都擔任了宮中內官。異姓中有才能的，都擔任邊邑之官。公室因貢賦得食，大夫因采邑得食，士因公田得食，庶民因勞力得食，工商因官差得食，皁隸因俸祿得食，家臣因加田得食。政教平和，民富國強，財用豐足，一點也不匱乏。

這年冬天，周襄王為避昭叔之難，出居於鄭國的氾地，特派使者來晉國告難，同時也派使者告難於秦。子犯說：「民眾親和卻還不懂義理，君上何不送天子回京，並利用此事教育民眾明白忠孝之義呢？如果我們不勤王，秦國一定勤王，那就失去了輔佐周王室的機會，也失去了周王室的信任，又靠什麼來稱霸諸侯？不能修養自身，又不能尊重他人，別人又怎麼會歸附？繼承文侯大業，弘揚武公功德，開啟國土，安定封疆，在此一舉！請君上努力完成此事。」文公大悅，便向草中之戎和麗土之狄行賄，打開了東進的道路。

文公出陽人

二年春，公以二軍下，次於陽樊❶。右師取昭叔于溫❷，殺之于隰城❸。左師迎王于鄭。王入于成周，遂定之于郟❹。王饗醴❺，命公胙侑❻。公請隧，弗許❼。曰：「王章❽也，不可以二王，無以政何？」賜公南陽❾陽樊、溫、原、州、陘、絺、組、攢茅之田❿。陽人不服，公圍之，將殘其民。倉葛⓫呼曰：「君補王闕，以順禮也。陽人未狎⓬君德，而未敢承命。君將殘之，無乃非禮乎！陽人有夏、商之嗣典，有周室之師旅，樊仲⓭之官守焉，其非官守，則皆王之父兄甥舅也。君定王室而殘其姻族，民將焉放⓮？敢私布於吏⓯，唯君圖之！」公曰：「是君子之言也。」迺出陽人。

【章旨】與本書〈周語中・陽人不服晉侯〉章同，請互相參看。

【注釋】❶陽樊　周邑，在今河南省濟源縣東南。❷溫　在今河南省溫縣西稍南三十里。❸隰城　在今河南省武陟縣西南。❹郟　王城，在今河南省洛陽市附近。❺饗醴　饗，即「享」。醴，麥芽釀就，一宿而成，汁與糟不分，味極薄，濁而甜。饗醴者，饗時用醴而不用酒也。❻命公胙侑　命，加命服。胙，賜胙肉。侑，侑幣。❼公請隧二句　事見本書〈周語中・襄王拒晉文公請隧〉。❽章　典章制度。❾南陽　大約即今河南省新鄉地區所轄之境。其地在黃河之北、太行之南，故晉名之曰南陽。❿州陘絺組攢茅之田　州，當在今河南省沁陽縣東稍南五十里。陘，當在今河南省沁陽縣西北三十里。絺，在今河南省沁陽縣西稍南三十里，尚有故絺城。攢茅，即今河南省修武縣大陸村。⓫倉葛　陽樊人。⓬狎　習慣。⓭樊仲　即周宣王的大臣仲山甫，食采於樊。⓮放　依。⓯私布於吏　布，陳也。吏，軍吏。

【語　譯】文公二年春，文公率左、右兩軍揮師東下，駐軍陽樊。右軍在溫邑生擒昭叔，在隰城把他殺死。左軍到鄭國迎接襄王。襄王進入王城，於是便安定在郟。襄王用醴宴請文公，賜給他命服、祭肉和禮物。文公請求允許他死後享受隧禮，襄王不答應，說：「這是天子才能享受的禮節，天下不能有兩個天子，否則怎能頒布政令？」便賜給文公南陽一帶陽樊、溫、原、州、陘、絺、組、攢茅等地。陽樊城裡的人不服，文公就把城圍了起來，準備屠城。陽樊人名叫倉葛的大聲喊道：「君上補王室之不足，原本是為了順乎禮義。我們陽樊人還不習慣您的德政，所以還不敢接受命令，而您居然就要屠城，只怕不符合禮義吧！陽城人中，有夏商兩代的遺民，有周朝天子的兵勇，有宣王重臣仲山甫他老人家的子民，除此之外，就是天子的父兄甥舅了。君上安定了周王室，卻來屠殺王室的宗族和姻親，民眾又能依附誰呢？因此大膽地向軍吏陳情，請君上惠予考慮！」文公說：「這是君子之言。」便解除了包圍。

文公伐原

文公伐原❶，令以三日之糧。三日而原不降，公令疏❷軍而去之。諜出曰：「原不過一二日矣！」軍吏以告，公曰：「得原而失信，何以使人？夫信，民之所庇也，不可失。」乃去之，及孟門，而原請降。

【章　旨】本章敘述文公守信於原邑，原邑因此而心悅誠服地歸降。

【注釋】❶原　上篇所述南陽八邑之一。原人不服，故文公伐之。❷疏　撤退。

【語譯】文公伐原，命令軍卒只帶三天的口糧。打了三天而原邑仍不投降，文公就下令撤軍，離開原城。諜報人員出城來說：「原城最多只能支持一兩天了。」軍吏把這個情況報告給文公，文公說：「如果為了得到原邑而失去信用，還憑什麼指揮軍隊指使人民？信用，是民眾所恃以生存的東西，不可失信於人民。」還是撤離了原城，剛走到孟門，原城人便請求投降了。

文公救宋敗楚於城濮

文公立四年，楚成王伐宋❶，公率齊、秦伐曹、衛以救宋❷。宋人使門尹班❸告急於晉，公告大夫曰：「宋人告急，舍之則宋絕；告楚則不許我；我欲擊楚，齊、秦不欲。其若之何？」先軫❹曰：「不若使齊、秦主楚怨❺。」公曰：「可乎？」先軫曰：「使宋舍我而賂齊、秦，藉之告楚。我分曹、衛之地以賜宋人。楚愛曹、衛，必不許齊、秦。齊、秦不得其請，必屬❻怨焉，然後用之，蔑❼不欲矣。」公說，是故以曹田、衛田賜宋人❽。

令尹子玉使宛春❾來告曰：「請復衛侯而封曹，臣亦釋宋之圍。」舅犯慍曰：「子玉無禮哉！君取一，臣取二，必擊之。」先軫曰：「子與❿之。我不許曹、衛之請，是不許釋宋也。宋眾無乃彊乎⓫？是楚一言而有三施，子一言而有三怨。

怨已多矣，難以擊人。不若私許復曹、衛以攜⑫之，執宛春以怒楚，既戰而後圖之。」公說，是故拘宛春於衛。

子玉釋宋圍，從晉師。楚既陳⑬，晉師退舍，軍吏請曰：「以君避臣，辱也。且楚師老矣，必敗。何故退？」子犯曰：「二三子忘在楚乎？偃也聞之：戰鬭，直為壯，曲為老⑭。未報楚惠而抗宋，我曲楚直，其眾莫不生氣，不可謂老。若我以君避臣，而不去，彼亦曲矣。」退三舍避楚。楚眾欲止，子玉不肯，至于城濮⑮，果戰，楚眾大敗。君子曰：「善以德勸。」

【章　旨】本章記晉楚城濮之戰中晉國君臣之言論。

【注　釋】❶楚成王伐宋　宋背叛楚國而服事晉國，所以楚成王派兵討伐它。❷伐曹衛以救宋　曹國新近降楚，衛國新婚於楚，兩國都是楚的衛星國，而且當年重耳流亡時，曹共公、衛文公曾對重耳無禮，因此，伐曹、衛兩國，既可救宋，又可報仇。❸門尹班　宋國大夫。❹先軫　晉國中軍主帥，食邑於原，又稱原軫。❺主楚怨　做楚國的怨主。❻屬　結。❼蔑　無。❽以曹田衛田賜宋人　魯僖公二十八年，晉文公伐曹，俘虜了曹伯。衛侯則被國人驅逐到襄牛。曹、衛兩國，落入晉文公手上，因此得以分曹、衛之地給宋國。❾宛春　楚國大夫。❿與　許也。⓫宋眾無乃彊乎　韋昭注：「不許釋宋，宋降於楚，其眾益彊。」⓬攜　離間。⓭陳　陳兵布陣。⓮老　疲弱也。⓯城濮　衛地，當在今山東省范縣與河北省濮陽縣之間。

【語　譯】晉文公即位四年，楚成王攻打宋國，文公親率齊、秦、晉三國軍隊攻打曹國和衛國來援救宋國。宋國國君派大夫門尹班到晉國告急，文公對大夫們說：「宋國告急，放棄救援，宋國就會與我斷交而臣服於楚；請楚國赦免宋國，楚國又不會答應；我想攻打楚國，齊、秦兩國則不同意。你們看怎麼辦才好？」先軫說：

「讓宋國不要求我們而用厚禮去請齊、秦兩國幫忙，請他們去向楚國說情。同時，我們又把曹、衛兩國的土地分一些給宋國，作為他們行賄於齊、秦的補貼。楚國捨不得原歸屬於他們的曹、衛兩國，一定不會同意齊、秦兩國的請求。齊、秦兩國碰了釘子，一定結怨於楚，然後我們再請他們出兵，就沒有不同意的了。」文公非常高興，便把曹、衛兩國的一些地方給了宋國。

楚國的令尹子玉派大夫宛春來晉國對文公說：「請恢復衛侯的君位，再封曹國，臣也同時解宋國之圍。」子犯氣憤地說：「子玉也太無禮了！我們國君是君，卻只得到一條好處；他是令尹，是臣，卻占了兩條便宜。我們一定要打擊他！」先軫說：「閣下還是先答應他吧！我們不答應曹、衛兩國的請求，實際也就等於不答應解宋之圍。宋人一旦投降了楚國，他們不就更強大了嗎？這樣一來，楚國一句話便施恩於三國，閣下一句話便結怨於三國。結怨多了，就難以打擊別人。不如私下裡答應曹、衛兩國以離間他們，拘留宛春以激怒楚國，打完仗以後再對付曹國和衛國。」文公很高興，便在衛國拘留了宛春。

子玉解除了對宋國的包圍，掉轉頭來追擊晉軍。楚軍擺好陣勢之後，晉軍便後退，軍吏請命說：「國君躲避臣下，是奇恥大辱。再說楚軍早已疲弊，肯定會失敗，為什麼要後退呢？」子犯說：「諸位忘了在楚國的諾言嗎？我狐偃也聽說過這樣的話：戰鬥中，理直則氣壯，理曲則疲弊。還沒有報答楚王的恩惠就抗楚救宋，我們理曲，楚國理直，他們的將士，沒有一個不義憤填膺的，不能說是疲弊之師。如果我軍以君避臣，他們還不住手，那他們也就理虧了。」於是便後退九十里以迴避楚軍。楚軍將士都想就此停戰算了，可是子玉不肯，一直追到了城濮，果真打了起來，楚軍大敗。君子評論此事說：「先軫和狐偃，都是善於用仁德來規勸君主啊！」

鄭叔詹據鼎耳而疾號

文公誅觀狀以伐鄭❶，反其陴❷。鄭人以名寶行成❸，公❹弗許，曰：「予我詹❺而師還。」詹請往，鄭伯弗許，詹固請曰：「一臣可以赦百姓而定社稷，君何愛於臣也？」鄭人以詹予晉，晉人將亨之。詹曰：「臣願獲盡辭而死，固所願也。」公聽其辭。詹曰：「天降鄭禍，使淫觀狀❻，棄禮違親。臣曰：『不可。夫晉公子賢明，其左右皆卿才，若復其國，而得志於諸侯，禍無赦矣。』今禍及矣。尊明勝患❼，智也；殺身贖國，忠也。」乃就烹，據鼎耳而疾號曰：「自今以往，知忠以事君者，與詹同。」乃命弗殺，厚為之禮而歸之。鄭人以詹伯❽為將軍。

【章　旨】本章記叔詹大義凜然捨身救國之事。

【注　釋】❶文公誅觀狀以伐鄭　觀狀，即趁重耳洗澡時偷看他的駢脅。此事發生在曹共公身上，而不發生在鄭文公身上。所以此處的「觀狀」，當是「無禮」的意思。❷反其陴　反，覆也；推倒。陴，城上女牆。❸成　盟也。❹公　指晉文公。❺詹　即鄭卿叔詹。重耳過鄭時，鄭文公不禮重耳，叔詹勸鄭文公禮待重耳，鄭文公不聽。叔詹又說：「若不禮焉，則請殺之。」以免成為鄭國後患，短見的鄭文公也不同意，所以晉文公忌恨叔詹。❻使淫觀狀　比觀狀還過分，還嚴重。淫，過也。❼尊明勝患　明，賢明。指重耳。勝，遏止。❽伯　衍字。

【語　譯】晉文公因討伐無禮而進攻鄭國，推翻了鄭都城牆上的矮牆。鄭人用國寶重器名貴之物為獻禮，向晉文公求和，文公不答應，說：「把叔詹這傢伙交給我，我就撤軍。」叔詹請求前往晉營，鄭文公不同意。叔詹堅決地要求說：「只要犧牲臣一個人，就可以挽救百族，安定社稷，君上何必吝惜臣一人性命呢？」於是鄭人便把叔詹交給了晉人，晉人決定將他烹煮了。叔詹說：「請允許臣把話說完再死，這是臣最後的願望。」晉文公便聽他陳辭。叔詹說：「上天降禍於鄭國，讓鄭國犯下比觀看駢脅還要嚴重的過失，違棄了禮義，背離了血親。臣當時說：『不可以呀！晉公子賢明，他的左右又都是卿相之才，如果回到晉國即位，而且稱霸於諸侯，我們就禍在難逃了。』如今，果然大禍臨頭了。我能尊敬賢明，遏止禍患，這就是智；我能犧牲自己，保住國家，這就是忠。」於是，就主動去接受烹刑，用手抓住鼎的提耳大聲呼喊說：「從今以後，凡是用智慧和忠誠來事奉君王的，都和我一樣下場！」晉文公馬上下令不殺叔詹，用厚禮款待他並送他回國。鄭國任命叔詹做了將軍。

箕鄭對文公問

晉饑，公問於箕鄭❶曰：「救饑何以？」對曰：「信。」公曰：「安信？」對曰：「信於君心，信於名❷，信於令，信於事❸。」公曰：「然則若何？」對曰：「信於君心，則美惡不踰❹；信於名，則上下不干❺；信於令，則時無廢功；信於事，則民從事有業。於是乎民知君心，貧而不懼，藏出如入，何匱之有？」公使為箕❻。及清原之蒐❼，使佐新上軍。

【章　旨】本章論誠信。

【注　釋】❶箕鄭　晉大夫。❷名　百官尊卑之名分。❸事　使民之事。❹踰　越也。❺干　犯也。❻箕　箕大夫。❼清原之蒐　清原，晉地，在今山西省稷山縣東南二十餘里。蒐，閱兵。事在魯僖公三十一年。

【語　譯】晉國鬧饑荒，文公向箕鄭詢問：「靠什麼救災？」箕鄭回答說：「誠信。」文公問：「怎樣講誠信？」箕鄭回答：「誠信在於君心，誠信在於名分，誠信在於法令，誠信在於事役。」文公問：「做到這些就會有什麼結果呢？」箕鄭回答：「君心守誠信，善惡就分明；名分守誠信，尊卑就有秩序；法令守誠信，時事就無廢功；辦事守誠信，民眾就守事業。這時，民眾就瞭解君心，即便貧困也不恐懼，交出家裡收藏的東西就像往家裡拿東西一樣痛快，又怎麼會匱乏呢？」文公便拜他為箕大夫。到魯僖公三十一年清原閱兵時，又任命他為新上軍副帥。

文公任賢與趙衰舉賢

文公問元帥於趙衰，對曰：「郤縠❶可，行年五十矣，守學彌惇。夫先王之法志❷，德義之府也。夫德義，生民之本也。能惇篤者，不忘百姓也。請使郤縠。」公從之。公使趙衰為卿，辭曰：「欒枝❸貞慎，先軫有謀，胥臣❹多聞，皆可以為輔佐，臣弗如也。」乃使欒枝將下軍，先軫佐之。取五鹿❺，先軫之謀也。郤縠卒，使先軫代之，胥臣佐下軍。公使原季❻為卿，辭曰：「夫三德者❼，偃之出也。以德紀民，其章大矣，不可廢也。」使狐偃為卿，辭曰：「毛❽之智，賢於臣，其齒又長。毛也不在位，不敢聞命。」乃使狐毛將上軍，狐偃佐之。狐毛卒，使趙衰代之，辭曰：「城濮之役，先且居❾之佐軍也善。軍伐❿有賞，善君有賞，能其官有賞。且居有三賞，不可廢也。且臣之倫⓫，箕鄭、胥嬰、先都⓬在。」乃使先且居將上軍。公曰：「趙衰三讓，其所讓，皆社稷之衛也。廢讓，是廢德也。」以趙衰之故，蒐于清原，作五軍。使趙衰將新上軍，箕鄭佐之；胥嬰將新下軍，先都佐之。子犯卒，蒲城伯⓭請佐，公曰：「夫趙衰三讓不失義⓮。讓，推賢也。義，廣德也。德廣賢至，又何患矣？請令衰也從子。」乃使趙衰佐新⓯上軍。

【章　旨】本章記晉文公君臣任賢舉賢之事。

【注　釋】❶郤縠　晉大夫。❷志　記。❸欒枝　晉大夫欒賓之孫、欒共叔之子，諡貞子。❹胥臣　胥臣臼季，亦即司空季子。❺取五鹿　五鹿，衛地。當年，重耳流亡之時，曾在此乞食於野人，野人給他土塊。晉文公取五鹿，事在魯僖公二十八年。❻原季　即趙衰。魯僖公二十五年，晉文公新得原邑，接受寺人披的建議，以趙衰為原大夫。❼夫三德者　指勸文公納襄王以示民意，伐原以示民信和大蒐以示民禮這三件事。❽毛　狐偃的兄長。❾先且居　即先軫之子蒲城伯，後為霍伯。❿伐　有功。⓫倫　類。⓬箕鄭胥嬰先都　都是晉大夫。⓭蒲城伯　即先且居。⓮義　宜也。⓯新　衍文。

【語　譯】晉文公問趙衰誰可以當元帥，趙衰回答說：「郤縠可以。他快五十歲了，仍然堅持學習，而且更加惇厚。先王的法令典籍，是德與義的集中體現和源泉。而德也好，義也好，都是養育人民的根本。能夠惇厚仁德，篤行義理，也就不會忘記百姓萬民。請起用郤縠為元帥。」文公接受了他的建議。文公又要任命趙衰為卿，趙衰推辭說：「欒枝為人正直，辦事謹慎，先軫有謀略，胥臣多見聞，他們都可以做輔佐君上的重臣，臣比不上他們。」於是便任命欒枝統帥下軍，先軫為副帥。奪取五鹿，就是先軫的謀略。郤穀去世後，就讓先軫接替他為元帥，讓胥臣任下軍副帥。文公又一次要拜趙衰為卿，趙衰又一次推辭說：「三大德政，都出自狐偃。以德政綱紀萬民，功勳卓著，不可不用。」文公便要拜狐偃為卿，狐偃也推辭說：「我哥哥狐毛的才智勝過我，年齡又大。狐毛不在位，臣也不敢接受任命。」於是便讓狐毛統帥上軍，狐偃為副帥。狐毛去世後，文公要趙衰接替他，趙衰又推辭說：「城濮之戰，先且居輔佐元帥，做得很好。建立軍功應予獎賞，善事君主應予獎賞，勝任職責應予獎賞。先且居有三條應賞之功，不可廢而不用。再說，臣的同事箕鄭、胥嬰、先都等人也都還在原位。」於是便任命先且居統帥上軍。文公說：「趙衰三次讓賢，而他所舉薦的，又都是國家得力的保衛之臣。廢棄讓賢舉能，那就是廢棄德政。」由於趙衰讓賢舉能的緣故，晉國才得以在清原大閱兵，編制組建五軍，任命趙衰為新上軍主帥，箕鄭為副帥；胥嬰為新下軍主帥，先都為副帥。上軍副帥狐偃去世，主帥蒲城伯先且居請求文公任命新副帥，文公說：「趙衰三次讓賢而不失其宜。讓，是為了推舉賢能；義，是為了推廣德政。德政廣大而群賢畢至，又有什麼可憂患的？請讓趙衰做你的輔佐吧！」於是便任命趙衰為上軍副帥。

文公學讀書於臼季

文公學讀書於臼季，三日，曰：「吾不能行也咫❶，聞則多矣。」對曰：「然而多聞以待能者，不猶愈也？」

【章旨】本章論學。

【注釋】❶咫　八寸。

【語譯】晉文公跟著胥臣臼季學讀書，學了三天，說：「我一點也不能用，知識見聞倒是增加了不少。」胥臣臼季回答說：「是的，不過，廣聞博見，掌握盡可能多的知識，來等待能用的人，不是比那些能用的人更強嗎？」

郭偃論治國之難易

文公問於郭偃❶曰：「始也，吾以治國為易，今也難。」對曰：「君以為易，其難也將至矣。君以為難，其易也將至焉。」

【章旨】本章論難易之關係。

【注釋】❶郭偃　晉國大夫，掌管占卜，也稱卜偃。

【語譯】晉文公向占卜大臣郭偃問難易，他說：「開始時，我以為治理國家是很容易的事，現在才感到很難。」郭偃回答說：「君上如果以為容易，那麼，困難就會馬上到；君上如果認為困難，那麼，容易就會馬上來到。」

胥臣論教誨之力

文公問於胥臣曰：「吾欲使陽處父傅讙❶也而教誨之，其能善之乎？」對曰：「是在讙也。蘧蒢❷不可使俯，戚施❸不可使仰，僬僥❹不可使舉，侏儒❺不可使援，矇瞍❻不可使視，嚚瘖❼不可使言，聾聵❽不可使聽，童昏❾不可使謀。質將善而賢良贊之，則濟可俟。若有違❿質，教將不入，其何善之為？臣聞昔者大任⓫娠文王不變，少溲於豕牢⓬，而得文王不加疾⓭焉。文王在母不憂，在傅弗勤，處師弗煩，事王⓮不怒，孝友二虢⓯，而惠慈二蔡⓰，刑于大姒⓱，比⓲於諸弟。《詩》云：『刑于寡妻，至于兄弟，以御于家邦。』⓳於是乎用四方之賢良。及其即位也，詢于八虞⓴，而諮于二虢，度於閎夭而謀於南宮㉑，諏於蔡、原而訪於辛、尹㉒，重之以周、邵、畢、榮㉓，億㉔寧百神，而柔和萬民。故《詩》云：『惠于宗公㉕，神罔時恫㉖。』若是，則文王非專教誨之力也。」公曰：「然則教無益乎？」對曰：「胡為文，益其質。故人生而學，非學不入。」公曰：「奈夫八疾何？」對曰：「官師之所材㉗也，戚施直鎛㉘，籧篨蒙璆㉙，侏儒扶盧㉚，矇瞍修聲，聾聵司火。童昏、嚚瘖、僬僥，官師之所不材也，以實裔土㉛。夫教者，因體能質而利之者也。若川然有原，以卬㉜浦而後大。」

【章旨】本章論先天素質與後天教育之關係，以及因材施教、因人施任之道理。

【注釋】❶使陽處父傅讙　陽處父，晉大夫陽子。傅，教導；做他的師傅。讙，文公之子，後來的襄公。❷籧篨　身有殘疾而不能俯身之人。❸戚施　駝背。❹僬僥　古代傳說中的矮人國。❺侏儒　身材特別短小的殘疾人。❻矇瞍　瞎子。有瞳而無視曰矇。無瞳曰瞍。❼嚚瘖　口不道忠信之言的人叫做嚚。不能說話的人叫瘖。❽聾聵　耳不別五聲之和曰聾。先天聽不見聲音叫聵。❾童昏　無智叫做童。糊塗叫做昏。❿違　邪也。⓫大任　文王之母。⓬少溲於豕牢　少溲，小便。豕牢，本指豬圈，這裡指廁所。⓭疾　疼痛。⓮王　文王之父王季。⓯二虢　文王之弟虢仲、虢叔。⓰二蔡　文王之子、武王之弟管叔、蔡叔。⓱刑于大姒　刑，型。榜樣。大姒，文王之妻。⓲比　親近。⓳詩云四句　《詩．大雅．思齊》第二章。⓴八虞　周代八士：伯達、伯括、伯突、仲忽、叔夜、叔夏、季隨、季騧。㉑度於閎夭而謀於南宮　度也是謀。閎夭、南宮，周的兩位賢臣。㉒諏於蔡原而訪於辛尹　諏、訪，皆謀也。蔡，蔡公。原，原公。辛，辛甲。尹，尹佚。他們都是周的太史。㉓周邵畢榮　周，周文公。邵，邵康公。畢，畢公。榮，榮公。㉔億　安也。㉕宗公　祖廟中的先公。㉖神罔時恫　罔，無。時，所。恫，痛恨。㉗材　裁也。㉘直鎛　直，主擊。鎛，小鐘。㉙蒙瞍　蒙，戴也。瞍，玉磬。㉚扶盧　古代一種以攀援矛戟的柄為表演內容的雜技。㉛裔土　邊遠地區。㉜卬　當為「迎」。

【語　譯】晉文公問胥臣臼季說：「我想讓陽處父做讙的老師來教導他，你看他能把讙教育好嗎？」胥臣臼季回答說：「這事主要取決於讙本人。背上有殘疾的人不可以讓他俯身，駝背的人不可以讓他仰身，矮人國的人不可以讓他舉高，侏儒不可以讓他拿高處的東西，瞎子不可以讓他看，啞巴不可以讓他說，聾子不可以讓他聽，弱智昏聵之人不可以讓他出謀劃策。先天素質就好，再加上賢良之師的輔導贊助，那教育的成功也就指日可待。如果素質邪惡，根本不能接受教育，又哪裡談得上教不教得好呢？臣聽說，當年，大任孕育文王時，身體沒有什麼變化，解小便的時候，就生下了文王，一點痛苦也沒有。文王在母親體內就不讓母親憂慮，以後，在師傅面前不讓師傅操心，在君長面前不讓君長煩心，事奉父王也一定讓父王高興。他友愛兄弟，慈愛子女，為妻子做表率，跟同宗的叔伯兄弟也很親近。有詩贊美他說：『給妻子做榜樣，進而給兄弟做榜樣，以此治國安邦。』這樣就能重用天下四方的賢良。到文王即位之後，便虛心地向八位虞官和兩個弟弟諮詢，請閎夭和南宮兩位賢臣謀劃，向蔡公、原公、辛甲、尹佚四位太史求教，請周文公、邵康公、畢公和榮公指導，從而使百神安寧愉悅，萬民柔順和樂。所以有詩贊美他說：『孝順祖廟先公，神靈無所怨恨。』像這樣，文王就不單單是靠教誨的作用了。」文公問：「如此說來，教育就沒有好處了？」胥臣臼季回答說：「文采可以使美好的素質更加彰明。所以，人生下來就要學習，不學習就不能進入正道。」文公問：「像先前說的那八種先天不足的人，又能拿他怎麼樣呢？」胥臣臼季回答說：「這就靠官長的裁用了。駝背而不能仰身的人就讓他俯身敲鐘，背疾而不能俯身的人就讓他直身擊磬，侏儒就讓他表演爬竿的雜耍，盲人就讓他主管音樂，聾子就讓他負責燒火。至於弱智糊塗的白痴、口不出正言的人和啞巴，以及矮人國的國民，官長就無法裁用，便讓他們去充實邊遠地區荒涼之地。總而言之，教育，就是根據一個人本身的素質，而引導他向有利的方向發展，就像河流有源頭，把它引到入海口而使之廣大一樣。」

文公稱霸

文公即位二年，欲用❶其民，子犯曰：「民未知義，盍納天子以示之義？」乃納襄王于周❷。公曰：「可矣乎？」對曰：「民未知信，盍伐原以示之信？」乃伐原❸。曰：「可矣乎？」對曰：「民未知禮，盍大蒐，備師尚禮以示之？」乃大蒐于被廬❹，作三軍。使郤穀將中軍，以為大政❺，郤溱❻佐之。子犯曰：「可矣。」遂伐曹、衛❼，出穀戍❽，釋宋圍，敗楚師于城濮❾，於是乎遂伯。

【章　旨】本章記文公接受狐偃提出的方略而終於完成稱霸之事。狐偃提出的示義、示信、示禮三件大事，也就是本卷〈文公任賢與趙衰舉賢〉中趙衰所說「夫三德者，偃之出也」的「三德」。

【注　釋】❶用　用於征伐。❷納襄王于周　事見本卷〈文公修內政納襄王〉。❸乃伐原　事見本卷〈文公伐原〉。❹乃大蒐于被廬　事在魯僖公二十七年。被廬，晉地，今之所在不詳。❺大政　晉以中軍主帥為元帥，大掌國政。❻郤溱　晉大夫，郤至之先。❼伐曹衛　事在魯僖公二十八年。❽出穀戍　魯僖公二十六年，楚國攻打齊國並占領其地穀邑，派申叔在那裡戍守。後來晉國強大，楚國便調回申叔，穀地遂由晉國派兵戍守。❾釋宋圍二句　事見本卷〈文公救宋敗楚於城濮〉。

【語　譯】晉文公即位二年，便想調用民眾征討天下，子犯說：「民眾還不懂得什麼是義，何不送天子回國，以此向人民顯示義呢？」於是便把襄王送回到周。文公問：「現在可以了吧？」子犯回答說：「民眾還不懂得什麼是信，何不征伐原邑，以此向人民顯示信呢？」於是就伐原。文公又問：「現在可以了吧？」子犯回答說：「民眾還不懂得什麼是禮，何不舉行盛大的閱兵式，齊整軍師，演示禮儀，以此向人民顯示禮呢？」於是就在被廬大閱兵，建制上軍、中軍、下軍三軍，任命郤穀為中軍主帥，執掌軍政，郤溱做副帥。子犯說：「現在可以了。」於是便討伐曹國、衛國，取代楚軍戍衛齊國的穀地，解除楚軍對宋國的包圍，在城濮大敗楚軍，從此便稱霸於諸侯。

卷一一 晉語五

臼季舉冀缺

臼季使，舍於冀❶野。冀缺❷薅，其妻饁❸之，敬，相待如賓。從而問之，冀芮之子也，與之歸。既復命，而進之曰：「臣得賢人，敢以告。」文公曰：「其父有罪，可乎？」對曰：「國之良也，滅❹其前惡，是故舜之刑也殛鯀❺，其舉也興禹。今君之所聞也，齊桓公親舉管敬子❻，其賊❼也。」公曰：「子何以知其賢也？」對曰：「臣見其不忘敬也。夫敬，德之恪❽也。恪於德以臨事，其何不濟？」公見之，使為下軍大夫。

【章　旨】本章記晉文公任賢不避仇之事。

【注　釋】❶冀　古國，在今山西省河津縣東北，春秋時為晉國所滅，成為郤氏食邑。❷冀缺　冀芮之子。冀芮即郤芮，因食邑於冀，所以又稱冀芮。冀芮是晉惠公夷吾死黨，當年出謀劃策、游說秦伯，讓夷吾當上了國君。文公重耳即位後，他又與呂甥密謀焚宮弒公，被寺人披告發而未果，復被秦穆公誘殺，事見本書〈晉語四・寺人勃鞮求見文公〉。所以下文文公說冀缺「其父有罪」。❸饁　饋食於田野。❹滅　除也。❺殛鯀　殛，誅殺。鯀，大禹之父。❻管敬子　即管仲，諡敬子。❼賊　傷。❽恪　恭敬；謹慎。

【語譯】胥臣臼季出使時，曾在冀邑的城郊住宿。冀缺在田裡除草，他的妻子把飯送到田地裡，兩個人都客客氣氣地相敬如賓。臼季上前一打聽，才知道原來是冀芮的兒子，便帶他回到國都。回覆了文公的使命後，胥臣臼季又進而推薦冀缺說：「臣發現了一個賢良之士，特地向您報告。」文公問：「他的父親可是個罪人，這樣的人也可以用嗎？」胥臣臼季回答說：「國家的賢良之臣，可以除去他前輩的罪惡。所以當年舜帝的刑罰只處死了鯀，卻起用他的兒子禹。就拿當今之世君上知道的例子來說，齊桓公親自提拔重用的管仲，可是傷害過桓公本人的啊！」文公問：「先生又怎麼知道那冀缺是個賢才呢？」胥臣臼季回答說：「因為臣看見他不敢忘記『敬』呀！敬，是一種美德，是恪守仁德的表現。恪守仁德來處理事務，還有辦不成的事嗎？」文公便接見了冀缺，並任命他為下軍大夫。

甯嬴氏論貌與言

陽處父如衛❶，反，過甯❷，舍於逆旅甯嬴氏❸。嬴謂其妻曰：「吾求君子久矣，今乃得之。」舉❹而從之。陽之道與之語，及山❺而還。其妻曰：「子得所求而不從之，何其懷❻也！」曰：「吾見其貌而欲之，聞其言而惡之。夫貌，情之華也；言，貌之機❼也。身為情，成於中。言，身之文也。言文而發之，合而後行，離則有釁❽。今陽子之貌濟，其言匱❾，非其實也。若中不濟，而外彊之，其卒將復❿，中以外易⓫矣。若內外類，而言反之，瀆⓬其信也。夫言以昭信，奉之如機，歷時而發之，胡可瀆也？今陽子之情譓⓭矣，以濟蓋也，且剛而主能，不本而犯，怨之所聚也。吾懼未獲其利而及其難，是故去之。」朞年⓮，乃有賈季之難，陽子死之⓯。

【章　旨】本章論情、言、貌三者之關係。

【注　釋】❶陽處父如衛　事在魯文公五年。❷甯　晉地，在今河南省獲嘉縣之西北、修武縣之東。❸甯嬴氏　甯地掌逆旅之大夫，嬴姓。❹舉　起。❺山　溫山，在今河南省修武縣北五十里。❻懷　思也。❼機　樞機。❽舋　瑕隙。❾匱　乏也。❿復　反也。⓫易　異也。⓬瀆　輕慢。⓭譓　辯察。⓮朞年　亦寫作「期年」。即一周年。⓯乃有賈季之難二句　賈季，晉大夫，狐偃之子，名射姑，字季佗，食邑於賈，故稱賈季。晉文公在世時，曾於魯僖公三十一年大蒐於清原，編制五軍，五軍各有主帥副帥共十卿。至魯文公五年，十卿中八人先後去世，惟有箕鄭、先都二人在。所以，晉襄公便於魯文公六年蒐於夷，取消新上軍和新下軍，恢復三軍建制，並任命狐射姑（即賈季）為中軍主帥（即晉國元帥），趙衰之子趙盾為中軍副帥。這時陽處父正好與甯嬴氏分手，從溫山來到夷地，以襄公師傅的身分，專斷地將閱兵地點由夷改到董，又改由趙盾為中軍主帥，賈季為副帥，於是結怨於賈季。同年八月，晉襄公卒，陽處父失去了靠山，賈季（狐射姑）便派族人狐鞫居把陽處父殺了。

【語　譯】陽處父到衛國聘問，回國時路過甯，住在甯地客舍。甯逆旅大夫甯嬴氏對他的妻子說：「我尋找君子已很久了，今天才算找到。」便起身跟著陽處父走。陽處父走到路上和甯嬴氏邊走邊談，走到溫山，甯嬴氏就回頭了。甯嬴氏的妻子問：「夫君得到了自己所追求的，卻不跟著他走，多麼眷顧家庭啊！」甯嬴氏說：「我看見他的容貌就想跟他走，聽了他的言談就厭惡他。容貌，是情性的華采；言談，是容貌的樞機。情性屬於個人，產生於每人內心。言談，是每個人自身的文飾。發言而有文采，與情、貌相合才能傳播，背離就會產生瑕隙。如今，陽子容貌堂堂，言談卻空洞浮泛，可見他那堂堂儀表，與內在情性並不相符。如果內在情性本來並不怎麼樣，卻又勉強裝出一副十分了不起的樣子，那就終將走向反面，因為表裡不一啊！如果表裡一致，而言談相反，那就很不可信了。言談是用來表明誠信的，是應該奉為關鍵，一定要考慮再三才發出的，怎麼可以信口開河呢？如今，陽子的情性，我已看清了，不過是靠堂皇的外表遮掩著罷了！再說，他這個人，剛愎用事，十分逞能，不本仁義，又好犯人，這都是最容易招來怨恨的毛病。我可是害怕還沒來得及在他那裡獲得什麼好處，就趕上他遇難了，所以就離開了他。」一年後，就有賈季之難，陽處父也因此而死。

趙宣子論比與黨

趙宣子❶言韓獻子❷於靈公❸，以為司馬❹。河曲之役❺，趙孟使人以其乘車干行❻，獻子執而戮之。眾咸曰：「韓厥必不沒❼矣。其主朝升之，而暮戮其車❽，其誰安之？」宣子召而禮之，曰：「吾聞事君者比而不黨❾。夫周❿以舉義，比也；舉以其私，黨也。夫軍事無犯，犯而不隱，義也。吾言女於君，懼女不能也。舉而不能，黨孰大焉？事君而黨，吾何以從政？吾故以是觀女。女勉之，苟從是行也，臨長晉國⓫者，非女其誰？」皆告諸大夫曰：「二三子可以賀我矣！吾舉厥也而中，吾乃今知免於罪矣。」

【章旨】本章論執政者應公而無私。

【注　釋】❶趙宣子　即趙盾，又稱宣孟，趙衰之子，為晉正卿。❷韓獻子　即韓厥，韓萬之玄孫、子輿之子。❸靈公　晉文公之孫、襄公之子，名夷皋。❹司馬　掌軍事的大夫。❺河曲之役　河曲，晉地，當在今山西省永濟縣南。魯文公十二年，秦、晉兩國交戰於此。❻干行　干，犯也。行，軍列。❼沒　終也。❽車　指車僕。❾比而不黨　相結以義叫做比。相阿以私叫做黨。❿周　忠信。⓫臨長晉國　主持晉國大政。臨，監也。長，師也。

【語　譯】趙宣子向晉靈公舉薦韓厥，任命他為司馬。河曲戰役中，趙宣子讓人乘著他的軍車沖亂了軍列，韓厥便把那人抓來殺了。大家都說：「韓厥的司馬幹不長了！人家早上剛剛提升了他，他晚上就把人家的僕人殺了，還有誰能保他？」趙宣子便招來韓厥，而且向他致禮說：「我聽說，事奉君主的人，只能精誠團結，不能結黨營私。憑著忠信與人團結就叫做『比』；出於私利與人勾結就叫做『黨』。軍事行動，是絕對不容許干擾的，發現有人干擾而不隱瞞，這就是義。我向君上推薦了你，怕的就是你不能稱職。推薦了人，這個人卻不稱職，這還不是最嚴重的結黨營私嗎？如果事奉君上，卻又結黨於小人，還怎麼從政？所以我故意用這件事來考察你。你好好幹吧！只要像這次這樣堅持下去，將來主持晉國國政的，不是你又會是誰呢？」趙宣子又向所有的大夫宣告說：「諸位可以祝賀我了！我推薦韓厥，完全正確，我今天已知道不會有用人不當的罪名了！」

趙宣子請師伐宋

宋人弒昭公❶，趙宣子請師於靈公以伐宋，公曰：「非晉國之急也。」對曰：「大者天地，其次君臣，所以為明訓也❷。今宋人弒其君，是反天地而逆民則❸也，天必誅焉。晉為盟主，而不修天罰，將懼及焉。」公許之。乃發令于太廟，召軍吏而戒樂正❹，令三軍之鍾鼓必備。趙同❺曰：「國有大役❻，不鎮撫民而備鍾鼓，何也？」宣子曰：「大罪伐之，小罪憚❼之。襲侵❽之事，陵❾也。是故伐備鍾鼓，聲其罪也；戰以錞于❿、丁寧⓫，儆其民也。襲侵密聲，為蹔⓬事也。今宋人弒其君，罪莫大焉！明聲之，猶恐其不聞也。吾備鍾鼓，為君故也。」乃使旁告於諸侯，治兵振旅，鳴鍾鼓，以至于宋⓭。

【章　旨】本章論君臣尊卑之義及「有鍾鼓曰伐」之理。

【注　釋】❶宋人弒昭公　宋人，宋成公之子公子鮑。昭公，公子鮑之兄杵臼。昭公無道，而公子鮑禮於國人，聲望極高。魯文公十六年，昭公夫人王姬命人殺死昭公，公子鮑立，是為文公。❷所以為明訓也　言尊卑各得其所，以明教訓。❸則　法。❹樂正　主管鍾鼓的樂官。❺趙同　趙盾之弟。❻役　事也。❼憚　懼也。❽襲侵　乘人不備而進攻叫襲。不鳴鍾鼓而進攻叫侵。❾陵　以大陵小。❿錞于　軍樂器，青銅製，形如圓筒，上圜下虛，頂有紐可懸掛，以物擊之鳴，多用於戰爭中，指揮進退。⓫丁寧　即鉦。形似鍾而狹長，有長柄可執，口向上以物擊之而鳴。⓬蹔　暫也；猝然也。⓭至于宋　伐宋在魯文公十七年，猶立文公而還。

【語　譯】宋人殺了他們的國君昭公，趙宣子向靈公請求出兵討伐宋人，靈公說：「這不是晉國的急事。」趙宣子回答說：「最大的事情是天地之道，第二就是君臣之義，這是使尊卑各得其所，以明教化訓育的事。如今，宋人公然以下犯上弒其君主，這是違反天地之道且背逆萬民法則啊！天一定會要誅伐他們。晉國作為盟主，如果不替天行道懲罰罪人，恐怕會遭禍殃。」靈公同意了。於是就在太廟發布軍令，召集軍吏，告誡樂正，命令三軍一定要備齊鍾鼓。趙同問：「國家有了大的戰事，不鎮定安撫人民，卻忙於準備鍾鼓，這是為什麼？」宣子說：「犯大罪的要討伐他，犯小罪的要威嚇他。偷襲入侵的事，是以大陵小。所以，以正義伐無道，就要鍾鼓齊鳴，這是為了聲張他們的罪行；打仗時要敲響錞于、丁寧，這是為了儆戒他們的人民。偷襲人侵不出聲音，是為了使對方猝不及防。如今，宋人以臣弒君，罪惡大得無以復加！我們大張旗鼓地聲張，還怕他們聽不到呢！我準備鍾鼓，正是為了宣明君臣之道呀！」於是又派使者遍告於諸侯，整頓軍隊，敲鍾鳴鼓，一直開到宋國。

靈公使鉏麑殺趙宣子

靈公虐❶，趙宣子驟諫❷，公患之，使鉏麑賊之❸。晨往，則寢門辟矣，盛服將朝，早而假寐。麑退，歎而言曰：「趙孟敬哉！夫不忘恭敬，社稷之鎮也。賊國之鎮不忠，受命而廢之不信，享❹一名於此，不如死。」觸庭之槐而死。靈公將殺趙盾，不克❺，趙穿攻公於桃園❻。逆公子黑臀而立之❼，實為成公。

【章旨】本章記靈公派出的刺客寧肯自盡也不肯殺害忠臣一事。

【注釋】❶靈公虐　據《左傳》記載，晉靈公極為暴戾無道。他厚斂以彫牆，在高臺上用彈弓打人，看被打的人躲避彈丸來取樂。他的廚師為他煮熊掌，燒得不爛，他就把廚子殺了，屍體放在畚箕裡，讓女人擡著支解了的屍體往外扔，被趙宣子等人看見。❷驟諫　屢次勸諫。❸使鉏麑賊之　鉏麑，或作「沮麛」。晉之力士。賊，殺也。❹享　受。❺靈公將殺趙盾二句　趙盾，趙宣子。魯宣公二年九月，晉靈公藉故請趙宣子喝酒，事先埋伏好甲士，企圖在酒宴上謀殺趙盾，被趙盾的車右提彌明察覺，拼死救出。❻趙穿攻公於桃園　此事在靈公謀殺趙盾之後數日。趙穿，晉大夫，趙盾的堂弟。桃園，園名。❼逆公子黑臀而立之　公子黑臀，晉文公之少子、襄公的弟弟。因出生時，其母夢神用墨畫其臀而名。晉國自驪姬之亂始，國內不留公子，所以黑臀出居周，這次被趙盾從周室迎回即位。

【語　譯】晉靈公暴戾無道，趙宣子屢次三番地勸諫他，他便心存怨恨，竟派力士鉏麑去行刺。鉏麑一大早就去了，而趙盾的寢門早已打開，他本人也早已穿戴整齊等著上朝，只因時間尚早，便坐著打盹兒。鉏麑退了下來，感歎地說：「趙宣子真是恭敬啊！那時時刻刻不忘恭敬的人，是國家的棟梁。殺國家的棟樑是不忠，接受了命令卻不執行是失信，承受其中任何一個罪名，都不如一死。」說完，便一頭撞在庭院中的槐樹上自盡了。靈公又再一次設計要謀殺趙盾，也沒有成功，自己卻被趙穿殺死在桃園。趙盾等人就把公子黑臀迎回晉國即位，這就是成公。

范武子退朝告老

郤獻子聘于齊，齊頃公使婦人觀而笑之❶。郤獻子怒，歸，請伐齊。范武子❷退自朝，曰：「爕❸乎，吾聞之，干人之怒，必獲毒焉。夫郤子之怒甚矣，不逞❹於齊，必發諸晉國。不得政，何以逞怒？余將致政❺焉，以成其怒，無以內易外也。爾勉從二三子，以承君命，唯敬。」乃老❻。

【章　旨】本章記范武子為躲避衝突而提前退休之事。

【注　釋】❶郤獻子聘于齊二句　魯宣公十七年，晉欲為斷道之會，便派郤克出使齊國。郤克有殘疾（有的說他足跛，有的說他獨眼，有的說他屈背），同時出使齊國的魯、衛、曹等國使臣剛好也有殘疾，齊頃公就讓宮中婦人躲在帷幕後偷看取笑。郤獻子，郤缺（也就是冀缺）之子郤克，晉卿。齊頃公，名無野。❷范武子　即士會。他是晉中軍主帥，也就是晉軍元帥和晉國正卿。初封於隨，稱隨武子；後改封於范，稱范武子。❸爕　范武子之子范文子。❹逞　快心；稱願。❺致政　交出權力。❻老　告老。

【語　譯】郤克出使齊國，齊頃公讓女人們偷看並取笑他的殘疾。郤克極為憤怒，回國後就請求帶兵討伐齊國。范武子退朝回來對他的兒子說：「燮呀！我聽說，碰上別人發怒，肯定就要倒楣。那郤克的怒氣大得很哪！他的怒氣如果不能出在齊國身上，就一定會發在晉國身上。他要是不出執國政，又怎麼出氣呢？所以我打算交出權力，成全他的憤怒，不要用內部衝突去換外部衝突。你要努力追隨各位大夫，以承受君上的命令，必須恭敬謹慎。」於是便告老辭職了。

范武子杖文子

范文子暮退於朝。武子曰：「何暮也？」對曰：「有秦客廋辭❶於朝，大夫莫之能對也，吾知三焉。」武子怒曰：「大夫非不能也，讓父兄也。爾童子，而三掩❷人於朝。吾不在晉國，亡無日矣。」擊之以杖，折委笄❸。

【章　旨】本章論謙讓實為人明哲保身之道。

【注　釋】❶廋辭　隱語。❷掩　蓋。❸委笄　委，即委貌。又叫委貌冠、玄冠。周代的一種禮帽。笄，簪子。

【語　譯】范文子很晚才退朝。范武子便問他：「怎麼回得這麼晚？」文子回答說：「有位秦國來的客人在朝上說隱語，大夫們沒有一個人答得上來，而我答上了三個問題。」武子大怒，說：「大夫們不是答不上來，是禮讓，讓長者先說。你倒好，一個乳臭未乾的孩子，卻三次搶先發言，蓋過別人。我要不在晉國，你早就完蛋了！」說著就用手杖去打文子，連文子帽子上的簪子都打斷了。

郤獻子分謗

靡笄之役❶，韓獻子將斬人。郤獻子駕，將救之。至，則既斬之矣。郤獻子請以徇❷，其僕曰：「子不將救之乎？」獻子曰：「敢不分謗❸乎？」

【章旨】本章記郤克勇於分擔責任一事。

【注釋】❶靡笄之役　靡笄，山名。即今山東省濟南市千佛山。魯成公二年，晉郤克伐齊，與齊師戰於靡笄山下。❷徇　陳屍示眾。❸謗　指責。郤克是元帥，故必須分謗。

【語譯】靡笄之戰中，韓厥要執法殺人。郤克駕車趕去，想救下那個人。等郤克趕到，那人已經被殺了。郤克便要求將其陳屍示眾，郤克的車夫問：「大人不是要救那個人的嗎？」郤克說：「我豈敢不分擔一點責任呢？」

張侯御郤獻子

靡笄之役，郤獻子傷❶，曰：「余病喙❷。」張侯❸御，曰：「三軍之心，在此車也。其耳目在於旗鼓。車無退表❹，鼓無退聲，軍事集❺焉。吾子忍之，不可以言病。受命於廟❻，受脤於社❼，甲冑而效死，戎❽之政也。病未若死，祗以解志❾。」乃左並轡，右援枹❿而鼓之，馬逸不能止，三軍從之。齊師大敗，逐之，三周華不注之山⓫。

【章旨】本章論戰時統帥舉止對戰爭勝負之影響極為重大。

【注釋】❶郤獻子傷　傷於矢，血一直流到鞋上。❷喙　疲困無力。❸張侯　又稱解張，晉大夫。❹表　令旗。❺集　成。❻受命於廟　古時出征作戰，先要在祖廟接受戎命。❼受脤於社　脤，古代祭祀土神穀神的生肉。社，土神。❽戎　軍士。❾祇以解志　不過僅僅會消解意志罷了。祇，僅僅。解，消解。❿枹　鼓槌。⓫三周華不注之山　周，圍繞。華不注，山名。在今山東省濟南市東北，這座山的特點是「孤峰特拔」，所以較易繞行。

【語譯】靡笄戰役中，元帥郤克被敵軍的箭射中，說：「我傷得厲害，一點氣力也都沒有了。」大夫解張為他趕車，說：「三軍將士的心，都在我們這輛指揮車上。他們的眼睛看著我們的令旗，耳朵聽著我們的鼓聲。如果指揮車上沒有撤退的令旗，不敲打撤退的鼓聲，戰鬥就會勝利。請大人忍耐一下，千萬不要說自己傷勢嚴重。我們受軍命於祖廟，受脤肉於社神，披甲冑為君為國拼死效忠，是軍人的天職。大人的傷勢還不至於死，頂多只會消解意志罷了。」說著，就用左手把轡繩拉在一起，右手拽過鼓槌猛擊，戰馬狂奔不可遏止，三軍將士都跟著衝鋒向前。齊軍大敗，晉軍在後面猛追，繞著華不注山追了三圈。

師勝而范文子後入

靡笄之役，郤獻子師勝而返，范文子後入。武子曰：「燮乎！女亦知吾望爾也乎？」對曰：「夫師，郤子之師也，其事臧❶。若先，則恐國人之屬耳目於我也，故不敢。」武子曰：「吾知免也。」

【章　旨】本章可以與前〈范武子杖文子〉章對照。但這次的禮讓是正確的。

【注　釋】❶臧　善也。

【語　譯】靡笄那次戰役，郤克率軍打敗了齊國，凱旋而歸，上軍副帥范文子最後進城。范武子說：「燮呀，你也該知道我天天都盼望著你回來吧？」文子回答說：「這個軍隊，是郤克元帥統率的，又打了勝仗。我要是先回國進城，只怕國人的注意力都在我身上，所以不敢。」武子說：「我知道你可以免禍了。」

郤獻子等各推功於上

靡笄之役，郤獻子見，公❶曰：「子之力也夫！」對曰：「克也以君命命三軍之士，三軍之士用命，克也何力之有焉？」范文子見，公曰：「子之力也夫！」對曰：「燮也受命於中軍，以命上軍之士，上軍之士用命，燮也何力之有焉？」欒武子❷見，公曰：「子之力也夫！」對曰：「書也受命於上軍，以命下軍之士，下軍之士用命，書也何力之有焉？」

【章　旨】本章記晉軍將領推功禮讓之德。

【注　釋】❶公　晉景公，名據。❷欒武子　名書，當時是晉軍下軍主帥。

【語　譯】靡笄之戰後，中軍主帥郤克晉見景公，景公說：「這次勝利是愛卿的功勞啊！」郤克回答說：「郤克靠君上的命令指揮三軍，又仰仗三軍將士受命奮勇作戰，郤克又有什麼功勞呢？」上軍副帥范燮晉見景公，景公說：「這次勝利是愛卿的功勞啊！」范燮回答說：「范燮接受中軍元帥的命令，再以此命令上軍，又仰仗上軍將士受命奮勇作戰，范燮又有什麼功勞呢？」下軍主帥欒書晉見景公，景公說：「這次勝利是愛卿的功勞啊！」欒書回答說：「欒書接受上軍主帥的命令，再以此命令下軍，又仰仗下軍將士受命奮勇作戰，欒書又有什麼功勞呢？」

苗棼皇謂郤獻子為不知禮

靡笄之役也，郤獻子伐齊。齊侯來❶，獻之以得殞命之禮❷，曰：「寡君使克也，不腆弊邑之禮，為君之辱，敢歸諸下執政，以整御人❸。」苗棼皇❹曰：「郤子勇而不知禮，矜其伐❺而恥國君，其與幾何？」

【章　旨】本章記郤克羞辱齊頃公之事。

【注　釋】❶齊侯來　齊侯，齊頃公。因靡笄之役戰敗，故於魯成公三年來朝見晉景公。❷獻之以得殞命之禮　靡笄之戰中，齊頃公並未被俘，郤克為了報他出使齊國時受辱於婦人之仇，故意用殞命之禮來接待齊頃公，所以苗棼皇說他不知禮。獻，致饗獻籩豆。殞命，戰爭中國君被俘。❸以整御人　整，整齊；端正。御人，宮中婦人。❹苗棼皇　也寫作「苗賁皇」。晉大夫。❺伐　功。

【語　譯】靡笄之戰，郤克伐齊獲勝，齊頃公只好來朝拜晉國。國宴上，郤克用招待被俘虜的國君的酒食來招待齊侯，並說：「敝國寡德之君命令我郤克，很不好意思的，用敝國的這點不甚豐厚的東西，來委屈君上賜給手下辦事的人，以便讓貴國宮中的那些女人更加整潔整齊，端正完美。」苗棼皇說：「郤大人勇敢卻不知禮義，居功自傲並羞辱國君，還能維持多久呢？」

車者論梁山崩

梁山崩❶，以傳召伯宗❷，遇大車當道而覆，立而辟之，曰：「避傳。」對曰：「傳為速也，若俟吾避，則加遲矣，不如捷❸而行。」伯宗喜，問其居，曰：「絳人也。」伯宗曰：「何聞？」曰：「梁山崩而以傳召伯宗。」伯宗問曰：「乃將若何？」對曰：「山有朽壤而崩，將若何？夫國主山川，故川涸山崩，君為之降服❹、出次❺、乘縵❻、不舉❼，策於上帝❽，國三日哭，以禮焉。雖伯宗亦如是而已，其若之何？」問其名，不告；請以見❾，不許。伯宗及絳，以告，而從之。

【章　旨】本章論山崩後之禮。

【注　釋】❶梁山崩　梁山有多處，這裡說的梁山當在今陝西省韓城縣，離黃河不遠處，本是古梁國名山，後為晉所取，為晉國所祭之名山。梁山崩在魯成公五年。❷以傳召伯宗　傳，傳車。傳車是古代驛站專用車，每到一站，便換車換馬換車伕，而乘車者則繼續前進，以取其快速。伯宗，又稱伯尊。晉國大夫。❸捷　捷徑；小路。❹降服　即將平常穿的華麗衣服改為白衣白帽，稱為「素服縞冠」。❺出次　離開平時居處，也就是要住到郊外去。❻乘縵　乘坐卿大夫的車，或者說乘坐沒有彩飾的車。❼不舉 食不殺牲，菜餚不豐盛，不用音樂助食。❽策於上帝 用簡策稟告上天。❾見 引見於君。

【語譯】梁山崩塌，晉景公用傳車緊急召見伯宗，半路遇到一輛大車翻在大道上，趕車人站在一旁躲避。伯宗說：「讓傳車過去。」趕車人回答說：「坐傳車是為了快，如果等我這翻了的大車讓出路來，就反倒慢了。不如抄小路走捷徑。」伯宗聽了很高興，便問他住在哪裡，他說自己是絳都的人。伯宗就問：「聽到什麼消息了嗎？」那人回答：「梁山崩塌，君上正用傳車緊急召見伯宗大夫。」伯宗問：「你看會怎麼辦呢？」那人回答：「山上的土壤腐朽了，山就會崩塌，人又能怎麼樣？國家的建立，靠的就是山和河，所以一旦河水乾涸、山岳崩塌，國君就要因此而脫下華麗的服裝，換上素衣白冠；就要離開宮室，遷居於郊外；就要改乘臣民們乘坐的、沒有文彩裝飾的車子；就要不殺牲、吃素食、撤去用膳時的樂舞；還要用簡策稟告上天，舉國哀哭三日，以此禮拜天地山川，以示謝罪。即便是伯宗來處理此事，也不過如此而已，又還能怎麼樣？」伯宗問他的名字，他不告訴；要帶他去見晉侯，也不答應。伯宗到絳都後，把那個趕車人的話告訴景公，景公都一一照辦了。

伯宗妻謂民不戴其上難必及

伯宗朝，以喜歸。其妻曰：「子貌有喜，何也？」曰：「吾言於朝，諸大夫皆謂我智似陽子❶。」對曰：「陽子華而不實，主言而無謀，是以難及其身。子何喜焉？」伯宗曰：「吾飲諸大夫酒，而與之語，爾試聽之。」曰：「諾。」既飲，其妻曰：「諸大夫莫子若也。然而民不戴其上❷久矣，難必及子乎！盍亟索士整庇州犂❸焉？」得畢陽❹。

及欒弗忌之難❺，諸大夫害伯宗，將謀而殺之。畢陽實送州犂于荊❻。

【章旨】本章言顯露賢能之鋒芒，易招致嫉妒之害。

【注釋】❶陽子　陽處父，為賈季所殺。❷上　上智；賢德才智在己之上者。❸整庇州犂　整，頓。庇，覆；保護。州犂，伯宗子。❹畢陽　晉士。❺欒弗忌之難　欒弗忌，晉大夫，伯宗同黨。魯成公十五年，晉國郤錡、郤犨、郤至（三郤）謀殺了伯宗和欒弗忌。本書說是殺欒弗忌而及伯宗，《左傳》則說是殺伯宗而及欒弗忌。❻荊　即楚國。伯州犂奔楚後任太宰。

【語譯】伯宗退朝，面有喜色。他的妻子問他：「夫君面有喜色，為什麼呢？」伯宗告訴妻子：「我在朝中講話，大夫們都說我的聰明才智和陽處父一樣。」妻子回答說：「陽處父華而不實，夸夸其談，卻缺少智謀，所以難及於身。夫君高興什麼呢？」伯宗說：「這樣吧，我請大夫們來喝酒，和他們交談，你試著聽聽。」妻子說：「好。」喝完酒，伯宗的妻子說：「大夫們沒有一個比得上你。但是，人們早就不能擁戴聰明才智在自己之上的人了，所以，災難一定會落到您頭上。何不趕緊找個得力能幹的人保護州犂呢？」就找到了畢陽。

等到欒弗忌遇難時，大夫們謀害伯宗，把他也殺了。畢陽便真的保護了州犂，並把他護送到楚國。

卷一二 晉語六

趙文子冠

趙文子冠❶，見欒武子❷，武子曰：「美哉！昔吾逮事莊主❸，華則榮矣，實之不知，請務實乎。」

見中行宣子❹，宣子曰：「美哉！惜也，吾老矣❺！」

見范文子❻，文子曰：「而今可以戒矣，夫賢者寵至而益戒，不足者為寵驕。故興王賞諫臣，逸王罰之。吾聞古之王者，政德既成，又聽於民，於是乎使工❼誦諫於朝，在列者獻詩使勿兜❽，風聽臚言❾於市，辨祅祥於謠❿，考百事於朝，問謗譽於路，有邪而正之，盡戒之術也。先王疾是驕也。」

見郤駒伯⓫，駒伯曰：「美哉！然而壯不若老者多矣。」

見韓獻子⓬，獻子曰：「戒之，此謂成人。成人在始與善。始與善，善進善，不善蔑⑬由至矣；始與不善，不善進不善，善亦蔑由至矣。如草木之產也，各以其物⑭。人之有冠，猶宮室之有牆屋也，糞除⑮而已，又何加焉？」

見智武子⑯，武子曰：「吾子勉之，成、宣⑰之後而老為大夫，非恥乎？成子之文，宣子之忠，其可忘乎？夫成子導前志以佐先君⑱，導法而卒以政，可不謂文乎？夫宣子盡諫於襄、靈⑲，以諫取惡，不憚死進，可不謂忠乎？吾子勉之，有宣子之忠，而納之以成子之文，事君必濟。」

見苦成叔子⑳，叔子曰：「抑㉑年少而執官者眾，吾安容子！」

見溫季子㉒，季子曰：「誰之不如，可以求之。」

見張老㉓而語之，張老曰：「善矣，從欒伯之言，可以滋㉔；范叔之教，可以大；韓子之戒，可以成。物備矣，志在子。若夫三郤，亡人之言也，何稱述焉！智子之道善矣，是先主㉕覆露㉖子也。」

【章　旨】本章記趙文子行冠禮之後，晉國諸卿大夫對其之所言。

【注　釋】❶趙文子冠　趙文子，趙盾之孫、趙朔之子，名武。冠，古代男子二十歲行成人禮，結髮戴冠。❷欒武子　晉卿欒書。❸逮事莊主　逮，及也。莊，趙莊子也，亦即趙文子之父趙朔，謚莊子。主，大夫稱主。當年，趙朔任下軍主帥時，欒書曾做過他的副帥。❹中行宣子　晉大夫荀庚，中行桓子的兒子。❺吾老矣　意思是只看到趙文子之美，恐怕來不及看到其德了。❻范文子　范燮。❼工　樂官；矇瞍。❽兜　惑。❾風聽臚言　風，采也。臚，傳也。❿辨祆祥於謠　祆，惡也。

祥，善也。謠，民謠。⑪郤駒伯　晉卿郤錡。⑫韓獻子　晉卿韓厥。⑬蔑　無。⑭物　類。⑮糞除　打掃；清潔。⑯智武子　晉卿荀罃，荀首之子。⑰成宣　成，成子，文子的曾祖趙衰。宣，宣子，文子的祖父趙盾。他們生前都是晉國的卿，而且是功高德重的名將名臣。所以下文說作為他們的後代，如果到老還只是大夫而當不上卿，就是恥辱。⑱先君　晉文公重耳。⑲襄靈　晉襄公、晉靈公。⑳苦成叔子　晉卿郤犨。㉑抑　語助詞。無義。㉒溫季子　晉卿郤至。㉓張老　晉大夫張孟。㉔可以滋　可，能夠。以，藉此；憑藉。滋，益。㉕先主　指成子、宣子。㉖露　潤澤。

【語譯】趙文子行完冠禮後，依禮去拜見各位卿大夫。他去見欒書，欒書說：「美啊！當年，我有幸輔佐令尊莊子大人，他老人家的華彩是沒得說的了，要論『實』就不好說，世兄請多務實吧！」

拜見荀庚，荀庚說：「美啊！可惜，我已經老了！看不到你德之所至了。」

拜見范燮，范燮說：「今天可以告誡你了。那些賢明智慧的人，越是受到寵愛重用，就越是嚴於律己。相反，那些昏庸無能的人，小有得意便驕縱輕狂。所以興國之君重賞敢於直諫之臣，而亡國之君則懲罰他們。我聽說，古代那些君臨天下的聖王，建立德政之後，又再聽勸諫於民。所以那時，他們讓樂師在朝中朗誦諷諫，讓在職者獻詩使自己不受蒙蔽，到集市上去收集商賈的傳聞，從民謠中辨別善惡，在朝廷上考察百官，在道路上訊問褒貶，有了錯誤就立即改正，極盡警戒之能事。先王憎惡的正是那些驕傲的人啊！」

拜見郤錡，郤錡說：「漂亮得很嘛！不過，你們年輕人不如我們老頭子的地方，還多著哪！」

拜見韓厥，韓厥說：「要嚴格要求自己，這才是真正的『成人』。一個人要真正成為成人，一開始就要學好。開始好，好又促進好，不好的東西就沒有空隙可鑽了；一開始就學壞，壞又加劇壞，好的品德也就沒有條件產生了。這就像草木的生長，各從其類。一個人有了帽子，就像宮室有了圍牆和屋頂，只要經常打掃就行了，還能有什麼汙染呢？」

拜見荀罃，荀罃說：「好兄弟你努力吧！作為成子、宣子的後代，如果到老還只是大夫而當不上卿，不羞恥嗎？成子的文德，宣子的忠貞，難道可以忘記嗎？成子遵循前人遺志輔佐先君，遵循祖宗成法而終於政事，能不稱之為『文』嗎？宣子全力勸諫襄公、靈公，因為勸諫過多而遭厭惡，還是不顧生命危險而進諫，能不稱之為『忠』嗎？好兄弟你努力吧！有宣子的忠貞，再加上成子的文德，事奉君上，一定會成功。」

拜見郤犨，郤犨說：「你還年輕嘛，當官的人又多，叫我怎麼安排你呀！」

拜見郤至，郤至說：「你如果不如誰，可以排在誰的後面嘛！」

拜見張孟，把前面的話也都告訴了張孟，張孟說：「好啊！聽從欒伯的話，可以成熟；聽從范叔的話，可以進步；聽從韓子的話，可以成材。條件齊備了，志向則在你自己。至於那三位郤大人的話，是害人之言，有什麼可以稱道的呢！荀罃的話好得很，這是祖上之德在澤潤你呀！」

范文子不欲伐鄭

厲公將伐鄭❶，范文子不欲，曰：「若以吾意，諸侯皆叛，則晉可為也。唯有諸侯，故擾擾焉。凡諸侯，難之本也。得鄭憂滋長，焉用鄭！」郤至曰：「然則王者❷多憂乎？」文子曰：「我王者也乎哉？夫王者成其德，而遠人以其方❸賄歸之，故無憂。今我寡德而求王者之功，故多憂。子見無土而欲富者，樂乎哉？」

【章　旨】本章記范燮的王道思想。

【注　釋】❶厲公將伐鄭　厲公，晉景公之子壽曼。魯成公十六年，鄭國背叛晉國而與楚國結盟，所以晉國要伐鄭。❷王者　天子，擁有天下諸侯。❸方　所在之地。

【語　譯】厲公要討伐鄭國，范文子不願意，說：「依我之意，如果所有的諸侯都背叛晉國而去，只怕晉國還能有一番作為。正因為有諸侯依附於我晉國，這才弄得亂哄哄的。凡是依附別國的諸侯，都是禍亂的根子。

爭得了鄭國，憂患只會更多，哪裡用得著去討伐鄭國！」郤至說：「照你這麼說來，得天下者就憂患最多了？」文子說：「我們是得天下的人嗎？得天下的人修成德政，而遠方的諸侯就會自動地捧著自己地方的特產來歸附他，所以沒有憂患。如今，我們晉國德薄，卻追求得天下者才有的功業，所以多憂。閣下看看那些沒有國土又想富裕的人吧，他們快樂嗎？」

晉敗楚師於鄢陵

厲公六年❶，伐鄭，且使苦成叔❷及欒黶❸興齊、魯之師。楚恭王帥東夷❹救鄭。楚半陳，公使擊之。欒書曰：「君使黶也興齊、魯之師，請俟之。」郤至曰：「不可。楚師將退，我擊之，必以勝歸。夫陳不違忌❺，一間❻也；夫南夷❼與楚來而不與陳，二間也；夫楚與鄭陳而不與整❽，三間也。且其士卒在陣而譁，四間也；夫眾聞譁則必懼，五間也。鄭將顧楚，楚將顧夷，莫有鬭心，不可失也。」公說。於是敗楚師於鄢陵❾，欒書是以怨郤至。

【章旨】本章記晉楚鄢陵之戰中郤至對敵情之分析。

【注釋】❶厲公六年　即魯成公十六年。❷苦成叔　郤犫。❸欒黶　即欒桓子，欒書之子。❹東夷　楚東之夷。❺陣不違忌　晉、楚交戰之日，是六月最末一天，這一天叫「晦」，陰氣最盛之日，乃兵家大忌，而楚國公然在這一天陳兵，是犯了忌諱。❻間　即「間」。間隙；破綻也。❼南夷　夷在楚之東，故楚人稱「東夷」；在晉之南，故晉人稱「南夷」。❽整　合為一體。❾鄢陵　鄭地，在今河南省鄢陵縣北。

【語　譯】晉厲公六年，晉國討伐鄭國，同時派郤犨和欒黶先後分頭去齊、魯等國借兵。楚恭王帥東夷之兵救鄭。六月甲午晦，楚軍布陣，陣勢尚未列好，厲公便下令出擊。欒書勸諫說：「君上已派犬子欒黶到齊、魯兩國搬兵去了，請再等一下。」郤至說：「不行。楚軍就要後退了，我們乘機出擊，一定能大獲全勝而歸。楚軍布陣不避忌日，這是第一個破綻；南夷與楚人同來卻不參與布陣，這是第二個破綻；楚軍與鄭軍同陣卻不聯為一體，這是第三個破綻；他們的士兵在陣前喧嘩，這是第四個破綻；其他人聽到有人喧嘩便心生恐懼，這是第五個破綻。鄭軍觀望楚軍，楚軍觀望夷軍，誰都沒有鬥志，這個戰機斷不可失。」厲公很高興。於是便在鄢陵大敗楚軍，而欒書也因此而怨恨郤至。

郤至勇而知禮

鄢之戰，郤至以韎韋之跗注❶，三逐楚平王❷卒，見王必下奔❸退戰。王使工尹襄❹問之以弓，曰：「方事之殷也，有韎韋之跗注，君子也，屬❺見不穀而下，無乃傷乎？」郤至甲胄而見客，免胄而聽命，曰：「君之外臣至，以寡君之靈，閒蒙甲胄，不敢當拜君命之辱，為使者故，敢三肅之。」君子曰：「勇而知禮。」

【章　旨】本章記郤至之尊敬國君。

【注　釋】❶韎韋之跗注　韎，用茅蒐草染成的赤黃色。韋，熟牛皮，依周禮，「凡兵事，韋弁服」。跗注，衣褲相連的軍服，褲長至腳背。❷楚平王　應為楚恭王。❸下奔　下車奔走。❹工尹襄　楚國的一位官員，工尹是官名，襄是人名。❺屬　適。

【語　譯】鄢陵之戰中，郤至身穿赤黃色連褲牛皮軍服，三次追逐楚恭王的兵士，看見楚恭王，便一定下車奔走，退出戰鬥。戰後，楚王派一位名叫襄的工尹帶上一張弓作禮品去問候郤至，說：「戰鬥正激烈的時候，有一位身穿赤黃色連褲牛皮軍服的人，真是君子。他每次遇到寡人都要下車，恐怕要受傷了吧？」郤至披甲戴盔接見客人，取下頭盔聽客人傳達楚王的話，然後回答說：「君上的外臣郤至，托敝國寡德之君的福，得以披甲戴盔參加戰鬥，承蒙君上垂愛，實在不敢當，為閣下親來問候之故，謹行三次肅拜之禮。」君子評論說：「郤至勇敢而又知禮。」

范文子論內睦而後圖外

鄢之役，晉人欲爭鄭，范文子不欲，曰：「吾聞之，為人臣者，能內睦而後圖外，不睦內而圖外，必有內爭，盍姑謀睦乎？考訊其阜❶以出，則怨靖❷。」

【章　旨】本章論攘外必先安內之理。

【注　釋】❶阜　眾。❷靖　平。

【語　譯】鄢陵之戰，晉國大夫都想爭取鄭國的依附，范文子卻不同意。他指出：「我聽說，作為臣子，只有先做到內部團結，然後才能打外國的主意。不能團結國內，卻想征服外邦，肯定引起內部的爭亂，何不先考慮國內的安定團結呢？考察訊問民心民情之後，再決定是否出兵，怨恨就會平息。」

范文子論外患與內憂

鄢之役，晉伐鄭，荊❶救之。大夫欲戰，范文子不欲，曰：「吾聞之，君人者刑其民，成，而後振武於外，是以內和而外威。今吾司寇之刀鋸❷日弊，而斧鉞❸不行。內猶有不刑，而況外乎？夫戰，刑也，刑之過❹也。過由大，而怨由細❺，故以惠誅怨，以忍去過。細無怨而大不過，而後可以武，刑外之不服者。今吾刑外乎大人，而忍❻於小民，將誰行武？武不行而勝，幸❼也。幸以為政，必有內憂。且唯聖人能無外患，又無內憂，詎❽非聖人，必偏而後可。偏而在外，猶可救也；疾從中起，是難。盍姑釋荊與鄭以為外患乎？」

【章　旨】本章論必先平內憂然後方可弭外患之理。

【注　釋】❶荊　楚國。❷司寇之刀鋸　司寇，主管刑獄之官。刀鋸，用於小民之刑。❸斧鉞　用於大臣之刑。❹過　罪。❺細　小民。❻忍　殘忍。❼幸　徼倖。❽詎　如果。

【語　譯】鄢陵之戰，晉國伐鄭，楚國來救鄭國。大夫們都主張與楚決戰，而范文子不同意，說：「我聽說，統治者用刑法治民，成功了，然後才可以對外使用武力，因此國內和睦而外邦畏懼。如今，我國司寇天天對小民用刑，刑具都用壞了，而用於大臣的刑具卻從來沒有使用過。對內尚且有不用刑的，何況對外呢？戰爭，其實也是一種刑法，亦即用戰爭的方式懲罰有罪的。過錯出自大臣，怨恨出自小民，所以要用恩惠平息怨恨，靠克制糾正過錯。小民無怨而大臣無錯，然後就可以動武，去懲罰外邦之不服教化者。如今，我們的刑法，撇開大臣不管，只一味地施暴於小民，還能對誰用兵呢？不能用兵時如果獲勝，那就只是徼倖。靠徼倖從事政治，肯定會有內憂。況且，只有聖人才能既無外患，又無內憂。如果不是聖人，肯定得有所偏重。如果偏在有外患，那還有救；如果憂患從內部而起，可就難了。何不姑且放過楚國、鄭國，留他們作外患呢？」

范文子論勝楚必有內憂

鄢之役，晉伐鄭，荊救之。欒武子將上軍，范文子將下軍。欒武子欲戰，范文子不欲，曰：「吾聞之，唯厚德者能受多福，無德而服者眾，必自傷也。稱晉之德，諸侯皆叛，國可以少安。唯有諸侯，故擾擾焉。凡諸侯，難之本也。且唯聖人能無外患又無內憂，詎非聖人，不有外患，必有內憂，盍姑釋荊與鄭以為外患乎？諸臣之內相與，必將輯睦。今我戰又勝荊與鄭，吾君將伐❶智而多力，怠教而重斂，大其私暱❷而益婦人田，不奪諸大夫田，則焉取以益此？諸臣之委室而徒❸退者，將與❹幾人？戰若不勝，則晉國之福也；戰若勝，亂地之秩❺者也，其產將害大，盍姑無戰乎？」

欒武子曰：「昔韓之役，惠公不復舍❻；邲之役，三軍不振旅❼；箕之役，先軫不復命❽：晉國固有大恥三。今我任晉國之政，不毀晉恥，又以違蠻、夷❾

重之？雖有後患，非吾所知也。」

范文子曰：「擇福莫若重，擇禍莫若輕，福無所用輕，禍無所用重，晉國故有大恥，與其君臣不相聽❿以為諸侯笑也，盍姑以違蠻、夷為恥乎？」

欒武子不聽，遂與荊人戰於鄢陵，大勝之。於是乎君伐智而多力，怠教而重斂，大其私暱，殺三郤而尸諸朝，納其室以分婦人。於是乎國人不蠲⑪，遂弒諸翼，葬於翼東門之外，以車一乘⑫。厲公之所以死者，唯無德而功烈多，服者眾也。

【章　旨】本章再次記錄范文子反對鄢陵之戰，主張先平息國內的爭論。

【注　釋】❶伐　誇。❷私暱　嬖臣。❸徒　白。❹與　辭也。❺秩　常。❻韓之役二句　魯僖公十五年十月，秦、晉大戰於韓原，晉惠公被俘。韓，韓原，在今陝西省韓城縣西南。❼邲之役二句　魯宣公十二年，晉、楚戰於邲，晉軍師敗軍散，故不能振旅。邲，鄭邑，在今河南省滎陽縣北。❽箕之役二句　魯僖公三十三年，晉與狄戰，先軫免胄入狄師，戰死。箕，晉地，當在今山西省蒲城縣東北。❾違蠻夷　違，避也。蠻，指楚國，夷是其伙伴。❿君臣不相聽　君臣之間不和諧、不一心，不能接受正確的意見。韓之役，惠公不與慶鄭相聽，結果被俘；邲之役，先穀不與林父相聽，結果兵敗；箕之役，先軫不與襄公相聽，結果喪命。⑪蠲　潔也。⑫弒諸翼三句　翼，晉故都，在今山西省翼城縣東南。魯成公十七年，欒書、中行偃執厲公於翼；十八年，使程滑弒之，葬之於翼東門之外，以車一乘，而依禮，葬諸侯應用車七乘。

【語　譯】鄢陵之戰，晉國伐鄭，楚國來救鄭國。欒書統帥上軍，范燮統帥下軍。欒書要打，范燮不想打，說：「我聽說，只有德厚的人才能享受大福，無德而依附的人多，肯定會自傷其身。要論晉國之德，如果諸侯都不歸附了，國家反倒可以稍微安定一點。正因為有這些朝秦暮楚的諸侯，天下才紛亂不堪。所有這些諸侯，都是災難的根子。況且，只有聖人，才能既無外患，又無內憂，倘非聖人，那麼，沒有外患，就一定有內憂，何不姑且放過楚國與鄭國，讓它們留作外患呢？大臣們同心協力處理內務，一定會團結和睦。如今，我們作戰，如果取得了勝利，我們國君就會誇耀自己多智有功，就會懈怠教化而加重聚斂，增加寵臣的俸祿和愛妾的財產，而如果不奪取大夫們的封邑，又到哪裡去弄來田地財寶分給寵臣和愛妾呢？而各位大臣中，主動交出財寶而白白引退的，又能有幾個人？如果打仗而不勝利，則是晉國的福氣；如果戰勝了楚國與鄭國，必將紊亂封地之綱常，其後果極為嚴重，何不姑且不戰呢？」

欒書說：「當初，韓原之戰，惠公未能回國；邲邑之戰，三軍潰不成軍；箕地之戰，先軫身死敵手：這是晉國不能忘記的三大恥辱。如今，我主執晉國國政，豈能不雪國恥，反倒用躲避蠻、夷來加重恥辱？即便有後患，也管不了那麼多了。」

范文子說：「有二福就擇取其重者，有二禍就擇取其輕者，福不能要輕的，禍不能選重的。晉國固然有奇恥大辱，但是，與其因君臣不合而為天下諸侯恥笑，何不姑且忍受躲避蠻、夷的小小恥辱呢？」

欒書不聽他的，仍與楚軍大戰於鄢陵，並大獲全勝。這樣一來，厲公果然自誇多智多功，懈怠教化而加重聚斂，增加寵臣俸祿，殺死郤錡、郤犨、郤至，並陳屍於朝，沒收他們的財物分給愛妾。於是，國人便看到了厲公的無道，便在翼城把他殺了，埋在翼城的東門之外，不和先君葬在一起，而且只用一輛車下葬，不成葬禮。厲公之所以死無葬身之地，就因為他無德而做的事多，依附的諸侯也太多。

范文子論德為福之基

鄢之役，荊壓❶晉軍，軍吏患之，將謀。范匄自公族趨過之❷，曰：「夷竈堙井❸，非退而何？」范文子執戈逐之，曰：「國之存亡，天命也，童子何知焉？且不及而言，姦也，必為戮。」苗賁皇❹曰：「善逃難哉！」既退荊師於鄢，將穀❺，范文子立於戎馬之前，曰：「君幼弱，諸臣不佞❻，吾何福以及此？吾聞之，『天道無親，唯德是授。』吾庸知天之不授晉且以勸楚乎，君與二三臣其戒之！夫德，福之基也，無德而福隆，猶無基而厚墉❼也，其壞也無日矣。」

【章　旨】本章記范文子告誡其子、其君及其同僚應謙虛謹慎之言論。

【注　釋】❶壓　謂掩其不備。據《左傳》，楚軍布陣，在六月甲午日清晨。❷范匄自公族趨過之　范匄，范文子之子，謚宣子，當時年幼，為公族大夫，班位較低，所以才「趨過之」（快步向前），一則表示恭敬，二則便於進言。❸夷竈堙井　平竈填井，則失去飲食的憑藉，以示必死之心。夷，平也。堙，塞也。❹苗賁皇　即苗棼皇。晉大夫。❺穀　春穀為炊。❻佞　才也。❼墉　牆也。

【語　譯】鄢陵之戰，楚軍於六月甲午日清晨乘晉軍不備，逼近晉軍布陣，晉軍軍吏十分擔心，正要討論對策。范匄從公族大夫行列中出來，快步走過班位在上的大夫，搶上前來建議：「只要我們平了竈，填了井，楚軍不後退還能做什麼？」范文子拿起戈來驅逐他，說：「國家的存亡，都是天命，小孩子懂什麼？再說，還沒輪到你，就搶著說話，這是邪偽不正之舉，你想找死啊！」苗賁皇說：「真是善於逃避災難呀！」在鄢陵打退楚軍後，晉軍春穀為炊，準備用飯，范文子站在國君所乘坐的戎車的馬前說：「君上年幼，群臣不才，我們有什麼福分能得此勝利呢？我聽說：『天道於人沒有親疏，只要有德就授之以福。』我們又怎麼知道，上天讓我們打敗楚國，並不是授我以福，而是以此勉勵楚國呢？請君上與各位大人警惕自重。德，是福的根基，無德而福隆，就像沒有地基卻築高牆，垮臺也用不了幾天了。」

范文子論私難必作

反自鄢，范文子謂其宗祝❶曰：「君驕泰而有烈❷。夫以德勝者猶懼失之，而況驕泰乎？君多私，今以勝歸，私必昭❸。昭私，難必作，吾恐及焉。凡吾宗、祝，為我祈死，先難為免。」七年❹夏，范文子卒。冬，難作，始於三郤，卒於公。

【章　旨】本章記范文子對晉國國內動亂的預見。

【注　釋】❶宗祝　宗，宗人。主持禮事之臣。祝，家祝。主持祈神事神之臣。此均為范文子之家臣。❷驕泰而有烈　驕泰，驕慢奢侈。烈，功也。❸昭　顯明。❹七年　晉厲公七年，魯成公十七年。

【語　譯】從鄢陵回國後，范文子對自己的宗人、家祝說：「君上天性驕慢奢侈，卻又偏偏頗多戰功。那些靠著仁德獲勝的人，都尚且害怕丟失勝利果實，何況驕慢奢侈的人呢？君上的嬖臣愛妾本來就多，如今凱旋而歸，這些嬖臣愛妾肯定會更加顯赫。這些人一顯赫，國難就會發生，我恐怕要遭難哪！凡是我的宗人和家祝，都要為我祈禱，祈求上天賜我速死，先於禍難而死，以免於遭難。」晉厲公七年夏天，范文子去世。冬天，晉國國難果然發生，從厲公殺害三郤開始，以厲公自己被殺告終。

欒書發郤至之罪

既戰，獲王子發鉤❶。欒書謂王子發鉤曰：「子告君❷曰：『郤至使人勸王❸戰，及齊、魯之未至也。且夫戰也，微❹郤至王必不免。』吾歸子。」發鉤告君，君告欒書，欒書曰：「臣固聞之，郤至欲為難，使苦成叔緩齊、魯之師，己勸君戰，戰敗，將納孫周❺，事不成，故免楚王。然戰而擅舍國君，而受其問，不亦大罪乎？且今君若使之於周，必見孫周。」君曰：「諾。」欒書使人謂孫周曰：「郤至將往，必見之！」郤至聘於周，公使覘❻之，見孫周。是故使胥之昧與夷羊五❼刺郤至、苦成叔及郤錡，郤錡謂郤至曰：「君不道於我，我欲以吾宗與吾黨夾而攻之，雖死必敗，君必危，其可乎？」郤至曰：「不可。至聞之，武人不亂，智人不詐，仁人不黨。夫利君之富，富以聚黨，利黨以危君，君之殺我也後矣。且眾何罪？鈞之死也，不若聽君之命。」是故皆自殺❽。既刺三郤，欒書弒厲公，乃納孫周而立之，實為悼公。

【章旨】本章記欒書陷害郤至之事。

【注　釋】❶王子發鉤　楚公子茷也。❷君　指晉厲公。❸王　指楚恭王。❹微　無也。❺孫周　即晉公孫周。他是晉襄公的曾孫，名周，故稱孫周。❻覘　窺看。❼胥之昧與夷羊五　都是厲公嬖臣。胥之昧，即胥童。夷羊五，又作「夷陽五」。❽自殺　不抵抗而死。

【語　譯】鄢陵之戰中，晉軍俘虜了楚公子發鉤。欒書對發鉤說：「請公子告訴敝國國君，就說：『郤至派人到我軍中，勸父王在齊、魯兩國援軍未到之時與晉交戰。況且，戰鬥之中，如果沒有郤至，我父王也難免於難。』公子如肯這樣說，臣就放公子回國。」發鉤便如此這般地對晉厲公說了，晉厲公又把這番話告訴欒書，欒書說：「臣早就聽說，郤至想要作難，所以要郤犨延緩齊、魯兩國的援兵，自己慫恿君上開戰，就等著戰敗了好接納公孫周回國為君。這事沒弄成，所以就在戰場上放走了楚王。如此作戰而放走敵國國君，還接受他的慰問，不也是大罪過嗎？而且，現在君上如果派他出使周王室，他一定會去見公孫周。」厲公說：「好吧。」欒書又派人事先告訴孫周：「郤至將去周室，一定要見見他。」郤至到周王室聘問，厲公派人監視，果然發現他見了公孫周。因此，厲公便派胥童和夷羊五帶兵去刺殺郤至、郤犨和郤錡。郤錡對郤至說：「君上對我們不仁，我想率領我們的家人和黨羽夾攻他，即便戰死，其國也必敗，君上也必自危，你看可以嗎？」郤至說：「不可以。郤至聽說過：勇武之人不作亂，智慧之人不欺詐，仁愛之人不結黨。我們獲利於君才富有，富有之後才能聚集黨羽，如果獲利於黨而危害君上，君上現在才來殺我，已經是很晚的了。再說，家人和黨羽又何罪之有，何必連累他們？同樣是死，不如服從君命而死。」所以，三郤都不抵抗而死。厲公殺了三郤之後，欒書又殺了厲公，把公孫周從周王室接回即位，是為悼公。

長魚矯脅欒中行

長魚矯❶既殺三郤，乃脅欒、中行❷而言於公曰：「不殺此二子者，憂必及君。」公曰：「一日而尸三卿，不可益也。」對曰：「臣聞之，亂在內曰宄❸，在外為姦，御宄以德，禦姦以刑。今治政而內亂，不可謂德；除鯁而避彊，不可謂刑。德刑不立，姦宄並至，臣脆弱，不能忍俟也。」乃奔狄。三月，厲公弒。

【章　旨】本章記長魚矯主張殺欒書、中行偃之言論。

【注　釋】❶長魚矯　晉厲公的近臣，複姓長魚，曾與郤犨爭田，故參與胥童、夷羊五的行動，並親手用戈殺死三郤。❷脅欒中行　脅，劫持。欒，即欒書。中行，即中行偃。《左傳》稱「胥童以甲劫欒書、中行偃於朝」。❸宄　盜賊。

【語　譯】長魚矯和胥童等人一起殺了三郤之後，又一起在上朝時劫持了欒書、中行偃。長魚矯對厲公說：「不殺死這兩個人，君上肯定會有憂患。」厲公說：「一早上就有三位卿陳屍於朝，不能再增加了。」長魚矯回答說：「臣聽說：作亂於內叫做宄，作亂於外叫做姦，消除內亂用仁德，平息外亂用刑法。如今，治理國政而內亂興起，不能算是德；鏟除隱患卻畏避強梁，不能算是刑。德與刑既不能立，姦與宄便會一齊來，臣脆弱得很，不能強忍著恐懼等那一天到來。」於是便逃往狄國。三個月以後，厲公便被欒書、中行偃等人所殺。

韓獻子不從欒中行召

欒武子、中行獻子❶圍公於匠麗氏❷，乃召韓獻子❸，獻子辭曰：「弒君以求威，非吾所能為也。威行為不仁，事廢為不智，享一利亦得一惡，非所務也。昔者吾畜於趙氏❹，趙孟姬之讒❺，吾能違兵。人有言曰：『殺老牛莫之敢尸❻。』

而況君乎？二三子不能事君，安用厥也！」中行偃欲討之，欒書曰：「不可。其身果❼而辭順。順無不行，果無不徹❽，犯順不祥，伐果不克，夫以果戾❾順行，民不犯也，吾雖欲攻之，其能乎？」乃止。

【章　旨】本章記韓厥拒絕參與謀殺厲公一事。

【注　釋】❶欒武子中行獻子　即欒書、中行偃。❷匠麗氏　晉國下大夫，當時在翼城，厲公正到他那裡去玩。❸韓獻子　韓厥。❹畜於趙氏　畜，養也。韓厥在趙盾家養大。❺趙孟姬之讒　趙孟姬，又稱莊姬。她是晉成公之女、景公之姊、趙盾之媳、趙朔之妻。趙朔諡「莊」，所以稱莊姬。趙朔死後，她與趙盾之弟、趙朔之叔趙嬰私通。於是，魯成公五年，趙盾之弟、趙嬰之兄趙同、趙括便放逐了趙嬰。莊姬懷恨在心，於魯成公八年向晉景公誣告趙同、趙括謀反，欒氏和郤氏又為她的誣告作證，於是同、括兩族被滅。此時，晉侯、欒氏、郤氏皆攻滅趙氏，唯獨韓厥拒不出兵，而且後來還說服景公復立趙朔之子趙武，也就是趙文子為大夫。❻殺老牛莫之敢尸　尸，就是主。古人以牛耕田，勞苦功高，疲老不能用時，誰也不敢作主殺牠。❼果　果敢決斷。❽徹　達也。❾戾　帥。

【語　譯】欒書和中行偃把厲公包圍在匠麗氏家裡，便派人去叫韓厥，韓厥拒絕說：「靠殺國君來顯威風，這不是我所能做的事。行威於君不仁，辦事不成不智，享受一種好處也同時得到一個惡名，這決不是我所追求的。當初我在趙氏家中長大，孟姬誣害趙氏時，我就能頂住不出兵。人們有句俗話說：『要殺老牛，誰也不敢作主。』何況殺國君呢？諸位既不能以臣道事奉國君，哪裡又用得著我韓某！」中行偃想要討伐韓厥，欒書說：「不可。他做事果敢而且言辭順理。順理就無所不行，果敢就無所不達，觸犯順理不吉祥，討伐果敢難勝利，而以果敢統帥順理，人民也不會違抗，我們即便想攻擊他，行得通嗎？」於是作罷。

卷一三　晉語七

欒武子立悼公

既弒厲公，欒武子使智武子、彘恭子如周迎悼公❶。庚午，大夫逆于清原❷。公言於諸大夫曰：「孤始願不及此，孤之及此，天也❸。抑人之有元❹君，將稟命❺焉。若稟而棄之，是焚穀❻也；其稟而不材❼，是穀不成也。穀之不成，孤之咎也；成而焚之，二三子之虐也。孤欲長處其願，出令將不敢不成；二三子為令之不從，故求元君而訪焉。孤之不元，廢也，其誰怨？元而以虐奉之，二三子之制❽也。若欲奉元以濟大義，將在今日；若欲暴虐以離百姓，反易民常，亦在今日。圖之進退，願由今日。」大夫對曰：「君鎮撫群臣而大庇廕之，無乃不堪君訓而陷於大戮，以煩刑、史❾，辱君之允❿令，敢不承業？」乃盟而入。

辛巳，朝于武宮⓫。定百事，立百官，育門子⓬，選賢良，興舊族⓭，出滯賞⓮，畢故刑⑮，赦囚繫，宥閒罪⑯，薦積德，逮鰥寡，振廢淹⑰，養老幼，恤孤疾，年過七十，公親見之，稱曰王父，敢不承。

【章　旨】本章記悼公即位時之所言及其安邦興國之措施。

【注　釋】❶欒武子使智武子彘恭子如周迎悼公　欒武子，即欒書。智武子，即荀罃。彘恭子，即士魴，為士會之子。因食邑於彘，故又稱彘季。謚曰恭，故又稱彘恭子。悼公，即公孫周，即位前在周王室事奉單襄公，單襄公對他極為稱讚，可參看本書〈周語下・單襄公論晉周將得晉國〉。悼公回國即位時年僅十四歲，但本篇所記之言，卻氣度非凡，確能威震群臣，足見單襄公之善於識人。❷清原　晉境，在今山西省稷山縣東南二十餘里。❸天也　晉悼公把自己的即位說成是天意，表面上是自謙，實際上是引天以自重，同時也暗示欒書等人無勞以擁戴之功自傲。❹元　善。❺稟命　受命。❻焚穀　人靠食穀為生，臣因君命為治，棄君如同焚穀。❼不材　不可用。❽制　專制。❾以煩刑史　刑，指司寇等掌管刑法的官。史，指太史等記錄史實的官。大夫犯了罪，就要由刑官定讞、史官記錄在案，使之遺臭萬年。❿允　信。⓫朝于武宮　武宮，即武公廟。武公是悼公這一支晉君的祖考，所以自武公以後，即位者都要朝祭於武公之廟。⓬門子　大夫的嫡子。⓭舊族　舊臣的子孫。⓮滯賞　有功於先君而未賞賜者。⓯故刑　過去定刑監禁者。⓰閒罪　疑案。⓱廢淹　久經廢置的賢才。

【語　譯】殺死厲公之後，欒書便派荀罃和士魴到周王室那裡迎回悼公。正月十五日，大夫們迎接悼公於清原。悼公對眾位大夫們說：「寡人開始並未想到今天，今天之所以至此，完全是天意。然而，人之所以要有賢明之君，就是為了受命於他。如果接受君命又不執行，這就等於燒掉賴以維生的穀子；如果接受的是無法執行的命令，那就等於是穀子不成熟。穀子不能成熟結實，是寡人的罪過；成熟了卻要焚燒，那就是諸位的暴行。寡人打算長久地保持住自己的願望，所以發布命令就不敢不深思熟慮；諸位為了不致於發布命令而民眾不聽從，所以就求賢明之君來決策。寡人若是不賢明，廢掉寡人就是，又能怨誰呢？如果君主賢明而卻以暴戾的態度事奉他，那就是諸位太霸道了。如果想尊奉賢君以成大義，就在今天；想以暴戾事君，從而離散民眾、變易常規、君臣倒置，也在今天。請諸位再考慮一下，是尊奉寡人為君還是退而不奉，請在今天就決定下來。」大夫們回答說：「君上鎮撫群臣，給臣等賜愛降福，臣等唯恐不能承受君上的教訓，而不幸陷於罪該萬死，還要煩勞刑官來量刑定罪，史官來記錄罪行，以致玷汙辱沒了君上的信令，哪裡還不受命奉事呢？」於是君臣結盟而後進京。

正月二十六日，悼公到武宮朝祭祖宗。即位之後，議定百事，設立百官，培育大夫嫡子，選拔賢良之才，甄用舊臣子女，補賞有功而未賞之人，停止已定而未了之刑，赦免囚禁者，宥免嫌疑犯，錄用積德之士，起用廢置之才，惠及鰥夫寡婦，撫養老人幼兒，體恤孤兒殘疾，年過七十的，悼公都親自接見，稱他們為王父，不敢不承命。

悼公即位

二月乙酉，公即位。使呂宣子❶將下軍，曰：「邲之役，呂錡佐智莊子於上軍❷，獲公子穀臣與連尹襄老，以免子羽❸。鄢之役，親射楚王而敗楚師❹，以定晉國而無後❺，其子孫不可不崇也。」使彘恭子將新軍，曰：「武子❻之季、文子❼之母弟也。武子宣法❽以定晉國，至於今是用。文子勤身以定諸侯，至於今是賴。夫二子之德，其可忘乎？」故以彘季屏其宗❾。使令狐文子❿佐之，曰：「昔克潞之役，秦來圖敗晉功，魏顆以其身卻退秦師于輔氏，親止杜回，其勳銘於景鍾⓫。至于今不育⓬，其子不可不興也。」

君知士貞子⑬之帥志博聞而宣惠於教也，使為太傅。知右行辛⑭之能以數宣物定功也，使為元司空⑮。知欒糾⑯之能御以和于政也，使為戎御⑰。知荀賓⑱之有力而不暴也，使為戎右⑲。

欒伯請公族大夫⑳，公曰：「荀家㉑惇惠，荀會㉒文敏，黶㉓也果敢，無忌㉔鎮靜，使茲四人者為之。夫膏粱㉕之性難正也，故使惇惠者教之，使文敏者導之，使果敢者諗㉖之，使鎮靜者修之。惇惠者教之，則徧而不倦；文敏者導之，則婉而入；果敢者諗之，則過不隱；鎮靜者修之，則壹㉗。」使茲四人者為公族大夫。

公知祁奚㉘之果而不淫也，使為元尉㉙。知羊舌職㉚之聰敏肅給也，使佐之。知魏絳㉛之勇而不亂也，使為元司馬㉜。知張老㉝之智而不詐也，使為元候㉞。知鐸遏寇㉟之恭敬而信彊也，使為輿尉㊱。知籍偃㊲之惇帥舊職而恭給也，使為輿司馬㊳。知程鄭㊴端而不淫，且好諫而不隱也，使為贊僕㊵。

【章旨】本章記晉悼公即位後之人事安排及悼公的組織原則和教育思想。

【注釋】❶呂宣子　呂錡之子呂相，諡宣子。❷邲之役二句　邲之役已見前注。呂錡，即魏錡，是魏犨之子或其孫，食邑於廚，諡武，所以又稱廚武子。智莊子，又作「知莊子」。即荀首，當時為下軍大夫，所以本文「上軍」應為「下軍」。呂錡是荀首的御者，故曰「佐」。❸獲公子穀臣與連尹襄老二句　智莊子之子荀罃，字子羽，在這次戰爭中被楚國熊負羈所俘，荀首（即智莊子）率家將部屬去營救，呂錡為荀首駕戰車，結果俘虜了楚公子穀臣，射死了楚連尹襄老，後來用穀臣和襄老之屍換回了荀罃。公子穀臣，楚王之子。連尹，楚官名。❹鄢之役二句　鄢之役已見前注。此戰中，呂錡射中楚恭王眼睛，自己亦被楚王駕前神箭手養由基一箭射死。❺無後　後代無有在顯位者。❻武子　范武子士會。❼文子　范文子士燮。❽宣法　宣，明也。法，執秩之法。❾以彘季屏其宗　彘季，即彘恭子士魴。屏，藩也。❿令狐文子　即魏頡。他是魏犨之孫、魏顆之子，謚文子，食邑令狐。⓫昔克潞之役五句　克，勝也。潞，國名，赤狄之別種，其國當在今山西省潞城縣東北四十里。輔氏，晉地，當在今陝西省大荔縣東。杜回，秦國力士。勳，功也。景鍾，晉景公之鍾。魯宣公十五年，晉伐潞，六月十八日，晉軍元帥荀林父率師敗潞軍於曲梁（在今潞城縣西十里）；二十六日，滅潞。七月，秦桓公伐晉，駐軍輔氏，欲敗晉兵，結果被魏顆擊敗，杜回被俘。⓬育　舉薦也。⓭士貞子　又稱士伯、貞伯、士貞伯，即士渥濁，士穆子之子。⓮右行辛　晉大夫賈辛。⓯元司空　《左傳·成公十八年》謂：「右行辛為司空。」司空是掌管土木工程建築的官。⓰欒糾　又稱弁糾。晉大夫。⓱戎御　給國君駕戰車。⓲荀賓　晉大夫。⓳戎右　國君戎車之右。⓴公族大夫　掌管公族與卿之子弟者。㉑荀家　晉大夫。㉒荀會　荀家之族。㉓黶　欒桓子，欒書之子。㉔無忌　韓厥之子公族穆子。㉕膏粱　這裡指貴族子弟。膏，血肉之肥者。粱，食之精者。㉖諗　規諫。㉗壹　專一。㉘祁奚　晉大夫。字黃羊，食邑於祁，故稱祁奚，高粱伯之子。㉙元尉　即中軍尉。㉚羊舌職　晉羊舌大夫之子。㉛魏絳　魏犨之子，謚莊子。㉜元司馬　中軍司馬。㉝張老　晉大夫。名老，字孟，故又稱張孟。㉞元候　中軍候奄。候奄又稱候正，是軍中主管偵探諜報的官員。㉟鐸遏寇　晉大夫。㊱輿尉　上軍尉。㊲籍偃　即籍遊，為籍季之子、籍談之父，晉大夫。㊳輿司馬　上軍司馬。㊴程鄭　荀驩之曾孫、程季之子，晉大夫。㊵贊僕　乘馬御。總管國君的全部馬匹和馬倌的車夫。

【語　譯】二月初一，晉悼公即位。拜呂宣子呂相為下軍主帥，說：「邲地之戰，呂錡在下軍輔佐荀首，活捉楚公子穀臣，射死楚連尹襄老，救回了荀罃。鄢陵之戰，親手射中楚恭王，大敗楚軍，安定了晉國，後代卻沒有官位顯赫之人，他的子孫不能不提拔。」拜彘恭子士魴為新軍主帥，說：「他是范武子的少子，范文子的同母兄弟。武子嚴明法制，安定了晉國，直到今天還使用他的法令；文子勞身征伐，平定了諸侯，直到今天還仰賴他的功勞。這兩位先臣的功德，難道可以忘記嗎？」因此讓士魴保衛他的宗族。拜令狐文子魏頡為新軍副帥，說：「當年戰勝潞國那次戰役，秦軍趕來企圖破敗晉國的成功，是魏顆親自在輔氏打退秦軍，活捉杜回，他的功勳銘記在景公鍾上，卻至今未得舉薦，他的兒子就不能不重用。」

悼公知道貞伯士渥濁潛心治學、廣聞博見而且善於教誨，便讓他做了太傅。知道右行賈辛擅長統計，精通物理，能使物盡其用，便讓他做了元司空。知道欒糾擅長駕馭，能配合軍政，便讓他做了戎御。知道荀賓勇武有力而不浮躁暴急，便讓他做了戎右。

欒書請求任命公族大夫，悼公說：「荀家惇樸寬厚，荀會文雅敏捷，欒黶果斷勇敢，無忌鎮靜安穩，就讓這四個人做公族大夫。那些貴族子弟，驕生慣養，稟性難移，因此就要讓惇樸寬厚的人來教育，讓文雅敏捷的人來指導，讓果斷勇敢的人來規諫，讓鎮靜安穩的人來修治。惇樸寬厚的人來教育，就會變得周密而不怠懈；文雅敏捷的人來指導，就會變得柔順而明於事理；果斷勇敢的人來規諫，就會勇於改過；鎮靜安穩的人來修治，就會用心專一。」於是就任命這四個人做公族大夫。

悼公知道祁奚果敢而不失度，便任命他為中軍尉。知道羊舌職聰慧嚴肅，便任命他輔佐祁奚。知道魏絳英勇而不紊亂，便任命他為中軍司馬。知道張孟睿智而不欺詐，便任命他為中軍候正。知道鐸遏寇恭敬、誠實、堅強，便任命他為上軍尉。知道籍偃忠於職守、恭敬謹慎，便任命他為上軍司馬。知道程鄭端莊有禮不失度，勇於進諫不隱瞞，便任命他為贊僕。

悼公始合諸侯

始合諸侯于虛朾以救宋❶，使張老延❷君譽于四方，且觀道逆者❸。呂宣子卒，公以趙文子❹為文也，而能恤大事，使佐新軍。三年❺，公始合諸侯❻。四年，諸侯會于雞丘❼，於是乎布命❽、結援、修好、申盟而還。令狐文子❾卒，公以魏絳❿為不犯，使佐新軍。使張老為司馬，使范獻子⓫為候奄。公譽達于戎。五年，諸戎來請服，使魏莊子⑫盟之，於是乎始復霸。

四年，會諸侯於雞丘，魏絳為中軍司馬，公子揚干⑬亂行於曲梁⑭，魏絳斬其僕。公謂羊舌赤⑮曰：「寡人屬⑯諸侯，魏絳戮⑰寡人之弟，為我勿失⑱。」赤對曰：「臣聞絳之志，有事不避難，有罪不避刑，其將來辭。」言終，魏絳至，授僕人⑲書而伏劍。士魴、張老交止之。僕人授公，公讀書曰：「臣誅於揚干，不忘其死。日君乏使⑳，使臣狃㉑中軍之司馬。臣聞師眾以順為武，軍事有死無犯為敬，君合諸侯，臣敢不敬？君不說㉒，請死之。」公跣㉓而出，曰：「寡人之言，兄弟之禮也；子之誅，軍旅之事也。請無重寡人之過。」反役，與之禮食，令之佐新軍。

【章旨】本章記晉悼公始合諸侯之大概及其間一插曲。

【注釋】❶始合諸侯于虛朾以救宋　魯成公十八年，楚伐宋，將從宋叛逃到楚的魚石等人用武力送回。因此，晉悼公與魯、宋、衛、邾、齊等國諸侯、大夫會盟於虛朾，商議救宋之事。虛朾，當即宋國之虛地，在今河南省延津縣東。❷延　播揚。❸道逆者　有道者和逆亂者。❹趙文子　即趙武。❺三年　晉悼公三年，即魯襄公二年。❻始合諸侯　實為四年合諸侯作準備。❼雞丘　《左傳》稱「盟于雞澤」。雞澤在今河北省邯鄲市東稍北處，雞丘則在雞澤稍南，離今肥鄉、成安兩縣皆不甚遠。❽命　朝聘之數，同好惡、救災患之屬。❾令狐文子　即魏頡。❿魏絳　晉國中軍司馬。⓫范獻子　即士富，為范文子之族弟。⓬魏莊子　即魏絳。⓭公子揚干　晉悼公的弟弟。⓮曲梁　在雞澤東北。⓯羊舌赤　羊舌職之子，字伯華。魯襄公三年，羊舌職去世，悼公任命羊舌赤接替其父，擔任中軍尉佐（副尉），輔佐接替父親祁奚擔任中軍尉的祁午。當時魏絳是中軍司馬，軍尉職位高於司馬，所以悼公命令羊舌赤去逮捕魏絳。⑯屬　聚會。⑰戮　羞辱。⑱勿失　不要讓他跑了。⑲僕人　傳達命令和負責緊急奏事的官員。⑳日君乏使　當初君上缺少可以使役之人。㉑狃　任。㉒說　悅。㉓跣　赤足；光腳。是一種表示敬意的方式。

【語　譯】晉悼公第一次會合諸侯是在虛朾商討救宋之事。他派張孟到四面八方播揚國君的美譽，同時觀察諸侯中哪些人是有道的，哪些人是逆亂的。宣子呂相去世了，悼公認為趙武有文德，而且能顧恤大事，便任命他為新軍副帥。晉悼公三年，開始籌劃會合諸侯之事。四年，在雞丘會合諸侯，發布命令，締結條約，修好舊友，重申前盟，然後回國。令狐文子魏頡去世，悼公認為魏絳執法嚴明，便任命他為新軍副帥，任命張孟為司馬，士富為候奄。悼公的美譽，一直傳到戎地。五年，戎族各國來請求歸順臣服，悼公便派魏絳和他們訂立盟約，從此，晉國開始再次稱霸於諸侯。

晉悼公四年時，悼公大會諸侯於雞丘。當時，魏絳是中軍司馬，悼公的弟弟公子揚干的戰車在曲梁衝亂了行軍隊列，魏絳便將揚干的車夫斬首正法。悼公對羊舌赤說：「寡人會合諸侯，魏絳卻在這時羞辱寡人的弟弟，你給我把他抓起來，別讓他跑了。」羊舌赤回答說：「臣聽說魏絳的為人，是有事不躲避困難，有罪不躲避刑罰，他一定會來面陳辭狀。」話剛說完，魏絳就到了，把奏摺交給傳令官，便拔劍自刎，士魴和張孟一起上前阻止。傳令官把奏摺交給悼公，悼公閱讀其書云：「臣依法責罰公子揚干，同時也不敢忘記犯了死罪。當初君上身邊無人，令臣擔任中軍之司馬。臣聽說在軍隊中，以服從軍令為武；在軍事上，以寧死也不違紀為敬。君上會合諸侯，臣豈敢不敬？君上既不愉悅，微臣便但求一死。」悼公光著腳跑出來，說：「寡人之言，講的是兄弟友愛之禮；愛卿之刑，行的是軍旅嚴明之法。請不要再加重寡人的過錯了。」回國之後，悼公又依禮宴請魏絳，並升任其為新軍副帥。

祁奚薦子午以自代

祁奚辭於軍尉❶，公問焉，曰：「孰可？」對曰：「臣之子午可。人有言曰：『擇臣莫若君，擇子莫若父。』午之少也，婉以從令，遊有鄉❷，處有所，好學而不戲。其壯也，彊志而用命❸，守業而不淫❹。其冠也，和安而好敬，柔惠❺小物，而鎮定大事❻，有直質而無流❼心，非義不變，非上不舉❽。若臨大事，其可以賢於臣。臣請薦所能擇而君比義❾焉。」公使祁午為軍尉，歿平公❿，軍無秕政⓫。

【章　旨】本章論選材擇臣之道。

【注　釋】❶祁奚辭於軍尉　祁奚，字黃羊，晉國大夫，晉悼公元年任中軍軍尉，這時請求告老退休。❷鄉　同「嚮」。即去向。❸彊志而用命　志，識也。命，父命也。❹淫　亂。❺柔惠　仁愛。❻大事　軍事。❼流　放。❽舉　動。❾比義　比，比較。義，適宜。❿歿平公　歿，終。平公，悼公之子，名彪。⓫秕政　粟穀不成實叫做秕，用來比喻不善政。

【語　譯】祁奚請求辭去中軍軍尉職務，告老還家，悼公向他詢問，說：「誰可以代替愛卿呢？」祁奚回答說：「臣之子祁午可以。人們都說：『選擇臣下，沒有人比得上國君；選擇兒子，沒有人比得上父親。』祁午小的時候，就溫順聽話，出去玩耍一定報告去向，在外留宿一定報告處所，愛好學習，從不貪玩。長大後，博聞強記，遵從父命，堅守學業，從不亂來。二十歲行過冠禮以後，溫和安詳，恭敬有禮，對弱小事物充滿仁慈惠愛之心，面臨軍國大事卻又鎮定自若。他正直而不放縱，除非合乎義理，否則決不改變初衷；除非上有所命，否則決不輕舉妄動。如果讓他處理軍務，一定比微臣更能勝任愉快。因此，請允許臣舉薦臣之所選擇以供君上酌定。」悼公便任命祁午為中軍軍尉，一直到平公去世，軍中沒有過失誤的政令。

魏絳諫悼公伐諸戎

五年，無終子嘉父使孟樂因魏莊子納虎豹之皮以和諸戎❶。公曰：「戎、狄無親而好得，不若伐之。」魏絳曰：「勞師於戎，而失諸華，雖有功，猶得獸而失人也，安用之？且夫戎、狄荐處❷，貴貨而易❸土。予之貨而獲其土，其利一也；邊鄙耕農不儆❹，其利二也；戎、狄事晉，四鄰莫不震動，其利三也。君其圖之！」公說，故使魏絳撫諸戎，於是乎遂伯。

【章旨】本章論以德服諸戎之理。

【注釋】❶無終子嘉父使孟樂句　無終，山戎國名，疑本在今山西省太原市東，後為晉所併，遂遷至今河北省淶源縣一帶，後又屢遷，而此時當仍在山西省。子，山戎國主。春秋時，華夏諸國稱呼文化較落後之國的國君均曰「子」。嘉父，無終國主之名，大概是山戎諸國之魁首，故代表諸戎來求和。孟樂，無終國一位大臣。因，藉；靠。魏莊子，即魏絳。和諸戎，即諸戎請和。❷荐處　逐水草而居，遊牧為生。荐，同「薦」。草也。❸易　輕也。❹儆　警戒。

【語譯】晉悼公五年，山戎無終國國主嘉父派遣其大臣孟樂，通過魏絳的介紹，向悼公貢獻虎豹之皮，以此代表山戎諸國向晉請和。悼公說：「戎、狄之人，不講恩親，又貪得無厭，不如討伐他們。」魏絳說：「勞師動眾於山戎，卻失威信於華夏，即便有戰功，也不過等於得到了野獸卻失去了人，哪裡用得著征伐呢？再說，戎、狄逐水草而居，看重的是財物而輕賤土地。給他們財物，去換取他們的土地，這是第一利；講和之後，我國邊鄙之地的農耕，便再也不受威脅，這是第二利；戎、狄臣服於晉，四方鄰國便無不震動，這是第三利。請君上考慮！」悼公聽了十分高興，因此派魏絳去安撫山戎諸國，於是便稱霸天下。

悼公使韓穆子掌公族大夫

韓獻子❶老，使公族穆子受事於朝❷。辭曰：「厲公之亂，無忌備公族，不能死❸。臣聞之曰：『無功庸❹者，不敢居高位。』今無忌，智不能匡君，使至於難，仁不能救，勇不能死，敢辱君朝以忝韓宗？請退也。」固辭不立。悼公聞之，曰：「難雖不能死君而能讓，不可不賞也。」使掌公族大夫❺。

【章　旨】本章記韓穆子因讓得賞之事。

【注　釋】❶韓獻子　韓厥，晉卿。❷使公族穆子受事於朝　公族穆子，即韓厥的長子韓無忌，為公族大夫，謚穆子。受事於朝，即繼承父職，掌管朝政。❸不能死　無忌是公族大夫，與國君同姓，理應殉難。❹功庸　有功於國曰功。有功於民曰庸。❺使掌公族大夫　韓無忌本為一般的公族大夫，現在主掌公族大夫，位在一般公族大夫之上，成為其首席，所以是獎賞。但據《左傳》，韓無忌堅辭不就任父親留下的卿位，是因為「有廢疾」，所以讓位於其弟韓起（謚宣子）。

【語　譯】韓厥告老退休了，晉悼公要他的長子韓無忌繼承卿位，掌管政事。韓無忌推辭說：「厲公遇難時，無忌忝為公族大夫，卻不能死難。臣聽說：『於國於民均無功者，不敢居於高位。』如今臣韓無忌，論智，不能匡正國君，以致國君蒙難；論仁，不能援救君上；論勇，不能殉難，那麼，又怎敢再辱沒君上的朝廷和韓氏的宗廟呢？請允許臣辭退。」堅決辭謝而不願就位。悼公聽了以後說：「雖然不能為國君殉難，卻能夠謙讓，不能不獎賞。」便任命韓無忌為首席公族大夫，主管其事。

悼公使魏絳佐新軍

悼公使張老為卿，辭曰：「臣不如魏絳。夫絳之智能治大官❶，其仁可以利公室不忘，其勇不疚於刑❷，其學不廢先人之職。若在卿位，外內必平。且雞丘之會❸，其官不犯而辭順，不可不賞也。」公五命之，固辭，乃使為司馬。使魏絳佐新軍。

【章旨】本章記張老舉薦魏絳之言。

【注釋】❶大官　卿也。❷不疚於刑　謂能斷決。疚，病也；困惑。❸雞丘之會　事見本卷〈悼公始合諸侯〉。

【語譯】悼公任命張孟為卿，張孟推辭，說：「臣不如魏絳。魏絳這個人，論其智，可以領導眾卿；論其仁，能夠時時不忘利於公室；論其勇，敢於決斷大案；論其學，不怠廢先人之職志。如讓魏絳為卿，外交內政都會安定和平。再說，雞丘之會，他執法嚴明而奏辭柔順，不可不獎賞。」悼公五次任命張老，張老都堅決辭謝，便任命他為司馬，任命魏絳為卿，擔任新軍副帥。

悼公錫魏絳女樂歌鍾

十二年，公伐鄭❶，軍于蕭魚❷。鄭伯嘉❸來納❹女❺、工❻、妾❼三十人，女樂二八❽，歌鍾二肆❾，及寶鎛❿，輅車十五乘⓫。公錫⓬魏絳女樂一八、歌鍾一肆，曰：「子教寡人和諸戎、狄而正諸華，於今八年，七合諸侯，寡人無不得志，請與子共樂之。」魏絳辭曰：「夫和戎、狄，君之幸也。八年之中，七合諸侯，君之靈⓭也。二三子之勞也，臣焉得之⓮？」公曰：「微⓯子，寡人無以待戎，無以濟河⓰，二三子何勞焉！子其受之⓱！」君子曰：「能志善也。」

【章　旨】本章記悼公之獎賞有功與魏絳之推功於上。

【注　釋】❶十二年二句　晉悼公十二年（即魯襄公十一年）因鄭國從楚，故晉會合諸侯伐鄭，鄭國於是臣服歸順。❷蕭魚　當在今河南省許昌市。❸鄭伯嘉　鄭僖公之子鄭簡公。❹納　賂也。❺女　美女。❻工　樂師。據《左傳》，所獻樂師為師悝、師觸、師蠲，分別為鍾師、鎛師、磬師。❼妾　侍女。❽女樂二八　女樂，能歌善舞的美女。古時樂舞，八人為一列，叫做佾。二八也就是二佾。❾歌鍾二肆　鍾，編鍾。編鍾內有鈕鍾，有甬鍾。鈕鍾用以定調，甬鍾則擊以發出音階，配合以成樂曲。鈕鍾、甬鍾次第編排，數量齊全、音調音階完整，能演奏成樂曲的，就叫做一肆。❿寶鎛　鎛，小鍾。寶鎛當為鄭國之寶。據《左傳》，鄭國所獻，除鎛外還有磬。⓫輅車十五乘　輅車，韋昭注以為輅即廣車，車即軘車，其意與《左傳》所記合。廣車是攻敵之車，軘車是屯守之車，兩車相配，合為一淳，各十五乘，合為三十乘。⓬錫　賜也。所賜實為鄭伯貢奉之半數。⓭靈　福祐。⓮得之　得專。即得以專居其功。⓯微　無。⓰濟河　南渡黃河服鄭。⓱子其受之　據《左傳》，魏絳最後還是接受了悼公的這一賞賜。

【語　譯】晉悼公十二年，悼公伐鄭，駐軍蕭魚。鄭簡公嘉為表示臣服，送來美女、樂師和侍妾共三十人，歌舞美女兩列，編鍾兩套，還有寶鎛，以及廣車、軘車各十五乘。悼公將歌舞美女和編鍾各分了一半賜給魏絳，說：「是愛卿教導寡人外和戎、狄，內正華夏諸國，到現在，八年之中，七次會合諸侯，寡人要做的事，沒有一件不稱心如意的。就請讓寡人與愛卿來共享這快樂吧！」魏絳辭謝說：「外和戎、狄，是君上的幸運。八年之中，七合諸侯，是君上的洪福。此外還有各位大臣的功勞，臣豈敢專得享受？」悼公說：「沒有愛卿，寡人便沒有辦法對付戎、狄，也不可能南渡黃河，其他人有什麼功勞呢！你一定要接受！」君子說：「悼公真是能表彰功臣啊！」

司馬侯薦叔向

悼公與司馬侯❶升臺而望曰：「樂夫！」對曰：「臨下之樂則樂矣，德義之樂則未也。」公曰：「何謂德義？」對曰：「諸侯之為，日在君側，以其善行，以其惡戒，可謂德義矣。」公曰：「孰能？」對曰：「羊舌肸❷習於春秋。」乃召叔向使傅太子彪。

【章　旨】本章記司馬侯舉薦叔向之言。

【注　釋】❶司馬侯　晉大夫汝叔齊。❷羊舌肸　羊舌職之子，字叔向。

【語　譯】晉悼公和司馬侯登上高臺向遠處眺望，說：「真快樂啊！」司馬侯說：「居高臨下的快樂是享受到了，為德行義的快樂卻還沒有體驗到。」悼公問：「什麼叫德與義？」司馬侯回答：「瞭解各國諸侯，每天侍候在君旁，認為善就實行，認為惡就勸戒，可以稱得上是為德行義了。」悼公問：「誰能做到？」司馬侯回答：「羊舌肸熟習歷史。」於是便召見羊舌肸叔向，任命他為太子彪的師傅。

卷一四　晉語八

陽畢教平公滅欒氏

平公六年[1]，箕遺及黃淵、嘉父作亂[2]，不克而死。公遂逐群賊[3]，謂陽畢[4]曰：「自穆侯[5]以至于今，亂兵不輟[6]，民志不厭[7]，禍敗無已。離民且速寇[8]，恐及吾身[9]，若之何？」陽畢對曰：「本根猶樹[10]，枝葉益長，本根益茂，是以難已也。今若大其柯[11]，去其枝葉，絕其本根，可以少閒[12]。」

公曰：「子實圖之。」對曰：「圖在明訓[13]，明訓在威權，威權在君。君掄[14]賢人之後有常位[15]於國者而立之，亦掄逞志虧君以亂國者之後而去之，是遂威而遠權[16]。民畏其威，而懷其德，莫能勿從。若從，則民心皆可畜。畜其心而知其欲惡[17]，人孰偷生？若不偷生，則莫思亂矣。且夫欒氏之誣晉國久也[18]，欒書實覆宗[19]，弒厲公以厚其家，若滅欒氏，則民威[20]矣。今吾若起瑕、原、韓、魏[21]之後而賞立之，則民懷矣。威與懷各當其所，則國安矣，君治而國安，欲作亂者誰興？」

君曰：「欒書立吾先君㉒，欒盈不獲罪㉓，如何？」陽畢曰：「夫正國者，不可以暱㉔於權，行權不可以隱於私。暱於權，則民不導；行權隱於私，則政不行。政不行，何以導民？民之不導，亦無君也，則其為暱與隱也，復害矣，且勤身。君其圖之！若愛欒盈，則明逐群賊，而以國倫㉕，數而遣之㉖，厚箴戒圖㉗以待之。彼若求逞志而報於君，罪孰大焉，滅之猶少㉘。彼若不敢而遠逃，乃厚其外交㉙而勉之，以報其德，不亦可乎？」

公許諾，盡逐群賊而使祁午㉚及陽畢適曲沃㉛逐欒盈，欒盈出奔楚。遂令於國人曰：「自文公以來有力於先君而子孫不立者，將授立之，得之者賞。」居三年，欒盈晝入，為賊於絳㉜。范宣子㉝以公入于襄公之宮㉞，欒盈不克，出奔曲沃，遂刺欒盈，滅欒氏。是以沒平公之身無內亂也。

【章旨】本章記陽畢教平公消滅勢力過大的欒氏家族之言論。

【注釋】❶平公六年　即魯襄公二十一年。平公，悼公之子，名彪。❷箕遺及黃淵嘉父作亂　箕遺、黃淵、嘉父都是晉國大夫，也是欒盈的黨羽。欒盈是欒武子欒書之孫、桓子欒黶之子，諡懷子。欒黶娶范宣子士匄之女叔祁為妻，生欒盈。欒黶死後，叔祁與家臣之長室老州賓私通，遭欒盈反對，叔祁便向其父范宣子誣告欒盈聚黨謀反。范宣子派人驅逐欒黨，於是箕遺等人便搶先發難，結果箕遺、黃淵、嘉父、司空靖、邴豫、董叔、邴師、申書、羊舌虎、叔羆十位大夫被范宣子所殺。❸逐群賊　欒盈餘黨智起、中行喜、州綽、邢蒯被驅逐，逃往齊國。❹陽畢　晉大夫。❺穆侯　桓叔之父、晉武公曾祖父。晉國之亂，是從桓叔開始的。❻輟　停。❼厭　止。❽離民且速寇　離，棄也。速，召也。❾恐及吾身　恐怕在我為君時就要出事。❿本根猶樹　樹木的根子還活著。⓫柯　斧柄。⓬閒　停息。⓭明訓　明教。⓮掄　選擇。⓯常位　世世代代有功於國。⓰遂威而遠權　遂，成。遠權，長遠地考慮。⓱欲惡　情欲好惡。⓲欒氏之誣晉國久也　欒書弒君，本是犯上，卻大得其利，子孫也沾光，所以說是「誣晉國久也」。誣，欺罔也。⓳覆宗　欒書弒厲公，大宗後繼無人，所以是「覆宗」。宗，大宗。國君世襲的緒統。⓴威　畏也。㉑瑕原韓魏　瑕，即瑕嘉。原，即原軫。韓，即韓萬。魏，即畢萬。四位都是晉國賢人。㉒先君　悼公。㉓欒盈不獲罪　欒盈被誣告，自身本無罪過。㉔暱　近也。㉕國倫　立國之理。㉖數而遣之　數其罪而驅逐之。㉗厚箴戒圖　厚，重。箴，規。戒，防。圖，謀。㉘滅之猶少　滅其族還是很輕的懲罰。㉙外交　逃亡之國。㉚祁午　晉國中軍軍尉。㉛曲沃　欒盈的食邑。㉜欒盈晝入二句　欒盈出逃後，在楚國住了一年，又到齊國去。齊莊公把他送回曲沃，他便率領曲沃的軍隊，白晝入絳，要殺平公。絳，晉都。㉝范宣子　士匄，晉正卿。㉞襄公之宮　此宮堅固易守，被稱為「固宮」。

【語譯】晉平公六年，欒盈黨羽箕遺、黃淵、嘉父等人作亂，未遂被殺。平公於是驅逐其餘黨。他對陽畢說：「自從穆侯到如今，我晉國亂兵不止，民心不足，禍亂不斷。民眾離心離德，外寇不召自來，寡人在位期間，只怕就會出事，這可如何是好？」陽畢回答：「樹木的根子還活著，枝葉就會越長越多，根子也會越長越壯，所以難以制止啊！現在，如果大刀闊斧地砍去枝葉，斬斷樹根，就可以稍稍平息一下了。」

平公說：「還要請愛卿實在地謀劃一下。」陽畢說：「謀劃的關鍵在於嚴明教化，嚴明教化的關鍵在於建立威望和善於權衡，而威望和權衡又都在於國君。君上如果選擇賢人的後代中世世代代有功於國的人加以重用，又挑選一些肆意妄為、虧待君主、禍亂國家之人的後代而予以撤職查辦，這就能成就威望，並能從長計議。民眾畏懼君上虎威，又依戀君上仁德，就沒有不順從的了。民眾如果順從，則民心便皆可畜養而教導之。畜養教導其心，又深知他們的欲望好惡，還有誰會苟且偷生？如果不偷生，那也就不會想到作亂了。再說，欒氏誣罔欺詐晉國已經很久很久了。那欒書其實是滅了晉國的宗主，弒殺厲公來擴大自己家族的財產實力。如果滅了欒氏，人民一定畏懼君上的武威。如果再起用瑕嘉、原軫、韓萬、畢萬之後，給他們賞賜，讓他們做官，人民一定依戀君上的仁德。畏懼和依戀都各當其所，國家也就安定了。國君善於治國，國家長治久安，那些圖謀作亂的人，還有誰能興風作浪呢？」

平公說：「欒書擁立了先君，欒盈又無罪過，怎麼辦呢？」陽畢說：「治理國政的人，權衡國事，不可目光短淺；揆理軍政，不可循於私情。短見，民眾便無從疏導；循私，政令便無法實行。政令不行，又如何教化子民？人民不得教化疏導，也就等於沒有國君。如此可見，短見和徇私，反而有害，還要勞君操心傷神。請君上好好考慮一下！如果不忍心殺死欒盈，那麼，就公開驅逐其黨羽，然後依照立國之道理，歷數其罪，再加以驅逐。還要嚴加訓斥，備加防範，以靜觀其反應。他如果肆意妄為圖謀報復，那就犯下了滔天大罪，即便滿門抄斬，也還是寬大為懷。他要是不敢造反，而逃得遠遠的，那就給他的逃亡之國多送厚禮，以報欒氏祖上之德，不也可以嗎？」

平公接受了陽畢的建議，把欒盈的同黨盡數驅逐，又派祁午和陽畢到曲沃去驅逐欒盈，欒盈逃到了楚國。於是下令詔告國人：「自文公以來，凡有功於先君而其子孫尚未做官的，都將授以爵位，有訪得功臣之後的也有賞賜。」過了三年，欒盈大白天打了進來，要在絳都弒君作亂。范宣子帶著平公躲進襄公之宮，欒盈沒有得手，又逃回曲沃，於是便殺了欒盈，滅了欒氏。因此直到平公去世，晉國國內也沒有禍亂。

辛俞從欒氏出奔

欒懷子❶之出，執政❷使欒氏之臣勿從，從欒氏者為大戮施❸。欒氏之臣辛俞行，吏執之，獻諸公。公曰：「國有大令，何故犯之？」對曰：「臣順之也，豈敢犯之？執政曰『無從欒氏而從君』，是明令必從君也。臣聞之曰：『三世事家，君之；再世以下，主之。』事君以死，事主以勤，君之明令也。自臣之祖，以無大援❹於晉國，世隸於欒氏，於今三世矣，臣故不敢不君。今執政曰『不從君者為大戮』，臣敢忘其死而叛其君，以煩司寇❺？」公說，固止之，不可，厚賂之。辭曰：「臣嘗陳辭矣，心以守志，辭以行之，所以事君也。若受君賜，是墮其前言。君問而陳辭，未退而逆之，何以事君？」君知其不可得也，乃遣之。

【章　旨】本章記辛俞論事君之言。

【注　釋】❶欒懷子　即欒盈。❷執政　正卿。這裡指范宣子。❸施　陳其屍也。❹援　攀附援引；救助。❺司寇　主管刑律之官。

【語　譯】欒盈出逃時，正卿下令欒氏家臣不得追隨，有膽敢追隨欒氏者必斬首陳屍。欒盈的家臣辛俞卻跟著走了，被官吏捉住，送到平公那裡。平公問：「國家已經頒布了嚴厲的法令，為什麼還要觸犯？」辛俞回答：「臣只知道順從，哪裡敢犯法？正卿的命令說：『不得追隨欒氏，必須追隨君主。』這就是明令從君啊！臣聽說：『做家臣的，連續三代事奉大夫，就事之如君；只事奉兩代的，就事之如大夫。』事君要不顧生命，事大夫要用勤勞，這正是君上的明令。臣一家人，從祖父開始，因為在晉國沒有什麼大的靠山，所以世世代代都隸屬於欒氏，到現在已經三代了，因此臣不敢不事欒氏如君。現在，執政大人說：『不追隨君主的要斬首示眾。』臣哪裡敢冒死罪來背叛自己的君主，從而給執法官添麻煩呢？」平公聽了很喜歡他，再三勸阻他不要追隨欒氏。勸阻無效，又要送給他厚重的禮物。辛俞辭謝說：「臣剛才已經陳述過志向了，堅守志向，言行一致，臣就靠這些來事君。如果接受君上的恩賜，就等於背叛了自己的誓言。君上問起，就慷慨陳辭；還沒有退下，就自食其言，這還怎麼事君呢？」平公知道他不可為自己所用，就放了他。

叔向母謂羊舌氏必滅

叔魚❶生，其母視❷之，曰：「是虎目而豕喙❸，鳶肩❹而牛腹，谿壑可盈，是不可饜也，必以賄❺死。」遂不視❻。楊食我❼生，叔向之母聞之，往，及堂，聞其號也，乃還，曰：「其聲，豺狼之聲，終滅羊舌氏之宗者，必是子也❽。」

【章　旨】本章記叔向之母由相面聞聲而預言其人之未來。

【注　釋】❶叔魚　晉大夫，名鮒，羊舌肸叔向的同母弟弟。❷視　察看。❸豕喙　豬嘴，長而銳。❹鳶肩　鷹肩高聳。❺賄　賄賂。此處當指貪財。❻視　親自養視。❼楊食我　叔向之子伯石。因叔向食邑於楊，故稱楊食我。❽終滅羊舌氏之宗者二句　楊食我長大後，與祁盈同黨作亂，事敗被殺，祁氏、羊舌氏兩族被滅，事在魯昭公二十八年，《左傳》追記叔向母聞楊食我出生時號哭之聲而曰：「狼子野心。」

【語　譯】叔向的弟弟叔魚出生了，他的母親察看他一番之後說：「這孩子虎視眈眈，豬嘴拱拱，鷹肩聳聳，牛肚空空，山谿河溝尚且能填平，而他的貪欲卻永無止境，一定會因貪財而死。」於是便不親自撫養。叔向的兒子楊食我出生了，叔向的母親聽說後就去看他，走到堂上，聽見了孩子的哭聲，便不進去看，掉頭就回，說：「這孩子啼哭的聲音，是豺狼的嚎叫聲，狼子之心，野心勃勃。將來終於導致羊舌氏滅宗滅族的，一定是這小子。」

叔孫穆子論死而不朽

魯襄公❶使叔孫穆子❷來聘，范宣子問焉，曰：「人有言曰『死而不朽』，何謂也？」穆子未對。宣子曰：「昔匄之祖，自虞以上為陶唐氏❸，在夏為御龍氏❹，在商為豕韋氏❺，在周為唐、杜氏❻。周卑，晉繼之，為范氏，其此之謂也？」對曰：「以豹所聞，此之謂世祿，非不朽也。魯先大夫臧文仲❼，其身歿矣，其言立於後世，此之謂死而不朽❽。」

【章旨】本章可與《左傳・襄公二十四年》所記叔孫穆子之言參看，謂真正的「死而不朽」，當為立德、立功、立言，而非世世代代為官為宦。

【注釋】❶魯襄公　成公之子，名午。❷叔孫穆子　叔孫得臣之子，名豹，魯卿，又稱穆叔。❸自虞以上為陶唐氏　虞，舜世。陶唐為堯號，是范氏始祖所出，到虞舜時仍不改其號，說明其顯赫。❹在夏為御龍氏　到了有夏孔甲之世，陶唐氏衰，其後代有個叫做劉累的，向豢龍氏學習擾龍，服事孔甲，受到嘉獎，被賜氏曰御龍。❺在商為豕韋氏　豕韋本為彭姓之後封國，商滅豕韋，以劉累之後御龍氏代之。❻在周為唐杜氏　商末，豕韋氏改國於唐，周成王滅唐，封弟叔虞，遷唐於杜，後遂稱唐杜氏。❼臧文仲　即魯卿臧孫辰，伯氏瓶之子。他賢德有才，對魯國貢獻和影響都很大，本書〈魯語上・臧文仲如齊告糴〉等載有他的言論與事跡，可參看。❽此之謂死而不朽　《左傳・襄公二十四年》記有叔孫穆子之言較詳，曰：「豹聞之：『太上有立德，其次有立功，其次有立言。』雖久不廢，此之謂三不朽。若夫保姓受氏，以守宗祊，世不絕祀，無國無之。祿之大者，不可謂不朽。」

【語　譯】魯襄公派叔孫穆子到晉國來聘問，范宣子問他：「人們有句成語，叫做『死而不朽』，是什麼意思呢？」叔孫穆子還沒有回答，范宣子又說：「當年，鄙人的祖上，從唐堯到虞舜，都號稱陶唐氏；到了夏代，又冊封為御龍氏；在商代為豕韋氏，在周代為唐杜氏。周室卑微，晉國稱霸諸侯以後，又封為范氏，這就是死而不朽吧？」叔孫穆子回答說：「就鄙人的聞見而言，這只能叫『世祿』，不能叫『不朽』。像敝國先大夫臧文仲那樣，其人雖已過世，其言行卻為後世楷模，這才能稱得上是死而不朽。」

范宣子與和大夫爭田

范宣子與和大夫❶爭田，久而無成。宣子欲攻之，問於伯華❷。伯華曰：「外有軍，內有事。赤也，外事也，不敢侵官。且吾子之心有出焉，可徵訊❸也？」問於孫林甫❹，孫林甫曰：「旅人❺，所以事子也，唯事是待。」問於張老❻，張老曰：「老也以軍事承子，非戎，則非吾所知也。」問於祁奚❼，祁奚曰：「公族之不恭，公室之有回❽，內事之邪，大夫之貪，是吾罪也。若以君官從子之私，懼子之應❾且憎也。」問於籍偃❿，籍偃曰：「偃也以斧鉞從張孟，日聽命焉，若夫子之命也，何二之有？釋夫子而舉，是反吾子也⓫。」問於叔魚⓬，叔魚曰：「待吾為子殺之。」

叔向聞之，見宣子曰：「聞子與和未寧，徧問於大夫，又無決，盍訪之訾祏⓭？

訾祏實直而博，直能端辨之，博能上下比之，且吾子之家老也。吾聞國家有大事，必順於典刑，而訪諮於耇老，而後行之。」司馬侯⑭見，曰：「聞吾子有和之怒，吾以為不信。諸侯皆有二心，是之不憂，而怒和大夫，非子之任也。」祁午⑮見，曰：「晉為諸侯盟主，子為正卿，若能靖端諸侯，使服聽命於晉，晉國其誰不為子從？何必和？盍密和，和大以平小乎？」

宣子問於訾祏，訾祏對曰：「昔隰叔子違周難於晉國⑯，生子輿為理⑰，以正於朝，朝無姦官；為司空⑱，以正於國，國無敗績。世及武子⑲，佐文、襄⑳為諸侯，諸侯無二心。及為卿，以輔成、景㉑，軍無敗政。及為成㉒師，居太傅㉓，端刑法，緝訓典，國無姦民，後之人可則，是以受隨、范㉔。及文子成晉、荊之盟㉕，豐兄弟之國㉖，使無有閒隙，是以受郇、櫟㉗。今吾子嗣位，於朝無姦行，於國無邪民，於是無四方之患，而無外內之憂，賴三子㉘之功而饗其祿位。今既無事矣，而非㉙和，於是加寵，將何治為？」宣子說，乃益和田而與之和。

【章旨】本章記晉國大夫與宣子家臣對范宣子與和大夫爭田界一事所發的言論。

【注釋】❶和大夫　和邑大夫。❷伯華　羊舌赤，晉中軍副軍尉。❸徵訊　找來問問。❹孫林甫　即衛國大夫孫文子，因內亂而逃到晉國。❺旅人　客人。❻張老　晉大夫張孟，時為上軍主帥。❼祁奚　晉國元老，此時已辭去中軍軍尉職務，任一般的公族大夫。❽回　邪。❾應　應承。❿籍偃　即籍遊，上軍司馬。⓫反吾子也　宣子作為上卿，當然要求上軍司馬（籍偃）聽命於上軍主帥（張孟），所以，籍偃如不聽命於張孟，也就等於不聽命於宣子。⓬叔魚　叔向之弟羊舌鮒。⓭訾祏　宣子家臣。⓮司馬侯　晉國大夫汝叔齊。⓯祁午　祁奚之子，中軍軍尉。⓰隰叔子違周難於晉國　隰叔子，范宣子之先祖、杜伯之子。周宣王殺杜伯，隰叔便逃到晉國。⓱生子輿為理　子輿，即士蔿。理，法官。⓲司空　主管工程的官員。⓳世及武子　士蔿生成伯缺，成伯缺生士會，士會就是范武子，晉文公五年為大夫。⓴文襄　晉文公重耳、襄公驩。㉑成景　晉成公黑臀、景公據。㉒成　當為「景」。魯宣公九年，晉成公卒；至十六年，晉景公請於周天子，以黻冕命士會將中軍，且為太傅。㉓居太傅　太傅在晉，為主禮刑之近官，士會以中軍主帥兼之。㉔隨范　范武子初封隨，故曰隨武子；後改封范，又曰范武子。以後，其子孫終春秋之世均稱范。㉕文子成晉荊之盟　文子，即武子之子士燮。與楚結盟在魯成公十二年。㉖豐兄弟之國　兄弟之國，指鄭國和衛國等小國。他們夾在晉、楚之間，左右為難，晉、楚修好，他們自然得益。㉗郇櫟　晉之二邑。㉘三子　指子輿、武子、文子。㉙非　非難。

【語　譯】范宣子與和邑大夫為田界相爭執，曠日持久，相執不下。宣子想攻打和邑，為此去問中軍副尉伯華，伯華說：「外有軍事，內有政務，卑職只管對外用兵，不敢越權處理內務。再說，大人的用心已超出了軍事，是不是找別人問問呢？」問衛國大夫孫林甫，孫林甫說：「我這個逃亡的人，事奉閣下，只是一心等待您的吩咐罷了。」問上軍主帥張孟，張孟說：「下官只知輔佐閣下的軍務，軍事以外，就不是我所知道的了。」問元老祁奚，祁奚說：「如果公族中有不恭之人，公室中有不正之事，朝廷內有了偏差，大夫們有了貪鄙，那就是老夫的罪過。如果要我這個國君的臣僚去順從閣下的私欲，那麼，只怕閣下表面上應承老夫，背地裡也要憎惡鄙視我吧！」問上軍司馬籍偃，籍偃說：「籍偃手執斧鉞追隨上軍主帥張孟，每天接受他的命令，如果是主帥張孟大人的命令，哪裡還有二話？如果越過上軍主帥而擅自行動，就等於是違背了全軍元帥您的命令了。」問羊舌鮒叔魚，叔魚說：「等著我替大人殺了那傢伙。」

叔向聽說後，就去見宣子，說：「聽說閣下與和大夫爭執不休，遍問於大夫，又得不到結論，何不去問訾祏呢？訾祏為人正直，又廣聞博見。正直，就能站在正確的立場上明辨是非；廣博，就能上上下下地進行比較。況且，他還是閣下的家臣室老。我聽說，國也好，家也好，有了大事，一定要按照常規處理，同時要向老人諮詢，然後再行動。」大夫司馬侯去見宣子，說：「聽說閣下跟和大夫生氣，鄙人很不相信。諸侯和晉國有二心，這樣大的事都不憂慮，反倒跟和大夫過不去，這不是閣下的職務。」中軍軍尉祁午去見宣子，說：「晉國是諸侯盟主，大人是晉國正卿，如果能安定端正諸侯，讓他們俯首帖耳聽命於晉，晉國之中，又有誰不俯首帖耳聽命於大人呢？又何止是和大夫？何不私下和解，以大德平小怨呢？」

宣子又去問訾祏，訾祏回答說：「當年，先祖隰叔避周難而到晉國，生下子輿。子輿做法官，以正氣上朝，朝中無姦官；做司空，以正氣建國，國政無敗績。傳世到武子，武子做大夫，輔佐文公、襄公，稱霸諸侯，諸侯無二心。後來做了卿，輔佐成公、景公，軍事無敗政。以後又做了景公的中軍元帥，兼任太傅，為晉國正卿，端正刑法，總理訓典，國中無姦民，成為後世楷模，所以先後受封於隨、范。到了文子，完成晉、楚兩國的結盟，讓兄弟之國得到利益，各國之間沒有磨擦，所以又受封於郇、櫟。如今，大人繼承了先祖的爵位，朝中無姦行，國中無姦民，四面八方沒有禍亂，國內國外沒有憂患，仰仗著三位先人的功勳洪福而享受著他們傳下的祿位。現在，既然天下太平四方無事，又何必非難和邑大夫呢？如果這時君上要再加恩寵於大人，大人又將如何治國呢？」宣子聽了很高興，就將所爭之田讓與和大夫，跟他和好了。

訾祏死范宣子勉范獻子

訾祏死，范宣子謂獻子❶曰：「鞅乎！昔者吾有訾祏也，吾朝夕顧❷焉，以相晉國，且為吾家。今吾觀女也，專則不能，謀則無與❸也，將若之何？」對曰：「鞅也，居處恭，不敢安易❹，敬學而好仁，和於政而好其道，謀於眾不以賈❺

好，私志雖衷❻，不敢謂是也，必長者之由。」宣子曰：「可以免身。」

【章旨】本章論處世之道。

【注釋】❶獻子　宣子之子范鞅。❷顧　問。❸與　對象。這裡指與之謀劃商量的賢臣。❹易　簡略。❺賈　求。❻衷　善也。

【語譯】訾祏去世了，范宣子對他的兒子獻子范鞅說：「鞅啊！過去我有訾祏呀！我無論早晚事事都要問他，一方面輔佐國君，另一方面管理家族。現在我看你呢，獨立辦事又不行，找人商量又沒人，你可怎麼辦哪！」范鞅回答：「兒呀就這樣：不管處於何等地位，都一定恭敬謹慎，不圖安逸，也不簡慢禮節；尊敬學識，好行仁義，為政貴和但遵循正道，謀於眾人但不求私好；自己雖然有了一定的見解，但決不敢自以為是，一定聽從長者的意見。」宣子說：「可以免遭禍難了。」

師曠論樂

平公說新聲❶，師曠❷曰：「公室其將卑乎！君之明兆於衰矣。夫樂以開山川之風也，以耀德於廣遠也。風德❸以廣之，風山川以遠之❹，風物以聽之，修詩以詠之，修禮以節之。夫德廣遠而有時節❺，是以遠服而邇不遷。」

【章旨】本章論音樂之本質與功能。

【注釋】❶平公說新聲　說，通「悅」。新聲，不合禮樂規範的音樂。《史記．樂書》說：衛靈公到晉國去，夜半在濮水之上聞鼓琴聲，甚是悲涼，就讓自己的樂師師涓用琴學彈記錄下來，到了晉國，又為晉平公演奏，平公很喜歡，而師曠則當場指出這是商紂樂師師延所作的靡靡之樂，是亡國之音。❷師曠　晉國樂師，名曠，字子野。❸風德　風宣其德。❹遠之　遠其德。❺時節　作有時，動有節。

【語　譯】平公喜歡不合禮樂規範的靡靡之音，師曠說：「晉公室只怕要衰微了吧！從君上欣賞的樂曲中已顯出衰敗之預兆了。音樂，是以八音開通天地山川八方之風，又以此風將德音傳播推廣到普天之下的。風宣德教，推而廣之；風演山川，播而遠之；風擬物象，正而聽之；又作詩來詠歌它，作禮來節度它。正因為德教廣大深遠，而又作有時、動有節，這才能夠使遠方之民歸心嚮往、甘願臣服，近處之民不會離心離德、見異思遷啊！」

叔向諫殺豎襄

平公射鴳❶，不死，使豎襄❷搏之，失。公怒，拘將殺之。叔向聞之，夕，君告之。叔向曰：「君必殺之。昔吾先君唐叔射兕于徒林❸，殪❹，以為大甲❺，以封于晉❻。今君嗣吾先君唐叔，射鴳不死，搏之不得，是揚吾君之恥者也。君其必速殺之，勿令遠聞。」君忸怩❼，乃趣❽赦之。

【章　旨】本章記叔向正話反說、巧救豎襄一事。

【注　釋】❶鴳　同「鷃」。即鵪，又叫老扈，麥收時的候鳥，較小。❷豎襄　豎是宮中小臣，襄是他的名字。❸唐叔射兕于徒林　唐叔，晉之始祖。兕，犀牛一類的野獸。徒林，林名。❹殪　一箭中的。❺甲　鎧甲。❻以封于晉　因有才藝而得封爵。❼忸怩　羞愧貌。❽趣　急。

【語　譯】平公射鴳，沒有射死，命令小臣襄去捉牠，又沒有捉到。平公大怒，把小臣襄抓了起來，要殺了他。叔向聽說了，連夜去見平公，平公就把這事說給他聽。叔向說：「君上一定要殺了他。想當年，我們先君唐叔在徒林射兕，一箭就射中了，用牠的皮做了一件大鎧甲，因此得封晉國。如今，君上承繼先君唐叔，射一隻小鳥都射不中，去抓牠又抓不著，這簡直是張揚我們國君的恥辱啊！君上一定要盡快把這小臣殺了，千萬別讓這事傳到遠處。」平公很不好意思，就趕緊把小臣襄放了。

叔向論比而不別

叔向見司馬侯之子，撫而泣之，曰：「自此其父之死，吾蔑與比❶而事君矣！昔者此其父始之，我終之；我始之，夫子終之❷，——無不可。」籍偃在側，曰：「君子有比乎？」叔向曰：「君子比而不別❸。比德以贊事❹，比也；引黨以封己，利己而忘君，別也。」

【章　旨】本章論團結齊心、通力合作與結黨營私、朋比為奸之區別。

【注　釋】❶蔑與比　蔑，無。比，並肩合作。❷此其父始之四句　意謂凡有所建言，或有所諫爭，不是司馬侯提出，叔向完成，便是叔向倡議，司馬侯贊同。兩人相為始終，以成其事。❸別　別為朋黨。❹贊事　贊助國事。

【語　譯】叔向看到司馬侯的兒子，便一邊撫摸他一邊哭，說：「自從這孩子的父親去世後，我就再也找不到人和我『比』而事君了。想當年，他父親提議、諫爭於前，我就贊助、唱和於後；我建議、批評於前，他老先生就附和、補充於後，——無論誰先誰後，都沒有什麼不可以的。」籍偃正好在旁邊，就問：「君子也講『比』嗎？」叔向說：「君子『比』而不『別』。同心同德，贊助國事，這是團結，就叫做『比』。結黨營私，心中無君，那是勾結，就叫做『別』。」

叔向與子朱不心競而力爭

秦景公使其弟鍼來求成❶，叔向命召行人子員❷。行人子朱❸曰：「朱也在此。」叔向曰：「召子員。」子朱曰：「朱也當御❹。」叔向曰：「肸也欲子員之對客也。」子朱怒曰：「皆君之臣也，班爵同，何以黜朱也？」撫劍就之。叔向曰：「秦、晉不和久矣，今日之事幸而集❺，子孫饗之。不集，三軍之士暴骨。夫子員導❻賓主之言無私，子常易之。姦以事君者，吾所能禦也。」拂衣從之，人救❼之。平公聞之曰：「晉其庶❽乎！吾臣之所爭者大。」師曠侍，曰：「公室懼卑，其臣不心競而力爭❾。」

【章　旨】本章論處理國事應以理相爭，不可意氣用事，更不可訴諸武力。

【注　釋】❶秦景公使其弟鍼來求成　秦景公，秦穆公之玄孫、桓公之子。鍼，即后子伯車。求成，求通盟好。事在魯襄公二十六年。❷行人子員　行人，掌朝覲聘問接待賓客的外交官員。子員是一位外交官。❸子朱　另一位外交官。❹當御　值班。❺集　成。❻導　傳達。❼救　阻止。❽庶　庶幾；差不多。這裡的意思是差不多要興盛了。❾不心競而力爭　心競，謂以心智相爭。力爭，謂以武力相鬥。

【語　譯】秦景公派他的弟弟伯車來請求結盟修好，叔向命令把外交官子員召來。另一位外交官子朱說：「卑職在此。」叔向說：「把子員找來。」子朱說：「卑職正好當班。」叔向說：「本官決定要由子員來接待來賓。」子朱憤怒地說：「卑職與子員，都是君上之臣，班位級別相同，為什麼要排斥卑職？」說著，手扶寶劍，就湊了過來。叔向說：「秦、晉兩國不和，已經很久了。今日之事，如果有幸成功，子子孫孫都受益無窮；如果辦不成，我三軍將士，就又要拋屍暴骨於荒野了。子員這位外交官，在傳達轉述賓主兩方的意見時，從不夾雜個人私見，而你卻常常任意改變原話，不據實傳達。像你這等以奸詐之術事君的人，我羊舌肸是對付得了的。」說完，把衣襟一提，就要上前搏鬥，結果被人拉開了。平公聽說以後說：「晉國大概要興盛了吧！臣子們爭的都是大事啊！」師曠正好侍立在旁，便脫口說道：「晉公室只怕要衰敗了，大臣們不用心智相爭卻用武力相鬥。」

叔向論忠信而本固

諸侯之大夫盟于宋❶，楚令尹子木❷欲襲晉軍，曰：「若盡晉師而殺趙武❸，則晉可弱也。」文子聞之，謂叔向曰：「若之何？」叔向曰：「子何患焉？忠不可暴❹，信不可犯，忠自中，而信自身，其為德也深矣，其為本也固矣，故不可捐❺也。今我以忠謀諸侯，而以信覆之❻，荊之逆諸侯也亦云，是以在此。若襲我，是自背其信而塞其忠也。信反必斃，忠塞無用，安能害我？且夫合諸侯以為不信，諸侯何望焉？為此行也，荊敗我，諸侯必叛之。子何愛於死？死而可以固晉國之盟主，何懼焉？」是行也，以藩為軍❼，攀輦即利而舍❽，候遮扞衛不行❾，楚人不敢謀，畏晉之信也。自是沒平公無楚患。

【章　旨】本章論忠信為立國立身之本。

【注　釋】❶諸侯之大夫盟于宋　魯襄公二十七年，為了不再互相攻殺，晉、楚和諸侯各國在宋國結盟。❷子木　楚國令尹，名屈建，屈到之子。❸趙武　即趙文子，晉國正卿。❹暴　侵暴。❺捐　動搖；損害。❻覆之　驗證忠信。❼以藩為軍　行軍只設藩籬，不設壁壘。藩，籬笆。❽攀輦即利而舍　攀輦，引車。即利而舍，不考慮防衛。❾候遮扞衛不行　候遮，就是盤查斥候。候，望。遮，攔。行軍時，白天要候遮，晚上要扞衛，但這次都不用。

【語　譯】諸侯各國的大夫們相邀在宋國訂立停止戰爭的盟約，楚國的令尹屈建打算偷襲晉軍。他說：「如果將晉軍全軍消滅，殺死他們的元帥趙武，那麼晉國的力量就一定會大為削弱。」趙武得知後，就問叔向：「我們怎麼辦？」叔向說：「閣下何必擔心呢？忠誠是不可侵暴的，信義是不可冒犯的。忠誠發自內心深處，信義來自身體力行。忠誠和信義，作為做人立國的道德，是很深刻很深刻的；作為安身立命的根基，是很牢固很牢固的。因此，它們是不可動搖不可損害的。如今，我晉國以忠誠來謀求與諸侯修好結盟，同時還要以信義來驗證我們的誠意，而楚國在迎接諸侯各國使節時也是這麼說的，大家這才在這裡會合。如果楚國來偷襲我，那就是自背其信義，自絕其忠誠。背信棄義必然自取滅亡，杜絕忠誠一定失去諸侯，哪裡還能害我們？再說，會合諸侯卻不講信義，諸侯們還指望他什麼？如果他們果真要做這種不義之事，那麼，楚國即便打敗了晉國，也一定會遭到諸侯的背叛。閣下何必惜此一死？以此一死來換得晉國盟主地位的鞏固，又有什麼可畏懼的呢？」於是，這次出行，晉軍只以籬笆為軍營，不設壁壘；宿營時停車就水草而駐紮，不擇地形；白天不設盤查斥候，晚上不布崗放哨，表示不設防範。結果，楚人畏於晉國的忠而守信，終於不敢下手。從此，直到晉平公去世，晉國都沒有來自楚國的外患。

叔向論務德無爭先

宋之盟❶，楚人固請先歃❷。叔向謂趙文子曰：「夫霸王之勢，在德不在先歃，子若能以忠信贊君，而裨諸侯之闕❸，歃雖在後，諸侯將載❹之，何爭於先？若違於德而以賄成事，今雖先歃，諸侯將棄之，何欲於先？昔成王盟諸侯于岐陽❺，楚為荊蠻，置茅蕝❻，設望表❼，與鮮卑守燎❽，故不與盟。今將與狎❾主諸侯之盟，唯有德也。子務德無爭先，務德，所以服楚也。」乃先楚人。

【章　旨】本章論以德服人不必爭先恐後。

【注　釋】❶宋之盟　事見前篇。❷歃　歃血。古代結盟時，盟者都要含一口牲畜的血，以表信誓，謂之歃血。❸裨諸侯之闕　裨，補也。闕，缺也。❹載　擁戴。❺岐陽　岐山之南。❻茅蕝　古代朝會時濾酒用的茅束。❼望表　望祭山川時所立的木製牌位。❽與鮮卑守燎　鮮卑，東方的一個少數民族。燎，庭燎。在庭院中燃燒以代替明燭的薪柴。❾狎　更替。

【語　譯】宋國那次盟會，楚人堅決要求第一個歃血。叔向對趙文子說：「霸道王道之勢，在於是否有德，而不在於是否先歃。閣下如果能夠以忠誠信義輔佐國君，而補益諸侯之缺，歃血雖然在後，諸侯仍然會擁戴閣下，又何必爭先呢？如果違背德義而靠財貨成事，這次即便先歃了，諸侯仍然會拋棄我們，何必想要先歃呢？當年，周成王在岐山之南會盟天下諸侯的時候，楚國還只不過是荊州的蠻族，在會上只能擔任擺放茅蕝、設置望表的角色，和鮮卑人一起看守庭燎，根本沒有資格參加盟約。如今，卻與我們晉國交替著主持諸侯之盟了，就正因為他們有德啊！閣下還是努力修德，不要爭先歃血。只有努力修德，才能真正地征服楚人。」於是就讓楚人先歃血。

趙文子請免叔孫穆子

虢之會❶，魯人食言❷，楚令尹圍❸將以魯叔孫穆子❹為戮，樂王鮒求貨焉不予❺。趙文子謂叔孫曰：「夫楚令尹有欲於楚❻，少懦❼於諸侯。諸侯之故❽，求治之，不求致❾也。其為人也，剛而尚寵，若及❿，必不避也。子盍逃之？不幸，必及於子。」對曰：「豹也受命於君，以從諸侯之盟，為社稷也。若魯有罪，而受盟者逃，必不免，是吾出而危之也。若為諸侯戮者，魯誅⓫盡矣，必不加師，請為戮也。夫戮出於身實難，自他及之何害？苟可以安君利國，美惡⓬一心也。」文子將請之楚，樂王鮒曰：「諸侯有盟未退，而魯背之，安用齊⓭盟？縱不能討，又免其受盟者，晉何以為盟主矣？必殺叔孫豹。」文子曰：「有人不難以死安利其國，可無愛乎？若皆卹國如是，則大不喪威，而小不見陵⓮矣。若是道也果⓯，可以教訓，何敗國之有？吾聞之曰：『善人在患，弗救不祥；惡人在位，不去亦不祥。』必免叔孫。」固請於楚而免之。

【章　旨】本章記趙文子為魯叔孫穆子捨身救國精神所感動而營救叔孫之事。

【注　釋】❶虢之會　魯昭公元年，諸侯在東虢國盟會，重申停止戰爭。❷魯人食言　盟會尚未結束，魯季武子便攻伐莒國，莒人便向諸侯告狀。❸楚令尹圍　圍是楚國令尹、楚恭王之子。❹叔孫穆子　名豹，魯卿，這次盟會的魯國首席代表。❺樂王鮒求貨焉不予　樂王鮒，即晉大夫樂桓子。他曾向叔孫豹建議行賄免災，遭到叔孫豹的拒絕，事見本書〈魯語下・叔孫穆子不以貨私免〉。❻夫楚令尹有欲於楚　楚國令尹公子圍早就想篡奪君位，已被與會各國大夫冷眼看出，後來他果然縊殺康王之子麇以自代，是為楚靈王，請參看本書〈魯語下・叔孫穆子知楚公子圍有篡國之心〉。❼懦　弱。以諸侯為弱小。❽故　故事；老規矩。❾致　到會。❿及　及於罪。⓫誅　懲罰。⓬美惡　即生死。人美生而惡死。⓭齊　一也。⓮陵　欺陵。⓯果　實施；成為事實。

【語　譯】魯昭公元年，諸侯各國的大夫在東虢會盟，重申停止戰爭，保持和平。會還沒有散，魯國就背叛盟約攻打莒國。盟會主持人之一的楚國令尹公子圍要將魯國首席代表叔孫豹斬首示眾，以為背約者戒。晉國大夫樂王鮒勸叔孫豹拿出財物，行賄免災，又遭到叔孫豹的拒絕。晉國正卿文子趙武便對叔孫豹說：「那個楚國令尹野心勃勃，正想篡奪楚國王位，又十分小看諸侯。諸侯們會盟的老規矩，是只求把事辦成，不求全部出席。楚令尹公子圍的為人，剛愎自用，又好妄自尊寵，誰要是不小心犯了事，撞到他手上，肯定躲不掉。閣下何不逃走呢？如不逃走，萬一有不幸，肯定會落到閣下的頭上。」叔孫豹說：「豹受命於敝國國君，追隨諸侯到此結盟，為的是魯國的江山社稷。如果魯國得罪了諸侯，受盟者又逃之夭夭，那麼魯國就難免受到討伐，這就是因我出逃而危害國家了。如果鄙人為諸侯所戮，魯國該受的懲罰也就到此為止，不必再加以刀兵誅伐，因此請大家殺豹一人好了。殺戮出自自身確實很難，來自他人又何害之有？如果可以保國君而利社稷，生也好，死也好，對於我來說，都是一樣的。」

趙文子便打算向楚國為叔孫豹說情，樂王鮒說：「諸侯結盟還沒散會，魯國就公然背叛盟約，那還用得著結盟嗎？縱然不能討伐，也不能放了他們的代表，否則晉國還憑什麼當盟主？一定得殺了叔孫豹。」文子說：「有人竟然不惜一死來使自己的國家得到安定，對這樣的人我們能不愛護嗎？如果所有的人都能像他這樣體恤顧念國家，那麼，大國就不會喪失威望，小國也不會被人欺凌了。如果這種道德能得以實施，那就可以教化子民，還哪裡會有敗亡之國？我聽說：『好人處於患難，不援救就不吉祥；惡人處於高位，不離開也不吉祥。』一定得設法赦免叔孫豹。」於是便堅決地向楚國請求而使叔孫豹得到赦免。

趙文子為室張老謂應從禮

趙文子為室，斲其椽而礱❶之，張老夕焉而見之，不謁❷而歸。文子聞之，駕❸而往，曰：「吾不善，子亦告我，何其速也？」對曰：「天子之室，斲其椽而礱之，加密石焉；諸侯礱之；大夫斲之；士首❹之。備其物，義也；從其等，禮也。今子貴而忘義，富而忘禮，吾懼不免，何敢以告。」文子歸，令之勿礱也。匠人請皆斲之❺，文子曰：「止。為後世之見之也：其斲者，仁者之為也；其礱者，不仁者之為也。」

【章旨】本章論宮室之禮。

【注釋】❶礱　磨。❷謁　告。❸駕　乘車。❹首　椽木頭子。❺之　指已礱之椽。

【語譯】趙文子家建房，房椽頭砍削之後又加細磨，張孟晚上去看他，沒有謁見就回去了。文子聽說後，連忙駕車去見張孟，說：「趙武有什麼不是的地方，老先生只管批評就是，為什麼那麼快就走了呢？」張孟回答說：「天子的宮殿，椽子砍削之後又加細磨，然後再用光滑細密的石子裝飾；諸侯的宮室，只用砍削而又細磨的椽子；大夫的府邸，椽子只砍削不打磨；士的住宅，椽子不加砍削，只截斷多餘部分就行了。備物得當，這是義；遵從等級，這是禮。如今，閣下地位高了就忘記義，家產富了就忘記禮，老夫只怕閣下難以免禍，哪裡還敢多說什麼。」文子回去後，下令工匠不再細磨椽頭。匠人請求將磨過的椽子重新砍削一遍，文子說：「不必。留給後人看看吧：只砍削而未打磨的，是仁者之所為；又加細磨的，則是不仁之人所為。」

趙文子稱賢隨武子

趙文子與叔向遊於九原❶，曰：「死者若可作也，吾誰與歸？」叔向曰：「其陽子❷乎！」文子曰：「夫陽子行廉直於晉國，不免其身❸，其知❹不足稱也。」叔向曰：「其舅犯❺乎！」文子曰：「夫舅犯見利而不顧其君❻，其仁不足稱也。其隨武子❼乎！納諫不忘其飾❽，言身不失其友，事君不援而進❾，不阿而退❿。」

【章　旨】本章記趙文子對陽處父、狐偃及士會之評論，同時寄託文子自己之理想。

【注　釋】❶九原　韋昭注謂當為「九京」，晉之墓地也。❷陽子　晉太傅陽處父。❸不免其身　魯文公六年，陽處父被狐射姑所謀殺，事見本書〈晉語五・甯嬴氏論貌與言〉。❹知　智。❺舅犯　晉文公之舅狐偃子犯。❻見利而不顧其君　指魯僖公二十三年，秦穆公送公子重耳回國為君，狐偃半路要求離開一事，事見本書〈晉語四・秦伯納重耳於晉〉。❼隨武子　即范武子士會，因又封於隨，故亦稱隨武子。❽飾　文飾；修辭。使言辭婉轉。❾進　進賢。❿退　退不肖。

【語　譯】趙文子和叔向在墓地閒走，趙文子說：「如果死去的人可以復生，你看我將會和誰站在一起呢？」叔向說：「大概是先太傅陽處父吧！」文子說：「陽太傅在晉國可算得上是品行廉潔正直，但是他自己卻未能免禍，我看他的智慧不值得稱道。」叔向又說：「那大概是國舅子犯吧！」文子說：「狐國舅竟然因自身的私利而不顧其君，我看他的仁義不值得稱道。要說在下所想要追隨的，也就是隨武子士會吧！他能勸諫君上，卻同時不忘婉轉其辭、修飾其言；他能彰明自己，卻並不會因此失去朋友。他事奉君上舉賢選能，從不迎合君意而舉薦誰，也不屈從君威而辭退誰。」

秦后子謂趙孟將死

秦后子來奔❶，趙文子見之，問曰：「秦君道❷乎？」對曰：「不識。」文子曰：「公子辱於敝邑，必避不道也。」對曰：「有焉。」文子曰：「猶可以久乎？」對曰：「鍼聞之，國無道而年穀龢❸熟，鮮不五稔❹。」文子視日曰：「朝夕不相及，誰能俟五！」文子出，后子謂其徒曰：「趙孟❺將死矣！夫君子寬惠以卹❻後，猶恐不濟。今趙孟相晉國，以主諸侯之盟，思長世之德，歷遠年之數，猶懼不終其身；今忨日而激歲❼，怠偷甚矣，非死逮❽之，必有大咎。」冬，趙文子卒。

【章　旨】本章論為人臣者應寬惠勤勉。

【注　釋】❶秦后子來奔　秦后子，即秦公子鍼。他是桓公的兒子、景公的同母弟弟，當年受寵於桓公，景公即位後，儼然二君，終於不兩立，遂於魯昭公元年出奔到晉。❷道　有道。❸龢　和也。❹稔　穀熟。穀一年一熟，所以一稔就是一年。

❺趙孟　即趙文子趙武，也稱趙孟。❻卹　憂慮。❼忨日而激歲　偷閒貪樂，荒廢光陰。忨，貪偷。激，遲也。❽逮　及。

【語　譯】秦公子鍼到晉國躲避政治之難，趙文子去看他，問他說：「秦君有道嗎？」公子鍼回答：「不知道。」文子說：「公子屈尊光臨敝國，一定是躲避不道之君吧！」公子鍼回答說：「有的。」文子說：「秦國還能支持很久嗎？」公子鍼回答說：「鍼聽說，國君無道而年成甚好，很少不支撐五年以上的。」趙文子看著日影說：「早上等不到晚上，誰還能等五年！」文子走後，公子鍼對隨從們說：「趙孟快要死了吧！君子寬惠仁慈而又憂慮將來，還唯恐不成。如今趙孟首輔晉國，主持諸侯的盟會，位極人臣，即便想著長久立世的功德，盼著歷數多年的壽數，還恐怕其位不得終身；現在，他厭於日月之流逝而又急於己之難長久，怠懈偷安得很，不是死期到了，就是必有非常之禍啊！」這年冬天，趙文子就去世了。

醫和視平公疾

平公有疾，秦景公使醫和❶視之，出曰：「不可為也。是謂遠男而近女，惑以生蠱❷；非鬼非食，惑以喪志。良臣不生，天命不祐。若君不死，必失諸侯。」趙文子聞之曰：「武從二三子以佐君為諸侯盟主，於今八年矣，內無苛慝❸，諸侯不二，子胡曰『良臣不生，天命不祐』？」對曰：「自今之謂。和聞之曰：『直不輔曲，明不規闇，拱木❹不生危，松柏不生埤❺。』吾子不能諫惑，使至於生疾，又不自退而寵其政，八年之謂多矣，何以能久！」文子曰：「醫及國家乎？」對曰：「上醫醫國，其次疾人，固醫官也。」文子曰：「子稱蠱，何實生之？」

對曰：「蠱之慝，穀之飛實生之❻。物莫伏於蠱，莫嘉於穀，穀興蠱伏而章明者也。故食穀者，晝選男德以象穀明，宵靜女德以伏蠱慝。今君一之，是不饗穀而食蠱也，是不昭穀明而皿蠱也。夫文，『蟲』、『皿』為『蠱』，吾是以云。」文子曰：「君其幾何？」對曰：「若諸侯服不過三年❼，不服不過十年。過是，晉之殃也。」是歲也，趙文子卒，諸侯叛晉；十年，平公薨❽。

【章　旨】本章記醫和論醫及蠱與國事關係之言。

【注　釋】❶醫和　一位名叫和的醫生。❷蠱　毒蟲，鄭玄謂「蠱物而病害人者」，或由人腹寄生，或由陳穀所生，或由人工培育而成。❸苛慝　暴虐邪惡。❹拱木　兩手可以圍抱的大樹。❺埤　低洼潮濕的地方。❻穀之飛實生之　蠱是積穀中所生能飛之蟲。王充《論衡．商蟲》：「穀蟲曰蠱，蠱若蛾矣。」❼若諸侯服不過三年　諸侯臣服，則平公就會更加無憂無慮地專於女色，所以不過三年。❽薨　周代稱諸侯之死。依周禮，天子之死曰崩，諸侯之死曰薨。

【語　譯】平公有病，秦景公便派醫官和來診治。醫和看過平公後出來說：「沒治了。這種病，就叫做遠男而近女，因淫惑而生蠱；既非鬼神，亦非飲食，生於淫惑，以喪其志。良臣不生，上天不佑，如果國君不死，也要失掉諸侯。」文子趙武聽到以後便說：「趙武追隨諸位卿大夫輔佐敝國國君為諸侯盟主，至今已有八年了，對內沒有暴虐邪惡，對外諸侯也沒有二心，先生為什麼說『良臣不生，上天不佑』呢？」醫和回答：「卑職說的是從今以後的事。卑職聽說：『正直之人不能輔佐淫邪之人，明智之人不能規勸昏聵之人，參天大樹不能長在危小之處，青松翠柏不能長在洼坑之中。』大人不能勸諫國君之惑，而致使其發展為疾病，又不能自行引退，還以這種國政為榮，能維持八年已經夠多的了，哪裡還能長久！」文子說：「醫術也涉及國政嗎？」醫和回答：「上等之醫首先醫治國政，其次才醫治病人，這是醫官的本職。」文子問：「先生稱敝國寡君所患之疾為『蠱』，請問它是如何產生的？」醫和回答：「蠱這種病毒，是首先危害了穀物，再從穀物中變成飛蛾來危害人的。萬物之中，沒有不隱伏著蠱毒，又沒有比穀物更好的東西了。穀氣起則蠱伏藏，穀物如不霉變，人吃了就有明顯的好處。所以，吃穀物的人，就應該白天選擇有德之男而親近之，以象人之食穀而有聰明，晚上安於有德之女而節制之，以去己所受蠱害之疾。可是，貴國國君晝夜親近女色，這就等於不食穀物而吞吃蠱毒，也就是不昭明穀物的聰慧，而甘願做接受蠱毒的器皿啊！那『蠱』字，是一個『蟲』字再加一個『皿』字，合為『蠱』，因此卑職才這麼說。」文子問：「據先生看，敝國國君還能維持多久呢？」醫和回答：「如果諸侯臣服於晉，就不過三年；諸侯不服，就不過十年。超過此數，就是晉國的災難。」這年，趙文子去世，諸侯叛晉；十年以後，平公去世。

叔向均秦楚二公子之祿

秦后子來仕❶，其車千乘。楚公子干來仕❷，其車五乘。叔向為太傅，實賦祿，韓宣子❸問二公子之祿焉，對曰：「大國之卿，一旅之田❹；上大夫，一卒之田❺。夫二公子者，上大夫也，皆一卒可也。」宣子曰：「秦公子富，若之何其鈞❻之？」對曰：「夫爵以建事，祿以食爵，德以賦之，功庸以稱之，若之何以富賦祿也？夫絳之富商，韋藩木楗❼以過於朝，唯其功庸少也，而能金玉其車，文錯其服，能行諸侯之賄，而無尋尺之祿，無大績於民故也。且秦、楚匹也，若之何其回❽於富也？」乃均其祿。

【章　旨】本章論酌定俸祿之原則與依據。

【注　釋】❶秦后子來仕　秦后子，即后子伯車，也就是秦景公的同母弟公子鍼，為避景公而來晉國為客卿。❷楚公子干來仕　公子干，即楚王子比，是楚恭王的庶子，原為楚右尹。魯昭公元年，楚令尹公子圍弒君篡位，自立為王（即楚靈王），公子干便逃到晉國做客卿。❸韓宣子　即韓起，韓獻子（韓厥）次子。韓厥告老後，本應由長子無忌（公族穆子）接替，但無忌讓於其弟起，於是韓起為卿。趙文子去世後，韓起又接替趙文子為正卿。❹一旅之田　五百頃，或謂五百畝。五百人為一旅。❺一卒之田　即一百頃，或謂一百畝。百人為卒。❻鈞　均。❼韋藩木楗　韋藩，皮背心。木楗，木扁擔。❽回　曲也。這裡指回護偏袒。

【語　譯】秦公子鍼來晉國做客卿，帶來一千輛車；楚公子干來晉國做客卿，帶來五輛車。叔向當時是晉國太傅，主管量定卿大夫的俸祿，正卿韓起問他這兩位公子的俸祿該怎麼制定，叔向回答說：「大國的卿，該給五百頃田賦的俸祿；上大夫，該給一百頃田賦的俸祿。這兩位公子都是上大夫，都給一百頃田賦好了。」韓起說：「秦公子富些，為什麼和楚公子享受同等待遇呢？」叔向回答：「爵位是根據職事來定的，俸祿是根據爵位來定的，既要由德行來決定，又要與功勞相稱，為什麼要根據貧富的差別來決定俸祿呢？那些絳都的富商，穿著皮背心挑著扁擔經過朝廷，就因為他們功勞太少啊！所以，儘管他們財大氣粗，富裕得能用金玉裝飾車馬，能用金線刺繡衣裳，能用財貨與諸侯交往，卻不能有一丁點兒俸祿，就因為他們於國於民沒有大功啊！再說，秦、楚兩國地位相當，為什麼要偏袒富的呢？」於是便給他們相同的俸祿。

鄭子產來聘

鄭簡公使公孫成子來聘❶，平公有疾，韓宣子贊❷授客館。客問君疾，對曰：「寡君之疾久矣，上下神祇無不徧諭❸，而無除。今夢黃熊入於寢門，不知人殺乎？抑厲鬼邪？」子產曰：「以君之明，子為大政，其何厲之有？僑聞之，昔者鮌違帝命，殛之于羽山，化為黃熊，以入于羽淵❹，實為夏郊❺，三代❻舉之。夫鬼神之所及，非其族類，則紹其同位，是故天子祀上帝❼，公侯祀百辟❽，自卿以下不過其族。今周室少卑，晉實繼之，其或者未舉夏郊邪？」宣子以告，祀夏郊，董伯為尸❾。五日，公見子產，賜之莒鼎❿。

【章　旨】本章論祭祀之制各有其職，不可荒怠。

【注　釋】❶鄭簡公使公孫成子來聘　事在魯昭公元年。鄭簡公，名嘉，僖公之子。公孫成子，即子產，名僑，謚成子。❷贊　導引。❸論　祭祀告謝。❹羽淵　羽山之下的深淵。❺夏郊　夏代的郊祀。❻三代　夏、商、周。❼上帝　天。❽辟　君也。這裡指那些以死勤事、有功於民之君。❾董伯為尸　董伯，晉大夫。尸，即尸主。祭祀時代表死者受祭之人。因神不歆其非類，所以董伯大概是姒姓。❿莒鼎　莒國所產之鼎。

【語　譯】鄭簡公派子產到晉國聘問，晉平公正生病，韓起接待了子產並引他到賓館。子產問起平公的病情，韓起回答說：「敝國寡德之君患病已非一日，雖然天地神祇均已祭祀告謝，卻仍不見好轉。今早又夢見一隻黃熊走入寢門，不知這是被殺之人呢？還是厲鬼呢？」子產說：「憑著貴國國君的聖明，又有閣下主持國政，哪來的什麼厲鬼？據鄙人所知，當年鮌伯治水違背了堯帝的旨意，被正法於羽山，死後便化作黃熊，進入羽山下的深淵中，成為有夏一代郊祀之神，夏、商、周三代，都祭祀不絕。那鬼神降禍賜福之所及，不是自己的族人，就是承繼同一君位、官位之人，所以天子祭祀皇天，公侯祭祀先君，自卿以下則只祭祀自己家族的祖宗。如今，周王室逐漸卑微，晉國實際上取代了周室的地位，因此這次君上的貴恙，只怕是因為沒有舉行夏代的郊祀吧？」宣子韓起把子產的話告訴了平公，依照子產的建議舉行夏之郊祀，請伯鮌之後大夫董伯作尸主。五天以後，平公接見了子產，賜給他莒國之鼎。

叔向論憂德不憂貧

叔向見韓宣子，宣子憂貧，叔向賀之，宣子曰：「吾有卿之名，而無其實，無以從二三子，吾是以憂，子賀我何故？」對曰：「昔欒武子無一卒之田❶，其宮不備其宗器❷，宣其德行，順其憲❸則，使越❹于諸侯，諸侯親之，戎、狄懷❺之，以正晉國，行刑不疚❻，以免於難。及桓子❼驕泰奢侈，貪慾無藝❽，略則行志❾，假貸居賄❿，宜及於難，而賴武之德，以沒其身。及懷子⓫改桓之行，而修武之德，可以免於難，而離⓬桓之罪，以亡⓭於楚。夫郤昭子⓮，其富半公室，其家半三軍，恃其富寵，以泰于國，其身尸於朝，其宗滅於絳。不然，夫八郤，五大夫三卿⓯，其寵大矣，一朝而滅，莫之哀也，唯無德也。今吾子有欒武子之貧，吾以為能其德矣，是以賀。若不憂德之不建，而患貨之不足，將弔不暇，何賀之有？」宣子拜稽首焉，曰：「起也將亡，賴子存之，非起也敢專承之，其自桓叔⓰以下嘉吾子之賜。」

【章　旨】本章論貧不足憂而無德實堪憂也。

【注　釋】❶昔欒武子無一卒之田　欒武子，即欒書。一卒之田，即上大夫的俸祿，為百頃之田賦。欒書官至正卿，位極人臣，卻連上大夫的俸祿也沒有，乃極言其清廉也。❷宗器　祭祀之法器。❸憲　法。❹越　越過國界而傳播。❺懷　歸附；依戀。❻疚　病。❼桓子　欒書之子欒黶。❽無藝　無極；無饜。❾略則行志　略，犯也。志，私志。❿假貸居賄　假，借。居，蓄。⓫懷子　欒書之孫、欒黶之子欒盈。⓬離　遭。⓭亡　逃亡。⓮郤昭子　即郤至。⓯五大夫三卿　除郤錡、郤犨、郤至三人為卿外，郤氏家族中還有五個人做大夫。⓰桓叔　即曲沃桓叔。桓叔生子名萬，食邑於韓，遂稱韓萬，其後以韓為氏。所以，說「自桓叔以下」，也就等於說「我們韓氏家族」。

【語　譯】叔向去見韓起，韓起正為自己財產不多而憂慮，叔向便向他祝賀。韓起說：「我徒有正卿之名，而無其實，無法與朝中大臣交往過從，我正為此憂愁，先生卻來表示祝賀，請問這又是為什麼呢？」叔向回答說：「當年欒武子位居正卿，卻連上大夫的俸祿都沒有，府邸之中，祭器都不能完備，然而能弘揚德行，遵守法度，使其美名盛譽超越國界，遍傳於諸侯。諸侯都親近他，戎、狄都歸依他，以此安定治理晉國，執行刑法，不獲罪譴，雖弒厲公，卻終免於難。傳位到桓子，驕縱橫行，奢侈腐化，貪得無厭，干犯法令，肆意妄為，假公濟私，受賄居財，本應受難，然而仰賴武子之仁德，卻平安度過一生。傳位到懷子，痛改桓子之非，學習武子之德，本可免於受難，卻不幸受桓子罪孽的牽連，逃亡到楚國。再看那郤昭子，財富相當公室的一半，將佐占了三軍的一半，仗著自己有錢有勢，誇富稱雄於晉國，結果他的身體陳屍於朝廷，他的宗族滅亡於絳都。如果他不是那樣的話，以他郤氏家族的勢力而言，一族之中，竟然出了三位國卿五位大夫，權勢大得很哪！然而一朝覆滅，竟無人為之舉哀，就因為他們為富不仁、有財無德呀！如今，閣下和欒武子一樣貧窮，鄙人以為閣下能像他老人家那樣行仁積德了，所以表示祝賀。如果閣下不憂慮美德不能建樹，卻擔心財貨不夠豐足，那麼，鄙人只怕哀悼都來不及，哪裡還有什麼可祝賀的呢？」韓起下拜叩頭說：「起差點也要逃亡了，仰仗先生的教誨才得以存活，這恩德不是韓起一個人膽敢獨自承受的，從先祖韓萬以下，我們韓氏家族，世世代代都將銘記頌揚先生恩賜的德言。」

卷一五　晉語九

叔向論三姦同罪

士景伯❶如楚，叔魚❷為贊理。邢侯與雍子爭田❸，雍子納其女於叔魚以求直❹。及斷獄之日，叔魚抑邢侯，邢侯殺叔魚與雍子於朝❺。韓宣子患之，叔向曰：「三姦同罪，請殺其生者而戮❻其死者。」宣子曰：「若何？」對曰：「鮒也鬻❼獄，雍子賈之以其子，邢侯非其官也而干之❽。夫以回❾鬻國之中❿，與絕親以買直，與非司寇而擅殺，其罪一也。」邢侯聞之，逃。遂施⓫邢侯氏，而尸⓬叔魚與雍子於市。

【章旨】本章論行賄、受賄與越權同罪。

【注釋】❶士景伯　即士彌牟，晉國的法官。❷叔魚　即羊舌鮒，叔向的弟弟。❸邢侯與雍子爭田　邢侯是楚國申公巫臣之子，巫臣逃到晉國為客卿，晉侯賜給他邢邑。雍子原來也是楚國大夫，逃到晉國為客卿，晉侯賜給他鄐邑。兩人這次所爭的是鄗田，大概鄗田有一部分原來是歸邢侯所有的，或兩家共有的。❹直　勝訴。❺邢侯殺叔魚與雍子於朝　印證了叔向、叔魚之母預言叔魚將因貪賄而死的預言，參看本書〈晉語八・叔向母謂羊舌氏必滅〉。❻戮　陳屍。❼鬻　出賣。❽非其官也而干之　不是司寇而行刑。❾回　邪也。❿中　平也。⓫施　拘捕。⓬尸　陳屍。

【語　譯】晉國的法官士景伯到楚國聘問去了，羊舌鮒叔魚代理他的職務。邢侯與雍子為田界相爭，雍子把女兒嫁給叔魚以求勝訴。到了斷案那天，叔魚便壓制邢侯，邢侯便把叔魚和雍子殺死在大堂之上。韓起為此案所憂慮，叔向說：「三個奸人罪過相等，請把那活著的殺了，把那兩個死了的陳屍示眾。」韓起問：「為什麼？」叔向說：「羊舌鮒出賣法律，雍子用女兒去收買，邢侯不是行刑官卻殺人，干犯了法律。那種用非法手段出賣國家刑法之公正的行為，和出賣親生女兒以收買法官的行為，和不是刑官而擅自殺人的行為，都是同等嚴重的罪行。」邢侯聽說後，就逃跑了。於是便拘捕了邢侯家族，將叔魚和雍子陳屍於街市。

中行穆子帥師伐狄圍鼓

中行穆子❶帥師伐狄，圍鼓❷。鼓人或請以城叛，穆子不受，軍吏曰：「可無勞師而得城，子何不為？」穆子曰：「非事君之禮也。夫以城來者，必將求利於我。夫守而二心，姦之大者也；賞善罰姦，國之憲法也。許而弗予，失吾信也；若其予之，賞大姦也。姦而盈祿，善將若何？且夫狄之憾❸者以城來盈願，晉豈其無？是我以鼓教吾邊鄙貳❹也。夫事君者，量力而進，不能則退，不以安賈❺貳。」令軍吏呼城，儆❻將攻之，未傅❼而鼓降。中行伯既克鼓，以鼓子苑支❽來，今鼓人各復其所，非僚❾勿從。

鼓子之臣曰夙沙釐，以其孥❿行，軍吏執之，辭曰：「我君是事，非事土也。名曰君臣，豈曰土臣？今君實遷，臣何賴於鼓？」穆子召之，曰：「鼓有君矣，爾心事君，吾定而⓫祿爵。」對曰：「臣委質⓬於狄之鼓，未委質於晉之鼓也。臣聞之：委質為臣，無有二心。委質而策死⓭，古之法也。君有烈名，臣無叛質。敢即私利以煩司寇而亂舊法，其若不虞⓮何？」穆子歎而謂其左右曰：「吾何德之務⓯而有是臣也？」乃使行。既獻，言於公，與鼓子田於河陰⓰，使夙沙釐相之。

【章　旨】本章論忠貞不貳。

【注　釋】❶中行穆子　即晉卿荀吳，是中行偃之子，又稱中行伯，諡穆子。❷鼓　國名，姬姓，白狄之別種，當時屬鮮卑，國境即今河北省晉縣。❸憾　恨。❹貳　二心。❺賈　買。❻儆　告誡。據《左傳》，荀吳要鼓人殺掉叛徒，加強守備，圍城三月後才進攻。❼傅　接觸。❽鼓子苑支　鼓子，即鼓國國君。春秋時稱戎、狄、蠻、夷之君曰「子」。苑支，又寫作「鳶鞮」。❾僚　貼身侍役之臣。❿孥　妻子兒女。⓫而　同「爾」。⓬委質　臣下第一次見君上，要獻上贄禮，叫做「委質」。質，通「贄」。即見面禮。⓭策死　策，簡策。臣下剛開始事君時，要在簡策上簽名登記，表示誓死效忠，君有難而臣必死。⓮不虞　不想；沒料想到。即意料之外。⓯務　勉力從事。⓰與鼓子田於河陰　田，封地。河陰，即河南，也就是黃河以南之晉地。據《左傳》，晉荀吳伐鼓有兩次，第一次在魯昭公十五年，此次俘獲鼓君苑支，獻俘後又放他回國為君。苑支回國後又叛晉，荀吳遂於魯昭公二十二年再次伐鼓並滅其國，執鼓子苑支而歸，使晉大夫涉佗守鼓，為鼓新君。本章所記，似為兩次伐鼓事之合成。

【語　譯】中行穆子荀吳帥兵討伐白狄，包圍了鼓國。鼓國有叛徒請求叛國獻城，荀吳不接受。軍吏說：「可以不費我一兵一卒而得其城，大人何樂不為呢？」荀吳說：「這不符合為臣事君之禮。那個帶著城邑來投降的人，肯定是想要求得賞賜。要知道，守城而有二心，是最大的姦行；賞善而罰姦，是國家的大法。答應他的要求又不給他，就會喪失信用；如果給他賞賜，又等於賞賜姦行。行姦而得高官厚祿，行善又該怎樣？再說，狄人中有因仇恨國君而用叛變獻城來求一逞的人，晉國難道就沒有嗎？如果滿足他的願望，那就是我用鼓國的叛徒來教唆我國邊鄙中有二心的人了。事奉君主的人，要量力而行，行不通就告退，決不能為了巧取戰功而收買叛徒。」於是便命令軍吏向鼓城喊話，告訴他們晉軍就要攻城了，結果兩軍尚未接觸，鼓國便宣布投降。荀吳攻下了鼓城，俘虜鼓國國君苑支回國，下令鼓人各自返回原處，不是鼓君的貼身侍從，不要追隨。

鼓君有個大臣名叫夙沙釐的，帶著老婆孩子跟著鼓君走，軍吏便把他抓了起來。夙沙釐陳辭說：「我只知道事奉國君，而不是事奉國土。名分叫做『君臣』，難道叫『土臣』嗎？如今，吾君既然離開了鼓國，臣又在鼓國仰賴依附於誰呢？」荀吳把他叫來，對他說：「鼓國已經有新的國君了，只要你一心一意地事奉新君，本帥一定給你安排爵位和俸祿。」夙沙釐回答說：「臣是向白狄的鼓君進獻贄禮，從來沒有給晉國的鼓君進獻過贄禮。臣聽說：進獻了贄禮，就終身為臣，不能再有二心。進獻了贄禮，登記了名冊，就要以死報效君主，這是從古以來的法度。君上要有昭烈之名，而臣下斷然不可有叛贄之事。微臣豈敢為此區區私利，來煩勞司寇懲治叛逆，並亂了上古以來的成法呢？如果可以這樣，那麼，晉國將來遇到了意外，又該如何呢？」荀吳歎息著對自己的左右隨從說：「我要修什麼德才能得到這樣的忠臣啊？」於是便讓夙沙釐隨行。獻俘之後，又向頃公報告了此事，頃公便將河南的一塊地方賜給了原鼓國國君苑支，並且任命夙沙釐來輔佐他。

范獻子戒人不可以不學

范獻子聘於魯❶，問具山、敖山❷，魯人以其鄉對❸。獻子曰：「不為具、敖乎❹？」對曰：「先君獻、武之諱❺也。」獻子歸，徧戒其所知❻曰：「人不可以不學。吾適魯而名其二諱，為笑焉，唯不學也❼。人之有學也，猶木之有枝葉也。木有枝葉，猶庇廕人，而況君子之學乎？」

【章　旨】本章論知識學問之必要。

【注　釋】❶范獻子聘於魯　事在魯昭公二十一年。范獻子，范宣子之子士鞅。❷具山敖山　魯國的兩座山。❸以其鄉對　回答時只說某某地方的山，而不說山的名字，這是為了避免說出「具」、「敖」這兩個字。❹不為具敖乎　范獻子以為自己記憶有誤，說錯了山名，於是便追問了一句。❺先君獻武之諱　魯獻公名具，獻公之子武公名敖。古時候，臣和子都不能直呼其君其父的名，叫做避諱。❻知　識也。❼唯不學也　古時候禮有規定，入境而問禁，入門而問諱。范獻子沒有注意到這些，冒冒失失地就問起具山和敖山，觸犯了所聘之國先君的名諱，是大大的失禮，而失禮又是因為不學。所以，范獻子要到處向人講述這一慘痛的教訓。

【語　譯】范獻子士鞅在魯國訪問，有一次問起具山和敖山，魯國人在回答時，卻只說是某處之山，某地之山。士鞅問：「難道不叫具山、敖山這兩個名字嗎？」魯國人說：「那兩個字是敝國先君獻公和武公的名諱啊！」范鞅回國後，遍告於所識之人。他說：「一個人，真是不可以不學習呀！我到魯國去，竟然直呼他們先君的名諱，鬧了大笑話！都是因為不學習呀！一個人有學識，就好比一棵樹有枝葉。一棵樹有了枝葉，尚且可以讓人乘涼避雨，何況一個君子必須有的學識呢？」

董叔欲為繫援

董叔將娶於范氏❶，叔向曰：「范氏富❷，盍已乎！」曰：「欲為繫援焉。」他日，董祁❸愬於范獻子：「不吾敬也。」獻子執而紡❹於庭之槐，叔向過之，曰：「子盍為我請乎？」叔向曰：「求繫，既繫矣❺；求援，既援矣❻。欲而得之，又何請焉？」

【章　旨】本章諷刺藉婚姻高攀之人。

【注　釋】❶董叔將娶於范氏　董叔，晉大夫，欲娶范宣子之女、范獻子之妹范祁為妻。❷富　富必驕，驕必盛氣淩人。❸董祁　即范祁。❹紡　懸掛。❺既繫矣　董叔被綑綁，自然是已經「繫」了。❻既援矣　董叔被吊掛在樹上，自然是已經「援」了。

【語　譯】董叔要娶范宣子之女、獻子之妹范祁為妻，叔向說：「范家太有錢有勢，我看你還是算了吧！」董叔說：「正是想藉此建立聯繫，以便攀援而上哪！」婚後，有一天，董祁去范獻子那裡告董叔狀，說：「他瞧不起咱們。」范獻子就把董叔綑綁起來吊掛在院子裡的槐樹上，叔向正好經過這裡，董叔就說：「先生何不幫鄙人說說情呀？」叔向說：「老兄想有聯繫，現在已經有聯繫了；想要高攀，已經攀得很高了。老兄想要的都有了，小弟又替你求什麼情呢？」

趙簡子欲有鬥臣

趙簡子❶曰：「魯孟獻子有鬥臣❷五人，我無一，何也？」叔向曰：「子不欲也。若欲之，肸也待交捽❸可也。」

【章旨】本章論唯勇者方有勇士。

【注釋】❶趙簡子　晉卿，趙文子之孫、景子之子，名鞅。❷魯孟獻子有鬥臣　孟獻子，即魯國大夫仲孫蔑。鬥臣，勇士。❸捽　牴觸；揪；拔。

【語譯】趙簡子說：「魯國的孟獻子有五個勇士，我卻連一個也沒有，這是為什麼？」叔向說：「閣下不想要呀！如果想要，羊舌肸這會兒就想和閣下過招呢！」

閻沒叔寬諫魏獻子無受賄

梗陽❶人有獄，將不勝，請納賂於魏獻子❷，獻子將許之。閻沒謂叔寬❸曰：「與子諫乎！吾主以不賄聞於諸侯，今以梗陽之賄殃之，不可。」二人朝，而不退。獻子將食，問誰於庭，曰：「閻明、叔褒在。」召之，使佐食❹。比已食，三歎。既飽，獻子問焉，曰：「人有言曰：唯食可以忘憂。吾子一食之間而三歎，何也？」同辭對曰：「吾小人也，貪。饋之始至，懼其不足，故歎。中食而自咎也，曰：豈主之食而有不足？是以再歎。主之既已食，願以小人之腹，為君子之心，屬饜而已❺，是以三歎。」獻子曰：「善❻。」乃辭梗陽人。

【章　旨】本章記家臣閻沒與叔寬以機巧之言勸諫魏獻子毋受賄。

【注　釋】❶梗陽　魏氏之邑，在今山西省太原市所屬之清徐縣。❷請納賂於魏獻子　魏獻子，即魏舒，晉國的正卿，梗陽大夫魏戊的父親。據《左傳・昭公二十八年》，梗陽人有獄訟，魏戊不能斷，便上報魏獻子。於是梗陽人便以女樂行賄。❸閻沒謂叔寬　閻沒名明。叔寬名褒，是女齊之子，故又稱女寬。兩人都是晉大夫，而且可能是魏舒的直接下屬。據《左傳》，是梗陽大夫魏戊請他們兩人去勸諫魏舒的，可見他們與魏氏關係之深。❹佐食　陪餐。❺屬饜而已　剛一吃飽就不再吃了，藉此諷諫魏舒不應貪多受賄。❻善　魏舒對閻沒、叔寬兩人的話已心領神會，因此稱讚他們藉進餐行諷諫，出言得體。

【語　譯】梗陽人和別人打官司，可能難以勝訴，於是便向正卿魏舒行賄，魏舒也打算答應他們的請求。閻沒便對叔寬說：「我們一起去勸諫吧！我們的這位正卿，夙以不受賄賂而聞名於天下，如今要是因為梗陽人的賄賂而壞了名聲，那是萬萬不可的。」兩人去上朝，散朝時故意不走。魏舒正要吃飯，就問是誰還在院子裡，手下人回答：「閻明和叔褒在。」魏舒便召喚他們上來一起吃飯。到吃飯時，閻明和叔褒兩人歎了三次氣。吃完以後，魏舒便問他們說：「人們都說，只有吃飯的時候才能忘掉憂愁。兩位先生一頓飯的功夫就歎了三次氣，請問這是為什麼呢？」閻沒和叔寬兩人異口同聲地回答：「我們都是小人，貪心得很。肴饌剛剛送上來的時候，心裡只怕它們不夠，所以歎氣。吃到一半，我們就自責：正卿的飯食豈有不夠之理，所以再次歎氣。最後，看到閣下剛一吃飽就不再多食，就想：但願讓卑職等這種小人之腹，也變成大人那樣的君子之心，適可而止，見好就收，所以又歎了第三口氣。」魏舒說：「說得好啊！」便辭退了梗陽人的賄賂。

董安于辭趙簡子賞

下邑之役❶，董安于多❷。趙簡子賞之，辭，固賞之，對曰：「方臣之少也，進秉筆，贊為名命，稱於前世，立義於諸侯，而主弗志❸。及臣之壯也，耆❹其股肱以從司馬❺，苛慝不產❻。及臣之長也，端委韠帶以隨宰人❼，民無二心。今臣一旦為狂疾❽，而曰『必賞女』，與余以狂疾賞也，不如亡！」趨而出，乃釋之。

【章　旨】本章記董安于拒賞之言。

【注　釋】❶下邑之役　魯定公十三年，趙簡子殺邯鄲大夫耿午（也稱趙午），趙午之子趙稷以邯鄲叛，趙午的舅舅荀寅與荀寅的姻親范吉射夥同作亂，趙簡子逃到晉陽。❷董安于多　董安于，趙簡子的家臣。多，多戰功。據《左傳》，董安于力主趙簡子先動手，而且第二年並因「始禍者死」而自縊，以保全趙氏的地位。❸志　記。❹耆　致也。❺司馬　掌兵官。❻苛慝不產　苛慝，暴虐邪惡。產，生也。❼端委韠帶以隨宰人　端，即玄端。禮服也。委，即委貌。禮帽也。韠，皮製的蔽膝。帶，大帶。宰人，即宰官。❽狂疾　瘋病。指這次戰爭。

【語　譯】下邑那次戰爭，董安于的功多。趙簡子要賞賜他，他辭而不受。趙簡子一定要賞賜，董安于回答說：「想臣當年正年少時，為主公進筆墨，行贊禮，受到先主誇獎，諸侯稱贊，可惜主公不記得。臣年壯時，作為主公的左臂右膀，追隨司馬，治理軍務，軍中全無暴虐邪惡。臣年長時，戴著禮帽，穿著禮服，衣冠楚楚，追隨宰官，禮治子民，子民們全無二心，這些主公都無表示。如今臣一時發了神經，主公就說『一定要賞賜你』。與其因為發狂而受賞，還不如逃之夭夭。」於是便快步地往外跑，趙簡子也只好算了。

趙簡子以晉陽為保鄣

趙簡子使尹鐸為晉陽❶。請曰：「以為繭絲❷乎？抑為保鄣❸乎？」簡子曰：「保鄣哉！」尹鐸損其戶數❹。簡子誡襄子❺曰：「晉國有難，而無以尹鐸為少，無以晉陽為遠，必以為歸。」

【章　旨】本章記尹鐸深謀遠慮、收買人心為趙簡子安排後路一事。

【注　釋】❶使尹鐸為晉陽　尹鐸，趙簡子的家臣。為，治理。晉陽，趙氏封邑，在今太原市西南二十餘里。❷繭絲　賦稅。❸保鄣　小城曰保。鄣，同「障」。此指危急時提供保障。❹損其戶數　減少戶稅的數目。❺襄子　趙簡子之子，名無卹。

【語　譯】趙簡子讓尹鐸治理晉陽。尹鐸請示說：「是要把它作為提供賦稅的城邑呢？還是要把它建成提供保障的城邑呢？」簡子說：「提供保障呀！」尹鐸一到晉陽。便減少各家各戶上繳賦稅的數目。簡子便告誡他的兒子無卹說：「晉國如果有了禍亂，你不要認為尹鐸年輕，也不要嫌晉陽路遠，一定要到那裡去避難。」

郵無正諫趙簡子無殺尹鐸

趙簡子使尹鐸為晉陽，曰：「必墮其壘培❶。吾將往焉，若見壘培，是見寅與吉射也。」尹鐸往而增之。簡子如晉陽，見壘，怒曰：「必殺鐸也而後入。」

大夫辭❷之，不可❸，曰：「是昭余讎❹也。」鄆無正❺進，曰：「昔先主文子少釁於難❻，從姬氏於公宮❼，有孝德以出在公族❽，有恭德以升在位❾，有武德以羞❿為正卿，有溫德以成其名譽，失趙氏之典刑⓫，而去其師保⓬，基於其身，以克復其所。及景子⓭長於公宮，未及教訓而嗣立矣，亦能纂修其身以受先業，無謗於國，順德以學⓮子，擇言以教子，擇師保以相子。今吾子嗣位，有文之典刑，有景之教訓，重之以師保，加之以父兄⓯，子皆疏之，以及此難。夫尹鐸曰：『思樂而喜，思難而懼，人之道也。委土可以為師保，吾何為不增？』是以修之，庶曰可以鑑而鳩⓰趙宗乎！若罰之，是罰善也。罰善必賞惡，臣何望矣？」簡子說，曰：「微子，吾幾不為人矣！」以免難之賞⓱賞尹鐸。初，伯樂⓲與尹鐸有怨，以其賞如⓳伯樂氏，曰：「子免吾死，敢不歸祿。」辭曰：「吾為主圖，非為子也。怨若怨焉⓴。」

【章旨】本章論人應以禍難為借鑒，而不應故意遮蔽。又論不以私怨妨公德。

【注釋】❶壘培　即壘壁。軍營的圍牆。魯定公十三年，荀寅、范吉射作亂，圍晉陽，作此壘壁。所以趙簡子要拆此圍牆。❷辭　請也。❸不可　不肯。❹讎　仇也。❺鄆無正　晉大夫鄆良，字伯樂。❻先主文子少釁於難　文子，即趙簡子的祖父趙武。他年少時，其家族曾遭難，事見本書〈晉語六・韓獻子不從欒中行召〉。❼從姬氏於公宮　姬氏，趙朔之妻、趙武之母、成公之女而景公之姐也，與趙武（文子）居公宮。❽公族　公族大夫。❾位　卿位。❿羞　進也。⓫典刑　常法。⓬師保教導貴族子弟的官員。⓭景子　文子之子、簡子之父趙成。⓮學　教。⓯父兄　同宗父兄。⓰鳩　安。⓱免難之賞　軍賞。⓲伯樂　郵無正的字。⓳如　之。⓴怨若怨焉　現在的仇怨還是和過去的仇怨一樣。意謂不以私怨妨公德，公是公，私是私，公事應該公辦，私仇只能私了。

【語　譯】趙簡子委派尹鐸治理晉陽，吩咐說：「一定要把那裡的營壘拆了。我將要到晉陽去，如果看見了營壘，就等於看見了荀寅和范吉射這兩個姦人。」尹鐸到了晉陽，沒有拆除營壘，反倒把壘壁加高了。簡子到了晉陽，一見營壘，便勃然大怒，說：「一定要斬了尹鐸這小子，然後再進城。」大夫們來為尹鐸說情，簡子不肯，說：「這明明是炫耀我的仇人嘛！」郵無正走上前來說：「當年，先主文子家族蒙難，隨著母親住在公宮，後來，因為有孝悌之德而擔任了公族大夫，又因有恭敬之德而位列於卿，又因為有勇武之德而升為正卿，又因為有溫順之德而成就美名，所以，儘管他不能承襲趙氏的常法，又不能得到師保的教誨，然而基於自身的修養，也終致恢復了祖上的功業。到了景子，也長在公宮，還未到師保教誨的年齡，就嗣位而自立了，然而也能修養自身而承繼祖業，做到民無怨氣、國無謗言，又順乎德義來教誨子女，選擇善言來培育子女，延請師保來輔導子女。如今，大人承繼了兩位先主的祿位，既有文子的常法，又有景子的教育，又加上有師保的輔導，又加上有同宗父兄的幫助，可是大人卻都疏忽疏遠了，這才釀成這次禍亂。那尹鐸說：『想到樂事就高興，想到禍事就畏懼，這是人之常情啊！壘壁既然可以當作師保，為什麼不加高它呢？』因此就加高修整了它，說不定可以作為借鑒而安定趙氏吧！如果懲罰他，那就是懲罰好人。懲罰好人，也就一定會獎賞壞人，那麼，做臣僚的還有什麼指望呢？」簡子聽了很高興，說：「如果不是先生，趙鞅差一點就不是人了！」於是就按立了軍功的規格重賞尹鐸。過去，郵無正和尹鐸有仇怨，這回，尹鐸用自己得到的賞賜去拜謝郵無正。他說：「承蒙大人救下官於死地，敢不奉上所得之賞。」郵無正辭謝說：「鄙人只是為主公考慮，不是為了閣下。仇怨還是歸仇怨吧！」

鐵之戰趙簡子等三人誇功

鐵之戰❶，趙簡子曰：「鄭人擊我，吾伏弢❷衉❸血，鼓音不衰。今日之事，莫我若也。」衛莊公❹為右❺，曰：「吾九上九下，擊人盡殪❻。今日之事，莫我加也。」郵無正御❼，曰：「吾兩鞁❽將絕，吾能止之。今日之事，我上之次也。」駕而乘材，兩鞁皆絕。

【章　旨】本章記晉國三臣誇功之言。

【注　釋】❶鐵之戰　魯哀公二年，齊國給范氏送糧，鄭國的罕達、駟弘護送，范吉射前去迎接，趙簡子帶兵去進攻，遂交戰於鐵。鐵，衛國地名，在今河北省濮陽縣西北五里。❷弢　弓袋。❸衉　吐血。❹衛莊公　衛靈公的太子蒯聵，當時逃亡在晉，這次戰鬥中當了趙簡子的車右。❺右　車右。❻殪　死。❼御　趙簡子的車御。❽鞁　馬肚帶。

【語　譯】鐵地之戰，趙簡子說：「鄭軍攻擊我軍，我受傷伏在弓袋上吐血，但指揮戰鬥的鼓聲卻不衰竭。今天的事，沒有比得上我的啊！」衛國太子蒯聵擔任簡子的車右，他說：「我跳上跳下，不斷殺敵，被我擊中的敵人都死了。今天的事，沒有超得過我的了！」郵無正擔任簡子的御者，他說：「我們車上兩根馬肚帶都快斷了，我卻能不讓它斷。今天的事，我僅次於功勞最大的。」說完，又駕車去運木材，結果兩根肚帶都斷了。

衛莊公禱

衛莊公禱❶，曰：「曾孫蒯聵以諄趙鞅❷之故，敢昭告于皇祖文王❸、烈祖康叔❹、文祖襄公❺、昭考靈公❻，夷請❼無筋無骨，無面傷，無敗用❽，無隕懼❾，死不敢請❿。」簡子曰：「志父寄也⓫。」

【章　旨】本章記鐵戰中蒯聵之禱言。

【注　釋】❶衛莊公禱　衛莊公，即蒯聵，已見前章注❹。所禱亦在鐵之役。❷諄趙鞅　輔佐趙鞅。諄，佐也。趙鞅，即趙簡子。因為是對列祖列宗說話，所以直呼其名而不稱字或官銜。❸皇祖文王　皇，大也。文王，即周文王。衛國始封之君是文王之子、武王之弟，所以尊文王為先祖。❹烈祖康叔　烈，顯。康叔是周武王之弟，被周公封於衛。❺文祖襄公　文，文德。襄公，蒯聵的祖父。❻昭考靈公　昭，明也。考，父也。靈公，蒯聵之父。❼夷請　就受傷問題而請。夷，傷也。❽用　即兵用，亦即戰鬥力。❾隕懼　隕，顛墜。懼，指慘狀。❿死不敢請　生死由天命，故不敢請。⓫志父寄也　趙簡子原名鞅，改名志父。寄，請也。

【語　譯】鐵地之戰中，衛太子蒯聵向列祖列宗祈禱說：「曾孫蒯聵因輔佐趙鞅之故，膽敢昭告列祖列宗，願請偉大的祖先文王、顯赫的祖宗康叔、文德的祖父襄公、昭明的父親靈公，保佑孫兒不要受傷，不要斷筋折骨，不要刺破面容，不要喪失戰鬥力，不要摔下戰車。孫兒但請無傷，不敢祈請不死。」簡子說：「趙某拜託你了！」

史黯諫趙簡子田于螻

趙簡子田于螻❶，史黯❷聞之，以犬待于門。簡子見之，曰：「何為？」曰：「有所得犬，欲試之茲囿❸。」簡子曰：「何為不告？」對曰：「君行臣不從，不順。主將適螻而麓❹不聞，臣敢煩當日❺？」簡子乃還。

【章　旨】本章記史黯巧諫趙簡子應遵行君臣之禮。

【注　釋】❶趙簡子田于螻　田，田獵。螻，晉君的園林。趙簡子作為臣子，到國君的園林去打獵，當然是失禮的行為，所以史黯要諷諫。❷史黯　晉國太史，名墨，當時是趙簡子的史臣。❸茲囿　茲，此也。囿，園林。❹麓　主管國君園林之官。❺當日　當天值日者。

【語　譯】趙簡子要到國君的園子裡去打獵，史黯聽說後，就牽了一隻狗在園子門口等著。趙簡子看見了，就問：「這是做什麼？」史黯說：「剛得了一隻狗，想讓牠在這個園子試一試本事。」簡子說：「為什麼不稟告？」史黯說：「上行則下傚，否則就是不順。主公要去螻園打獵，而國君的管園官卻不知道，臣又怎麼敢煩勞主公身邊的值班之人呢？」簡子便作罷回去了。

少室周知賢而讓

少室周❶為趙簡子之右，聞牛談❷有力，請與之戲，弗勝，致右焉。簡子許之，使少室周為宰❸，曰：「知賢而讓，可以訓矣。」

【章　旨】本章記少室周讓賢之嘉行。

【注　釋】❶少室周　趙簡子家臣。❷牛談　趙簡子的另一家臣。❸宰　家宰。

【語　譯】少室周擔任趙簡子的車右，聽說牛談孔武有力，便要求和他比試，結果不能勝過牛談，便讓給他車右的職位。簡子批准了他的請求，又同時任命他為家宰，說：「既能識賢，又能讓賢，他可以訓導家臣了。」

史黯論良臣

趙簡子曰：「吾願得范、中行❶之良臣。」史黯侍，曰：「將焉用之？」簡子曰：「良臣，人之所願也，又何問焉？」對曰：「臣以為不良故也。夫事君者，諫過而賞❷善，薦可而替❸否，獻能而進賢，擇材而薦之，朝夕誦善敗而納之。道之以文，行之以順❹，勤之以力，致之以死。聽則進，否則退。今范、中行氏之臣不能匡相其君，使至於難；君出在外❺，又不能定，而棄之，則何良之為？若弗棄，則主焉得之？夫二子之良，將勤營其君，復使立於外，死而後止，何日以來？若來，乃非良臣也。」簡子曰：「善。吾言實過矣。」

【章　旨】本章論何謂良臣。

【注　釋】❶范中行　范吉射和中行寅。中行寅即荀寅。❷賞　贊賞。❸替　去。❹順　義理。理順則義。❺君出在外　指范吉射、中行寅在朝歌叛亂後，又出奔到齊國。

【語　譯】趙簡子說：「我希望得到范吉射和中行寅手下的良臣。」史黯正好陪侍在旁，便問：「要他們做什麼用？」簡子說：「良臣，是人人都想要有的，又有什麼可問的？」史黯回答：「因為臣以為他們不良。事奉君王或主子的人，應該諫諍君主的過錯，鼓勵君主的善行，主張可行之事，廢替不可之行，推薦能人，舉報賢才，選擇各種人才而介紹給君主，早晚講述善惡成敗的故事給君主聽。良臣應該用文德導引君主，用義理幫助君主，用心力事奉君主，用生死保衛君主。君主接受就進言，不接受就退下。如今，范吉射、中行寅的臣子們，既不能以正道匡扶其主，以致主子遭禍蒙難；主子流亡國外，又不能安定其主，反而棄君叛逃，這還算是什麼良臣？如果他們不棄君叛逃，請問主公又怎能得到他們？范吉射、中行寅手下的真正良臣，將會辛勤地為他們的主子營謀，讓主子在國外恢復爵位。他們一定會鞠躬盡瘁，死而後已，哪一天會到主公身邊來呢？如果有人來，那他就一定不是良臣。」趙簡子說：「說得好。我剛才的話確實錯了。」

趙簡子問賢於壯馳茲

趙簡子問於壯馳茲❶曰：「東方之士孰為愈❷？」壯馳茲拜曰：「敢賀！」

簡子曰：「未應吾問，何賀？」對曰：「臣聞之：國家之將興也，君子自以為不足；其亡也，若有餘。今主任晉國之政而問及小人，又求賢人，吾是以賀。」

【章　旨】本章論虛懷若谷以求賢，實為國家興盛之道。

【注　釋】❶壯馳茲　吳國人，而為晉國大夫。❷愈　賢德。

【語　譯】趙簡子問吳國來的客卿壯馳茲說：「東方之士誰最賢德？」壯馳茲行禮說：「恭喜主公，賀喜主公！」簡子說：「還沒回答我的問話呢，又有什麼好祝賀的？」壯馳茲回答：「臣聽說：一個國家要興盛起來的時候，君子都自以為不足；快滅亡時，則表面上看起來好像很充裕。如今，主公主持晉國國政，問事問到臣這樣的小人，又思求賢人，因此臣謹致祝賀。」

竇犨論君子哀無人

趙簡子歎曰：「雀入于海為蛤❶，雉入于淮為蜃❷。黿鼉魚鼈❸，莫不能化❹，唯人不能，哀夫！」竇犨❺侍，曰：「臣聞之：君子哀無人❻，不哀無賄；哀無德，不哀無寵；哀名之不令，不哀年之不登❼。夫范、中行氏不恤庶難，欲擅晉國，今其子孫將耕於齊，宗廟之犧❽為畎畝之勤，人之化也，何日之有！」

【章　旨】本章論人的形質雖不能轉化成其他生命型態，但若無德，則人事將變化迅速無常。

【注　釋】❶蛤　蛤蜊，軟體動物，生活在淺海泥沙中。❷蜃　大蛤。❸黿鼉魚鼈　黿，有二物：一為綠團魚，又名癩頭黿；一為蜥蜴。鼉，即揚子鱷。鼈，即「鱉」，又稱甲魚、團魚。❹化　變化。比如蛇變鱉黿之類。此皆無稽之談，無從查考。❺竇犨　晉國大夫。❻人　賢人。❼登　高。❽犧　宗廟祭祀所用的純色牲。這裡暗指范吉射和中行寅。

【語　譯】趙簡子感歎說：「鳥雀落入大海就變成蛤蜊，野雞落入淮水就變成大蛤，黿、鼉、魚、鱉，沒有一樣不能變化的，只有人不能變化，真是可悲呀！」竇犨正好侍立在旁，便說：「下官聽說：君子只悲哀沒有賢人，不悲哀沒有財物；只悲哀沒有德行，不悲哀沒有恩寵；只悲哀名聲不美好，不悲哀年壽不高。那范吉射、中行寅之流，不體恤黎民百姓的苦難，而妄圖專擅晉國，如今落得個子子孫孫在齊國耕田種地的下場，宗廟的犧牲變成了田野的耕牛，人的變化，又用得了幾天啊！」

趙襄子使新稚穆子伐狄

趙襄子使新稚穆子伐狄❶，勝左人、中人❷，遽人❸來告，襄子將食，尋飯❹有恐色。侍者曰：「狗之事大矣，而主之色不怡，何也？」襄子曰：「吾聞之：德不純而福祿並至，謂之幸❺。夫幸非福，非德不當雍❻，雍為不幸，吾是以懼。」

【章　旨】本章論非德而勝為不幸。

【注　釋】❶趙襄子使新稚穆子伐狄　事在春秋後。趙襄子，晉正卿，簡子之子，名無卹。新稚穆子，晉大夫，名狗。❷左人中人　左、中，是狄國二邑。❸遽人　驛站傳命之人。❹尋飯　把飯捏成團。❺幸　通「倖」。僥倖。❻雍　和樂。

【語　譯】趙襄子派新稚穆狗去伐狄，打敗了左、中二邑之軍，驛卒來報告勝利的消息，當時襄子正準備吃飯，摶飯的時候面有恐色。侍者問：「新稚穆狗戰功顯赫，而主公的臉色不好，請問這是為什麼？」襄子說：「我聽說：德行不一而福祿齊來，叫做僥倖。僥倖不是好事，不合於德則不快樂，真正的快樂，是不可能通過僥倖來獲得的，因此我誠惶誠恐。」

智果論智瑤必滅宗

智宣子將以瑤為後❶，智果❷曰：「不如宵❸也。」宣子曰：「宵也佷❹。」對曰：「宵之佷在面，瑤之佷在心。心佷敗國，面佷不害。瑤之賢於人者五，其不逮❺者一也。美鬢長大則賢，射御足力則賢，伎藝畢給則賢，巧文辯惠則賢，彊毅果敢則賢。如是而甚不仁。以其五賢陵人，而以不仁行之，其誰能待之？若果立瑤也，智宗必滅。」弗聽。智果別族于太史為輔氏❻。及智氏之亡也，唯輔果在。

【章　旨】本章論才華過人而仁德不足者為害甚大。

【注　釋】❶智宣子將以瑤為後　智宣子，晉卿，荀躒之子，名甲。瑤，宣子之子，就是襄子智伯。為後，立為後嗣。❷智果　晉國大夫，與宣子同族。❸宵　宣子的庶子。❹佷　殘忍不從人；剛愎自用。❺逮　及也。❻別族于太史為輔氏　別族，改姓。即聲明與智瑤斷絕同族關係，而改姓輔氏。太史，掌姓氏之官。

【語　譯】智宣子打算立智瑤為後嗣，智果說：「不如立智宵。」宣子說：「宵這孩子剛愎自用。」智果回答：「宵的剛愎是表面的，瑤的剛愎卻在內心。內心剛愎必敗國，表面上剛愎卻沒有關係。瑤這個人，比別人強的有五點，不如別人的只有一條。要論鬢髮秀美、身材高大，他超過別人；要論射箭駕車、氣力充足，他超過別人；要論多才多藝、能力高強，他超過別人；要論巧於文辭、善辯聰慧，他超過別人；要論剛強堅毅、果斷勇敢，他也超過別人。他的長處如此之多，然而卻很不仁愛。憑著五大優點而盛氣凌人，為人處事又不仁愛，誰能容忍他？如果讓瑤嗣位，智氏宗族一定會被滅絕。」宣子不聽他的意見。智果便到太史那裡聲明改姓輔氏。到智氏滅族之時，只有輔果平安無事。

士茁謂土木勝懼其不安人

智襄子❶為室美。士茁❷夕焉。智伯曰：「室美夫？」對曰：「美則美矣，抑臣亦有懼也。」智伯曰：「何懼？」對曰：「臣以秉筆事君。志有之曰：『高山峻原，不生草木；松柏之地，其土不肥。』今土木勝，臣懼其不安人也。」室成，三年而智氏亡。

【章　旨】本章論奢華之害。

【注　釋】❶智襄子　即前章提到的智瑤，又稱智伯。❷士茁　智伯的家臣。

【語　譯】智伯建屋室，華麗之極。他的家臣士茁晚上去拜見他。智伯說：「這房子漂亮吧？」士茁回答說：「漂亮倒是漂亮，只是臣下很害怕。」智伯說：「你怕什麼？」士茁回答說：「臣是拿著筆來事奉主公的，也就只能用書上的話來回答。史誌上有這樣的話：『高山峻嶺，不生草木；松柏之地，土質不肥。』如今，主公的房屋太華麗了，臣只怕它不能讓人安寧。」房子建成了。三年以後，智氏一族也滅亡了。

智伯國諫智襄子

還自衛❶，三卿❷宴于藍臺，智襄子戲韓康子❸而侮段規❹。智伯國❺聞之，諫曰：「主不備，難必至矣。」曰：「難將由我，我不為難，誰敢興之！」對曰：「異於是。夫郤氏有車轅之難❻，趙有孟姬之讒❼，欒有叔祁之愬❽，范、中行有亟治之難❾，皆主之所知也。《夏書》有之曰：『一人三失，怨豈在明？不見是圖❿。』《周書》有之曰：『怨不在大，亦不在小。』夫君子能勤小物，故無大患。今主一宴而恥人之君相，又弗備，曰『不敢興難』，無乃不可乎？夫誰不可喜，而誰不可懼？蚋⓫蟻蜂蠆⓬，皆能害人，況君相乎！」弗聽。自是五年，乃有晉陽之難⓭。段規反，首難，而殺智伯于師，遂滅智氏。

【章　旨】本章論盛氣凌人而又無所防範者必亡。

【注　釋】❶還自衛　智襄子伐鄭後，自衛國而還。❷三卿　智襄子、韓康子、魏桓子。❸韓康子　韓宣子之曾孫、韓莊子之子，名虎。❹段規　魏桓子之相。❺智伯國　晉國大夫，智襄子的同族。❻郤氏有車轅之難　指郤犨與長魚矯爭地，郤氏捉到長魚矯，把他連同其父母妻子都綑綁在一個車轅上。後來，長魚矯得寵於晉厲公，依靠厲公親手殺死了郤錡、郤犨、郤至三人。❼趙有孟姬之讒　趙朔之妻孟姬與趙嬰私通，趙嬰的哥哥趙同、趙括把趙嬰放逐了，孟姬便向晉景公誣告趙同、趙括謀反，結果趙同、趙括被殺。❽欒有叔祁之愬　欒盈之母與家臣私通，反而誣告欒盈謀反，終使欒氏被滅，事見本書〈晉語八・陽畢教平公滅欒氏〉。❾范中行有亟治之難　亟治，范皐夷的城邑。皐夷無寵於范吉射，便在族中作亂，並聯合他人一起驅逐了范吉射和中行寅，後來還滅了二氏。❿不見是圖　尚未出現時即應設法。⓫蜹　蚊子一類的昆蟲。⓬蠆　蠍子一類的動物。⓭晉陽之難　智襄子率韓、魏之兵攻趙，趙襄子自守於晉陽。

【語　譯】從衛國回來後，智襄子、韓康子和魏桓子在藍臺宴飲。智襄子戲弄韓康子並侮辱魏桓子之相段規。智伯國聽說後，便去勸諫智襄子說：「主公如不防備，一定會大難臨頭的。」智襄子說：「有難也是我發的，我不發難，誰敢發難！」智伯國回答說：「只怕不是這樣。那郤氏有車轅之難，趙氏有孟姬之讒，欒氏有叔祁之訴，范氏、中行氏有亟治之難，這些都是主公知道的。《夏書》上說：『一個人得罪了三個人，仇怨還不明顯？要在仇敵還沒有表現出來的時候就想辦法。』《周書》上也說：『只要有了仇怨，就不在於大小。』君子唯其注意小事，才不至於有大難。如今主公一次宴會就羞辱了人家一君一相，又不加以防備，還說什麼『不敢發難』，只怕這不可以吧？誰不能讓人高興，誰又不能讓人恐懼呢？蚊蟲、螞蟻、蜜蜂和蠍子，都能害人，何況是人君和相佐呢！」智襄子不聽他的勸告。藍臺之宴五年後，便有晉陽之難。段規反戈，帶頭發難，把智襄子殺死在軍中，並滅了智氏宗族。

晉陽之圍

晉陽之圍❶，張談❷曰：「先主為重器❸也，為國家之難也，盍姑無愛寶於諸侯乎？」襄子曰：「吾無使也。」張談曰：「地❹也可。」襄子曰：「吾不幸有疾❺，不夷❻於先子，不德而賄。夫地也求飲吾欲❼，是養吾疾而干❽吾祿也，吾不與皆斃。」襄子出，曰：「吾何走乎？」從者曰：「長子❾近，且城厚完。」

襄子曰：「民罷力以完之，又斃死以守之，其誰與我？」從者曰：「邯鄲⑩之倉庫實。」襄子曰：「浚⑪民之膏澤以實之，又因而殺之，其誰與我？其晉陽乎！先主之所屬⑫也，尹鐸之所寬也⑬，民必和矣。」乃走晉陽，晉師圍而灌之⑭，沉竈產鼃⑮，民無叛意。

【章　旨】本章言唯愛民者方能得民。

【注　釋】❶晉陽之圍　智襄子帥韓、魏之兵攻趙，趙襄子走晉陽，事已見前章注⑬。❷張談　趙襄子之子孟談。❸重器　指圭璧鐘鼎之類傳家之寶。❹地　趙襄子之臣。❺疾　這裡指闕失。❻夷　平。❼求飲吾欲　只求餵飲我以情欲。即一味隨順我的欲望做壞事。❽干　求。❾長子　晉縣。❿邯鄲　亦晉別縣。⓫浚　煎也。⓬屬　囑咐。⓭尹鐸之所寬也　事見本卷〈趙簡子以晉陽為保鄣〉。⓮晉師圍而灌之　晉師，指智襄子所帥韓、魏之兵。他們掘開了汾水淹晉陽。⓯鼃　青蛙。

【語　譯】晉陽被圍那次，張談說：「先主治備寶器，就是為了在國家遇到危難時拿出來使用，何不姑且對諸侯各國不吝惜地使用這些寶器呢？」趙襄子說：「我沒有可派去出使各國的人。」張談說：「地這個人可派。」趙襄子說：「我不幸多有闕失，比不上先祖先父，不能修德，卻求行賄。地那個人，只會靠迎合我的欲望來混口飯吃，這實質上是助長我的毛病來求得我的俸祿，我可不和他一起去找死。」襄子走出來，說：「我們往哪裡跑？」隨從們說：「長子縣近，而且城牆又厚又完整。」趙襄子說：「民眾竭盡全力才讓它完整，又要獻出生命才能守它，誰還會和我同心同德？」隨從們又說：「邯鄲縣的倉庫充實。」趙襄子說：「搜盡民脂民膏才使它充實，又要連累他們被屠殺，誰還會和我同心同德？我看還是去晉陽吧！那是先主囑咐過的避難之所，又是尹鐸實行過寬厚政策的地方，人民一定會和我們團結一心。」於是便逃到晉陽，晉軍包圍了晉陽，掘開汾水灌城，淹沒的竈下都生了青蛙，民眾卻仍然沒有背叛趙襄子的意思。

卷一六 鄭語

史伯為桓公論興衰

桓公為司徒❶，甚得周眾與東土之人❷，問於史伯❸曰：「王室多故❹，余懼及焉，其何所可以逃死？」史伯對曰：「王室將卑，戎、狄必昌，不可偪❺也。當成周者，南有荊蠻、申、呂、應、鄧、陳、蔡、隨、唐❻，北有衛、燕、狄、鮮虞、潞、洛、泉、徐、蒲❼，西有虞、虢、晉、隗、霍、楊、魏、芮❽，東有齊、魯、曹、宋、滕、薛、鄒、莒❾，是非王之支子母弟甥舅也，則皆蠻、夷❿、戎、狄之人也。非親則頑，不可入也。其濟、洛、河、潁之間乎？是其子男之國，虢、鄶⓫為大，虢叔恃勢，鄶仲恃險，是皆有驕侈怠慢之心，而加以貪冒。君若以周難之故，寄孥與賄焉，不敢不許。周亂而弊，是驕而貪，必將背君，君若以成周之眾，奉辭伐罪，無不克矣。若克二邑，鄔、弊、補、舟、依、鞣、歷、華⓬，君之土也。若前華後河，右洛左濟，主芣、騩而食溱、洧[13]，修典刑以守之，是可以少固。」

公曰：「南方不可乎？」對曰：「夫荊子[14]熊嚴生子四人：伯霜、仲雪、叔熊、季紃。叔熊逃難於濮而蠻[15]，季紃是立，薳氏將起之[16]，禍又不克。是天啟之心也，又甚聰明和協，蓋其先王。臣聞之，天之所啟，十世不替。夫其子孫必光啟土，不可偪也。且重、黎[17]之後也，夫黎為高辛氏火正[18]，以淳耀敦大，天明地德，光照四海，故命之曰『祝融』，其功大矣。

「夫成天地之大功者，其子孫未嘗不章，虞、夏、商、周是也。虞幕[19]能聽協風，以成樂物生者也。夏禹能單平水土，以品處庶類者也。商契能和合五教[20]，以保于百姓者也。周棄能播殖百穀蔬，以衣食民人者也。其後皆為王公侯伯。祝融亦能昭顯天地之光明，以生柔嘉[21]材者也，其後八姓[22]於周未有侯伯。佐制物於前代[23]者，昆吾[24]為夏伯矣，大彭、豕韋[25]為商伯矣，當周未有。己姓昆吾、蘇、顧、溫、董[26]，董姓鬷夷、豢龍[27]，則夏滅之矣。彭姓彭祖、豕韋、諸稽[28]，則商滅之矣。禿姓舟人[29]，則周滅之矣。妘姓鄔、鄶、路、偪陽[30]，曹姓鄒、莒[31]，皆為采衛[32]，或在王室，或在夷、狄，莫之數也。而又無令聞，必不興矣。斟姓[33]

無後。融之興者，其在芈姓[34]乎？芈姓夔越[35]不足命也。蠻芈[36]蠻矣，唯荊實有昭德，若周衰，其必興矣。姜、嬴、荊芈[37]，實與諸姬代相干[38]也。姜，伯夷[39]之後也；嬴，伯翳[40]之後也。伯夷能禮於神以佐堯者也，伯翳能議百物以佐舜者也。其後皆不失祀而未有興者，周衰其將至矣。」

公曰：「謝西之九州[41]，何如？」對曰：「其民沓貪而忍，不可因[42]也。唯謝、郟[43]之間，其冢[44]君侈驕，其民怠沓其君，而未及周德。若更君而周訓之，是易取也，且可長用[45]也。」

公曰：「周其弊[46]乎？」對曰：「殆[47]於必弊者也。〈泰誓〉曰：『民之所欲，天必從[48]之。』今王棄高明昭顯，而好讒慝暗昧；惡角犀豐盈[49]，而近頑童窮固[50]。去和而取同[51]。夫和實生物，同則不繼[52]。以他平他謂之和[53]，故能豐長而物歸之[54]；若以同裨[55]同，盡乃棄矣。故先王以土與金木水火雜，以成百物。是以和五味[56]以調口，剛四支[57]以衛體，和六律[58]以聰耳，正七體[59]以役心，平八索[60]以成人，建九紀[61]以立純德，合十數以訓百體[62]。出千品，具萬方，計億事，材兆物，收經入，行姟極[63]。故王者居九畡[64]之田，收經入以食兆民，周[65]訓而能用之，和樂如一。夫如是，和之至也。於是乎先王聘后於異姓，求財於有方[66]，擇臣取諫工而講以多物，務和同也。聲一無聽，物一無文，味一無果，物一不講(67)。王將棄是類也而與剸(68)同。天奪之明，欲無弊，得乎？

「夫虢石父(69)讒諂巧從之人也，而立以為卿士，與剸同也；棄聘后而立內妾(70)，好窮固也；侏儒戚施(71)，實御在側，近頑童也；周法不昭，而婦言是行，用讒慝也；不建立卿士，而妖試幸措(72)，行暗昧也。是物也，不可以久。且宣王(73)之時有童謠曰：『檿弧箕服，實亡周國。』於是宣王聞之，有夫婦鬻(74)是器者，王使執而戮(75)之。府之小妾生女而非王子也，懼而棄之。此人(76)也，收以奔褒(77)。天之命此久矣，其又何可為乎？〈訓語〉(78)有之曰：『夏之衰也，褒人之神化為二龍，以同于王庭，而言曰：「余，褒之二君也。」夏后(79)卜殺之與去之與止之，莫吉。卜請其漦(80)而藏之，吉。乃布幣焉而策告之(81)，龍亡而漦在，櫝(82)而藏之，傳郊之(83)。』及殷、周，莫之發也。及厲王之末，發而觀之，漦流于庭，不可除也。王使婦人不幃而譟之(84)，化為玄黿(85)，以入于王府。府之童妾未既齔(86)而遭之，既笄(87)而孕，當宣王時而生。不夫而育，故懼而棄之。為弧服者方戮在路，夫婦哀其夜號也，而取之以逸(88)，逃于褒。褒人褒姁(89)有獄，而以為入於王，王遂置(90)之，而嬖是女也，使至於為后而生伯服。天之生此久矣，其為毒也大矣，將使候淫德而加之焉。毒之酋腊[91]者，其殺也滋[92]速。申、繒、西戎方彊[93]，王室方騷[94]，將以縱欲，不亦難乎？王欲殺太子[95]以成伯服，必求之申；申人弗畀[96]，必伐之。若伐申，而繒與西戎會以伐周，周不守矣！繒與西戎方將德申，申、呂方彊[97]，其隩愛[98]太子亦必可知也，王師若在[99]，其救之亦必然矣。王心怒矣，虢公從矣，凡周存亡，不三稔[100]矣！君若欲避其難，其速規所[101]矣。時至而求用，恐無及也！」

公曰：「若周衰，諸姬其孰興？」對曰：「臣聞之，武[102]實昭文[103]之功。文之祚盡，武其嗣乎！武王之子，應、韓不在，其在晉乎！距險而鄰於小，若加之以德，可以大啟。」公曰：「姜、嬴其孰興？」對曰：「夫國大而有德者近興，秦仲[104]、齊侯[105]，姜、嬴之儁[106]也，且大，其將興乎？」公說，乃東寄帑與賄，虢、鄶受之，十邑[107]皆有寄地。

【章旨】本章記史伯對西周末年天下大勢的分析。

【注釋】❶桓公為司徒　桓公，即鄭桓公，為鄭國始封之君。他是周厲王的少子、周宣王的弟弟，名友，被宣王封於鄭，周幽王八年時他在周作司徒。❷周眾與東土之人　周眾，即西周之民。東土，即京畿以東。❸史伯　周太史。❹故　難也。❺偪　迫也；近也。❻荊蠻申呂應鄧陳蔡隨唐　荊蠻，楚國鬻熊的後代，羋姓之蠻。申，姜姓之國，傳為伯夷之後，周宣王時封於謝（今河南省唐河縣南），建立中國。呂，姜姓之國，傳為四岳之後，在今河南南陽西。應，姬姓之國，始封之君為周武王之子（或弟），在今河南魯山東。鄧，曼姓之國，在今湖北省襄樊市北。陳，媯姓之國，傳為舜帝之後，國都宛丘在今河南淮陽。蔡，姬姓之國，在今河南上蔡。隨，姬姓之國，在今湖北省隨州市。唐，有祁姓之唐國，有姬姓之唐國，前者為周成王所滅，此為後者，在今湖北隨州西北唐城鎮。❼衛燕狄鮮虞潞洛泉徐蒲　衛，姬姓之國，始封之君為周武王弟康叔，先後建都於今河南省淇縣、滑縣、濮陽和沁陽等地。燕，姬姓之國，始封之君是召公奭，建都薊，即今北京。狄，即北狄。鮮虞，是在狄的姬姓。潞、洛、泉、徐、蒲，皆赤狄，隗姓。❽虞虢晉隗霍楊魏芮　虞，姬姓之國，古公亶父之子虞仲之後，在今山西平陸。虢，姬姓之國，有東虢、西虢之分，這裡指西虢，為虢叔之後，在今陝西寶雞。晉，姬姓之國，開國君主是周成王之弟唐叔虞，在今山西西南部，先後建都於翼（今山西翼城）、絳（今山西翼城東）、新田（今山西曲沃西南）。隗，韋昭注為姬姓之國。霍，姬姓之國，始封之君為周武王弟叔處，在今山西霍縣西南。楊，姬姓之國，在今山西省洪洞縣東北。魏，姬姓之國，在今山西芮城。芮，姬姓之國，在今陝西大荔。❾齊魯曹宋滕薛鄒莒　齊，姜姓之國，在今山東省北部。魯，姬姓之國，在今山東省西南。曹，姬姓之國，開國君主是周武王弟叔振鐸，建都陶丘（今山東定陶西南），在今山東省西部。宋，亦稱商，子姓之國，開國君主是商王紂的庶兄微子啟，建都商丘（在今河南省），有今河南省東部和山東、江蘇、安徽間地。滕，姬姓之國，開國君主是周文王之子錯叔繡，在今山東省滕縣西南。薛，任姓之國，祖先奚仲做過夏的車正，傳為車的創造者，居於薛，在今山東省滕縣東南。鄒，曹姓之國，建都鄒（今山東省鄒縣），有今山東省費、鄒、滕、濟寧、金鄉等縣地。莒，己姓之國，建都介根（今山東省膠縣西南），後遷都莒（今山東省莒縣）。❿夷　原作「荊」，據校改。⓫虢鄶　虢，東虢，虢仲之後，在今河南滎陽。鄶，妘姓之國，相傳為祝融之後，在今河南省密縣東北。⓬鄔弊補舟依黮歷華　鄔，古邑，在今河南偃師西南。餘皆今偃師、滎陽、密縣附近之古城邑，韋昭注謂在今河南新鄭一帶。⓭主芣騩而食溱洧　此言居二山之土，食二水之水。主，是為之神主，以山祀神。芣，山名，即蕡山。騩，也是山名。溱、洧，二水名。⓮荊子　荊，即楚。楚國子爵，故稱荊子。⓯叔熊逃難於濮而蠻　叔熊逃難奔濮，而從蠻俗。⓰薳氏將起之　薳，亦寫作「蔿」。楚國大夫。將起之，指將起叔熊而立之。⓱重黎　相傳為顓頊時官名，重司天，黎司地，楚人祖先曾為此二官。⓲黎為高辛氏火正　黎，顓頊之後。高辛氏，即帝嚳，是黃帝的曾孫、堯之父。火正，司火之官。⓳虞幕　虞舜之上祖。⓴五教　父義，母慈，兄友，弟恭，子孝。㉑柔嘉　溫和而美善。㉒八姓　祝融之後，謂：己、董、彭、禿、妘、曹、斟、芈。㉓佐制物於前代　佐，輔助。制，制馭。前代，指夏、商、周。㉔昆吾　祝融之後，名樊，己姓，封於昆吾。㉕大彭豕韋　也是祝融之後。大彭，名籛，彭姓，封於大彭，謂之彭祖。豕韋，彭姓之別封於豕韋者。殷衰之後，二國相繼為商伯。㉖己姓昆吾蘇顧溫董　五國都是昆吾之後。㉗董姓鬷夷豢龍　董姓，己姓之後，以擾龍服事帝舜，賜姓曰董，氏曰豢龍，封於鬷川，當夏之興時，又別封鬷夷，於孔甲之前滅。㉘諸稽　大彭之後。㉙禿姓舟人　禿姓，彭祖之別。舟人，國名。㉚妘姓鄔鄶路偪陽　妘姓，也是祝融之後，封於鄶。鄔、路、偪陽，均其後別封。㉛曹姓鄒莒　曹姓，祝融之後，封於鄒。㉜采衛　采，采服，去王城二千五百里。衛，衛服，去王城三千里。㉝斟姓　曹姓之別。㉞芈姓　楚國祖先的族姓。㉟蘷越　蘷，芈姓之別國，楚熊繹六世孫熊摯之後。越，偏遠。㊱蠻芈　指叔熊。㊲姜嬴荊芈　姜，指齊國。嬴，指秦國。荊芈，指楚國。㊳代相干　代，更替。干，犯也。㊴伯夷　炎帝之後，商代孤竹君之子，四岳之族。㊵伯翳　又叫伯益。舜虞官，少皞之後。㊶謝西之九州　指謝邑西面九州之地。謝，宣王之舅申伯之國，在今河南省唐河縣南。二千五百家為一州。㊷因　藉；靠。㊸郟　鄭邑，在今河南省郟縣。㊹冢　大也。㊺長用　久處。㊻弊　敗也。㊼殆　近也。㊽從　順應民心。㊾角犀豐盈　角犀，即相法上所說的「伏犀貫頂」。指鼻樑突起，狀若伏犀，直貫頂骨。豐盈，是說頰輔豐滿。這都是忠貞賢明之臣的相貌。㊿頑童窮固　無德義叫頑。不聽慧叫童。不肖叫做窮。多蔽叫做固。(51)去和而取同　同善相濟叫做和，同惡相濟叫做同。多樣叫做和，單一叫做同。君子和而不同。(52)和實生物二句　陰陽和則萬物生，如果一切東西都是同一的，就不會有新事物產生。(53)以他平他謂之和　兩種不同的事相配合，而得到均衡與統一，就叫做和。他，另一種事物。(54)豐長而物歸之　豐富滋長，萬物歸附，好比土氣和而萬物生，國家和而人民附。(55)裨　益。(56)五味　酸、苦、甘、辛、鹹。(57)四支　亦即「四肢」。(58)六律　即十二律中單數的六個律。(59)七體　即目耳口鼻七竅，其中目為心視，耳為心聽，口為心談，鼻為心芳，所以說七體役於心。(60)八索　八體。以應八卦，也就是乾為首，坤為腹，震為足，巽為股，離為目，兌為口，坎為耳，艮為手。(61)九紀　即九臟。其中正臟五：心、肝、脾、肺、腎，再加胃、膀胱、腸、膽。(62)百體　百官之體。(63)出千品六句　出，產出。品，類也。具，具有。方，亦「類」也。計，算也。材，裁也。經，常也。姟，備。極，至。數極於姟，姟無窮大。(64)九畡　九州之極。(65)周　忠信。(66)求財於有方　即各地都要貢獻當地土產。有方，四方。(67)講　論校；選擇。(68)剸　同「專」。(69)虢石父　虢國國君。(70)棄聘后而立內妾　聘后，指申后。內妾，指褒姒。(71)侏儒戚施　侏儒，軀體特別短小之人。戚施，駝背而不能仰身之人。他們在王宮充當俳優小醜，供人取樂。(72)妖試幸措　試，用也。措，置也。(73)宣王　厲王之子、幽王之父，名靖。(74)鬻　賣。(75)戮　羞辱。(76)此人　賣弧服的人。弧服指檿弧和以其服。檿弧即山桑木做的弓，箕服即箕草做的箭囊。(77)褒　古國名，亦稱有褒，姒姓，在今陝西省勉縣東南。(78)訓語　《周書》。(79)夏后　指夏桀。(80)漦　涎沫口水。(81)布幣焉而策告之　布，陳也。幣，玉帛。策，書策。(82)櫝　櫝；木盒子。(83)傳郊之　傳祭於郊。(84)不幃而躁之　幃，下裳的正幅。躁，讙呼。(85)玄黿　玄，帶赤的黑色。黿，一說是團魚，一說是蜥蜴。此物既由龍涎變化而來，大約是蜥蜴。(86)齔　小孩換牙，約當七、八歲之時。(87)笄女子十五而笄。88逸　藏匿。89褒姁　褒國國君。90置　赦釋。91酋腊　久熟為酋。腊，一說為極，一說為乾肉之有毒者。92滋　益也。93申繒西戎方彊　申，姜姓之國。申后即出於申，申君為幽王太子宜臼之舅父。繒，姒姓之國，與申為與國。西戎亦與申國合作。其時周室已衰，而此三國卻強盛。94騷　擾亂。95太子　申后之子宜臼。96畀　予也。97申呂方彊　申與呂為同姓之國，且皆強盛。98隩愛　疼愛。99王師若在　幽王的軍隊若在中國攻打。100稔　年。101規所　規劃逃避之所。102武　指周武王。103文　指周文王。104秦仲　周宣王的大夫，嬴姓。105齊侯　齊莊公，姜姓。106雋　通「俊」。107十邑　指虢、鄶二邑，再加上鄔、弊等八邑。

【語　譯】鄭桓公擔任周宣王的司徒時，很得西周之民和京畿以東民眾的人心。有一次他問史伯：「周王室多災多難，我很擔心受到連累，請問什麼地方可以逃避而免於一死呢？」史伯回答說：「周王室眼看就要衰敗了，戎、狄之國，勢必昌盛，不能接近他們。以周都雒邑為中心而論，南邊有荊蠻、申、呂、應、鄧、陳、蔡、隨、唐諸國，北方有衛、燕、狄、鮮虞、潞、洛、泉、徐、蒲諸國，西面有虞、虢、晉、隗、霍、楊、魏、芮諸國，東方有齊、魯、曹、宋、滕、薛、鄒、莒諸國。這些國家，不是周王室之支子母弟甥舅一類的親戚，便是蠻、夷、戎、狄一類的野蠻民族。他們不是王室宗親，便是凶頑之民，您不可以到那些地方去。要去的話，大概也就是濟、洛、河、潁之間的地方吧？這是些子爵男爵之國，其中又以虢、鄶兩國為大。虢叔仗恃地勢，鄶叔仗恃險要，都有驕侈怠慢之心，又貪得無厭。君上如果以周室有難為理由，要求把妻子、財產寄放到他們那裡，諒他們也不敢不答應。周室混亂衰敗，這些人又驕橫貪婪，將來肯定要背叛您，那時您如果率領成周軍民士眾，聲稱奉天子之命討伐有罪之國，就一定戰無不勝、攻無不克。如果攻下虢、鄶二邑，那麼，鄔、弊、補、舟、依、縣、歷、華八邑，也都是您的領地了。前有華邑，後有黃河，右有洛水，左有濟水，祭芣山、騩山而食溱水、洧水，重修舊法以守新土，這便可以基本穩固。」

桓公問：「南方不可以去嗎？」史伯回答說：「那楚國子爵熊嚴生了四個兒子：伯霜、仲雪、叔熊、季紃。叔熊逃難到濮地而從了蠻俗，季紃便得以立為國君。楚大夫蔿氏想再立叔熊，又遇禍而不得成功。這是上天要開啟季紃的心靈。季紃天縱聰明，和協民心，功德超過他的先君。臣聽說，上天要開啟的，十代也廢不了。他的子孫肯定能大大地開闢疆土，所以不可接近。況且，楚族是重、黎的後代，那黎又是高辛氏的火官。正因為他能弘耀天明，厚大地德，光明四海，所以帝嚳賜其名曰『祝融』，他的功績可是大得很哪！

「那些對天地有大功大德的人，他們的子孫沒有不得到表彰的，虞、夏、商、周都是這樣。虞幕能審聽和風，化育萬類；夏禹能平治水土，安頓百物；商契能和合五教，安保百族；周棄能播種穀蔬，養活人民。他們的後代，都當了王公侯伯。祝融也是能顯耀天地光明、培育美善之材的人，他的後代一共八姓，在周代沒有一姓當侯伯。在前代輔助治理事物的，有昆吾當過夏伯，大彭、豕韋當過商伯，在周代卻沒有。己姓的昆吾、蘇、顧、溫、董，董姓的鬷夷、豢龍，在夏代就被滅了。彭姓的彭祖、豕韋、諸稽，在商代就被滅了。禿姓的舟人，則被周人滅掉了。妘姓的鄔、鄶、路、偪陽，曹姓的鄒、莒，都是采服、衛服，有的在王室統治之下，有的在夷、狄化外之地，也沒有一個確數。況且，他們又沒有什麼美名，肯定不能興盛了。斟姓沒有後代。祝融之後能興起的，恐怕就只有羋姓了吧？羋姓中之夔國偏遠，不值得承受天命。蠻羋已經蠻化了，唯獨荊羋確實有昭明之仁德，如果周王室衰敗，那麼荊楚必定興盛。姜姓、嬴姓、羋姓，肯定將與姬姓諸國更相興盛。姜姓，是伯夷的後代；嬴姓，是伯翳的後代。伯夷是能夠禮拜於神靈以輔佐堯帝的人，伯翳是能夠使草木鳥獸各得其宜以輔佐舜帝的人。伯夷、伯翳、祝融的後代都是沒有廢棄祭祀，卻還沒有興盛者，所以周王室的衰敗之日，大概也就差不多該到了。」

桓公說：「謝西九州之地，怎麼樣呢？」史伯回答說：「那裡的人民既貪婪又殘忍，不可依靠。只有謝、郟之間，其大君侈奢驕橫，其民眾慢待其君，尚未具備忠信之德。如果換個君主並教之以忠信，這是容易獲取並且可以長久處之的地方。」

桓公問：「周王室就要衰敗了嗎？」史伯回答說：「大約是必將衰敗了。〈泰誓〉說：『人民所要求的，上天必定聽從。』如今，王上拋棄高尚正派、光明磊落的美德，而喜歡諂媚奸詐、邪惡陰險的行為；厭惡忠貞耿直、賢明仁義的良臣，而親近缺德愚頑、不肖多蔽的小人。這是去『和』而取『同』啊！要知道，『和』才能化育萬物，『同』則斷子絕孫。用不同的事物相均和就叫做『和』，所以才豐富滋長，萬物歸附；如果用相同的東西去增加相同的東西，就什麼也得不到。所以，先王用土和金木水火相雜，以化成百物。因此，先王調和五味以適應口舌，強健四肢以保全軀體，協和六律以聰慧聽覺，擺正七竅以服務心靈，端正八體以完成人格，建立九臟以純正德行，和合十數以訓導百官。這才能出產上千個品種，具備上萬種物類，計算成億的事物，裁奪萬億的財產，接受經常的收入，實行最大的極數。所以，天子占有九州的土地，接收經常的收入以養育萬民，訓之以忠信而能使用他們，上上下下，和樂如一人。像這樣，就是『和』的最高境界了。唯其如此，天子才向異性聘娶王后，向四方徵集財物，在群臣中選擇忠諫之人來協和萬物，這是為了努力做到『和』啊！只有一種聲音就不能悅耳，只有一種顏色就沒有文采，只有一種味道就不成佳肴，只有一種事物就沒有和諧。現在王上卻要拋棄這種做法，而一心地追求『同』。上天已奪去他的智慧聰明了，即便想不衰敗，又能做得到嗎？

「那個虢石父，是一個讒毀諂笑、巧取媚從的傢伙，王上卻把他立為卿士，這是接近專斷同欲之人；廢棄聘娶的申后，而立內妾褒姒，這是喜歡無知陋鄙之人；殘疾醜類，追隨左右，這是親近愚頑昏庸之人；不遵祖宗成法，卻只聽女人的讒言，這是起用邪惡陰險之人；不建立卿士，卻重用奸臣佞人，這是極不光明正大的做法。這些行為，都是不能長久的。而且，宣王的時候，就有童謠流傳：『山桑製的木弓，箕草製的箭袋，將要滅亡周國。』當時宣王聽到了，正好有一對夫婦在賣這兩樣東西，宣王就下令把他們抓起來並公開羞辱。那時，又正好王府裡一個侍女生了女孩，卻又不是宣王之女，她心裡害怕，就把這女嬰扔了。這對賣山桑木弓和箕草箭袋的夫婦撿到女嬰，便抱著投奔了褒國。可見，上天的命令已經很久了，那麼又能做什麼呢？〈訓語〉上有記載說：『夏王朝衰敗時，褒人的神變成兩條龍，共處在王宮，而且揚言說：「我們是褒國的兩位君王。」夏王就令人占卜，占卜的結果，無論是殺了牠們，還是趕走牠們，還是留下牠們，都不吉利。最後卜請牠們留下涎沫加以收藏，就大吉。於是，便陳設玉帛，用書策禱告，二龍便留下涎沫而去。夏人把龍涎藏在櫃子裡，傳祭於郊。』到殷、周兩代，都沒有人打開過。到了厲王的末年，打開一看，龍涎流到庭院，不能掃除。厲王便令婦人們不穿下衣站在院子裡喊叫，結果這龍涎便化為紅黑色的蜥蜴跑進王府，被府內一個還沒有換乳牙的小丫頭碰見了，到十五歲時就懷了孕，在宣王時生下了孩子。她沒有丈夫卻懷了孕，所以很害怕，就把那孩子扔了。賣山桑木弓和箕草箭袋的人正在路上遭受羞辱，夫妻倆人可憐那孩子夜裡號哭，便抱回家去藏了起來，以後又逃到褒國。褒國國君犯了罪，就把這個女孩也就是褒姒獻給了王上，王上便赦免了褒姁，而寵幸褒姒，直至立她為后並生了伯服。上天生育這個女人，歷時很久，她的毒性也就大得很了！這是上天為了腐蝕王上的德行而贈給他的啊！毒性劇烈的，殺人也快。中國、繒國、西戎，他們正是強盛之時，而王室卻正是衰敗之時，王上還要放縱私欲，能不倒楣嗎？王上要殺死太子以成全伯服，一定會向申國要人；申人不交出太子，王上一定會討伐他。如果伐申，而繒人和西戎聯合起來攻打周室，周王室是守不住的！繒國和西戎正想藉此機會向申國表示友好，申國和呂國又正強大，他們之疼愛太子，是可想而知的。王師若在申國作戰，呂國來援救申國，也是必然的了。王上之心憤怒了，虢公之徒追隨了，周王室的生死存亡，不過三年就見分曉了！您如果想逃避這場災難，得趕快找地方了。事到臨頭再求可利用之地，只怕來不及啊！」

桓公問：「如果周王室衰敗，那麼，姬姓諸侯之中，又有哪個國家會興盛起來呢？」史伯回答說：「臣聽說，昭明文王之德的，其實是武王。文王留給後代的福祚已盡，大概只有武王之後能夠繼承吧！武王之子，承繼福祚的人，不會在應、韓兩支，大概在晉國吧！晉國占據險要而鄰近小國，如加之以德政，便可大開疆域。」桓公又問：「姜、嬴兩姓，誰會興盛呢？」史伯回答說：「那些國土廣大國力雄厚而又有德政的，就會最先興盛起來。秦仲和齊侯，是姜姓和嬴姓中之俊傑，又強大，大概會興盛吧？」桓公很高興，便向東寄放了妻兒財物，虢、鄶兩國也都接受了。此間十邑，都有桓公寄存的地方。

平王之末秦晉齊楚代興

幽王八年而桓公為司徒，九年而王室始騷，十一年而斃❶。及平王之末，而秦、晉、齊、楚代興，秦景、襄於是乎取周土❷，晉文侯於是乎定天子❸，齊莊、僖於是乎小伯❹，楚蚡冒於是乎始啟濮❺。

【章　旨】本章印證上章史伯之所論。

【注　釋】❶十一年而斃　幽王伐申，申、繒召西戎以伐周，殺幽王於驪山戲下，桓公死之。❷秦景襄於是乎取周土　景，應為「莊」。莊公，秦仲之子、襄公之父。莊公有功，周室賜給他土地。周平王東遷時，襄公佐之，又得到西周豐、鎬之地，始命為諸侯。❸晉文侯於是乎定天子　晉文侯名仇，他迎平王而定之於雒邑。❹齊莊僖於是乎小伯　齊莊公名贖（一說名購），太公後十二世、僖公之父。僖公名祿父。他們曾小主諸侯盟會。❺楚蚡冒於是乎始啟濮　蚡冒，季紃之孫、若敖之子熊率。濮，南蠻之國，叔熊避難之處。

【語　譯】周幽王八年，桓公任周司徒，九年周王室便開始騷亂，十一年桓公死於周難。到了周平王末年，秦、晉、齊、楚便相繼交替興盛。秦莊公、襄公在這時取得周的土地，晉文侯在這時安定了周天子，齊莊公、僖公在這時小規模地主持了諸侯盟會，楚國的蚡冒在這時開闢了南蠻濮地。

卷一七 楚語上

申叔時論傳太子之道

莊王使士亹傅太子箴❶，辭曰：「臣不才，無能益焉。」王曰：「賴子之善善之也。」對曰：「夫善在太子。太子欲善，善人將至；若不欲善，善則不用。故堯有丹朱❷，舜有商均❸，啟有五觀❹，湯有太甲❺，文王有管、蔡❻。是五王者，皆有元德也，而有姦子。夫豈不欲其善？不能故也。若民煩❼，可教訓；蠻、夷、戎、狄，其不賓❽也久矣，中國所不能用也。」王卒使傅之。

問於申叔時❾，叔時曰：「教之春秋，而為之聳善而抑惡焉，以戒勸其心；教之世❿，而為之昭明德而廢幽昏焉，以休懼其動⓫；教之詩，而為之導廣顯德，以耀明其志；教之禮，使知上下之則；教之樂，以疏其穢而鎮其浮；教之令，使訪物官⓬；教之語⓭，使明其德，而知先王之務用明德於民也；教之故志⓮，使知廢興者而戒懼焉；教之訓典⑮，使知族類，行比⑯義焉。

「若是而不從，動而不悛⑰，則文詠物以行之，求賢良以翼之。悛而不攝⑱，則身勤之，多訓典刑以納之，務慎惇篤以固之。攝而不徹⑲，則明施舍以導之忠⑳，明久長以導之信，明度量以導之義，明等級以導之禮，明恭儉以導之孝，明敬戒以導之事，明慈愛以導之仁，明昭利以導之文，明除害以導之武，明精意以導之罰，明正德以導之賞，明齊肅以耀㉑之臨。若是而不濟，不可為也。

「且夫誦詩以輔相之，威儀以先後之，體貌以左右之，明行以宣㉒翼之，制節義以動行之，恭敬以臨監之，勤勉以勸之，孝順以納之，忠信以發之，德音以揚之，教備而不從者，非人也，其可興乎？夫子踐位則退。自退則敬，否則赧㉓。」

【章旨】本章論教育之內容與次第。

【注釋】❶莊王使士亹傅太子箴　莊王，即楚莊王，楚成王之孫、穆王之子，名旅（或作「侶」）。士亹，楚大夫。太子箴，即後來的楚恭（共）王。箴，又作「審」。❷堯有丹朱　丹朱，帝堯之子，名朱而封於丹。相傳他傲慢荒淫，所以堯便讓位於舜。❸舜有商均　商均，舜帝之子，名均而封於商。古書記載他「有昏德，不堪帝事」，所以舜傳位於禹。❹啟有五觀　啟，禹之子，夏王朝開國之君。五觀，又作「武觀」。啟的少子、太康的弟弟。曾被啟放逐到黃河西岸，放逐後又曾叛亂。❺湯有太甲　太甲，商湯的孫子，不遵湯的法度，曾被伊尹放逐到桐地。❻文王有管蔡　管即管叔鮮，蔡即蔡叔度，是周文王之子、武王之弟。武王死後，成王即位，周公攝政，管、蔡挾商紂之子武庚叛亂。❼煩　亂。❽賓　服。❾申叔時　即申公，楚國的賢大夫。❿世　先王之世系；世代承繼的情形。⓫休懼其動　休，嘉也。懼，警戒。動，行動。⓬使訪物官　訪，議也。

物，事也。官，官吏。⓭語　治國之嘉言。⓮故志　所記前世成敗之書。⓯訓典　先王之書。⓰比　從。⓱悛　改。⓲攝固。⓳徹　通。⓴忠　忠恕。施己所欲，原心舍過，謂之忠恕。㉑耀　明。㉒宣　遍也。㉓赧　懼也。

【語　譯】楚莊王要士亹做太子箴的師傅，士亹推辭說：「臣不才，不能對太子有多少幫助。」莊王說：「全仗愛卿之善，而使太子善啊！」士亹說：「善與不善，全在太子本人。太子自己想要善，善人就會到他身邊；如果自己不願意善，即便善人在側也不會有什麼作用。所以，堯帝有丹朱，舜帝有商均，夏啟有五觀，商湯有太甲，文王有管、蔡。這五位先王，都是有大德之人，然而卻有姦邪之子。他們難道不希望自己的子孫善嗎？只是做不到啊！如果是民眾動亂，還可以教化訓導；而南蠻、東夷、西戎、北狄之人，不服教化已久，我中國就不可用之。」莊王還是要士亹教誨太子。

士亹就去向申叔時求教，申叔時說：「教他學歷史，並為他弘揚善德，貶斥惡行，以告誡勉勵其心靈；教他學世系，並為他昭明仁德，廢黜幽昏，以嘉獎警戒其行為；教他學詩，並為他講述先王的功德，以開導指引其志向；教他學禮，使他知道上下尊卑的法度；教他學樂，以洗滌其汙穢而改變其輕浮；教他學法令，使他懂得百官的職責；教他學名言，使他懂得其中的道理，從而知曉先王為什麼一定要用仁德來教化子民；教他學古書，讓他知道前朝的廢興，從而感到警惕畏懼；教他學法典，使他知道家國血統，行為能符合義理。

「如果這樣教育而太子卻不聽從，舉動錯誤而不改正，那麼，就用文辭詠物來諷喻他，求賢人善士來幫助他。如果改正了卻不穩固，就不辭辛苦以身作則來帶動他，多講法典讓他接受，審慎篤實地讓他鞏固。如果鞏固而不通達，那就闡明施舍之道而教導他忠恕，闡明長久之理而教導他誠信，闡明度量之數而教導他義理，闡明等級之規而教導他禮節，闡明恭儉之德而教導他孝悌，闡明敬戒之行而教導他臨事，闡明慈愛之心而教導他仁厚，闡明利人之情而教導他文德，闡明除害之功而教導他勇武，闡明精意之則而教導他行罰，闡明正德之法而教導他行賞，闡明敬謹肅慎之威而教導他君臨子民。如果這樣還無濟於事，那麼，教誨太子的事就不可為了。

「再說，吟誦歌詩來薰陶他，端正威儀來影響他，禮貌相待來左右他，身體力行來幫助他，用節義來約束他，用恭敬來監督他，用勤勉來鼓勵他，用孝順來規諫他，用忠信來啟發他，用德音來激揚他，教育如此完備全面，他還是不能聽從的話，那就不是人了，難道還可以教育嗎？太子一旦繼位，你就自行引退。自行引退就受人尊敬，否則便會終身恐懼。」

子囊議恭王之謚

恭王❶有疾，召大夫曰：「不穀不德，失先君之業❷，覆楚國之師❸，不穀之罪也。若得保其首領❹以歿，唯是春秋所以從先君❺者，請為『靈』若『厲』❻。」大夫許諾。

王卒，及葬，子囊❼議謚。大夫曰：「王有命矣。」子囊曰：「不可。夫事君者，先其善不從其過。赫赫楚國，而君臨之，撫征南海❽，訓及諸夏❾，其寵大矣。有是寵也，而知其過，可不謂『恭❿』乎？若先君善，則請為『恭』。」大夫從之。

【章　旨】本章論蓋棺論定時應先其善而後其過，不可以過掩善。

【注　釋】❶恭王　即前篇提到的太子箴。箴或作「審」。❷失先君之業　先君，指莊王，是春秋五霸之一。至恭王時，霸主地位已失，所以說「失先君之業」。❸覆楚國之師　魯成公十六年，晉、楚戰於鄢陵，楚軍大敗。❹保其首領　不被人殺害。

首領，即頭。❺唯是春秋所以從先君　春秋，指春季和秋季時禘祫一類的祭祀。從先君，指列序祖廟跟從祖先享祭祀。王侯死後得以入廟從祀的就要有個諡號，所以恭王這句話實際上指的就是諡號。❻靈若厲　若，或也。諡法：「亂而不損曰靈，殺戮不辜曰厲。」這都是很壞的諡號。❼子囊　即公子貞，是恭王的弟弟，為楚國令尹。❽南海　南方一帶。❾諸夏　中原各國。❿恭　諡法：「既過能改曰恭。」

【語譯】楚恭王病了，召見大夫們說：「寡人不德，丟掉了先君的霸業，喪失了楚國的軍隊，這都是寡人的罪過。如果能免遭刑誅而終其天年，那麼，在春秋兩季禘祫之祭中追隨先君的那個稱號，就請用『靈』或者是用『厲』吧！」大夫們答應了。

恭王去世了，行葬禮時，令尹子囊和大夫們商議諡號。大夫們說：「先王已有遺命。」子囊說：「不可。事奉君王的人，首先應該看到君王的善行，而不應該先從過失方面去考慮。想我堂堂楚國，正是君上所治理，征服安撫了南方一帶，政令教化播及中原各國，他的尊榮威望大得很哪！有這樣大的尊榮威望，而能夠知道自己的過失，難道還不可以諡為『恭』嗎？如果首先看到君上的善行，就請用『恭』為諡號。」大夫們都聽從了他的意見。

屈建祭父不薦芰

屈到嗜芰❶。有疾，召其宗老❷而屬之，曰：「祭我必以芰。」及祥❸，宗老將薦芰，屈建❹命去之。宗老曰：「夫子屬之。」子木曰：「不然。夫子承楚國之政，其法刑在民心而藏在王府，上之可以比先王，下之可以訓後世，雖微楚國，諸侯莫不譽。其祭典有之曰：國君有牛享❺，大夫有羊饋❻，士有豚犬之奠❼，庶人有魚炙之薦❽，籩豆、脯醢則上下共之❾。不羞❿珍異，不陳庶⓫侈。夫子不以其私欲干國之典。」遂不用。

【章旨】本章論禮不可違。

【注釋】❶屈到嗜芰　屈到，即子夕，屈蕩之子，楚國的卿。芰，菱角。❷宗老　卿大夫家中管祭祀的家臣。宗，宗人。老，家臣。❸祥　除喪服時的祭禮。❹屈建　即子木，屈到之子。❺牛享　即太牢。祭祀時進獻牛。❻羊饋　少牢。祭祀時獻羊。❼豚犬之奠　祭祀時用豬、狗置祭。豚，小豬，也泛指豬。❽魚炙之薦　祭祀時進獻煎魚。❾籩豆脯醢則上下共之　籩，竹器，祭祀時用以盛果實脩脯之類。豆，高腳木盤，盛醢醬之類。脯，乾肉，也指蜜漬的乾果。醢，用肉、魚等製成的醬。這些祭品，無論上下尊卑，都共同使用，唯數量不同。❿羞　進；獻。⓫庶　眾。

【語譯】屈到愛吃菱角，臨終時特地叫來宗老囑咐說：「祭祀我的時候一定要用菱角。」到了舉行除喪服的祭禮時，宗老準備進獻菱角，屈建命令他拿掉。宗老說：「這是故老大人囑咐的。」屈建說：「不對。先父執掌楚國國政，他的法令深入民心而藏在王府，上溯可以追及先王，下效可以訓導後世，不單是楚國，便是天下諸侯，也莫不贊譽。那祭祀之法典上有規定：國君之祭用牛，曰太牢；大夫之祭用羊，曰少牢；士的祭奠，用豬用狗；庶人們祭祖，只用煎魚。至於籩豆、乾肉、魚醬之類，則無論上下尊卑，是大家共有的。不進獻珍異之物，也不陳列奢侈之品，先父不會因自己的嗜好而干犯國家的常法。」便不用菱角。

蔡聲子論楚材晉用

椒舉娶於申公子牟❶，子牟有罪而亡，康王以為椒舉遣之❷，椒舉奔鄭，將遂奔晉。蔡聲子❸將如晉，過之於鄭，饗之以璧侑❹曰：「子尚良食❺，二先子❻其皆相子，尚能事晉君以為諸侯主。」辭曰：「非所願也。若得歸骨於楚，死且不朽。」聲子曰：「子尚良食，吾歸子❼。」椒舉降三拜，納其乘❽馬，聲子受之❾。

還見令尹子木❿，子木與之語，曰：「子雖兄弟於晉⓫，然蔡吾甥也，二國孰賢？」對曰：「晉卿不若楚⓬，其大夫則賢，其大夫皆卿材也。若杞梓⓭、皮革焉，楚實遺之；雖楚有材，不能用也。」子木曰：「彼有公族甥、舅⓮，若之何其遺之材也？」對曰：「昔令尹子元之難⓯，或譖王孫啟於成王⓰，王弗是⓱，王孫啟奔晉，晉人用之。及城濮之役⓲，晉將遁⓳矣，王孫啟與於軍事，謂先軫⓴曰：『是師也，唯子玉㉑欲之，與王心違㉒，故唯東宮與西廣㉓寔來。諸侯之從者，叛者半矣，若敖氏㉔離矣。楚師必敗，何故去之？』先軫從之，大敗楚師，則王孫啟之為也。

「昔莊王方弱㉕，申公子儀父㉖為師，王子燮㉗為傅，使師崇、子孔帥師以伐舒㉘。燮及儀父施二帥而分其室㉙。師還至，則以王如廬㉚，廬戢黎殺二子㉛而復王。或譖析公臣㉜於王，王弗是，析公奔晉，晉人用之。寔讒敗楚，使不規東夏㉝，則析公之為也。

「昔雍子㉞之父兄譖雍子於恭王，王弗是，雍子奔晉，晉人用之。及鄢之役㉟，晉將遁矣，雍子與於軍事，謂欒書曰：『楚師可料㊱也，在中軍王族而已。若易中下㊲，楚必歆㊳之。若合而臽㊴吾中，吾上下必敗其左右，則三萃㊵以攻其王族，必大敗之。』欒書從之，大敗楚師，王親面傷㊶，則雍子之為也。

「昔陳公子夏為御叔娶於鄭穆公㊷，生子南㊸。子南之母亂陳而亡之㊹，使子南戮於諸侯㊺。莊王既以夏氏之室賜申公巫臣㊻，則又畀之子反㊼，卒於襄老㊽。襄老死於邲，二子爭之，未有成。恭王使巫臣聘於齊，以夏姬行㊾，遂奔晉，晉人用之。寔通吳、晉㊿，使其子狐庸為行人於吳(51)，而教之射御，導之伐楚，至于今為患，則申公巫臣之為也。

「今椒舉娶於子牟，子牟得罪而亡，執政弗是，謂椒舉曰：『女實遺之。』彼懼而奔鄭，緬然(52)引領南望，曰：『庶幾赦吾罪。』又不圖也，乃遂奔晉，晉人又用之矣。彼若謀楚，其亦必有豐(53)敗也哉。」

子木愀然(54)，曰：「夫子何如？召之其來乎？」對曰：「亡人得生，又何不來為？」子木曰：「不來，則若之何？」對曰：「夫子不居矣(55)，春秋相事，以還軫(56)於諸侯。若資東陽(57)之盜使殺之，其可乎？不然，不來矣。」子木曰：「不可。我為楚卿，而賂盜以賊(58)一夫於晉，非義也。子為我召之，吾倍其室。」乃使椒鳴(59)召其父而復之。

【章　旨】本章論不惜人才必造成嚴重之後果。

【注　釋】❶椒舉娶於申公子牟　椒舉，即伍舉，他是伍參的兒子。伍奢的父親、伍子胥的祖父。申公子牟，即王子牟，曾為申公。❷康王以為椒舉遣之　康王誤以為是椒舉放跑的。康王，恭王之子，名昭。遣，送；放。❸蔡聲子　即蔡國公孫歸生，字子家，他是伍舉的好朋友。❹侑　即侑食；勸食。陪侍進食。❺良食　好好吃飯。❻二先子　即伍舉的父親伍參和聲子的父親、蔡國太師子朝。❼吾歸子　我設法讓你回去。❽乘　四馬曰乘。❾聲子受之　意在讓伍舉放心。❿令尹子木　子木，即前篇提到的屈建，這時他是楚國令尹。⓫兄弟於晉　蔡國與晉國同姓。⓬晉卿不若楚　晉卿，指晉國的正卿，與楚國的令尹地位相當。當時晉國的正卿是趙武（即趙文子），是一位賢臣，聲子之所以說他不如楚令尹，是為了讓子木高興，以便說下面批評的話。⓭杞梓　兩種貴重木材。⓮彼有公族甥舅　意謂晉國人才原本頗多。⓯令尹子元之難　子元，楚武王之子、楚文王之弟，楚國令尹，名善，又稱王子善。他想勾引誘惑文王的遺孀息嬀，便在息嬀的宮旁蓋了房子，結果被申公鬬班殺死。申本古國，乃伯夷之後，姜姓。楚滅其國後，改為楚縣，名其縣尹為申公。申之故城在今河南省南陽市。⓰或譖王孫啟於成王　譖，誣告。王孫啟，子元之子，同時也是楚武王之孫，故稱王孫。成王，文王之子，名叫惲。⓱王弗是　成王不能正確地處理此事，明辨是非。是，理也。⓲城濮之役　魯僖公二十八年，晉、楚戰於城濮，事見本書〈晉語四・文公救宋敗楚於城濮〉。⓳遁　逃。⓴先軫　當時的晉國中軍主帥。㉑子玉　即當時的楚國令尹得臣。㉒與王心違　楚成王認為晉文公在外流亡十九年而終得晉國，艱苦備嘗，民情盡之，又天假之年而除其害，是「天之所置，其可廢乎」，因此不願與晉軍交戰。子玉堅決要打，於是，「王怒，少與之師。」㉓東宮與西廣　東宮大概是太子的親兵，西廣大概是楚軍二廣之一。據《左傳》，隨行的還有若敖氏之宗族親兵六百人。㉔若敖氏　敖，即「豪」。猶今之酋長。楚國國君，有謚號的稱為王，無謚號的稱為敖，再加上所葬之地名之。所以，若敖就是葬在若地的楚國之君，他是楚武王之祖。這裡的若敖氏，指的是他的後代所帥親兵。

㉕莊王方弱　莊王，成王之孫、穆王之子，名旅（或「侶」）。方弱，不到二十。㉖申公子儀父　子儀父，即鬭克，字子儀，當時是申公。他是申公鬭班之子，韋昭注說他是大司馬。㉗王子燮　楚國公子。㉘使師崇子孔帥師以伐舒　師崇，即潘崇，曾為楚太子商臣（即莊王之父穆王）之師。子孔，若敖曾孫，名嘉，字子孔，楚國令尹。舒，國名，偃姓，有六國之多，而宗國在今安徽省舒城縣。此次伐舒，事在魯文公十四年，所伐之國為舒蓼，地在舒城縣與廬江縣之間。㉙施二帥而分其室　施，施加罪名。二帥，即潘崇、子孔。室，即家財；家資。㉚廬　楚邑，當在今湖北省南漳縣東五十里。㉛廬戢黎殺二子　戢黎是廬大夫。二子指鬭克和王子燮。㉜析公臣　楚大夫。㉝使不規東夏　規，有。東夏，指蔡、沈兩國。魯成公六年，晉、楚戰於繞角（在今河南省魯山縣東南），析公深知楚軍不堅韌，易震盪，為晉軍出謀，多用戰鼓，半夜全軍合擊，楚軍大敗，晉軍侵蔡襲沈，獲其君，鄭國也從此不敢從楚。㉞昔雍子之父兄譖雍子於恭王　雍子，楚大夫，參看本書〈晉語九・叔向論三姦同罪〉注❸。父兄，指同宗之父兄。恭王，莊王之子，名箴（或「審」）。㉟鄢之役　魯成公十六年，晉、楚戰於鄢陵，事見本書〈晉語六・晉敗楚師於鄢陵〉。㊱料　料想；揣度；算計。㊲中下　中軍和下軍。㊳歆　高興。㊴臽　掐。㊵三萃　萃，集也。當時晉有四軍，中軍已先入，然後集上軍、下軍和新軍而攻之。㊶王親面傷　楚恭王被呂錡射中眼睛，事見本書〈晉語七・悼公即位〉注❹。㊷昔陳公子夏為御叔娶於鄭穆公　陳公子夏，陳宣公的兒子、御叔的父親。他為御叔娶鄭穆公少妃姚子的女兒夏姬為妻。㊸子南　即陳國大夫夏徵舒，他是御叔和夏姬的兒子。㊹子南之母亂陳而亡之　御叔早死，夏姬便與陳靈公以及大夫孔寧、儀行父通姦，靈公還公然對儀行父說：「徵舒很像你呀！」行父也回答說：「也像君上呀！」於是夏徵舒便把陳靈公射死了。第二年，即魯宣公十一年，楚國藉口夏氏亂陳而出兵討伐，滅了陳國，把它改為楚國的縣。事見本書〈周語中・單襄公論陳必亡〉。㊺使子南戮於諸侯　楚伐陳，殺死了夏徵舒，車裂於陳國栗門。㊻申公巫臣　申公，即申縣縣尹。巫臣，即屈巫，氏屈，字子靈。楚莊王伐陳後，準備自己占有夏姬，被屈巫勸止。㊼子反　楚國的司馬公子側，他也想要夏姬，也被屈巫勸止。㊽卒於襄老　於，當作「與」。襄老，楚國的連尹，於魯宣公十二年在邲地戰役中被射死。事見本書〈晉語七・悼公即位〉注❸。㊾恭王使巫臣聘於齊二句　屈巫為夏姬設計，藉口討回襄老之屍而回到鄭國，然後在自己出使齊國時帶走了夏姬。㊿寔通吳晉　屈巫逃到晉國，子反殺其族，屈巫便請使於吳，吳王壽夢很欣賞他，吳、晉兩國也就通好。(51)其子狐庸為行人於吳　狐庸，屈巫之子。行人，外交官。(52)緬然　遙遠貌。(53)豐　大。(54)愀然　淒愴貌。(55)不居矣　言當奉命於他國。(56)還軫　即周旋。(57)東陽　楚國北邑。(58)賊　傷害。(59)椒鳴　伍舉（椒舉）之子、伍奢之弟。

【語譯】伍舉娶申公子牟的女兒為妻，子牟犯了罪，逃到國外，康王認為是伍舉把他放跑的，伍舉便逃到鄭國，並打算逃到晉國去。蔡國的公孫歸生要去晉國，在鄭國遇到伍舉，便以璧玉為禮請他吃飯，說：「仁兄好好吃飯吧，我們兩人的先父都會保佑仁兄，還能事奉晉君，幫助他做諸侯盟主。」伍舉辭謝說：「這不是小弟的願望。如果能讓我的骨頭回到楚國，那麼我死了以後尚能聲名不朽。」公孫歸生說：「仁兄還是好好吃飯吧，小弟一定設法讓仁兄回國。」伍舉便下階拜謝再三，又獻上自己的乘馬，公孫歸生接受了。

從晉國回來後，公孫歸生去見楚國的令尹屈建，屈建和他談話，說：「貴國雖然與晉國是兄弟，但同時也是敝國的外甥，請公平地說說看，晉、楚兩國，到底誰的情況好一些？」公孫歸生回答說：「晉國的正卿不如貴國的令尹，但晉國的大夫卻比貴國的強，晉國的大夫都是做卿的材料。就像杞木、梓木、犀皮、兕革這些東西一樣，都是楚國送去的；雖然楚國有的是良材，卻不能善用啊！」屈建問：「晉國有的是人才，為什麼我們還會送人才給他？」公孫歸生回答：「當初，貴國令尹王子元被殺時，有人向成王誣告王子元的兒子王孫啟與父同謀，成王不能主持公道，王孫啟便逃到晉國而為晉人所用。到了晉、楚城濮之戰，晉國本要退兵，王孫啟參與了軍事會議，對晉軍中軍主帥先軫說：『這一仗，楚國只有令尹子玉想打，和楚王的意願相左，所以只有東宮和西廣兩支軍隊來了。諸侯中那些跟著來的，有一半已變了心，若敖氏那六百人，也離心離德。楚軍肯定要吃敗仗，為什麼要撤兵呢？』先軫接受了他的意見，大敗楚師，這都是王孫啟幹的好事！

「當年，莊王不滿二十歲，申公鬬克做他的太師，王子燮做他的太傅，派師崇、子孔帥兵征伐舒蓼。王子燮和鬬克給師崇、子孔施加罪名，並瓜分了他們兩人的家產。師崇、子孔班師回國時，王子燮和鬬克挾持莊王到廬邑，廬邑大夫戢黎誘殺了王子燮和鬬克，恢復了莊王的王位。有人向莊王誣告析公臣同謀，莊王不能主持公道，析公臣便逃到晉國而為晉人所用。他出謀策劃打敗了楚國，使楚國失去了對東夏一帶的控制，這都是析公臣幹的好事！

「當年，雍子的同宗父兄向恭王誣告雍子，恭王不能主持公道，雍子便逃到晉國而為晉人所用。到了鄢陵之戰，晉軍打算撤軍，雍子參加了軍事會議，對晉軍統帥欒書說：『楚軍可以對付，他們的精銳力量，不過只是中軍的王族武裝而已。如果我軍掉換中軍和下軍，楚軍一定會高高興興地上當。如果楚軍合力攻擊我軍中軍，我軍的上軍和下軍一定能打敗楚軍的左軍和右軍，然後我軍集上軍、下軍和新軍之力攻擊其王族，一定能大敗楚軍。』欒書採納了他的建議，大敗楚軍，射傷恭王之眼，這都是雍子幹的好事！

「當年陳公子夏為其子御叔娶鄭穆公之女夏姬為妻，生了夏徵舒。夏姬淫亂陳國而使其滅亡，又害得夏徵舒被諸侯車裂。楚莊王本來已經把夏姬賜給了屈巫，後來又要賜給子反，最後賜給了襄老。襄老戰死於邲地戰役，屈巫和子反爭奪夏姬，一直沒有結果。後來恭王派屈巫出使齊國，屈巫帶走了夏姬，一直跑到晉國而為晉人所用。屈巫溝通了吳、晉兩國的邦交，讓他的兒子狐庸在吳國做外交官，教吳國人駕車射箭，為吳國人帶路去攻打楚國，一直到今天還是楚國的大患，這都是屈巫幹的好事！

「如今，伍舉娶子牟之女為妻，子牟獲罪而逃亡，主持國政的人不能主持公道，還對伍舉說：『就是你放跑的。』他因害怕而逃到鄭國，遠遠地伸長脖子向著南方眺望，說：『也許可以赦免我無罪吧！』然而又失所望，便要投奔晉國，而晉國也又要重用他了。他要是策劃謀害楚國，也肯定會有極其嚴重的後果。」

屈建聽了，臉色慘白，問：「那人現在到底怎樣？叫他回來，他肯回來嗎？」公孫歸生回答：「流亡之人獲得生機，又怎麼會不回來呢？」屈建又問：「萬一他不回來，又怎麼辦呢？」公孫歸生回答：「那人不會待在一個地方了，而會一年四季，奉命出使，周遊列國。如果重金收買東陽大盜去暗殺他，大概也可以吧？不然的話，他不會回來。」屈建說：「那不行。我身為堂堂國相，卻買通盜賊到晉國去暗殺一個逃亡者，這不合義理。請閣下替鄙人召他回國，我們加倍歸還他的家產。」於是便派伍鳴召回其父伍舉，並恢復了他的爵位。

伍舉論臺美而楚殆

靈王為章華之臺❶，與伍舉❷升焉，曰：「臺美夫！」對曰：「臣聞國君服寵❸以為美，安民以為樂，聽德以為聰❹，致遠以為明❺。不聞其以土木之崇高、彤鏤❻為美，而以金石匏竹之昌大、囂庶❼為樂；不聞其以觀大、視侈、淫色❽以為明，而以察清濁❾為聰。

「先君莊王為匏居之臺❿，高不過望國氛⓫，大不過容宴豆⓬，木不妨守備⓭，用不煩官府⓮，民不廢時務⓯，官不易朝常⓰。問誰宴焉？則宋公、鄭伯⓱；問誰相禮？則華元、駟騑⓲；問誰贊事？則陳侯、蔡侯、許男、頓子⓳，其大夫侍之。先君以是除亂克敵，而無惡於諸侯。今君為此臺也，國民罷⓴焉，財用盡焉，年穀敗焉，百官煩焉，舉國留㉑之，數年乃成。願得諸侯與始升㉒焉，諸侯皆距無有至者。而後使太宰啟疆請於魯侯㉓，懼之以蜀之役㉔，而僅得以來。使富都那豎㉕贊焉，而使長鬣之士㉖相焉，臣不知其美也。

「夫美也者，上下、內外、小大、遠近皆無害焉，故曰美。若於目觀㉗則美，縮㉘於財用則匱，是聚民利以自封㉙而瘠民也，胡美之為？夫君國者，將民之與處，民實瘠矣，君安得肥？且夫私欲弘侈，則德義鮮少；德義不行，則邇者騷離而遠者距違。天子之貴也，唯其以公侯為官正㉚，而以伯子男為師旅㉛。其有美名也，唯其施令德於遠近，而小大安之也。若斂民利以成其私欲，使民蒿㉜焉忘其安樂，而有遠心㉝，其為惡也甚矣，安用目觀？

「故先王之為臺榭㉞也，榭不過講軍實，臺不過望氛祥㉟。故榭度於大卒㊱之居，臺度於臨觀之高。其所不奪穡地㊲，其為不匱財用，其事不煩官業，其日不廢時務。瘠磽㊳之地，於是乎為之；城守之木㊴，於是乎用之；官僚之暇，於是乎臨之；四時之隙，於是乎成之。故〈周詩〉㊵曰：『經始靈臺㊶，經之營之。庶民攻㊷之，不日成之。經始勿亟㊸，庶民子來。王在靈囿，麀鹿攸伏㊹。』夫為臺榭，將以教民利也，不知其以匱之也。若君謂此臺美而為之正，楚其殆㊺矣！」

【章 旨】本章論勞民傷財以建築奢華之臺榭，非但不為美，反而危害國家。

【注 釋】❶靈王為章華之臺 靈王，楚恭王之庶子、康王之弟，名虔，字子圍，即本書〈魯語下‧叔孫穆子知楚公子圍有篡國之心〉和〈晉語八‧趙文子請免叔孫穆子〉中之公子圍和令尹圍。康王死後，他殺死繼位之君，自立為王。章華之臺，《左傳》又稱章華之宮，其地當在今湖北省監利縣西北離湖上。又謂在今湖北省江陵縣東三十三里。❷伍舉 即前篇的椒舉，氏伍而食邑椒。❸服寵 服，受也。寵，祿也。❹聽德以為聰 德，指德音。聰，聽力好。❺致遠以為明 致遠，即看得遠，能使遠方之人歸服。明，視力好。❻彤鏤　彤，漆上紅油。鏤，雕刻花紋。❼金石匏竹之昌大囂庶　金，指金鐘之類。石，指石磬之類。匏，指笙、竽之類。竹，指管、簫之類。囂，喧嘩也。庶，眾多也。❽觀大視侈淫色　觀看大場面，看侈靡華麗的陳設和淫濫的容貌色藝等。❾察清濁　審知音樂的清濁。❿先君莊王為匏居之臺　莊王，恭王之父、靈王之祖父，名旅（或「侶」）。匏居，臺名。⓫國氛　預示國家吉凶的雲氣。⓬宴豆　泛指宴會上所用的各種食具。宴，指國宴。豆，即俎豆。⓭守備　防守國家所用之木料。⓮官府　庫藏。⓯時務　四時的農事。⓰朝常　日常公務。⓱宋公鄭伯　宋、鄭兩國朝事楚國，所以來參加宴會。⓲華元駟騑　華元，華御事之子，宋國之卿。駟騑，鄭穆公之子，名騑，字子駟。⓳陳侯蔡侯許男頓子　頓，古國名，在今河南省商水縣，後遷至項城縣西南。陳、蔡、許、頓四國，爵位分別為侯、侯、男、子爵。⓴罷　疲。㉑留　治。㉒始升　落成典禮。㉓使太宰啟疆請於魯侯　此事在魯昭公七年。啟疆，即薳啟疆，楚卿。魯侯，即魯昭公。㉔懼之以蜀之役　蜀，魯地，一說以為在今山東省泰安縣西，一說以為在今汶上縣西，前說較確。魯宣公十八年，魯國曾派人和楚國修好，但正好趕上楚莊王在七月去世，接著，十月，魯宣公也死了。次年，魯成公即位，卻與晉國結盟，繼位的楚恭王大怒，遂於魯成公二年伐魯，一直打到蜀。這次薳啟疆去請魯昭公，重提舊事，說上次蜀地之戰，貴國先君成公曾答應派人到敝國來的，敝國國君天天伸長了脖子向北方眺望，等了四代國君，也沒有等來貴國的恩賜，恐怕只好帶著禮物到蜀地去拜見了。魯昭公聽了害怕，只好硬著頭皮來參加章華之臺的落成典禮。㉕富都那豎　富，富於容貌；漂亮的。都，優美的樣子。那，美貌。豎，未冠之人；小臣。㉖長鬣之士　長鬚美髯之士。㉗目觀　登臺縱目，觀覽形勝。㉘縮　取。㉙封　厚。㉚正　長。㉛師旅　軍隊。㉜蒿　耗。㉝遠心　遠離之心。㉞臺榭　積土為臺。臺上敞廳為榭。㉟氛祥　凶氣為氛。吉氣為祥。㊱度於大卒　度，度量；計算；以某為尺度也。大卒，君王的士卒。㊲穡地　農田。㊳瘠磽　瘠，瘠薄無肥力。磽，堅硬難開墾。㊴城守之木　築城剩下的木料。㊵周詩　指《詩．大雅．靈臺》。㊶經始靈臺　經始，即經營之始。立基址的時候。天子之臺叫靈臺。㊷攻　修建。㊸亟　急。㊹麀鹿攸伏　麀，母鹿。攸，所。看母鹿所伏之處，想生息愛民之功。㊺殆　險。

【語　譯】楚靈王修建了章華之臺，和伍舉一起登上臺去，說：「這高臺美吧！」伍舉回答：「臣只聽說，做國君的，以受天之祿為美，以保國安民為樂，以接納善言、傾聽德音為聰，而以高瞻遠矚、使四方遠處之民歸順依附為明。臣不曾聽說過他們以建築的高大、油漆、雕刻為美，以金鐘、石磬、笙竽、簫管的聲音宏大、喧嘩、眾多為樂；不曾聽說以觀看盛大的場面、欣賞奢侈的陳設、沉湎女色伎藝為明，而以辨別音樂的清濁為聽的。

「先君莊王建匏居之臺，高度僅僅只夠觀望雲氣，大小僅僅只夠舉行國宴，用材不妨礙國家守備，用錢不動用官府庫藏，用工不耽誤庶民農時，用人不影響官吏工作。要問是誰來參加宴會？是宋公和鄭伯；要問是誰來輔佐禮儀？是華元和駟騑；要問是誰來贊助事宜？是陳侯、蔡侯、許男、頓子，而他們的大夫也陪侍在旁。先君正是靠著這些做法，來消除禍亂，戰勝敵國，而天下諸侯也都不反感。如今，君上建築這個高臺，國民精疲力盡，國庫財力耗盡，年成大受影響，官吏煩亂不堪，舉國修建，數年乃成。君上希望天下諸侯都來參加落成典禮，諸侯都拒絕邀請，沒有一個肯來的。後來派太宰啟疆去請魯侯，拿蜀地之戰的事來恐嚇他，才請來了他一個人。於是只好用些年輕漂亮的小臣來贊助慶典，用些長鬚美髯的士人來輔佐禮儀，臣實在不知道它美在哪裡！

「所謂美，就是對上對下、對內對外、對小對大、對遠對近都沒有害處，所以才叫美。如果眼睛看看挺漂亮，然而卻耗費財物，使國家困乏，這就是聚斂民財來豐厚自己而使人民貧困，還算什麼美呢？君臨國家的人，要和人民共處，人民貧困了，國君怎麼會富裕？再說，一個人要是私欲膨脹，那就一定德義稀少；德義不能推行，那麼，身邊的人就會離心離德，而遠方的人也會抗拒違背。天子的尊貴之處，就在於他能把公爵、侯爵當作自己的官佐，而把伯爵、子爵、男爵當作公侯們統帥的軍隊。他之所以有美名，也正因為他能向遠近各國施恩布德，使大大小小的國家都得到安定。如果搜括民財來滿足私欲，使人民財力耗盡而忘其安樂，人人都想遠走高飛，這作為惡實在大得很了，還如何登臺縱目，觀覽形勝？

「因此，先王之建造臺榭，榭不過用來講習軍事，臺不過用來觀望雲氣。所以，榭的大小以檢閱士卒為尺度，臺的高低以觀望氛祥為標準。它的地址不占用牧場農田，它的建造不耗費國庫財政，它的工程不煩亂官吏政務，它的工時不耽誤四季農耕。挑那些貧瘠無用的土地，就在那裡建造；選那些築城剩下的木材，就用它們修蓋；利用官僚的閑暇，讓他們來現場指揮；趁著四季的空閒，讓民眾來動工興建。所以〈周詩〉說：『開始營建靈臺了，經營它，修建它。庶民們來建造它，沒幾天就蓋好啦！開始的時候別著急呀，庶民們像子女一樣都來了。君王來到靈囿裡，看著母鹿所伏之處，想著生息愛民之功。』修建臺榭，原本是要讓人民得到好處的，沒聽說是要讓他們破產的。如果君上要說這座臺子很美並以此為正道，咱們楚國可就危險了！」

范無宇論國為大城未有利者

靈王城陳、蔡、不羹❶，使僕夫子晳問於范無宇❷，曰：「吾不服諸夏而獨事晉，何也？唯晉近我遠也。今吾城三國，賦皆千乘❸，亦當晉矣。又加之以楚，諸侯其來乎？」對曰：「其在志❹也，國為大城，未有利者。昔鄭有京、櫟❺，衛有蒲、戚❻，宋有蕭、蒙❼，魯有弁、費❽，齊有渠丘❾，晉有曲沃❿，秦有徵、衙⓫。叔段以京患莊公，鄭幾不克⓬；櫟人寔使鄭子不得其位⓭；衛蒲、戚寔出獻公⓮；宋蕭、蒙寔弒昭公⓯；魯弁、費寔弱襄公⓰；齊渠丘寔殺無知⓱；晉曲沃寔納齊師⓲；秦徵、衙寔難桓、景⓳。皆志於諸侯，此其不利者也。

「且夫制城邑若體性⓴焉，有首領股肱，至于手拇毛脈，大能掉㉑小，故變而不勤㉒。地有高下，天有晦明，民有君臣，國有都鄙㉓，古之制也。先王懼其不帥㉔，故制之以義，旌之以服，行之以禮，辯之以名㉕，書之以文，道之以言。既其失也，易物之由。夫邊境者，國之尾也。譬之如牛馬，處暑之既至，䖟蝱㉖

之既多，而不能掉其尾，臣亦懼之。不然，是三城也，豈不使諸侯之心惕惕㉗焉？」子皙復命，王曰：「是知天咫㉘，安知民則㉙？是言誕㉚也。」右尹子革㉛侍，曰：「民，天之生也。知天，必知民矣。是其言可以懼哉！」三年，陳、蔡及不羹人納棄疾㉜而弒靈王㉝。

【章旨】本章論國內其他城市不可太大，尤其不可超過國都之理。

【注釋】❶靈王城陳蔡不羹　事在魯昭公十一年。陳，古國名，媯姓，國都宛丘（今河南省淮陽縣），魯昭公八年被楚國攻占。蔡，古國名，武王弟蔡叔度之後，始都上蔡（今河南省上蔡縣）；平侯遷新蔡（今河南省新蔡縣）；昭侯遷州來（今安徽省鳳臺縣），謂之下蔡。魯昭公十一年楚滅蔡。不羹有二，西不羹在今河南省襄城縣東南二十里，東不羹在今舞陽縣北。❷使僕夫子皙問於范無宇　僕夫子皙，即僕皙夫，楚國大夫。范無宇，即芋尹申無宇，亦楚大夫。❸乘　一車四馬為一乘，千乘之國是大國。❹志　記也。❺鄭有京櫟　鄭，姬姓古國，國都即今河南省新鄭縣。京，鄭邑，在今河南省滎陽縣東南二十餘里。櫟，鄭邑，在今河南省禹縣，距鄭都九十里。❻衛有蒲戚　衛，姬姓古國，始都朝歌（今河南省淇縣），後遷於曹（今河南省滑縣），又遷楚丘（在滑縣東六十餘里），又遷帝丘（今河南省濮陽縣）。蒲，春秋時有二蒲邑，衛國之蒲在今河南省長垣縣。戚，衛邑，在今河南省濮陽縣北。❼宋有蕭蒙　宋，子姓古國，都商丘（今河南省商丘市）。蕭，亦稱蕭同，子姓古國，春秋時為宋國附庸，在今安徽省蕭縣西北。蒙，疑即蒙澤，在今河南省商丘市東北。❽魯有弁費　魯，姬姓古國，都曲阜。弁，即卞，在今山東省泗水縣東五十里。費，魯之費有二，其一在今山東省魚臺縣西南，為魯邑；其二在今山東省費縣西北二十里，為季氏之私邑，本文所指即此。❾齊有渠丘　齊，姜姓古國，都營丘（今山東省淄博市）。渠丘，在今山東省臨淄縣（淄博市）境內。❿晉有曲沃　晉，姬姓古國，始都翼（今山西省翼城縣），復都絳（今山西省侯馬市）。曲沃，在今山西省聞喜縣。⓫秦有徵衙　秦，嬴姓古國，都雍（今陝西省鳳翔縣）。徵，在今陝西省澄城縣西南二十五里。衙，在今陝西省白水縣東北四十里。⓬叔段以京患莊公二句　叔段，即共叔段，鄭莊公的同母弟。莊公之父鄭武公掘突娶於申，曰武姜。武姜生莊公及共叔段。生莊公時難產，所以給莊公取名為「寤生」，而且不喜歡他而疼愛共叔段。莊公即位後，武姜為共叔段請邑，莊公封給他京城，號稱京城大叔。叔段到京城後，企圖謀反，並以武姜為內應。莊公聞訊伐京，叔段逃到鄢（今河南省鄢陵縣北）。莊公又伐鄢，叔段遂逃到共（今河南省輝縣）。事在魯隱公元年。⑬櫟人寔使鄭子不得其位　櫟人，指鄭厲公突，鄭莊公之子。鄭莊公有多子，太子忽，其弟為子突、子亹、子儀等。魯桓公十二年，鄭莊公卒，鄭人立次子子突為君，是為鄭厲公，太子忽則逃亡在外。魯桓公十五年，鄭國內亂，厲公突逃到櫟（櫟是當年鄭莊公賜給公子突的大邑），子忽便得以回國為君，是為昭公。魯桓公十八年，鄭卿高渠彌利用出獵的機會射殺昭公忽，立公子亹為君（無諡號）。同年秋，子亹被齊侯殺於首丘，鄭大夫祭仲從陳迎回公子儀立為國君，因死後亦無諡號，所以本書稱其為鄭子。十四年後，即魯莊公十四年，出奔在外居於櫟邑的鄭厲公突串通鄭大夫傅瑕，殺死子儀及其二子，回國為君。⑭衛蒲戚寔出獻公　蒲，衛國大夫甯殖（甯惠子）的食邑。戚，衛國大夫孫林父（孫文子）的食邑。魯襄公十四年，甯、孫二人驅逐了衛獻公。⑮宋蕭蒙寔弒昭公　蕭、蒙是宋公子鮑的食邑，公子鮑是宋昭公的庶弟。昭公，名杵臼，成公之少子，魯文公八年即位，無道。魯文公十六年，其庶弟公子鮑會同國人殺死昭公，繼承君位，是為文公。⑯魯弁費寔弱襄公　魯弁費，指魯國的季氏。費，季氏私邑。弁（即卞）則本為魯公室之邑，魯襄公二十八年被季武子強占。其實早在魯襄公十一年，季武子便已作三軍而削弱襄公力量，取卞後更是肆無忌憚。⑰齊渠丘寔殺無知　渠丘，齊大夫雍廩之邑。魯莊公八年，齊公孫無知弒襄公而立；九年，雍廩殺無知，齊國無君。同年夏，公子小白回國，是為桓公。⑱晉曲沃寔納齊師　曲沃，晉卿欒盈之邑。欒盈被誣奔齊，於魯襄公二十三年由齊軍送回曲沃。欒盈遂率曲沃之兵攻入絳都，險些殺死晉平公。事見本書〈晉語八・陽畢教平公滅欒氏〉。⑲秦徵衙寔難桓景　徵衙，秦公子鍼的封邑。桓，秦桓公。景，秦景公。公子鍼是桓公之子、景公之弟，有寵於桓公，與景公儼然國之二君。魯昭公元年，公子鍼跑到晉國，其車千乘。⑳體性　謂體與性。此處是以人體比喻國體。㉑掉　調動。㉒勤　勞也。㉓都鄙　國都和邊鄙小邑。㉔帥　循也。㉕名　名分。㉖蝱蠻　都是牛虻。大的叫蝱，小的叫蠻。㉗惕惕　憂懼。㉘天咫　天道的一小部分。㉙民則　治民之法。㉚誕　虛妄。㉛右尹子革　右尹，官名。子革，楚大夫，故鄭大夫子然之子然丹。㉜棄疾　恭王之子、靈王之弟，後來的平王。㉝弒靈王　魯昭公十一年，楚靈王城陳、蔡、不羹，任命公子棄疾為蔡公。十三年，靈王的弟弟公子比、公子黑肱、公子棄疾（即蔡公）等人率陳、蔡、不羹等地軍隊攻進楚國，靈王出逃，自知眾叛親離，遂自殺。這裡用「弒」字，是表示靈王的自殺，實由三公子率三城兵作亂而致。三公子入城後，始以公子比為王，後來公子棄疾又殺了公子比而即王位，是為平王，所以本書說「納棄疾」。

【語　譯】靈王要把被他滅掉的陳、蔡、不羹三國的國都建成楚國的大城，派僕夫子晳去詢問范無宇，說：「我沒能讓中原各國臣服於楚，他們偏偏只事奉晉國，是什麼原因呢？恐怕就因為晉國離他們近而楚國離他們遠吧！如今我以三國為城，兵賦都有千乘之多，也抵得上晉國了。再加上楚國自己的兵力，諸侯們大概要來歸附了吧？」范無宇回答說：「這種事早已記錄在案，凡是國內有大城的，從來就沒有好處。過去鄭國有京城、櫟城，衛國有蒲城、戚城，宋國有蕭城、蒙城，魯國有弁城、費城，齊國有渠丘，晉國有曲沃，秦國有徵城、衙城。結果，共叔段據京城以反叛莊公，莊公幾乎不能戰勝他；據有櫟城的厲公突，讓子儀丟掉了君位；衛國蒲城之主甯殖、戚城之主孫林父趕走了衛獻公；宋國蕭、蒙二城之主公子鮑殺了宋昭公；魯國弁城、費城之主季武子削弱了魯襄公；齊國渠丘之主雍廩殺了國君無知；晉國曲沃之主欒盈引來齊軍，差點殺死了晉平公；秦國徵城、衙城之主公子鍼威脅著秦景公。這些事都記載在諸侯各國的史書裡，是建築大城於國不利的明證。

「再說，國家建制城邑，就像人的身體一樣，有頭顱、有脖子、有胳膊、有腿腳，一直到指頭、毛髮、血脈，大的能調動小的，所以行動起來不覺疲勞。地有高有低，天有明有暗，人有君有臣，國家有都城有邊邑，這是自古以來就有的制度。先王懼怕有人不遵從這一原則，便用義理來制約，用服飾來彰明，用禮儀來推行，用名號來分辨，用文字來記錄，用言語來稱述。但凡是違失了的，都是因為改變了尊卑服物的緣故。那邊境上的城邑，是國家的尾巴。比如說牛馬，盛夏酷暑一到，蚊蟲牛虻已多，卻不能擺動尾巴，臣擔心的就是這種情況。否則的話，這三座大城，難道還不讓諸侯害怕嗎？」

子晳回去覆命，靈王說：「這人懂得一點兒天道，哪裡曉得治民的法則？這些話太虛妄了！」右尹子革正好侍立在旁，就說：「民，是天所創生的。知道天，一定知道民。這些話很值得警惕呀！」三年之後，陳、蔡、不羹三城之人送公子棄疾回國為君，靈王被迫自殺。

左史倚相儆申公子亹

左史倚相廷見申公子亹❶，子亹不出，左史謗之。舉伯❷以告，子亹怒而出，曰：「女無亦謂我老耄❸而舍我，而又謗我！」

左史倚相曰：「唯子老耄，故欲見以交儆❹子。若子方壯，能經營百事，倚相將奔走承序❺，於是不給，而何暇得見？昔衛武公❻年數九十有五矣，猶箴儆於國，曰：『自卿以下至於師長士❼，苟在朝者，無謂我老耄而舍我，必恭恪於朝，朝夕以交戒我；聞一二之言，必誦志而納之，以訓導我。』在輿有旅賁之規❽，位宁有官師之典❾，倚几有誦訓之諫❿，居寢有褻御之箴⓫，臨事有瞽史之導⓬，宴居有師工之誦⓭。史不失書，矇不失誦，以訓御⓮之，於是乎作〈懿〉戒⓯以自儆也。及其沒也，謂之睿聖武公⓰。子實不睿聖，於倚相何害？《周書》曰：『文王至於日中昃⓱，不皇⓲暇食。惠於小民，唯政之恭。』文王猶不敢驕。今子老楚國而欲自安也，以禦數者⓳，王將何為？若常如此，楚其難哉！」子亹懼，曰：「老之過也。」乃驟見左史。

【章　旨】本章論人愈老愈應謙虛謹慎、接受勸諫之理。

【注　釋】❶左史倚相廷見申公子亹　左史，官名。周代史官，有左有右，左史記事，右史記言。倚相，人名。廷見，應為「迋見」。即「往見」。申公，官名。子亹，即史老。❷舉伯　楚大夫。❸耄　八十曰耄。❹交儆　交，夾。夾輔之意。儆，戒。❺奔走承序　往來受命、依序辦事。❻衛武公　衛僖侯之子，名和。❼師長士　師長，大夫。士，眾士也。❽在輿有旅賁之規　輿，車也。旅賁，車旁護衛的勇力之士。他們拿執戈盾，在戰車旁隨車奔走，車子停下來時抓住車輪。❾位宁有官師之典　中庭左右叫做位。門屏之間叫做宁。師，長也。典，常也。❿倚几有誦訓之諫　君王在几案之旁聽採工師所誦之辭。誦訓，工師所誦之辭。⓫居寢有褻御之箴　居寢之處，有近侍之人進箴言。褻，近也。⓬臨事有瞽史之導　事，指兵戎祭祀之事。瞽，樂太師。史，太史。⓭宴居有師工之誦　宴，安也。師，樂師。工，瞽矇之類。誦，箴諫。⓮御　進也。⓯懿戒　即《詩．大雅．抑》。⓰謂之睿聖武公　謚法：「威強睿德曰武。」⓱昃　日向西。⓲皇　同「遑」。暇也。⓳以禦數者　禦，止也。數者，數說過失之人。

【語　譯】左史倚相去看申公史老，史老不出來見他，倚相便非議他。舉伯把倚相的話告訴了史老，史老憤怒地跑出門來說：「你不要看我七老八十的就不把我當回事，還要說我的壞話！」

左史倚相說：「正因為閣下老邁年高，才想到要來告誡幫助您。如果閣下年富力強，能夠經營各類事務，倚相我東奔西走，往來受命，依次辦事，只怕還供奉不過來，哪有閒功夫來見您？當年，衛武公壽高九十五歲，還告誡國人，說：『自卿以下到大夫、眾士，如果在朝，都不得因我年歲已高就拋棄我，一定要忠於職守，早晚日夜都告誡我，幫助我；哪怕只聽見一兩句諫言，也一定要記下來，轉告我，訓導我。』於是，在車馬之上，有旅賁之士的規勸；在朝廷之中，有卿相大夫的常典；在几案之旁，有工師所誦的訓諫之辭；在寢宮之內，有近侍的箴誡之言；祭祀征戰之前，有樂師太史的指導；在平常休息之時，有瞽矇工師的箴諫。史官不忘詩書，樂師不忘吟誦，用箴語格言來進諫，於是乎便作了〈懿〉戒來自勉。他去世以後，就被謚為『睿聖武公』。閣下實在不願意做到『睿聖』，於我倚相又何害之有呢？《周書》說：『文王每天處理政務，一直忙到日頭偏西，還顧不得吃飯。施恩施惠於民，恭敬勤謹於事。』文王尚且不敢驕惰啊！如今閣下以楚國元老自居，只想自求安逸，抵制他人批評，那麼王上又將如何呢？如果長此以往，楚國可就難以治理了！」史老聽了很害怕，說：「是我的過錯呀！」於是立即出來見倚相。

白公子張諷靈王宜納諫

靈王虐，白公子張❶驟諫，王患之，謂史老❷曰：「吾欲已子張之諫，若何？」

對曰：「用之寔難，已之易矣。若諫，君則曰：『余左執鬼中❸，右執殤宮❹，凡百箴諫，吾盡聞之矣，寧聞他言！』」

白公又諫，王如史老之言。對曰：「昔殷武丁❺能聳其德，至於神明❻，以入於河，自河徂亳❼，於是乎三年，默以思道❽。卿士患之，曰：『王言以出令也，若不言，是無所稟令也。』武丁於是作書，曰：『以余正四方，余恐德之不類❾，茲故不言。』如是而又使以象夢❿，旁求四方之賢，得傅說⓫以來，升以為公，而使朝夕規諫，曰：『若金⓬，用女作礪⓭；若津水⓮，用女作舟；若天旱，用女作霖雨。啟乃心，沃朕心。若藥不瞑眩⓯，厥疾不瘳⓰；若跣⓱不視地，厥足用傷。』若武丁之神明也，其聖之睿廣也，其智之不疚也，猶自謂未乂⓲，故三年默以思道。既得道，猶不敢專制，使以象旁求聖人。既得以為輔，又恐其荒失遺忘，故使朝夕規誨箴諫，曰：『必交修余，無余棄也。』今君或者未及武丁，而惡規諫者，不亦難乎？

「齊桓、晉文，皆非嗣⑲也。還軫諸侯，不敢淫逸，心類德音，以德有國。近臣諫，遠臣謗，輿人誦，以自誥也。是以其入也，四封不備一同⑳，而至於有畿田㉑，以屬諸侯，至於今為令君。桓、文皆然，君不度憂於二令君，而欲自逸也，無乃不可乎？〈周詩〉㉒有之曰：『弗躬弗親，庶民弗信。』臣懼民之不信君也，故不敢不言。不然，何急其以言取罪也？」

王病之，曰：「子復語。不穀雖不能用，吾慭㉓置之於耳。」對曰：「賴君用之也，故言。不然，巴浦之犀、犛、兕、象㉔，其可盡乎？其又以規為瑱㉕也？」遂趨而退，歸，杜門不出。七月，乃有乾谿之亂㉖，靈王死之。

【章　旨】本章論納諫之重要。

【注　釋】❶白公子張　楚大夫。❷史老　即前篇之申公子亹。❸中　身。❹宮　恭也。❺殷武丁　即殷高宗。❻至於神明　武丁夢中得到神的啟示。❼徂亳　徂，往。亳，今河南商丘。❽默以思道　沉默不言，思考治理天下之道。❾類　善。❿象夢　把夢中所見之人畫下來。⓫傅說　殷高宗武丁夜裡夢見賢人，醒來後叫人畫下來四處尋找，結果在傅巖這個地方找到了，那人是個築版牆的工匠，武丁命他以傅為姓，所以叫傅說。⓬金　刀劍。⓭用女作礪　女，通「汝」。礪，磨刀石。⓮津水　渡河。津，渡也。⓯瞑眩　心亂目眩。⓰瘳　痊癒。⓱跣　光腳。⓲乂　治。⓳非嗣　不是嫡子可以嗣位為君者。⓴四封不

備一同　封，封疆。備，滿。同，地方百里。㉑畿田　地方千里。㉒周詩　指《詩·小雅·節南山》。㉓慭　願也。㉔巴浦之犀犛兕象　巴浦，地名，那裡出產犀、犛（即氂牛）、兕、象，牠們的牙角可以做飾物。㉕瑱　玉製的耳飾。㉖乾谿之亂　魯昭公十三年，靈王東征，其弟蔡公棄疾等趁機領兵回國，靈王駐軍乾谿，三軍叛亂，靈王自殺。參看本卷〈范無宇論國為大城未有利者〉。

【語譯】 靈王暴戾，白公子張多次進諫，靈王很討厭，就對申公史老說：「我想阻止子張進諫，怎麼辦？」史老回答：「採納他的諫言當然很難，不讓他提意見就容易多了。如果他進諫，君上就說：『我左手能抓住鬼魂，右手能抓住死神，天底下所有的箴語諫言，我全都聽說過了，哪裡還要聽別的什麼！』」

白公又進諫，靈王就像史老教的那樣說了一遍。白公回答說：「當年殷高宗武丁能夠敬德慎行，通於神明，受神啟示，遷人河內，又從河內遷到亳地，此後三年之中，沉默不言，靜思君人治民之道。卿士們都為之憂慮，說：『王上以言出令，如不言，我們都無法接受命令了。』武丁於是便寫下一段話，說：『因為我要治理天下，唯恐德行不善，所以不言。』他又讓人根據夢象畫成圖樣，四處尋訪賢人，終於得到傅說，提拔為上公，並要他朝夕規諫自己，說：『如果我是刀劍，就用你做磨刀石；如果我要渡河，就用你做舟船；如果我遇到天旱，就用你做霖雨。開啟你的慧心，滋潤朕的愚心。下藥要是不猛，那病就不能痊癒；光腳走路不看地，那腳就會受傷。』像武丁那樣通於神明、聖明通達、智慧過人的人，尚且認為自己不能治理天下，所以三年不言以思治道。得道之後，還不敢自作主張，又派人以夢象訪求賢人。已經得到了賢人為輔佐，又唯恐有所荒失遺忘，所以又讓他朝夕規諫告誡，並說：『一定要多方幫助告誡我，不要看著我不管。』如今，君上只怕還比不上武丁，卻厭惡規諫自己的人，要想治國，不也太難了嗎？

「齊桓公、晉文公，都不是嫡子儲君。他們流亡於諸侯各國，不敢驕奢淫逸，一心向善修德，以德而得君位。做了國君之後，近臣進諫，遠臣批評，眾人誦諫，他們都以此自勉。所以，他們剛剛回國為君時，教令所及，方圓不過百里，而最後至於千里，並以此國力，會合諸侯，稱霸天下，至今仍被尊為賢君。齊桓公、晉文公都是這樣善於納諫，君上卻不想想自己是否比得上兩位賢君，而一心只想放縱自己，只怕不可以吧？

〈周詩〉上說：『君上如不以身作則，庶民就不會相信。』臣正是害怕民眾不信任君上，所以不敢不說。要不然，又何必忙著以言取罪呢？」

靈王還是討厭子張進諫，就說：「你再說說吧！寡人雖然不會採納，不過還願意把它放在耳朵裡。」白公子張回答說：「正因為希望君上採納，臣才說的。否則，巴浦地方盛產犀、犛、兕、象，牠們的牙角哪裡用得完？又哪裡還用得著拿規諫之言做耳墜子呢？」便快步退下，回去後閉門不出。七個月後，發生了乾谿之亂，靈王死於亂中。

左史倚相儆司馬子期唯道是從

司馬子期欲以妾為內子❶，訪之左史倚相❷，曰：「吾有妾而願❸，欲笄之❹，其可乎？」對曰：「昔先大夫子囊違王之命謚❺；子夕嗜芰，子木有羊饋而無芰薦❻。君子曰：『違而道。』穀陽豎愛子反之勞也，而獻飲焉，以斃於鄢❼；芋尹申亥從靈王之欲，以隕於乾谿❽。君子曰：『從而逆。』君子之行，欲其道也，故進退周旋，唯道是從。夫子木能違若敖❾之欲，以之道而去芰薦，吾子經營楚國，而欲薦芰以干之❿，其可乎？」子期乃止。

【章　旨】本章論凡事均應循道依禮而行。

【注　釋】❶司馬子期欲以妾為內子　子期，楚平王之子、子西之弟，名結，為大司馬。卿之嫡妻曰內子。❷左史倚相　已見本卷〈左史倚相儆申公子亹〉注❶。❸願　愨也；誠篤；忠厚。❹笄之　正妻的首飾（頭飾的橫簪）叫笄。這句話的意思就是要把小妾立為正妻。❺昔先大夫子囊違王之命諡　楚恭王臨終時遺命，要給自己定之以「靈」或「厲」的惡諡，令尹子囊卻認為恭王功大於過，應諡為「恭」。參看本卷〈子囊議恭王之諡〉。❻子夕嗜芰二句　子夕，即楚卿屈到。他愛吃菱角，遺命死後祭祀時要上菱角，他的兒子子木依禮不獻菱角而以羊饋。事見本卷〈屈建祭父不薦芰〉。❼穀陽豎愛子反之勞也三句　子反，楚國的大將軍公子側。穀陽豎，子反的內豎小臣。魯成公十六年，晉、楚鄢陵之戰時，楚恭王被射傷了眼睛。第二天，恭王召子反，欲再戰，但因穀陽豎獻酒給子反喝，子反大醉，不能來見恭王。恭王說：「天敗楚也。」於是楚軍連夜逃遁，子反也自殺了。❽芋尹申亥從靈王之欲二句　芋尹申亥，申無宇之子。魯昭公十三年，楚公子比、公子黑肱、公子棄疾等帥陳、蔡、不羹等國之兵入楚為亂，與靈王戰於乾谿（事見本卷〈范無宇論國為大城未有利者〉）。申亥之父申無宇曾兩次違抗王命，而靈王沒有殺他。申亥感激靈王，把他迎回家中，結果靈王自縊於申亥之家。❾若敖　即子夕。❿欲薦芰以干之　這句話是說以妾為妻，正如同以芰為祭。干，犯也。

【語　譯】大司馬公子結想以小妾為正妻，便去問左史倚相，說：「我有一個小妾，誠篤而忠順，我想把正妻的髮簪戴在她的頭上，可以嗎？」倚相回答：「當年，先大夫子囊違背了恭王關於諡號的遺命；子夕愛吃菱角，遺命家祭時獻菱角，他的兒子子木卻用羊饋而不用菱角。君子說：『他們雖然違背君父之命卻合於正道。』穀陽豎因為心疼子反的辛勞，獻酒給他喝，結果子反死在鄢陵；芋尹申亥順從靈王的欲望，結果靈王死在乾谿。君子說：『他們雖然順從主上之命卻悖於正道。』君子的行為，應以道為準則，所以進退周旋，只以道為依據。那子木能違背父親的個人愛好，依據道撤去菱角，閣下治理楚國，卻要用獻菱角這樣的事來干犯禮義，難道可以嗎？」子期便放棄了自己的想法。

卷一八　楚語下

觀射父論絕地天通

昭王問於觀射父❶，曰：「《周書》所謂重、黎寔使天地不通者❷，何也？若無然，民將能登天乎？」

對曰：「非此之謂也。古者民神不雜。民之精爽不攜貳者，而又能齊肅衷正❸，其智能上下比義❹，其聖能光遠宣朗❺，其明能光照之，其聰能聽徹之，如是則明神降之，在男曰覡，在女曰巫。是使制神之處位次主❻，而為之牲器時服❼，而後使先聖之後之有光烈，而能知山川之號❽、高祖之主❾、宗廟之事、昭穆之世❿、齊敬之勤、禮節之宜、威儀之則、容貌之崇、忠信之質、禋絜⓫之服，而敬恭明神者，以為之祝⓬。使名姓⓭之後，能知四時之生、犧牲之物、玉帛之類、采服之儀、彝器之量、次主之度、居攝之位⓮、壇場之所、上下之神、氏姓之出，而心率舊典者為之宗⑮。於是乎有天地神民類物之官，是謂五官，各司其序，不相亂也。民是以能有忠信，神是以能有明德，民神異業，敬而不瀆，故神降之嘉生⑯，民以物享，禍災不至，求用不匱。

「及少皞⑰之衰也，九黎⑱亂德，民神雜糅，不可方物⑲。夫人作享⑳，家為巫史㉑，無有要質㉒。民匱於祀，而不知其福。烝享㉓無度，民神同位。民瀆齊盟㉔，無有嚴威。神狎民則㉕，不蠲㉖其為。嘉生不降，無物以享，禍災薦臻㉗，莫盡其氣。顓頊㉘受之，乃命南正重司天以屬神㉙，命火正黎司地以屬民㉚，使復舊常，無相侵瀆，是謂絕地天通。

「其後，三苗復九黎之德㉛，堯復育重、黎之後，不忘舊者，使復典之。以至於夏、商，故重、黎世敘天地，而別其分主者也。其在周，程伯休父㉜其後也。當宣王時，失其官守，而為司馬氏。寵神其祖，以取威於民，曰：『重寔上天，黎寔下地。』遭世之亂，而莫之能禦也。不然，夫天地成而不變，何比㉝之有？」

【章　旨】本章論人神相通之事及天地分祭之別。

【注　釋】❶昭王問於觀射父　昭王，楚平王熊居（棄疾）之子，名熊軫。觀射父，楚大夫。❷周書所謂重黎寔使天地不通者　《周書》，指周穆王之相甫侯所作《呂刑》一書。《呂刑》上說：顓頊命令重、黎二人斷絕天地相通之道。❸齊肅衷正齊，同「齋」。肅敬；精明。肅，敬也。衷，中也。❹義　宜也。❺朗　明也。❻處位次主　處，居也。位，祭位也。次主，次其尊卑先後。❼牲器時服　指牲的毛色、器的大小和四季服色所宜。❽號　名位。❾高祖之主　宗廟之先。❿昭穆之世　宗廟和陵墓的排列次序。其次序是：高祖（始祖或太祖）居中，然後依序先左後右循環不已，左為昭，右為穆，以即位先後為序。⓫禋絜　禋，升煙以祭，亦泛指祭祀。絜，通「潔」。⓬祝　太祝。掌祈福祥。⓭名姓　有名望的舊族。⓮居攝之位　表明尊卑的祭祀位置。⓯宗　宗伯。掌祭祀之禮。⓰嘉生　善物。⓱少皞　黃帝之子金天氏。⓲九黎　古代南方部落。⓳方物　方，別也。物，名也。⓴夫人作享　夫人，即人人。享，祀也。㉑巫史　巫主接神。史主序位。㉒質　誠也。㉓烝享　泛指祭祀。冬祭曰烝。㉔民瀆齊盟　瀆，簡慢。齊，同也。盟，盟約；盟誓。㉕神狎民則　狎，習也。則，法也。㉖蠲　潔也。㉗薦臻　薦，重也。臻，至也。㉘顓頊　傳說中的古代部落首領，號高陽氏。㉙南正重司天以屬神　南，陽位。正，長也。司，主也。屬，會也。㉚火正黎司地以屬民　一說「火正」應為「北正」。北，陰位。總之，重、黎二人，分管天、地與神、人。㉛三苗復九黎之德　三苗為九黎之後，在帝嚳高辛氏之末世再次與黃帝子孫發生衝突。㉜程伯休父　當是封於程地之伯爵，休父是其名。程，又作「郢」。在今陝西省咸陽市東。㉝比　靠近。

【語　譯】昭王問觀射父說：「《周書》上講，是重、黎兩人使天地之間不能交通的，是怎麼回事呢？如果不是這樣，人就能上天吧？」

觀射父回答說：「不是這個意思。上古的時候，人與神不互相混雜。人當中，有特別精明、專一而且恭敬、正直、虔誠的人，他們的智慧能認識天地之宜，他們的睿聖能通曉四方之事，他們的眼睛能洞見萬物，他們的聽力能通達一切，像這樣的人，神靈就下降到他們那裡，男的叫覡，女的叫巫。讓這樣的人來規定神靈祭位的尊卑等級次序，規定祭牲的毛色、祭器的大小和四季祭服的顏色。然後，讓先聖的後代中有光明德行，而且能懂得山川的名位、高祖的神主、宗廟的事務、昭穆的世系、莊敬的工作、禮節的儀式、威儀的法則、容貌的修飾、忠信的誠質、祭祀的服色，並且恭敬神明的人來當太祝，主掌祈福之事。讓望族的後代中能懂得四季的生物、犧牲的種類、玉帛的類別、采服的儀表、彝器的度量、尊卑的先後、祭祀的位次、設壇的處所、天地的神明、姓氏的由來，而且一心遵循舊章的人來當宗伯，主掌祭祀之儀。這樣一來，就有了區分天地神人、按類祭祀的官員，這就叫做「五官」。五官各司其序，不相混亂。民眾因此而有忠信，神祇因此而有明德，民人與神祇各有職業，恭敬而不瀆近，所以神祇降生嘉物，民人又用這嘉物祭祀神靈，禍災既不降臨，財用亦不匱乏。

「到少皞氏衰落之時，九黎之人擾亂德政，民人與神祇混雜，簡直無法分辨。人人舉行祭祀，家家都有巫祝，也不再講誠信。人民缺乏祭品，當然也得不到賜福。祭祀沒有法度，人神同位而祭。民眾態度簡慢，盟誓沒有威嚴。神祇習慣了這種做法，也不要求祭品潔淨。嘉物不生，祭祀乏物，禍災頻降，神人都無生氣。顓頊受天之命而有天下之後，便命南正重主管天，來會合神，命火正黎主管地，來會合人，使人與神都恢復常位，互不侵陵瀆慢，這就是《周書》上說的斷絕天地之間的交通。

「後來，三苗又學著九黎來擾亂德政，堯帝便又培育重、黎的後代，不忘先人事業，再次主掌天地之事。一直到夏、商兩代，重氏和黎氏都世世代代主掌天地，分管神民的位次。在周代，程伯休父是他們的後代。到了宣王在位時，失去了主管天地的職務，而改為司馬氏。休父之後仍尊崇其先祖，以取威於民，說：『重主上天，黎主下地。』正好遇到亂世，沒有人能阻擋。不然的話，天地形成之後就不再變化了，又哪能靠近呢？」

觀射父論祀牲

子期祀平王❶，祭以牛，俎於王❷。王問於觀射父，曰：「祀牲何及？」對曰：「祀加於舉❸。天子舉以大牢❹，祀以會❺；諸侯舉以特❻牛，祀以太牢；卿舉以少牢❼，祀以特牛；大夫舉以特牲❽，祀以少牢；士食魚炙，祀以特牲；庶人食菜，祀以魚。上下有序，則民不慢。」

王曰：「其大小何如？」對曰：「郊禘不過繭栗⑨，烝嘗不過把握⑩。」王曰：「何其小也？」對曰：「夫神以精明臨民者也，故求備物，不求豐大。是以先王之祀也，以一純⑪、二精⑫、三牲、四時、五色、六律、七事⑬、八種⑭、九祭⑮、十日⑯、十二辰⑰以致之；百姓⑱、千品、萬官、億醜⑲、兆民、經入畡數⑳以奉之；明德以昭之，和聲以聽之，以告徧至，則無不受休㉑。毛以示物，血以告殺，接誠拔取以獻具㉒，為齊敬也。敬不可久，民力不堪，故齊肅以承之。」

王曰：「芻豢㉓幾何？」對曰：「遠不過三月，近不過浹日㉔。」王曰：「祀不可以已乎？」對曰：「祀所以昭孝息㉕民、撫國家、定百姓也，不可以已。夫民氣縱則底㉖，底則滯，滯久則不振，生乃不殖。其用不從，其生不殖，不可以封㉗。是以古者先王日祭㉘、月享㉙、時類㉚、歲祀㉛。諸侯舍㉜日，卿、大夫舍月，士、庶人舍時。天子徧祀群神品物，諸侯祀天地、三辰及其土之山川，卿、大夫祀其禮㉝，士、庶不過其祖。日月會于龍⿰豸尨㉞，土氣含收㉟，天明昌作㊱，百嘉備舍㊲，群神頻行。國於是乎蒸嘗，家於是乎嘗祀，百姓夫婦擇其令辰，奉其犧牲㊳，敬其粢盛㊴，絜其糞除㊵，慎其采服㊶，禋其酒醴㊷，帥其子姓㊸，從其時享，虔其宗祝，道其順辭，以昭祀其先祖，肅肅濟濟，如或臨之。於是乎合其州鄉朋友婚姻，比爾兄弟親戚。於是乎弭(44)其百苛，殄(45)其讒慝，合其嘉好，結其親暱，億(46)其上下，以申固其姓。上所以教民虔也，下所以昭事上也。天子禘郊之事，必自射其牲，王后必自舂其粢；諸侯宗廟之事，必自射牛、刲(47)羊、擊豕，夫人必自舂其盛。況其下之人，其誰敢不戰戰兢兢，以事百神？天子親舂禘郊之盛，王后親繰(48)其服，自公以下至於庶人，其誰敢不齊肅恭敬，致力於神？民所以攝固者也，若之何其舍之也？」

王曰：「所謂一純、二精、七事者，何也？」對曰：「聖王正端冕(49)，以其不違心，帥其群臣精物以臨享祀，無有苛慝(50)於神者，謂之一純。玉、帛為二精。天、地、民及四時之務為七事。」王曰：「三事者，何也？」對曰：「天事武(51)，地事文(52)，民事忠信(53)。」王曰：「所謂百姓、千品、萬官、億醜、兆民，經入畡數者，何也？」對曰：「民之徹官百(54)。王公之子弟之質能言能聽徹其官者，而物賜之姓，以監其官，是為百姓。姓有徹品(55)，十於王謂之千品。五物(56)之官，陪屬萬為萬官。官有十醜，為億醜。天子之田九畡，以食兆民，王取經入焉，以食萬官。」

【章　旨】本章論祭祀。

【注　釋】❶子期祀平王　子期，平王之子公子結，為楚國大司馬。平王，恭王之子，名熊居，即位前為公子棄疾，被靈王任命為蔡公，魯昭公十三年推翻靈王而自立，魯昭公二十六年卒，昭王即位。❷祭以牛二句　用牛來祭祀，祭祀後把肢解了的牛肉（胙肉）放在俎上送給昭王。王，指昭王。見前章注❶。❸舉　初一和十五為神祇和祖宗陳設的豐盛食物。❹大牢　也叫太牢，牛、羊、豕（豬）三牲齊備謂之太牢。❺會　三份太牢。❻特　一頭牲。❼少牢　只用羊、豕而不用牛，或只用羊。❽特牲　一豕。❾郊禘不過繭栗　郊，古代祭禮，在郊外祭天或祭地。禘，天子諸侯五年一次的祭祖禮儀。繭栗，指獸角初生，狀如蠶繭和栗子，也用以借指牛犢。❿烝嘗不過把握　冬祭曰烝。秋祭曰嘗。把握，指獸角可以被手把握。⓫一純　一顆純正而潔淨的心。⓬二精　玉與帛明潔，故曰二精。⓭七事　天事、地事、人事、春事、夏事、秋事、冬事。⓮八種　即八音：金、石、絲、竹、匏、土、革、木。⓯九祭　九州助祭。⓰十日　天干十數所配之日。⓱十二辰　地支十二數所記之辰。⓲百姓　有姓的百官貴族，平民無姓。⓳醜　類也。⓴經入畡數　經入，即賦稅。畡，天子之田九畡。㉑休　喜慶。㉒接誠拔取以獻具　接誠，謂誠意與神相接。拔取，拔毛取血。獻具，獻其備物。㉓芻豢　芻，吃草的牲。豢，吃糧的牲。㉔浹日　十日。㉕息　生息。㉖底　停滯。㉗封　封疆。㉘日祭　日祭於祖、考（父親）。㉙月享　每月祭曾祖、高祖。㉚時類　四季祭時從宗廟中遷去神主而藏於祧廟的遠祖。《周禮》，天子七廟，三昭三穆，與太祖之廟合為七廟。其中，后稷、文王、武王之廟永不遷移，其餘四廟為高祖、曾祖、祖父、父親之廟，叫做親廟。武王之後、高祖之前的遠祖，要遷去神主，藏於祧廟。㉛歲祀　一年一次的大祭，祭於壇墠。《周禮》，天子七廟，一壇，一墠。封土曰壇，除地曰墠。㉜舍　去掉。㉝禮　禮法規定的祭祀對象。㉞龍豝　豝，尾也。周十二月，日月合辰於龍豝。㉟含收　收縮。㊱昌作　昌，盛也。作，起也。㊲舍　收藏入室。㊳犧牲　祭祀時所用牲畜。純色曰犧。全體曰牲。㊴粢盛　祭祀時放在祭器內的穀物。㊵糞除　打掃；清除。㊶采服　祭服。㊷禋其酒醴　禋，潔也。醴，甜酒。㊸子姓　同姓子弟。㊹弭　止。㊺殄　滅。㊻億　安。㊼刲　割。㊽繰　抽絲。㊾端冕　玄端大冠。是為禮冠。㊿苛慝　暴虐邪惡。51天事武　乾為天，乾稱剛健，故武。52地事文　地質柔順，故文。53民事忠信　人以忠信為行。54民之徹官百　民人中達於官守的，有一百之數。徹，達也。百，一百。但這裡說的百，和下面的千、萬、億、兆一樣，只是一個大概的數目，並不是確切的數字，乃是極言其多之意。官，職守；官守。55徹品　百姓之僚屬而達於王者。品，類也；級也。56五物　天、地、人、神、物謂之五物。

【語 譯】子期祭祀平王，用牛設祭，祭祀後把祭祀用的牛肉放在俎上送給昭王。昭王問觀射父說：「祭祀用的犧牲都有些什麼？有多少？」觀射父回答：「祭祀時比初一、十五給神、祖上供的食品要多一些。天子初一、十五時供奉牛、羊、豬三牲齊備的太牢，祭祀時用三份太牢；諸侯初一、十五時供奉一頭牛，祭祀時用一牛、一羊、一豬的太牢；卿初一、十五時供奉一羊、一豬的少牢，祭祀時用一頭牛；大夫初一、十五時供奉一頭豬，祭祀時用一羊、一豬的少牢；士初一、十五時供奉煎魚，祭祀時用一頭豬；庶民初一、十五時供奉蔬菜，祭祀時用煎魚。上下尊卑有序，則人們都不敢怠慢。」

昭王問：「祭祀用的犧牲要多大呢？」觀射父回答說：「郊祭禘祭時，牲角像蠶繭、板栗那麼大就可以了；烝祭嘗祭時，牲角也不超過一手把握的大小。」昭王說：「怎麼這樣小呀？」觀射父回答說：「神靈是以其精明來監臨人民的，所以只求品種齊全，不要求數量多、個頭大。所以先王的祭祀，用一顆純正虔誠之心、兩種潔淨明朗之物、三大純毛全體之牲、四季順天依地之時、五行之色、六律之風、七件大事、八方之音、九州之祭、天干十日和地支十二辰，來致意於神靈；用百族、千品、萬官、億類、兆民和國庫王田的收入，來供奉於神靈；用光明的德行來宣昭，用和諧的樂聲來表達，遍告於神靈，都來享受吉慶。用毛皮表示祭物的齊備，用鮮血表示犧牲的新鮮，拔毛取血，完備地奉獻，表示嚴肅恭敬。恭敬不可久等，民力不堪承受，所以犧牲稍有長育就要立即承奉。」

昭王問：「祭祀的犧牲要養多久？」觀射父回答：「大的不過三月，小的不過十天。」昭王又問：「不可以不祭祀嗎？」觀射父回答說：「祭祀，是用來宣昭孝德、蕃息生民、安撫國家、鎮定百族的，因此不可以停止。那民氣一旦放縱，就必然停滯，停滯就積累惡習，久而久之，就不振作，一切生物，也就不可能繁衍生殖了。王命無人聽從，生物不得繁殖，就不能保住封國。所以上古之時，先王每天祭祀王父、王祖，每月祭祀曾祖、高祖，四時兼及祧廟遠祖，每年則要舉行大祭。諸侯免去日祭，卿、大夫免去月祭，士、庶人免去時祭，每年一次的大祭是不可免去的。天子祭祀所有的神靈，諸侯祭祀天地、日月星和他封國之內的山川之神，卿、大夫祭祀禮法規定之神，士、庶人只祭祀自家祖先。當日月交會於龍尾之時，土氣收藏，天氣上升，百物收備，群神出遊。天子和諸侯之國、卿和大夫之家，都舉行秋祭和冬祀。有姓氏的貴族夫婦選擇良辰吉日，呈奉他們的犧牲，敬獻他們的粢盛，打掃他們的祭所，穿上他們的祭服，清潔他們的醴酒，率領他們的子姪，遵從他們的時辰，虔誠地追隨他們的宗祝，唸誦他們的祭辭，昭明地祭祀他們的先祖，莊嚴肅穆，濟濟一堂，就像先祖親臨會場。在這個時候，會合著鄰里鄉親、故友新朋、兒女親家，親近著同族子弟、同宗父老，消除糾紛，捐棄前嫌，和諧友好，團結親近，上下安定，來鞏固宗族。君上以此教導下民虔敬，下民以此表示效忠君上。天子祭祀天地，一定親自射牛，王后也一定親自舂穀；諸侯祭祀宗廟，一定親自射牛、殺豬、宰羊，君夫人也一定親自舂米。何況是地位在他們之下的人，又有誰敢不戰戰兢兢地事奉百神？天子尚且親自準備祭品，王后尚且親自準備祭服，自公侯以下直到庶人，又有誰敢不嚴肅恭敬地致力於神呢？民眾的安危正是靠祭祀來維繫的，又怎麼能廢棄了祭祀呢？」

昭王問：「所謂一純、二精、七事，是什麼呢？」觀射父回答說：「聖明的君王端端正正地穿戴著玄端大冠，以純正專一之心，率領群臣和精物，親臨祭祀，沒有一絲一毫的惡心邪念，就叫做『一純』。玉、帛兩樣明潔的祭品，是『二精』。天、地、人、四時之事，就是『七事』。」昭王問：「三事是什麼？」觀射父回答：「天事威武，地事溫文，人民之事忠信。」昭王問：「所謂百姓、千品、萬官、億醜、兆民、經入畡數，是什麼呢？」觀射父回答：「民人之中達於官守的，有一百之數。王公的子姪庶弟，品質優秀，能言善聽，能擔任一定職務的，就根據職事賜給他們姓，以便他們更能忠於職守，就叫做『百姓』。百姓又有僚屬，對於王來說十倍於百姓，就叫做『千品』。管理天、地、人、神、物的官員，臣下有臣，官下有官，就叫做『萬官』。萬官又分十類，就叫做『億醜』。天子之田九畡，養活兆民，王取其經常之收入，來養活萬官。」

子常問蓄貨聚馬鬬且論其必亡

鬬且廷見令尹子常❶，子常與之語，問蓄貨聚馬。歸以語其弟，曰：「楚其亡乎！不然，令尹其不免乎。吾見令尹，令尹問蓄聚積實，如餓豺狼焉，殆必亡者也。

「夫古者聚貨不妨民衣食之利，聚馬不害民之財用。國馬足以行軍，公馬足以稱賦❷，不是過也。公貨足以賓獻❸，家貨足以共用，不是過也。夫貨、馬郵❹則闕於民，民多闕則有離叛之心，將何以封矣？

「昔鬬子文❺三舍令尹，無一日之積，恤民之故也。成王❻聞子文之朝不及夕也，於是乎每朝設脯❼一束、糗❽一筐，以羞❾子文。至於今秩❿之。成王每出⓫子文之祿，必逃，王止而後復。人謂子文曰：『人生求富，而子逃之，何也？』對曰：『夫從政者，以庇民也。民多曠⓬者，而我取富焉，是勤民以自封也，死無日矣。我逃死，非逃富也。』故莊王⓭之世，滅若敖氏，唯子文之後在⓮，至於今處鄖⓯，為楚良臣。是不先恤民而後己之富乎？

「今子常，先大夫⑯之後也，而相楚君無令名於四方。民之羸餒，日已甚矣。四境盈壘，道殣⑰相望，盜賊司目⑱，民無所放⑲。是之不恤，而蓄聚不厭，其速怨於民多矣。積貨滋多，蓄怨滋厚，不亡何待？

「夫民心之慍也，若防大川焉，潰而所犯⑳必大矣。子常其能賢於成、靈㉑乎？成不禮於穆，願食熊蹯，不獲而死㉒。靈不顧於民，一國棄之，如遺迹㉓焉。子常為政，而無禮不顧甚於成、靈，其獨何力以待之？」期年㉔，乃有柏舉之戰㉕，子常奔鄭，昭王奔隨㉖。

【章旨】本章論貪得無厭、魚肉百姓者必亡之理。

【注釋】❶鬭且廷見令尹子常　鬭且，楚國大夫。廷見，當作「往見」。子常，子囊之孫，名囊瓦。❷稱賦　稱，舉也。賦，兵賦。❸賓獻　賓，饋贈來賓。獻，貢奉天子。❹郵　過。❺鬭子文　即鬭穀於菟，字子文，鬭伯比之子，楚國大夫。❻成王　楚文王之子，名頵。❼脯　乾肉。❽糗　乾糧。❾羞　進。❿秩　常。⓫出　超出。這裡指加薪。⓬曠　空。⓭莊王　成王之孫，名侶。⓮滅若敖氏二句　若敖氏，指鬭氏家族。若敖是鬭伯比的父親，娶於䢵，生了鬭伯比。鬭伯比隨母親住在䢵國，與䢵國國君之女私通，生下一個兒子，就是子文。子文生下後，被䢵夫人扔到雲夢澤，結果䢵君打獵時，看見老虎在哺育他，便又帶回，所以子文名叫鬭穀於菟，意思是「老虎哺育的」。子文去世後，他的姪子鬭椒（子越）作亂，若敖氏一族被楚莊王所滅。其時，子文之孫箴尹克黃正出使齊國，回國後自請拘囚。楚莊王說：「子文要是斷了後，又怎麼鼓勵別人為善？」便讓克黃復任箴尹之官，並改名叫生。克黃的子孫在昭王時為鄖公。⓯鄖　即「䢵」。古國，其地在今湖北省安陸縣境內，也有說在湖北省沔陽縣（今仙桃市）或湖北省鄖縣的，但既近於雲夢，則當在安陸。⓰先大夫　子囊。⓱殣　餓死。⓲司目　側目相窺伺。⓳放　依。⓴犯　敗也。㉑靈　楚靈王。㉒成不禮於穆三句　穆，即楚穆王商臣。熊蹯，熊掌。商臣本是成王太子，但成王朝令夕改，立了商臣，又想廢了他改立其庶弟王子職，這就叫做「成不禮於穆」。於是商臣便於魯文公元年冬十月，以宮甲圍成王，成王請求讓他吃一次熊掌以後再死，商臣不答應，成王就自縊而死。成王剛死還沒收殮，商臣便給他加了一個惡謚叫做「靈」（謚法：亂而不損曰靈），結果成王死不瞑目，只好改謚「成」（謚法：安民立政曰成），這才合上眼睛。商臣逼死成王，遂自立為王，是為穆王。㉓遺迹　腳印。㉔期年　一周年。㉕柏舉之戰　柏舉，在今湖北省麻城縣北。此戰實由子常之貪欲引起。當初，蔡昭侯來朝見楚王，帶著一塊佩玉，子常想要它；唐成公來朝見楚王，騎著一匹好馬，子常也想要牠。蔡侯、唐公不給，子常便把他們軟禁在楚國，經過三年，直到他們把玉和馬交出才放他們回國。蔡侯、唐公回國後，就聯合吳國一起來打楚國，戰於柏舉，楚軍大敗，事在魯定公四年。㉖隨　姬姓古國，一說為神農氏之後，姜姓。故城在今湖北省隨縣（今改隨州市）南。

【語　譯】鬬且去見令尹子常，子常和他交談，問他怎樣才能多積財寶、多得好馬。鬬且回來後說給弟弟聽，並說：「楚國大概要亡國了吧！要不然，它的令尹也一定不能免禍。我去見令尹，令尹問聚斂財富的事，活像一頭餓狼，只怕是一定要亡了！

「自古以來，國君也好，大夫也好，即使聚斂財寶也不妨礙民眾的衣食，即使徵收馬匹也不妨礙民眾的財用。國家徵收的馬匹僅夠行軍，國君擁有的馬匹僅夠作戰，決不超過這個限度。國君的珠寶僅夠酬謝國賓、貢奉天子，大夫的珠寶也僅夠各種用途，也都不超過這個限度。珠寶也好，馬匹也好，收得過多，民眾那裡就缺乏了，民眾缺乏太多，就會有叛離之心，國君和大夫又將憑什麼保住自己的封疆？

「當年，鬬子文三次辭去令尹職務，連一天的積蓄都沒有，就是因為他體恤民眾啊！成王聽說子文吃了上頓沒下頓，於是便在每次朝見時，備下一束乾肉、一筐乾糧，送給子文。一直到現在，這種做法還垂為常例。成王每次要給子文增加俸祿，子文都一定跑開，直到成王不再堅持加薪，他才復位。有人對子文說：『人活著都追求富裕，而閣下卻躲避錢財，這是為什麼呢？』子文回答：『從政的人，以保護民眾為職責。民眾都很貧困，而我卻得到財富，這就是勞民而自肥，離死也就沒幾天了。我逃避的是死，不是財富啊！』所以莊王時，若敖氏被滅族，只有子文的後代安然無事，到現在還在做鄖公，是楚國的良臣。這不就是以體恤民眾為先，以一己財富為後嗎？

「如今，我們的令尹子常，是先大夫子囊之後，相輔楚君卻沒有好名聲。楚國國民的貧困饑餓，一天比一天嚴重。國境四周，壁壘林立，餓死在路上的人，毗連相接，盜賊們側目窺伺，蠢蠢欲動，民眾無所依附，不知所從。這樣嚴重的問題他不想辦法去解決，卻一心想著聚斂財富，還貪得無厭，從民眾那裡招來的怨恨恐怕多得很了！積蓄的錢財越多，積聚的怨恨也越厚，不滅亡還能等到什麼呢？

「提防民眾的憤怒，就像是提防大河缺口一樣，堤防一旦潰決，損失一定巨大。子常還能比成王、靈王更高明嗎？成王未能依禮對待穆王，臨死之前請求吃一頓熊掌，穆王都不答應。靈王不顧念國民，結果舉國上下都拋棄他，就像拋棄自己的腳印一樣。子常主持國政，他的失德無禮，要遠遠超過成王和靈王，他獨自一人又有什麼力量來對付即將到來的滅頂之災呢？」一年以後，就有蔡、唐、吳三國討伐楚國的柏舉之戰，結果楚國大敗，子常逃到鄭國，昭王逃到隨國。

藍尹亹避昭王而不載

吳人❶入楚，昭王出奔，濟於成臼❷，見藍尹亹載其孥❸。王曰：「載予。」對曰：「自先王莫墜❹其國，當君而亡之，君之過也。」遂去王。王歸❺，又求見，王欲執之，子西❻曰：「請聽其辭，夫其有故。」王使謂之曰：「成臼之役，而❼棄不穀，今而敢來，何也？」對曰：「昔瓦❽唯長舊怨，以敗於柏舉，故君及此。今又效之，無乃不可乎？臣避於成臼，以儆君也，庶悛❾而更乎？今之敢見，觀君之德也，曰：庶憶懼而鑒前惡乎？君若不鑒而長之，君實有國而不愛，臣何有❿於死？死在司敗⓫矣！惟君圖之！」子西曰：「使復其位，以無忘前敗。」王乃見之。

【章　旨】本章事接前章，論以失敗為鑒，知過當改。

【注　釋】❶吳人　吳王闔閭。❷成臼　渡口。今湖北省漢川縣有臼水。❸藍尹亹載其孥　藍尹亹，楚大夫。孥，妻子。❹墜　失。❺王歸　申包胥乞秦師，與楚合擊吳，吳軍敗退，昭王回國。❻子西　即公子申，此時為令尹。他是平王之子、昭王之庶兄。❼而　你。❽瓦　子常。❾悛　改悔。❿有　惜。⓫司敗　即司寇。

【語　譯】吳王攻進楚國，昭王倉皇出逃，要在成臼渡口過河，看見藍尹亹用船載著老婆孩子。昭王喊：「載我！」藍尹亹說：「先王沒有一個喪失國家的，君上即位就亡國，這都是君上的罪過。」說著便丟下昭王走了。昭王回國後，藍尹亹又來求見，昭王想要把他抓起來，子西說：「請先聽他說些什麼，他一定是有緣故的。」昭王便派人去對藍尹亹說：「成臼渡口，你拋棄了寡人，今天你又膽敢來見，是什麼原因？」藍尹亹回答說：「當年囊瓦只知道增長舊怨，以至於敗於柏舉，所以君上才到了成臼。如今又效倣囊瓦，只怕不可以吧？臣在成臼避開君上，是為了儆戒君上，這回差不多該悔改了吧？今天之所以膽敢來見君上，就是想觀察君上之德，說：庶幾能夠牢記惡懼之事而以前惡為鑒了吧？君上如果不以前非為鑒，還要助長它，那麼，君上就是有國而不愛惜，臣下又何惜於一死呢？也就是死在行刑官的手裡，而不是死在敵國手裡吧！現在就等君上考慮決定了！」子西說：「請君上恢復他的官位，使我們不忘前次的失敗吧！」昭王就接見了藍尹亹。

鄖公辛與弟懷或禮於君或禮於父

吳人入楚，昭王奔鄖❶，鄖公之弟懷將弒王，鄖公辛❷止之。懷曰：「平王殺吾父❸，在國則君，在外則讎也。見讎弗殺，非人也。」鄖公曰：「夫事君者，不為外內行❹，不為豐約舉❺，苟君之，尊卑一也。且夫自敵❻以下則有讎，非是不讎。下虐上為弒，上虐下為討，而況君乎？君而討臣，何讎之為？若皆讎君，則何上下之有乎？吾先人以善事君，成名於諸侯，自鬬伯比以來，未之失也。今爾以是殃之，不可。」懷弗聽，曰：「吾思父，不能顧矣。」鄖公以王奔隨❼。

王歸而賞及鄖、懷，子西諫曰：「君有二臣，或可賞也，或可戮也。君王均之，群臣懼矣。」王曰：「夫子期❽之二子耶？吾知之矣。或禮於君，或禮於父，均之，不亦可乎？」

【章　旨】本章說事君與事父雖有相衝突之時，但皆合於禮。

【注　釋】❶鄖　古國，後為楚邑，在今湖北省安陸縣。❷鄖公辛　鬬辛，令尹子文玄孫蔓成然之子，在昭王時為鄖公。❸平王殺吾父　平王，昭王之父。鬬辛、鬬懷兄弟的父親即蔓成然。立平王有功，貪求無厭，被平王殺死。❹行　行事。❺豐約舉　豐，盛也。約，衰也。舉，動也。❻敵　匹敵。❼隨　古國，在今湖北省隨州市。❽子期　成然的字。

【語譯】吳王攻進楚國，昭王逃到鄖地，鄖公的弟弟懷要殺昭王，鄖公辛制止他。鬪懷說：「平王殺了我們的父親，當今王上在國都之內是我們的君主，在國都之外則是我們的仇人。看見仇人不殺，那就不是人了。」鄖公鬪辛說：「事奉君主的人，不能以國君是在內還是在外來決定行事，也不能以國力是興盛還是衰敗來決定舉動，一旦尊他為君，就無論他是尊是卑是盛是衰是榮是辱是在內還是在外，都要始終如一地事奉他。再說，只有地位相等才談得上是否有仇。地位不相等，就談不上是仇人。地位在下的人殺了地位在上的就叫做『弒』，地位在上的人殺了地位在下的則叫做『討』，何況是君上殺臣下呢？君上討伐臣下，又有什麼仇？如果天下的人都去仇恨自己的君主，那還有什麼上下尊卑之別呢？我們的祖先，是以善於事君而聞名於天下諸侯的，自從鬪伯比以來，在這方面，從未有過缺失。現在你要用這件事來敗壞我們家的好名聲，這可不行。」鬪懷不聽，說：「我思念父親，顧不了這許多了！」鄖公就護送昭王逃到隨國。

昭王回國以後，獎賞了鄖公，也獎賞了鬪懷。子西勸諫說：「君上有兩個臣子，一個該賞，一個該殺，君上卻同等對待，臣下們都很害怕。」昭王說：「你說的是子期的兩個兒子吧？我知道了。他們一個遵循事君之禮，一個遵循事父之禮，同等對待他們，不也是可以的嗎？」

藍尹亹論吳將斃

子西歎於朝，藍尹亹曰：「吾聞君子唯獨居思念前世之崇替❶，與哀殯喪，於是有歎，其餘則否。君子臨政思義，飲食思禮，同宴思樂，在樂思善，無有歎焉。今吾子臨政而歎，何也？」子曰：「闔廬能敗吾師❷。闔廬即世❸，吾聞其嗣❹又甚焉，吾是以歎。」

對曰：「子患政德之不修，無患吳矣。夫闔廬口不貪嘉味，耳不樂逸❺聲，目不淫於色，身不懷於安，朝夕勤志，䘏民之羸❻，聞一善若驚，得一士若賞，有過必悛❼，有不善必懼，是故得民以濟其志。今吾聞夫差好罷民力以成私好，縱過而翳諫，一夕之宿，臺榭陂池必成，六畜玩好必從。夫差先自敗也已，焉能敗人？子修德以待吳，吳將斃矣。」

【章　旨】本章論修德而國必興、敗德而國必亡之理。

【注　釋】❶崇替　興衰存亡。❷闔廬能敗吾師　闔廬，即闔閭，吳王，柏舉之戰，大敗楚軍。事見前諸篇。❸即世　去世。❹其嗣　指吳王夫差。❺逸　淫。❻羸　弱；病。❼悛　悔改。

【語　譯】子西在朝上歎息，藍尹亹說：「我聽說君子只有在獨自一人閒居，而思念前代的興衰存亡時，或者哀痛殯喪時才歎息，其他時候都不歎息。君子臨政時想著義理，飲食時想著禮儀，赴宴時想著同樂，快樂時想著行善，沒有可歎息的。今天閣下臨政而歎，是什麼原因呢？」子西說：「吳王闔閭能戰勝我軍。闔閭雖然死了，可是我聽說他的兒子夫差更加厲害，我因此而歎息。」

藍尹亹回答說：「閣下只用擔憂為政之善德不能建立，用不著畏懼吳國。那闔閭口不追求美味，耳不愛聽淫樂，眼不耽溺於美色，身不貪圖安逸，朝夕勤政，體恤民情，聽到一句善言便悚然警覺，得到一位賢士便如受到犒賞，有過失必改正，有不善必畏懼，因此大得民心，民眾幫助他實現了志向。如今，我聽說夫差喜歡勞民傷財來滿足自己的私欲，放縱過失而拒絕諫言，即使只住一宿的地方，也要大興土木，布置好臺榭陂池，還要帶上美女犬馬作陪。夫差已經首先自己把自己打敗了，哪裡還能打敗別人？閣下只管修好德政等著吧，吳國就要滅亡了！」

王孫圉論國之寶

王孫圉❶聘於晉，定公❷饗之，趙簡子❸鳴玉以相，問於王孫圉曰：「楚之白珩❹猶在乎？」對曰：「然。」簡子曰：「其為寶也，幾何矣？」曰：「未嘗為寶。楚之所寶者，曰觀射父❺，能作訓辭，以行事於諸侯，使無以寡君為口實❻。又有左史倚相❼，能道訓典，以敘百物，以朝夕獻善敗於寡君，使寡君無忘先王之業；又能上下說❽於鬼神，順道其欲惡❾，使神無有怨痛於楚國。又有藪曰雲連徒洲❿，金木竹箭之所生也。龜⓫、珠⓬、角⓭、齒⓮、皮⓯、革⓰、羽⓱、毛⓲，所以備賦，以戒不虞者也；所以共幣帛，以賓享於諸侯者也。若諸侯之好幣具⓳，而導之以訓辭，有不虞之備，而皇神相之，寡君其可以免罪於諸侯，而國民保焉。此楚國之寶也。若夫白珩，先王之玩也，何寶之焉？」

「圉聞國之寶六而已。聖能制議百物，以輔相國家，則寶之；玉足以庇陰嘉穀，使無水旱之災，則寶之；龜足以憲臧否⓴，則寶之；珠足以禦火災，則寶之；金足以禦兵亂，則寶之；山林藪澤足以備財用，則寶之。若夫嘩囂㉑之美，楚雖蠻夷，不能寶也。」

【章旨】本章論於國有利者為寶之理。

【注釋】❶王孫圉 楚國大夫。❷定公 頃公之子，名午。❸趙簡子 趙鞅。❹白珩 楚國珍寶。珩，繫在玉佩上的橫玉。❺觀射父 見本卷〈觀射父論絕地天通〉。❻口實 話柄。❼左史倚相 見〈楚語上・左史倚相儆申公子亹〉諸章。❽說 悅；媚。❾欲惡 喜愛的和厭惡的。❿有藪曰雲連徒洲 藪，湖澤，也指少水的澤地。雲連徒洲，即雲夢澤。⓫龜 龜甲。可用於占卜，以顯示吉凶徵兆。⓬珠 珍珠。古人認為可以防火災。⓭角 獸角。可以做弓弩。⓮齒 象牙。可以做劍鼻。⓯皮 虎豹之皮。可以做弓袋。⓰革 犀兕之革。可以做甲冑。⓱羽 鳥羽。可以做旌旗。旌旗是古代的一種旗子，竿頭綴以氂牛尾，下有五彩羽毛，用來指揮或開道。⓲毛 氂牛尾。用來置於旌旗之首。⓳幣具 禮品。⓴憲臧否 憲，表明。臧否，吉凶。㉑嘩囂 喧嘩。這裡指趙鞅佩玉的響聲。

【語譯】王孫圉到晉國聘問，晉定公設宴招待他，趙簡子作儐相，把佩玉弄得叮叮噹噹地亂響。趙簡子問王孫圉：「楚國的白珩還在嗎？」王孫圉回答：「是的，還在。」趙簡子又問：「它作為國寶，值多少錢呢？」

王孫圉說：「敝國從來就沒有把它當作國寶。被楚國視為國寶的，名叫觀射父，他能制定外交辭令，來與諸侯各國交往，使別國無法拿敝國寡德之君做話柄。還有一位左史倚相，能解說古代訓典，說明各種事物，隨時向敝國寡德之君提供前代興衰成敗的實例，使寡君不忘記先王的業績；又能取悅於上下天地之神，順應他們的好惡之情，使神靈對楚國沒有怨恨。又有一個雲夢澤，盛產金石竹木。還有可以顯示凶吉的龜甲，可以防禦火災的珍珠，可以製作弓弩的獸角，可以製作劍鼻的象牙，可以製作弓袋的虎皮，可以製作甲冑的犀革，可以裝飾旌旗的鳥羽和旄尾，這些東西，或者作為軍備，以防不測之虞；或者用作禮品，以饋贈諸侯、酬謝來賓。諸侯愛好我們的禮品，接受我們的辭令，又有防變的軍備和神靈的庇佑，寡君就不會獲罪於諸侯，而敝國社稷子民也就能得以保全，這些就是楚國的國寶。至於那白珩，不過是先王把玩之物，又有什麼可寶貴的呢？

「鄙人聽說，所謂國寶，只有六種而已。一是聖，聖人能評價安排各種事物，以輔佐治理國家，所以寶貴；二是玉，白玉能蔭庇莊稼禾苗，使國家不遭水旱之災，所以寶貴；三是龜，龜甲能顯示吉凶，所以寶貴；四是珠，珍珠能防禦火災，所以寶貴；五是金，銅鐵能抵禦戰亂，所以寶貴；六是山林湖澤，那裡盛產物品，可以供應全國的財用，所以寶貴。至於那些叮噹亂響的玩意兒，楚國雖然還是尚未開化的蠻夷之邦，也不會把它當作國寶的。」

魯陽文子辭惠王所與梁

惠王以梁與魯陽文子❶，文子辭，曰：「梁險而在境，懼子孫之有貳者也。夫事君無憾，憾則懼偪，偪則懼貳。夫盈❷而不偪，憾而不貳者，臣能自壽❸，不知其他。縱臣而得全其首領以沒，懼子孫之以梁之險，而乏臣之祀也❹。」王曰：「子之仁，不忘子孫，施及楚國，敢不從子？」與之魯陽❺。

【章　旨】本章記魯陽文子之深謀遠慮。

【注　釋】❶惠王以梁與魯陽文子　惠王，昭王之子，名章。梁，春秋時周邑，後屬楚，在今河南省汝陽縣臨汝鎮，已遠離楚都而近洛陽，所以魯陽文子說它是「險而在境」。楚人襲梁，在魯哀公四年。大約楚人占領梁邑後，惠王便打算把它封給魯陽文子。魯陽文子，平王之孫、司馬子期之子。❷盈　志滿也。❸壽　保也。❹乏臣之祀也　謂滅族也。❺魯陽　古魯邑，春秋時為楚邑，在今河南省魯山縣。

【語　譯】惠王要把梁邑賜給魯陽文子，文子辭謝說：「梁邑險要，又在邊境，臣恐懼子孫中有人產生貳心。

事奉君王的人，不能有怨恨之心，有怨恨之心恐怕就有犯上之心，有犯上之心恐怕就有叛逆之心。志得意滿而能不犯上，心存怨恨而能不叛亂，臣可以保證做到，其他人就難說了。即使臣能保住腦袋、善始善終，也害怕子孫依仗梁邑之險，而遭滅族之禍使臣斷了祭祀啊！」惠王說：「王兄的仁德，不忘替子孫著想，並把這愛心擴布到楚國，寡人怎敢不聽從王兄呢？」就把魯陽賜給了他。

葉公子高論白公勝必亂楚國

子西使人召王孫勝❶，沈諸梁❷聞之，見子西曰：「聞子召王孫勝，信乎？」曰：「然。」子高曰：「將焉用之？」曰：「吾聞之，勝直而剛，欲寘之境❸。」

子高曰：「不可。其為人也，展❹而不信，愛而不仁❺，詐而不智❻，毅❼而不勇，直而不衷❽，周而不淑❾。復言而不謀身❿，展也；愛而不謀長⓫，不仁也；以謀蓋人⓬，詐也；彊忍⓭犯義，毅也；直而不顧⓮，不衷也；周言棄德，不淑也。是六德者，皆有其華而不實者也，將焉用之？

「彼其父為戮於楚，其心又狷⓯而不絜。若其狷也，不忘舊怨，而不以絜悛⓰德，思報怨而已。則其愛也足以得人，其展也足以復⓱之，其詐也足以謀之，其直也足以帥⓲之，其周也足以蓋之，其不絜也足以行之，而加之以不仁，奉之以不義，蔑不克矣。

「夫造勝之怨者⑲，皆不在矣。若來而無寵，速其怒也。若其寵之，毅貪無厭，既能得人，而耀⑳之以大利，不仁以長之，思舊怨以修其心，苟國有釁㉑，必不居矣。非子職㉒之，其誰乎？彼將思舊怨而欲大寵㉓，動而得人，怨而有術，若果用之，害可待也。余愛子與司馬㉔，故不敢不言。」

子西曰：「德其忘怨乎？余善之，夫乃其寧。」子高曰：「不然。吾聞之，唯仁者可好也，可惡也，可高也，可下也。好之不偪，惡之不怨，高之不驕，下之不懼。不仁者則不然。人好之則偪，惡之則怨，高之則驕，下之則懼。驕有欲焉，懼有惡焉，欲惡怨偪，所以生詐謀也。子將若何？若召而下之，將戚而懼；為之上者，將怒而怨。詐謀之心，無所靖矣。有一不義，猶敗國家；今壹五六，而必欲用之，不亦難乎？吾聞國家將敗，必用姦人，而嗜其疾味，其子之謂乎？

「夫誰無疾眚㉕？能者早除之。舊怨滅宗，國之疾眚也，為之關籥㉖蕃籬而遠備閑之，猶恐其至也，是之為日惕。若召而近之，死無日矣。人有言曰：『狼子野心，怨賊之人也。』其又何善乎？若子不信我，盍求若敖氏㉗與子干、子皙㉘之族而近之？安用勝也？其能㉙幾何？

「昔齊騶馬繻以胡公入於具水㉚，邴歜、閻職戕懿公於囿竹㉛，晉長魚矯殺三郤於榭㉜，魯圉人犖殺子般於次㉝，夫是誰之故也？非唯舊怨乎？是皆子之所聞也。人求多聞善敗，以監戒也。今子聞而棄之，猶蒙耳也。吾語子何益？吾知逃也已。」

子西笑曰：「子之尚勝也。」不從，遂使為白公㉞。子高以疾閒居於蔡㉟。及白公之亂㊱，子西、子期死。葉公聞之，曰：「吾怨其棄吾言，而德其治楚國，楚國之能平均以復先王之業者，夫子㊲也。以小怨寘大德，吾不義也，將入殺之。」帥方城㊳之外以入，殺白公而定王室㊴，葬二子之族㊵。

【章旨】本章論為政者用人須慎、察人須徹之理。

【注釋】❶王孫勝　平王之孫、故平王太子建之子。太子建是楚平王即位前任大夫而到蔡國聘問時與蔡邑郹陽封人之女姘居所生。平王即位後，立建為太子，使伍舉之子伍奢為太子師，費無極為太子少師，太子建不喜歡費無極。費無極便建議平王為太子娶妻，娶了秦國的一位美女。前去迎親的費無極見秦女貌美異常，又鼓動平王據為己有，而把太子建打發到城父（在今河南省寶豐縣）。太子建到城父邑後，費無極又向平王進讒言，說太子和伍奢擁兵自重，割據一方，將要謀反。平王逮捕了伍奢和其長子伍尚，又令城父司馬奮揚殺太子，奮揚情知太子被誣，放跑了他。太子建逃到宋國，後來又逃到鄭國，到鄭國後又與晉國密謀襲鄭，結果被鄭人所殺。太子建的兒子王孫勝逃到吳國，本篇即記令尹子西打算從吳國召回王孫勝一事。❷沈諸梁　即葉公子高，沈尹戌之子。戌是莊王之孫或曾孫，為沈邑之尹，所以他的兒子諸梁也稱沈諸梁。諸梁字子高，為葉公。葉，楚邑，在今河南省葉縣南三十餘里。❸境　與吳國接境之處。❹展　誠實。❺愛而不仁　仁者愛人，愛而不仁，非真愛也。❻詐而不智　智者不詐，以詐行謀，非智道也。❼毅　果斷。❽衷　中正。❾周而不淑　周，周密。淑，賢淑。❿復言而不謀身　復，履行；實踐。謀身，計身害。⓫謀長　長遠打算。⓬蓋人　掩人。⓭彊忍　剛愎。⓮顧　諱。⓯狷　狷急。

器量狹小而性情急躁。⑯悛　改。⑰復　實踐。⑱帥　率民。⑲造勝之怨者　指費無極等人。⑳耀　示也。㉑釁　隙。㉒職主。㉓大寵　令尹、司馬一類的高位。㉔司馬　子西之弟子期。㉕眚　一種眼睛的疾病。㉖籥　鑰匙。㉗若敖氏　鬬伯比家族。這裡指被楚莊王所滅的鬬椒一族，事見本卷〈子常問蓄貨聚馬鬬且論其必亡〉注⑭。㉘子干子晳　即楚恭王之庶子王子比、王子黑肱。他們驅逐了其兄靈王，又被其弟平王所殺，事見〈楚語上‧范無宇論國為大城未有利者〉注㉝。㉙能　才能。㉚齊騶馬繻以胡公入於具水　騶馬繻，齊國大夫。胡公，齊國國君，太公的玄孫，名靖。胡公虐待馬繻，馬繻就殺了胡公，把他扔進具水。㉛邴歜閻職戕懿公於囿竹　邴歜、閻職二人都是齊懿公之臣。懿公，齊桓公之子，名商人。魯文公十四年，商人之兄昭公潘卒，其子舍立，孤弱，商人便在昭公之墓上殺了剛即位的太子舍而自立為君，是為懿公。懿公還是公子時，曾與邴歜的父親爭田而不勝。即位以後，便將邴歜之父從墳墓中掘出而斷其雙足，並讓邴歜做他的車夫。又奪去閻職的妻子，並讓閻職做他的陪乘。魯文公十八年夏五月，兩人陪懿公遊於申池。洗澡時，邴歜用馬鞭敲了閻職一下，閻職大怒。邴歜說：「別人搶走了你老婆，你怎麼不憤怒？」閻職說：「比起自己的老子被從墳墓裡拖出來砍腳又怎麼樣呢？」於是兩人合謀殺了懿公，把屍首藏在竹林子裡，然後告祭了祖廟，大搖大擺地走了。㉜晉長魚矯殺三郤於榭　長魚矯，晉國大夫，因與郤犨爭田，郤犨將他連同父母妻子一起枷在車轅上。後來晉厲公要滅郤氏，長魚矯一馬當先，在郤氏庭院裡親手殺死了郤錡、郤犨、郤至三人。事見本書〈晉語六〉之〈欒書發郤至之罪〉和〈長魚矯脅欒中行〉。㉝魯圉人犖殺子般於次　圉人，養馬之人，犖是他的名字。子般，魯莊公之太子，曾因故鞭打過圉人犖。當時魯莊公就告誡子般：「這個人不能鞭打，他的力氣大得可以把稷門舉起來扔出去。」後來，莊公去世，子般即位，圉人犖就奉慶父共仲之命把子般殺了。次，即住所，當時子般住在黨氏家裡，犖刺子般於黨家。㉞使為白公　白，鄰吳之邑，當在今河南省息縣東七十里。楚稱縣邑之長曰尹或公。㉟蔡　故蔡國，被楚所滅，葉公兼而治之。㊱白公之亂　王孫勝被任命為白公後，請求伐鄭以報殺父之仇，子西答應了。還沒出兵，晉國已出兵伐鄭，楚國又去援救，並與鄭國結盟，王孫勝大怒，便在國內作亂，殺了子西、子期。㊲夫子　指子西。㊳方城　山名。在楚國北部。㊴定王室　子高先是身兼令尹、司馬的職務平定了楚國，平定之後，又讓子西的兒子寧接任令尹，子期的兒子寬接任司馬，自己終老於葉城。㊵二子之族　子西、子期同時被害的族人。

【語　譯】令尹子西要派人召回王孫勝，葉公子高聽說了，就去見子西說：「聽說閣下要召回王孫勝，是真的嗎？」子西說：「是的。」子高問：「打算怎麼安排他？」子西說：「我聽說勝這個人直率而又剛毅，打算把他安排在與吳國接壤之處。」

子高說：「不可以呀！他這個人，外表誠實卻不忠信，施愛於人卻無仁德，以詐行謀並非智道，果斷剛愎卻不英勇，性情直率卻不衷正，言語周密卻不善良。言而必行卻不考慮利害，這就是外表誠實；施愛於人卻不長遠謀劃，這就是沒有仁德；憑藉計謀去壓倒別人，這就是以詐行謀；心狠手辣而違犯義理，這就是果斷剛愎；性情直率而不顧別人，這就是不衷正；言語周密卻背棄德操，這就是不善良。這六種品德，都有徒華采而不質實的成分，又怎麼重用他呢？

「他的父親被楚國所殺，他的心地又狹隘而不純潔。因為他心胸狹窄，又不忘舊怨，並且不能用純潔的心靈去改善它，那麼他心裡想的，也就只是報仇這件事了。而他的善於施愛足以使他收買人心，他的外表誠實足以使他實現目的，他的以詐行謀使他得以策劃此事，他的果斷剛愎足以使他率眾作亂，他的言語周密足以使他掩蓋罪行，他的不潔之心又足以使他採取行動，再加上崇奉不仁不義，他的想法就沒有不能實現的。

「那些造成王孫勝仇怨的人，如今都已不在人世了。如果他回國後又無恩寵，那就只能加速他的憤怒。如果寵信他，他剛愎自用又貪得無厭，既能收買人心，又再以大利來引誘，用不仁來助長，一心想著報仇雪恨，如果國家有了禍隙，他一定不會安分。那種嚴重後果不是閣下主持造就的，又是誰呢？他肯定會一面想著故仇舊怨，一面想著高官厚祿，一行動就得人心，要報仇也有辦法，如果真的重用他，禍患也就指日可待了。我愛閣下和司馬，所以不敢不直言。」

子西說：「以德相待，他就會忘了往日的仇怨吧？我好心善待他，他就會安寧的。」子高說：「不是這樣的。我聽說，只有仁者，才能對他好也行，對他差也行，處於高位也行，處於低位也行。對他好他不犯上，對他差他也不怨恨，處於高位他不驕傲，處於低位他也不懼怕。不仁者則不然。別人對他好他就逼人，對他差他就怨恨，處於高位就驕傲，處於低位就懼怕。驕傲就有貪欲，懼怕就生惡心，貪欲、惡心、怨恨、逼人，是產生欺詐陰謀的根子。閣下打算怎麼處理呢？如果召他回國又安排在下位，他將哀怨而懼恨；安排在上位，又將惱怒而怨恨。欺詐陰謀之心，一刻也不會安靜。有一條不義之德，尚且會敗壞國家；如今一下子就有五、六條，還一定要重用他，不也太難了嗎？我聽說國家要衰敗時，一定重用姦人，而那種嗜好有毒食物的人，說的就是閣下吧？

「只要是人，誰會沒有疾病禍災？賢能之人可以及早消除它們。心懷舊怨而滅宗族，這是國家的疾病禍災，設關卡、備鎖鑰、築籬笆，早早地防備著它，還唯恐它不期而至呢！所以天天都提心吊膽。如果反倒召來放在身邊，離死也就沒有幾天了。人們有句話說：『狼子野心，說的就是心懷怨恨打算作亂的人。』他又有什麼善德好處呢？如果閣下不相信我，何不把若敖氏和子干、子晳的族人召回身邊呢？哪裡用得著召回王孫勝？他又能安穩多久呢？

「當年，齊國的騶馬繻把胡公殺了扔進具水，邴歜、閻職把懿公殺了藏進竹林，晉國的長魚矯殺三郤於臺榭，魯國的圉人犖殺子般於住所，這都是什麼緣故呢？還不是心懷舊怨嗎？這都是閣下聽說過的事呀！人們都想多聽勝敗善惡的故事，就是為了引以為借鑒呀！如今閣下聽說了卻不予理會，就如同自己堵住自己的耳朵！我對閣下說這些有什麼用？我明白逃災避難也就罷了！」

子西笑著說：「老兄也太擡舉勝了！」不聽子高的勸告，還是任命王孫勝為白公。子高就宣稱生病閒居於蔡邑。等到白公作亂，子西和子期都被殺。葉公子高聽到消息後說：「我怨恨他不聽我的規勸，卻肯定和贊揚他對楚國的治理。楚國之所以能安定平和恢復先王的功業，靠的就是他老先生。如果因小怨而置大德於不顧，那就是我不義了。我要回到國都去把作亂的人殺了。」於是便率領方城以外的軍隊進入國都，殺死白公勝，平定了王室，安葬了子西和子期兩族蒙難之人。

卷一九 吳語

越王句踐命諸稽郢行成於吳

吳王夫差起師伐越❶，越王句踐❷起師逆之。大夫種❸乃獻謀曰：「夫吳之與越，唯天所授，王其無庸❹戰。夫申胥❺、華登❻簡服❼吳國之士於甲兵，而未嘗有所挫也。夫一人善射，百夫決拾❽，勝未可成❾也。夫謀必素❿見成事焉，而後履之，不可以授命⓫。王不如設戎，約辭行成⓬，以喜其民，以廣侈吳王之心。吾以卜之於天，天若棄吳，必許吾成而不吾足⓭也，將必寬然有伯諸侯之心焉。既罷弊其民，而天奪之食⓮，安受其燼⓯，乃無有命⓰矣。」

越王許諾，乃命諸稽郢行成於吳⓱，曰：「寡君句踐使下臣郢不敢顯然布幣行禮，敢私告於下執事曰：昔者越國見禍，得罪於天王。天王親趨玉趾⓲，以心孤句踐⓳，而又宥赦之⓴。君王之於越也，繄起死人而肉白骨也㉑。孤不敢忘天災，其敢忘君王之大賜乎！今句踐申禍無良㉒，草鄙之人，敢忘天王之大德，而思邊垂之小怨㉓，以重得罪於下執事？句踐用帥二三之老㉔，親委重罪㉕，頓顙於邊㉖。

「今君王不察，盛怒屬㉗兵，將殘伐越國。越國固貢獻之邑也，君王不以鞭箠㉘使之，而辱軍士使寇令㉙焉？句踐請盟：一介嫡女，執箕箒以晐姓於王宮㉚；一介嫡男，奉槃匜以隨諸御㉛；春秋貢獻，不解㉜於王府。天王豈辱裁之？亦征諸侯之禮㉝也。

「夫諺曰：『狐埋之而狐搰之㉞，是以無成功。』今天王既封殖㉟越國，以明聞於天下，而又刈㊱亡之，是天王之無成勞也。雖四方之諸侯，則何實以事吳？敢使下臣盡辭，唯天王秉利度義焉！」

【章旨】本章記越國向吳國求和之言。

【注釋】❶吳王夫差起師伐越　吳，古國名，也叫句吳、攻吳。姬姓。始祖是周太王之子太伯、仲雍。有今江蘇大部和安徽、浙江的部分。建都於吳，在今江蘇蘇州。夫差，吳王闔廬（又叫闔閭）之子。越，古國名，亦稱於越。姒姓。始祖是夏代少康之庶子無餘。建都會稽，在今浙江紹興。魯定公十四年，吳國伐越，戰於檇李，吳敗，闔廬受傷而死。三年之後，即魯哀公元年，吳王夫差伐越報仇，越人敗於夫椒，以甲楯五千，退守會稽。❷越王句踐　允常之子。❸大夫種　即文種大夫。❹庸　用。❺申胥　即伍員，為伍舉之後、伍奢之子。魯昭公二十年奔吳，吳王給他申地，因其字子胥，所以又叫申胥。❻華登　宋司馬華費遂之子，奔吳後為大夫。❼簡服　簡，選也。服，習也。❽決拾　決，即鉤弦，用象骨做成，帶在右手拇指上，用它來鉤弓弦。拾，皮革做的射韝，套在左臂上。❾成　定也。❿素　預。⓫授命　拼命。⓬約辭行成　約，卑也。行成，求和。⑬不吾足　有兩解：一解為不以征服我國為滿足；一解為以我國為不足畏，即不認為我國足以值得畏懼。⑭天奪之食　指自然災害，使吳國稻米魚蟹歉收。⑮安受其燼　吳王好比引火自焚，越國可以安安穩穩地去收拾其餘燼。⑯命　天命。⑰乃命諸稽郢行成於吳　諸稽郢，越大夫。行成之事，《左傳》稱「大夫種因吳太宰嚭以行成」。⑱天王親趨玉趾　指魯定公十四年，吳王闔廬率兵伐越一事。⑲心孤句踐　不准句踐求和。⑳而又宥赦之　指闔廬兵敗而退一事。但不敢這樣說，反倒說是吳王寬恕了越國。㉑緊起死人而肉白骨也　實在是讓死人站起來，讓白骨上長出肉來。緊，是也。㉒申禍無良　申，重也。良，善也。㉓邊垂之小怨　吳王伐越，入侵越境，卻故意說這不過是小怨而已。㉔二三之老　老，即家臣，亦即卿大夫家之臣。把越國的大臣說成是家臣，是為了極力貶低自己，向吳王表示臣服，等於說越王不過只是吳王手下的一名大夫罷了。㉕親委重罪　親自認罪。委，歸。㉖頓顙於邊　顙，前額。把越王起兵迎敵說成是在邊境上叩頭，也是為了表示自己的卑躬屈膝。㉗屬　會；集。㉘鞭箠　鞭，馬鞭。箠，刑杖。㉙寇令　抵禦敵寇的軍令。㉚執箕箒以晐姓於王宮　執箕箒，供灑掃之役。晐，備。〈曲禮〉：「納女於天子曰備百姓。」說這些話，也是為了極力奉承吳王夫差。㉛奉槃匜以隨諸御　奉，同「捧」。槃，托盤。匜，臉盆。御，近臣宦豎之類。以越王正妻所生子女到吳王宮中去執箕箒、奉槃匜，表示越國的男子都是吳王之臣，越國的子女都是吳王之妾。㉜解　即「懈」。㉝征諸侯之禮　天子征伐諸侯，興師問罪，諸侯就應該男臣女妾以上奉天子。這句話是以吳王為天子，越王為諸侯，自降身分，以卑辭求和。㉞狐埋之而狐搰之　搰，掘也。狐性多疑，牠把東西埋藏起來，又怕不妥，又再掘出來。㉟封殖　栽培。㊱刈　芟割。

【語譯】吳王夫差起兵討伐越國，越王句踐起兵迎戰。越國大夫文種便獻計說：「吳國與越國，誰勝誰負，全在天意，王上也用不著作戰。想那申胥、華登，選拔吳國之士，演習武藝，從來不曾受挫。只要有一個人善於射箭，就會有一百個人跟著他拿起板指箭袋，勝敗還未可定。謀略，必須能預見到一定成功，然後再去實施，決不可以隨便拼命。王上不如一面設置軍陣，一面用卑辭向吳國求和，以懈怠他們的民眾，並擴張吳王的野心。我們可以就吳越兩國興衰之事向上天問卜，上天如果要拋棄吳國，一定會讓吳王同意我們求和，並且還會讓他不滿足於征服我們，而野心勃勃地妄圖稱霸於諸侯。這樣既能使吳國之民疲弊不振，而上天又降下災害奪其食物，就可以安安穩穩地收拾其殘局餘燼，吳國也就不會再有天命了。」

越王同意了文種的建議，於是便派大夫諸稽郢去向吳國求和，說：「敝國寡德之君句踐派遣下臣諸稽郢前來，不敢公然向大王陳列玉帛表示敬意，而只敢私下裡向貴國下等辦事人員報告說：過去，越國遭禍，居然得罪了天王。天王降尊屈貴，親移玉趾，來教訓敝國，一心要孤立句踐，卻又網開一面，寬恕了敝國和寡君。天王對於敝國的恩德，實在是讓白骨生肉使死人復活，真是恩同再造。寡君不敢忘記上天降下的這場大災禍，更不敢忘記君王的大恩大德！如今，句踐再次遭受災禍，又沒有善事德政，不過是貴國邊境上一介草民，又怎麼敢忘天王再造之恩，卻去斤斤計較邊境上的一點點小糾紛，而得罪大王手下的臣子呢？所以句踐便帶了兩三個家臣，親自趕來認罪，這會兒正在邊境上叩頭呢！

「如今，君王還不知道句踐已經認罪，所以龍顏大怒，集合軍隊，打算掃蕩越國。其實，越國原本不過只是一個向君王交納貢品賦稅的小小城邦，君王不致於不用馬鞭和刑杖使喚我們，反倒委屈貴軍執行掃蕩草寇的命令吧？句踐請求以下列條件結盟：以正妻所生小女一人，手執簸箕、掃箒做君王侍妾宮女的替補；以正妻所生小兒一人，手捧托盤、臉盆做君王近臣宦豎的隨從；春秋兩季的貢賦，源源不斷地送進王府。天王何必一定要屈尊制裁越國呢？越國貢獻的，也正是那些被天子征伐的諸侯之所進之禮啊！

「那民諺說：『狐狸埋下的東西，狐狸又自己挖出來，所以沒有完成的功業。』如今，天王既已栽培了越國，聖明已名聞天下，卻又砍伐了它，這就是沒有完成的功業了。即便是四方的諸侯，是否也要考慮將來怎樣事奉吳國了呢？因此，大膽地派下臣來申訴一切，只希望天王從利和義兩方面加以權衡！」

吳王夫差與越荒成不盟

吳王夫差乃告諸大夫曰：「孤將有大志於齊，吾將許越成，而❶無拂吾慮。若越既改，吾又何求？若其不改，反行，吾振旅焉。」

申胥諫曰：「不可許也。夫越非實忠心好吳也，又非懾畏吾兵甲之彊也。大夫種勇而善謀，將還玩吳國於股掌之上，以得其志。夫固知君王之蓋威以好勝也，故婉約其辭，以從❷逸王志，使淫樂於諸夏之國，以自傷也。使吾甲兵鈍獘❸，民人離落，而日以憔悴，然後安受吾燼。夫越王好信以愛民，四方歸之，年穀時熟，日長炎炎❹。及吾猶可以戰也。為虺❺弗摧，為蛇將若何？」

吳王曰：「大夫奚隆於越？越曾足以為大虞❻乎？若無越，則吾何以春秋曜吾軍士？」乃許之成。

將盟，越王又使諸稽郢辭曰：「以盟為有益乎？前盟口血未乾❼，足以結信矣。以盟為無益乎？君王舍甲兵之威以臨使之，而胡重於鬼神而自輕也？」吳王乃許之，荒❽成不盟。

【章　旨】本章緊接前章，記吳王夫差不聽伍子胥的勸告，與越國不盟而和之事。

【注　釋】❶而　你也。❷從　縱也。❸獘　弊也。❹日長炎炎　比喻國家一天比一天興盛。❺虺　小蛇。❻虞　憂患。❼口血未乾　口血，古時結盟，要喝一口牲血，表示誠意，叫歃。表示上一次結盟還是不久前的事。❽荒　空。

【語　譯】吳王夫差便告訴諸位大夫們說：「孤王將對齊國有一次大行動大作為，因此決定同意越國求和，你們都不要違背我的旨意。如果越國已經改悔，我又何求於彼？如果他們竟不改悔，從齊國回來後再整頓軍隊去攻伐他們就是了。」

申胥勸諫說：「不能答應他們求和。那越國，並非真心實意、忠誠地和吳國和好，也不是害怕我們武力的強大。越國大夫文種，勇敢又有謀略，正要反過來把吳國放在手心中玩弄，以實現其野心。他們深知王上好大喜功，喜歡耀武揚威、爭強好勝，所以故意說些委婉動聽的甜言蜜語，來放縱王上的好勝之心，讓王上到中原各國去得意忘形，以玩火自焚。讓我們軍隊疲弊，武器消耗，人民離散，而日以憔悴，然後安安穩穩地享受我們自焚的餘燼。那越王好信義，愛人民，四方之民都來歸順，年年五穀豐登，國運蒸蒸日上。現在趁著我們還可以和他們打一仗，就應該徹底消滅他們。小蛇剛生下來時不殺了牠，長成大蛇了可怎麼辦？」

吳王說：「子胥大夫何必如此擡舉越國？越國也足以成為大患嗎？如果沒有了越國，春秋兩季閱兵時，我向誰炫耀武力去？」便答應越國求和。

將要舉行盟誓時，越王又派諸稽郢來推辭說：「王上認為盟誓有用嗎？那麼，上次結盟時口中所含之牲血還沒有乾，已足以表示信義了。王上認為盟誓沒用嗎？那麼，王上放棄軍隊的神威，隨時役使我們就行了，何必那麼看重鬼神卻小看了自己呢？」吳王便答應了，只是空口達成和約，沒有舉行結盟儀式。

夫差伐齊不聽申胥之諫

吳王夫差既許越成，乃大戒❶師徒，將以伐齊。申胥進諫曰：「昔天以越賜吳，而王弗受。夫天命有反❷，今越王句踐恐懼而改其謀，舍其愆❸令，輕其征賦，施民所善，去民所惡，身自約❹也，裕其眾庶，其民殷眾，以多甲兵。越之在吳，猶人之有腹心之疾也。夫越王不忘敗吳，於其心也侙❺然，服士以伺吾閒❻。

今王非越是圖，而齊、魯以為憂。夫齊、魯譬諸疾，疥癬也，豈能涉江、淮而與我爭此地哉？將必越實有吳土。

「王其盍亦鑑於人，無鑑於水[7]。昔楚靈王不君[8]，其臣箴諫以不入[9]。乃築臺於章華之上，闕為石郭[10]，陂漢[11]，以象帝舜[12]。罷弊楚國，以間陳、蔡[13]。不修方城之內[14]，踰諸夏而圖東國[15]，三歲於沮、汾以服吳、越[16]。其民不忍饑勞之殃，三軍叛王於乾谿[17]。王親獨行，屏營[18]仿偟於山林之中，三日乃見其涓人疇[19]。王呼之曰：『余不食三日矣。』疇趨而進，王枕其股以寢於地。王寐，疇枕王以墣[20]而去之。王覺而無見也，乃匍匐將入於棘闈[21]，棘闈不納，乃入芋尹申亥氏[22]焉。王縊，申亥負王以歸，而土埋之其室[23]。此志也，豈遽忘於諸侯之耳乎！

「今王既變鯀、禹之功[24]，而高高下下[25]，以罷民於姑蘇[26]。天奪吾食，都鄙荐饑[27]。今王將很[28]天而伐齊。夫吳民離矣，體有所傾，譬如群獸然，一個負矢，將百群皆奔，王其無方收也。越人必來襲我，王雖悔之，其猶有及乎？」

王弗聽。十二年[29]，遂伐齊。齊人與戰於艾陵[30]，齊師敗績，吳人有功[31]。

【章旨】本章記申胥勸諫吳王夫差之言。

【注　釋】❶戒　警；命。❷天命有反　天命往往有反覆，盛者可能衰敗，禍者亦可能得福。❸愆　錯誤。❹約　儉。❺侙　警惕。❻服士以伺吾閒　服，習也。伺，等候；伺機。閒，隙也。❼鑑於人二句　用他人作鏡子，可以看到事業的成敗；用清水作鏡子，只能看到自己的容貌。❽不君　不行君道。❾入　受。❿闕為石郭　闕，開也。石郭，石城。⓫陂漢　陂，壅；堵。漢，漢水。⓬以象帝舜　帝舜葬於九嶷山，墓的四周有河水環繞。⓭以閒陳蔡　偵伺著陳、蔡兩國，遇有空隙，就趁機滅之。閒，候也。⓮不修方城之內　這句話說靈王不修治國內之政。方城之內，指楚國。方城，在楚國北境。⓯踰諸夏而圖東國　諸夏，指陳、蔡。東國，指吳、越。⓰於沮汾以服吳越　沮、汾，楚國東境二水名，即乾谿一帶。魯昭公六年，楚靈王派令尹子蕩帥師伐吳，師於豫章，次於乾谿，敗。魯昭公十二年，又派兵圍徐以拒吳，靈王親為後盾，駐軍乾谿。⓱三軍叛王於乾谿　乾谿在今安徽省亳縣東南七十五里。此事在魯昭公十三年，可參看本書〈楚語上・白公子張諷靈王宜納諫〉。⓲屏營　惶恐的樣子。⓳涓人疇　涓人，宮中侍從的近臣。疇是他的名字。⓴墣　土塊。㉑棘闈　有人說「棘」是一個小村落，是地名，闈是門；也有人說「棘闈」兩字為地名。㉒芋尹申亥氏　芋尹，芋邑的地方長官。申亥，無宇之子。靈王於無宇有恩，申亥聽說靈王遇難，到處去找，最後在棘闈找到了靈王。㉓土埋之其室　室，即申亥之家。這不是葬王之禮，等於說靈王死不得其所，死無葬身之地。㉔變鮌禹之功　鮌、禹都是治水之人，他們徵用民力，是為了造福於人民，而吳王徵用民力，卻是為了自己的淫樂，所以說是變鮌、禹之功。㉕高高下下　高高，指築臺榭。下下，指修池塘。㉖姑蘇　臺名。在今江蘇省吳縣姑蘇山上。㉗都鄙荐饑　都，即國都。鄙，即邊邑。荐饑，年年饑荒。㉘很　違背。㉙十二年　夫差十二年，即魯哀公十一年。㉚艾陵　齊地。一說在今山東省泰安縣南六十里；一說即艾邑，在今山東省萊蕪縣東。㉛有功　俘獲了齊國中軍之將國書，還有革車八百乘，甲盾三千。

【語　譯】吳王夫差既已允許越國求和，便大規模集結軍隊，準備征伐齊國。申胥又進諫說：「上次上天把越國賜給吳國，而王上不接受。天命是有反覆的。如今，越王句踐由於害怕亡國，便改變了謀略，廢除錯誤的法令，減輕民眾的賦稅，施給他們所喜好的，去掉他們厭惡的東西，自身節儉，而讓民眾富裕。他的人民殷實繁多，軍隊武力也就因此增加。越國對於吳國來說，就如同一個人的心腹之患。那越王念念不忘打敗吳國，他的內心時刻警惕著，他的兵士日日操練著，時時窺伺著我們的漏洞。如今，王上不考慮對付越國，卻以齊、魯兩國為憂患。那齊、魯兩國，如果比做疾病的話，不過是表皮上的疥癬而已，他們難道還能渡過長江、淮河來和我們爭地嗎？將來，一定是越國占了吳國的土地。

「王上何不用別人做鏡子，不要只用水做鏡子。當年，楚靈王不行君道，臣下的箴諫也因此不被採納。他築臺於章華之上，開石郭，壅漢水，以摹仿帝舜的陵墓。把楚國弄得疲弊不堪，卻打著陳國、蔡國的主意。不修治境內的德政，卻越過中原各國去征伐東方的國家，用了三年時間才跨過沮河和汾河，來征服吳國和越國。結果，他的人民再也無法忍受饑餓與疲勞之災苦，三軍叛王於乾谿。靈王隻身一人逃出重圍，惶惶然奔走於山林之中，三天之後才見到近臣疇。靈王呼喊他說：『我已經三天沒吃東西了。』疇快步走向靈王，靈王枕著疇的大腿睡在地上。靈王睡著以後，疇用土塊給他枕上，自己抽身而去。靈王醒來以後看不見人了，便爬著想進棘闈，棘闈人不讓他進門，這才到了芋尹申亥家。靈王自縊而死，申亥把靈王的屍體背回去，用土埋在家裡。這些記載於史冊的事，豈會這麼快地就被諸侯忘掉！

「如今，王上改變鮌、禹治水為民造福的功業，在高山之上再築高臺，低窪之處再修池塘，讓我民眾為姑蘇臺而疲於奔命。上天已奪我民食，國都邊邑，年年饑荒。現在王上又要違背天意去攻打齊國。吳國民眾，已離心離德，國家政體，也行將傾覆。就像群獸一樣，一頭野獸中了箭，成群的野獸都將爭著逃亡，王上是無法收拾的。越人一定會來襲擊我們，到那時候，王上即便後悔，還來得及嗎？」

吳王夫差不聽他的，遂於十二年伐齊。齊人與吳軍交戰於艾陵，齊軍大敗，吳軍戰功赫赫。

夫差勝於艾陵使奚斯釋言於齊

吳王夫差既勝齊人於艾陵，乃使行人奚斯❶釋言於齊，曰：「寡人帥不腆❷吳國之役，遵汶❸之上，不敢左右❹，唯好之故。今大夫國子❺與其眾庶，以犯獵❻

吳國之師徒。天若不知有罪，則何以使下國勝？」

【章　旨】本章記吳國勝齊後之辯辭。

【注　釋】❶行人奚斯　行人，外交官。奚斯，吳國大夫。❷腆　豐厚；多。❸汶　齊國水名。❹不敢左右　意謂不敢左右暴掠齊民。❺國子　齊卿國書，為艾陵之役的齊軍中軍主帥，在此次戰爭中被俘並被殺。❻犯獵　侵犯。

【語　譯】吳王夫差既已在艾陵戰勝齊軍，便派外交官奚斯大夫去向齊國解釋，說：「寡人帶了一點點軍隊，沿汶水而上，不敢左右騷擾，只因為貴我兩國是友好之邦。如今，貴國大夫國子大舉調兵遣將，來侵犯攻打吳國的軍隊。上天若是不知道誰有罪的話，又怎麼可能讓敝國獲勝呢？」

申胥自殺

吳王還自伐齊，乃訊❶申胥曰：「昔吾先王體德明聖，達於上帝，譬如農夫作耦❷，以刈❸殺四方之蓬蒿，以立名於荊❹，此則大夫之力也。今大夫老，而又不自安恬逸，而處以念惡，出則罪吾眾❺，撓亂百度，以妖孽吳國。今天降衷❻於吳，齊師受服。孤豈敢自多？先王之鍾鼓❼寔式靈之❽。敢告於大夫。」

申胥釋劍而對曰：「昔吾先王世有輔弼之臣，以能遂疑計惡❾，以不陷於大難。今王播棄黎老❿，而孩童焉比謀，曰：『余令而不違⓫。』夫不違，乃違也⓬。

夫不違，亡之階也。夫天之所棄，必驟近其小喜，而遠其大憂。王若不得志於齊，而以覺寤王心，而吳國猶世。吾先君得之也，必有以取之；其亡之也，亦有以棄之。用能援持盈以沒⑬，而驟救傾以時。今王無以取之，而天祿亟至，是吳命之短也。員不忍稱疾辟易⑭，以見王之親為越之擒也。員請先死。」遂自殺。將死，曰：「以懸吾目於東門，以見越之入，吳國之亡也。」王慍曰：「孤不使大夫得有見也。」乃使取申胥之尸，盛以鴟鴺⑮，而投之於江。

【章旨】本章記申胥為國盡忠自殺之事，及死前再度規勸吳王夫差之言。

【注釋】❶訊　責問。❷耦　兩人並耕。比喻申胥輔佐先王闔廬治國。❸刈　割。❹立名於荊　指柏舉之戰，打敗了楚國，立威名於諸侯。❺出則罪吾眾　出門在外就煽動百姓去犯罪。❻衷　善也。❼鍾鼓　古時作戰用鍾鼓指揮前進或撤退，故可用鍾鼓代指軍隊。❽式靈　式，用。靈，神。❾遂疑計惡　遂，決也。計，慮也。❿播棄黎老　播，放。黎老，有壽徵的老人。⓫余令而不違　前篇中即有「無拂吾慮」之言，見〈吳王夫差與越荒成不盟〉。⓬夫不違二句　第一處之「違」為違王命，第二處之違為違天命。所以不違實違。⓭持盈以沒　盈，滿。沒，終。⓮辟易　退避。⓯鴟鴺　皮製袋子。

【語譯】吳王夫差從齊國凱旋而歸，便責問申胥說：「當年，先王躬行德政，昭明聖意，通達於天，賢臣輔佐，有如農夫並肩耕作，鏟除四方的蒿草，以征伐楚國而立威名於天下，這是子胥大夫你的功勞。如今，大夫年事已高，又不肯安享晚年，住在家裡一心想為惡於吳國，出門在外便煽動民眾犯罪，擾亂國家法度，在吳國興妖作怪。如今，上天降福吳國，齊軍兵敗投降。孤王豈敢自誇戰功？不過是先王的神勇之師，受上天保佑而已。因此大膽地告訴閣下。」

申胥解下寶劍回答說：「過去，先王世世代代都有輔弼之臣，來決斷疑難，考慮得失，所以不陷於大難。如今，王上廢棄老臣，而與一些少不更事的孩童合謀國策，還說『我的命令不得違背』。這個不違背，恰恰正是違背，是違背天意啊！這個不違背，是亡國之路啊！上天要拋棄誰，一定先讓他迅速地得到一些眼前的小便宜，最後再吃大苦頭。王上要是不能得志於齊國，而因此覺醒過來，那麼吳國還可以繼世圖存。我們先君如果得到什麼，一定有得到它的條件；失去什麼，也一定有拋棄的原因。因此能保持豐盈的局面直到終世，也能及時糾正傾敗。如今，王上沒有條件卻要取得，而上天也屢屢賜福，這是因為吳國命短啊！伍員不忍稱病告退，看到王上被越國生擒。因此伍員我請求先死。」於是便自殺了。臨死之前說：「把我的眼睛高懸於東門之上，我要親眼看見越軍攻入國都，吳國滅亡。」吳王夫差憤怒地說：「孤王絕不讓子胥看到什麼！」便派人取來申胥的屍體，裝進皮袋，投入長江。

吳晉爭長未成句踐襲吳

吳王夫差既殺申胥，不稔❶於歲，乃起師北征。闕為深溝，通於商❷、魯之間，北屬之沂❸，西屬之濟❹，以會晉公午於黃池❺。

於是越王句踐乃命范蠡、舌庸❻，率師沿海泝❼淮以絕吳路。敗王子友於姑熊夷❽。越王句踐乃率中軍泝江以襲吳，入其郛❾，焚其姑蘇，徙其大舟。

吳、晉爭長❿未成，邊遽⓫乃至，以越亂告。吳王懼，乃合大夫而謀曰：「越為不道，背其齊⓬盟。今吾道路修遠，無會而歸，與會而先晉⓭，孰利？」王孫雒⑭曰：「夫危事不齒⑮，雒敢先對。二者莫利。無會而歸，越聞章⑯矣，民懼而走，遠無正就。齊、宋、徐、夷⑰曰：『吳既敗矣！』將夾溝而𢈔⑱我，我無生命矣。會而先晉，晉既執諸侯之柄以臨我，將成其志以見天子。吾須⑲之不能，去之不忍。若越聞愈章，吾民恐叛，必會而先之。」

王乃步就王孫雒曰：「先之，圖之將若何？」王孫雒曰：「王其無疑，吾道路悠遠，必無有二命，焉可以濟事。」王孫雒進，顧揖諸大夫曰：「危事不可以為安，死事不可以為生，則無為貴智矣。民之惡死而欲富貴以長沒⑳也，與我同。雖然，彼近其國，有遷㉑；我絕慮，無遷。彼豈能與我行此危事也哉？事君勇謀，於此用之。今夕必挑戰，以廣民心。請王勵士，以奮其朋㉒勢。勸之以高位重畜㉓，備刑戮以辱其不勵者，令各輕其死。彼將不戰而先我，我既執諸侯之柄，以歲之不獲也，無有誅㉔焉，而先罷㉕之，諸侯必悅。既而皆入其地，王安挺㉖志，一日惕㉗，一日留㉘，以安步王志。必設以此民也，封於江、淮之間，乃能至於吳。」吳王許諾。

【章旨】本章記吳國大夫王孫雒在危急時刻為吳王夫差所設之計謀。

【注　釋】❶稔　穀物成熟。❷商　這裡指宋國。宋國開國君主是商紂王的庶兄微子啟。西元前十一世紀周公平定武庚的叛亂後，把商的舊都周圍地區分封給微子，建都商丘。所以宋又稱商。❸沂　沂水。在魯國。❹濟　濟水。在宋國。❺會晉公午於黃池　晉公，即晉定公。黃池，在今河南省封丘縣南。黃池之會事在魯哀公十三年。❻范蠡舌庸　越國大夫。❼泝　逆流而上。❽敗王子友於姑熊夷　王子友，夫差太子，在這次戰爭中被越軍俘獲。姑熊夷，吳都之郊。❾郛　外城。❿長　先也。諸侯會盟，先歃血者為盟主，亦為諸侯之長，即伯。⓫遽　驛站之車。⓬齊　同。⓭先晉　晉國先歃血。⓮王孫雒　吳國大夫。⓯危事不齒　齒，年齡。平時臣下應對君王，以年齡長幼、爵位尊卑為先後，國有危難時便不拘此禮了。⓰章　彰明顯著。⓱徐夷　徐，亦稱徐夷，古族名。東夷之一，周初以今安徽省泗縣為中心建立徐國，西元前五一二年被吳國所兼併。夷，即淮夷。在今江蘇省東北淮安、揚州一帶。⓲𢊍　旁擊。⓳須　等待。⓴長沒　長，老也。沒，終也。㉑還　轉退；退路。㉒朋　群。㉓重畜　財寶。㉔誅　責求。㉕先罷　罷遣諸侯，令其先歸。㉖挺　寬。㉗惕　疾速。㉘留　徐緩。

【語　譯】吳王夫差殺了申胥之後，等不得莊稼成熟，便起兵北征。挖掘了深溝，一直通到宋國和魯國，北面連接沂水，西面連接濟水，以此與晉定公午會盟於黃池。

在這個時候，越王句踐便趁機命令范蠡、舌庸兩位大夫，率軍隊沿海逆淮水北上，切斷吳軍的退路，在吳都之郊姑熊夷打敗了吳王太子王子友。越王句踐便率中軍逆長江而上以襲擊吳國，進入了吳都外城，焚燒姑蘇臺，搶走了吳王的大船。

吳、晉兩國爭當盟主還未見分曉，邊境的驛車就到了，把越人作亂一事報告吳王。吳王心裡害怕，便召集大夫商議，說：「越國不走正道，背叛兩國同盟。如今，我們道路遙遠，是不參加盟會就回國呢？還是參加盟會卻讓晉公先歃呢？這兩種結果哪一種更有利？」王孫雒說：「商議危急之事，就講不得長幼尊卑先後之序了，因此臣雒斗膽敢先應對。王上說的兩種結果，都對我們不利。不參加盟會就回去，越國的威名便更彰明了，吳國國民也會因恐懼而逃走，逃向遠方，無所歸依。齊國、宋國、徐夷、淮夷則會說：『吳國已敗了！』就會一起夾住深溝來從旁攻擊我們，我們就沒命了。如果參加盟會卻讓晉國占先，那麼，晉公執掌諸侯領袖的權柄統領我們，他一定會志滿意得地去見天子。到那時，我們等又等不得，走又走不成。如果越國聲名大振，我國國民恐怕會叛離。一定要參加盟會，而且要爭到先歃的盟主地位。」

吳王便走到王孫雒身邊問：「如果要爭取先歃，要用什麼計策？」王孫雒說：「王上請勿游疑。我們遠離本土，只能一心一意，大功方可告成。」王孫雒便向前跨進一步，環顧揖拜諸大夫說：「緊急之時不能轉危為安，存亡之日不能起死回生，就不能說是智慧超群了。人都是貪生怕死、希望長享富貴的，這一點，晉人和我們完全一樣。雖然如此，他們離國不遠，有退路；我們遠離本土，沒有退路。他們豈肯和我們一起進行危險的較量？事奉君王，要有勇有謀，勇敢和智謀，就在此時派上用處。今天晚上一定要挑戰，以堅定意志，以安定民心。請王上勉勵將士，振奮他們的精神，用高官厚祿作獎勵，用嚴法酷刑作威懾，讓他們人人都不憚於一死。晉國一定會不戰而讓我先，我國既已執掌盟主權柄，便可以以年成尚未收穫為理由，免去諸侯的貢奉，而且考慮到他們已經疲勞，讓他們先行回國，諸侯一定高興。諸侯們一一回國後，王上便可安心寬心，一天快一天慢地實現王上的計畫。另外，一定要安排那些受到獎勵的將士，把他們封在江、淮之間，這樣，就很快能到吳國了。」吳王同意了。

吳欲與晉戰得為盟主

吳王昏❶乃戒，令秣馬❷食士。夜中，乃令服兵擐甲❸，係馬舌，出火竈，陳士卒百人，以為徹❹行百行。行頭皆官師❺，擁鐸拱稽❻，建肥胡❼，奉文犀之渠❽。十行一嬖大夫❾，建旌提鼓，挾經秉枹❿。十旌一將軍⓫，載常建鼓⓬，挾經秉枹。萬人以為方陣，皆白裳、白旂⓭、素甲、白羽之矰⓮，望之如荼⓯。王親秉鉞⓰，載白旗⑰以中陣而立。左軍亦如之，皆赤裳、赤旟⑱、丹甲、朱羽之矰，望之如火。右軍亦如之，皆玄裳、玄旗⑲、黑甲、烏羽之矰，望之如墨。為帶甲三萬，以勢攻，雞鳴乃定。既陣，去晉軍一里。昧明，王乃秉枹，親就鳴鍾鼓、丁寧⑳、錞于㉑、振鐸，勇怯盡應，三軍皆嘩釦㉒以振旅，其聲動天地。

晉師大駭不出，周軍飭壘㉓，乃令董褐㉔請事，曰：「兩君偃兵接好，日中為期。今大國越錄㉕，而造於弊邑之軍壘，敢請亂故？」吳王親對之曰：「天子有命，周室卑約，貢獻莫入，上帝鬼神而不可以告。無姬姓之振也，徒遽㉖來告。孤日夜相繼，匍匐就君。君今非王室不安是憂，億㉗負晉眾庶，不式㉘諸戎、狄、楚、秦；將不長弟，以力征一二兄弟之國㉙。孤欲守吾先君之班爵㉚，進則不敢，退則不可。今會日薄㉛矣，恐事之不集㉜，以為諸侯笑。孤之事君在今日，不得事君亦在今日㉝。為使者之無遠也，孤用親聽命於藩籬之外。」

董褐將還，王稱左畸㉞曰：「攝少司馬茲與王士五人㉟，坐於王前。」乃皆進，自剄於客前以酬客㊱。

董褐既致命㊲，乃告趙鞅㊳曰：「臣觀吳王之色，類有大憂，小則嬖妾、嫡子死，不則國有大難；大則越入吳。將毒㊴，不可與戰。主其許之先，無以待危；

然則不可徒許也。」趙鞅許諾。

晉乃令董褐復命曰：「寡君未敢觀㊵兵身見，使褐復命曰：『曩君之言，周室既卑，諸侯失禮於天子，請貞於陽卜㊶，收文、武㊷之諸侯。孤以下密邇於天子，無所逃罪，訊讓㊸日至，曰：昔吳伯父㊹不失，春秋必率諸侯以顧在余一人㊺。今伯父有蠻、荊之虞，禮世不續，用命孤禮佐周公㊻，以見我一二兄弟之國，以休君㊼憂。今君掩王東海，以淫名㊽聞於天子。君有短垣，而自踰之，況蠻、荊則何有於周室？夫命圭㊾有命，固曰吳伯，不曰吳王，諸侯是以敢辭。夫諸侯無二君，而周無二王。君若無卑天子，以干㊿其不祥，而曰吳公，孤敢不順從君命長弟？』許諾(51)。」

吳王許諾，乃退就幕(52)而會。吳公先歃，晉侯亞之。吳王既會，越聞愈章，恐齊、宋之為己害也，乃命王孫雒先與勇獲(53)帥徒師(54)，以為過賓於宋，以焚其北郛焉而過之。

【章旨】本章記吳國以武力相威脅而爭當盟主之事。

【注釋】❶昏　黃昏。❷秣馬　餵馬。❸服兵擐甲　服，執。擐，套穿。❹徹　通也。百人為一通行。❺官師　士。❻擁鐸拱稽　擁，抱也。鐸，金屬製的大鈴。拱，執也。稽，油漆木戟。❼肥胡　旗幡。❽文犀之渠　有紋理的犀牛皮做的盾。

❾夔大夫　下大夫。❿挾經秉枹　經，兵書。枹，鼓槌。⓫將軍　王命之卿。⓬載常建鼓　常，繪有日月圖形的旗幟。建鼓，立起楹柱而樹之鼓。⓭白旂　白色的繪有交龍圖形的旗幟。⓮矰　短箭。⓯荼　蘆草的花。⓰鉞　青銅兵器，形似大斧，圓刃或平刃。⓱旗　此處當為王旗，與後之黑旗應不同。⓲旟　繪有鳥隼圖形的旗幟。⓳旗　繪有熊虎圖形的旗幟。⓴丁寧　行軍打仗時用的小銅鐘。㉑錞于　軍樂器。和鼓角相應，也叫金錞。㉒嘩釦　大聲歡呼。㉓周軍飭壘　周，環繞。飭，整治。㉔董褐　晉大夫司馬寅。㉕錄　次第。㉖徒遽　徒，步行的傳信之人。遽，傳車。㉗億　安於；滿足。㉘式　榜樣。㉙兄弟之國　指魯、衛兩國。㉚班爵　班次爵位。夫差認為他先君的班爵是盟主。㉛薄　近。㉜集　成。㉝事君在今日二句　意思是說要一決雌雄。不勝，就屈居晉君之下；若勝，則為盟主。㉞左畸　軍隊的左部。㉟攝少司馬茲與王士五人　攝，執。少司馬，官名。茲，人名。此六人皆罪人死士。㊱自剄於客前以酬客　剄，即「剄」。割頸。此舉是向晉國示威，表示自己手下都是些不怕死不要命的亡命之徒，也表示自令行禁止，志在必得。㊲致命　回復君命。㊳趙鞅　晉正卿趙簡子。㊴毒　暴也。言如猛獸被毒悖暴。㊵覿　示也。㊶貞於陽卜　貞，止。龜曰卜，以火發兆，故曰陽。㊷文武　文王、武王。㊸訊讓　責問。㊹伯父　天子稱同姓諸侯之長為伯父。㊺余一人　天子自稱。㊻周公　周太宰，諸侯之師。㊼君　指周天子。㊽淫名　淫，僭越也。名，名號也。指吳王稱王一事。㊾命圭　天子授給諸侯大臣的策命玉圭。㊿干　犯。51許諾　此二字為衍文。52幕　幕帳。53勇獲　吳大夫。54徒師　步兵。

【語　譯】吳王黃昏時就下了命令，命令三軍將士吃飽飯，餵好馬。半夜時分，又命令全軍拿起武器，披上鎧甲，縛住馬舌，移開竈火，擺出陣勢，一百人為一通行，一共一百行為一方陣。每一行的頭一人都是軍士，抱著金鐸，舉著木戟，豎起旗幡，捧著犀盾。每十行設一位下大夫，豎起綴有旄尾、下有五彩羽毛的旌旗，架起戰鼓，挾著兵書，拿著鼓槌。十面旌旗一百行設一位將軍，豎起日月旗，架起戰鼓，挾著兵書，拿著鼓槌。中軍的這一萬人組成一個方陣，一律白色戰袍、白交龍旗、白色鎧甲和白羽短箭，遠遠望去，猶如一片蘆花。吳王親執大鉞，身後豎立白色王旗，立於中軍之陣。左軍陣勢也這樣陳列，一律紅色戰袍、紅鳥隼旗、紅色鎧甲和紅羽短箭，遠遠望去，猶如一片火焰。右軍陣勢也這樣陳列，一律黑色戰袍、黑熊虎旗、黑色鎧甲和黑羽短箭，遠遠望去，猶如一片墨池。全身披掛的將士一共三萬人，憑著聲勢進攻，雞鳴時分方才定局，布好陣勢，離晉軍僅一里之地。天還沒有大亮，吳王便親自操起鼓槌，擂響戰鼓，敲起金鐘、丁寧、錞于；搖動金鐸，全軍將士無論勇者或怯者，都一齊響應，大聲吶喊，振奮軍威，他們的喊聲響徹天地。

晉軍大驚，不敢出營，軍營四周都修起壁壘，並派大夫董褐去吳營詢問，說：「貴我兩國之君，已協議休戰和好，約定到中午為期。現在貴國越過界限，光臨敝國軍壘，請問這是因為什麼？」吳王親自出來回答說：「天子有命令，現在周室卑微，貢獻不入，沒有東西祭告天地鬼神，又沒有一個姬姓諸侯來拯救王室。步行的、乘車的都來告命，所以孤王日以繼夜，匆匆忙忙匍匐著來見君上。君上如今不以王室不平安為憂，公然仗著晉國人多勢眾，不為諸戎、狄、楚、秦樹立榜樣；違反長幼的禮節，憑藉武力去征討那些同姓的兄弟之邦。孤王決心守住先君的班次爵位，不敢多有所求，也決不退讓半分。現在，距離盟會的時間已很近了，只怕大事不成，為天下諸侯恥笑。孤王今後能夠事奉君上就決定於今天，不能事奉君上也取決於今天。因為使者離敝營不遠，孤王便親自站在藩籬之外聽候君上發落。」

董褐打算回營，吳王又命令軍隊左部說：「抓來少司馬茲和五個王前軍人，讓他們坐在孤王面前。」於是六個人都走上前來，在董褐面前自刎以酬答客人。

董褐向晉君復命後，又向趙簡子報告說：「臣觀察吳王的臉色，好像有很大的悲痛和憂慮。事小的話，可能是寵妾或嫡子死了，要不然就是國有大難；事大的話，可能就是越人攻進吳國了。吳王一定會下狠心下毒手拼死命，我們不能和他們交戰。主公不妨答應他們先歃血，不能等著冒險；然而也不能這麼便宜地就答應他。」趙簡子同意了董褐的意見。

於是晉國便派董褐去回覆吳王說：「敝國寡德之君不敢顯示武力，也不敢親自來見，特派下臣董褐來復命。寡君說：『方才君上說，周室已經卑微，諸侯都失禮於天子，因此君上要端正龜卜，收服文王、武王的諸侯。寡人及臣下離天子很近，不能逃避罪責，責問指斥天天都到敝國，說：過去吳伯父不失尊王之禮，每年春秋兩季，一定率領諸侯來顧問我一人。如今，伯父有南蠻、荊楚的憂患，朝聘之禮已無法相繼，所以天子命令寡人以禮輔佐周公，與各國諸侯相見，以消除天子的憂慮。如今君上聲威掩蓋天子東海之域，又以僭越的名號聞於天子。君上自己建立的矮牆，又自己跨了過去，更何況南蠻、荊楚那些野民，又怎會把周室放在眼裡？那命圭上刻有策命，君上只能稱吳伯，不能稱吳王，因此諸侯才不尊奉吳國。諸侯之國，沒有兩位國君，周王天下，沒有兩位天子。君上如果不蔑視天子，不因干犯禮法而致不祥，自稱吳公，寡人又豈敢不順從君上的命令來安排歃血的先後呢？』」

吳王同意了，於是便退兵進帳盟會。吳公先歃血，晉侯第二個。吳王既已主持盟會，而越國的聲威也越來越彰明了，吳王害怕齊、宋兩國在自己回國路上為害，便命令王孫雒和勇獲兩人先率領步兵開路，以過路賓客的名義來到宋國，焚燒了宋國國都的外城，然後全軍通過宋境。

夫差退于黃池使王孫苟告于周

吳王夫差既退于黃池，乃使王孫苟告勞❶于周，曰：「昔者楚人為不道，不承共王事，以遠我一二兄弟之國。吾先君闔廬不貰❷不忍，被甲帶劍，挺鈹搢鐸❸，以與楚昭王毒逐於中原柏舉❹。天舍其衷❺，楚師敗績，王❻去其國，遂至于郢❼。王❽總其百執事，以奉其社稷之祭。其父子、昆弟不相能❾，夫概王❿作亂，是以復歸於吳⓫。今齊侯壬⓬不鑒於楚，又不承共王命，以遠我一二兄弟之國。夫差不貰不忍，被甲帶劍，挺鈹搢鐸，遵汶伐博⓭，簦笠相望於艾陵⓮。天舍其衷，齊師還。夫差豈敢自多？文、武寔舍其衷。歸不稔於歲，余沿江泝淮，闕溝深水，出於商、魯之間，以徹於兄弟之國。夫差克有成事，敢使苟告於下執事。」

周王⑮答曰：「苟，伯父令女來，明紹享余一人⑯，若⑰余嘉之。昔周室逢天之降禍⑱，遭民之不祥，余心豈忘憂恤，不唯下土⑲之不康靖。今伯父曰：『戮力同德。』伯父若能然，余一人兼受而介⑳福。伯父多歷年以沒元㉑身，伯父秉德已侈大哉！」

【章旨】本章記吳王夫差派王孫苟向周王室報功及周王回答之辭。

【注釋】❶使王孫苟告勞　王孫苟，吳大夫。勞，功也。❷貰　寬赦。❸挺鈹搢鐸　鈹，長矛。搢，振也。❹與楚昭王毒逐於中原柏舉　楚昭王，平王之子，名熊軫。毒逐，苦戰。柏舉，在今湖北省麻城縣東北。柏舉之戰在魯定公四年。❺天舍其衷　舍，施也。衷，善也。❻王　指楚昭王。柏舉之戰，楚師敗績，昭王奔隨。❼郢　楚都。楚郢都有數處，昭王之父平王所遷之郢都在今湖北省江陵縣東南。❽王　吳王闔廬。❾昆弟不相能　昆，兄也。相能，相合也。❿夫概王　闔廬之弟。⓫是以復歸於吳　吳王闔廬攻入郢都後，其弟先回國，自立為王，稱夫概王。吳王闔廬只好不定楚而回國。⓬齊侯王　即齊簡公，為景公之孫、悼公之子。⓭博　齊邑。在今山東省泰安縣東南。⓮簦笠相望於艾陵　簦笠，有長柄的笠，相當於傘。艾陵，齊地。在今山東省萊蕪縣，又稱艾邑。艾陵之戰在魯哀公十一年。⓯周王　周敬王，名丐，景王之子。⓰紹享余一人　紹，繼也。享，獻也。余一人，天子自稱。⓱若　連詞，表示與上文之承接關係。⓲逢天之降禍　指周景王庶子王子朝作亂，敬王出奔一事。⓳下土　諸侯國。⓴而介　而，你。介，大。㉑元　善。

【語譯】吳王夫差從黃池會盟回國後，便派大夫王孫苟去向周天子報功，說：「當年，楚國無道失禮，不承擔供奉天子之事，並且疏遠我們幾個兄弟之國。我先君闔廬對此不能寬赦、無法容忍，便親自披鎧甲，掛寶劍，挺長矛，振金鐸，與楚昭王苦戰於中原柏舉之地。承蒙上天施捨福善於我，楚師敗績，楚王逃離其國，吳軍遂至郢都。先王集合楚國百官，讓他們恢復了楚國社稷宗廟的祭祀。只是因為先王父子、兄弟不相合，夫概王犯上作亂，先王只好復歸吳國。如今，齊侯王不以楚昭王的事例為鑒，又不承擔供奉天子之事，並且疏遠我們幾個兄弟之國。夫差對此也不能寬赦、無法容忍，便親自披鎧甲，掛寶劍，挺長矛，振金鐸，順著汶水北上，直搗博邑，顧不得寒暑風雨，舉傘戴笠與齊侯在艾陵相望。又承蒙上天施捨福善於我，齊師敗退。夫差哪裡膽敢自誇戰功？這都是托文王、武王的洪福啊！回國以後，等不到年穀成熟，又沿長江逆淮水北上，挖溝灌水，直至商、魯之間，來溝通兄弟諸侯之國。夫差能成功這次大事，所以大膽地派遣下臣苟來向天子的手下報告。」

周敬王致答辭說：「苟呀！伯父派你來，聲明他要承繼先君之業，獻享我一人，我深表嘉獎。當初周室不幸遭受天降之禍和賦人之亂，我心中豈敢忘記憂恤，我所擔憂的，不僅僅只是下方諸侯之國的不得安寧啊！如今伯父說：『齊心合力，同心同德。』伯父要是能這樣，我一人真是受你之大福。願伯父益壽延年，終身長保善德，伯父的功德大得很哪！」

句踐滅吳夫差自殺

吳王夫差還自黃池，息民不戒。越大夫種乃唱❶謀曰：「吾謂吳王將遂涉吾地，今罷師而不戒以忘我，我不可以怠。日臣嘗卜於天，今吳民既罷❷，而大荒薦饑，市無赤米❸，而囷鹿❹空虛，其民必移就蒲蠃❺於東海之濱。天占既兆❻，人事又見，我蔑❼卜筮矣。王若今起師以會，奪之利，無使夫悛❽。夫吳之邊鄙遠者，罷而未至，吳王將恥不戰，必不須⑨至之會也，而以中國⑩之師與我戰。若事幸而從我，我遂踐其地，其至者亦將不能之會也已，吾用御兒⑪臨之。吳王若慍而又戰，奔遂可出。若不戰而結成，王安厚取名而去之⑫。」越王曰：「善哉！」乃大戒師，將伐吳。

楚申包胥⑬使於越，越王句踐問焉，曰：「吳國為不道，求踐我社稷宗廟，以為平原，弗使血食。吾欲與之徼⑭天之衷，唯是車馬、兵甲、卒伍既具，無以行之。請問戰奚以⑮而可？」包胥辭曰：「不知。」王固問焉，乃對曰：「夫吳，良國也，能博取於諸侯。敢問君王之所以與之戰者？」王曰：「在孤之側者，觴酒、豆肉、簞食，未嘗敢不分也。飲食不致味，聽樂不盡聲，以求報吳。願以此戰。」包胥曰：「善則善矣，未可以戰也。」王曰：「越國之中，疾者吾問之，死者吾葬之，老其老，慈其幼，長其孤，問其病，求以報吳。願以此戰。」包胥曰：「善則善矣，未可以戰也。」王曰：「越國之中，吾寬民以子之，忠惠以善之。吾修令寬刑，施民所欲，去民所惡，稱其善，掩其惡，求以報吳。願以此戰。」包胥曰：「善則善矣，未可以戰也。」王曰：「越國之中，富者吾安之，貧者吾與之，救其不足，裁其有餘，使貧富皆利之，求以報吳。願以此戰。」包胥曰：

「善則善矣，未可以戰也。」王曰：「越國南則楚，西則晉，北則齊，春秋皮幣、玉帛、子女以賓服焉，未嘗敢絕，求以報吳。願以此戰。」包胥曰：「善哉，蔑以加焉，然猶未可以戰也。夫戰，智為始，仁次之，勇次之。不智，則不知民之極⑯，無以銓度⑰天下之眾寡；不仁，則不能與三軍共饑勞之殃；不勇，則不能斷疑以發大計。」越王曰：「諾。」

越王句踐乃召五大夫⑱，曰：「吳為不道，求殘吾社稷宗廟，以為平原，不使血食。吾欲與之徼天之衷，唯是車馬、兵甲、卒伍既具，無以行之。吾問於王孫包胥，既命⑲孤矣；敢訪諸大夫，問戰奚以而可？句踐願諸大夫言之，皆以情告，無阿孤，孤將以舉大事。」大夫舌庸乃進對曰：「審賞則可以戰乎？」王曰：「聖⑳。」大夫苦成進對曰：「審罰則可以戰乎？」王曰：「猛。」大夫種進對曰：「審物㉑則可以戰乎？」王曰：「辯。」大夫蠡進對曰：「審備則可以戰乎？」王曰：「巧。」大夫皐如進對曰：「審聲則可以戰乎？」王曰：「可矣。」王乃命有司大令於國曰：「苟任戎者，皆造於國門之外。」王乃命於國曰：「國人欲告者來告。告孤不審，將為戮不利。及五日必審之，過五日，道將不行。」

王乃入命夫人。王背屏㉒而立，夫人向屏㉓。王曰：「自今日以後，內政㉔無出，外政㉕無入。內有辱，是子也；外有辱，是我也。吾見子於此止矣。」王遂出，夫人送王，不出屏，乃闔左闔㉖，填之以土，去笄側席而坐㉗，不掃㉘。王背檐㉙而立，大夫向檐。王命大夫曰：「食土不均，地之不修，內有辱於國，是子也；軍士不死，外有辱，是我也。自今日以後，內政㉚無出，外政無入，吾見子於此止矣。」王遂出，大夫送王不出檐㉛，乃闔左闔，填之以土，側席而坐，不掃。

王乃之壇列㉜，鼓而行之，至於軍，斬有罪者以徇，曰：「莫如此以環瑱相問㉝也。」明日徙舍㉞，斬有罪者以徇，曰：「莫如此不從其伍之令。」明日徙舍，斬有罪者以徇，曰：「莫如此不用王命。」明日徙舍，至於御兒，斬有罪者以徇，曰：「莫如此淫逸不可禁也。」

王乃命有司大徇於軍，曰：「有父母耆老㉟而無昆弟者，以告。」王親命之曰：「我有大事，子有父母耆老，而子為我死，子之父母將轉於溝壑。子為我禮已重矣，子歸，歿而㊱父母之世。後若有事，吾與子圖之。」明日徇於軍，曰：「有兄弟四五人皆在此者，以告。」王親命之曰：「我有大事，子有昆弟四五人皆在此，事若不捷，則是盡也。擇子之所欲歸者一人。」明日徇於軍，曰：「有眩瞀㊲之疾者，以告。」王親命之曰：「我有大事，子有眩瞀之疾，其歸若已。後若有事，吾與子圖之。」明日徇於軍，曰：「筋力不足以勝甲兵，志行不足以聽命者歸，莫告。」明日，遷軍接龢㊳，斬有罪者以徇，曰：「莫如此志行不果。」於是人有致死之心。王乃命有司大徇於軍，曰：「謂二三子歸而不歸，處而不處，進而不進，退而不退，左而不左，右而不右，身斬，妻子鬻。」

於是吳王起師，軍至江㊴北，越王軍於江南。越王乃中分其師以為左右軍，以其私卒君子㊵六千人為中軍，明日將舟戰於江。及昏，乃令左軍銜枚㊶泝江五里以須，亦令右軍銜枚踰江五里以須。夜中，乃命左軍、右軍涉江鳴鼓中水㊷以須。吳師聞之，大駭，曰：「越人分為二師，將以夾攻我師。」乃不待旦，亦中分其師，將以禦越。越王乃令其中軍銜枚潛涉，不鼓不譟以襲攻之，吳師大北㊸。越之左軍、右軍乃遂涉而從之，又大敗之於沒㊹，又郊敗之。三戰三北，乃至於吳。越師遂入吳國，圍王臺㊺。

吳王懼，使人行成，曰：「昔不穀先委制於越君㊻，君告孤請成，男女服從。孤無奈越之先君何，畏天之祥，不敢絕祀，許君成，以至於今。今孤不道，得罪於君王，君以親辱於敝邑。孤敢請成，男女服為臣御。」越王曰：「昔天以越賜吳，而吳不受；今天以吳賜越，孤敢不聽天之命，而聽君之令乎？」乃不許成。因使人告於吳王曰：「天以吳賜越，孤不敢不受。以民生之不長，王其無死！民生於地上，寓㊼也。其與幾何？寡人其達王於甬句東㊽，夫婦三百，唯王所安，以沒王年。」夫差辭曰：「天既降禍於吳國，不在前後，當孤之身，寔失宗廟社稷。凡吳土地人民，越既有之矣，孤何以視於天下！」夫差將死，使人說㊾於子胥㊿曰：「使死者無知，則已矣；若其有知，吾何面目以見員也！」遂自殺。

越滅吳(51)，上征上國(52)，宋、鄭、魯、衛、陳、蔡執玉之君(53)皆入朝，夫唯能下其群臣，以集其謀故也。

【章　旨】本章記越國滅吳之事。

【注　釋】❶唱　倡議。❷罷　疲也。❸赤米　粗糙發紅的劣等米。❹囷鹿　囷，圓形的糧倉。鹿，同「簏」。方形的糧倉。❺蒲蠃　蛤蚌之類。❻天占既兆　兆，見也。文種曾卜於天，謂「天若棄吳，必許吾成……既罷弊其民，而天奪之食」，此卜已應驗。❼蔑　無。❽悛　改。❾須　等待。❿中國　國都。⓫禦兒　越國北境地名。⓬安厚取名而去之　安，安穩。厚，多。取名，獲取名利。去之，放了他。⓭申包胥　即王孫包胥，楚大夫。⓮徼　要；求。⓯奚以　何以；憑什麼條件。⓰極　中也。⓱銓度　衡量。⓲五大夫　即舌庸、苦成、文種、范蠡、皋如。⓳命　告。⓴聖　通達。㉑物　旌旗。㉒背屏　即北向。屏，寢門內屏。㉓向屏　南向。㉔內政　宮內婦職。㉕外政　軍政。㉖闔左闔　把左側的一扇門關閉了。古時以左主陽，以右主陰，閉陽開陰，表示隱幽。這樣，內外雖然不是完全隔絕，卻以此表示內外分政。㉗去笄側席而坐　表示國家有憂，極其戒慎之意。㉘不掃　表示憂戚無飾。㉙檐　處理政事的廳堂屋簷之下。㉚內政　國政。㉛大夫送王不出檐　表示守備。

㉜壇列　召集士眾聚會或發布命令的地方。㉝以環瑱相問　環，金玉之環。瑱，塞耳之玉。問，饋贈。謂不可以飾物行賄，擾亂軍紀。㉞徙舍　徙，遷也。舍，行軍一宿。㉟耆老　六十日耆。七十日老。㊱而　你。㊲眩瞀　兩眼昏花。㊳龢　同「和」。軍門。㊴江　松江。㊵私卒君子　王所親近的有志行的敢死之士。㊶枚　形如箸，兩端有帶，可繫於頸上。古代行軍襲擊敵人時，常令士兵銜在口中，以防喧嘩。㊷中水　水中央。㊸北　敗。㊹沒　地名。㊺王臺　姑蘇臺。㊻先委制於越君　委制，從命；受命。這句話指吳國同意越國求和一事。本來是吳國打敗了越國，句踐委制於夫差，這時吳王為了求和，只好反過來說自己從命於越王。㊼寓　寄。㊽甬句東　即甬東。今舟山群島一帶。㊾說　告。㊿子胥　即申胥，亦即伍員、伍子胥。(51)越滅吳　事在魯哀公二十二年冬十一月。(52)上國　中原各國。(53)執玉之君　即周天子策命的諸侯。玉，命圭。

【語譯】吳王夫差從黃池回國後，便與民休息，不再備戰。越國大夫文種便首先提出建議說：「我還以為吳王會來進攻我們呢，沒想到他們休兵不戰，把我們忘了，我們可不能懈怠！往日，臣曾問卜於天，如果上天要拋棄吳國，必使其民疲弊並奪其口糧，如今，吳國民眾已疲弊不堪，而大荒又年年降臨，市面上連劣等紅米都沒有，所有的糧倉都是空的，他們的民眾只好到東海之濱去拾些蛤蚌之類來充饑。上天的占兆已然出現，人事也證明了這一點，我用不著再卜筮了！王上如果現在發兵征吳，就可以奪其利，而不讓吳王有改正錯誤的機會。吳國邊遠地區的那些士卒，因為疲勞，一定不能趕來，而吳王以不戰為恥，也一定不會等他們趕到後再戰，只會用國都的軍隊來迎戰。如果戰事幸而如我之願，我們一定能迅速地攻進吳國，吳國邊遠地區的軍隊即便趕來，也不能集結成軍，我們用禦兒的駐軍對付他們就行了。吳王如果怒而再戰，那他們就要疲於奔命，非敗不可。如果不戰而求和，王上就可以坐享其成，提出極其苛刻的條件，再放了他。」越王說：「好主意！」於是便大規模地集結軍隊，準備伐吳。

楚國的申包胥出使越國，越王句踐向他諮詢，說：「吳國不行正道，一心要踐踏我社稷宗廟，把它們夷為平地，使我祖宗神靈不能享受祭祀。我想和吳王決一雌雄，看看天意要降福於誰，只是車馬、兵甲、士卒雖已俱備，卻沒有條件使用它們。請問戰爭憑什麼條件才能進行？」申包胥推辭說：「不知道。」越王再三問他，才說：「那吳國，是一個強國，能博取諸侯各國的貢獻。請問君王憑什麼條件和它作戰呢？」越王說：

「凡在孤王身邊的人，孤王觴中的酒、豆中的肉、簞中的飯，從來不敢不分給他們。孤王自己，進食不求五味之調，聽樂不盡五聲之變，一心一意要報吳國之仇。但願能憑此條件與吳國作戰。」申包胥說：「好倒是好啊，但還不足以一戰。」越王說：「越國之中，生了病的人我去慰問他，死亡的人我去安葬他，贍養他們的老人，慈愛他們年幼的子女，撫育他們的遺孤，問候他們的疾苦，一心一意要報吳國之仇。但願能憑此條件與吳國作戰。」申包胥說：「好倒是好，但還不足以一戰。」越王說：「凡我越國之民，一律施恩寬待，如同父母之保育子女，忠恕慈惠地善待他們。我修治法令，放寬刑律，實施人民贊成的政策，廢除人民反對的法令，弘揚人民的善行，改變人民的惡習，一心一意要報吳國之仇。但願能憑此條件與吳國作戰。」申包胥說：「好倒是好啊，但還不足以一戰。」越王說：「凡我越國之民，富裕的我安定他們，貧困的我救濟他們，補救不足的，截取有餘的，使貧民富人都得到利益，一心一意要報吳國之仇。但願能憑此條件與吳國作戰。」申包胥說：「好倒是好啊，但還不足以一戰。」越王說：「越國南面是楚國，西面是晉國，北面是齊國，一年四季，皮幣、玉帛、子女之類的貢獻，不斷送往這些大國，從來不敢間斷，一心一意要報吳國之仇。但願能憑此條件與吳國作戰。」申包胥說：「好啊，好得無以復加了，然而僅此也還不足以一戰。作戰，智慧是首要條件，仁愛次之，勇敢再次之。無智慧，就不知民心，也無法去度量天下的眾寡虛實；不仁愛，就不能同三軍將士一同分擔饑餓勞頓的痛苦；不勇敢，就不能決斷疑難決定大計。」越王說：「是。」

越王句踐便召見五位主事大夫，說：「吳國不行正道，一心要踐踏我社稷宗廟，把它們夷為平地，使我祖宗神靈不能享受祭祀。我決心與吳王決一雌雄，看看天意要降福於誰，只是車馬、兵甲、士卒雖已俱備，卻沒有條件使用它們。我曾向楚國的王孫包胥求教，他已經告誡我了；現在再請教諸位大夫，這場戰爭究竟憑什麼條件才可進行？句踐唯願諸位所言，都出自內心而據實相告，不要曲意逢迎孤王，孤王將以諸位所言為依據來行此大事。」大夫舌庸便走上前去回答說：「明確獎賞的標準便可以一戰吧？」越王說：「賞不失勞，通於作戰之道。」大夫苦成走上前去回答說：「明確懲罰的原則便可以一戰吧？」越王說：「罰不失道，可使將士威猛。」大夫文種走上前去回答說：「明確旌旗的顏色便可以一戰吧？」越王說：「辨於旗色，方使軍紀嚴明。」大夫范蠡走上前去回答說：「明確守禦的防備便可以一戰吧？」越王說：「攻而審禦，計畫周密巧妙。」大夫皋如走上前去回答說：「明確進退的鐘鼓便可以一戰吧？」越王說：「可以啦。」於是越王便命令管事的人向國人頒布命令說：「應征的將士，都到國都城門之外集合。」越王又命令國人：「凡有良策要來稟告的，請向我報告。報告如果欺詐不實，將受到嚴厲的懲罰。請在五天之內，考慮成熟，五天之後，你的良策就無法實行了。」

於是越王便進宮命令夫人。越王背向屏風而立，夫人面向屏風而立。越王說：「自今日以後，內宮婦職之事不許出宮，外廷軍政之事不許入宮。內宮之事有差錯，是你的責任；外廷軍政之事有差錯，是我的責任。我見你就到此為止了。」越王便出宮，夫人送王，不送出屏風，並關上左側那扇門，用土填上，自己摘去頭飾，側身坐在席上，從此不灑掃。越王又背向庭檐站著，留守的大夫們面向庭檐站著。越王命令大夫們說：「食邑分配不公，土地整治不好，國內政事有差錯，是你們的責任；將士不肯用命，國外戰事有差錯，是我的責任。自今日以後，政事不許出國，軍事不許入國，我召見你們就到此為止了。」越王便走出門去，大夫們送王，不送出庭檐，並關上左邊那扇門，用土填上，側身坐在席上，從此不灑掃。

越王又去壇列，敲著軍鼓前進，一直走到三軍將士前，將犯罪之人斬首示眾，說：「決不允許任何人像他們這樣行賄亂法。」第二天軍隊開拔，遷徙一次駐軍地點，又將犯罪之人斬首示眾，說：「決不允許任何人像他們這樣不服從長官的命令。」第三天軍隊又開拔，再遷徙一次駐軍地點，又將犯罪之人斬首示眾，說：「決不允許任何人像他們這樣不從王命。」第四天軍隊又開拔，又再遷徙一次駐軍地點，這次到了禦兒，又將犯罪之人斬首示眾，說：「決不允許任何人像他們這樣放縱無禮，有令不行，有禁不止。」

越王便命令管事的人向全軍宣布：「凡是家中有父母年邁而又沒有兄弟的，向我報告。」越王親自向這些將士發布命令說：「我有大事要做，而你們有老邁年高的父母要贍養，你們如果為我而死，你們的父母就會輾轉於溝壑。你們能來從軍，對我的禮數恩情已經很重了。你們還是回去吧，贍養你們的父母，直到他們壽終正寢。以後如果再有戰事，我再來和你們商量。」第二天又向全軍宣布說：「有兄弟四五人全都在此的，向我報告。」越王親自向這些將士發布命令說：「我有大事要做，你們兄弟幾人全都在此，戰事如果不能告捷，你們全都要為國盡忠。請在你們當中挑選一個願意回去的回國。」第三天又向全軍宣布說：「有兩眼昏眩之病的，向我報告。」越王親自向這些將士發布命令說：「我有大事要做，而你們有兩眼昏眩之病，還是回去吧！以後如要還有戰事，我再來和你們商量。」第四天又向全軍宣布說：「凡是體力不足以勝任戰事，智力不足以聽懂軍令的，都回國去，不必報告。」第五天，越王下令全軍開拔，集合於軍門之前，將有罪的人斬首示眾，說：「決不允許任何人像他們這樣瞻前顧後地下不了殺敵的決心。」於是全軍將士人人都有必死的決心。越王便命令管事的人向全軍宣布說：「如果有人讓他回去不回去，留下來又不安心，命令他前進卻不前進，命令他後退卻不後退，命令他向左卻不向左，命令他向右卻不向右，他本人將斬首示眾，他的老婆孩子將賣給別人為奴為妾。」

這時，吳王夫差已聞訊起兵，駐軍於松江之北，越王句踐駐軍於松江之南。越王便將軍隊平均分為兩部，作為左軍和右軍，用自己的親兵家將敢死之士六千人組成中軍，準備第二天在松江之上與吳軍舟戰。黃昏時刻，越王便命令左軍銜著枚溯江而上五里之遠以待命，又命令右軍銜著枚渡江行軍五里之遠以待命。夜半時分，便命令左軍、右軍下水，在松江中擊鼓以待命。吳軍聽到鼓聲，大吃一驚，說：「越軍分成兩部分，要來夾攻我軍了。」於是，等不到天亮，便也把自己的軍隊分成兩部，準備抵抗越軍。越王便命令他的中軍口中銜枚潛水渡江，不擊鼓，不喧嘩，偷襲吳軍，吳軍大敗。越國的左軍、右軍便涉江追擊，又大敗吳軍於「沒」這個地方，然後又在吳國京郊大敗吳軍。三次作戰，三次大敗吳軍，一直打進吳都。越軍全部進入吳國，團團圍住了吳王的姑蘇之臺。

吳王恐懼萬分，派人前去求和，說：「當年寡人曾聽從過越君的命令，君上告訴孤王，希望兩國和平，越國男為吳臣，女為吳妾。孤王念及越國先君與吳修好，無計奈何，又畏懼上天降罪，不敢斷了越國的祭祀，便答應君上請和，一直到今天。如今，孤王不道失德，得罪了君王，害得君王屈尊降貴，親臨敝邑。孤王謹向君上求和，願以吳國之男為越之臣，吳國之女為越之妾。」越王說：「當年，上天把越國賜給吳國，吳國不肯接受;今天,上天卻把吳國賜給越國,孤王怎敢不聽從上天之命,而聽從君上的命令呢?」便不答應吳國求和。於是便派人告訴吳王說:「上天把吳國賜給越國,孤王不敢不接受。只因人生並不長久,所以請王上不要輕生!人活在世上,如同住在旅舍,又能有幾天呢?寡人打算把王上安頓在甬句東,並安排三百對夫婦作王上的侍從。這三百對夫婦都由王上親自挑選,他們將事奉王上安度晚年。」夫差辭謝說:「上天既已降禍於吳國,不早不晚,正是孤王在位之時,實在是孤王自己丟了江山社稷,毀了宗廟。凡我吳國的土地與人民,都為越國所有了,孤王又憑什麼面對天下!」夫差臨死前,派人祭告伍子胥說:「如果死者無知,倒也罷了;如果死者有知,我有什麼臉面去見伍員啊!」於是便自殺了。

越國滅了吳國,又北上征伐中原各國,中原的宋、鄭、魯、衛、陳、蔡等受天子策命的各國君主都來朝拜,表示歸順。這都是因為越王句踐能對群臣謙下,並能集中他們的智慧與謀略的緣故。

卷二〇 越語上

句踐滅吳

越王句踐棲於會稽❶之上，乃號❷令於三軍曰：「凡我父兄昆弟及國子姓❸，有能助寡人謀而退吳者，吾與之共知越國之政。」大夫種進對曰：「臣聞之賈人❹，夏則資❺皮，冬則資絺❻，旱則資舟，水則資車，以待乏也。夫雖無四方之憂，然謀臣與爪牙之士，不可不養而擇也。譬如蓑笠，時雨既至必求之。今君王既棲於會稽之上，然後乃求謀臣，無乃後乎？」句踐曰：「苟得聞子大夫之言，何後之有？」執其手而與之謀。

遂使之行成於吳，曰：「寡君句踐乏無所使，使其下臣種，不敢徹❼聲聞於天王，私於下執事曰：寡君之師徒不足以辱君矣，願以金玉、子女賂君之辱，請句踐女女於王，大夫女女於大夫，士女女於士。越國之寶器畢從，寡君帥越國之眾，以從君之師徒，唯君左右之。若以越國之罪為不可赦也，將焚宗廟，係⑧妻孥，沉金玉於江，有帶甲五千人將以致死，乃必有偶⑨。是以帶甲萬人事君也，無乃即傷君王之所愛乎？與其殺是人也，寧其得此國也，其孰利乎？」

夫差將欲聽與之成，子胥諫曰：「不可。夫吳之與越也，仇讎敵戰之國也。三江⑩環之，民無所移，有吳則無越，有越則無吳，將不可改於是矣。員聞之：陸人居陸，水人居水。夫上黨之國⑪，我攻而勝之，吾不能居其地，不能乘其車；夫越國，吾攻而勝之，吾能居其地，吾能乘其舟。此其利也，不可失也已，君必滅之。失此利也，雖悔之，必無及已。」

越人飾美女八人納之太宰嚭⑫，曰：「子苟赦越國之罪，又有美於此者將進之。」太宰嚭諫曰：「嚭聞古之伐國者，服之而已。今已服矣，又何求焉？」夫差與之成而去之。

句踐說⑬於國人曰：「寡人不知其力之不足也，而又與大國執讎⑭，以暴露百姓之骨於中原，此則寡人之罪也，寡人請更⑮。」於是葬死者，問傷者，養生者，弔有憂，賀有喜，送往者，迎來者，去民之所惡，補民之不足。然後卑事夫差，宦士三百人於吳，其身親為夫差前馬⑯。

句踐之地，南至於句無⑰，北至於禦兒⑱，東至於鄞⑲，西至於姑蔑⑳，廣運百里㉑。乃致其父母昆弟而誓之曰：「寡人聞古之賢君，四方之民歸之，若水之歸下也。今寡人不能，將帥二三子夫婦以蕃㉒。」令壯者無取㉓老婦，令老者無取壯妻。女子十七不嫁，其父母有罪；丈夫㉔二十不娶，其父母有罪。將免㉕者以告，公令醫守之。生丈夫，二壺酒，一犬；生女子，二壺酒，一豚。生三人，公與之母㉖；生二人，公與之餼㉗。當室者死㉘，三年釋其政㉙；支子㉚死，三月釋其政。必哭泣葬埋之，如其子。令孤子、寡婦、疾疹㉛、貧病者，納宦其子㉜。其達士㉝，絜㉞其居，美其服，飽其食，而摩厲㉟之於義。四方之士來者，必廟禮之。句踐載稻與脂於舟以行，國之孺子㊱之遊者，無不餔㊲也，無不歠㊳也，必問其名。非其身之所種則不食，非其夫人之所織則不衣，十年不收於國，民俱有三年之食。

國之父兄請曰：「昔者夫差恥吾君於諸侯之國，今越國亦節㊴矣，請報之。」句踐辭曰：「昔者之戰也，非二三子之罪也，寡人之罪也。如寡人者，安與知恥？請姑無庸戰。」父兄又請曰：「越四封之內，親吾君也，猶父母也。子而思報父母之仇，臣而思報君之讎，其敢不盡力者乎？請復戰。」句踐既許之，乃致其眾而誓之曰：「寡人聞古之賢君，不患其眾之不足也，而患其志行之少恥也。今夫差衣水犀之甲者億有三千㊵，不患其志行之少恥也，而患其眾之不足也。今寡人將助天滅之。吾不欲匹夫之勇也，欲其旅㊶進旅退。進則思賞，退則思刑，如此則有常賞；進不用命㊷，退而無恥㊸，如此則有常刑。」果行，國人皆勸㊹，父勉其子，兄勉其弟，婦勉其夫，曰：「孰是君也，而可無死乎？」是故敗吳於囿㊺，又敗之於沒，又郊敗之。

夫差行成，曰：「寡人之師徒不足以辱君矣，請以金玉、子女賂君之辱。」句踐對曰：「昔天以越予吳，而吳不受命；今天以吳予越，越可以無聽天之命，而聽君之令乎？吾請達王甬句東，吾與君為二君乎。」夫差對曰：「寡人禮先壹飯㊻矣，君若不忘周室，而為弊邑宸宇㊼，亦寡人之願也。君若曰：『吾將殘汝社稷，滅汝宗廟。』寡人請死。余何面目以視於天下乎？越君其次㊽也！」遂滅吳。

【章　旨】本章記越王句踐發憤圖強，完成滅吳復國大業之事。

【注　釋】❶越王句踐棲於會稽　山居叫做棲。會稽，山名。在今浙江省紹興市東南。魯哀公元年，吳國大敗越國，越王率帶甲之士五千人，退守會稽。❷號　呼。❸父兄昆弟及國子姓　父兄昆弟，越王在危難時對五千甲士的表示親近的稱呼。國子姓，即國中同姓。❹賈人　商販。❺資　積蓄。❻絺　細麻布。❼徹　達。❽係　繫也。這裡指編入軍隊。❾乃必有偶　越國死一個人，吳國也至少要死一個人。偶，對也。一對一地拼命。❿三江　吳淞江、錢塘江、浦陽江。⓫上黨之國　中原各國。⓬太宰嚭　吳國正卿，故楚大夫伯州黎之子。魯昭公元年，州黎為楚靈王所殺，嚭奔吳。⓭說　解釋說明。⓮執讎　結仇。⓯更　改。⓰前馬　前驅在馬前者。⓱句無　山名。在今浙江省諸暨縣北。⓲禦兒　在今浙江省嘉興縣境內。⓳鄞　在今浙江省鄞縣。⓴姑蔑　在今浙江省衢縣北。㉑廣運百里　即方圓百里。東西為廣，南北為運。㉒蕃　繁衍生育。㉓取　娶。㉔丈夫　男子。㉕免　分娩。㉖母　乳母。㉗餼　口糧。㉘當室者死　嫡子死亡。㉙政　公務。㉚支子　庶子。㉛疹　同「疢」。疾病。㉜納宦其子　給他們的兒子廩食官俸。㉝達士　有特長的通達之士。㉞絜　潔也。㉟摩厲　切磋；磨練。㊱孺子　少年。㊲餔　給食物吃。㊳歠　同「啜」。給水喝。㊴節　節度。指初具規模，步入常規。㊵億有三千　億，十萬。有，又也。㊶旅　同。㊷進不用命　不聽命令獨自一人離隊前進。㊸退而無恥　後退而不畏戮辱。㊹勸　勉勵。㊺囿　即笠澤，亦即松江。㊻禮先壹飯　年紀大一點。㊼宸宇　檐邊。㊽次　行軍一宿叫舍，再宿叫信，超過了信就叫次。

【語譯】越王句踐退守會稽山上，向三軍大聲發布命令說：「凡我父老兄弟或國中同姓，有能幫助寡人謀劃而使吳國退兵的，我和他一起管理國政。」大夫文種走上前去回答說：「臣在商販那裡聽說，夏天要儲備皮貨，冬天要儲備麻布，天旱要儲備舟船，雨季要儲備車馬，以備缺貨時出售。治國也是這樣，平時即便沒有四方之憂，但謀臣武士一類的人物，是不可不選擇培養的。這就像是蓑衣斗笠，雨季一到便一定會要到處找它。如今，君王已經退居會稽山上了，這才想起要求謀臣，不也太晚了一點嗎？」句踐說：「只要能聽到愛卿的忠言，又有什麼太晚呢？」於是便拉著文種的手，和他一起商量。

於是派文種向吳國求和，說：「敝國寡德之君句踐無人可以差遣，只好派下臣文種前來貴營，又不敢讓我們卑微的聲音直達天王，只好私下裡稟告天王手下的官員，說：寡君的軍隊，已不值得君上屈尊一戰了，願以金玉、美女來答謝君上的屈尊光臨，並且請求允許我們將寡君句踐的女兒獻給天王充任侍妾，將敝國大夫們的女兒獻給貴國大夫充任侍妾，將敝國士的女兒獻給貴國的士充任侍妾。越國的財寶重器，全部帶上奉獻君上，寡君率越國的軍隊，追隨君上的雄師，任憑君上指揮調遣。如果君上認為越國之罪不可赦免，我們就只好自己焚燒了自己的宗廟，把男女老少、嬌妻幼子都編入軍隊，把金玉寶器都沉入江底，越國既然有五千精兵決心戰死，那麼，最後戰死的兩國將士，便至少兩倍於五千之數。這就等於有一萬精兵勇將來實現君上不肯赦免越國之罪的願望了，只怕會損傷君王所愛惜的吧？與其殺死這麼多人，還不如不費一兵一卒而得到這個國家，請君上想一想，究竟怎樣更有利呢？」

夫差打算接受越國的求和，伍子胥便勸諫說：「不可。吳國與越國，是世代相仇相戰而且勢均力敵之國。吳淞、錢塘、浦陽三江環繞吳、越，人民無處遷移，所以有吳則無越，有越則無吳，這種形勢是不可更改的了。臣伍員聽說：內陸之人只能居於中原，水鄉之人只能居於江湖。那些中原之國，我們可以進攻它、戰勝它，卻不能住在那裡，也不能乘坐他們的馬車；而越國，我們不但可以進攻它戰勝它，同時還能住在那裡，也可以乘坐他們的舟船。這是越國對我們有利的方面，我們不可失去這一利益，君上一定要滅了越國。失去這一有利時機，即便後悔，也肯定來不及了。」

越人精心打扮裝飾了八個美女獻給吳國的太宰伯嚭，說：「閣下如果赦免越國之罪，還有比她們更漂亮的要獻給閣下。」伯嚭便進諫說：「臣聽說，古時征伐別國，都只要求對方表示臣服就行了。如今越國已經臣服，又還有什麼可要求的呢？」夫差便答應了越國的求和並放回了文種。

句踐向國人解釋說：「寡人自不量力，而與大國結仇，害得各家各族子弟暴屍中原，這都是寡人的罪過，寡人請求從此改過。」於是便安葬死者，慰問傷者，撫養生者，關懷有憂患的，祝賀有喜事的，送別要遷走的，歡迎新進來的，廢除人民厭惡的，彌補民眾不足的。然後卑躬屈膝地去事奉夫差，派遣三百人到吳國充當侍衛僕役，自己親自充當夫差的馬前之卒，為王前驅。

句踐的地盤，南至於句無，北至於禦兒，東至於鄞地，西至於姑蔑，方圓不過百里。句踐便把父老兄弟都集合起來，宣誓說：「寡人聽說，古代的賢君，能使四方之民都來歸順依附他，就像水往低處流一樣。如今，寡人做不到這一點，只能要求全國的夫婦共同努力，使我們越國的人口增加起來。」於是下令青壯年男子不得娶老婦，老年男子不得娶少妻。女子年滿十七歲若未嫁，她的父母要治罪；男子年滿二十歲若未娶，他的父母也要治罪。臨產的孕婦要向政府報告，由官方派醫生來守護接生。生男孩，賞兩壺酒，一條狗；生女孩，賞兩壺酒，一頭豬。一胎生三個，官方提供奶媽；一胎生兩個，官方提供食糧。嫡子死了，免去其父三年的公差；庶子死了，免去其父三月的公差。句踐一定哭著埋葬這些死者，如同自己的子女夭亡一樣。國中的鰥夫、寡婦、殘疾和貧病之人，都給他們的子女一份差事，以便領取俸祿贍養他們。對於國中有特長的通達之士，分配給他們潔淨的住房，華美的服飾，豐盛的食物，再用義理來磨礪他們的意志。四面八方前來投奔的賢士，一定在廟堂裡以禮接待。句踐用船載著米麵肉油巡視各地，遇到流浪的青少年，一定給他們吃的喝的，詢問他們的名字。不是自己親手耕種的糧食不吃，不是自己夫人親手紡織縫製的衣衫不穿，十年之內不向國人徵稅，家家戶戶都有三年以上的存糧。

國中的父老兄弟便向句踐求戰說：「當年夫差在天下諸侯面前羞辱了我們國君，如今越國已初具規模，步入常規，請發兵報復他。」句踐辭謝說：「過去那次戰敗，不是諸位的罪過，全是寡人的罪過。像寡人這樣的人，哪裡值得連累大家來一齊蒙受恥辱？請姑且不要作戰。」父老兄弟又請求說：「越國四境之內，親近敬愛我們的國君，如同親近敬愛自己的父母。做子女的，都一心要報父母之仇，做臣下的，都一心要雪國君之恨，難道還有敢不盡力的嗎？請讓我們再和吳國決一死戰。」句踐答應了這一請求，便召集全軍將士和全國父老，並宣誓說：「寡人聽說，古代的賢君，不擔憂兵力不足，只擔憂他們的志向操行少廉寡恥。如今，夫差手下，身披水犀之甲的精兵有十萬零三千人之多，他不擔憂他們的志向操行少廉寡恥，卻擔憂兵力不足。現在，寡人要替天行道，滅了夫差。寡人不想要個人逞能的匹夫之勇，要的是全軍一心，同進同退。前進就想到獎賞，後退就想到刑罰，像這樣才能經常得到獎勵；前進時不聽命令，後退時不知羞恥，像這樣就一定經常受到懲罰。」出發時，國人都相互勉勵，父親勉勵兒子，兄長勉勵弟弟，妻子勉勵丈夫，說：「還有誰是這樣的國君，能不為他而死嗎？」所以在笠澤大敗吳軍，然後又在沒地大敗吳軍，然後又在京郊大敗吳軍。

夫差求和，說：「寡人的軍隊，已不值得君上屈尊一戰了，請允許我們用金玉、美女來答謝君上的屈尊光臨。」句踐回答說：「當年上天把越國賜給吳國，而吳國不受天命；今天上天把吳國賜給越國，越國難道可以不聽從上天的命令，卻聽從君上的命令嗎？請允許我們把大王送到甬句東，寡人願與君上同為吳國之君。」

夫差回答說：「論禮，寡人也比君上早吃幾年飯啦！君上要是不忘周室，同意在貴國的屋檐之下，給敝國一小塊容身之地，這也是寡人的願望。君上如果說：『我要毀了你們的社稷，滅了你們的宗廟。』那麼，寡人便只求一死。我還有什麼面目去面對天下呢？君上只管帶著軍隊進駐吧！」越國終於滅了吳國。

卷二一 越語下

范蠡進諫句踐持盈定傾節事

越王句踐即位三年❶而欲伐吳，范蠡進諫曰：「夫國家之事，有持盈❷，有定傾❸，有節❹事。」王曰：「為三者，奈何？」對曰：「持盈者與❺天，定傾者與人，節事者與地。王不問，蠡不敢言。天道盈而不溢，盛❻而不驕，勞而不矜其功。夫聖人隨時以行，是謂守時。天時不作，弗為人客❼；人事不起，弗為之始。今君王未盈而溢，未盛而驕，不勞而矜其功，天時不作而先為人客，人事不起而創為之始，此逆於天而不和於人。王若行之，將妨於國家，靡❽王躬身。」王弗聽。

范蠡進諫曰：「夫勇者，逆德也❾；兵者，凶器也；爭者，事之末也❿。陰謀逆德，好用凶器，始於人者，人之所卒⓫也；淫佚⓬之事，上帝之禁也，先行此者，不利。」王曰：「無是貳言⑬也，吾已斷之矣！」果興師而伐吳，戰於五湖⑭，不勝，棲於會稽。

王召范蠡而問焉，曰：「吾不用子之言，以至於此，為之奈何？」范蠡對曰：「君王其忘之乎？持盈者與天，定傾者與人，節事者與地。」王曰：「與人奈何？」對曰：「卑辭尊禮。玩好女樂，尊之以名⑮。如此不已⑯，又身與之市⑰。」王曰：「諾。」乃命大夫種行成於吳，曰：「請士女女於士，大夫女女於大夫，隨之以國家之重器。」吳人不許。大夫種來而復往，曰：「請委管籥屬⑱國家，以身隨之，君王制之。」吳人許諾。王曰：「蠡為我守於國。」對曰：「四封之內，百姓之事，蠡不如種也；四封之外，敵國之制，立斷之事，種亦不如蠡也。」王曰：「諾。」令大夫種守於國，與范蠡入宦於吳。

三年，而吳人遣之。歸及至於國，王問於范蠡曰：「節事奈何？」對曰：「節事者與地。唯地能包萬物以為一，其事不失⑲。生萬物，容畜禽獸，然後受其名而兼其利。美惡皆成，以養其生。時不至，不可彊生；事不究，不可彊成。自若⑳以處，以度天下，待其來者而正之，因時之所宜而定之。同男女之功㉑，除民之害，以避天殃。田野開闢，府倉實，民眾殷㉒。無曠其眾，以為亂梯。時將有反，事將有間，必有以知天地之恆制，乃可以有天下之成利。事無間，時無反，則撫民保教以須之。」

王曰：「不穀之國家，蠡之國家也，蠡其圖之！」對曰：「四封之內，百姓之事，時節三樂㉓，不亂民功，不逆天時，五穀睦㉔熟，民乃蕃滋，君臣上下交得其志，蠡不如種也。四封之外，敵國之制，立斷之事，因陰陽之恆，順天地之常，柔而不屈，彊而不剛，德虐㉕之行，因以為常。死生因天地之刑，天因人，聖人因天。人自生之，天地形之，聖人因而成之。是故戰勝而不報，取地而不反，兵勝於外，福生於內，用力甚少而名聲章明，種亦不如蠡也。」王曰：「諾。」令大夫種為之。

【章　旨】本章記范蠡為越王句踐制定治國方略之言。

【注　釋】❶越王句踐即位三年　即魯哀公元年。❷持盈　持，守也；保有。盈，滿也。❸定傾　定，安也。傾，危也。❹節　制也。❺與　有法的意思，有取的意思，也有得的意思。❻盛　元氣廣大。❼客　作戰時搶先行動入侵別國者。❽靡　損害。❾夫勇者二句　德尚禮讓，勇則攻奪，所以逆德。❿爭者二句　賢者修其政德而使他人歸附，不得已才訴諸武力，所以說是事之末也。⓫卒　終。⓬淫佚　放蕩。⓭貳言　指范蠡說的「陰謀」與「淫佚」兩句話。⓮五湖　即今之太湖。⓯尊之以名　稱夫差為天王。⓰不已　不夠。⓱市　交易。⓲委管籥屬　委，歸也。管籥，鎖鑰。屬，附也。⓳失　失天時。⓴若　如。㉑男女之功　男耕種，女紡織。㉒殷　殷實富裕。㉓三樂　三時之務，勸業樂事。㉔睦　和。㉕德虐　德，指有所懷柔及爵賞。虐，指有所斬伐及黜奪。

【語　譯】越王句踐即位剛剛三年就要征伐吳國，范蠡進諫說：「國家大事主要有三件，第一件是『持盈』，第二件是『定傾』，第三件是『節事』。」越王說：「做這三件事，又怎麼樣？」范蠡回答說：「持盈者效法天理，定傾者博取人心，節事者得其地利。王上不問，臣也不敢說。天理之道，是充盈而不流溢，旺盛而不驕狂，辛勞而不誇耀功績。但凡聖人，都是依據天時而行動，叫做『守時』。天象不見預兆，就不能搶先發難；人事沒有表現，就不能挑起事端。如今君王還不充盈就要流溢，還不旺盛就已驕狂，還未付出辛勞就居功自傲，天象不見預兆就要搶先發難，人事沒有表現就要挑起事端，這就既逆於天，又不和於人。王上如果一定要一意孤行，肯定會妨害國家，也會禍及聖躬。」越王不聽他的。

范蠡又進諫說：「勇主攻奪，悖於禮讓之德；刀兵殺人，所以叫做凶器；訴諸武力，是征服天下最後的辦法。耍陰謀，悖禮讓，好用凶器，誰首先用這種手段對付別人，最後一定被別人用這種手段來報復。淫佚放蕩之事，是上天禁止的，先做這種事的，不利。」越王說：「寡人沒有你說的那兩種情形，我已經做出決斷了。」後來越王真的起兵伐吳，與吳國大戰於太湖，不勝，只好退居於會稽山上。

越王召見范蠡並向他詢問，說：「寡人沒有採用先生的意見，才落得這個下場，現在該怎麼辦呢？」范蠡回答說：「君王難道忘記了嗎？持盈者效法天理，定傾者博取人心，節事者得其地利啊！」越王問：「怎樣才能博取人心呢？」范蠡說：「對吳王說極謙卑的話，行極恭敬的禮。送給他玩物、寶器、美女、樂師，尊稱他為天王。這樣如果還不行，就用自己去和他做交易。」越王說：「好。」便命令大夫文種去向吳王求和，說：「請讓敝國把士的女兒獻給貴國的士做侍妾，大夫的女兒獻給貴國的大夫做侍妾，她們還將隨身帶去敝國的寶器。」吳王不答應越國的求和。大夫文種回國後又去求和，說：「請允許我們將敝國的鑰匙交給王上，寡君親自追隨王上，一任王上指揮制裁。」吳王答應了。越王說：「蠡呀，請替我守住國家。」范蠡回答說：「國境之內，千家萬戶的事，范蠡不如文種；國境之外，與諸侯交涉，需要當機立斷的事，文種也不如范蠡啊！」越王說：「是。」便命令文種大夫守在國內，自己和范蠡一起到吳國當差。

三年之後，吳王放句踐回國。回國路上快到國都時，越王問范蠡：「節事應該如何？」范蠡回答：「節事者得其地利。只有地，能夠包容萬物並合而為一，事事不失其時。大地化生萬物，包容畜養飛禽走獸，然後又承受萬物的功名與利益。美的、醜的、善的、惡的，都能生成，並養育人民。時令不到，不可勉強其生長；事理不究，不能勉強其成熟。自在自如地等著，以化度天下，等它們來到然後端正之，按照時宜而後安定之。男耕女織，共同勞作，除民之害，以避天災。要開闢田野，使府庫充盈，民眾殷實。不要讓民眾曠日廢業，成為禍亂的階梯。天時會有反覆，人事會有間隙，一定要懂得天地運行的常規，才可以獲得成功於天下的有利條件。如果人事尚無間隙，天命尚無反覆，那就安撫民眾，保育教化，耐心地等待時機。」

越王說：「寡人的國家，就是先生的國家，請先生來治理它。」范蠡回答說：「國境之內，千家萬戶的事，要依照時節，勸人敬業樂事，不擾亂民眾的農耕，不違背四季的農時，五穀豐登，人民才能繁衍生息，還要使君臣上下和睦相處，各盡其能，各得其志，這些方面，范蠡都不如文種。國境之外，與諸侯各國來往交涉，處理各種必須當機立斷之事，必須掌握陰陽變化的規律，順應天地運行的常道，才能做到柔韌而不屈從，堅強而不剛愎，把懷柔爵賞和斬伐黜奪都看作平常之事。人的死生，都以天地之刑為依據，上天根據人的善惡來決定禍福，聖人則根據天理來決定教化。人自己產生出來，天地賦予他形體，聖人據此而使之成人。懂得了這些道理，就能戰勝敵軍而讓他無法報復，占領敵國而使他無法奪回，在外打勝仗，在內得幸福，用力很少而名聲顯達，這些方面，文種則不如范蠡。」越王說：「是。」便命令文種大夫治理國內之事。

范蠡勸句踐無蚤圖吳

四年❶，王召范蠡而問焉，曰：「先人就世❷，不穀即位。吾年既少，未有恆常，出則禽荒❸，入則酒荒❹。吾百姓之不圖，唯舟與車。上天降禍於越，委制❺於吳。吳人之那❻不穀，亦又甚焉。吾欲與子謀之，其可乎？」對曰：「未可也。蠡聞之，上帝不考❼，時反是守，彊索❽者不祥。得時不成，反受其殃，失德滅名，流走死亡。有奪，有予，有不予，王無蚤圖。夫吳，君王之吳也，王若蚤圖之，其事又將未可知也。」王曰：「諾。」

【章旨】本章記范蠡規勸越王句踐等待時機，不要急於求成之言。

【注釋】❶四年　越王回國後四年，即魯哀公九年。❷就世　終世；去世。❸禽荒　迷於田獵。荒，迷也。❹酒荒　迷於酒宴。❺委制　聽命；歸順並受其約束。❻那　對於。❼考　成。❽索　求。

【語譯】回國四年以後，越王句踐召見范蠡向他詢問，說：「先王駕崩，寡人即位。我少不更事，沒有常性，出則迷於田獵，入則迷於酒宴，不考慮百姓的事，一心只想著船和車。上天降禍於越國，只好受制聽命於吳國。吳人對待寡人，也實在太過分了。寡人想和先生報復它，可以嗎？」范蠡回答說：「還不可以啊！臣聽說，上天不成全，就只有等待著它反過來成全我們的時候，強求是不吉利的。上天的成全求不到，反過來還要遭殃，那就會失德離道，身敗名裂，逃亡在外，客死他鄉。上天有奪黜，有賜予，也有不賜予，王上不要急於求成。那吳國，遲早是王上的吳國，王上要是操之過急，事情是何結局，尚未可知啊！」越王說：「是。」

范蠡謂人事至而天應未至

又一年❶，王召范蠡而問焉，曰：「吾與子謀吳，子曰『未可也』。今吳王淫於樂而忘其百姓，亂民功，逆天時，信讒喜優❷，憎輔遠弼❸，聖人不出❹，忠臣解骨❺，皆曲相御❻，莫適相非❼，上下相偷❽，其可乎？」對曰：「人事至矣，天應未也，王姑待之。」王曰：「諾。」

【章　旨】本章論人事、天應缺一不可。

【注　釋】❶又一年　越王回國後第五年，即魯哀公十年。❷優　俳優。❸憎輔遠弼　在君主之側，拾遺補闕，勸善規過的大臣，左邊的叫做輔，右邊的叫做弼。或謂相導為輔，矯過為弼。❹聖人不出　通達智慧者叫聖人。不出，隱居。❺解骨　即解體。謂眾叛親離。❻御　侍奉。❼莫適相非　適，主也。沒有人主忠信以相非難。❽偷　苟且。

【語　譯】又過了一年，越王句踐又召見范蠡向他詢問，說：「寡人曾與先生商量報復吳國的事，先生說『還不可以』。現在吳王沉湎於聲色犬馬，忘記了自己的人民，擾亂農事，背逆天時，聽信讒言，寵幸俳優，憎惡賢良，疏遠諫臣，聖賢歸隱，忠良叛離，近臣曲意逢迎，無人主持正義，上下苟且偷安，大概可以行動了吧？」范蠡回答說：「人事已有表現，天象卻還未見預兆，王上姑且再等一等。」越王說：「是。」

范蠡謂先為之征其事不成

又一年❶，王召范蠡而問焉，曰：「吾與子謀吳，子曰『未可也』。今申胥驟諫其王，王怒而殺之❷，其可乎？」對曰：「逆節❸萌生。天地未形❹，而先為之征，其事是以不成，雜❺受其刑。王姑待之。」王曰：「諾。」

【章旨】本章再論等待時機之重要。

【注釋】❶又一年　越王回國後第六年，即魯哀公十一年。❷申胥驟諫其王二句　事見本書〈吳語・申胥自殺〉。❸逆節　暴逆的行為。❹形　現。❺雜　交雜在一起。

【語譯】又過了一年，越王句踐又召見范蠡向他詢問，說：「寡人曾與先生商量報復吳國的事，先生說『還不可以』。現在，伍子胥多次進諫吳王，吳王竟在一怒之下把他殺了，大概可以了吧？」范蠡回答說：「暴逆的行為已經開始萌生了。不過，天象要是還沒有預兆，就匆匆忙忙急於征伐，恐怕不會獲得成功，只會和吳國一起受害，兩敗俱傷。王上姑且再等一等。」越王說：「是。」

范蠡謂人事與天地相參乃可以成功

又一年❶，王召范蠡而問焉，曰：「吾與子謀吳，子曰『未可也』。今其稻蟹不遺種❷，其可乎？」對曰：「天應至矣，人事未盡也，王姑待之。」王怒曰：「道固然乎？妄其欺不穀邪？吾與子言人事，子應我以天時；今天應至矣，子應我以人事，何也？」范蠡對曰：「王姑勿怪。夫人事必將與天地相參❸，然後乃可以成功。今其禍新民恐❹，其君臣上下，皆知其資財之不足以支長久也，彼將同其力，致其死，猶尚殆❺。王其且馳騁弋❻獵，無至禽荒；宮中之樂，無至酒荒；肆與大夫觴飲，無忘國常。彼其上將薄其德，民將盡其力，又使之望❼而不得食，乃可以致天地之殛❽。王姑待之。」

【章　旨】本章論天、地、人合一方可成功之理。

【注　釋】❶又一年　越王回國後第七年，即魯哀公十二年。❷稻蟹不遺種　蟹為災，食稻如蝗，連種子都沒留下。❸參　三也。天、地、人三者合一。❹新民恐　新近發生的使民恐懼之事。❺殆　危。❻弋　射。❼望　怨望。❽殛　誅。

【語　譯】又過了一年，越王句踐又召見范蠡向他詢問，說：「寡人曾與先生商量報復吳國的事，先生說『還不可以』。如今，吳王的蟹吃光了稻穀，連第二年的種子都沒留下，大概可以行動了吧？」范蠡回答：「上天的報應倒是來了，但人事方面的機緣卻還未全到，王上姑且再等一等。」越王生氣地說：「究竟是按道理本該如此再三等待呢？還是先生妄言欺騙寡人呢？寡人和先生談人事，先生回答寡人說天時未到；如今天時已到，先生又說人事未盡，這究竟是怎麼回事？」范蠡回答說：「王上暫且不要見怪。那人事，一定要和天時、地利完全契合，然後我們要進行的大事才可能獲得成功。如今，吳國的天災剛剛使他們的民眾警覺，全國君臣上下，都知道自己財力不足，難以支持長久，他們一定會同心協力，拼死抗爭，我們如果現在去攻打，那就還很危險。王上姑且馳騁犬馬，射鳥獵獸，但不要真的沉湎於田獵；也不妨鐘鳴鼎食，歌舞昇平，但不要真的沉湎於酒色；還可以和大臣們縱情飲宴，但不要忘了國事。這樣，吳國就會放鬆了警惕，其上層會驕奢淫佚，不修德政，人民則將因為君上的驕奢，被弄得精疲力盡，必然心存怨恨，再加上天災降臨，吃不飽飯，一定人心渙散，這時我們就可以替天行道，誅伐吳國了。王上姑且再等一等。」

越興師伐吳而弗與戰

至於玄月❶，王召范蠡而問焉，曰：「諺有之曰：『觥飯不及壺飧❷。』今歲晚矣，子將奈何？」對曰：「微❸君王之言，臣故將謁❹之。臣聞從時者，猶救火、追亡人也，蹶❺而趨之，唯恐弗及。」王曰：「諾。」遂興師伐吳，至於五湖。

吳人聞之，出而挑戰，一日五反。王弗忍，欲許之。范蠡進諫曰：「夫謀之廊廟❻，失之中原，其可乎？王姑勿許也。臣聞之：得時無怠，時不再來，天予不取，反為之災。贏縮❼轉化，後將悔之。天節❽固然，唯謀不遷。」王曰：「諾。」弗許。

范蠡曰：「臣聞古之善用兵者，贏縮以為常，四時以為紀❾，無過天極❿，究數而止⓫。天道皇皇⓬，日月以為常⓭，明者以為法，微者則是行⓮。陽至而陰，陰至而陽。日困⓯而還，月盈而匡⓰。古之善用兵者，因天地之常，與之俱行。後則用陰，先則用陽。近則用柔，遠則用剛。後無陰蔽，先無陽察⓱。用人無藝⓲，往從其所。剛彊以禦，陽節不盡，不死其野。彼來我從，固守勿與。若將與之，必因天地之災，又觀其民之饑飽勞逸以參⓳之，盡其陽節、盈吾陰節而奪之。宜為人客，剛彊而力疾；陽節不盡，輕而不可取。宜為人主，安徐而重固；陰節不盡，柔而不可迫。凡陳⓴之道，設右以為牝㉑，益左以為牡㉒，蚤晏無失，必順天道，周旋無究㉓。今其來也，剛彊而力疾，王姑待之。」王曰：「諾。」弗與戰。

【章旨】本章論用兵之道。

【注釋】❶玄月　九月。這裡指魯哀公十六年九月。❷觥飯不及壺飧　觥飯，豐盛的佳肴。觥，大也。壺飧，簡單的飲食。飧，水泡飯。人餓極時，與其慢慢地等著盛宴，不如先吃一頓水泡飯以救饑。意思是說急於滅吳，等不得條件充足了。❸微　無。❹謁　請也。❺蹶　飛跑的樣子。❻廊廟　朝廷。❼贏縮　進退。❽節　度。❾紀　法。❿極　至。⓫究數而止　窮其數而止。究，窮。⓬皇皇　光明的樣子。⓭常　象。⓮微者則是行　微，虧損薄蝕時。行，遁離。⓯困　窮也。⓰匡　虧。⓱後無陰蔽二句　後動者往往過於舒靜，這就是陰蔽；先動者往往過於顯露，這就是陽察。所以，後動者要無陰蔽，先動者要無陽察。⓲蓺　常。⓳參　參酌。⓴陳　布陣。㉑設右以為牝　右為陰，故為牝。此指守備。㉒益左以為牡　左為陽，故為牡。此指積極進攻。㉓究　極。

【語譯】到了魯哀公十六年的九月，越王召見范蠡向他詢問，說：「有句俗話說：『空等酒宴，不如先吃泡飯。』今年眼看又要到年底了，先生打算怎麼辦呢？」范蠡回答說：「君王不問，臣也要來請戰。臣聽說，抓住時機，就像趕去救火或追捕逃犯一樣，飛快地跑，還只怕追趕不上呢！」越王說：「好。」於是便於魯哀公十七年三月伐吳，一直打到太湖。

吳軍聽到這個消息，便出城挑戰，一天之內，來回五次。越王忍無可忍，打算接受他們的挑戰。范蠡進諫說：「長久地謀劃於朝廷，一時之間失算於中原，難道可以嗎？王上姑且不要應戰。臣聽說：得到時機不可惰怠，時機一去不可再來，上天賜予倘若不取，反過頭來必受其災。進退勝敗變化無常，輕舉妄動後悔莫及。天道的運行自有一定之恆數，只有既定的謀略決不可以更改。」越王說：「是。」便不應戰。

范蠡說：「臣聽說古代善於用兵之人，以進退勝敗為兵家常事，以四季盈虛為運動法度，不要違反自然規律，窮究運行之數，便適可而止。天道昭明若揭，高懸於上的日月就是垂以示人的常象，日月盈滿示人進取，日月光微示人隱遁。陽至於極點便轉為陰，陰至於極點便轉為陽。日落西天，還又東昇；月滿之後，又將虧缺。古代善於用兵之人，順應天地變化的常規，和它一起行動。後動的以陰象行，要沉著固密；先動的以陽象行，要輕疾猛厲。敵軍臨近，要採用柔順之道，使他輕敵冒進；敵軍遙遠，則採用剛厲之道，使他不敢來犯。後動者不可過於畏縮，以致為陰所蔽；先動者也不可過於顯露，以致為陽所察。用兵作戰，虛則實之，實則虛之，沒有一成不變的死規定，總之是要深入敵軍才能與之交戰。敵軍若以陽剛之氣前來挑戰，那就說明他們陽氣正盛，暫時還不會拋屍原野。所以，如果他們前來挑戰，最好是堅守陣地，不要反擊。如果要反擊，就一定要等到上天降禍於彼之時，再參酌他們饑飽勞逸的情況作出決定，等到他們陽氣耗盡，而我們陰氣盛滿時再一舉戰勝他們。先發制人而為人客時，必定剛強奮勇、迅猛疾速；此時他們陽氣未盡，斷然不可輕取。後發制人而為人主時，必定安詳徐緩、持重穩固；此時他們陰氣未盡，雖柔卻不可迫近。大凡布陣之道，左為陽，右為陰，必須充實右軍以為守備，增益左軍以為攻勢，無論早晚先後，都不能坐失良機，一定要順應天道，周旋變化，使敵人難以測度。如今，吳軍正是先發制人而為人客，他們剛強奮勇、迅猛疾速，王上姑且再等一等吧！」越王說：「是。」便不和吳軍作戰。

范蠡諫句踐勿許吳成卒滅吳

居軍三年❶，吳師自潰。吳王帥其賢良❷，與其重祿❸，以上姑蘇，使王孫雒❹行成於越，曰：「昔者上天降禍於吳，得罪於會稽❺。今君王其圖不穀，不穀請復會稽之和。」王弗忍，欲許之。范蠡進諫曰：「臣聞之，聖人之功，時為之庸❻。得時不成，天有還形❼。天節不遠，五年復反❽。小凶❾則近，大凶❿則遠。先人有言曰：『伐柯者其則不遠⑪。』今君王不斷，其忘會稽之事乎？」王曰：「諾。」不許。

使者往而復來，辭愈卑，禮愈尊，王又欲許之。范蠡諫曰：「孰使我蚤朝而晏罷者，非吳乎？與我爭三江、五湖之利者，非吳耶？夫十年謀之，一朝而棄之，其可乎？王姑勿許，其事將易冀⑫已。」王曰：「吾欲勿許，而難對其使者，子其對之。」范蠡乃左提鼓，右援枹⑬，以應使者，曰：「昔者上天降禍於越，委制於吳，而吳不受。今將反此義以報此禍，吾王敢無聽天之命，而聽君王之命乎？」王孫雒曰：「子范子，先人有言曰：『無助天為虐，助天為虐者不祥。』今吳稻蟹不遺種，子將助天為虐，不忌其不祥乎？」范蠡曰：「王孫子，昔吾先君固周室之不成子⑭也，故濱於東海之陂⑮，黿鼉魚鱉之與處，而鼃黽⑯之與同渚。余雖靦然而人面⑰哉，吾猶禽獸也，又安知是諓諓⑱者乎？」王孫雒曰：「子范子將助天為虐，助天為虐不祥。雒請反辭於王。」范蠡曰：「君王已委制於執事之人矣。子往矣，無使執事之人得罪於子。」

使者辭反。范蠡不報於王，擊鼓興師以隨使者，至於姑蘇之宮，不傷越民，遂滅吳。

【章　旨】本章記范蠡堅定主張一舉滅吳之言及其行動。

【注　釋】❶居軍三年　魯哀公二十年冬十一月，越軍圍吳，至二十二年冬十一月丁卯滅吳，正好整整三年，這三年中，越王句踐一直住在軍營中。❷賢良　親近之士。❸重祿　大臣。❹王孫雒　吳大夫。❺得罪於會稽　指吳國伐越，迫使句踐退守會稽，並與吳國定城下之盟一事。❻庸　用。❼還形　還，反也。形，體也。❽反　反覆。❾小凶　失敗。❿大凶　滅國。⓫伐柯者其則不遠　《詩・豳風・伐柯》：「伐柯伐柯，其則不遠。」柯，斧柄。則，法則；榜樣。⓬冀　希望。⓭左提鼓二句　枹，鼓槌。古時作戰，擊鼓進軍，范蠡提鼓援枹來見吳國使者，就是表示決不講和，一定要打到底。⓮子　子爵。周王室對四周「不開化」的蠻夷之國的國君一律稱子。⓯陂　旁。⓰鼃黽　蛙也。⓱雖靦然而人面　雖也長著一副人的面孔，卻自慚不如人。靦，慚。⓲諓諓　巧辯之言。

【語　譯】越王在軍營裡住了三年，吳軍便自行崩潰。吳王帶著親信和大臣，躲進了姑蘇臺，並派大夫王孫雒向越國求和，說：「當年上天降禍於吳國，讓吳國在會稽山上得罪了君王。如今，君王要報復寡人，寡人請求依照會稽之盟的慣例講和。」越王於心不忍，打算答應吳國。范蠡進諫說：「臣聽說，聖人的功業，在於利用天時。既得天時而不完成，上天就會有反覆。天道的節度距離不遠，至多五年便有一個轉變。小的凶險日子近些，大的凶險日子遠些。從前詩人說：『手拿斧柄去砍伐樹木以做成斧柄，法則樣子就在自己的手上。』現在王上不當機立斷，難道忘了會稽的事了嗎？」越王說：「是。」就不答應吳國求和。

吳國的使者回去後又來了，用辭更加謙卑，禮節更加恭敬，越王又想答應他們。范蠡又勸諫說：「是誰害得我們早起晚睡終日勞累？不就是吳國嗎？是誰和我們爭奪三江五湖的利益？不就是吳國嗎？謀求了十年的東西，一個早上就拋棄它，難道可以嗎？王上先不要答應他們，這件事很快就有希望了。」越王說：「我想拒絕，又難以回絕使者，請先生去說吧！」范蠡便左手提戰鼓，右手拿鼓槌，去回絕吳國的使者，說：「當年上天降禍於越國，把越國的命運交給吳國，而吳國不接受。如今，天命反其道而行之，讓我們改變你們的做法而報復過去的禍難，我們君王又怎麼敢不聽從上天的命令，卻去聽從貴國國君的命令呢？」王孫雒說：「令人尊敬的范子大夫啊！前人說過：『不要助天為虐，助天為虐不吉祥。』如今，吳國的稻子被蟹吃得連種子都沒留下，閣下卻要助天為虐，就不怕不吉祥嗎？」范蠡說：「王孫大夫啊！當年我們先君，在周天子那裡連個子爵的地位都沒有，這才躲到東海之隅，和蜥蜴、鱷魚、魚蝦、龜鱉住在一起，和青蛙一同在岸邊生活。我們即便很慚愧地長著一張人臉，其實和禽獸並沒有什麼兩樣，又哪裡聽得懂這些巧辯之辭呢？」王孫雒說：「令人尊敬的范子大夫要助天為虐了，助天為虐不吉祥啊！請允許我把吳王的話回報越王。」范蠡說：「敝國君王已經全權委託給辦事的人了。閣下還是回去吧，不要讓辦事的人得罪了閣下。」

使者只好回吳國復命。范蠡不向越王報告，就下令擊鼓進軍，跟著吳國使者，一直打到姑蘇臺，越軍沒有傷亡，就滅了吳國。

范蠡乘輕舟以浮於五湖

反至五湖，范蠡辭於王曰：「君王勉之，臣不復入越國矣。」王曰：「不穀疑子之所謂者何也？」對曰：「臣聞之，為人臣者，君憂臣勞，君辱臣死。昔者君王辱於會稽，臣所以不死者，為此事也。今事已濟矣，蠡請從會稽之罰。」王曰：「所不掩子之惡，揚子之美者，使其身無終沒於越國。子聽吾言，與子分國；不聽吾言，身死，妻子為戮。」范蠡對曰：「臣聞命矣。君行制，臣行意。」遂乘輕舟以浮於五湖，莫知其所終極。

王命工以良金寫范蠡之狀而朝禮之，浹日❶而令大夫朝之，環會稽三百里者以為范蠡地，曰：「後世子孫，有敢侵蠡之地者，使無終沒於越國，皇天后土、四鄉地主❷正❸之。」

【章 旨】本章記范蠡功成身退之事。

【注 釋】❶浹日 十天。古代以干支紀日，從甲至癸，正好十日，叫做浹日。❷地主 地方官。❸正 證。指四方官長作證。

【語 譯】滅吳後回到太湖時，范蠡向越王告辭說：「王上努力吧，臣不再回越國了。」越王說：「寡人不明白先生說的是什麼？」范蠡回答說：「臣聽說，做人臣的，君上憂慮，臣子就要為他分勞；君上受辱，臣子就要為他死難。當年君上受辱於會稽，臣之所以不死，為的就是報仇。如今，報仇雪恨之事已大功告成，臣請求再受會稽之罰。」越王說：「如果有誰不原諒先生的過失，不讚揚先生的美德，我讓他在越國不得好死。先生如果聽寡人的話留下來，寡人與先生平分越國；如果不聽寡人的命令，就要問先生的死罪，連先生的妻妾子女也要受刑。」范蠡回答說：「臣已經聽見王上的命令了。請君上執行君上的法令，臣下實現臣下的願望吧！」於是便乘著小船泛遊於太湖，沒有人知道他最後到了哪裡。

越王命令工匠用最好的金屬鑄造了范蠡的像，每天供奉禮拜，命令大夫們每十天朝拜一次，又把會稽山周圍三百里的土地劃為范蠡的封地，說：「後代子孫，有膽敢侵占范蠡土地的，讓他在越國不得好死，天地神祇、四方官長都可作證。」

古籍今注新譯叢書

【哲學類】

新譯四書讀本	謝冰瑩、邱燮友等編譯
新譯學庸讀本	王澤應注譯
新譯論語新編解義	胡楚生編著
新譯孝經讀本	賴炎元、黃俊郎注譯
新譯易經讀本	郭建勳注譯　黃俊郎校閱
新譯周易六十四卦經傳通釋	黃慶萱注譯
新譯乾坤經傳通釋	黃慶萱注譯
新譯易經繫辭傳解義	吳　怡著
新譯禮記讀本	姜義華注譯　黃俊郎校閱
新譯儀禮讀本	顧寶田、鄭淑媛注譯　黃俊郎校閱
新譯孔子家語	羊春秋注譯　周鳳五校閱
新譯老子讀本	余培林注譯
新譯帛書老子	趙　鋒注譯
新譯老子解義	吳　怡著
新譯莊子讀本	黃錦鋐注譯
新譯莊子讀本	張松輝注譯
新譯莊子本義	水渭松注譯
新譯莊子內篇解義	吳　怡著
新譯列子讀本	莊萬壽注譯

新譯管子讀本	湯孝純注譯　李振興校閱
新譯墨子讀本	李生龍注譯　李振興校閱
新譯公孫龍子	丁成泉注譯　黃志民校閱
新譯晏子春秋	陶梅生注譯　葉國良校閱
新譯鄧析子	徐忠良注譯　劉福增校閱
新譯荀子讀本	王忠林注譯
新譯尹文子	徐忠良注譯　黃俊郎校閱
新譯尸子讀本	水渭松注譯　陳滿銘校閱
新譯鶡冠子	趙鵬團注譯
新譯鬼谷子	王德華等注譯
新譯韓非子	賴炎元、傅武光注譯
新譯呂氏春秋	朱永嘉、蕭　木注譯　黃志民校閱
新譯韓詩外傳	孫立堯注譯
新譯淮南子	熊禮匯注譯　侯迺慧校閱
新譯春秋繁露	朱永嘉、王知常注譯
新譯新書讀本	饒東原注譯　黃沛榮校閱
新譯新語讀本	王　毅注譯　黃俊郎校閱
新譯潛夫論	彭丙成注譯　陳滿銘校閱
新譯論衡讀本	蔡鎮楚注譯　周鳳五校閱
新譯申鑒讀本	林家驪、周明初注譯　周鳳五校閱
新譯人物志	吳家駒注譯　黃志民校閱
新譯張載文選	張金泉注譯
新譯近思錄	張京華注譯
新譯傳習錄	李生龍注譯
新譯呻吟語摘	鄧子勉注譯

新譯明夷待訪錄　李廣柏注譯　李振興校閱

【文學類】

新譯詩經讀本　滕志賢注譯
新譯楚辭讀本　林家驪注譯
新譯楚辭讀本　傅錫壬注譯
新譯文心雕龍　羅立乾注譯
新譯六朝文絜　蔣遠橋注譯
新譯世說新語　劉正浩、邱燮友等注譯
新譯昭明文選　周啟成等注譯
新譯古文觀止　謝冰瑩、邱燮友等注譯
新譯古文辭類纂　黃　鈞、葉幼明等注譯
新譯樂府詩選　溫洪隆、溫　強注譯
新譯古詩源　馮保善注譯
新譯千家詩　邱燮友、劉正浩注譯
新譯詩品讀本　程章燦、成　林注譯
新譯花間集　朱恒夫注譯
新譯南唐詞　劉慶雲注譯
新譯絕妙好詞　聶安福注譯
新譯唐詩三百首　邱燮友注譯
新譯宋詩三百首　陶文鵬注譯
新譯宋詞三百首　汪　中注譯
新譯宋詞三百首　劉慶雲注譯
新譯元曲三百首　賴橋本、林玫儀注譯
新譯明詩三百首　趙伯陶注譯
新譯清詩三百首　王英志注譯
新譯清詞三百首　陳水雲等注譯
新譯唐人絕句選　卞孝萱、朱崇才注譯　齊益壽校閱
新譯唐才子傳　戴揚本注譯
新譯拾遺記　石　磊注譯
新譯搜神記　黃　鈞注譯
新譯唐傳奇選　束　忱、張宏生注譯　侯迺慧校閱
新譯宋傳奇小說選　束　忱注譯
新譯明傳奇小說選　陳美林、皋于厚注譯
新譯容齋隨筆選　朱永嘉等注譯
新譯明散文選　周明初注譯
新譯明清小品文選　鄭　婷注譯
新譯人間詞話　馬自毅注譯
新譯白香詞譜　劉慶雲注譯
新譯幽夢影　馮保善注譯
新譯菜根譚　吳家駒注譯
新譯小窗幽記　馬美信注譯
新譯圍爐夜話　馬美信注譯
新譯郁離子　吳家駒注譯
新譯歷代寓言選　黃瑞雲注譯
新譯賈長沙集　林家驪注譯
新譯揚子雲集　葉幼明注譯
新譯曹子建集　曹海東注譯　蕭麗華校閱
新譯建安七子詩文集　韓格平注譯
新譯阮籍詩文集　林家驪注譯　簡宗梧、李清筠校閱

新譯嵇中散集　崔富章注譯　莊耀郎校閱
新譯陸機詩文集　王德華注譯
新譯陶淵明集　溫洪隆注譯　齊益壽校閱
新譯江淹集　羅立乾、李開金注譯
新譯庾信詩文選　歸　青注譯
新譯初唐四傑詩集　李福標注譯
新譯駱賓王文集　黃清泉注譯　陳全得校閱
新譯王維詩文集　陳鐵民注譯
新譯孟浩然詩集　楊　軍注譯
新譯李白詩全集　郁賢皓注譯
新譯李白文集　郁賢皓注譯
新譯杜甫詩選　張忠綱、趙睿才、綦　維注譯
新譯杜詩菁華　林繼中注譯
新譯高適岑參詩選　孫欽善、陳鐵民注譯
新譯昌黎先生文集　周啟成等注譯　陳滿銘等校閱
新譯劉禹錫詩文選　閻　琦注譯
新譯柳宗元文選　卞孝萱、朱崇才注譯
新譯白居易詩文選　陶　敏、魯　茜注譯
新譯元稹詩文選　郭自虎注譯
新譯李賀詩集　彭國忠注譯
新譯杜牧詩文集　張松輝注譯　陳全得校閱
新譯李商隱詩選　朱恒夫、姚　蓉等注譯
新譯范文正公選集　沈松勤、王興華注譯　葉國良校閱
新譯蘇洵文選　羅立剛注譯
新譯蘇軾文選　滕志賢注譯

新譯蘇軾詞選　鄧子勉注譯
新譯蘇轍文選　朱　剛注譯
新譯曾鞏文選　高克勤注譯
新譯王安石文選　沈松勤注譯
新譯唐宋八大家文選　鄧子勉注譯
新譯柳永詞集　侯孝瓊注譯
新譯李清照集　姜漢椿等注譯
新譯陸游詩文集　韓立平注譯　彭國忠校閱
新譯辛棄疾詞選　聶安福注譯
新譯歸有光文選　鄔國平注譯
新譯唐順之詩文選　馬美信注譯
新譯徐渭詩文選　周　群等注譯
新譯薑齋文集　平慧善注譯　周鳳五校閱
新譯顧亭林文集　劉九洲注譯　黃俊郎校閱
新譯納蘭性德詞　馮　乾注譯
新譯方苞文選　鄔國平等注譯
新譯鄭板橋集　朱崇才注譯
新譯袁枚詩文選　王英志注譯
新譯李慈銘詩文選　潘靜如注譯
新譯聊齋誌異選　任篤行等注譯　袁世碩校閱
新譯閱微草堂筆記　嚴文儒注譯
新譯浮生六記　馬美信注譯
新譯弘一大師詩詞全編　徐正綸編著

【歷史類】

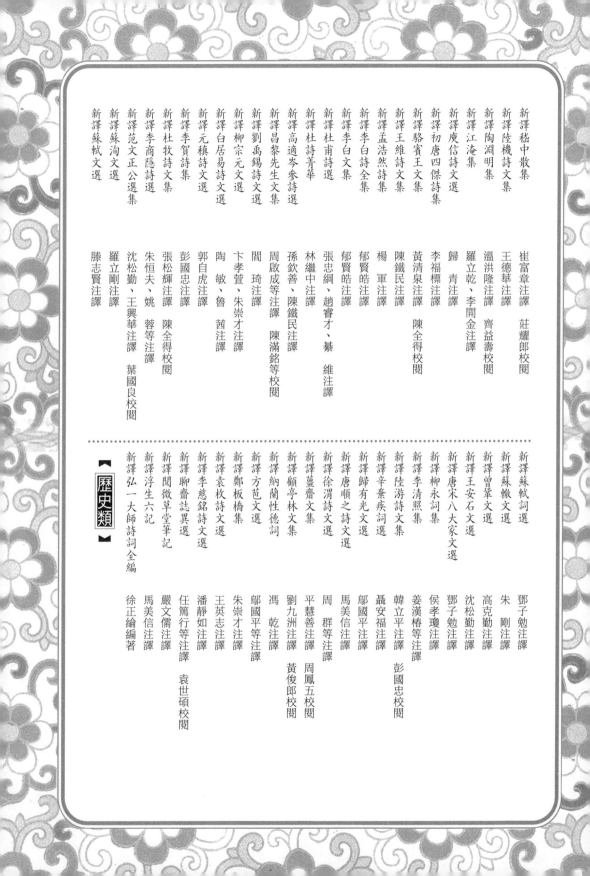

新譯史記　韓兆琦注譯
新譯漢書　吳榮曾等注譯
新譯後漢書　魏連科等注譯
新譯三國志　吳樹平等注譯
新譯資治通鑑　張大可、韓兆琦等注譯
新譯史記—名篇精選　韓兆琦注譯
新譯尚書讀本　吳　璵注譯
新譯尚書讀本　郭建勳注譯
新譯周禮讀本　賀友齡注譯
新譯逸周書　牛鴻恩注譯
新譯左傳讀本　郁賢皓等注譯　傅武光校閱
新譯公羊傳　雪　克注譯　周鳳五校閱
新譯穀梁傳　顧寶田注譯　葉國良校閱
新譯春秋穀梁傳　周　何注譯
新譯戰國策　溫洪隆注譯　陳滿銘校閱
新譯國語讀本　易中天注譯　侯迺慧校閱
新譯說苑讀本　左松超注譯
新譯說苑讀本　羅少卿注譯　周鳳五校閱
新譯新序讀本　葉幼明注譯　黃沛榮校閱
新譯吳越春秋　黃仁生注譯　李振興校閱
新譯西京雜記　曹海東注譯　李振興校閱
新譯列女傳　黃清泉注譯　陳滿銘校閱
新譯越絕書　劉建國注譯　黃俊郎校閱
新譯燕丹子　曹海東注譯　李振興校閱
新譯東萊博議　李振興、簡宗梧注譯
新譯唐六典　朱永嘉、蕭　木注譯
新譯唐摭言　姜漢椿注譯

【宗教類】

新譯金剛經　徐興無注譯　侯迺慧校閱
新譯高僧傳　朱恒夫、王學均等注譯　潘栢世校閱
新譯碧巖集　吳　平注譯
新譯百喻經　顧寶田注譯
新譯楞嚴經　賴永海、楊維中注譯
新譯梵網經　王建光注譯
新譯圓覺經　商海鋒注譯
新譯法句經　劉學軍注譯
新譯六祖壇經　李中華注譯　丁　敏校閱
新譯禪林寶訓　李中華注譯　潘栢世校閱
新譯維摩詰經　陳引馳、林曉光注譯
新譯經律異相　顏洽茂注譯
新譯阿彌陀經　蘇樹華注譯
新譯無量壽經　邱高興注譯
新譯無量壽經　蘇樹華注譯
新譯妙法蓮華經　張松輝注譯　丁　敏校閱
新譯景德傳燈錄　顧宏義注譯
新譯大乘起信論　韓廷傑注譯　潘栢世校閱
新譯釋禪波羅蜜　蘇樹華注譯
新譯八識規矩頌　倪梁康注譯
新譯永嘉大師證道歌　蔣九愚注譯
新譯華嚴經入法界品　楊維中注譯
新譯地藏菩薩本願經　李承貴注譯

新譯悟真篇　劉國樑、連　遙注譯
新譯无能子　張松輝注譯
新譯坐忘論　張松輝注譯
新譯列仙傳　張金嶺注譯　陳滿銘校閱
新譯抱朴子　李中華注譯　黃志民校閱
新譯神仙傳　周啟成注譯
新譯性命圭旨　傅鳳英注譯
新譯老子想爾注　顧寶田、張忠利注譯　傅武光校閱
新譯周易參同契　劉國樑注譯　黃沛榮校閱
新譯道門觀心經　王　卡注譯　黃志民校閱
新譯養性延命錄　曾召南注譯　劉正浩校閱
新譯樂育堂語錄　戈國龍注譯
新譯冲虛至德真經　張松輝注譯　周鳳五校閱
新譯長春真人西遊記　顧寶田等注譯
新譯黃庭經・陰符經　劉連朋等注譯

軍事類

新譯司馬法　王雲路注譯
新譯尉繚子　張金泉注譯
新譯三略讀本　傅　傑注譯
新譯六韜讀本　鄔錫非注譯
新譯吳子讀本　王雲路注譯
新譯孫子讀本　吳仁傑注譯
新譯李衛公問對　鄔錫非注譯

教育類

新譯爾雅讀本　陳建初等注譯
新譯顏氏家訓　李振興、黃沛榮等注譯
新譯聰訓齋語　馮保善注譯
新譯曾文正公家書　湯孝純注譯　李振興校閱
新譯三字經　黃沛榮注譯
新譯百家姓　馬自毅、顧宏義注譯
新譯幼學瓊林　馬自毅注譯　陳滿銘校閱
新譯增廣賢文・千字文　馬自毅注譯　李清筠校閱
新譯格言聯璧　馬自毅注譯

政事類

新譯商君書　貝遠辰注譯　陳滿銘校閱
新譯鹽鐵論　盧烈紅注譯　黃志民校閱
新譯貞觀政要　許道勳注譯　陳滿銘校閱

地志類

新譯山海經　楊錫彭注譯
新譯水經注　陳橋驛、葉光庭注譯
新譯佛國記　楊維中注譯
新譯大唐西域記　陳　飛、凡　評注譯　黃俊郎校閱
新譯洛陽伽藍記　劉九洲注譯　侯迺慧校閱
新譯徐霞客遊記　黃　珅注譯　黃志民校閱
新譯東京夢華錄　嚴文儒注譯　侯迺慧校閱